Kosmos
Garten
—bibel

FÜR DEN ZIER- UND NUTZGARTEN

Kosmos
Garten
—bibel

FÜR DEN ZIER- UND NUTZGARTEN

KOSMOS

☞ *Blumengarten*

☞ *Kräutergarten*

☞ Obst & Gemüse

☞ *Balkon & Terasse*

Blumengarten

Katharina Adams

Gestaltung

Üppige Blumen, bunte Beete, Blütenpracht das ganze Jahr? Mit der richtigen Planung, standortgerechten Pflanzen und den passenden Sorten bleibt das kein Traum, sondern kann auch in Ihrem Garten in Erfüllung gehen.

Blumengärten

Gärten, die lediglich aus einer Rasenfläche und einer umgebenden, meist immergrünen Gehölzhecke bestehen, gibt es zum Glück immer seltener. Denn einem solchen Garten fehlt die Seele, er sieht immer gleich aus, man spürt nicht den Wechsel der Jahreszeiten, der vom wechselnden Blütenflor begleitet wird.

Wer seinen Garten mit allen Sinnen genießen will, pflanzt Beete voller Blumen und blühender Sträucher, die duften und Schmetterlinge und Bienen anlocken. Auch die kleinsten Gärten lassen sich mit Blütenpflanzen attraktiv gestalten. An der Terrasse können Sie ein Beet anlegen, das durch eine ausgewogene

Sommerliches Staudenbeet mit Sonnenbraut in verschiedenen Blütenfarben.

Attraktive Kombination aus einjährigen Sommerblumen und Gräsern.

In buntem Mix zusammengepflanzte Stauden sind typisch für Cottagegärten.

Kombination von Stauden, Saisonpflanzen und kleinen immergrünen Gehölzen zu jeder Jahreszeit einen erfreulichen Anblick bietet. Geeignete Pflanzen gibt es für jeden Standort im Garten. Unter Gehölzen fühlen sich Schattenstauden und Farne wohl. An der Stelle, an der die Reste von Sand und Steinen vom Hausbau im Untergrund lagern, finden Steppenstauden ideale Lebensbedingungen. Statt mit einer eintönigen Koniferenhecke lässt sich der Garten mit einer bunten Hecke aus verschiedenen Blütensträuchern einfrieden, die je nach Jahreszeit durch Blütenschmuck, farbige Beeren oder eine auffallende Herbstfärbung beeindrucken. Und im Vorgarten begrüßt ein formales, mit Buchs umrandetes Beet mit einer Hochstammrose in der Mitte die Gäste. Beete können so verschieden sein wie die jeweilige Gartensituation und die Pflanzen, die darin wachsen.

Blumenbeete heute

Nach wie vor gilt die Anlage einer perfekten Staudenrabatte als höchste Kunst des Gärtnerns. Natürlich können die Beete nicht mehr die Dimensionen früherer Zeiten haben, zumindest nicht im privaten Hausgarten. Ebenso muss man Abstriche machen, was die Pflegeintensität angeht. Der heutige Anspruch geht mehr in die Richtung, dass eine Rabatte zu jeder Jahreszeit attraktive Elemente aufweist. Durch geschickte Kombination von Stauden, (immergrünen) Gehölzen, Zwiebelblumen und auch einigen Sommerblumen kann der Garten mehrere Höhepunkte im Jahr bieten. Achtet man bei der Auswahl der Pflanzen zusätzlich darauf, dass sie in etwa die gleichen Ansprüche an Boden und Lichtverhältnisse haben, hält sich der Pflegeaufwand in Grenzen.

Geschwungener Kiesweg zwischen Beeten
mit Salbei, Woll-Ziest und Blauraute.

Bunter Staudengarten   Nach allge-
meiner Definition sind Stauden langlebige
krautige Pflanzen, die mithilfe ihrer unterirdischen Organe überwintern und deren Laub
und Blüten sich jedes Jahr neu daraus entwickeln. Der Übergang zu Gehölzen auf der
einen Seite und ein- und zweijährigen Pflanzen auf der anderen Seite ist dabei fließend.
Einige Halbsträucher wie Lavendel oder
Echter Salbei werden häufig wie Stauden
behandelt, und etliche Zweijährige verhalten
sich wie kurzlebige Stauden, wenn man sie
zurückschneidet, bevor sie Samen ansetzen
können. Auch viele Einjährige sind in ihrer
wärmeren Heimat Stauden, erfrieren bei uns
aber regelmäßig und werden jedes Jahr neu
ausgesät. Zwiebel- und Knollenpflanzen sind
im weiteren Sinne ebenfalls Stauden, sie
zeichnen sich lediglich durch die besondere
Form ihrer unterirdischen Organe aus.
Stauden sind ungeheuer vielfältig: Ihre
Gestalt reicht vom polsterförmigen Zwerg,

der in unzugänglichen Felsspalten wächst,
bis zur zwei Meter hohen, straff aufrecht
wachsenden Prachtstaude. Durch diese
Vielfalt finden wir für beinahe jeden Verwen-
dungszweck und jeden Standort passende
Stauden, die sich mit Geschick und Fantasie
zu eindrucksvollen Pflanzungen kombinieren lassen. Natürlich spielt der persönliche
Geschmack bei der Zusammenstellung eine
wesentliche Rolle, aber es ist auch wichtig,
einige grundlegende Gestaltungsregeln zu
berücksichtigen, um harmonische und trotzdem spannungs- und abwechslungsreiche
Staudenpflanzungen zu erhalten.

Vielfältige Beetformen   Ob ein Staudenbeet harmonisch und interessant wirkt,
hängt neben der Pflanzenkomposition auch
wesentlich von der Platzierung und der
Form im Zusammenspiel mit der gesamten

Gartenanlage ab. Ebenso wie mit Gehölzhecken kann man einen Garten auch mit Beeten und Rabatten in einzelne Teilbereiche gliedern und ihn so interessanter gestalten. Dem Auge des Betrachters erschließt sich auf diese Weise nicht der ganze Garten sofort auf einen Blick, vielmehr gibt er seine Geheimnisse und Glanzpunkte erst beim aufmerksamen Durchschreiten nach und nach preis. Von verschiedenen Standorten aus ergeben sich so immer wieder neue abwechslungsreiche Eindrücke.

Frei geformte Beete   Sehr viel zwangloser wirken frei geformte Beete. Beliebt sind zum Beispiel nieren- oder halbmondförmige Beete, an denen sich wunderbar geschwungene Wege entlangführen lassen. Auch langgestreckte Beete lassen sich auf diese Weise als dynamische Bänder gestalten. In der Natur kommen überwiegend unregelmäßige

Durch die üppigen Pflanzen werden die geraden Konturen des Plattenweges aufgelockert.

und abgerundete Formen vor, daher wirken derart gestaltete Beete niemals deplatziert, sondern werden spontan als harmonisch empfunden.

EXTRA

Immer eine Zierde: Gräser

Die Palette der Gräser reicht von bodendeckenden Zwergen bis hin zu ornamentalen Riesen. Die Ahnenreihe der heutigen Sortimente lässt sich bis in die Urzeit zurückverfolgen. Viele Arten werden auch heute noch nahezu identisch mit der Wildform im Garten verwendet, während von anderen Arten eine große Auswahl an Sorten gezüchtet wurde. Die Vielfalt der Gräser zeigt sich vor allem in Farbe und Form der Blätter, aber auch in den unterschiedlich langen, zierenden Blüten- und Fruchtständen. Durch ihre eleganten Blattlinien und die Formschönheit der Blütenrispen und -ähren können sie als prägende Elemente und Solitäre im Garten verwendet werden, aber auch eine verbindende Funktion zwischen verschiedenen Pflanzengruppen erfüllen. Gräser zeigen im Wechsel der Jahreszeiten immer wieder ein anderes Gesicht. Im Sommer

faszinieren die oft filigranen Blütenstände, im Herbst bunte Laubfärbungen, und im Winter kann man sich an den mit Raureif geschmückten Horsten erfreuen.

Gestaltungsregeln

*Bei der Planung von klassischen Stau-
denrabatten sollten verschiedene Aspekte berücksichtigt werden, damit man
eine ansprechende Pflanzung erhält.
Die folgenden Grundregeln dienen als
Hilfestellung, um die Planungen zu erleichtern.*

Höhenstaffelung

In den klassischen Staudenrabatten werden
die Stauden in ihrer Höhe gestaffelt gepflanzt. Das bedeutet, dass die niedrigen Arten und Sorten im Vordergrund wachsen, dahinter folgen mittelhohe, und im Hintergrund
werden die „Riesen" platziert. Besonders
wirkungsvoll ist eine solche Höhenstaffelung,
wenn sich die Rabatte vor einer Mauer oder
einer Hecke befindet, vor der sich die Blütenfarben besonders gut abheben. So kommen
zum Beispiel zarte Pastellfarben vor einer
dunklen Eibenhecke oder einer roten Back-
steinmauer am besten zur Geltung, während
leuchtende Rottöne gut mit einer hellgelb
gestrichenen Wand oder einer grau verwit-
terten Mauer korrespondieren.

Klassisches Staudenbeet mit nach Wuchshöhe gestaffelten Staudengruppen.

KOSMOS

TIPP

Um eine bessere Vorstellung zu gewinnen, ist die Erstellung eines groben Pflanzplanes eine gute Hilfe. Tragen Sie auf einem Blatt Papier ein Raster ein und experimentieren Sie ein wenig mit Formen und Farben, damit Sie ein Gefühl für passende Kombinationen erhalten. Danach können Sie sich die passenden Stauden anhand von Katalogen heraussuchen und die Rasterung im Großformat auf das reale Beet übertragen. Als Anregung können Sie auch Botanische Gärten und Gartenausstellungen besuchen.

Inselbeete

Für Beete, die mitten im Rasen angelegt werden oder von zwei Seiten zugänglich sind, gelten im Prinzip die gleichen Regeln. Nur

pflanzt man hierbei die höchsten Stauden in die Mitte und die niedrigeren zu den Rändern hin. Neben dem ästhetischen Aspekt hat die Höhenstaffelung im Beet auch den Vorteil, dass alle Pflanzen genügend Licht erhalten und „innen" stehende, niedrige Exemplare von den höheren nicht zu sehr beschattet werden.

Einzige Ausnahme von der Regel: Im Frühling blühende Zwiebelblumen, die in die Rabatte integriert werden, sollten in den mittleren Bereich gepflanzt werden. Zu ihrem Blütezeitpunkt sind die frisch austreibenden Stauden noch niedrig, und später wird ihr einziehendes Laub besser von den nun wachsenden Stauden verdeckt.

Harmonische Pflanzung

Damit das Beet harmonisch, aber trotzdem nicht langweilig wirkt, pflanzt man die Stauden am besten in größeren und kleineren Gruppen, die sich rhythmisch wiederholen.

EXTRA

Sichtachsen und Gartenzimmer

Ein rechteckiger oder quadratischer Garten mit schnurgeraden Beeten an allen Grenzen und einer Rasenfläche in der Mitte ist einfach nur langweilig. Ihm fehlt jeglicher Höhepunkt. Ist der Garten jedoch mithilfe von Hecken oder Pergolakonstruktionen in einzelne „Zimmer" unterteilt, können auch darin befindliche lang gestreckte Beete immer wieder überraschend wirken. Bekannte englische Gärten wie Sissinghurst sind nach diesem Prinzip aufgebaut. Jedes „Gartenzimmer" ist farblich ganz individuell gestaltet. Einfarbig gehaltene Rabatten spielen dabei ebenso eine Rolle wie solche mit fein abgestimmten Farbkombinationen. Immer wieder beeindruckend sind auch die lang gestreckten Rabatten, bei denen sämtliche Farben des

Regenbogens ineinander übergehen, ohne dass es an irgendeiner Stelle zu Missklängen kommt.

In diesem Beet beschränken sich die Farben auf einen Dreiklang in Blau, Weiß und Rot.

Besonders ausdrucksvolle, hohe Pflanzengestalten können auch einzeln gepflanzt werden. Sie werden als Solitärstauden bezeichnet und prägen die Wirkung eines Beetes ganz wesentlich. Durch ihre Höhe ist ihr Platz im hinteren Bereich. Zu den bekanntesten Solitärstauden gehören zum Beispiel besonders hohe Sorten des Rittersporns *(Delphinium)*, Chinaschilf *(Miscanthus)* und Fallschirm-Sonnenhut *(Rudbeckia nitida)*. Beim Pflanzen sollte man darauf achten, dass man ihnen genügend Platz für die Entfaltung lässt, damit sie sich ihrem Habitus gemäß entwickeln können.

Leitstauden und Füllpflanzen   Eine besonders wichtige Rolle in der Rabatte spielen die Leitstauden. Sie sind für das optische Gerüst der Pflanzung zuständig und zeichnen sich durch ihre markante Gestalt und meist auch durch eine lange Blütezeit aus. Unentbehrliche Leitstauden sind beispielsweise Sonnenbraut *(Helenium)*, Staudensonnenblumen *(Helianthus)*, Pfingstrosen *(Paeonia)* und Rittersporn *(Delphinium)*; für den Herbstaspekt sind auch hohe Astern *(Aster*

novae-angliae und *A. novi-belgii)* sehr wichtig. Die hohen Leitstauden werden umspielt und ergänzt von den sogenannten Begleitstauden. Sie sind niedriger und sollten auf die Leitstauden abgestimmt werden, was Blütezeit, Blütenfarbe und Wuchsform anbetrifft. Während durch die Leitstauden der vertikale Aspekt in der Rabatte betont wird, setzen sie horizontale Kontrapunkte, sodass ein spannungsreiches Zusammenspiel entsteht. Damit die gesamte Pflanzung dicht und geschlossen wirkt, werden zum Schluss noch die Füllpflanzen eingesetzt. Sie sind von luftigem Habitus und bleiben optisch im Hintergrund, erfüllen dabei aber eine wichtige vermittelnde Funktion. Viele Gräser gehören in diese Kategorie, ebenso solch filigrane Gestalten wie Schleierkraut *(Gypsophila)*, Frauenmantel *(Alchemilla)* und Lichtnelke *(Lychnis coronaria)*.

Zwiebel- und Knollenpflanzen   Attraktive Zwiebel- und Knollenpflanzen fügen sich hervorragend in klassische Staudenrabatten, aber auch in Steppenpflanzungen oder Staudenbeete im Gehölzrandbereich ein. Sie werden bei der Planung genau wie Stauden nach Blütenfarben, Blütezeit und Wuchseigenschaften ausgewählt, um eine abwechslungsreiche Pflanzung zu erhalten. So lassen sich zum Beispiel hohe Laucharten *(Allium)* und Steppenkerzen *(Eremurus)* gut als vertikale Hingucker in einer ansonsten flächigen Steppenpflanzung einsetzen.

Sommerblumen und Stauden   Viele Stauden benötigen ein paar Jahre, bis sie zu ihrer endgültigen Größe herangewachsen sind. Das heißt aber auch, dass man sie nicht zu dicht pflanzen darf, da sie sonst am Ende viel zu eng stünden und in ihrer Entwicklung gehemmt würden. Um schon von Beginn an einen geschlossenen Eindruck zu erhalten, ist es sinnvoll, die noch bestehenden Lücken mit Ein- und Zweijährigen zu füllen. Im ersten Sommer nach der Pflanzung wird man eine höhere Anzahl an Sommerblumen benötigen als in den Jahren danach. Wichtig ist, dass die Sommerblumen zwar die Lücken gut schließen, trotzdem sollten sie die noch jungen Stauden nicht bedrängen. Daher eignen sich entweder relativ niedrige Arten und Sorten oder solche, die sich durch eine lockere, luftige Wuchsform

auszeichnen. Damit die Farbkomposition durch die Sommerblumen nicht durcheinandergerät, sollte man beim Kauf von Saatgut in jedem Fall auf Namenssorten oder farblich sortierte Auslesen zurückgreifen. Eine weitere Möglichkeit bietet die frühe Anzucht unter Glas, damit die Pflanzen bereits zum Sommeranfang blühen und man so keine Überraschungen erlebt, wenn sie bereits im Beet stehen.

EXTRA

Farben kombinieren

Farbe ist das Gestaltungselement, das bei der Betrachtung einer Pflanzung als Erstes wahrgenommen wird. Farben und Farbkombinationen erzeugen spontane Stimmungen beim Betrachter. Neben der grundsätzlichen Wirkung einzelner Farben können sich Farben bei der Kombination miteinander auch gegenseitig beeinflussen, also steigern oder dämpfen.
Je nach Zusammenstellung einzelner Farben wirken Pflanzungen harmonisch oder spannungsreich. Mithilfe des Farbkreises lassen sich Farbkombinationen herausfinden, die die gewünschte Wirkung entfalten. Im Farbkreis zeigt die Palette die 12 reinen Farben. Die Farben, die sich im Farbkreis gegenüberstehen, werden Komplementärfarben genannt und ergeben einen spannungsreichen Kontrast. Komplementärfarben sind zum Beispiel Gelb und Violett, Rot und Grün oder Orange und Blau.
Farben, die auf dem Farbkreis nebeneinander stehen, wirken zusammen harmonisch. Sie haben relativ viele gemeinsame Farbpigmente, während Komplementärfarben keine gemeinsamen Farbpigmente aufweisen.
Alle Farbtöne können zudem noch unterschiedlich durch Weiß aufgehellt sein und verändern dadurch ihren Charakter erheblich. Farbkräftiges Violett zum Beispiel verändert sich durch einen hohen Weißanteil zu einem pudrigen Lila. Beim Spiel mit Farbe haben Sie also drei ver-

schiedene Möglichkeiten, an eine Pflanzplanung heranzugehen.

Die Lebensbereiche

In der Praxis hat sich die Einteilung von Stauden in acht Lebensbereiche durchgesetzt, wobei der Lebensbereich „Wasser" für die Planung von Beeten keine Rolle spielt.

Gehölz

Hier fühlen sich besonders die Stauden zu Hause, die in enger Beziehung zu Gehölzen stehen. Sie benötigen Schatten oder zumin-

Unter lichten Gehölzen und am hellen Gehölzrand fühlen sich die meisten Zwiebelblumen sehr wohl.

dest Halbschatten und bevorzugen humusreiche, eher frische Böden. Zu dieser Gruppe gehören einerseits heimische Waldstauden, die auch dauerhaft zwischen kräftigen Baumwurzeln existieren können, aber auch fremdländische Arten, die höhere Ansprüche an den Boden stellen, jedoch keine Probleme mit Gebäudeschatten haben, solange sie ausreichend mit Wasser und Nährstoffen versorgt werden. Auch viele im zeitigen Frühling blühende Geophyten (Zwiebel- und Knollenpflanzen) gehören in diese Kategorie. Sie nutzen die Zeit bis zum Laubaustrieb der Gehölze für ihre Blüte, um sich danach wieder zurückzuziehen und den später austreibenden Stauden den Vortritt zu lassen.

Gehölzrand

Viele Bereiche im Garten sind zeitweilig im Schatten, zeitweilig aber auch der Sonne ausgesetzt. Am Rand von Gehölzen, an Mauern und Gebäuden bekommen die Pflanzen je nach Himmelsrichtung etliche Stunden Sonne, während sie den Rest des Tages im Schatten stehen. Unter lichten Sträuchern hingegen entsteht eher eine Art Filter, man spricht dann von Streuschatten oder lichtschattigem Standort. Die Bodenverhältnisse können im Halbschatten recht unterschiedlich sein, je nachdem, ob Konkurrenz durch das Wurzelwerk von Bäumen besteht, der Boden durchlässig ist oder nicht, oder ob Regenschatten durch Gebäudeteile verursacht wird. Viele Stauden, die diesem Lebensbereich zugeordnet werden, haben einen eher wilden, natürlichen Wuchscharakter, doch lassen sich auch viele robustere Prachtstauden hier einordnen.

Die meisten Farne kommen mit wenig Licht aus und bereichern Schattenplätze.

Mit Wildstauden lassen sich wiesenähnliche Pflanzungen realisieren.

Sonnige Freifläche

Je nach Bodenfeuchte kann dieser Lebensraum Steppen- oder Wiesencharakter besitzen. Wildstauden oder züchterisch wenig bearbeitete Arten und Sorten finden hier ihren Platz. In der Steppe fühlen sich auch zahlreiche Gräser wohl, die sich gut mit Stauden aus sommertrockenen amerikanischen Gebieten kombinieren lassen. Viele Vertreter dieses Lebensraumes sind empfindlich gegen dauernde Winternässe, sodass der Boden auf jeden Fall gut dräniert sein sollte. Schwerer Boden sollte mit reichlich Sand und Splitt aufbereitet werden. Auf nährstoffreicheren, frischen Böden lassen sich heimische Wiesenblumen mit Prachtstauden vergesellschaften, wobei man sich dabei jedoch auf eher wildhaft anmutende Sorten mit kleinen ungefüllten Blüten beschränken sollte. Sie sind in der Regel standfester als ihre hochgezüchteten Verwandten, die häufig aufgebunden werden müssen und auch vom Aussehen her allzu dominant sind.

Steingarten

Pflanzen für diesen Bereich sind meist kleinwüchsig. Viele wachsen auch kriechend oder polsterförmig. Neben dem eigentlichen Steingarten zählen auch Trockenmauern, Steintreppen und Geröllmatten zu diesem Lebensbereich. Die meisten Steingartenpflanzen bevorzugen Sonne oder zumindest einen überwiegend sonnigen Standort, es gibt aber auch Spezialisten, die auf absonnigen Mauerseiten hervorragend gedeihen und auf die dort herrschende höhere Luftfeuchtigkeit angewiesen sind. Viele Zwiebelpflanzen, die in vorderasiatischen Gebirgsregionen heimisch sind, finden im Steingarten ideale Bedingungen, denn hier kommt es auch in unseren oft regenreichen Wintern nicht zu Staunässe, die ihnen arg zusetzt.

Blütenpolster von frühlingsblühenden Stein-
gartenstauden bedecken die Trockenmauer.

Alpinum

Echte alpine Pflanzen sind nur etwas für
Spezialisten und Liebhaber, die die sehr spe-
zifischen Ansprüche erfüllen können. Daher
wird hier nicht näher darauf eingegangen.

Beet

Im Beet finden die zahlreichen dekorativen,
züchterisch stark bearbeiteten Stauden ihren Platz. Die Bezeichnung „Beet" ist dabei
etwas irreführend, denn bei den anderen
Lebensbereichen handelt es sich ja auch um
Beete. „Prachtstaudenbeet" oder „Rabatte"
trifft es vielleicht besser. Die Vertreter dieses
Lebensraumes benötigen tiefgründigen, gut

mit Nährstoffen versorgten, genügend feuchten, aber auch durchlässigen Boden, um gut
zu gedeihen. Auch sind sie allesamt echte
Sonnenkinder, die bei zu viel Beschattung
kümmern und erheblich in ihrer Blühleistung
nachlassen. Eine gründliche Bodenvorbereitung vor der Anlage einer Rabatte hat daher
oberste Priorität. Auch der kontinuierliche
Pflegeaufwand sollte nicht unterschätzt
werden. Bei Trockenheit muss regelmäßig
gewässert werden, hohe Stauden benötigen
oft eine Stütze und viele Stauden müssen regelmäßig alle paar Jahre aufgenommen und
geteilt werden, damit sie nicht abbauen und
viele Jahre zuverlässig blühen.

Dahlie und Sonnenauge sind typische Vertreterinnen der klassischen Beetstauden.

In den feuchteren Zonen an Teich- oder Bachrändern gedeihen Sumpfstauden.

Die unübertroffene Vielfalt und Blütenfülle der Prachtstauden entschädigt aber in jedem Fall für die Mühe.

TIPP

Wenn man sich bei der Planung an den im Garten vorhandenen Lebensbereichen orientiert und die dafür geeigneten Stauden miteinander kombiniert, erhält man dauerhaft schöne Beete mit gesunden Pflanzen, und auch der Pflegeaufwand hält sich in vertretbaren Grenzen.

Wasserrand

Der Randbereich von Gartenteichen ist in der Regel feucht bis sumpfig, man kann sogar eine separate Flachwasserzone mit einplanen, deren konstanter Wasserstand etwa zehn Zentimeter betragen sollte. Auch für diesen Bereich gibt es eine Fülle von Stauden. Heimische Stauden, die in der Natur auf Feuchtwiesen wachsen, eignen sich für den Teichrand ebenso wie verschiedene Sumpfgräser. Zu den Spezialisten für den Wasserrandbereich gehören auffällig viele Stauden mit ornamentalem Blattschmuck und großen Blättern wie Pestwurz oder Mammutblatt.

Cottagegärten

In ländlichen Gärten war es schon immer Brauch, das Nützliche mit dem Schönen zu verbinden. Die Bäuerin zog im Bauerngarten nicht nur Obst und Gemüse zur Selbstversorgung heran, sondern fand auch immer noch ein Plätzchen für die verschiedensten Blumen.

Im Cottagegarten stehen Stauden, Sommerblumen und Nutzpflanzen nebeneinander.

Im traditionellen Bauerngarten werden die Nutzbeete häufig mit niedrigen Hecken aus Buchsbaum eingefasst, die der Anlage einen ordnenden Rahmen geben. Innerhalb der Hecken dürfen die Pflanzen dafür umso üppiger wachsen. Die Auswahl der Stauden und Sommerblumen erfolgt dabei meist nicht nach genauen Plänen, sondern oft eher nach dem Zufallsprinzip. Wichtig war schon immer, dass die Pflanzen robust und pflegeleicht waren. Ableger, Stecklinge, Saatgut und Knollen wurden in der Nachbarschaft emsig getauscht, sodass mit der Zeit in allen Gärten der Gegend die gleichen bewährten, vermehrungsfreudigen Sorten anzutreffen waren.

Farben   Die Farbkomposition der Bauerngärten mögen auf den ersten Blick gewöhnungsbedürftig erscheinen, haben aber durchaus ihren eigenen Charme. Nichts wirkt dabei arrangiert, sondern erinnert in seiner Vielfarbigkeit an bunte Blumenwiesen, auf denen auch gelbe, orange und rosa Farbtöne aufeinandertreffen und niemand auf die Idee käme, dass dies alles nicht zusammenpasst. Zu den besonders häufig im Bauerngarten verwendeten Stauden gehören zum Beispiel Sonnenauge *(Heliopsis helianthoides* var. *scabra)*, Purpursonnenhut *(Echinacea purpurea)*, Goldgarbe *(Achillea filipendulina)* und natürlich Rittersporn *(Delphinium-*Hybriden). Im Herbst spielen die hohen Herbst-Astern *(Aster novi-belgii* und *A. novae-angliae)* eine wichtige Rolle, und ohne Dahlien und duftende Lilien ist ein echter Bauerngarten nicht vollständig. All diese prachtvollen Blumen sorgen für ständigen Nachschub in Vasen und Steckgefäßen.

Bunt oder dezent

Wem so ein klassischer Bauerngarten zu bunt ist, kann sich auch auf wenige Farben beschränken, etwa auf Gelb- und Orangetöne, die durch etwas Blau belebt werden.

Sommerblumen Unter den einjährigen Sommerblumen finden sich etliche blau blühende, die locker zwischen die gelb blühenden Stauden gesät werden können, beispielsweise Kornblumen *(Centaurea cyanus)* und Jungfer im Grünen *(Nigella damascena).* Oder Sie beschränken sich auf helle Pastelltöne, die Sie mit viel Weiß kombinieren. Hier sind der gestalterischen Kreativität keine Grenzen gesetzt.

Akkurat geschnittene Buchshecken sorgen für Grün zwischen bunten Blüten.

EXTRA

Sommerblumen

In Bauerngärten werden Obst und Gemüse seit jeher mit Sommerblumen für die Schnittblumengewinnung kombiniert. Zudem gewinnt jeder Nutzgarten auch optisch durch ein paar bunte Farbtupfer. Die Sommerblumen können entweder außen am Zaun entlang gesät oder gepflanzt werden, oder Sie ersetzen einige Gemüse- durch Blumenreihen. Auch an den Wegrändern entlang können niedrige Einjährige wirkungsvoll zur Geltung kommen. Manche Sommerblumen fühlen sich übrigens im Nutzgarten besonders wohl, weil sie dort, bedingt durch wechselnde Kulturen, jedes Jahr einen neuen Standort erhalten können. Die beliebten Sommerastern *(Callistephus chinensis)* müssen unbedingt jedes Jahr an einem anderen Standort stehen, weil sonst die Gefahr sehr groß ist, dass sie sich mit der gefürchteten Asternwelke infizieren.
Einige Sommerblumen sind Zierde und Bodenverbesserer zugleich. Ringelblumen und Tagetes halten den Boden frei von Bodenälchen und schützen auf diese Weise auch die Nutzpflanzen.

Und natürlich sind auch Nutzpflanzen oft Zierpflanzen, man denke nur an Bohnen mit roten und Erbsen mit lila Blüten. Auch lassen sich etliche Sommerblumen als Gewürz oder als Grundlage für Kosmetika verwenden, die Übergänge sind also immer fließend.

Rosengärten

Rosen lassen sich hervorragend mit Stauden kombinieren und ergänzen sich mit diesen zu Traumpaaren im Beet.

Besonders historische Rosen und Strauchrosen mit einfachen oder nur locker gefüllten Blüten fügen sich dank ihrer ansprechenden Wuchsrichtung sehr gut in Staudenpflanzungen ein. Durch ihre Wuchshöhe lassen sie sich gut im mittleren und hinteren Bereich des Beetes verwenden. Auch Kletterrosen, die im Hintergrund am Zaun oder einer Mauer emporwachsen, verleihen einer Staudenpflanzung zusätzliche Fülle.
Im ländlichen Garten spielten Wildrosen wie Kartoffelrose *(Rosa rugosa)* oder die bekannte Apothekerrose (*Rosa gallica* 'Officinalis') schon immer eine wichtige Rolle. Blüten und Hagebutten wurden in der Küche und teilweise auch zu Heilzwecken verwendet. Ihre Blüten in leuchtenden Pink- und Rosatönen ergänzen sich wunderbar mit blauem Rittersporn, Akelei und Glockenblumen.

Rosenklassen

So unterschiedlich Rosen in ihrer Erscheinung sind, so unterschiedlich lassen sie sich auch im Beet verwenden. Von der hohen Wildrose für den Hintergrund bis zur zwergwüchsigen Kleinstrauchrose, mit Augenmaß eingesetzt sind sie eine Bereicherung in der gemischten Rabatte oder im formalen Beet.

Rosen mit nostalgischen Blüten betonen den romantischen Charakter dieses Beetes.

Höhere Beetrosen eignen sich am besten für den hinteren Bereich im Beet.

Die schönen Wilden Bereits ab Ende Mai können Sie sich an der Schönheit der Rose erfreuen. Dann haben die ersten Wild- und Strauchrosen ihren großen Auftritt. Den Anfang macht die chinesische Goldrose mit einer Unmenge ungefüllter primelgelber Blüten. Sie wird mit etwa zwei Metern zwar recht hoch, lässt sich aber gut in gemischte Hecken integrieren oder in den Hintergrund eines Beetes platzieren. Eine weitere sehr empfehlenswerte Wildrose ist die Bibernell- rose *(Rosa pimpinellifolia)*, zu der auch die berühmten „Frühlingsrosen" gehören, die in den 1930er-Jahren gezüchtet wurden und die auch heute nichts von ihrer Faszination verloren haben. Ihre Blütenfarben variieren je nach Sorte zwischen hellgelb und kräftig ro- sa. Auch sie werden bis zu zwei Meter hoch und fügen sich hervorragend in Hecken ein. Eine weitere Wildrose, die nicht unerwähnt bleiben darf, ist die Hechtrose *(Rosa glauca)*, die neben kleinen pinkfarbigen Blüten auch wunderschönes blaugrünes Laub besitzt. Sie lässt sich hervorragend mit dunkellaubigen Gehölzen oder als Kontrast auch mit gelblau- bigen Pflanzen kombinieren. Wildrosen blü- hen nur einmal im Jahr, dafür sehr üppig.

Alte Rosen mit viktorianischem Charme Das Thema „romantischer Gar- ten" hat in den letzten Jahren wieder stark an Bedeutung gewonnen und damit auch das Interesse an Historischen Rosen geweckt. In

Cremefarbene Rosen in Kombination mit rosa blühenden Stauden.

einem Punkt sind die Alten Rosen unschlag- bar: Sie duften köstlich! Dem Gartenfreund stehen heute speziell ausgewählte Sorten zur Verfügung, die auch im modernen Hausgar- ten ohne aufwendige Pflege gedeihen, zum beispielsweise 'Rose de Resht' mit stark duf- tenden, dicht gefüllten Blüten, deren Farbe man am ehesten mit purpurlilarot beschrei- ben könnte.

Moderne Alleskönner In den letzten Jahren hat die Rosenzüchtung riesige Fort- schritte gemacht. Für jeden Zweck steht eine große Anzahl von Sorten zur Verfügung, vom Zwerg bis zum Riesen, in nahezu allen Blü- tenfarben, mit gefüllten oder einfachen Blü- ten. Die Modernen Rosen sind dauerblühend, wüchsig und unempfindlich gegen Krankhei- ten und Schädlinge. Um dem Rosenfreund den Überblick zu erleichtern, werden sie je nach Wuchseigenschaften in verschiedene Klassen eingeteilt. Hier sollen nur die Grup- pen vorgestellt werden, die für gemischte Beete von Belang sind.

KOSMOS

TIPP

Als Alternative zu den „echten Alten Rosen" bieten sich die Engli- schen Rosen an. Auch sie zeichnen sich durch dicht gefüllte Blüten in wunderschönen Pastell- und Vio- letttönen aus, blühen aber im Ge- gensatz zu den Historischen Rosen den ganzen Sommer hindurch.

Beetrosen Beetrosen sind die idealen Kandidaten für Gruppenpflanzungen, können aber auch im Staudenbeet ihre Trümpfe ausspielen. Sie zeichnen sich durch eine eher aufrechte Wuchsform und eine kompakte Wuchshöhe von 40–70 cm aus. Es gibt Sorten mit einfachen, halb gefüllten und gefüllten Blüten in vielen pastelligen und leuchtenden Farben.

Kleinstrauch- und Bodendecker-rosen In diese Gruppe gehören Sorten mit einer Wuchshöhe bis etwa einem Meter, oft ausladend bis überhängend wachsend. Damit eignen sie sich hervorragend, um größere Flächen zu bedecken. Die weniger breit wachsenden Sorten lassen sich auch sehr gut mit Stauden und flachen Sträuchern kombinieren. Kleinstrauch- und Boden-deckerrosen sind besonders pflegeleicht, die meisten müssen nur alle paar Jahre radikal zurückgeschnitten werden. Viele Sorten werden auch wurzelecht angeboten, sodass die Rosen unterirdische Ausläufer bilden können und so nach kurzer Zeit auch größere Flächen dicht bewachsen. Etliche Sorten dieser Gruppe haben wildrosenhaften Charme und sind mit ihren einfachen bis leicht gefüllten Blüten auch bei Bienen äußerst beliebt. Die weniger flach wachsenden Sorten eignen sich aber auch hervorragend als Partner für Beetstauden.

Strauchrosen Rosen ab einer Höhe von etwa 1,20 m werden als Strauchrosen bezeichnet. Sie lassen sich einerseits gut für die Einzelstellung oder in kleinen Gruppen verwenden, andererseits geben sie gute

Kleinstrauchrosen sind robust und vielseitig verwendbar, hier zusammen mit Campanula.

Mit Kletterrosen kommt auch die dritte Dimension zur Blüte.

Stauden mit filigranen Blütenständen sind ideale Partner für Rosenblüten.

Partner für die Kombination mit Beetstauden ab. Auch die Historischen und Englischen Rosen gehören überwiegend zu dieser Gruppe.

Kletterrosen Üblicherweise in den Hintergrund von Beeten, an einer Mauer oder am Zaun gepflanzt, eignen sich Kletterrosen gut als Kulisse oder zur Raumbildung. Aber auch solitär an Obelisken oder ähnlichen Klettergerüsten sorgen Kletterrosen für einen zusätzlichen Blickfang im Beet.
Ein absoluter Klassiker ist die Verbindung rosa blühender Rosen mit Stauden in hellblauen und violetten Farbtönen. Rittersporne und Glockenblumen sind hier die Kandidaten erster Wahl. Aber auch Staudenclematis (*C. integrifolia* und *C. × durandii*) fügen sich wunderbar ein. Statt rosa blühender Rosen können Sie auch Sorten in zartgelben, cremefarbenen oder lachsrosa Tönen verwenden. Die zarten Farben werden immer miteinander harmonieren. Da Moderne Rosen bis in den Herbst hinein blühen, sollten Sie auf jeden Fall auch Stauden berücksichtigen, die im

Spätsommer und Herbst blühen. Hier bieten sich die Astern an, von den niedrigen Kissen-Astern über zahlreiche halbhohe Wildarten bis hin zu den hohen Herbst-Astern. Ihre Blüten decken alle Farben von Weiß bis zu kräftigen Rosa- und Lilatönen ab.
Weiterhin kann man sehr schöne Kombinationen mit einjährigen Sommerblumen erzielen. Gerade bei Sommerblumen können Sie Ihrer Experimentierfreude freien Lauf lassen; was nicht gefällt, wird im nächsten Jahr durch etwas anderes ersetzt.

KOSMOS TIPP

Bei allen Kombinationen sollte man unbedingt auf eines achten: Rosen wollen von ihren Nachbarn nicht bedrängt werden, daher sollten Sie die Abstände zu ihnen großzügig wählen.

Formale Gärten

Moderne Architektur verlangt nach einer formalen Gestaltung des Gartens. Streng geschnittene Hecken, die großzügige Verwendung nur weniger verschiedener Pflanzen und der gezielte Einsatz von Stein und Beton schaffen eine harmonische Beziehung zum Gebäude.

Ein kunterbunter Cottagegarten passt einfach nicht zu einem Flachdachbungalow, sodass man hier andere gestalterische Wege gehen muss. Allerdings hält das Staudenreich eine solche Vielfalt bereit, dass sich für jeden Gartenstil passende Kombinatio-

Immergrüne Formschnittgehölze bilden den formalen Rahmen für die Blütenpracht der Rosen und Sommerblumen.

nen finden lassen. Wie so oft, gilt auch hier manchmal: weniger ist mehr. Eine großzügige Verwendung nur weniger Arten ergibt häufig eine großartige Gesamtwirkung. Auch die Beschränkung auf nur wenige Farben führt meistens zu überzeugenden Ergebnissen. Gestalten Sie doch eine Gartensituation, in der nicht die verschiedenen Blütenfarben und -formen die Hauptrolle spielen, sondern das Laub in seinen unterschiedlichen Formen, Schattierungen und Texturen.

Blattschmuckstauden strahlen eine ruhige Vornehmheit aus, die gut mit moderner, schlichter Architektur harmoniert. Stauden, die im Wesentlichen durch ihre Blätter wirken, haben übrigens auch den Vorteil, dass sie während der ganzen Saison ein relativ konstantes Aussehen besitzen. Sie müssen sich keine Gedanken darüber machen, ob die Blütenfarben zu jeder Zeit zusammenpassen, ob zu jeder Zeit etwas blüht oder ob das Beet vielleicht langweilig wirkt, wenn einmal gerade nichts blüht. Steht die Wirkung

des Laubes im Vordergrund, lassen sich auch Stauden mit panaschiertem Laub, die sonst leicht problematisch in der Verwendung sind, gestalterisch überzeugend integrieren.

Stauden als Blickfang

Riesengräser und ornamentale Großstauden sind eindrucksvolle Blickfänge, ob man sie nun solitär oder in größeren Gruppen verwendet. Besonders gut eignen sie sich auch als Randbepflanzung für formale Wasserbecken. Hohe Sorten des Chinaschilfs *(Miscanthus sinensis)*, die über zwei Meter hoch wachsende Weidenblättrige Sonnenblume *(Helianthus salicifolius)* und üppige Horste des Federmohns *(Macleyana cordata)* kommen hier in solitärer Verwendung besonders gut zur Geltung. Und sogar mit Buchs umsäumte Beete, wie auch im Bauerngarten üblich, bekommen einen ganz anderen Charakter, wenn sie statt mit bunten Sommerblumen mit ausdrucksvollen Gräserkombinationen bepflanzt werden.

EXTRA

Blattfarben und -texturen

Obwohl bei der Auswahl der Beetpflanzen sicherlich vor allem Blütenfarben die Hauptrolle spielen, sollte auch der Beitrag von Laubfarben und -strukturen nicht unterschätzt werden. Das Laub ist während der ganzen Vegetationsperiode sichtbar, während bei den meisten Pflanzen die Blütezeit nur einen begrenzten Zeitraum abdeckt.

Allein die in der Natur vorkommenden Grüntöne sind zahllos, vom tiefdunklen Grün etwa einer Eibenhecke bis zum zarten Hellgrün frisch austreibender Farne oder Funkien. Das Blattgrün vieler Pflanzen verändert sich auch im Laufe des Jahres. Meist wird es mit der Zeit dunkler. Ein

hoher Anteil Grün im Beet wirkt beruhigend und vermittelnd, auch zwischen problematischen Blütenfarben, die sonst disharmonisch aufeinandertreffen würden.

Neben den Blattfarben haben die Texturen einen entscheidenden Einfluss auf die Gesamtwirkung von Pflanzen. Großes ungeteiltes Laub wirkt dominant und kräftig, während fein gefiedertes Laub der Pflanze ein graziles und luftiges Aussehen gibt. Glattes Laub wiederum wirkt völlig anders als stark behaartes oder runzeliges. Schon wenige Pflanzen mit markantem, großflächigem Laub zwischen fein texturierten Gestalten verleihen einer Rabatte Spannung.

Besondere Gärten

Stadtgärten sind oft so klein, dass sich die Anlage von Rasen und Beeten kaum lohnt. Machen Sie doch aus der Not eine Tugend und legen Sie einen Patiogarten oder auch Gartenhof an.

Kleine Innenhöfe

Für einen Innenhof bietet es sich an, die gesamte Fläche mit Steinplatten oder Pflasterklinkern auszulegen. Auf diese Weise erhalten Sie eine großzügige Terrasse, die von Wänden bzw. Mauern umgeben ist. In dem günstigen Mikroklima entwickeln sich mediterrane Kübelpflanzen besonders gut. Typisch für diesen Stil sind erdige Farben, sowohl an Wänden und Böden als auch im

textilen Bereich. Dazu kommen farbenfrohe Stoffdessins, die den Arbeiten der Indianer entlehnt sind.

Raffinierte Pflanzenideen   Bei der Bepflanzung kommen vor allem Kakteen und sukkulente Pflanzen zum Einsatz, die durch sparsam eingesetzte Blütenpflanzen ergänzt werden. Aloen und Agaven kann man in schlichte Terracottatöpfe pflanzen und einzeln oder in kleinen Gruppen aufstellen. Bizarr, aber sehr reizvoll sind auch Kakteen. Einige Arten sind frosthärter als allgemein bekannt, zum Beispiel viele Opuntien *(Opuntia)*, die wegen ihrer Wuchsform auch als Ohrenkakteen bekannt sind. Weiterhin passen auch Yuccas gut ins Konzept, von denen es stammbildende Arten gibt und solche, die Blattrosetten direkt über der Erde ausbilden. Letztere sind in der Regel völlig winterhart und schieben im Sommer kräftige Stängel mit Trauben weißer Glockenblüten aus den Rosetten hervor. Für die nötige Farbe im Sommer sorgen Töpfe mit einjährigen Blütenpflanzen. Einen schönen Kontrast zu den derben Kübelpflanzen bilden filigrane Steppenblumen, zum Beispiel Bartfaden *(Penstemon*-Hybriden), Mädchenauge *(Coreopsis tinctoria)* und Sommerfuchsie *(Clarkia pulchella)*, die Sie bunt gemischt in Kästen und Töpfe pflanzen können. Sehr hübsch sehen auch Kästen aus, in denen große Mengen des Kalifornischen Goldmohns *(Eschscholzia californica)* teppichartig blühen.

Blumengarten im Kübel   Viele Stauden eignen sich nicht nur für die Verwendung im Beet, sondern präsentieren sich auch in dekorativen Töpfen und Kübeln von ih-

Gartenhof mit Hochbeet und Mauern, die mit Blauregen überwachsen sind.

rer besten Seite. Besonders geeignet für die Topfkultur sind die zahlreichen alpinen Zwergstauden, die im Steingarten von kräftigeren Vertretern überwachsen und verdrängt würden. Sie finden in Töpfen und Trögen den perfekten Lebensraum. Viele Polsterstauden haben ihre Schwierigkeiten mit der in Mitteleuropa herrschenden winterlichen Dauerfeuchtigkeit. Pflanzt man sie in Töpfe, können sie im Winter ganz leicht an einen Standort gestellt werden, der von Niederschlägen nicht erreicht wird, zum Beispiel unter einen Dachvorsprung. Ebenso lassen sich viele nicht zuverlässig winterharte Halbsträucher wie Rosmarin *(Rosmarinus officinalis)* aus dem Mittelmeerraum besser in Töpfen kultivieren.

Auch viele Beetstauden halten es etliche Jahre in Kübeln und Töpfen aus, wenn sie regelmäßig gegossen und gedüngt werden. Die beliebten Funkien *(Hosta)* können hier ihr dekoratives Laub besonders gut zur Schau

Schmale, schattige Stadtgärten werden durch viel Grün aufgewertet. Blühende Kübelpflanzen geben zusätzlich Farbe.

stellen und sind gleichzeitig vor Schnecken geschützt. Sehr schön wirken sie in kleinen Gruppen mit unterschiedlichen Blattfarben und -formen.

EXTRA

Blühender Mini-Teich

Auch im kleinen Garten ist es möglich, einen Teich anzulegen. Bereits 1–2 m² reichen aus, um ein kleines Biotop mit Sumpf- und Wasserpflanzen zu schaffen.

Doch selbst wer im Garten keinen Platz für einen Teich hat, muss nicht auf ihn verzichten. Auf der Terrasse lassen sich leicht Mini-Teiche in wasserdichten Kübeln anlegen, in denen sogar kleine Wasserpflanzen Platz finden. Gefäße, die mindestens 50 Liter Wasser fassen, sind dafür geeignet. Für die Pflanzenauswahl gilt: weniger ist mehr. In einem vollkommen zugewucherten Mini-Teich bekommen die Pflanzen schnell zu wenig Sauerstoff, die Wurzelballen beginnen zu faulen. Eine einzelne schwachwüchsige Seerose (zum Beispiel *Nymphaea tetragona*) reicht voll und ganz aus.

Lassen Sie sich in Ihrer Gärtnerei beraten, welche Sorten sich am besten eignen. Einige Sorten kommen schon mit einer Wassertiefe von 30 cm zurecht.

Am besten werden die Wasserpflanzen einzeln in Körbe gepflanzt und dann eingesetzt. Auf diese Weise wird auch das Substrat nicht so leicht aus den Wurzelballen geschwemmt. In flachere Teiche und Gefäße lassen sich gut kleine Gruppen von Sumpfpflanzen einsetzen. Zu dieser Gruppe gehören die heimische Sumpf-Schwertlilie *(Iris pseudacorus)*, Pfeilkraut *(Sagittaria sagittifolia)*, Tannenwedel *(Hippuris vulgaris)* und die Sumpf-Dotterblume *(Caltha palustris)*. Alle genannten Arten gedeihen am besten in einer Wassertiefe von dauerhaft 5–10 cm.

Mediterrane Gärten

Lassen Sie sich durch Reisen in den Mittelmeerraum inspirieren und vom südländischen Lebensstil beeindrucken. Auch die Mittelmeerküche mit ihren zahlreichen aromatischen Kräutern gehört inzwischen zum festen Bestandteil mitteleuropäischer Lebensart.

Zu den Pflanzen, die das gewünschte „Mittelmeerfeeling" vermitteln, gehören all die Würzkräuter und Aromapflanzen, die für die mediterrane Küche so prägend sind. Sie zeichnen sich in der Mehrzahl durch silbriges oder graues Laub aus, das bei der kleinsten Berührung aromatisch duftet. Große, weiche Blätter sind die Ausnahme, denn die Pflanzen müssen im Sommer mit viel Sonne, Hitze und längeren Trockenperioden zurechtkommen. Aus diesem Grund sind ihre Blätter klein, damit nicht zu viel Wasser verdunstet wird, und oft auch mehr oder weniger behaart, denn so wird die Sonnenstrahlung ein wenig gefiltert. Mittelmeerstauden sind also für vollsonnige, warme Plätze, zum Beispiel an der Terrasse, bestens geeignet.

Klassiker Ein mediterranes Beet könnte zum Beispiel folgendermaßen aussehen: Im Vordergrund blüht duftender Lavendel *(Lavandula angustifolia)* in kräftigem Lilablau, der von rosa Dost *(Origanum vulgare)* ergänzt wird. Auch Silber-Ehrenpreis *(Veronica spicata* ssp. *incana)* ist für eine flache Vorpflanzung gut geeignet. Etwas höher wird Katzenminze *(Nepeta × faassenii)*, besonders die kräftig wachsende Sorte 'Six Hills Giant'. Leuchtendes Purpurrosa bringt die Vexiernelke *(Lychnis coronaria)* ins Beet. Wunderbares weich behaartes Laub hat das Brandkraut *(Phlomis russeliana)*, das sich im Juni und Juli mit quirlförmig angeordneten hellgelben Lippenblüten schmückt. Kommen zu dieser sanften Farbsinfonie noch Spornblumen *(Centranthus ruber)* und Kugeldisteln *(Echinops ritro)* mit ihren stahlblauen Blütenkugeln dazu, ist das Sonnenbeet mit mediterranem Flair perfekt.

Viele sommerblühende Zwiebelblumen sind eine schöne Ergänzung zu silberlaubigen Stauden. Besonders die duftende Madon-

Gemütlicher Sitzplatz inmitten von Lavendel und mediterranen Kübelpflanzen.

In einem geschützten, sonnigen Hof gedeihen mediterrane Pflanzen prächtig.

Mit eingesenktem Kübel wirkt dieses Zitrusbäumchen so, als ob es im Boden wächst.

Eine wärmespeichernde Mauer bietet empfindlichen Pflanzen gute Bedingungen.

nenlilie *(Lilium candidum)* mit ihren schnee-
weißen Trichterblüten ergänzt sich gut mit
Lavendel & Co., aber auch viele Sorten, deren kugelige Blütenstände über den Stauden
schweben.

Duftgärten

Manchen Blüten entströmt erst in den
Abendstunden ein köstlicher Duft. Auffallend
ist, dass es sich dabei meist um weiße oder
sehr helle Blüten handelt. Sie locken durch
Duft und Farbe Nachtfalter zur Bestäubung
an. Zu dieser Gruppe gehören Nachtviole
(Hesperis matronalis), Zier-Tabak *(Nicotiana)*,
aber auch zahlreiche Trichterlilien *(Lilium-*
Hybriden). Unter den Sommerblumen finden

sich übrigens besonders viele duftende
Arten, mit denen auch Staudenbeete „auf-
gefüllt" werden können. Einen wunderbaren
Duft verströmen beispielsweise schon wenige Exemplare des polsterförmig wachsenden
Duftsteinrichs *(Lobularia maritima)*, der im
Vordergrund eines jeden Beetes noch ein
Plätzchen findet.
Einen wahren Duftrausch können Sie erzeugen, wenn Sie duftende Rosen mit solchen
Einjährigen kombinieren. Besonders die
Historischen Rosen aus der Gruppe der Gal-
lica- und Alba-Rosen betören durch ihre unterschiedlichen, meist sehr würzigen Blüten-
düfte. Ihr strauchförmiger, eleganter Habitus
und ihre sanften Blütenfarben harmonieren
hervorragend mit Levkojen *(Mattiola incana)*,

Katzenminze und Mohn erinnern an wogende Blumenfelder in der Provence.

Oleander gibt es in vielen Farben und mit einfachen oder gefüllten Blüten.

Heliotrop *(Heliotropum arborescens)* und Bartnelken *(Dianthus barbatus)*. Bartnelken sind Zweijährige, die im Mai/Juni des folgenden Jahres nach der Aussaat blühen, es gibt aber inzwischen auch Sorten, die bereits im ersten Sommer blühen, wenn sie zeitig ausgesät werden.

Kräutergärten

Um immer genügend frische Kräuter für die Küche parat zu haben, lohnt sich die Anlage eines speziellen Kräuterbeetes in Hausnähe, zum Beispiel an der Terrasse. Wenn die Terrasse groß genug ist, können Sie das Beet auch dort integrieren, indem Sie einige Platten herausnehmen und polsterförmig wachsende Kräuter wie Thymian *(Thymus vulgaris)*, Quendel *(Thymus pulegioides)* und Berg-Bohnenkraut *(Satureja montana)* hineinsetzen. Diese trockenheitsverträglichen Kräuter fühlen sich zwischen den Steinplatten, die reichlich Wärme abstrahlen, sehr wohl. Wählen Sie als Platz am besten einen Randbereich auf der Terrasse, der nicht direkt am Hauptdurchgangsweg liegt. Nicht winterharte Arten pflanzt man in Kübel.

Auf Trockenmauern wächst duftender Thymian zu großen Polstern heran.

Pflanzen & Pflegen

Auch wenn die Pflanzung im Garten sorgfältig geplant und durchgeführt wurde, benötigen Stauden, Gehölze und Sommerblumen ein Mindestmaß an Pflege, um sich in ihrer ganzen Schönheit zu präsentieren. Mit dem nötigen Praxiswissen erfreuen Sie sich das ganze Jahr an üppig blühenden Pflanzen.

Standort

*Von der Umwelt vorgegebene Standort-
faktoren lassen sich nur begrenzt beeinflussen. Liegt das Beet in der Sonne oder
im Schatten? Wie feucht ist der Boden?
Ist er sehr durchlässig oder neigt er zur
Staunässe? Wie kalt kann es im Winter
werden?*

Standort bestimmen

All dies sind Fragen, die bei der Auswahl und
Zusammenstellung der Pflanzen eine wichti-
ge Rolle spielen sollten. So macht es wenig
Sinn, sonnenhungrige Prachtstauden im

tiefen Schatten zu pflanzen, womöglich noch
im Bereich des Wurzeldrucks hoher Gehölze.
Andererseits verkümmern viele Schattenstauden in voller Sonne; sie leiden unter zeit-
weiliger Trockenheit und ihre oft dekorativen
Blätter verbrennen unter der starken Strah-
lungseinwirkung.

Sonne oder Schatten

Für jeden Standort gibt es die passende
Pflanze. Während Prachtstauden auf der heißen Trockenmauer schnell zugrunde gehen,
fühlen sich Trockenheit liebende Polsterstau-

Nur wenn der Standort zusagt, gedeihen
Pflanze wie diese Schattenstauden üppig.

den und silberlaubige Halbsträucher hier am wohlsten. Staudenriesen mit wuchtigem Blattwerk brauchen unbedingt frischen Boden, sind aber wenig wählerisch, was die Lichtverhältnisse angeht. Und die meisten Pflanzen kommen an Standorten gut zurecht, wenn sie zumindest die überwiegende Zeit des Tages Sonnenlicht erhalten.

Sonne   Als sonnig werden Standorte bezeichnet, die fast den ganzen Tag besonnt sind. Die meisten Prachtstauden und Sommerblumen bevorzugen einen sonnigen Standort, benötigen dabei aber eine ausreichende Bodenfeuchtigkeit. Auch Steppenstauden, viele Gräser und sommerblühende Zwiebelblumen brauchen einen sonnigen Standort, kommen aber auch mit weniger Feuchtigkeit zurecht.

Halbschatten   Als halbschattig werden Standorte bezeichnet, die mindestens die Hälfte des Tages im Schatten liegen. Die schattigen Tagesabschnitte können durch Gebäude, hohe Gehölze oder Ähnliches verursacht werden. Günstig ist es, wenn der Standort am Mittag im Schatten liegt, während er morgens und/oder abends besonnt wird. Hier gedeihen auch Pflanzen, die einen schattigen Standort bevorzugen und bei zu starker Besonnung mit Blattschäden reagieren. Ansonsten kommen auch viele klassische Beetstauden mit zeitweisem Schatten zurecht.

Schatten   Als schattig werden Standorte bezeichnet, die fast den ganzen Tag ohne direktes Sonnenlicht sind. Auch für solche Standorte gibt es genügend geeignete Pflanzen. Man muss sich nur in der Natur umschauen und sieht, dass auch in dunklen Waldbereichen der Waldboden voller Pflanzenleben ist. Etliche Wildstauden wurden züchterisch bearbeitet, sodass sie einen

höheren Zierwert haben. Sie haben zwar nie so prächtige Blüten wie die klassischen Beetstauden, dafür sind sie oft von besonders zartem Reiz, und viele besitzen dazu noch dekoratives Laub.

Bedingungen annehmen

Eine Verbesserung des Bodens ist in vielen Fällen zumindest in Maßen möglich, allerdings wird man aus Sandboden mit hohem Kalkgehalt nie einen sauren, humosen Waldboden zaubern können. Es ist also sinnvoll, die Pflanzenauswahl den Gegebenheiten anzupassen und nicht gegen die Natur zu arbeiten.

Eine Bodenverbesserung ist in Grenzen immer möglich und auch sinnvoll, denn die meisten, oft stark züchterisch bearbeiteten Blütenpflanzen benötigen einen sorgfältig vorbereiteten und gut mit Nährstoffen versorgten Boden, um sich dauerhaft gut zu entwickeln. Doch auch für problematische Standorte steht uns eine ausreichende Anzahl attraktiver Pflanzen zur Verfügung, die ihre Stärken sogar erst unter diesen besonderen Bedingungen voll ausspielen.

Um die Auswahl der richtigen Pflanzen für den richtigen Standort zu erleichtern, ist zumindest für den Bereich der Stauden ein System entwickelt worden, bei dem diese verschiedenen Lebensbereichen zugeordnet werden. Inzwischen ist dieses System in die meisten Staudenkataloge eingearbeitet und bietet dem Gartenbesitzer eine wertvolle Orientierungshilfe bei der Auswahl der geeigneten Pflanzen. Allerdings sollte man die Zuordnung auch nicht allzu streng handhaben, denn viele Stauden kommen nicht nur mit einem Standort gut zurecht, sondern durchaus auch mit ähnlichen Bedingungen. So gedeihen viele Prachtstauden ohne Weiteres, und Schattenstauden wie Astilben vertragen Sonne, wenn der Boden feucht genug ist.

Der Boden

Guter, ausreichend mit Nährstoffen versorgter Boden ist die Voraussetzung für dauerhaft schöne Beete mit gesunden Stauden, Sommerblumen und Gehölzen.

Zum Glück haben nicht alle Pflanzen dieselben Ansprüche an die Qualität des Bodens, denn auch in der Natur sind die Gegebenheiten unterschiedlich und die Pflanzen haben sich an die Bedingungen angepasst. So wie Pflanzen sonnige oder schattige Standorte bevorzugen, gedeihen die einen auf schweren, eher feuchten Böden, andere dagegen benötigen gut durchlässigen Boden und kommen auch mit weniger Nährstoffen aus.

In gewissen Grenzen ist es allerdings immer möglich, Bodenverbesserungen vorzunehmen, etwa schweren Boden durchlässiger zu machen oder leichten Sandboden mithilfe von organischem Material mit Nährstoffen zu versorgen.

Bodenanalyse

Um Aufschluss über den Zustand des Bodens im Garten zu erhalten, lohnt es sich, diesen gründlich zu analysieren, um dann gegebenenfalls die erforderlichen Verbesserungsmaßnahmen durchzuführen. Einen ersten Eindruck kann man schon mithilfe der sogenannten Fingerprobe erhalten. Dazu

Feinkrümelig und dunkel, dieser humusreiche Boden ist ideal für fast alle Blumen.

Eine pH-Analyse gibt einen ersten Eindruck über den Säuregehalt des Bodens.

entnimmt man eine Handvoll Erde, knetet diese gut durch und reibt sie dann zwischen Daumen und Zeigefinger hin und her.

➤ Sand knirscht beim Reiben stark und fällt sofort auseinander.

➤ Lehmiger Sand fühlt sich rau an und knirscht, lässt sich aber zur Kugel rollen.

➤ Sandiger Lehm fühlt sich rau und stumpf an, knirscht nur sehr schwach, lässt sich gut rollen und fällt auch beim Biegen nicht auseinander.

➤ Lehm ist glatt und stumpf, lässt sich leicht ausrollen und ist biegsam.

➤ Toniger Lehm ist gut ausrollbar und biegsam, glänzt schwach und klebt leicht an den Fingern.

➤ Ton ist ganz glatt, stark klebrig und glänzt fettig. Er ist sehr gut ausrollbar und biegsam.

Lupinen wachsen mit ihren kräftigen Wurzeln auch durch verdichtete Bodenschichten.

Bodenverbesserung

Nachdem der Boden im Garten analysiert wurde, sollte er sorgfältig vorbereitet werden, um den Pflanzen einen dauerhaften Lebensraum geben zu können.

Bodenverdichtungen   Stauden und Sommerblumen durchwurzeln den Boden bis zu einer Tiefe von etwa 40 cm, Gehölze im Zuge ihres stetigen Wachstums auch wesentlich tiefer. Häufig sind Böden aber gerade in diesem Bereich stark verdichtet, zum Beispiel in Neubaugebieten durch den Einsatz von schweren Baumaschinen, in ländlichen Gegenden auch durch jahrelange Nutzung als Kuh- oder Pferdeweiden. Um den Boden wieder lockerer und damit für die Pflanzen durchwurzelbar zu machen, muss zunächst tiefgründig gelockert werden. Dazu wird er mit dem Spaten oder einer Grabegabel grobschollig umgegraben. Am besten erledigt man diese Arbeit im Herbst, sodass im Winter durch den Frost eine krümelige

Struktur entsteht. Gerade bei schweren Böden hat sich doppeltes Umgraben, das sogenannte Rigolen, bewährt, bei dem die Erde zwei Spaten tief umgegraben wird. Dabei geht man folgendermaßen vor: Die Fläche wird in ca. 50 cm breite Reihen unterteilt. Die erste Reihe wird zwei Spaten tief ausgehoben, der Aushub wird an der Seite abgelegt. Als Nächstes kommt der Aushub der zweiten Reihe in den Graben der ersten Reihe. Wegen der doppelten Spatentiefe des Grabens gelangt die obere Bodenschicht nun in den unteren Bereich, die untere hingegen in den oberen. Auf diese Weise arbeitet man sich Reihe für Reihe bis zum Ende der Fläche vor. In den letzten Graben füllt man dann den Aushub des ersten Grabens ein. Auf diese Weise gelangt die obere Bodenschicht samt Grasnarbe und Unkräutern nach unten. Den meisten Unkräutern wird auf diese Weise die Grundlage für weiteres Wachstum entzogen. Vor allem die Samen der Einjährigen liegen jetzt zu tief, um erfolgreich keimen zu können.

Die Pfahlwurzeln des Löwenzahns sind nicht einfach aus der Erde zu ziehen.

Beim Umgraben lassen sich verschiedenste Wurzelunkräuter leicht mit entfernen.

Wilder Senf durchwurzelt schwere Böden und lockert sie auf.

Wurzelunkräuter

Schon beim Umgraben sollte man Wurzelunkräuter wie Quecke, Giersch und Ackerwinde sorgfältig herausziehen und auch jedes noch so kleine Wurzelstückchen aufsammeln. Diese Arbeit ist mühsam, aber nur so ist gewährleistet, dass diese lästigen Unkräuter wirklich dauerhaft verschwinden. Es ist nicht ratsam, die Fläche gleich nach der ersten Unkraut-Entfernung zu bepflanzen, denn erfahrungsgemäß bleiben trotz aller Sorgfalt immer einige Wurzelstückchen im Boden. Graben Sie regelmäßig alle neuen Triebe aus, bis der Boden wirklich unkrautfrei ist. Sehr wirkungsvoll ist es auch, die Fläche einige Monate lichtundurchlässig abzudecken, um die Unkräuter regelrecht auszuhungern. Dazu verwendet man am besten dicke Schichten Zeitungspapier, die überlappend und lückenlos auf dem zukünftigen Beet ausgelegt werden. Damit sie nicht wegfliegen, kann man sie mit Steinen oder einer dünnen Schicht Erde beschweren. Schwarze Folie eignet sich hierfür auch, hat aber den Nachteil, dass sie keine Niederschläge durchlässt, was für das Bodenleben nicht unbedingt förderlich ist. Die Abdeckung sollte möglichst lange, mindestens aber 4–5 Monate auf der Fläche verbleiben. Heben Sie sie zwischendurch an einigen Stellen leicht an, so können Sie sehen, ob Triebe zu sehen sind, die sich bis zur Oberfläche emporgekämpft haben. In diesem Falle sollte die Abdeckung noch länger liegen bleiben.

pH-Wert

Die meisten Stauden, Gehölze und Sommerblumen bevorzugen einen mehr oder weniger neutralen Boden um einen pH-Wert von 6,5 bis 7. Nur wenige Arten sind auf besonders kalkhaltigen oder sauren Boden angewiesen und werden mit Partnern zusammenge-

pflanzt, die die gleichen Ansprüche haben. Den pH-Wert des Bodens kann man recht einfach mit speziellen Teststreifen feststellen, die in Gartencentern und Fachgeschäften erhältlich sind.

Bei zu saurem Boden können Sie Kalk zugeben. Dieser sollte 2–3 Wochen vor einer organischen Düngergabe aufgebracht werden. Bei zu kalkreichem Boden hilft eine Einarbeitung von Laub- und Nadelkompost. Auch aufgebrachter Rindenmulch senkt den pH-Wert des Bodens ab.

Gründüngungspflanzen

Boden	Verbesserung durch
Schwerer Tonboden	Ackersenf
Nasser Boden	Ölrettich
Sandboden	Phacelia
Trockener Boden	Phacelia, Blaue Lupine
Saurer Boden	Gelbe Lupine, Buchweizen

Gründüngung für lockeren Boden

Zusätzlich zur Bodenlockerung durch Muskelkraft ist eine Gründüngung nützlich. Sie bietet gleich mehrere Vorteile: Die Bodenstruktur wird verbessert, der Boden wird mit reichlich organischem Material angereichert, die Wurzeln der Gründüngungspflanzen brechen Verdichtungen weiter auf, das Bodenleben wird aktiviert, da die zahlreichen Mikroorganismen „Futter" erhalten, und die geschlossene Pflanzendecke unterdrückt aufkeimendes Unkraut (empfehlenswerte Pflanzenarten siehe Tabelle oben rechts).

Rasen

Im Handel gibt es verschiedene Rasenmischungen, die sich je nach Zusammensetzung für unterschiedliche Einsatzgebiete eignen.

Rasenmischungen

Die am häufigsten verwendeten Gräser in den Mischungen sind: Straußengras *(Agrostis)*, Schwingel *(Festuca)*, Weidelgras *(Lolium)* und Rispengras *(Poa)*. Je nach Anteil der einzelnen Gattungen wird der Rasen zum Bei-

Perfekt gepflegter Rasen als Weg in der Mitte einer doppelten Rabatte.

spiel mehr oder weniger strapazierfähig oder ist auch für schattige Plätze geeignet.
Gängige Bezeichnungen für die Rasenmischungen im Handel und ihre Eigenschaften sind der Tabelle zu entnehmen.
Eine gründliche Bodenvorbereitung bei der Anlage einer Rasenfläche lohnt sich auf jeden Fall, denn so ist gewährleistet, dass später die Graswurzeln auch in die unteren Schichten vordringen können. Außerdem kann auch Regenwasser besser und gleichmäßiger versickern. Im Sommer müssen Sie also in Trockenzeiten nicht sofort zum Gartenschlauch greifen. Optimal für die Rasensaat ist ein gut mit Nährstoffen versorgter Oberboden mit einem pH-Wert von etwa 5,5 bis 6,5. Falls der pH-Wert Ihres Bodens erheblich zu niedrig ist, sollten Sie reichlich Kalk einarbeiten.
Schweren Lehmboden können Sie mit Sand und gut verrottetem Kompostmaterial mischen, um ihn durchlässiger zu machen. Auch bei magerem Sandboden kann eine reichliche Kompostgabe Wunder bewirken.

Gesunder Rasen

Um schön gleichmäßig und üppig wachsen zu können, benötigt der Rasen auch Nährstoffe. Sie können schon vor der Einsaat dafür sorgen, dass er gute Startbedingungen erhält. Sehr bewährt hat sich getrockneter Rinderdung. Davon benötigen Sie etwa 120–150 Liter auf 100 m². Sie können auch speziellen Rasendünger verwenden, der in seiner Zusammensetzung genau auf den Nährstoffbedarf des Rasens abgestimmt ist. Die Dosierung steht jeweils auf der Packung. Den Dünger wie auch den Dung sollten Sie

Vor der ruhigen grünen Kulisse des Rasens leuchten die bunten Blüten noch intensiver.

Rasenmischungen

Rasentyp	Eigenschaften
Sport- und Spielrasen	strapazierfähig, belastbar, von der Optik eher grob, ideal für Familiengärten
Allzweckrasen	in Maßen strapazierfähig, verträgt auch Trockenheit
Zierrasen	sehr gleichmäßig, nicht sehr beanspruchbar, häufiges Mähen erforderlich
Schattenrasen	gleichmäßiger Wuchs auch im Schatten, nicht sehr belastbar
Schotterrasen	verträgt Trockenheit und Fahrzeugbelastung bei entsprechendem Untergrund

gleichmäßig in die oberste Bodenschicht einarbeiten. Nachdem der Boden nun gut vorbereitet ist, müssen Sie die Einsaatfläche gut einebnen. Nur so kann die Grassaat gleichmäßig keimen. Nehmen Sie dazu einen breiten Rechen mit geraden Zinken und ziehen Sie damit langsam über die Oberfläche. Es sollte eine feinkrümelige Struktur entstehen. Kleine Steine, Erdklumpen und Wurzelstücke werden dabei noch herausgesammelt. Letzte Unebenheiten und Löcher können Sie mit der Rückseite der Harke ausgleichen oder abschließend noch mit Rasensand entsprechend nachbessern.

In Quadrate eingeteilt lässt sich die benötigte Menge Rasensaat schnell berechnen.

Einsaat

Für einen Quadratmeter benötigen Sie ca. 20–40 g Samen. Sie können von Hand säen, was bei kleineren Flächen bis ca. 200 m² auch ohne Probleme möglich ist. Bei größeren Flächen empfiehlt sich eine kleine Saatmaschine zum Schieben, bei der die Grassamen gleichmäßig und in der richtigen Menge bei der Vorwärtsbewegung herausfallen. Solche Maschinen können Sie sich tageweise ausleihen.

Nach der Einsaat kommt wieder die Harke zum Einsatz. Harken Sie die Saat ganz vorsichtig unter, sodass sie etwa einen halben Zentimeter mit Erde bedeckt ist. Danach ist es empfehlenswert, die Fläche noch zu

EXTRA

Wiesenbeete

Auf ganz eigene Art werden Gräser und Stauden kombiniert, wenn die Pflanzung einer natürlichen Blumenwiese nachempfunden werden soll. Dabei wird auf sehr hohe und dominante Arten und Sorten verzichtet. Alle verwendeten Pflanzen haben eine ähnliche Höhe und stehen mehr oder weniger gleichberechtigt nebeneinander. Ein Wiesenbeet ist aber trotzdem keine Blumenwiese und wird auch nicht wie diese im Sommer gemäht, sondern benötigt, wie auch die Rabatte, regelmäßige Pflege. Allerdings müssen Sie nicht in gleichem Maße regulierend eingreifen, Stauden teilen und neu pflanzen oder hohe Exemplare stützen. Verwenden Sie möglichst Wildformen oder Züchtungen, die den Wildformen in ihrem Habitus noch nahestehen, also ungefüllte, eher kleine Blüten besitzen. Wenn man eine Wiese in der Natur betrachtet, fällt auf, dass die einzelnen Arten meist in kleinen oder größeren Beständen zusammen wachsen, also quasi Inseln bilden, die unregelmäßig verteilt sind. Auch bei der Planung eines Wiesenbeetes sollte man solche

Gruppierungen vornehmen, wobei die einzelnen Gruppen sanft ineinander übergehen sollten. Am besten ist es, wenn man bei der Auswahl der Pflanzen darauf achtet, dass alle in etwa eine gleich starke Vitalität besitzen, damit nicht einige wenige nach kurzer Zeit dominieren.

walzen oder mit Trittbrettern zu befestigen. Diese Bretter können Sie auch leicht selbst herstellen. Nehmen Sie dazu zwei Bretter mit den Maßen 20 × 40 cm, an die Sie elastische Bänder tackern, mit denen Sie sich diese um die Stiefel schnallen können. Damit treten Sie die Fläche gleichmäßig fest.

Regelmäßiges Wässern Bis die Rasen-saat aufgekeimt ist, darf der Boden niemals austrocknen. Wässern Sie daher regelmäßig, aber nicht zu stark, damit die Samen nicht wieder herausgespült werden. Nach etwa 4 Wochen sind alle Samen gekeimt. Auch dann sollten Sie in Trockenzeiten immer wäs-sern. Wenn der Rasen etwa 10 cm hoch ist, wird er zum ersten Mal gemäht. Die Schnitt-höhe sollte etwa 5 cm betragen. Ab jetzt ist er auch in Maßen begehbar. Nach dem zweiten Schnitt 3–4 Wochen später ist Ihr grüner Teppich fertig! Nun können Sie auch Gartenmöbel daraufstellen.

Rollrasen

Bis ein sattgrüner Rasen aus Saat herange-wachsen ist, vergehen einige Monate. Wer nicht so lange warten möchte, kann sich für Rollrasen entscheiden. Dieser Fertigrasen wird auf großen Flächen vorgezogen und über mehrere Monate gepflegt, bevor er abgeschält und als Rollrasen in Bahnen ver-kauft wird.
Es gibt spezielle Erntemaschinen für Rollra-sen, die den Rasen in den passenden Stü-cken ausschneiden und aufrollen. Fertigra-sen kommt bereits dicht und ausgewachsen an und lässt im Handumdrehen eine durch-gehende Rasenfläche entstehen.
Das Verlegen von Rollrasen ist wirklich für je-den Gartenbesitzer einfach selbst auszufüh-ren und lohnt sich besonders für kleine Flä-chen. Bereits nach wenigen Wochen sind die Rasenrollen festgewachsen und belastbar.

1.
Nach der Anlieferung bzw. der Abholung Ihres neuen Rollrasens sollten im Idealfall wenige Stunden bis zum Verlegen verge-hen.

2.
Beginnen Sie an einer geraden Rasenkante, z. B. der Terrasse oder dem Zaunfundament, mit der Verlegung.

3.
Die Kanten der einzel-nen Bahnen müssen dicht aneinanderlie-gen, dürfen sich aber nicht überlappen.

4.
Die einzelnen Bahnen werden versetzt zuei-nander verlegt, damit keine Kreuzfugen ent-stehen.

5.
Zum Schluss die Rän-der der Bahnen gut andrücken, um ein schnelles Anwachsen zu unterstützen. Gut angießen und regel-mäßig bewässern.

Beete anlegen

Beete, ob Staudenbeete, gemischte Rabatten oder bunte Sommerblumen-pflanzungen, spielen eine wichtige Rolle im Gesamtkonzept Garten. Gut geplante Beete sind über einen langen Zeitraum im Jahr attraktiv.

Für dauerhaft schöne Beete mit gesunden Pflanzen ist eine gründliche Vorbereitung der Pflanzfläche wichtig. Bodenverbesserung, evtl. eine Gründüngung und die konsequente Entfernung aller Wurzelunkräuter gehören zu den wichtigsten Maßnahmen, bevor Sie mit dem Pflanzen beginnen können. Auch über Form, Größe und Lage der Beete sollten Sie sich vorher detaillierte Gedanken machen.

Geschwungene Beetränder fügen sich natürlich in die Rasenfläche ein.

Überlegungen vorweg

Für eine gestaffelte Pflanzung mit höheren Stauden oder Gehölzen im Hintergrund muss ein Beet eine Mindesttiefe besitzen. Daneben sollte aber noch genügend Platz für einen Weg oder eine entsprechende Rasenfläche vorhanden sein, damit man das Beet auch aus einem angemessenen Abstand betrachten kann. Soll ein Beet vor einer vorhandenen Hecke angelegt werden, müssen Sie eventuell eine Wurzelsperre zwischen Beet und Hecke setzen, damit die Staudenwurzeln nicht von den Gehölzen bedrängt werden. Oft ist es auch sinnvoll, einen schmalen Streifen vor der Hecke frei zu lassen, damit man für Pflegearbeiten besser an den hinteren Bereich des Beetes gelangt.
Bestehen im Garten Höhenunterschiede, können terrassenförmig angelegte Beete mit Abstützungen aus Mauern oder Palisaden eine Lösung sein.

Pflanzen

Nachdem das Beet entsprechend vorbereitet ist, können Sie mit dem Pflanzen beginnen. Stellen Sie die Pflanzen, die sich zumeist in Töpfen befinden, neben das Beet. Falls Sie vorher einen Pflanzplan erstellt haben, übertragen Sie die vorgesehenen Abschnitte mit Sand auf das Beet. Sie können auch die Töpfe nach dem Pflanzplan arrangieren, natürlich nicht im vorgesehenen Abstand, sondern dichter zusammen. Auf diese Weise haben Sie die Pflanzen gleich in der richtigen Reihenfolge parat. Nachdem die genaue Anordnung der Pflanzen feststeht, legen Sie sie an die vorgesehenen Stellen im Beet. Wenn Sie

Sommerblumen oder Stauden in Gruppen zusammenpflanzen, verteilen Sie die Exemplare gleichmäßig, aber nicht in regelmäßiger Anordnung, wie zum Beispiel in Quadraten, sondern in dynamischen Umrissen wie Nieren oder länglichen Ovalen. Nach der Verteilung nehmen Sie die Pflanzen vorsichtig aus den Töpfen. Stauden ohne Wurzelballen, die Sie etwa als wurzelnackte Knollen in Beuteln gekauft haben, werden ebenso zurechtgelegt. Sie werden immer zuerst gepflanzt, da ihre Wurzeln ungeschützt sind und schnell austrocknen können. Graben Sie mit einer kleinen Handschaufel ausreichend große Löcher, in die Sie die Wurzelballen oder Rhizome vorsichtig einsetzen, sodass der Wurzelhals mit der Bodenoberfläche auf gleicher Höhe ist. Drücken Sie die Pflanzen nun behutsam mit den Händen an. Dann ziehen Sie ganz leicht an den Pflanzen, um zu prüfen, ob sie wirklich fest in der Erde sitzen.

Gut angießen   Nach dem Pflanzen wässern Sie selbst dann ausgiebig, wenn es regnet, auch damit sich eventuelle Hohlräume im Pflanzloch noch schließen. In der ersten Zeit nach der Pflanzung sollten Sie regelmäßig und reichlich gießen, um ein gutes Anwachsen sicherzustellen.

TIPP

Falls die Wurzelballen in den Töpfen trocken sind, sollten Sie sie vor dem Pflanzen ausgiebig mindestens zwei Stunden wässern. Am besten stellen Sie die Töpfe in eine große Schüssel oder Wanne und füllen Wasser bis zu den oberen Topfrändern ein. So können sich die Wurzeln in der Zeit mit Wasser vollsaugen und die Ballen lösen sich hinterher auch besser aus den Töpfen.

1.

Legen Sie sich Pflanzen und Geräte zurecht.

2.

Vor dem Pflanzen wird die Erde im Beet mit Pflanzerde verbessert

3.

Bei Bedarf eine Dränage aus Splitt oder Sand legen.

4.
Geben Sie eine Schicht Komposterde als Startdüngung über die Dränage.

5.
Pflanzen Sie die Pflanze ein, sodass der obere Rand des Topfballens auf gleicher Höhe mit der Erdoberfläche ist.

Gießen & Düngen

Wasser und Nährstoffe sind zusammen mit dem richtigen Standort Grundvoraussetzung für gutes Wachstum.

Gießen

Gut eingewachsene Beete müssen nur in längeren Trockenzeiten gewässert werden, besonders, wenn Sie die Pflanzen standortgerecht ausgewählt haben. Steppenpflanzen benötigen auch in Trockenzeiten wenig Wasser. Ältere Stauden, die schon lange Zeit am gleichen Platz stehen, haben ein weitverzweigtes Wurzelsystem, das Gleiche gilt erst recht für Gehölze. Sommerblumen benötigen eine größere Wassermenge, denn sie haben eine viel höhere Wuchsleistung in der kurzen Zeit einer Saison, zudem stammen viele aus wärmeren Gegenden mit regelmäßigen hohen Niederschlägen. Ausnahmen bestätigen natürlich auch hier die Regel: Manche sind ausgesprochene Trockenkünstler.

Verwenden Sie beim Gießen einen Brause-Aufsatz. Auf diese Weise verteilt sich das Wasser gleichmäßiger.

Mulchen

Besonders in der ersten Zeit, wenn die Pflanzen noch klein sind und große Lücken im Beet bestehen, ist es sinnvoll zu mulchen. Zum einen wird dadurch die Feuchtigkeit besser im Boden gehalten, zum anderen keimen unter der Mulchdecke weniger Unkräuter. Die Mulchdecke sollte dazu aber mindestens 5–7 cm dick sein. Als Mulchmaterial eignen sich Rindenhäcksel, Laubkompost oder auch klein gehacktes Stroh, das man am besten mit Laub vermischt.
Wichtig: Bei der allmählichen Zersetzung der organischen Mulchmaterialien entziehen die Bodenlebewesen dem Boden Stickstoff. Daher ist eine vorherige Grunddüngung zum Beispiel mit Hornspänen sinnvoll. Verwenden Sie dazu etwa 80 g/m². Nach 2–3 Jahren hat sich die Mulchschicht zersetzt und muss erneuert werden.
Falls Sie nicht mulchen, müssen Sie den Boden regelmäßig hacken und aufkeimende Unkräuter entfernen.

Düngen

Pflanzen entziehen dem Boden während des Wachstums ständig Nährstoffe, die ihm daher regelmäßig wieder zugeführt werden müssen.
Bei der Neuanlage ist auch eine vorherige Grunddüngung sinnvoll, die am besten aus organischem Material wie Hornspänen bestehen sollte. Dabei ist eine Menge von 80 g/m² völlig ausreichend.
Generell gilt: Dem Boden muss nur so viel an Dünger zugeführt werden, wie ihm die Pflanzen entziehen. Bei zu reichlichen Düngerga-

ben wird das Grundwasser unnötig belastet. Genaue Empfehlungen bezüglich Menge und Zusammensetzung erhalten Sie, wenn Sie Bodenproben an eine der Untersuchungsanstalten senden, die Bodenanalysen vornehmen, siehe S. 171.

Organische und mineralische Dünger   Organische Dünger werden aus pflanzlichen oder tierischen Materialien hergestellt. Sie wirken langsam und gleichmäßig, da sie nach und nach von im Boden lebenden Mikroorganismen zersetzt werden, sodass die Pflanzen die enthaltenen Nährstoffe nutzen können. Bei höheren Temperaturen arbeiten die Mikroorganismen schneller, bei niedrigen Temperaturen entsprechend langsamer. Auf jeden Fall dauert es 3–4 Wochen, bis die Pflanzen den aufgebrachten Dünger aufnehmen können. Zur Gruppe der organischen Dünger gehören zum Beispiel reifer Kompost, Hornspäne oder Rinderdung.

Mineralische Dünger sind hingegen wasserlöslich und für die Pflanzen sofort verfügbar. Sie sind in verschiedenen Mischungen oder auch als einzelne Mineralien im Handel erhältlich. Phosphat, Kali und Stickstoff gehören in die Gruppe. Bei der Anwendung sollte man bedenken, dass jeder Überschuss, der von den Pflanzen nicht aufgenommen werden kann, schnell ins Grundwasser gelangt. Die Regel „viel hilft viel" ist hier auf jeden Fall fehl am Platz. Man sollte bei hohem Nährstoffbedarf der Pflanzen also lieber öfter, aber sparsam düngen. Übrigens kann man auch mit organischen Düngern leicht zu viel des Guten tun, und auch Kompost aus Rasenschnitt und Pflanzenabfällen enthält einen hohen Anteil an Stickstoff. Daher sollte er nicht zu großzügig verwendet werden. Neben rein organischen oder mineralischen Düngern sind auch Mischungen erhältlich, sogenannte organisch-mineralische Dünger. Sie wirken schnell und lang anhaltend.

Die richtige Düngermenge   Die notwendige Düngermenge hängt vom Nährstoffgehalt des Bodens und dem Bedarf der Pflanzen ab. So benötigen zum Beispiel einjährige Sommerblumen mit viel Blatt- und Blütenmasse relativ große Mengen, denn sie haben eine hohe Wuchsleistung in relativ kurzer Zeit zu bewältigen. Auch sommerblühende Knollenblumen wie Dahlien und Canna haben einen sehr hohen Nährstoffbedarf. Im Gemüsebeet hängt es von den kultivierten Arten ab, wie viel Dünger Sie zugeben müssen. Alle Kohlarten zum Beispiel sind echte „Düngerfresser", die bei schlechter Versorgung kümmern und leichter von Schädlingen befallen werden.

Kompost

Wann immer es möglich ist, sollten Sie einen Komposthaufen im eigenen Garten anlegen, denn dieser ist der beste Lieferant von humusreichem organischem Material. Bei der Verrottung von pflanzlichem Material entsteht Wärme, die die Vermehrung von Bakterien und Mikroorganismen fördert. Diese wandeln den Abfall in Kompost um. In den Komposthaufen können Sie fast alle Garten- und Küchenabfälle geben. Dabei sollten Sie groben und feinen Abfall immer gut mischen. Feuchter Rasenschnitt verklumpt zum Beispiel leicht, wenn man ihn in zu dicken Schichten aufsetzt. Dann wird der Rotteprozess gestört und es kommt zu Schimmelbildung. Geben Sie also immer reichlich gehäckselte Äste oder auch Zeitungspapier dazwischen. Größere Mengen Laub, das im Herbst anfällt, können Sie auch gesondert kompostieren. Sie erhalten auf diese Weise wertvolle Lauberde, die Sie zum Mulchen und zur Bodenverbesserung verwenden können, besonders für schattige Beete unter Bäumen. Farne, Funkien, Anemonen und viele Schattenstauden lieben dies.

Pflanzen schneiden

Ein Rückschnitt bei Pflanzen kann aus verschiedenen Gründen nötig sein. Abgeblühte Blütenstände sehen oft nicht schön aus und stören die Harmonie einer Pflanzung. Sträucher wachsen im Laufe der Zeit zu dicht und müssen ausgelichtet werden.

Abgestorbene Pflanzenteile und erfrorene Triebe sehen unschön aus und bieten zudem Pilzen und Viren beste Lebensbedingungen, was die ganze Pflanze schwächen kann. Manchmal muss auch im Frühjahr alte Blattmasse entfernt werden, damit der neue Austrieb bessere Bedingungen bekommt.

Spätestens bei Neuaustrieb sollten die vorjährigen Stängel abgeschnitten werden.

Stauden

Um eine kontinuierliche Blüte zu fördern, sollten Sie stets alles Verblühte abschneiden. Wenn die Blüten bestäubt wurden, bildet die Pflanze Samen aus und verbraucht ihre Energie im Wesentlichen hierfür. Das geht auf Kosten einer weiteren Blütenbildung. Wenn sie aber durch kontinuierliches Entfernen der abgeblühten Blütenstände daran gehindert wird, produziert sie über längere Zeit immer neue Blüten.
Manche Stauden treiben auch nach einem radikalen Rückschnitt direkt nach der Blüte neu aus und bilden frisches Laub, einige gelangen auf diese Weise auch zu einer späteren Nachblüte. So einen totalen Rückschnitt nennt man auch Remontierschnitt. Alle Stängel und Blätter werden dabei eine Handbreit über dem Boden abgeschnitten. Beim Rittersporn erzielt man durch einen Rückschnitt

nach der ersten Blüte eine sichere Nachblüte im Spätsommer.
Halbsträucher wie Lavendel *(Lavandula angustifolia)*, aber auch Kleinsträucher, die im Winter zurückfrieren, werden im Frühjahr bis auf ein Drittel zurückgeschnitten, damit sie kräftig austreiben und kompakt bleiben.
Viele Stauden und besonders Gräser besitzen dekorative Samenstände, die auch im Herbst und Winter einen reizvollen Schmuck darstellen. Sie sollten erst im zeitigen Frühjahr abgeschnitten werden, bevor die neuen Triebe erscheinen.

Gehölze

Bei Sträuchern beschränkt sich der Schnitt im Allgemeinen auf Pflegeschnitte zur Erhaltung einer ausgewogenen Wuchsform. Auch aus diesem Grund sollten Sie die Pflanzabstände eher großzügig bemessen, auch wenn dadurch in den ersten Jahren kein geschlossener Wuchs entsteht. Beim Pflegeschnitt ist es wichtig zu beachten, wie die Sträucher wachsen.

Je nach Gehölzart fällt der Pflegeschnitt unterschiedlich aus: Wenn es sich um dicht verzweigte, buschige Arten handelt, zum Beispiel Spiersträucher *(Spiraea)*, Fingerstrauch *(Potentilla)*, Berberitzen *(Berberis)* oder Ranunkelstrauch *(Kerria)*, können Sie die Zweige einfach komplett um 20–30 % einkürzen, unter Umständen auch mehr. Diese Methode wird Rückschnitt genannt. Bei im Sommer blühenden Arten geschieht dies am besten im Frühling (ab März), bei Frühjahrsblühern nach der Blüte. Auch Sträucher, die im Win-

ter zurückfrieren, können im März/April stark zurückgeschnitten werden. In diese Gruppe gehören zum Beispiel Sommerflieder *(Buddleja davidii)*, Blauraute *(Perovskia)* oder Bartblume *(Caryopteris)*. Sie treiben nach einem solch radikalen Rückschnitt wieder kräftig aus und die Blütenbildung wird zusätzlich gefördert. Generell vertragen Gehölze, die im Spätsommer blühen, einen Rückschnitt im Frühjahr gut, da die Blüten am neu austreibenden einjährigen Holz gebildet werden.

Die meisten höher wachsenden Sträucher sollten dagegen nur ausgelichtet werden, das heißt, einzelne Triebe werden bis zum Boden herausgeschnitten, die anderen in ihrer gesamten Länge belassen. Wenn Sie solche Sträucher einfach nur von der Spitze her einkürzen, wird lediglich im oberen Bereich das Wachstum angeregt und sie werden dadurch kopflastig. In diese Kategorie fallen zum Beispiel Felsenbirne *(Amelanchier)*, Hartriegel (*Cornus alba* und *C. sanguinea*) und Falscher Jasmin *(Philadelphus)*. Auch hier gilt wieder für den Schnittzeitpunkt: Frühjahrsblüher schneiden Sie am besten im späten Frühjahr oder Frühsommer, also direkt nach der Blüte. Beim Winterschnitt würden die angelegten Blütenknospen entfernt, was zum Ausfall der Blüte führen würde. Spät blühende Sträucher werden am besten im März/April geschnitten, möglich ist aber auch ein Schnitt ab Spätherbst bis in den Winter hinein. Auslichtungsschnitte müssen Sie nur alle 2–3 Jahre durchführen, wenn die Sträucher Ihnen zu dicht erscheinen. Nach einer Neupflanzung müssen Sträucher, die nur ausgelichtet werden, die ersten 4–5 Jahre überhaupt nicht geschnitten werden. Einige langsam wachsende Arten mit malerischer Wuchsform, zum Beispiel einige Ahornarten, sollten möglichst gar keinen Schnitt erhalten, eignen sich aber auch nur bedingt für Heckenpflanzungen. Siehe auch S. 520–527

1.
Sträucher, die am einjährigen Holz blühen, wie die Forsythie, werden im Frühjahr kräftig zurückgeschnitten.

2.
Sträucher mit Blüten am vorjährigen Holz, wie Hortensien, werden hingegen nur ausgelichtet.

3.
Das Entfernen von Verblühtem, wie beim Schmetterlingsstrauch, fördert die weitere Blütenbildung.

Vermehrung

Bei Einjährigen ist es klar: Sie müssen jedes Jahr wieder durch Aussaat herangezogen und vermehrt werden. Auch viele Stauden, besonders die Wildformen, lassen sich mit ein wenig Geduld aus Samen heranziehen. Benötigt man nur wenige Exemplare, kommt auch die Vermehrung durch Stecklinge oder durch Teilung infrage.

Verfilzte Wurzelballen werden am bestem mit einem Spaten geteilt.

Manche Stauden müssen auch regelmäßig geteilt werden, weil sie sonst vergreisen und in ihrer Blühfreudigkeit nachlassen. Die Vermehrung durch Samen wird als generative Vermehrung bezeichnet, die Vermehrung durch Teilung oder Stecklinge als vegetative.

Teilung

Fast alle Stauden lassen sich einfach durch Teilung vermehren. Im Laufe der Zeit vergrößert sich der Wurzelstock, aus dem sich dann zahlreiche Sprosse entwickeln. Lediglich Stauden mit Pfahlwurzeln lassen sich nicht teilen. Zu dieser Gruppe gehört zum Beispiel der orientalische Mohn *(Papaver orientale)*.

Zeitpunkt   Für die Teilung gibt es zwei günstige Zeitpunkte: Nach der Blüte im Herbst oder vor dem Austrieb im Frühjahr, wenn die Knospen aus der Erde kommen, sich aber noch keine Blätter gebildet haben. Generell gilt: Herbstblüher werden im Frühjahr geteilt, Frühlings- und Sommerblüher im Herbst. Bei einigen rhizombildenden

Stauden wie der Bart-Iris allerdings werden die Rhizome direkt nach der Blüte in Stücke zerschnitten und sofort wieder aufgepflanzt. Achten Sie dabei darauf, dass jedes Teilstück mindestens einen Austrieb aufweist.

Teilung Schritt für Schritt   Für die Teilung graben Sie die Staude komplett aus und teilen den Wurzelstock durch einen kräftigen Hieb mit dem Spaten vertikal in zwei Teile. Besonders umfangreiche Wurzelstöcke können Sie auch in mehrere Stücke teilen. Sind die Wurzeln sehr verfilzt, können Sie auch mit zwei Grabegabeln in die Mitte stechen und den Wurzelstock durch Auseinanderziehen der Gabeln in zwei Teile reißen. Die Teilstücke werden gleich danach wieder eingepflanzt, damit sie nicht austrocknen. Falls das nicht sofort möglich ist, verpacken Sie die Wurzeln in Plastiktüten und halten Sie sie feucht. Auf diese Weise lassen sich die Stauden einige Tage lagern. Große Staudenhorste können Sie ohne Weiteres in vier bis fünf Teilstücke teilen.

Vergreisen vorbeugen Wie schon erwähnt, vergreisen viele Stauden, wenn sie jahrelang am gleichen Platz bleiben. Das Innere der Staudenhorste wird immer kahler, nur im äußeren Bereich ist die Blüte noch zufriedenstellend. Der Zeitraum, in dem eine Verjüngungskur durch Teilung ansteht, ist je nach Gattung und Art sehr unterschiedlich. Bei den meisten Stauden genügt es, sie alle 6–8 Jahre zu teilen. Einige, wie Sonnenbraut *(Helenium),* Kokardenblume *(Gaillardia)* oder auch die meisten Präriegräser, sollten hingegen alle 3–4 Jahre geteilt werden. Manche Stauden, wie Päonien, können über Jahrzehnte ungestört an ihrem Standort bleiben. Nach einer Teilung kann es unter Umständen 1–2 Jahre bis zur nächsten Blüte dauern. Ein anderer Grund, warum man Stauden von Zeit zu Zeit teilen muss, kann ein allzu stürmischer Ausbreitungsdrang sein, der die Nachbarpflanzen bedrängt. Besonders Stauden, die sich durch Ausläufer ausbreiten, können nur auf diese Weise in ihre Schranken gewiesen werden.

Wurzelschnittlinge

Die Vermehrung durch Wurzelschnittlinge, besonders bei Stauden mit Pfahlwurzeln die einzige Vermehrungsmöglichkeit, ist nur unter Profi-Bedingungen erfolgreich. Am besten kaufen Sie solche Pflanzen zu.

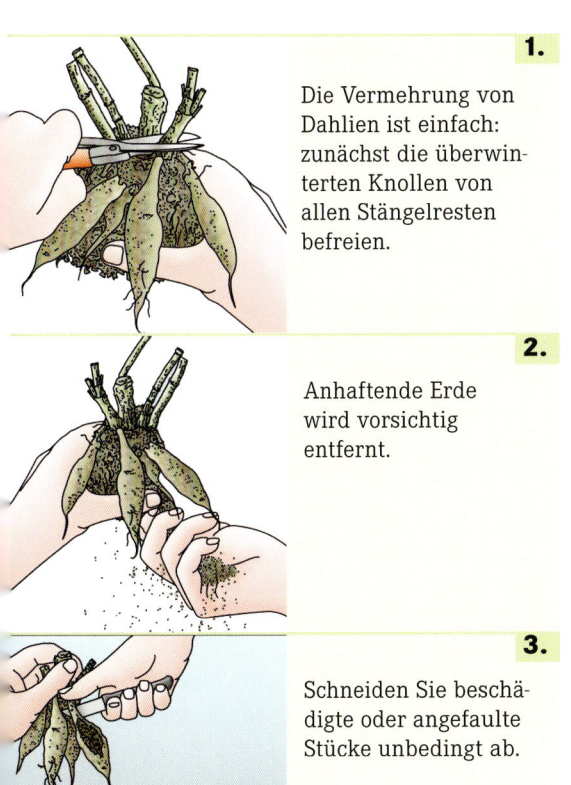

1.
Die Vermehrung von Dahlien ist einfach: zunächst die überwinterten Knollen von allen Stängelresten befreien.

2.
Anhaftende Erde wird vorsichtig entfernt.

3.
Schneiden Sie beschädigte oder angefaulte Stücke unbedingt ab.

4.
Nach wenigen Wochen hat die Knolle neue „Finger" ausgebildet, die Sie abtrennen können.

5.
Pflanzen Sie die Teilstücke wieder in Kästen und stellen Sie sie an einen hellen Platz. Sobald sie angewachsen sind, entwickelt sich Laub.

6.
Ab Mai können Sie die jungen Pflanzen ins Freie setzen.

Stecklinge

Abhängig von der Pflanzenart unterscheidet man krautige oder leicht verholzte (halbreife) und verholzte (reife) Stecklinge. Halbreife Stecklinge werden von Stauden und Halbsträuchern geschnitten, während reife Stecklinge von Gehölzen abgenommen werden. Die Mutterpflanzen, von denen die Stecklinge geschnitten werden sollen, müssen gesund und kräftig sein, sonst kränkeln auch die Stecklinge.

Schneiden von Stecklingen   Stecklinge werden meist im Frühling oder im Spätsommer geschnitten. Bei Balkonblumen ist es sinnvoll, die Stecklinge Anfang August abzunehmen, damit sie bis Ende September zu kräftigen Jungpflanzen herangewachsen sind, die sich überwintern lassen. Auf diese Weise müssen Sie nicht die Mutterpflanzen überwintern, die im Zweifelsfalle zu viel Platz wegnehmen. Im Spätsommer sind auch immer genügend ausgereifte Stecklinge vorhanden, während die frischen Triebe im Frühling noch sehr weich sind.
Achten Sie beim Schneiden immer auf scharfes Schneidewerkzeug, sonst kommt es zu Quetschungen an der Schnittstelle. Die ideale Stecklingslänge beträgt 5–10 cm, wobei immer 4–5 Blattansätze vorhanden sein sollten. Schneiden Sie die Stecklinge einige Millimeter unter einem Blattknoten (Nodium) ab und entfernen Sie das unterste Blatt(paar). In dem Bereich knapp um den Blattknoten herum wird die Wurzelbildung am stärksten angeregt. Die Stecklinge werden anschließend so tief in die Erde gesetzt, dass die Blattknoten unter der Erde liegen.

Kopf- und Triebstecklinge   In der Regel werden Stecklinge an den Triebenden abgenommen, man nennt sie dann Kopfstecklinge. Bei längeren Trieben können Sie diese

KOSMOS

TIPP

Wichtig ist, dass die halb reifen Stecklinge weder zu weich noch zu hart sind. Zu weiche Stecklinge faulen leicht, bevor sie Wurzeln gebildet haben, zu harte Stecklinge bewurzeln sich ebenso schlecht. Als Faustregel gilt: Die Stecklinge sollten sich zwar leicht mit einem scharfen Messer von der Mutterpflanze trennen lassen, aber Sie sollten doch einen deutlichen Widerstand beim Schneiden spüren.

aber auch in mehrere Abschnitte zerschneiden. Diese aus den unteren Bereichen gewonnenen Stecklinge heißen Triebstecklinge.

Stecklinge stecken   Stecklinge werden entweder einzeln in Töpfe oder zu mehreren in Kisten gesteckt. Dabei können Sie ruhig sehr dicht stecken. Achten Sie immer darauf, dass geschnittenes Stecklingsmaterial nicht länger liegen bleibt, bevor Sie es weiterverarbeiten. Als Substrat verwenden Sie spezielle Vermehrungserde, die Sie im Fachhandel erhalten. Sie sollte stets feucht, aber nicht nass gehalten werden. Bohren Sie mit einem Hölzchen Löcher und stecken Sie die Stecklinge vorsichtig hinein. Anschließend drücken Sie sie leicht fest und gießen sie an. Eine rasche Bewurzelung können Sie dadurch fördern, dass Sie die Gefäße mit Folie abdecken, um die Luftfeuchtigkeit zu erhöhen.

Steckhölzer

Während der Wintermonate lassen sich viele Gehölze auf einfache Weise durch Steckhölzer vermehren. Als Steckholz eignen sich kräftige, gesunde einjährige Triebe. Pro Trieb kann man daraus etwa 3–4 Steckhölzer schneiden.

Steckhölzer schneiden   Zur Weiterverarbeitung werden die Triebe in 20 cm lange Stücke geschnitten. Es sollten mindestens 3–4 Augen an einem Steckholz sitzen. Wichtig ist, dass nach dem Ausbringen ins Freiland mindestens 2–3 Augen in der Erde stecken. Diese Triebknospen werden im Boden umgebildet. Anstelle von Trieben entstehen Wurzeln. Es empfiehlt sich, die Steckhölzer oben über einem Auge gerade abzuschneiden, unten hingegen werden sie schräg angeschnitten. Der unteren Schnittfläche sollte ein Auge gegenüberliegen. Durch die unterschiedlichen Schnittflächen wird ausgeschlossen, dass beim Stecken Ober- und Unterseite verwechselt wird.

Damit die Steckhölzer nicht zu früh austreiben oder gar austrocknen, werden sie gebündelt und in einem kühlen Keller bis zur Hälfte in Sand gesteckt.

Steckhölzer stecken   Im März oder April, sobald der Boden aufgetaut ist, werden die Steckhölzer nun ins vorbereitete Erdreich gesteckt. In etwa zweifingerbreiten Abständen kommen sie zu zwei Drittel ihrer Länge in den Boden. Es genügt, wenn nur ein Auge über der Erdoberfläche sitzt. Der Trieb, der sich daraus entwickelt, reicht für die Entstehung einer neuen Pflanze. Nach dem Austreiben werden die Sträucher eingekürzt, um die Verzweigung anzuregen.

1.

Füllen Sie ein Glas mit Wasser, decken es mit durchsichtiger Folie ab und stechen Sie Löcher, um die Stecklinge durchzuführen.

4.

Stecken Sie die Stecklinge ins Glas, sodass die Stängel einige Zentimeter im Wasser sind.

2.

Schneiden Sie mit einem scharfen Messer eine kräftige Triebspitze z. B. einer Begonie (Bild) ab.

5.

Nach einiger Zeit bilden sich Wurzeln an der Schnittstelle.

3.

Entfernen Sie alle unteren Blätter, lassen Sie nur am oberen Ende zwei bis drei stehen.

6.

Haben sich genügend Wurzeln gebildet, können Sie die Stecklinge in Töpfe setzen.

Aussaat

Obwohl es einfacher ist, fertige Pflanzen beim Gärtner oder im Gartencenter zu kaufen, macht es auch Spaß, selber Pflanzen für den Eigengebrauch heranzuziehen. Zudem sind manche Arten und bestimmte Sorten nur selten als Pflanzen erhältlich. Auch alle Wildstauden lassen sich aus Saatgut heranziehen.

Damit die Aussaat erfolgreich ist, sollten Sie einige grundlegende Dinge beachten. Zunächst eignen sich nicht alle Arten für die Aussaat zu Hause, denn sie haben ganz

TIPP

Erde von Maulwurfshügeln eignet sich sehr gut als Basis für Aussaaterde, denn sie ist locker und in der Regel leicht zu bekommen, besonders in ländlichen Gebieten. Mischen Sie dazu 1 Teil Maulwurfserde, 1 Teil gewaschenen Sand und 1 Teil Torf. Die Erdmischung eignet sich auch gut als Substrat für die Stecklingsvermehrung.

Maulwurfshügel bestehen aus lockerer Erde, die sich auch als Aussaaterde eignet.

spezielle Wünsche an Faktoren wie Temperatur, Licht und Luftfeuchtigkeit, die vom Hobbygärtner nur schwer zu erfüllen sind. Einige Arten müssen schon im Januar ausgesät werden, damit sie bis zum Sommer blühfähig sind. Ohne zusätzliches Licht mithilfe spezieller Pflanzenleuchten entwickeln sich die Keimlinge nicht zufriedenstellend. Ab Februar können Sie auch auf einer hellen Fensterbank aussäen, denn nun werden die Tage bereits etwas länger und die Keimlinge erhalten genügend Licht.

Viele robuste Einjährige lassen sich auch gut an Ort und Stelle, also im Beet, aussäen. Wenn Sie die Pflanzen jedoch auch für die Bestückung von Kästen und Kübeln benötigen, ist die Anzucht in Kisten oder Einzeltöpfen sinnvoll. Sie lassen sich so besser umpflanzen. Die meisten Arten und Sorten müssen sowieso spätestens im März ausgesät werden, wenn es für eine Direktsaat draußen im Garten noch zu früh ist.

Aussaaterde   Eine entscheidende Rolle für den Aussaaterfolg spielt die richtige Aussaaterde. Im Gegensatz zu den normalen Pflanzsubstraten ist Aussaaterde immer ungedüngt, da die Sämlinge zunächst kaum Nährstoffe benötigen. Zudem muss Aussaaterde keimfrei sein, denn die Sämlinge sind sehr anfällig für Schadorganismen jeglicher Art. Am besten verwenden Sie die im Handel erhältlichen fertig gemischten Aussaaterden.

Wie tief sollen die Samen in der Erde liegen?   Als Faustregel für die richtige Aussaattiefe gilt, dass die Samen so hoch mit Erde bedeckt werden, wie sie dick sind. Sehr feine Samen werden häufig nicht mit Erde abgedeckt, sondern nur gut angedrückt. In diesem Fall müssen Sie aber besonders darauf achten, dass die Erde immer gut feucht gehalten wird, sonst kommt es zu keiner

Keimung. Einige Pflanzenarten gehören zu den sogenannten Lichtkeimern, dürfen also auf keinen Fall mit Erde abgedeckt werden. Dies ist aber immer auf den Samentüten vermerkt.

Behandlung der Jungpflanzen   Wichtig ist auch das Angießen nach der Aussaat. Gröberes Saatgut wird am besten mit einem Brauseaufsatz gegossen, sehr feine Samen, die nicht oder kaum abgedeckt sind, können aber bei dieser Methode leicht aufgeschwemmt werden. Daher werden sie am besten mit einem Zerstäuber befeuchtet. Torfquelltöpfe und ähnliche durchlässige Behälter können auch einfach in eine Schale

mit Wasser gestellt werden, damit sie sich vollsaugen.

Auch später müssen Sie die Aussaaten regelmäßig wässern. Beobachten Sie die Aussaatgefäße regelmäßig, um ein Gefühl für den richtigen Zeitpunkt zu bekommen. Wenn die Oberfläche leicht abgetrocknet ist, wird es Zeit für eine erneute Wassergabe. Warten Sie zu lange, sterben die Keimlinge sehr leicht ab, denn sie haben ja noch kaum Wurzeln.

Vorsicht Staunässe   Staunässe ist der sichere Tod für die zarten Pflänzchen – nicht nur für Jungpflanzen. Als Gießwasser verwenden Sie am besten abgestandenes, zimmerwarmes Wasser.

1.

Füllen Sie die Aussaaterde in die Schale und drücken Sie diese gleichmäßig an.

4.

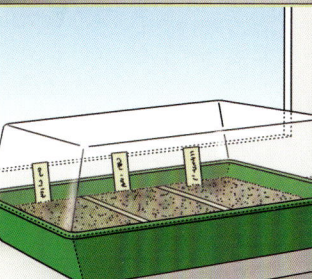

Gießen Sie alles vorsichtig an. Verwenden Sie unbedingt einen Brauseaufsatz.

2.

Streuen Sie den Samen gleichmäßig auf die Oberfläche. Sehr feinen Samen mit Sand vermischen.

5.

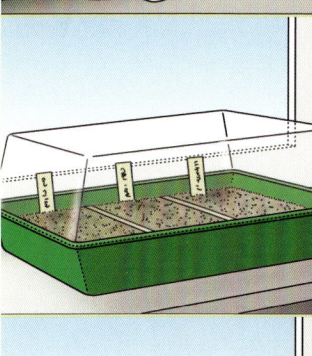

Eine Abdeckung hält die Feuchtigkeit und sorgt für bessere Keimung. Stecketiketten nicht vergessen!

3.

Bedecken Sie die Samen mit einer dünnen Schicht Erde, am besten arbeiten Sie mit einem Sieb.

6.

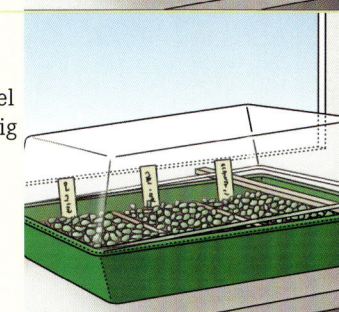

Nach erfolgter Keimung kann der Deckel zu Belüftung ein wenig angehoben werden.

Pflanzenschutz

Auch gut gepflegte und ernährte Pflanzen werden manchmal von Krankheiten und Schädlingen befallen und müssen entsprechend behandelt werden.

Wachstumsstörungen

Viele vermeintliche Krankheiten sind auf falsche Pflege zurückzuführen. Staunässe, Trockenschäden oder Blattnekrosen durch übermäßige Blattdüngergaben sind Pflegefehler.

Sonnenbrand   Schadbild: Trockene, farblose Flecken auf dem Laub. Besonders Kübelpflanzen, die im Frühling zum ersten Mal nach draußen gebracht werden, können bei praller Sonne einen Sonnenbrand erleiden. Auch das Laub vieler Schattenpflanzen ist anfällig.
Vorbeugung und Bekämpfung: Um sie langsam an die Sonne zu gewöhnen, stellen Sie Ihre Pflanzen erst in den Schatten und lassen Sie sie dort einige Tage stehen. Dann kann man sie langsam wieder der direkten Sonneneinstrahlung aussetzen, indem man sie für die Morgenstunden oder in der späten Nachmittagssonne einige Zeit stehen lässt. Nach etwa 2–3 Wochen sind Ihre Pflanzen dann wieder an die Sonne gewöhnt und können auch wieder an stark besonnten Orten stehen.

Welke durch Staunässe   Schadbild: Muffiger Geruch des Substrats, das sich feucht bis nass anfühlt. Dadurch setzt eine Blattaderchlorose ein, später hellen sich einzelne Partien im ganzen Blatt auf. Das Laub rollt sich nach oben hin ein und junge Blätter bleiben klein. Blattfall ist die Folge, da die toten Wurzeln kein Wasser liefern können.
Vorbeugung und Bekämpfung: Bei Kübelpflanzen muss das Substrat durch ein gutes, neues Substrat ersetzt werden. Die Dränageschicht am Topfboden wird ebenfalls überprüft und muss eventuell verbessert werden. Wurde einfach zu viel gegossen, so stellen Sie nun das Gießen ein und warten wirklich, bis das Substrat richtig getrocknet ist. Auch im Beet lässt sich die Situation durch Bodenlockerung und Einbringen einer Dränageschicht verbessern.

Stickstoffmangel   Schadbild: An den älteren Blättern treten zuerst Blattaufhellungen und Vergilbungen auf. In der weiteren Entwicklung verfärben sich alle Blätter hellgrün bis gelb, auch die Blattadern. Im Unterschied dazu tritt Eisenmangel an den jüngeren Blättern auf. Die Adern bleiben hier grün. Bei starken Mangelerscheinungen fallen die älteren Blätter ab. Es bleibt dann an den Trieben oft nur noch ein Kranz jüngerer, vergilbter Blätter.
Vorbeugung und Bekämpfung: Mineralische Dünger, zum Beispiel Schwefelsaures Ammoniak und Ammonsulfatsalpeter, haben sich für eine bessere Laubausfärbung und Blütenknospenbildung gut bewährt, wenn der Schadensfall bereits eingetreten ist.
Eine gute Stickstoffquelle ist auch Kompost. Er wird in einer Schicht von etwa 1 cm auf den Boden ausgebracht und oberflächlich eingearbeitet. Kompost erhöht gleichzeitig die organische Substanz des Bodens, aktiviert das Bodenleben, verbessert den Wasser- und Lufthaushalt und ist reich an Spurenelementen.

Eisenmangel (Chlorose) Schadbild: Die jüngeren Blätter an den Triebspitzen hellen sich auf und vergilben. Die Blattadern bleiben zunächst noch grün, sodass ein feines Adergitterwerk entsteht. Bei starkem Mangel verfärben sich die Blätter zitronengelb und vertrocknen vom Rand her. Pflanzen, denen es im Boden an aufnehmbarem Eisen fehlt, reagieren mit Vergilbungen an den jüngsten Blättern.

In der Pflanze hat das Eisen wichtige Aufgaben, unter anderem bei der Bildung des Blattgrüns (Chlorophyll), bei der Atmung und als Bestandteil zahlreicher Enzyme.

Ein Mangel an pflanzenaufnehmbarem Eisen kann auf leichten, zur Trockenheit neigenden Böden durch einen zu hohen pH-Wert hervorgerufen werden.

Vorbeugung und Bekämpfung: Bei hohen pH-Werten (über 6) ist eine unmittelbare Düngung mit einem Eisendünger oft wirkungslos, da das Eisen in gut durchlüfteten Böden dann in einer Form vorliegt, die die Pflanzenwurzel nicht aufnehmen kann. In diesem Fall ist eine Spritzung mit Eisenspezialdünger sinnvoll.

Vorbeugende Maßnahmen für gesunde Pflanzen Wichtig für ein gutes Gedeihen der Pflanzen ist eine sorgfältige Bodenvorbereitung und eine auf die Bedürfnisse der Pflanzen abgestimmte Düngung. Besonders eine zu großzügige Stickstoffdüngung führt zu mastigen, anfälligen Pflanzen. Undurchlässiger Boden, auf dem das Wasser schlecht abzieht, begünstigt die Fäulnisbildung. Die Lockerung und Verbesserung der Durchlässigkeit gehört zu den wichtigsten Vorbereitungsmaßnahmen vor der Pflanzung. Gießen Sie bei Bedarf eher selten, dafür aber umso ausgiebiger.

Setzen Sie Pflanzen mit üppigem Laub nicht zu dicht, denn dadurch werden Pilzkrankheiten wie Mehltau begünstigt.

Ein typisches Zeichen für Chlorose sind die dunkleren Blattadern der gilbenden Blätter.

Eisenmangel tritt vor allem an jungen Blättern auf.

Wird Efeu aus dem Schatten in die Sonne gestellt, kann Sonnenbrand auftreten.

Achten Sie auf die Pflegehinweise und Standortangaben in den Pflanzenporträts, um den Ansprüchen der Pflanzen gerecht zu werden.

Krankheiten

Nicht nur Mangelerscheinungen lassen Pflanzen kümmern, manchmal sind auch Pilze und Viren am schlechten Zustand schuld. An optimalen Standorten stehende und gut versorgte Pflanzen sind am wenigsten gefährdet, doch manchmal kommt es durch widrige Witterungseinflüsse trotzdem zu einem Befall. Achten Sie bei den Bekämpfungsmaßnahmen darauf, dass Sie auf möglichst sanfte und nützlingsschonende Mittel zurückgreifen.

Grauschimmel   Schadbild: Blütenknospen sind mit einem grauen Belag überzogen und fallen ab.
Ursache: Der Standort ist zu luftfeucht oder es herrscht eine längere Regenperiode.
Bekämpfung: Meist reicht es schon, die befallenen Knospen abzuschneiden und zu ver-

nichten. Eventuell können Sie vorbeugende Spritzungen vornehmen.

Mehltau   Schadbild: Mehliger weißer Belag auf Triebspitzen und Blättern. Bei Rosen findet sich der Belag auch häufig auf den Blütenknospen.
Ursache: Starker Unterschied zwischen Tag- und Nachttemperaturen, allgemein feuchtes Wetter, sodass das Laub nur unzureichend trocknet.
Bekämpfung: Die befallenen Triebe müssen entfernt werden, danach können Sie mit einem Fungizid spritzen.

Rostpilze   Schadbild: Blattunterseits finden sich orangegelbe Pusteln, auf der Blattoberseite gelbe Punkte. Die Blätter sind deformiert und fallen danach ab. Befallen werden vor allem Stockrosen, Malven und Weiden.

Grauschimmel tritt vor allen bei längeren Regenperioden auf.

Starker Befall von Mehltau kann Pflanzen empfindlich schwächen.

Vorbeugung und Bekämpfung: Befallene Blätter und Pflanzenteile entfernen.
Lassen Sie die abgeschnittenen Pflanzenteile nicht auf dem Boden liegen und werfen Sie diese nicht in den Kompost, da sich der Pilz sonst weiterverbreiten kann. Zur Vorbeugung lassen sich Pflanzenstärkungsmittel einsetzen, bei Befall zugelassene Präparate.

Zweigsterben   Schadbild: Die Pilzinfektion erfolgt über die Endknospe, diese verbräunt. Entlang der Blattmittelrippe treten braune Blattflecken auf. An befallenen Trieben verlieren die Blätter ihren Glanz, verfärben sich oft graubraun und rollen sich ein. Die Zweige schrumpfen und verbräunen, es kommt zu Welkeerscheinungen. Stark infizierte Blätter fallen ab. Der Befall ist meist nur auf wenige Triebe begrenzt, benachbarte Triebe bleiben gesund. Feucht-warme Witterung begünstigt die Infektion.
Vorbeugung und Bekämpfung: Befallene Triebe bis ins gesunde Holz zurückschneiden, das Schnittgut vernichten, da sonst die Pilzsporen im Boden überleben und immer wieder eine neue Infektionsquelle darstellen.

EXTRA

Pflanzenschutzmittel

Pflanzenschutzmittel unterliegen der Pflanzenschutzverordnung und dürfen nur streng nach Anleitung ausgebracht werden. Auf der Verpackung sind alle wichtigen Daten zu lesen, wie die Bezeichnung des Mittels, Wirkstoffe und Verfallsdatum. Wichtig sind außerdem Angaben zu Wartezeiten, den erforderlichen Schutzmaßnahmen und das zugelassene Anwendungsgebiet, etwa Freiland, Innenräume, Beschränkungen für bestimmte Pflanzenarten. Lesen Sie die Gebrauchsanleitung auch zu Ihrem eigenen Schutz sehr sorgfältig. Sie dürfen nur Mittel verwenden mit dem Aufdruck „Anwendung im Haus- und Kleingarten zulässig".
Sorgfalt ist bei der Dosierung von Pflanzenschutzmitteln vonnöten. Um die gewünschte Wirkung zu erzielen, muss die Konzentration stimmen. Dosierhilfen, wie Messbecher, die stets in der Packung enthalten sind, erleichtern das Ansetzen von Spritzbrühen.
Stellen Sie keine größeren Mengen von Spritzbrühen her als notwendig. Bleiben Restmengen übrig, dürfen diese keinesfalls ins Abwasser gelangen. Reste von Pflanzenschutzmitteln oder Spritzbrühen sind Sondermüll.
Wenn Sie sich bei der Dosierung unsicher sind, können Sie auf anwenderfreundliche Fertigprodukte zurückgreifen. Solche Spritzbrühen sind in Sprühflaschen abgefüllt und müssen nicht mehr selbst angemischt werden.
Tragen Sie beim Anmischen und bei allen Pflanzenschutzmaßnahmen immer Schutzhandschuhe. Zum Aufbewahren sind Pflanzenschutzpräparate an einem kühlen, frostfreien und trockenen Ort kindersicher und in der Originalverpackung zu lagern.

Schädlinge

Nicht nur verschiedene Krankheiten und Mangelerscheinungen setzen den Pflanzen zu, auch tierische Schädlinge haben sich auf Blüten, Blätter und Wurzeln spezialisiert. Meist ziehen Schädlinge schnell die entsprechenden Fressfeinde nach sich, sodass bald wieder ein Gleichgewicht hergestellt ist. Bei starkem Befallsdruck können aber auch gezielte Bekämpfungsmaßnahmen nötig werden.

Wühlmäuse   Schadbild: Absterbende Pflanzen, da die unterirdischen Teile abgefressen werden.
Vorbeugung und Bekämpfung: Um Pflanzen vor dem Verbiss zu schützen, werden sie an gefährdeten Standorten in speziellen Pflanzkörben in die Erde gesetzt. Wühlmäuse dauerhaft zu vertreiben, ist sehr schwierig. Auf dem Markt sind verschiedene Fallen, aber die Mäuse sind sehr schlau und haben einen ausgesprochen guten Geruchssinn, sodass sie die Fallen meist meiden. Manchmal hilft es, größere Mengen an Hundehaaren in die Gänge zu schieben, um sie zu vertreiben. Auch Systeme, die für Menschen unhörbare Ultraschalltöne erzeugen, können in den Gängen ausgelegt werden und sollen die Mäuse verjagen. Was wirklich hilft, probiert am besten jeder selbst aus. Die vermeldeten Erfolge sind jedenfalls sehr unterschiedlich. Auch im Garten geduldete Katzen können Mäusepopulationen zumindest dezimieren.

Schnecken   Schadbild: Frische Triebe, besonders von Dahlien, sind für Schnecken absolute Leckerbissen. Die braunen Nacktschnecken können in einer Nacht komplette Beete mit frisch ausgetriebenen Pflanzen vernichten.
Vorbeugung und Bekämpfung: Für die Abwehr gibt es verschiedene Möglichkeiten. Sie

können die Schnecken bei Dunkelheit, wenn sie aus ihren Verstecken kommen, aufsammeln und entweder an einer weit entfernten Stelle wieder aussetzen oder vernichten. Schaffen Sie im Garten Unterschlupfmöglichkeiten für Igel. Sie vertilgen große Mengen von Schnecken. Sie können auch Barrieren um die zu schützenden Pflanzen errichten, die für Schnecken unüberwindlich sind. Breite Streifen aus trockenem Gesteins- oder Sägemehl sind für Schnecken ein wirksames Hindernis, allerdings müssen sie nach Regenfällen immer wieder erneuert werden. Auch Bierfallen sind eine wirksame Methode gegen Schneckenplagen. Graben Sie dazu Joghurtbecher oder ähnliche Behälter so ein, dass der obere Rand mit dem Erdboden abschließt. Die Schnecken werden durch das Bier angelockt, fallen hinein und ertrinken. Schneckenkorn auf Schwefelbasis ist umweltverträglich und auch unbedenklich für Igel und andere Nützlinge im Garten. Siehe auch S. 198.

Blattläuse   Schadbild: An den Blattunterseiten tummeln sich zahlreiche kleine, grüne oder schwarze Insekten, die geflügelt oder ungeflügelt sein können. Bei starkem Befall können die Blätter durch deren saugende Tätigkeit absterben. Durch den sich bildenden Honigtau werden zusätzlich Ameisen angelockt, die häufig Rußtaupilze übertragen.
Vorbeugung und Bekämpfung: Leichten Befall muss man nicht unbedingt bekämpfen, man sollte ihn aber eingehend beobachten. Oft regelt die Natur das Problem selber, indem sich Larven von Marienkäfern und Schwebfliegen einfinden, die die Population rasch vernichten. Bei starkem Befall helfen Spritzmittel auf Pyrethrum-Basis, die nach Vorschrift angewendet werden.

Schildläuse   Schadbild: Bemerkbar machen sich Schildläuse durch ihre Schutzschilde in Form von bis zu 5 mm großen, bräunlichen Hügeln am Stamm oder den Zweigen einer Pflanze. Sie saugen Pflanzensaft, was bei starkem Befall dazu führen kann, dass Teile der Pflanze absterben.

Vorbeugung und Bekämpfung: Normale Spritzmittel nützen nicht viel, da die Läuse durch ihren Schild vor deren Wirkung geschützt sind. Hier müssen systemische Mittel angewandt werden, die durch Aufsprühen die gesamte Pflanze für den Behandlungszeitraum giftig machen. Pflanzensticks, die in die Erde gesteckt werden, sind eine praktische Alternative. Die Behandlung ist erst abgeschlossen, wenn alle Schildläuse von der Pflanze abgefallen sind.

Spinnmilbe   Schadbild: Spinnmilben siedeln sich an den Unterseiten der Blätter und an den Triebspitzen einer Pflanze an, und sie sind so klein, dass sie mit bloßem Auge kaum zu erkennen sind. Bei starkem Befall kann man die hauchdünnen Gespinste, die von den Milben erzeugt werden, mit bloßem Auge erkennen. Dann fällt auch die leicht bräunliche Verfärbung auf den Blattunterseiten auf und der silbrige Hauch auf den Blattoberseiten. Im Grunde ist es dann aber schon zu spät.

Vorbeugung und Bekämpfung: Als Sofortmaßnahme sollte die Pflanze mit einem harten Wasserstrahl abgeduscht werden, denn Feuchtigkeit mögen die Milben nicht. Zur endgültigen Bekämpfung sind aber Pflanzenschutzmittel notwendig. Systemisch wirkende Mittel sind hier die erste Wahl.

Weiße Fliege   Schadbild: Die weiße Fliege ist mit den Schildläusen verwandt und wird deshalb auch als Schildmotte bezeichnet. Das Insekt selbst ist etwa 2 mm lang und weiß, sitzt an den Blattunterseiten und saugt dort den Pflanzensaft. Die angesaugten Blätter werden gelblich und trocknen ein.

Auf der Oberseite bildet sich klebriger Honigtau, auf dem sich zusätzlich auch noch Pilze ansiedeln können.

Vorbeugung und Bekämpfung: Manchmal kann schon ein Standortwechsel an eine luftige, kühle Stelle helfen. Hilfreich ist auch das Aufhängen von Gelbtafeln und der gezielte Einsatz von Schlupfwespen.

Minierfliege   Schadbild: Unregelmäßige, sehr helle Gänge in den Blättern, etwa 1 mm breit. Die kleinen Larven fressen sich während ihrer Fortbewegung durch das innenliegende Gewebe im Blatt. Stellt man den Befall fest, kann man die kleinen Larven in der Regel sogar noch am Ende der Gänge erkennen.

Vorbeugung und Bekämpfung: Ist der Befall noch gering, reicht es aus, die befallenen Blätter zu entfernen und entweder weit weg zu entsorgen oder durch Verbrennen zu vermeiden, dass sich die Larven weiterentwickeln. Bei starkem Befall helfen systemische Mittel.

Die Saugtätigkeit der Weißen Fliege führt zu deformierten Blättern.

Nützlinge

Als Nützlinge bezeichnet man Tiere, die Schädlinge oder pflanzenschädigende Pilze fressen oder in ihrer Entwicklung hemmen. Als Verbündete des Gärtners lassen sie sich gezielt bei einem Befall einsetzen, sodass man häufig auf den Einsatz von Pflanzenschutzmitteln verzichten kann.

Raubmilben   Milben sind keine Insekten, sondern gehören zur Klasse der Spinnentiere. Es sind sehr kleine, mit dem bloßen Auge kaum wahrnehmbare Tiere. Ihr Körper ist im Gegensatz zu den Spinnen einteilig.

Bei den gärtnerisch nützlichen Milben handelt es sich um Raubmilben. Diese nur 0,3–0,5 mm großen Tiere ernähren sich von den blattschädigenden Spinnmilben und deren Eiern und Larven. Raubmilben spielen als natürliche Feinde der Spinnmilben besonders an Obstbäumen, aber auch an Kübelpflanzen eine wichtige Rolle und lassen sich gezielt in Innenräumen einsetzen.
Heckenbiotope und der Verzicht auf chemische Pflanzenschutzmittel wirken sich auf den Raubmilbenbestand positiv aus. Ein ge-

Marienkäfer sind zuverlässige Helfer bei der Bekämpfung von Blattläusen.

zielter Einsatz von Raubmilben erfolgt im Erwerbsgartenbau darüber hinaus auch gegen Rote Baumspinne, Thripse und Zitrus-Milbe.

Ohrwürmer   Ohrwürmer sind nachtaktive Insekten und zählen zu den Allesfressern. Obwohl Ohrwürmer Flügel haben, fliegen sie kaum. Ohrwürmer haben eine unvollkommene Verwandlung. Die 10–20 mm großen Insekten ernähren sich überwiegend von Blattläusen, Schildläusen, Raupen und anderen kleinen Insektenlarven. Sind keine Läuse vorhanden, fressen Ohrwürmer auch Blüten, Früchte und andere Pflanzenteile. Sie halten sich tagsüber in Verstecken wie Mauerritzen, unter Brettern und Laub auf und nehmen gerne künstliche Behausungen an wie mit Holzwolle gefüllte Blumentöpfe. In Obstbäumen deponierte Ohrwurmtöpfe müssen Stammkontakt haben. Sind in den Kulturen keine Schädlinge mehr vorhanden, sollte man die Vorrichtungen umhängen, da sonst auch Pflanzenteile gefressen werden.

Florfliegen   Die Familie der Florfliegen beinhaltet über 20 heimische Arten. Die bekannteste und auch häufigste Art in unseren Gärten ist die Gemeine Florfliege, ein zartes grünes Insekt mit einer Körperlänge von 5–10 mm. Sie hat wie alle Netzflügler zwei Paar netzartige Flügel mit einer Spannweite von 20–30 mm, die sie in Ruhestellung dachförmig über dem Körper zusammenlegt. Besonders auffallend aber sind die zwei großen, halbkugelförmigen, goldglänzenden Augen, weshalb sie volkstümlich auch als „Goldauge" bezeichnet wird. Die Larven der Florfliegen leben im Gegensatz zu den erwachsenen Tieren räuberisch. Ihre Nahrung besteht hauptsächlich aus Blattläusen, kleinen Raupen, Spinnmilben und Eiern von Insekten und Spinnmilben. Vollständig entwickelte Florfliegen ernähren sich von Blütennektar und vom Honigtau der Blattläuse.

Schädling	an Pflanze	Nützling/ Gegenspieler
Blattläuse	Rosen, Stauden	Marienkäfer, Florfliegen
Spinnmilben	Kübelpflanzen, Immergrüne	Raubmilben
Raupen, z. B. Apfelwickler	Obstgehölze	Ohrwürmer

Marienkäfer   Der bekannte Marienkäfer kommt mit etwa 100 Arten in Mitteleuropa vor. Die meisten Arten werden zu den Nützlingen gerechnet und ernähren sich bevorzugt von Blattläusen, unter anderem auch der allseits bekannte Siebenpunkt. Übrigens gibt die Anzahl der Punkte auf den Flügeldecken nicht, wie vielfach angenommen, das Alter an, vielmehr handelt es sich hier um eine art- oder variantentypische Körperzeichnung. Sechzehnpunkt- und Zweiundzwanzigpunkt-Käfer-Arten verzehren vor allem Mehltaupilze.

Das Marienkäferweibchen legt die Eier an den Blattunterseiten, oft in der Nähe von Blattlauskolonien ab. Eine Ausnahme bilden die Arten, die sich von Schildläusen ernähren, sie legen ihre Eier einzeln unter die Schilde ihrer Beutetiere. Pro Weibchen können, je nach Marienkäferart, bis zu insgesamt 400 Eier abgelegt werden. Voll entwickelte Larven und Käfer können pro Tag bis zu 50 Blattläuse verzehren und so während ihrer mehrere Wochen dauernden Larvenentwicklung 500–800 Blattläuse vertilgen. Marienkäfer brauchen besonders nach der Überwinterung Blattläuse als Nahrung. Es ist also nachteilig, wenn man die ersten Blattläuse sofort rigoros bekämpft. Wichtig sind auch natürliche Überwinterungsplätze unter Holz- oder Laubhaufen, in die sich die erwachsenen Käfer im Herbst zurückziehen können.

Die Larve des Marienkäfers wird auch Blattlauslöwe genannt und kann pro Tag zahlreiche Blattläuse vertilgen.

Schwebfliegen   Bekannt sind die in der Färbung den Wespen sehr ähnlichen Schwebfliegenarten. Sie haben einen gelbschwarz gezeichneten Hinterleib. Schwebfliegen können auf der Stelle fliegen und stechen nicht. Die Larven vieler Schwebfliegenarten leben räuberisch und vertilgen insbesondere Blattläuse.

Schwebfliegen erscheinen schon sehr zeitig im Jahr, dadurch reduzieren sie die frühen Blattlauspopulationen. Die Weibchen suchen zur Eiablage gezielt nach Blattlauskolonien und legen ihre ca. 1 mm großen Eier direkt in deren Nähe ab. Die schlüpfenden Larven finden dann sofort Nahrung. Ein Weibchen kann weit über 1000 Eier ablegen. Zum Überwintern von Schwebfliegen sind Hecken, alte Baumstümpfe und auch Trockenmauern hilfreich.

Erklärung der Symbole im Porträtteil

   Blütenfarbe

   geringer Wasserbedarf   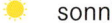   sonniger Standort
   normaler Wasserbedarf      halbschattiger Standort
   hoher Wasserbedarf      schattiger Standort

 Erntezeit in Monaten   Wuchshöhe in cm

Blumen von A–Z

Sommerblumen, Stauden, Rosen, Blütensträucher – die Auswahl an Blumen für den Garten ist riesig. Unter den folgenden Arten und Sorten finden sich bewährte Klassiker, interessante Neuheiten, pflegeleichte Begleitpflanzen und faszinierende Solitäre für architektonische Akzente.

Edel-Garbe
Achillea filipendulina

Aussehen Blüten in gold-
gelben flachen Dolden, Laub
silbergrau, gefiedert. Schöne
Staude für sonnige Rabatten,
sehr schön in Kombination
mit Rittersporn, Kugeldistel
(Echinops) und Salbei *(Salvia)*. Blütenstände lassen sich
gut für floristische Zwecke
trocknen.
Pflege Bevorzugt nährstoffreiche, durchlässige Böden,
verträgt keine schweren,
staunassen Böden. Durch
regelmäßiges Abschneiden
welker Blüten verlängert sich
die Blütezeit. Im 2–4-jährigen
Rhythmus teilen und neu aufpflanzen.
Sorten 'Coronation Gold',
goldgelb, 80 cm, 'Küstenne-
bel', cremeweiß, 90 cm.

Schaf-Garbe
Achillea millefolium

Aussehen Flache zierliche
Blütendolden, Laub grau-
grün, fein gefiedert, Wuchs
aufrecht horstartig. Schöne
Beet- und Schnittstaude, die
besonders gut mit Wildstauden und Gräsern harmoniert.
Als Schnittblume in der Vase
lange haltbar.
Pflege Bevorzugt nährstoffreiche, aber durchlässige
Böden. Im 2–4-jährigen
Rhythmus teilen und neu aufpflanzen. Rückschnitt nach
der Blüte regt Nachblüte an.
Sorten 'Fanal', leuchtend
rot, 60 cm, 'Lachsschönheit',
lachsrosa, 60 cm, 'Lilac
Beauty', hellviolett, 80 cm,
'Sammetriese', dunkelrot,
80 cm, 'Terracotta', orange,
80–100 cm.

Blauer Eisenhut
Aconitum napellus

Aussehen Helmförmige
Blüten in langen, schmalen
Rispen, Laub handförmig,
fein geschlitzt. Sehr gut am
Gehölzrand oder unter lichten Gehölzen zu verwenden,
schöner Farbtupfer zwischen
Stauden mit hellen Blüten
wie Silberkerze *(Cimicifuga)*
und Anemonen *(Anemone)*.
Pflege Benötigt frische,
nährstoffreiche Böden,
Rückschnitt abgeblühter Blütenstände bis zu den oberen
Stängelblättern.
**Sorten und weitere Ar-
ten** 'Schneewittchen', weiß,
100 cm, Herbst-Eisenhut *(A.
carmichaelii)*, Blütezeit IX–X,
Garten-Eisenhut *(A. × camma-
rum* 'Bicolor')*, zweifarbig.

Duftnessel
Agastache rugosa

Frauenmantel
Alchemilla mollis

Röhrenstern
Amsonia tabernaemontana

Aussehen Wuchs straff aufrecht, horstbildend, Lippenblüten in kerzenartigen Blütenständen, Blatt eiförmig, graugrün. Die ganze Pflanze duftet bei Berührung aromatisch, ihre Blätter können auch als Beigabe im Salat oder als Teekräuter verwendet werden.
Pflege Rückschnitt nach der ersten Blüte bewirkt meist eine Nachblüte, Schutz vor Winternässe und Staunässe, Rückschnitt nach der Blüte, versamt sonst leicht.
Sorten 'Black Adder', lila mit dunklen Knospen, 130 cm, 'Golden Jubilee', Laub hellgrün, 80 cm, 'Blue Fortune', blauviolett, 100 cm.

Aussehen Grüngelbe, kleine Einzelblüten in lockeren Rispen, schleierartiger Gesamteindruck, Laub frischgrün, rundlich, gelappt. Anspruchslose Staude mit dekorativem Laub, auf dem sich Tau- und Wassertropfen sammeln. Gut mit Storchschnabel *(Geranium)* und Funkien *(Hosta)* zu kombinieren. Guter Bodendecker.
Pflege Radikaler Rückschnitt nach der Blüte fördert frischen Blattaustrieb und kompakten Wuchs, verhindert außerdem unerwünschte Versamung.
Weitere Arten *A. erytripoda,* 10-15 cm, auch für den Steingarten geeignet.

Aussehen Wuchs aufrecht, horstbildend, himmelblaue, sternförmige kleine Blüten in endständigen lockeren Doldenrispen, Laub dunkelgrün, lanzettlich, glatt. Staude mit seltener Blütenfarbe für Rabatten. Vom Erscheinen des lilafarbenen Austriebs im Frühjahr bis zur leuchtend gelben Herbstfärbung bietet die Staude immer einen erfreulichen Anblick. Auch für den trockeneren Bereich am Teichrand geeignet.
Pflege Bevorzugt frische, schwere, lehmige Böden, auch mit hohem Kalkgehalt. Rückschnitt nach der Blüte, wenn keine Versamung erwünscht ist. Kann jahrelang am Standort verbleiben, breitet sich langsam aus.

Herbst-Anemone
Anemone-japonica-Hybriden

↑ 60-100   IX / X

Akelei
Aquilegia vulgaris

↑ 50-80   V / VI

Geißbart
Aruncus dioicus

↑ 150-200   VI / VII

Aussehen Wuchs aufrecht, horstbildend, Stängel reich verzweigt. Blüten schalenförmig oder gefüllt, Laub dreilappig, stumpfgrün, weich behaart. Elegante Herbststaude für die Kombination mit anderen Schattenstauden wie Silberkerze, Astilben und Eisenhut.
Pflege Bevorzugt nährstoffreiche, humose Böden. Im ersten Winter durch eine dicke Laubdecke schützen, ansonsten pflegeleicht.
Sorten 'Bressingham Glow', dunkelrosa, 60 cm, 'Honorine Jobert', weiß, 100 cm, 'Pamina', dunkelrosa, halb gefüllt, 70 cm, 'Rosenschale', rosa, großblumig, 80 cm.

Aussehen Nickende Glockenblüten, gespornt, mit herausragenden Staubgefäßen. Laub blaugrün, dreiteilig zusammengesetzt, zieht nach der Blüte ein. Kurzlebige Staude, die sich jedoch reichlich aussät, auch zur Verwilderung geeignet. Am besten zwischen andere Stauden oder Bodendecker pflanzen, die das einziehende Laub überwachsen.
Pflege Für alle humosen, auch lehmigen Böden.
Verwandte Arten Gold-Akelei *(A. chrysantha),* gelb mit besonders langen Spornen, 80 cm, *Caerulea*-Hybriden, viele Farben, großblumig, auch gefüllte Formen, 60–80 cm.

Aussehen Breite Horste bildend, Blüten cremeweiß, in duftigen Rispen, Laub frischgrün, groß, gefiedert. Auffallende Großstaude, einzeln oder in Gruppen, kommt vor dunklen Gehölzen besonders gut zur Geltung. Vergesellschaftung mit Funkien *(Hosta),* Astilben *(Astilbe),* Wiesenraute *(Thalictrum)* und Schaublatt *(Rodgersia).*
Pflege Standort halbschattig bis schattig, nährstoffreiche, humose, auch feuchte Böden.
Sorten und weitere Arten *A. dioicus* 'Knifii', nur 70 cm hoch, geschlitztes Laub; *A. sinensis* 'Zweiweltenkind', braunroter Laubaustrieb und spätere Blütezeit, 180 cm.

Glattblättrige Herbst-Aster
Aster novae-belgiae

Aussehen Wuchs aufrecht, dichte Horste bildend, kleine Strahlenblüten in dichten Büscheln an den Enden der Stängel. Laub stumpf grün, glatt, breit lanzettlich. Durch die späte Blütezeit wertvoll. Schöne Staude mit guter Farbwirkung, lässt sich gut mit Gräsern und anderen im Herbst blühenden Astern, zum Beispiel Myrten-Aster *(A. ericoides),* kombinieren.
Pflege Bevorzugt nahrhafte, frische, aber durchlässige Böden. Nach der Blüte handbreit über der Erde zurückschneiden, alle 4–6 Jahre teilen.
Sorte 'Schöne von Dietlikon', violett, 120 cm.

Prachtspiere
Astilbe-Hybriden

Aussehen Wuchs horstartig, durch kurze Ausläufer breitwüchsig. Blüte zahlreich in fedrigen Rispen, am Stängelende.
Pflege Benötigt humosen, frischen Boden und ausreichende Feuchtigkeit, besonders während der Blüte. Bei Trockenheit reichlich gießen. Blütenstände erst im Frühling zurückschneiden, da sie sehr dekorativ sind.
Weitere Arten *A. chinensis* var. *pumila,* 30 cm, kommt auch mit trockenem Boden und stärkerer Sonneneinstrahlung zurecht; *A. chinensis* var. *taquetii,* 90 cm, straff aufrecht mit kurzen Ausläufern, verträgt zeitweilige Trockenheit.

Bergenie
Bergenia-Hybriden

Aussehen Wuchs kriechend, mit aufsteigenden Blütenstängeln. Laub groß, derb, glänzend, löffelförmig bis rund, immergrün. Blüten in dichten Trugdolden an den Stängelenden.
Pflege Genügsame und pflegeleichte Staude für fast jede Gartensituation. Übersteht auch längere Trockenheit im Sommer. Unansehnlich gewordenes Laub abschneiden, Verjüngung durch Abtrennung von zu hoch wachsenden Rhizomen.
Sorten 'Admiral', karminrot, 40 cm, 'Baby Doll', hellrosa, Zwergsorte, 20 cm, 'Morgenröte', rosa, blüht mehrmals, 50 cm, 'Rote Schwester', rot, 40 cm.

Kaukasusvergissmeinnicht
Brunnera macrophylla

↑ 30-40 | IV / V

Aussehen Wuchs buschig, horstbildend, Blüten einfach, in lockeren Rispen. Laub herzförmig, dunkelgrün, rau. **Pflege** Optimaler Standort am Gehölzrand an sonniger bis halbschattiger Stelle auf frischem Boden. Bevorzugt gut durchlässigen Boden. Langlebig, möglichst viele Jahre nicht umpflanzen. Rückschnitt abgeblühter Blütenstände bis zu den oberen Stängelblättern. **Sorten** 'Betty Bowring', weiß blühend mit ständiger Nachblüte über den Sommer; 'Jack Frost', rundliche Blätter mit stark ausgeprägter silbriger Mitte, 40 cm, 'Langtrees', geflecktes Laub, 30 cm.

Sumpfdotterblume
Caltha palustris

↑ 30 | IV / V

Aussehen Wuchs verzweigt, kompakte Kuppeln bildend. Blüte dottergelb, wie größere Hahnenfußblüten, Laub dunkelgrün, rundlich herzförmig. Heimische Staude für die Randbepflanzung von Teichen und Bachläufen. Gut mit Sauergräsern und Sumpfstauden wie Pfeilkraut *(Sagittaria latifolia)* und Igelkolben *(Sparganium)* zu vergesellschaften. **Pflege** Standort sonnig bis schattig, für alle feuchten bis nassen Böden. Kann sich an zusagender Stelle aussäen. **Sorten** 'Multiplex', dicht gefüllte Blüten, ansonsten wie die Art; *C. palustris* var. *alba,* weiß blühend, gedrungener Wuchs, 20 cm.

Wald-Glockenblume
Campanula latifolia var. *macrantha*

↑ 80-120 | VI / VII

Aussehen Wuchs aufrecht, lockere Horste bildend. Längliche Glockenblüten, die dicht bis hinauf zur Spitze an aufrechten Stängeln sitzen. Laub mattgrün, breit lanzettlich, behaart. Schöne Waldrandstaude für naturnahe Pflanzungen, kann gut mit Farnen und Schattengräsern kombiniert werden. Sehr gute Farbwirkung zusammen mit Purpur-Fingerhut *(Digitalis purpurea).* **Pflege** Bevorzugt nährstoffreiche, humose Böden, die eher frisch als trocken sein sollten. **Sorte** 'Alba', weiße Glockenblüten an straff aufrechten Stielen. Sehr schön und weit leuchtend vor dunklen Gehölzen.

Spornblume
Centranthus ruber

Gelbe Riesenskabiose
Cephalaria gigantea

Lanzen-Silberkerze
Cimicifuga racemosa

Aussehen Kleine Einzelblüten in etagenförmigen Blütenständen, Laub blaugrün, glatt, lanzettlich. Verzweigter Wuchs mit aufrechten Stängeln. Nach der Blüte silbrige Samenstände.
Pflege Geeignet für alle durchlässigen, auch trockenen Böden, kalkliebend. Anspruchslose Staude für Steppenpflanzungen, Kiesbeete und Trockenmauern. Kurzlebig, versamt sich leicht, wo dies nicht gewünscht wird, sollte man die Samenstände vor der Samenreife abschneiden.
Sorten 'Albus', weiß, 60 cm, 'Kempenhof', dunkelrosa, 50 cm, 'Coccineus', kräftig rot blühend, 60 cm.

Aussehen Blüten der Form nach wie große Skabiosenblüten, auf hohen drahtigen Stängeln, Laub dunkelgrün, groß, gelappt. Mächtige Staude, entwickelt sich zu großen Horsten. Eindrucksvolle Großstaude für Beete und Pflanzungen vor Gehölzen. Lässt sich gut im Hintergrund verwenden. Die hellgelbe Blütenfarbe ist gut mit weißen und blauen Stauden zu vergesellschaften.
Pflege Geeignet für alle mäßig trockenen bis frischen Böden, toleriert Kalk und lehmigen Boden. Kann viele Jahre am gleichen Standort bleiben, bei zu starker Ausbreitung ausgraben und teilen.

Aussehen Wuchs straff aufrecht, horstbildend. Cremeweiße, aufrechte schmale Blütenkerzen auf hohen Stängeln, Laub mittelgrün, gefiedert.
Pflege Standort halbschattig bis lichtschattig, humose, frische bis feuchte Böden. Langlebige Staude, die am besten in kleinen Gruppen zwischen anderen Schattenstauden gepflanzt wird. Rückschnitt direkt nach der Blüte.
Weitere Arten *C. ramosa* 'Pink Spike', 150 cm hoch, mit zartrosa Blüten, *C. simplex* 'White Pearl', 130 cm, weiß.

Meerkohl
Crambe cordifolia

150-200 VII/VIII

Rittersporn
Delphinium-elatum-Hybriden

100-200 VI-VII/IX-X

Aussehen Sparrige, stark verzweigte Großstaude für den hinteren Bereich in Rabatten, kommt besonders vor dunklem Hintergrund gut zur Geltung, zahlreiche kleine Blüten in duftigen Rispen. Laub dunkelgrün, derbe, große Blätter im unteren Drittel.
Pflege Sonniger bis halbschattiger Standort, für alle durchlässigen Böden, bevorzugt warme Lagen. Rückschnitt der Stängel im Herbst. Vor Winter- und Staunässe schützen, mit einer Laubschüttung abdecken.
Weitere Art *Crambe maritima* (Küsten-Meerkohl), 30–70 cm, Blüte weiß, ab Mai, eignet sich für sandige, nicht zu nährstofffreie Böden in voller Sonne.

Aussehen Wichtige Leitstaude in der Rabatte. Hohe kerzenförmige Blütenstände, die dicht mit Blüten besetzt sind. Laub frischgrün bis dunkelgrün, handförmig geteilt. Besonders die blau blühenden Sorten lassen sich hervorragend mit Prachtstauden in klaren Farben kombinieren, zum Beispiel weißen Margeriten (*Leucanthemum-maximum*-Hybriden), roter Brennender Liebe *(Lychnis chalcedonica)* und gelbem Sonnenauge *(Heliopsis helianthoides* var. *scabra).*
Pflege Bevorzugt frische, humose, aber durchlässige Böden, die ausreichend mit Nährstoffen versorgt sind. Ein Rückschnitt direkt nach der Blüte, etwa eine Handbreit

über dem Boden, fördert eine Nachblüte im Herbst. Hohe Sorten durch Anbinden oder mit Staudenhalter stützen.
Sorten 'Augenweide', hellblau mit etwas Rosa, 180 cm, 'Finsteraarhorn', dunkelblau mit schwarzem Auge, 170 cm, 'Galahad', weiß, 180 cm, 'Lanzenträger', enzianblau mit weißem Auge, 200 cm, 'Piccolo', leuchtend blau, 80 cm, mit lockeren Blütenständen, 'Sungleam', cremeweiß mit hellgelber Mitte, 130 cm.
Weitere Art *Dianthus deltoides,* 20 cm, VI-IX, Teppiche bildende, heimische Art in Weiß, Rosa, Rot; etwas kurzlebig, auch für Kästen und Tröge.

Pfingst-Nelke
Dianthus gratianopolitanus

Aussehen Wuchs polster-förmig, kissenartig. Einfache Schalenblüten, meist einzeln an kurzen Stängeln. Laub linealisch, graugrün, winter- bzw. immergrün.
Pflege Für Steinanlagen an sonniger Stelle auf trocke-nem bis frischem Boden. Boden sollte gut durchlässig sein. Rückschnitt abgeblühter Stängel bis zum grundständi-gen Blattschopf.
Sorten 'Blauigel', sehr blau-es Laub, rosa Blüten, 15 cm, 'Neon Star', leuchtend rosa, 15 cm, 'Rubin', weinrot mit dunklerer Mitte, 10 cm.

Roter Sonnenhut
Echinacea purpurea

Aussehen Wuchs aufrecht, horstbildend, Strahlenblüten mit großen braunen Blüten-köpfen, Laub frischgrün, rau, breit lanzettlich. Beetstaude, auch in Steppenpflanzungen, solange der Boden nicht zu trocken ist. Schön mit Gräsern, aber auch mit Beet-stauden in zurückhaltenden Farben.
Pflege Durchlässige, aber nährstoffreiche Böden in war-mer Lage. Sollte alle 3-4 Jah-re aufgenommen und geteilt werden, sonst kurzlebig, gute Schnittblume.
Sorten 'Alba', weiß, 60 cm, 'Magnus', dunkel karminrosa, 80 cm, 'Razzmatazz', rosarot, mit gefüllten Blüten, 100 cm, 'Rubinstern', kräftig karmin-rot, 100 cm.

Blaue Kugeldistel
Echinops-Arten

Aussehen Wuchs aufrecht, horstbildend, stahlblaue Ku-gelblüten, die aus zahlreichen sternförmigen Einzelblüten zusammengesetzt sind. Wert-volle Bienenweide. Blatt lan-zettlich, graugrün, unterseits silbrig. Gut mit Gräsern zu kombinieren.
Pflege Fühlt sich wohl auf Freiflächen an sonniger Stelle auf trockenem bis frischem Boden. Rückschnitt abge-blühter Blütenstände bis zu den oberen Stängelblättern, Rückschnitt der Stängel im Herbst.
Sorten 'Platinum Blue', leuchtend blau, 100 cm, 'Veitch's Blue', intensiv blau 120 cm.

Elfenblume
Epimedium rubrum

Feinstrahlaster
Erigeron-Hybriden

Gold-Wolfsmilch
Euphorbia polychroma

Aussehen Wuchs buschig, ausläuferbildend, kreuzförmige Blüten in lockeren Blütentrauben. Laub zusammengesetzt, herzförmig, grün, rotbraun; wintergrün.
Pflege Gedeiht am besten im Bereich von Gehölzen an halbschattiger Stelle auf frischem, durchlässigem Boden, kalkmeidend. Rückschnitt der Stängel im Herbst. Im Falle von Frostschäden kompletter Rückschnitt im Frühjahr, treibt schnell wieder durch.
Weitere Arten *E. perralchicum* 'Frohnleiten', Blüten gelb, 25 cm, *E. versicolor* 'Sulphureum', schwefelgelb, 30 cm.

Aussehen Reich blühende Prachtstaude, die sich auch gut mit Rosen vergesellschaften lässt. Wuchs aufrecht, horstbildend, zahlreiche Strahlenblüten mit gelber Mitte, Laub frischgrün, lanzettlich.
Pflege Bevorzugt nährstoffreiche, frische, aber durchlässige Böden. Direkt nach der Blüte zurückschneiden, um eine Nachblüte im Herbst zu erhalten. Alle 3-4 Jahre aufnehmen und teilen, um die Blühwilligkeit zu fördern.
Sorten 'Dunkelste Aller', violettblau, 60 cm, 'Rotes Meer', dunkelrot, 60 cm, 'Sommerneuschnee', weiß, 60 cm.

Aussehen Wuchs halbkugelig, dicht. Laub eiförmig, dunkelgrün, im Austrieb heller. Blüten in Dolden, umgeben von auffallenden, grüngelben Hochblättern.
Pflege Gedeiht am besten in der Freifläche an sonniger Stelle auf trockenem Boden, auch am Hang und auf Mauerkronen. Empfindlich gegen Staunässe im Winter, eventuell mit einer trockenen Laubschüttung gegen Winterfeuchte schützen. Rückschnitt im Sommer oder Herbst.
Weitere Arte *E. myrsinites*, gelb blühend, mit niederliegenden, dicht beblätterten, wintergrünen, walzenförmigen Trieben, für Steingärten und Mauerkronen.

Kokardenblume
Gaillardia-Hybriden

Aussehen Wuchs buschig aufrecht bis horstbildend, Blüten schalenförmig mit kugeligem Körbchen. Blatt länglich, graugrün. Farbkräftige lange blühende Beet- und Schnittstaude.
Pflege Benötigt frischen, durchlässigen Boden. Rückschnitt nach der ersten Blüte bewirkt meist eine Nachblüte, Rückschnitt der Stängel zum frühen Herbst, damit die Pflanzen noch durchtreiben. Winterschutz bei Kahlfrösten ratsam.
Sorten 'Burgunder', dunkelrot, 50 cm; 'Kobold', leuchtend rot mit gelben Spitzen, kompakt, 30 cm; 'Tokajer', orangerot, großblütig, 70 cm.

Garten-Storchschnabel
Geranium cantabrigiense

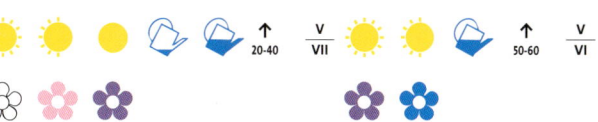

Aussehen Wuchs buschig bis ausläuferbildend. Blüten einfach, schalenförmig, in wenigblütigen Dolden. Laub rundlich, frischgrün, winter- bzw. immergrün.
Pflege Bevorzugt trockene bis frische Böden. An optimalen Standorten kaum Pflege nötig, Staunässe vermeiden. Rückschnitt im Hochsommer fördert neuen Austrieb. Auf neue Züchtungen zurückgreifen, da Bestände alter Sorten häufig von Viren befallen sind.
Sorten 'Berggarten', purpurrosa, 25 cm, 'Harz', Blüten weißlich rosa, 30 cm, 'Saint Ola', weiß, 30 cm.

Pracht-Storchschnabel
Geranium magnificum

Aussehen Leuchtkräftige Staude, die gut als Füllstaude in Rabatten und naturnahen Pflanzungen zu verwenden ist. Sehr schön in Kombination mit Frauenmantel *(Alchemilla mollis)*, Funkien *(Hosta)* und Pfingstrosen *(Paeonia)*. Blauviolette Schalenblüten, reich blühend, Laub rundlich handförmig, eingekerbt, schöne rote Herbstfärbung.
Pflege Standort sonnig bis halbschattig, Staude mit breiter Standortamplitude für alle nicht zu schweren Böden. Nach der Blüte bis knapp über dem Boden zurückschneiden.
Sorten 'Rosemoor', kompakte, besonders standfeste Auslese, 50 cm.

Sonnenbraut
Helenium-Hybriden

Aussehen Aufrecht, horstbildend, Blüten auch zweifarbig geflammt, Körbchenblüten in großer Fülle. Laub mittelgrün, rau, lanzettlich. Gute Partner in der Rabatte sind Goldrute, Staudensonnenblumen, aber auch sämtliche Gräser.
Pflege Frische, nährstoffreiche Böden, bei Trockenheit großzügig wässern. Hohe Sorten sollten gestäbt werden, damit sie nicht umkippen. Nach der Blüte zurückschneiden.
Sorten ‘Baudirektor Linné’, rotbraun, 120 cm, spät blühend, ‘Blütentisch’, goldgelb, 90 cm, mittelfrüh, ‘Rubinzwerg’, rubinrot, 100 cm, mittelspät, ‘Zimbelstern’, altgold, 100 cm, mittelfrüh.

Sonnenauge
Heliopsis helianthoides var. *scabra*

Aussehen Wuchs aufrecht, horstbildend, Blüten als Körbchenblüten oder auch gefüllt, Blütenstand verzweigt, Blatt eiförmig, dunkelgrün. Beliebte Bauerngartenstaude, die häufig am Zaun entlang gepflanzt wird. Gute Schnittblume, lange in der Vase haltbar.
Pflege Gedeiht am besten an sonniger Stelle auf frischem, durchlässigem Boden. Einzelne abgeblühte Blüten ausschneiden oder ausbrechen. Rückschnitt der Stängel im Herbst bis Spätherbst.
Sorten ‘Asahi’, dicht gefüllte Blüten, 80 cm, ‘Grüngoldherz’, gefüllte Blüten mit grüner Mitte, 120 cm, ‘Karat’, ungefüllte Blüten, 150 cm.

Taglilie
Hemerocallis-Hybriden

Aussehen Wuchs horstartig. Blüten erinnern an Lilienblüten. Einzelblüten halten sich nur einen Tag, werden aber ständig in großer Zahl nachgebildet. Blütengröße und –form je nach Sorte unterschiedlich, weit geöffnet bis trichterförmig. Laub frischgrün, riemenförmig, grasartig. Sorten mit kleinen Blüten eignen sich gut für naturnahe Pflanzungen während die großblütigen Sorten am besten in Rabatten zur Geltung kommen.
Pflege Bevorzugt frische, auch feuchte Böden in voller Sonne, bei halbschattigem Standort werden weniger Blüten ausgebildet.

Purpurglöckchen
Heuchera-Hybriden

Funkie, Herzlilie
Hosta-Hybriden

Aussehen Wuchs buschig bis horstbildend, teilweise Ausbreitung durch kurze Ausläufer. Einzelblüten einfach, in Rispen. Laub herzförmig, gewölbt und gekräuselt, wintergrün.

Pflege Gedeiht am besten auf frischem Boden, der aber durchlässig sein sollte. Rückschnitt abgeblühter Stängel bis zum Blattschopf. Kein Rückschnitt im Herbst, da schöner Winteraspekt. Winterschutz bzw. Sonnenschutz bei Kahlfrost ratsam.

Sorten 'Amber Waves', Laub bernsteinfarbig, 40 cm, 'Chocolate Ruffles', rotlaubig, 50 cm; 'Mocha', großblättrig, Laub schwarzrot, Blüten cremeweiß.

Aussehen Wuchs horstartig, trichterförmig aus fleischigem Wurzelstock, schmale Glockenblüten in lockeren Trauben. Laub in sämtlichen Grüntönen, auch gelb, häufig weiß oder gelb panaschiert, herzförmig bis breit eiförmig, oft mit ausgeprägten Blattnerven, spät austreibend, goldgelbe Herbstfärbung.

Pflege Standort halbschattig bis schattig, grüne Sorten bei genügender Bodenfeuchte auch sonnig, bevorzugt frische, humose Böden. Funkien sind langlebig und pflegeleicht, nur der frische Austrieb sollte vor Schneckenfraß geschützt werden.

Sorten und Arten 'Betsy King', hellgrüne, mittelgroße Blätter, violette Blüten, 'Golden Tiara', herzfömige, grüne Blätter mit gelbem Rand, violette Blüten, 'Krossa Regal', große, blau bereifte Blätter, lila Blüten, *H. sieboldiana* 'Elegans', graugrün bereifte, herzförmige Blätter, hellviolette Blüten, *H. undulata* 'Univittata', gewellte, weiß gestreifte Blätter, hellviolette Blüten.

Bart-Iris
Iris-barbata-Hybriden

Wiesen-Iris
Iris sibirica

    ↑ 10-130   V/VI

   ↑ 50-100   V/VI

Aussehen Unübertroffene Staude für trockene Standorte und Steppenpflanzungen, niedrige Sorten auch im Steingarten. Lässt sich gut mit Lavendel *(Lavandula officinalis),* Woll-Ziest *(Stachys byzanthina),* Salbei *(Salvia officinalis)* und anderen Trockenstauden und Halbsträuchern vergesellschaften. Wuchs aufrecht, Triebe entspringen einem kriechenden Wurzelstock (Rhizom). Bei den Blüten ist das ganze Farbspektrum vertreten (Iris = der Regenbogen), auch zahlreiche mehrfarbige Sorten. Auf den Hängeblättern befindet sich ein behaarter Streifen, meist in Kontrastfarbe. Laub graugrün, schwertförmig, steif.

Pflege Bevorzugt lehmige, aber durchlässige Böden. Verträgt keine Staunässe. Die Rhizome sollten so gepflanzt werden, dass ein Drittel über der Erde liegt. Alle 3-4 Jahre teilen und neu pflanzen.
Sorten Die Sortenvielfalt ist so groß, dass man kaum Empfehlungen geben kann, zudem ändert sich das Sortiment ständig. Je nach Höhe werden die Sorten in Barbata-Nana-Hybriden (10–30 cm), Barbata-Media-Hybriden (40–70 cm) und Barbata-Elatior-Hybriden (70–120 cm) eingeteilt.

Aussehen Wuchs straff aufrecht, horstbildend, Blüten exotisch anmutend, häufig mit auffallender Zeichnung auf den Hängeblättern, Laub frischgrün, schmal riemenförmig, an Schilfblätter erinnernd. Für die Uferbepflanzung von Teichen und Bachläufen, aber auch im Beet, sofern der Boden nicht zu trocken ist.
Pflege Bevorzugt alle nährstoffreichen, frischen bis feuchten Böden. Nach der Blüte um ein Drittel zurückschneiden.
Sorten 'Caesar's Brother', blauviolett, 100 cm, 'Cambridge', hellblau, 60 cm, 'Dreaming Spires', dunkelviolett, 60 cm, 'White Swirl', cremeweiß, 60 cm.

Fackellilie
Kniphofia-Hybriden

Aussehen Wuchs straff aufrecht, kompakte Horste, schmale Glockenblüten, dicht an kolbenartigen Blütenständen. Die Blüten öffnen sich nacheinander von unten nach oben. Laub dunkelgrün, grasartig, bodenständig. Fremdartig wirkende Staude für Steppenpflanzungen, zwischen Gräsern.
Pflege Geeignet für alle durchlässigen, eher frischen Böden, verträgt keine winterliche Staunässe. Beim Pflanzen eine Dränage einarbeiten, im Winter mit einer trockenen Laubschüttung unter Tannenreisig abdecken.
Sorten 'Feuerkerze', orangerot, 70 cm; 'Green Jade', grünlich weiß, schlanke Blütenstände, 90 cm.

Goldnessel
Lamiastrum galeobdolon

Aussehen Wuchs bodendeckend, kriechend, wuchernd, in großen Kolonien. Lippenblüten in quirlförmigen Blütenständen, Laub eiförmig mit gezähntem Rand, Sorten auch silbrig panaschiert, wintergrün.
Pflege Vorwiegend großflächig pflanzen, konkurrenzstarker Bodendecker. Unter Gehölzen an halbschattiger bis schattiger Stelle auf frischem Boden. Ausbreitung durch Ausläufer, Triebe nach Bedarf eingrenzen, an optimalen Standorten kaum Pflege nötig. Gelegentlicher, nicht jährlicher, Rückschnitt nach Bedarf.
Sorten 'Kirkcudbright Dwarf', zwergig, 10 cm, getupfte Blattzeichnung.

Lavendel
Lavandula angustifolia

Aussehen Wuchs aufrecht, buschig, bis 40 cm breit, Laub silbergrau, nadelförmig, immergrün, aromatisch duftend.
Pflege Nährstoff- und Wasserbedarf ausgeglichen, wenig gießen, vor Staunässe schützen. Vor dem Winter oder im zeitigen Frühjahr bis zum alten Holz zurückschneiden, ab Mai junge Triebe und frische Blätter ernten, nach Öffnen der Blüte bündeln zum Trocknen. Pflegeleicht, für Einsteiger.
Sorten 'Blue Cushion', hellviolett, kompakt, 30 cm, geeignet für niedrige Einfassungen; 'Hidcote Blue', ganz dunkles Violett, kompakt, 40 cm; 'Munstead', blauviolett, 40 cm, sehr winterhart.

Staudenmargerite
Leucanthemum maximum

60-100   VI / IX

Aussehen Wuchs aufrecht, horstbildend, Ausbreitung durch kurze Ausläufer, typische Margeritenblüten mit gelber Mitte, auch gefüllte Sorten. Laub dunkelgrün, lanzettlich, gezähnt. Für den Vasenschnitt gut geeignet.
Pflege Für alle durchlässigen, nährstoffreichen Böden. Nach der Blüte zurückschneiden, um eine Nachblüte anzuregen, alle 3–4 Jahre teilen und neu aufpflanzen.
Sorten 'Beethoven', einfach blühend, 80 cm, 'Eisstern', dicht gefüllt, ungleichmäßige Blütenblätter erinnern an Schneeflocken, 80 cm; 'Christine Hagemann', gefüllt, 80 cm, 'Gruppenstolz', einfach blühend, kompakt, 60 cm.

Kreuzkraut
Ligularia-Hybriden

100-180   VII / VIII

Aussehen Wuchs aufrecht, horstbildend, Blüten je nach Art in kerzenartigen oder lockeren Blütenständen. Laub dunkelgrün, derb, rund bis nierenförmig, meist gezähnt. Attraktive, auffallende Staude für die Bepflanzung von Teichrändern und andere, eher feuchte Plätze.
Pflege Für alle feuchten bis nassen, nährstoffreichen Standorte. Bei Trockenheit reichlich gießen, besonders bei sonnigerem Standort.
Sorten und verwandte Arten 'Zepter', goldgelbe Blütenkerzen, dunkle Blütenstiele, bis 180 cm. *L. dentata*, besonders großes, nierenförmiges Laub, *L. stenocephala*, lange gelbe Blütenrispen.

Narbone-Lein
Linum narbonense

40-50   V / VIII

Aussehen Wuchs aufrecht bis horstbildend, sehr langsam wachsend. Laub lanzettlich, blaugrün, sehr klein, ohne Stiel am Stängel ansitzend. Einzelblüten einfach, schalenförmig, flach, ausgebreitet.
Pflege Benötigt einen warmen, sonnigen Standort, Boden gut durchlässig. Rückschnitt der Stängel im Herbst bis Spätherbst, an optimalen Standorten kaum Pflege nötig. Winterschutz / Sonnenschutz bei Kahlfrost ratsam. Meist nicht sehr langlebig.
Ähnliche Art *L. perenne*, kleinblütiger, insgesamt zierlicher, für trockene sonnige Standorte, auch in weißer Auslese erhältlich. Kurzlebig, versamt sich aber leicht.

Entenschnabel-Felberich
Lysimachia clethroides

70-90 | VII IX

Blutweiderich
Lythrum salicaria

60-120 | VII IX

Frühlings-Gedenkemein
Omphalodes verna

15-20 | IV V

Aussehen Wuchs aufrecht, ausläuferbildend, große Bestände bildend. Laub lanzettlich, dunkelgrün, dekorative orangerote Herbstfärbung. Kleine Einzelblüten in ährigen Blütenständen.
Pflege Pflegeleichte Stauden für Freiflächen an sonniger bis halbschattiger Stelle auf frischem bis feuchtem, durchlässigem Boden, Gehölzrand. Ausbreitung durch Ausläufer, Rhizome nach Bedarf eingrenzen, Rückschnitt der Stängel im Herbst bis Spätherbst. Bei Kahlfrost durch Laubdecke schützen.
Weitere Art *L. barystachys,* Blüten weiß, in nickenden Kerzen, ausläuferbildend.

Aussehen Wuchs aufrecht, in dichten Horsten, Blüten dicht an dicht in schlanken Rispen. Laub dunkelgrün, lanzettlich.
Pflege Geeignet für alle frischen bis feuchten, auch nassen Böden. Bei Trockenheit ausgiebig wässern. Schöne Staude für den Teichrand, die aber auch im Beet wächst, solange der Boden nicht zu trocken ist. Die kerzenartigen Blütenstände harmonieren gut mit Sumpfgräsern und gelb blühenden Stauden wie Felberich *(Lysimachia ciliata).*
Sorten 'Rosensäule', rosarot, 120 cm, 'Stichflamme', dunkelrosa, 'Zigeunerblut', dunkelrot, 100 cm.

Aussehen Wuchs bodendeckend, ausläuferbildend, in größeren Gruppen ab 10-20 Stück verwenden. Laub länglich bis eiförmig, frischgrün. Blüten ähneln Vergissmeinnichtblüten, in lockeren Trauben. Kombination mit Elfenblume *(Epimedium),* Schaumblüte *(Tiarella)* und Golderdbeere *(Waldsteinia).*
Pflege Eignet sich hervorragend für flächige Pflanzungen, sehr pflegeleicht und ausdauernd. Bevorzugt humosen frischen Boden. Nicht mit konkurrenzschwachen Partnern zusammenpflanzen.
Weitere Arten und Sorten 'Alba', weiß blühend, ansonsten wie die Art; *O. cappadocica,* horstig wachsend, ohne Ausläufer, 15 cm.

Edel-Pfingstrose
Paeonia-Hybriden

↑ 70-150   V VI

Orient-Mohn
Papaver orientale

↑ 60-100   V VI

Aussehen Wuchs horstartig, von ausladender Gestalt, Blüten einfach schalenförmig oder gefüllt, zart duftend. Laub dunkelgrün, glänzend, mehr oder weniger geschlitzt, im Austrieb bronzerot. Eine der prächtigsten Stauden mit sehr großen, auffallenden Blüten für die Staudenrabatte. Langlebig, sollte, wenn sie einmal gepflanzt ist, nicht mehr versetzt werden, da sie sonst einige Jahre benötigt, um wieder eine üppige Blüte zu entfalten. Nicht zu tief pflanzen! Wächst zu großen Büschen heran und braucht entsprechend Platz.

Pflege Alle nährstoffreichen, frischen Böden, bevorzugt lehmhaltige. Verblühtes regelmäßig herausschneiden, um Samenansatz zu verhindern. Sorten mit schweren gefüllten Blüten müssen unter Umständen gestützt werden.

Sorten 'Bowl of Beauty', rosa, einfach blühend, 80 cm, 'Jan van Leeuwen', weiß, einfach blühend mit auffälligen gelben Staubblättern, 90 cm, 'Edulis Superba', kräftig rosa, dicht gefüllt, stark duftend, 100 cm, 'Friesenblut', dunkelrot, einfach blühend, 100 cm, 'Sarah Bernhardt', silbrig rosa, gefüllt, 90 cm.

Aussehen Wuchs aufrecht, dicht, Blüten einfach oder gefüllt. Laub silbergrün, gefiedert, zieht nach der Blüte ein, daher am besten mit Stauden vergesellschaften, die die Lücken später überdecken. Alle Teile stark giftig.

Pflege Nach der Blüte erst zurückschneiden, wenn das Laub zu vergilben beginnt.

Sorten 'Aladin', leuchtend rot, 90 cm, 'Carnival', innen weiß, nach außen in Rot übergehend, 80 cm, 'Beuty of Livermere', dunkelrot, 100 cm; 'Black and White', reinweiß mit schwarzen Basalfleck, 80 cm; 'Helen Elisabeth', lachsrosa, 70 cm, 'John III', orange, 60 cm, 'Türkenlouis', rot mit gefransten Blütenblättern, 80 cm.

Flammenblume
Phlox paniculata

Gelenkblume
Physostegia virginiana

Sturm-Sonnenhut
Rudbeckia fulgida var. *sullivantii*

Aussehen Wuchs horstartig mit straff aufrechen Blütenstängeln, Blüten in kuppelartigen dichten Dolden, süß duftend. Laub dunkelgrün, lanzettlich, glatt.
Pflege Benötigt frische bis feuchte, nährstoffreiche Böden, die aber durchlässig sein sollten. Bei trockenem Boden anfällig für Mehltau. Rückschnitt nach der Blüte fördert Neuaustrieb und Nachblüte.
Sorten 'Düsterlohe', dunkelviolett, 90 cm, 'Hochgesang', weiß, 120 cm, 'Landhochzeit', rosa mit rotem Auge, 100 cm, 'Uspech', rosaviolett mit weißem Auge, 80 cm, 'Württembergia', karminrosa, 70 cm.

Aussehen Wuchs aufrecht, horstbildend, mit straff aufrechten Stängeln. Waagerecht stehende Rachenblüten in dichten Quirlen am Stängelende. Laub dunkelgrün, lanzettlich, glänzend. Gemäßigter Ausbreitungsdrang durch kurze Ausläufer. Gute Schnittblume.
Pflege Gelenkblumen sind attraktive, anspruchslose Rabatten- und Schnittstauden für nicht zu trockene, nährstoffreiche Standorte.
Sorten 'Bouquet Rose', violettrosa, 80 cm, früh blühend, 'Summer Snow', weiß, 90 cm, 'Vivid', rosa, 80 cm, spät blühend.

Aussehen Wuchs straff aufrecht, ausläuferbildend. Strahlenblüten mit dunkelbrauner, kugeliger Mitte, Laub dunkelgrün, breit lanzettlich, rau. Robuste Spätsommerstaude mit guter Fernwirkung, besonders, wenn man sie in großen Gruppen pflanzt. Gute Kombinationspartner sind Sonnenbraut, Stauden-Sonnenblumen, aber auch kontrastierende wie Kissen-Astern und viele Gräser.
Pflege Für nährstoffreiche, frische bis feuchte Böden. Bei Trockenheit ausgiebig wässern, Verblühtes regelmäßig herausschneiden.
Sorten 'Goldsturm' ist die einzige Sorte im Handel.

Sommer-Salbei
Salvia nemorosa

Aussehen Wuchs horstbildend mit straff aufrechten Blütenstängeln. Schmale Blütenkerzen, reich blühend, Laub mattgrün, lanzettlich, mit gewellten Rändern.
Pflege Benötigt durchlässige, auch trockene Böden, bevorzugt kalkhaltige. Rückschnitt nach der Blüte bis zum Boden regt den Neuaustrieb und eine Nachblüte im Spätsommer an. Zurückhaltend düngen.
Sorten 'Adrian', weiß, 50 cm, 'Blauhügel', leuchtend blau, 40 cm, 'Caradonna', violett mit dunklen Blütenstängeln, 40 cm, 'Marcus', blauviolett, 25 cm, sehr kompakt, 'Ostfriesland', dunkelviolett, 50 cm, 'Rosenwein', rosarot, 40 cm.

Fetthenne
Sedum telephium

Aussehen Wuchs horstartig, aufrecht bis ausgebreitet. Blüten in flachen Dolden, Laub graugrün, spatelförmig, fleischig. Für Steppen- und Kiesbeete. Sehr schön mit Gräsern, Berg-Astern und vor graulaubigen Kleinsträuchern.
Pflege Alle mäßig trockenen bis trockenen, durchlässigen Böden. Das Laub ist auch vor der Blüte sehr dekorativ, ebenso die Blütenstände, die daher nicht abgeschnitten werden. Auf fetten Böden kippen die Stängel um.
Sorten und ähnliche Arten 'Herbstfreude', braunrosa, 50 cm, 'Matrona', rosa mit rötlichem Laub, 60 cm, *S. spectabile* 'Carmen', dunkelrosa, 40 cm.

Präriekerze
Sidalcea-Hybriden

Aussehen Wuchs aufrecht, lockere Horste bildend. Blüten schalenförmig, in straffen Kerzen, Laub dunkelgrün, geschlitzt, graziler Gesamteindruck.
Pflege Schwere Lehmböden mit Staunässe oder zur Vernässung neigende Böden werden nicht vertragen. Ein Rückschnitt sofort nach der Blüte trägt zur Verlängerung der Lebensdauer bei. Sehr schön zum Vasenschnitt.
Sorten 'Elsie Heugh', hellrosa mit gefransten Blütenblättern, 100 cm, 'Rosanna', rosarote Schalenblüten, 100 cm, *S. oregana* 'Brillant', karminrot, 60 cm.

Goldrute
Solidago-Hybriden

Hoher Ziest
Stachys grandiflora

Telekie
Telekia speciosa

     ↑ 60-120 VII/X

   ↑ 50-60 V/VI

     ↑ 150-200 VI/VIII

Aussehen Wuchs in zierlichen, überhängenden Blütenrispen, Laub dunkelgrün, schmal lanzettlich, auffallende Staude für „gelbe Spätsommerbeete". Auch als Schnittblume zu verwenden.
Pflege Bevorzugt frische bis feuchte, nährstoffreiche Böden. Nach der Blüte unbedingt die Samenstände abschneiden, um eine Aussaat zu verhindern.
Sorten 'Goldenmosa', goldgelb mit spitzkegeligen Rispen, 70 cm, 'Goldwedel', reingelb, früh blühend, 60 cm, 'Strahlenkrone', goldgelb, straffer Wuchs, 60 cm. *S. sempervirens* 'Goldene Wellen', sehr große goldgelbe Blüten, mehltauresistent, 120 cm.

Aussehen Wuchs horstbildend, schwach ausläuferbildend. Blüte kräftig lilarosa, große Taubnesselblüten in endständigen Quirlen. Laub länglich herzförmig, gezähnt, weich behaart. Robuste Staude mit weithin leuchtenden Blüten, wächst zu breiten Horsten heran und eignet sich gut als Füllstaude im mittleren Beetbereich. Farblich schöne Kombinationen lassen sich mit hohen Glockenblumen und Phlox erzielen.
Pflege Bevorzugt frischen, nährstoffreichen, aber durchlässigen Boden. Nach der Blüte zurückschneiden.
Sorten 'Superba', größere Blüten, 60 cm.

Aussehen Wuchs üppig in breiten Horsten, mit feinen goldgelben Strahlenblüten und großen rauen Blättern. Eignet sich als imposanter Solitär in Wildblumengärten oder an Teichufern mit durchlässigem Boden. Auch außerhalb der Blütezeit durch das Laub sehr attraktiv.
Pflege Bei nährstoffreichem, ausreichend feuchtem Boden ist die Telekie sehr anspruchslos. Selbstaussaat sorgt für ausreichend Nachwuchs. Um dies zu verhindern, Abgeblühtes rechtzeitig entfernen. Kann viele Jahre ungestört am Platz verbleiben.

Akeleiblättrige Wiesenraute
Thalictrum aquilegifolium

↑ 80-150   V/VI

Aussehen Wuchs aufrecht, kräftige Horste bildend, Blüten in duftigen wolkigen Trugdolden. Laub blaugrün, dreigeteilt, ähnlich den Blättern der Akelei. Elegante Staude für Beete am Gehölzrand. Lässt sich sehr schön mit Funkien, Geißbart und Gräsern wie der Hänge-Segge kombinieren.
Pflege Standort halbschattig, bei genügender Bodenfeuchte auch sonnig, bevorzugt humosen, frischen Boden. Nach der Blüte zurückschneiden.
Sorten und ähnliche Arten 'Album', weiß, sonst wie die Art, *T. flavum,* schwefelgelb, blau bereifte Stängel, 200 cm.

Dreimasterblume
Tradescantia-Hybriden

↑ 30-50   VI/IX

Aussehen Wuchs horstbildend, straff aufrecht. Dreizipflige Schalenblüten in verschiedenen Farben, zu mehreren zusammenstehend. Schmales, frischgrünes Laub. Besonders geeignet für Teichränder.
Pflege Bevorzugt feuchte, nährstoffreiche Böden in voller Sonne, kommt jedoch auch mit einem halbschattigen Standort zurecht. Rückschnitt der Blütenstängel nach der Blüte ist gegen Versamen empfehlenswert und fördert die Nachblüte.
Sorten 'Concord Grape', purpurviolett, dunkles Laub, 40 cm, 'Innocence', weiße Blüten, 50 cm, 'Sweet Kate', blauviolette Blüten, hellgrünes Laub.

Kandelaber-Ehrenpreis
Veronicastrum virginicum

↑ 100-180   VII/IX

Aussehen Wuchs aufrecht, horstbildend, von mächtiger Gestalt. Blüten in langen, kerzenförmigen, kandelaberartig verzweigten Blütentrauben an hohen Stielen. Laub dunkelgrün, quirlförmig angeordnet.
Pflege Robuste Großstaude für frischen, humosen, aber durchlässigen Boden. In Trockenperioden ausreichend gießen. Auch die Samenstände sind zierend, daher erst im Laufe des Winters oder im Frühling zurückschneiden.
Sorten 'Diana', weiß blühend, straffer Wuchs, 120 cm, 'Fascination', rotviolett, straff aufrecht, 170 cm; 'Lavendelturm', violett, 150 cm; 'Pink Glow', hellrosa, zierliche Sorte, 120 cm.

Duft-Veilchen
Viola odorata

    ↑ 5-15 III/V

Golderdbeere
Waldsteinia ternata

   ↑ 20-25 IV/V

Aussehen Wuchs buschig, teilweise Ausläufer treibend, bedingt wintergrün. Blüten einzeln an nickenden Stängeln. Laub frischgrün, herzförmig, mit gezähntem Rand.
Pflege Das Duft-Veilchen liebt lichten Schatten, kommt aber auch mit sonnigen Standorten zurecht, wenn diese nicht zu heiß und trocken sind. Es bevorzugt lehmhaltigen Boden, der ausreichend mit Nährstoffen versorgt ist. An geeigneten Standorten keine Pflege notwendig.
Sorten In der Zeit des Biedermeiers und der Romantik war das Sortiment an Duft-Veilchen groß. Heute sind uns noch einige Sorten erhalten geblieben: 'Alba', weiß blühend, stark duftend, wintergrünes Laub, 10 cm, 'Cœur d'Alsace', Blüte rosarot, sehr grazil, 15 cm, 'Donau', großblütig, blauviolett, stark duftend, 15 cm, 'Königin Charlotte', Blüte kräftig violett, Nachblüte im Herbst, 15 cm, 'Lydia Groves', hellrosa mit weißer Zeichnung, früh blühend, 15 cm, 'Sulphurea', Blüte schwefelgelb, schwachwüchsig, 10 cm.

Aussehen Wuchs buschig bis kriechend, breitet sich durch Ausläufer rasch aus. Kleine Schalenblüten, erinnern an Erdbeerblüten. Laub dunkelgrün, dreiteilig, immergrün.
Pflege Robust, benötigt kaum Pflege. Kann zurückgeschnitten werden, wenn unansehnlich, treibt rasch wieder aus. Bei zu starker Ausbreitung aufnehmen, die kriechenden Wurzelstöcke teilen und wieder auspflanzen.
Weitere Art *W. geoides,* horstig ohne Ausläufer, teilweise wintergrün.

Garten-Sandrohr
Calamagrostis × acutiflora

    ↑ 150-180 VI VIII

Aussehen Wuchs straff aufrecht, die Blütenhalme überragen das Laub um ein Vielfaches. Bildet schlanke Horste, keine Ausläufer treibend. Blatt mittelgrün, schmal, das neue Laub treibt sehr zeitig im Frühjahr aus. Frühzeitige Verfärbung der Blütenhalme in ein leuchtendes Strohgelb. Attraktiv bis in den tiefen Winter. Leicht aufgefächerte Blütenrispen, danach schmaler. Behalten ihre Form bis in den Winter.
Pflege Sonniger Standort, sonst wenig standfest. Toleriert trockenen bis mäßig feuchten Boden. Im späten Winter die vorjährigen Halme abschneiden.

Japan-Segge
Carex morrowii

   ↑ 40-50 IV VI

Aussehen Bildet dichte halbrunde Horste, im Laufe der Jahre sehr breit wachsend. Blatt dunkelgrün, steif mit bogig überhängenden Enden. Als Unterpflanzung von Gehölzen, zwischen Blattschmuckstauden, gut für die Kombination mit Rhododendren.
Pflege Bevorzugt humose, frische Böden. Versagt an trockenen Standorten, empfindlich gegen Wintersonne.
Sorten 'Variegata' besitzt schmale, weiße Randstreifen, 'Gilt', intensivere Panaschierung, wächst aber schwächer, *C. morrowii* ssp. *foliosissima* 'Ice Dance' hat cremeweiße, auffällige Streifen und breitet sich mit der Zeit durch Ausläufer aus.

Palmwedel-Segge
Carex muskingumensis

     ↑ 60-80 VII VII

Aussehen Wuchs aufrecht, dichte, starre Horste bildend, Breite 50 cm. Laub hellgrün, schmal, entspringt in Quirlen den Stängeln. Blüten in braun-gelben, dichten Rispen an den oberen Stängelenden. Ideales Gras für die Uferbepflanzung.
Pflege Bevorzugt frischen bis feuchten, humosen Boden. Ältere Horste zurückschneiden, damit sie nicht auseinanderfallen.
Sorten 'Silberstreif' mit schmalen, weißen Mittelstreifen, schwachwüchsig, 'Wachposten', eine besonders standfeste Auslese mit noch besserer Winterhärte.

Hänge-Segge
Carex pendula

Aussehen Wuchs kräftig, horstartig, mit überhängenden Blütenhalmen. Blätter dunkelgrün, steif aufrecht, im oberen Drittel überhängend, wintergrün. Hängende, walzenförmige „Kätzchen", gelb bis braun, an kräftigen Stängeln hoch über dem Laub. Als Begleitpflanze für Waldrandstauden, unter Gehölzen. Sehr schön auch mit Taglilien in großen Gruppen. An zusagenden Stellen kann es zu Selbstaussaat kommen.
Pflege Bevorzugt kühle Standplätze mit humosem, frischem Boden. Vor Wintersonne schützen, da sonst das Laub leidet.

Plattährengras
Chasmanthium latifolium

Aussehen Wuchs locker horstartig, mit aufrechten Blütenhalmen. Breite 50 cm. Laub hellgrün, breit, ab Spätsommer goldene bis rotbraune Färbung. Tropfenartig an den Stängeln angeordnete plattgedrückte Ähren. Zunächst grün, später rotgolden. Verwendung im Beet zwischen im Herbst blühenden Stauden, Pflanzungen am sonnigen oder lichtschattigen Gehölzrand. Harmoniert gut mit Herbst-Astern und Herbst-Anemonen.
Pflege Standort warm und geschützt, bevorzugt frischen, nährstoffreichen Boden. Rückschnitt erst im Frühjahr, da die Samenstände sehr zierend sind.

Japan-Waldgras
Hakonechloa macra

Aussehen Wuchs breit überhängend, mattenbildend durch kurze Ausläufer, Breite 30–50 cm. Laub frischgrün, elegant überhängend, Herbstfärbung rötlich. Zierliche Blütenrispen zwischen dem Laub. Zur Unterpflanzung von Gehölzen, auch mit Farnen und Funkien.
Pflege Bevorzugt kühle Standorte mit humosen, frischen Böden. Einzeln, in Gruppen oder auch als flächig gepflanzter Bodendecker. Ein Rückschnitt ist normalerweise nicht erforderlich.
Sorten 'Aureola' besitzt gelbgrün gestreiftes Laub, 'Albostriata' wächst kräftiger und hat grünes Laub mit schmalen, weißen Streifen.

Schnee-Marbel
Luzula nivea

Chinaschilf
Miscanthus sinensis

    30-40 | V VI

  150-300 | VIII X

Aussehen Wuchs buschig, lockere, niedrige Horste, bis 20 cm breit. Blatt dunkelgrün, riemenförmig, mit überhängenden Spitzen, bewimpert. Blüten in knäuelartigen Rispen. Unter Gehölzen, an schattigen Stellen im Steingarten. Die Blüten sind auch floristisch interessant als Beiwerk in Sträußen.
Pflege Bevorzugt humosen, frischen Boden, kommt aber auch mit mäßig trockenen Plätzen zurecht. Verwendung unter Gehölzen, an schattigen Stellen im Steingarten. Der Boden sollte nicht zu kalkhaltig sein. Kann jahrelang ungestört am Standort verbleiben. Ein Rückschnitt im Sommer regt frischen Laubaustrieb an.

Aussehen Bildet kräftige Horste aus, durch kurze Ausläufer bis 150-200 cm breit. Laub riemenförmig, frischgrün, elegant übergeneigt. Im Herbst gelb verfärbend, bei einigen Sorten auch rote Herbstfärbung. Blüten in federigen Rispen, zunächst aufrecht gefächert, dann bogig überhängend. Sehr zierend und lange haftend.
Pflege Bevorzugt kräftige, frische, nährstoffreiche Böden. Zu groß gewordene Horste können durch Teilung verjüngt werden. Rückschnitt erst im Frühling, da die Samenstände im Winter sehr dekorativ sind.
Sorten 'China' von Ernst Pagels, bis 180 cm hoch, große Blütenstände, die

olivgrünen, schmalen Blätter färben sich im Herbst rot. 'Gnom', eine neue Sorte, bleibt mit 120 cm recht niedrig. 'Graziella' bleibt mit 150 cm niedriger und blüht besonders früh. 'Flamingo' gehört zu den besten Sorten von Ernst Pagels. Sie blüht hellrosa und besitzt eine rosarote Herbstfärbung. 'Giraffe' erreicht eine Höhe von 250 cm, das Laub ist gelbgrün quergestreift. 'Kaskade' fällt durch eine übergeneigte Wuchsform auf und besitzt große Blütenrispen. 'Malepartus' ist eine alte, aber hervorragende Sorte mit prächtiger Herbstfärbung. 'Nishidake' wird 250 cm hoch, wirkt aber insgesamt transparent; sehr standfest!

Riesen-Pfeifengras
Molinia arundinacea

Federgras, Ponyhaar
Nasella tenuissima

Rutenhirse
Panicum virgatum

Aussehen Wuchs horstartig, mit fächerförmig angeordneten, hohen Blütenhalmen hoch über den Blattschöpfen. Breite 70 cm. Blatt schmal, blaugrün, mit gelber Herbstfärbung. Zieht im Winter vollständig ein und treibt spät im Frühling aus. Bräunliche Blütenähren auf kräftigen Halmen, die den Winter über halten. In Moorbeeten, am Wasserrand, unter lichten Gehölzen wie Birken, in Heidegärten. Samenstände erst im Winter abschneiden, wenn sie abknicken.
Pflege Benötigt kalkfreien Boden, mäßig frisch bis feucht.
Sorten 'Cordoba', 180 cm, breit wachsend, mit bogig überhängenden Halmen.

Aussehen Aufrechter Wuchs mit elegant übergeneigten Halmenden. Blatt sehr schmal, haarfein, graugrün. Die feinen Blütenrispen haben lange Grannen, die auch an den Samenständen haften bleiben. Verfärbt sich im Herbst schlohgelb und behält lange seine Attraktivität. In Steppenbeeten, Kiesbeeten, einzeln oder in Gruppen.
Pflege Benötigt durchlässigen, nährstoffarmen Boden, ansonsten kurzlebig. Sät sich häufig selbst aus. Rückschnitt nach dem Winter.
Ähnliche Art *Stipa pulcherrima* f. *nodocostata*, bogig überhängende Blütenhalme mit silbrigen Grannen, 80 cm, benötigt geschützten Standort.

Aussehen Aufrechte, dichte Horste, etwas fächerförmig, Breite 50 cm. Laub schmal, spitz zulaufend, Spitzen leicht überhängend. Rote Färbung ab Spätsommer. Spät austreibend. Filigrane Blütenähren, über dem Laub schwebend.
Pflege Bevorzugt durchlässigen, mäßig nahrhaften Boden. Auf zu kräftigem Boden standschwach. Rückschnitt nach der Blüte, um Aussaat zu verhindern, oder im Spätwinter.
Sorten 'Hänse Herms' mit leuchtend braunroter Herbstfärbung, 'Heavy Metal', mit 150 cm höher, blaugrünes Laub, kaum Herbstfärbung, 'Shenandoah', ausgeprägte Herbstfärbung, schon im Austrieb rote Blattspitzen.

Lampenputzergras
Pennisetum alopecuroides

40-80   VIII X

Aussehen Dichte Horste, kuppelförmig überhängend, sehr gleichmäßig, Breite 70 cm. Laub dunkelgrün, schmal, bogig übergeneigt. Spät austreibend, gelbe Herbstfärbung. Walzenförmige Ähren an den Halmenden.

Pflege Bevorzugt durchlässige, aber nahrhafte Böden, die nicht zu trocken sein sollten. Verwendung in Beeten und Rabatten, einzeln oder in kleinen Gruppen, am sonnigen Gehölzrand. Rückschnitt im Frühjahr.

Sorten 'Hameln', kompakter, blüht etwas früher. *P. alopecuroides* var. *viridescens* besitzt dunkleres Laub und besonders auffallende dunkle und dichte Ähren. Leicht durch Aussaat zu vermehren.

Blaugrünes Kopfgras
Sesleria heufleriana

40-60   III IV

Aussehen Wuchs horstartig bis polsterförmig, bis 50 cm breit. Laub schmal, blaugrün, wintergrün und sehr früh austreibend. Schwarzbraune, dichte Blütenähren auf steifen Halmen über dem Laub stehend. Im Steingarten an der sonnenabgewandten Seite, im lichten Gehölzschatten, einzeln oder in kleinen Gruppen.

Pflege Bevorzugt frischen bis feuchten, humosen Boden. Rückschnitt, wenn das Laub unansehnlich wird.

Weitere Arten *S. autumnalis,* Blüte silbrig weiß, IX–X, robust, Trockenheit vertragend, 50 cm; *S. caerulea,* für feuchten Standort, Blüte schwarz, III–VI, 30 cm.

Goldbartgras
Sorghastrum nutans

120-150   VIII X

Aussehen Straff aufrechte, schmale Horste, bis 50 cm breit. Laub schmal, graugrün, straff aufrecht wachsend. Spät austreibend. Fedrige, rotbraune, üppige Rispen mit goldenen Staubgefäßen. Als Akzentpflanze in Beeten und Rabatten, in Kombination mit im Herbst blühenden Stauden, schön in Steppenpflanzungen.

Pflege Gedeiht auf jedem nicht zu trockenen Boden. Insgesamt anspruchslos. Samenstände erst gegen Ende des Winters abschneiden, bevor sie unansehnlich werden.

Sorte 'Indian Steel', verfärbt sich im Herbst spektakulär in allen Brauntönen, 120 cm.

Zotten-Raugras
Spodiopogon sibiricus

   ↑ 150 | VIII X

Aussehen Wuchs straff aufrecht, bildet dichte Horste. Blatt breit, etagenweise waagerecht von den Halmen abstehend. Rotbraune Herbstfärbung, am besten nach warmen Sommern. Fedrige, senkrechte Blütenähren. In gemischten Pflanzungen am Gehölzrand, am Wasserrand in der trockeneren Zone, auch als Solitär.
Pflege Standort halbschattig, auch sonnig, bevorzugt frischen, humosen Boden. Bei Trockenheit gießen, sonst wird das Gras im Spätsommer trocken und färbt sich nicht aus. Rückschnitt im zeitigen Frühjahr.
Sorte 'West Lake' zeichnet sich durch rötlichen Austrieb aus, sehr standfest.

Silberährengras
Stipa calamagrostis

    ↑ 70-90 | VI VIII

Aussehen Dichtbuschige Horste mit übergeneigten Halmen, Breite 80 cm. Laub schmal, graugrün, bogig überhängend. Blüte silbrige, fedrige Rispen, elegant überhängend. Einzeln oder in Gruppen in sonnigen Rabatten, Steppenbeeten. Gut geeignet für naturnahe Pflanzungen.
Pflege Standort sonnig, bevorzugt mäßig trockene bis frische Böden. Kalkliebend, auf schweren Böden standschwach.
Sorten 'Allgäu' mit straff aufrechtem Wuchs und sehr schönen Blütenrispen. 'Lemperg' wächst kompakter, blütenreich, mit roter Herbstfärbung.

Riesen-Federgras
Stipa gigantea

   ↑ 200 | VI VIII

Aussehen Lockere Horste mit straff aufrechten, hohen Blütenhalmen, Breite 50 cm. Laub blaugrün, schmal, bogig überhängend, wintergrün. Blüten in lockeren Rispen, die stark an Hafer erinnern, auf starken Halmen hoch über dem Laub. Für Steppenbeete, sonnige Rabatten, Kiesbeete. Schön mit silberlaubigen Stauden zu kombinieren.
Pflege Standort sonnig und warm, bevorzugt durchlässige, nicht zu nährstoffreiche Böden. Benötigt etwas Winterschutz, besonders vor Winternässe.
Weitere Art *S. splendens,* mit lockeren überhängenden Ähren, Herbstfärbung leuchtend gelb, 180 cm.

Zierlauch
Allium giganteum

Strahlen-Anemone
Anemone blanda

Schneestolz
Chionodoxa luciliae

Aussehen Aus der Zwiebel entwickeln sich ein einzelner, hoher, kräftiger Stängel und mehrere riemenförmige, grundständige Blätter. Kräftig violette, kleine Sternchenblüten, in einer dichten, kugeligen Dolde angeordnet.
Pflege Im Herbst 20-25 cm tief in Gruppen pflanzen. Nach dem Austrieb leicht düngen. Die Zwiebeln können jahrelang am Standort stehenbleiben. Brutzwiebeln im Frühherbst abnehmen.
Sorten 'Ambassador', violettrosa, 130 cm, Laub vergilbt nicht nach der Blüte; 'Globemaster' dunkelviolett in besonders großen Kugeldolden, 80 cm; 'Mount Everest', weiß mit grüner Mitte, 100 cm.

Aussehen Bildet schnell größere Kolonien. Laub dunkelgrün, fingerartig gefiedert. Flache Strahlenblüten mit gelben Staubgefäßen. Bei zusagenden Bedingungen entstehen durch reiche Selbstaussaat bald dichte Blütenteppiche.
Pflege Die Knollen werden im Herbst etwa 5 cm tief gepflanzt, am besten vorher einen Tag quellen lassen. Für gelegentliche Humusgaben dankbar, in rauen Gegenden ist auch eine Laubschüttung als Winterschutz sinnvoll.
Sorten 'Atrocoerulea', purpurviolett, 'Blue Shades', leuchtend blau, 'Charmer', rosa mit weißer Mitte, 'Radar', violettrot mit weißer Mitte, 'White Splendour', reinweiß.

Aussehen Kolonien bildend, Laub grasgrün, linealisch, aufrecht stehend. Pro Zwiebel ein Blütenstiel. Sternblüten mit weißem Auge, in lockeren, endständigen Trauben. Am besten sind Plätze, an denen sich der Schneestolz ungestört ausbreiten kann. Schön sind ausgedehnte Pflanzungen mit gemischten blauen und rosa Sorten.
Pflege Die Zwiebeln werden im Herbst 5–10 cm tief in Gruppen gepflanzt. Gelegentliche Humusgaben fördern das Wachstum. An zusagendem Standort bilden sich rasch größere Teppiche.
Sorten 'Rosea', rosa blühend, bis 20 cm.

Herbst-Zeitlose
Colchicum autumnale

Aussehen Aus der Zwiebel entwickeln sich im Herbst mehrere Blüten, das riemenförmige Laub erscheint dagegen erst im kommenden Frühjahr. Blüten krokusähnlich, auf weißen Röhrenstielen sitzend.
Pflege Im August 10–15 cm tief in kleinen Gruppen pflanzen, blühen schon einen Monat später. Bevorzugt ungestörten Standort, zwischen Gehölzen oder im Rasen. Auch zwischen Bodendeckern gut einsetzbar. Hier bringen sie im Herbst noch einmal Farbe in die Pflanzung. Achtung: Die gesamte Pflanze ist stark giftig!

Garten-Krokus
Crocus-Hybriden

Aussehen Grasartiges Laub mit weißem Mittelstreifen, bildet mit der Zeit kleine Tuffs, vermehrt sich aber insgesamt langsam. Blüten trichterförmig mit rundlichen Blütenblättern.
Pflege Die Zwiebeln werden im Herbst in kleinen Gruppen gepflanzt. Dankbar für gelegentliche leichte Düngergaben. Frischer, aber durchlässiger Boden. Verträgt keine Staunässe.
Sorten 'Cream Beauty', cremeweiß mit orangem Schlund, sehr langlebig; 'Flower Record', kräftig lila, 'Jeanne d' Arc', reinweiß, 'Pickwick', lila-weiß gestreift, 'Yellow Mammoth', gelb.

Dahlie
Dahlia-Hybriden

Aussehen Laub groß, dunkelgrün, gefiedert. Die niedrigen Sorten wachsen buschig, die höheren horstig. Blüten einfach oder gefüllt, in vielen Farben, oft mit interessanten Verformungen der Blütenblätter.
Pflege Knollen Anfang bis Mitte Mai so tief pflanzen, dass die Stängelansätze 10 cm tief im Boden sind. Nach dem Austrieb kalibetont düngen und auf Schneckenfraß achten. Hohe Sorten müssen häufig gestützt werden, damit die Horste nicht auseinanderfallen. Nach dem ersten Frost werden die Knollen aus dem Boden genommen und frostfrei überwintert.

Persische Schachbrettblume
Fritillaria persica

    ↑ 80-100   IV

Aussehen Ein kräftiger, aufrechter Stängel pro Zwiebel, lanzettliche Blätter quirlig um den unteren Stängelbereich wachsend. Schokoladenbraune, breite Glockenblüten in lockeren Trauben.
Pflege Die Zwiebeln werden im Herbst etwa 20–30 cm tief gepflanzt. Nach der Blüte den Stängel bis zum Laub zurückschneiden, falls keine Samenbildung gewünscht wird. Verwendung: gruppenweise in Rabatten. Benötigt einen sehr warmen, sommertrockenen Standort mit durchlässigem Boden. Den frühen Austrieb vor Spätfrösten schützen.
Sorten 'Adiyaman', besonders reichblütig, braunviolett.

Traubenhyazinthe
Muscari botryoides

    ↑ 15-20   IV / V

Aussehen Pro Zwiebel erscheinen 2–3 dunkelgrüne, riemenförmige Blätter, die kürzer als der Blütenstängel bleiben. Durch Brutzwiebelbildung und Selbstaussaat entstehen im Laufe der Jahre größere Trupps.
Pflege Zwiebeln im Spätsommer oder Frühherbst 6–8 cm tief im Abstand von 5–10 cm pflanzen, wobei die Erde gut gelockert sein sollte. Danach am besten ungestört wachsen lassen. Zur Vermehrung können Brutzwiebeln abgetrennt und eingepflanzt werden. An zusagenden Standorten sät sich die Traubenhyazinthe auch selbst aus.

Osterglocke, Narzisse
Narcissus-Hybriden

    ↑ 20-50   III / V

Aussehen Pro Zwiebel ein Stängel mit meist einer Blüte, durch Brutzwiebelbildung mit der Zeit Horste bildend. Durch jahrhundertelange Züchtung stehen uns heute Narzissen in sämtlichen Weiß-, Gelb- und Orangetönen zur Verfügung. Neben den klassischen Trompeten-Narzissen gibt es Sorten mit breiter, schmaler, gefüllter und geschlitzter Krone. Die Blüten duften je nach Sorte unterschiedlich intensiv.
Pflege Die Zwiebeln werden im Herbst 15–20 cm tief gepflanzt. Wenn die Horste nach einigen Jahren zu dicht wachsen, werden die Brutzwiebeln abgetrennt und wieder eingepflanzt.

Blausternchen
Scilla siberica

    ↑ 10-15   III

Garten-Tulpen
Tulipa-Hybriden

  ↑ 20-45   IV / V

Aussehen Aus der Zwiebel entwickeln sich 3-5 linealische Blätter und bis zu 3 Blütenstängel. Blüten leuchtend blau, sternförmig, nickend, zu 2-4 am Stängel sitzend. Verwildert im Rasen und unter Gehölzen.

Pflege Im Herbst in Gruppen etwa 10 cm tief pflanzen. Vermehren sich mit der Zeit durch Aussaat und Brutzwiebelbildung zu größeren Teppichen.

Sorten und weitere Arten 'Alba', reinweiße Form, 10 cm, 'Spring Beauty', blau blühend, in allen Teilen größer, setzt keinen Samen an, 15 cm, *S. mischtschenkoana*, blassblau blühend, mit breiterem Laub, Blütezeit im März, 10–15 cm.

Aussehen Aus einer Zwiebel wachsen normalerweise 3-5 breit linealische Blätter und ein Stängel mit einer endständigen Blüte. Einige Sorten bilden aber auch mehrere Blütenstängel aus. Blüten becherförmig, aufrecht stehend, ungefüllte Sorten haben 6 Blütenblätter. Alle Farben außer Blau sind möglich.

Pflege Die Zwiebeln werden im Herbst 10–15 cm tief gepflanzt. Auf staunassem Boden ist unbedingt eine Dränage aus Sand oder feinem Splitt erforderlich. Eine leichte Düngung mit reifem Kompost oder Volldünger regt die Blühfreudigkeit an. Wenn Tulpen nach der Blüte ausgegraben werden sollen, um zum Beispiel Sommer-blumen Platz zu machen, ist darauf zu achten, dass sie mit Erdballen an einen Ort gebracht werden, wo das Laub in Ruhe einziehen kann, um für das nächste Jahr Kraft zu sammeln.

Sorten Einteilung nach Blütezeit in früh blühende (ab Mitte April), mittlere (Ende April bis Mitte Mai) und spät blühende (ab Ende Mai) Sorten. Daneben gibt es auch die unterschiedlichsten Blütenformen: Neben gefüllt blühenden Sorten sind geschlitztblättrige Formen im Handel, auch als Papagaientulpen bekannt. Neben rundlichen und becherfömigen Blüten finden sich auch schmalblütige Sorten, z. T. mit zipfeligen Blütenblättern.

Beetrosen

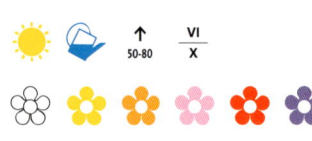

Aussehen Beetrosen sind vielfältige Talente. Sie bieten alle Blütenformen von einfach bis edelrosenähnlich, wachsen buschig bis aufrecht und sind robust und langlebig. Leider duften nur wenige Sorten aus dieser Gruppe. Sie lassen sich im Staudenbeet einsetzen, aber auch für sich in kleinen Gruppen.
Pflege Alle Rosen bevorzugen einen kräftigen, lehmigen Boden und einen offenen Standort mit ausreichender Luftzirkulation. Triebe im Frühling bis über das dritte Auge hin bis auf 15–20 cm über dem Boden zurückschneiden. Während der Wachstumsperiode bis zum Juli regelmäßig düngen.

Sorte	Blütenform	Blütenfarbe	Wuchs-höhe
Bonica 82	locker gefüllt	reinrosa	80 cm
Cantario	gefüllt, kugelig	signalrot	60 cm
Crimson Meidiland	leicht gefüllt	dunkelrot	90 cm
Gartenspaß	locker gefüllt	rosa-rot changierend	80 cm
Gebrüder Grimm	stark gefüllt	lachsorange mit gelb	70 cm
Innocencia	leicht gefüllt	weiß, gelbe Mitte	60 cm
Intarsia	locker gefüllt	lachsorange mit gelb	90 cm
Kronjuwel	halb gefüllt	dunkelrot	60 cm
Lions-Rose	klassisch gefüllt	cremeweiß mit rosa	60 cm
Planten un Blomen	klassisch gefüllt	rot, Rückseite weiß	70 cm
Rouge Meilove	dicht gefüllt, nostalgisch	weinrot	60 cm
Sinea	halb gefüllt	bordeauxrot	80 cm
Solero	dicht gefüllt	reingelb	70 cm
Westzeit	locker gefüllt	messing-orange	70 cm
Yellow Meilove	dicht gefüllt, nostalgisch	reingelb	60 cm

Beetrosen gibt es in zahlreichen Formen und Farben. Sie sind ideale Staudenbegleiter.

Edelrosen

Sorte	Blüte	Besonderheiten	Wuchshöhe
Arioso	karmesinrosa	duftend	60 cm
Burgund 81	samtig dunkelrot	duftend	100 cm
Christoph Columbus	lachsrot mit gelb	robust	80 cm
Duftfestival	samtrot	Duft, robust	60 cm
Elbflorenz	dunkles Altrosa	ADR, Duft	100 cm
Eliza	silbrig rosa	ADR, Duft	90 cm
Grande Amore	blutrot, Knospe spitz	ADR	80 cm
Hamburger Deern	lachsfarben, Außenseite cremefarbig	Duft, robust	70 cm
Inspiration	rosa, innen gelb	ADR	80 cm
Sachsenperle	hellrosa, nostalgisch	Duft, robust	100 cm
Schloss Ippenburg	hell lachsrosa	ADR, Duft	100 cm
Sebastian Kneipp	cremeweiß	Duft	120 cm
Traviata	johannisbeerrot, rundlich	robust, regenfest	80 cm

Aussehen Für die meisten Rosenliebhaber ist und bleibt die Edelrose die Gartenrose schlechthin. Ihre eleganten Blüten sitzen meist einzeln an den Enden der Triebe. Viele Sorten duften und sind prädestiniert für den Vasenschnitt.

Pflege Alle Rosen bevorzugen einen kräftigen, lehmigen Boden und einen offenen Standort mit ausreichender Luftzirkulation. Triebe im Frühling bis über das dritte Auge hin bis auf 15–20 cm über dem Boden zurückschneiden. Während der Wachstumsperiode bis zum Juli regelmäßig düngen.

Edelrosen wirken am besten in Dreier- oder Fünfergruppen gepflanzt.

Strauchrosen

100-150   VI / X

Aussehen Die öfter blühenden Strauchrosen wachsen aufrecht mit meist leicht überhängenden Zweigen. Strauchrosen sind nicht nur zur Gruppen- oder Heckenpflanzung geeignet, sondern auch als Solitärs oder in kleinen Gruppen im Hintergrund von Staudenbeeten.
Pflege Alle Rosen bevorzugen einen kräftigen, lehmigen Boden und einen offenen Standort mit ausreichender Luftzirkulation. Schnittmaßnahmen beschränken sich bei Strauchrosen auf das Auslichten und gemäßigte Einkürzen im Frühjahr, bei Frostschäden alles bis unter die letzten gesunden Augen herausschneiden.

Sorte	Blütenform	Blütenfarbe	Wuchshöhe
Famosa	locker gefüllt	leuchtend rot	120 cm
Felicitas	einfach	reinrosa	120 cm
Flashlight	dicht gefüllt, kugelig	reinrosa	120 cm
Getano	halb gefüllt	rot, Mitte gelb	150 cm
Karl Ploberger Rose	gefüllt, nostalgisch	hellgelb	130 cm
Linderhof	ungefüllt	rosa, innen gelb	180 cm
New Look	gefüllt, kugelig	karminrosa	180 cm
Northern Lights	ungefüllt	lachsrosa	130 cm
Plaisanterie	ungefüllt, in Dolden	pink, innen gelb	150 cm
Postillion	gefüllt	goldgelb	140 cm
Pretty Sunrise	ungefüllt, wellig	rosarot, innen gelb	100 cm
Saremo	dicht gefüllt	reinrosa	120 cm
So Pretty	halb gefüllt	karminrot	120 cm
Triade	locker gefüllt, flach	signalrot	120 cm

Strauchrosen sind die geborenen Solitäre unter den Rosen, aber auch schön mit Stauden.

Kleinstrauchrosen

Aussehen Kleinstrauchrosen, die früher Bodendeckerrosen hießen, sind robuste Schönheiten, die nicht nur Flächen im öffentlichen Grün in Blüteninseln verwandeln. Aufrecht wachsende Sorten lassen sich beispielsweise wie kleine Strauchrosen einsetzen. An ihren Triebenden schieben sich unermüdlich neue Blütenbüschel nach.

Pflege Alle Rosen bevorzugen einen kräftigen, lehmigen Boden und einen offenen Standort mit ausreichender Luftzirkulation. Die Triebe werden im Frühling bis über das dritte Auge hin zurückgeschnitten. Während der Wachstumsperiode bis zum Juli regelmäßig düngen.

Sorte	Blüte	Wuchsform	Wuchs-höhe
Diamant	halb gefüllt, weiß	dichtbuschig	60 cm
Fleur Robuste Polo	ungefüllt, samtrot	dichtbuschig	50 cm
Heidetraum	locker gefüllt, rosa	breitbuschig	70 cm
Larissa	dicht gfüllt, hellrosa	breitbuschig	80 cm
Loredo	leuchtend gelb, halb gefüllt	breitwüchsig	70 cm
Medeo	ungefüllt, silberweiß	niederliegend	60 cm
Nemo	ungefüllt, cremeweiß	aufrecht	100 cm
Pretty Snow	ungefüllt, weiß	bogig überhängend	100 cm
Purple Roadrunner	locker gefüllt, purpurlila	breitbuschig	70 cm
Ravenna	ungefüllt, dunkelrosa	breitbuschig	80 cm
Sedana	gelb-apricot, halb gefüllt	niederliegend	60 cm
Sommerabend	ungefüllt, dunkelrot	niederliegend	30 cm
White Roadrunner	halb gefüllt, weiß	breitwüchsig	50 cm

Kleinstrauchrosen eignen sich perfekt als Bodendecker oder für niedrige Staudenbeete.

Kletterrosen

  200-400 VI/X

Aussehen Kletterrosen bilden oft meterlange Triebe, die sich sehr schön an Lauben, Pergolen oder Hauswänden emporleiten lassen. Sie blühen in üppigen Büscheln. Fast alle Sorten sind stark bestachelt, Laub mittelgrün, 5–7-teilig gefiedert.

Pflege Alle Rosen bevorzugen einen kräftigen, lehmigen Boden und einen offenen Standort mit ausreichender Luftzirkulation. Der Pflanzabstand beträgt 100–200 cm. Damit sich Kletterrosen reich verzweigen, sollten die jungen Triebe möglichst früh in die Waagerechte geleitet werden, also an einem Gerüst anbinden. Hier entwickeln sich auch die Seitentriebe mit neuen Blüten.

Sorte	Blütenfarbe	Blütenform	Höhe
Alchymist	goldgelb	dicht gefüllt, nostalgisch	200 cm
Aloha	aprikosengelb	dicht gefüllt	300 cm
Amadeus	dunkelrot	gefüllt, klassisch	250 cm
Belkanto	samtrot	dicht gefüllt, in Dolden	250 cm
Graciosa	silbrig rosa	dicht gefüllt, nostalgisch	300 cm
Hella	weiß	halb gefüllt	250 cm
Ilse Krohn Superior	weiß	klassische Edelrosenform	300 cm
Jasmina	hell violettrosa	dicht gefüllt, kugelig	250 cm
Kir Royal	seidenrosa	dicht gefüllt	300 cm
Laguna	dunkelrosa	dicht gefüllt, nostalgisch	250 cm
Open Arms	hell lachsrosa	halb gefüllt	200 cm
Rhonda	dunkelrosa	dicht gefüllt, kugelig	300 cm
Rosanna	lachsrosa	dicht gefüllt, kugelig	250 cm
Rotfassade	hellrot	locker gefüllt	300 cm

Öfter blühende Kletterrosen eignen sich für Spaliere oder Rankgerüste.

Rambler

300-600   VI/X

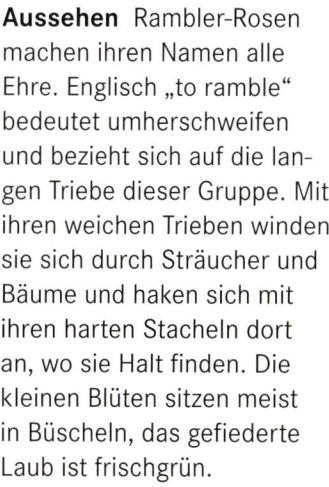

Sorte	Blütenfarbe	Blütenfül-lung	Blüten-dauer
Albertine	reinrosa	gefüllt	einmal blühend
Alchymist	apricot	gefüllt	einmal blühend
Bobbie James	weiß	gefüllt	einmal blühend
Guirlande d'Amour	weiß	gefüllt	öfter blühend
Kiftsgate	weiß, gelbe Mitte	ungefüllt	einmal blühend
Lykkefund	cremeweiß	halb gefüllt	einmal blühend
Momo	dunkelrot	gefüllt	öfter blühend
Rosenreigen	rosarot	ungefüllt	öfter blühend
Russeliana	violett	gefüllt	einmal blühend
Seagull	weiß	halb gefüllt	einmal blühend
Super Excelsa	karminrot	gefüllt	öfter blühend
Venusta Pendula	weiß	gefüllt	einmal blühend

Aussehen Rambler-Rosen machen ihren Namen alle Ehre. Englisch „to ramble" bedeutet umherschweifen und bezieht sich auf die langen Triebe dieser Gruppe. Mit ihren weichen Trieben winden sie sich durch Sträucher und Bäume und haken sich mit ihren harten Stacheln dort an, wo sie Halt finden. Die kleinen Blüten sitzen meist in Büscheln, das gefiederte Laub ist frischgrün.

Pflege Alle Rosen bevorzugen einen kräftigen, lehmigen Boden und einen offenen Standort mit ausreichender Luftzirkulation. Die langen Triebe sollten möglichst nicht zurückgeschnitten werden. Alte und zu eng stehende Triebe entfernen.

Rambler blühen meist nur einmal im Jahr, dafür dann aber besonders üppig.

Zwergrosen

Aussehen Zwergrosen sind meist kleinblütige, sehr niedrig und buschig wachsende Rosen. Das Laub ist gefiedert, dunkelgrün und glänzend.

Pflege Alle Rosen bevorzugen einen kräftigen, lehmigen Boden und einen offenen Standort mit ausreichender Luftzirkulation. Im zeitigen Frühling werden Zwergrosen zurückgeschnitten. Schwache Triebe auf 2–3 Augen, kräftige Triebe auf etwa 5 Augen kürzen. Verblühtes ausschneiden, um die Blütenbildung anzuregen. Regelmäßig düngen, ab August keine weitere Düngung. Als Winterschutz 20 cm Erde oder Kompost anhäufeln und mit Nadelreisig abdecken.

Sorte	Blütenfarbe	Blütenform	Wuchs-höhe
Alberich	karminrot	halb gefüllt	30 cm
Atlanta	lachsrosa	gefüllt	40 cm
Bambino	dunkelrosa	ungefüllt	30 cm
Charmant	reinrosa	gefüllt, in Dolden	50 cm
Coco	lachsorange	ungefüllt	40 cm
Degenhard	hellrosa	locker gefüllt	30 cm
Guletta	gelb	locker gefüllt	30 cm
Kent	weiß	dicht gefüllt	40 cm
Lupo	rosarot	ungefüllt	50 cm
Medley Red	rot	halb gefüllt	40 cm
Pallas	cremeweiß	dicht gefüllt	40 cm
Pepita	kräftig rosa	dicht gefüllt	50 cm
Roxy	dunkelviolett	dicht gefüllt	40 cm
Sonnenröschen	hellgelb	ungefüllt	30 cm
Zwergenfee 09	hellrot	dicht gefüllt	40 cm

Zwergrosen gedeihen am besten im Balkonkasten oder Töpfen und Kübeln.

Wildrosen

200-600   VI / X

Aussehen Wildrosen besitzen in der Regel ungefüllte Blüten mit 5 Blütenblättern und gut sichtbaren Staubgefäßen. Die Blütengröße ist variabel, Blüten einzeln oder in Büscheln. Laub hell- bis dunkelgrün, gefiedert.

Pflege Alle Rosen bevorzugen einen kräftigen, lehmigen Boden und einen offenen Standort mit ausreichender Luftzirkulation. Wildrosen möglichst nicht zurückschneiden, lediglich aus älteren Sträuchern totes Holz herausschneiden und bei zu starkem Wuchs etwas einkürzen. Verblühtes nicht entfernen, damit sich Hagebutten bilden können.

Botanischer Name	Name	Blüten	Besonderheiten
R. blanda	Eschen-blättrige Rose	rosa	fast keine Stacheln, kugelige Hagebutten
R. canina	Hunds-Rose	hellrosa	heimische Rose, hoher Strauch
R. glauca	Hecht-Rose	purpur-lila	blaugrünes zierliches Laub, Hagebutten
R. hugonis	Father-Hugo-Rose	hellgelb	zierlich gefiedertes Laub, früh blühend
R. moyesii	Rote Büschel-Rose	weinrot	flaschenförmige Hagebutten
R. multiflora	Büschel-Rose	weiß, in Büscheln	klettert, Hagebutten, Bienenweide
R. nitida	Glanz-Rose	kräftig rosa	ausläuferbildend, für Böschungen
R. pimpinelli-folia	Dünen-Rose	hellgelb, weiß	auch für sandige Böden, schwarze Hagebutten
R. roxburghii	Kastanien-Rose	weiß	braune Hagebutten, abschälende Rinde
R. rubiginosa	Schottische Zaun-Rose	rosa, pink	Duft nach Äpfeln, Hagebutten
R. rugosa	Kartoffel-Rose	dunkel-rosa, weiß	runzeliges Laub, Hagebutten, salztolerant

Wildrosen warten im Herbst mit zahlreichen Hagebutten auf, die vielen Tieren als Nahrung dienen.

Schneeforsythie
Abeliophyllum distichum

Kupfer-Felsenbirne
Amelanchier lamarckii

Sommer-, Schmetterlingsflieder
Buddleja davidii

Aussehen Wuchs sparrig verzweigt, mit leicht überhängenden Zweigen, bis 2 m breit. Laub spitzoval, dunkelgrün; sommergrün. Blüten in Büscheln, duftend, erinnern an Forsythienblüten, vor dem Laub erscheinend, später kleine, braune Flügelnüsschen. Sehr wertvoll durch die frühe Blüte. Zierlicher Strauch, der schon vor den meisten anderen Frühlingsblühern blüht.
Pflege Allgemein frosthart, manchmal etwas spätfrostgefährdet, für jeden nicht zu feuchten Boden geeignet. Von Zeit zu Zeit auslichten, um eine gefällige Wuchsform zu erzielen.

Aussehen Wuchs locker aufrecht, oft als mehrstämmiger Strauch, im Alter auch breit wachsend, 4–7 m breit. Laub elliptisch, im Austrieb rotbraun, prächtige Herbstfärbung in allen Orange- und Rottönen; sommergrün. Kleine weiße, zahlreich erscheinende Sternchenblüten in aufrechten Trauben. Im Sommer schwarze bereifte Beeren, die sehr gerne von Vögeln verzehrt werden. Fügt sich bestens in gemischte Blütenhecken ein und ist durch die schöne Herbstfärbung besonders wertvoll.
Pflege Frost- und windfest, Stadtklima vertragend, toleriert sowohl zeitweilige Trockenheit als auch Nässe. Bei Bedarf auslichten.

Aussehen Wuchs trichterförmig mit überhängenden Zweigen, 2–4 m hoch und 2–3 m breit, kann aber durch jährlichen Rückschnitt kleiner gehalten werden. Laub lanzettlich, graugrün mit filziger Unterseite; sommergrün, in milden Wintern auch wintergrün. Blüten in bogigen langen Rispen, Schmetterlingsmagnet.
Pflege Für alle durchlässigen, nicht zu sauren Böden, kalkliebend. Unempfindlich gegen Trockenheit und Hitze, friert in kalten Wintern oft stark zurück, treibt aber zuverlässig wieder aus. Jährlicher starker Rückschnitt fördert eine reiche Blüte und hält das Höhenwachstum in Grenzen.

Bartblume
Caryopteris × clandonensis

   ↑ 80-150 VIII / X

Aussehen Dichtwüchsig, buschig mit aufrechten Trieben, meist breiter als hoch. Laub lanzettlich, dunkelgrün, unterseits graugrün. Blüten violettblau, in Büscheln an den Zweigenden.
Pflege Für alle durchlässigen Böden geeignet, kalkliebend, wertvoll durch die späte Blütezeit. Friert in strengen Wintern oft zurück, treibt aber immer wieder durch. Blüht am einjährigen Holz und sollte im Frühjahr stark zurückgeschnitten werden.
Sorten 'Blauer Spatz', kompakter Wuchs, leuchtend blau, 'Summer Sorbet', Laub mit hellgrünen Rändern. 'Grand Bleu', Blüten kräftig dunkelblau.

Zierquitte
Chaenomeles-Hybriden

☀ ☀ 💧 💧 ↑ 100-200 III / IV

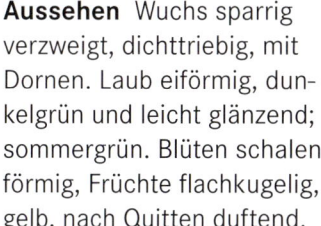

Aussehen Wuchs sparrig verzweigt, dichttriebig, mit Dornen. Laub eiförmig, dunkelgrün und leicht glänzend; sommergrün. Blüten schalenförmig, Früchte flachkugelig, gelb, nach Quitten duftend.
Pflege Frühjahrsblüher für frische, durchlässige Böden, die sauer bis neutral sein sollten. Bei zu hohem Kalkgehalt Neigung zu Chlorose, d. h. das Laub wird gelb und kränklich. Sehr schnittverträglich.
Sorten 'Crimson and Gold', bis 1,2 m, dunkelrot mit gelben Staubgefäßen, 'Falconet Charlet', bis 1,5 m, rahmweiß, 'Hollandia', bis 1,5 m, lachsrot, 'Pink Lady', bis 1,5 m, dunkelrosa.

Kornelkirsche
Cornus mas

☀ ☀ 💧 💧 ↑ 200-600 III / IV

Aussehen Hoher Strauch mit meist mehreren Grundtrieben, sparrig verzweigt. Anfangs langsamwüchsig. Laub eiförmig, grün, leicht glänzend; sommergrün, gelegentlich gelbe Herbstfärbung. Blüten hellgelb in kleinen Büscheln, vor dem Laubaustrieb. Im Spätsommer längliche Steinfrüchte, rot, werden gerne von Vögeln gefressen, können aber auch für Konfitüren verwendet werden.
Pflege Anspruchslos, bevorzugt kalkhaltige, warme Böden. Bei der Pflanzung ist darauf zu achten, dass die Kornelkirsche die ersten Jahre etwas konkurrenzschwach ist. Durch die frühe und reiche Blüte sehr wertvoll.

Deutzie
Deutzia-Hybriden

   ↑ 150-300 VI/VII

Forsythie
Forsythia × intermedia

   ↑ 150-250 IV

Garteneibisch
Hibiscus syriacus

  ↑ 100-150 VIII/X

Aussehen Wuchs aufrecht bis überhängend, dichtbuschig. Laub eiförmig bis lanzettlich; sommergrün. Blüten glockig bis sternförmig, in Rispen.
Pflege Für alle nicht zu trockenen, am besten frischen Böden. Nach der Blüte etwas auslichten.
Sorten *D. × lemoinei* 'Boule de Neige', bis 1,5 m hoch und breit, Blüten cremeweiß mit gelben Staubgefäßen, *D. × magnifica,* straff aufrecht, 3-4 m hoch und 2-2,5 m breit, Blüten weiß, locker gefüllt, 'Mont Rose', aufrecht mit überhängenden Zweigen, 1,5–2 m hoch und breit, Blüten hellrosa, groß, *D. scabra* 'Plena', aufrecht, 4 m hoch und 2,5 m breit.

Aussehen Wuchs aufrecht mit überhängenden Zweigen, etwa so breit wie hoch. Laub breit lanzettlich, dunkelgrün; sommergrün. Blüten gelb, mit vier Blütenblättern, sehr zahlreich vor dem Laubaustrieb erscheinend.
Pflege Frosthart, für jeden frischen, nahrhaften Boden geeignet. Klassischer Frühjahrsblüher mit guter Fernwirkung. Bei Bedarf nach der Blüte auslichten.
Sorten 'Lynwood', leuchtend gelbe, sehr große Blüten, 2–3 m hoch und 2 m breit, dichter Wuchs, 'Spectabilis', dunkelgelbe Blüten, 3 m hoch und ebenso breit, 'Spring Glory', hellgelbe Blüten, bis 3 m hoch und ebenso breit.

Aussehen Wuchs straff aufrecht, etwas sparrig. Laub eiförmig, Rand gelappt, dunkelgrün; sommergrün. Dekorative Malvenblüten, auch zweifarbig. Wertvoll durch die späte Blüte.
Pflege Durchlässige, aber frische und nährstoffreiche Böden werden bevorzugt. Am besten an einen geschützten, warmen Platz pflanzen, kann in strengen Wintern zurückfrieren. Möglichst wenig schneiden, lediglich zur Korrektur der Wuchsform oder bei Frostschäden.
Sorten 'Blue Bird', blauviolett, mittelgroß, sehr reich blühend, 'Duc de Brabant', mittelrosa, stark gefüllt, 'Hamabo', rosa mit rotem Mittelfleck.

Bauern-Hortensie
Hydrangea-Hybriden

Ranunkelstrauch
Kerria japonica 'Pleniflora'

Kolkwitzie
Kolkwitzia amabilis

 100-150

VII / IX 200-300 V / VI

 200-300 V / VI

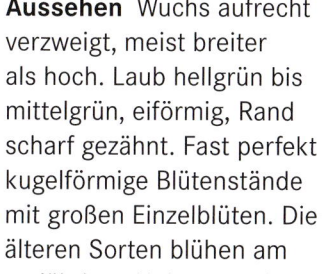

Aussehen Wuchs aufrecht verzweigt, meist breiter als hoch. Laub hellgrün bis mittelgrün, eiförmig, Rand scharf gezähnt. Fast perfekt kugelförmige Blütenstände mit großen Einzelblüten. Die älteren Sorten blühen am vorjährigen Holz, neue Sorten auch am einjährigen.
Pflege Gedeiht am besten an einem geschützten Standort ohne direkte Sonne. Bei Trockenheit immer ausreichend gießen. Kein Rückschnitt im Frühjahr, nur Abgeblühtes entfernen.
Sorten 'Endless Summer', je nach pH-Wert rosa oder blau, blüht auch am einjährigen Holz.

Aussehen Wuchs ausgebreitet, mit straff aufrechten Grundtrieben. Im Alter meist wesentlich breiter als hoch. Laub spitz eiförmig mit gezähntem Rand, dunkelgrün; sommergrün. Blüten gelb, dicht gefüllt. Blüht auch im Schatten zuverlässig. Selten im Handel ist die ungefüllte Wildform, die sich sehr gut in Naturhecken einfügt.
Pflege Frosthart, bevorzugt durchlässigen, eher trockenen als feuchten Boden, insgesamt sehr anspruchslos. Gelegentlicher Auslichtungsschnitt empfehlenswert, verträgt aber auch einen kräftigen Rückschnitt, falls er aus der Form geraten ist.

Aussehen Wuchs aufrecht mit überhängenden Zweigen, im Alter lockerer. Malerischer Gesamteindruck. Laub spitz eiförmig, stumpfgrün, leicht behaart; sommergrün. Glockige rosa Blüten in dichten Büscheln, die angenehm duften. Im Herbst zieren die wattebauschähnlichen Früchte den Strauch.
Pflege Robust, frosthart, geeignet für alle nicht zu kalkhaltigen Böden. Blüht auch im Halbschatten zuverlässig und verträgt zeitweilige Trockenheit gut. Die Kolkwitzie ist ein spektakulärer Blütenstrauch von überschäumender Blütenfülle. Bei zu dichtem Wuchs ist ein Auslichtungsschnitt erforderlich.

Zier-Apfel
Malus-Hybriden

Pfeifenstrauch
Philadelphus-Hybriden

Zier-Kirsche
Prunus serrulata

Aussehen Großstrauch oder kleiner Baum, je nach Sorte sehr unterschiedlich. Laub eiförmig, meist dunkelgrün. Vor dem Laubaustrieb kleine Schalenblüten in großer Fülle. Ab Spätsommer Steinfrüchte in unterschiedlichen Formen und Farben.
Pflege Bevorzugt nahrhafte, durchlässige Böden mit nicht zu hohem pH-Wert, ausreichend frosthart. Bei Bedarf Auslichtungsschnitt.
Sorten 'Eleyi', 4–6 m hoch und 3–4 m breit. Blüten dunkelrot, Laub im Austrieb braunrot, später dunkelgrün, Früchte rund, dunkelrot. 'Evereste', 4–6 m hoch, schmal wachsend, Blüten weiß mit rosa Hauch, Früchte orangerot gestreift.

Aussehen Wuchs meist straff aufrecht, im Alter mit überhängenden Zweigen. Laub spitz eiförmig, dunkelgrün mit rauer Oberfläche; sommergrün. Blüten weiß, in kurzen Trauben oder Büscheln. Große Einzelblüten.
Pflege Für jeden einigermaßen nahrhaften, nicht zu trockenen Boden geeignet, frosthart. Regelmäßig von der Basis her auslichten.
Arten und Sorten 'Belle Etoile', 1–1,5 m hoch und breit, Blüten einfach, sehr groß, stark duftend, *P. coronarius* 2–3 m hoch und 1,5–2 m breit, stark duftend, 'Manteau d'Hermine', 1–1,5 m hoch, langsam wachsend, im Alter bis 1,5 m breit.

Aussehen Kleiner Baum, manchmal mehrstämmig, je nach Sorte breitkronig oder schmal wachsend. Laub eiförmig, dunkelgrün; sommergrün mit orangeroter Herbstfärbung. Blüten einfach oder gefüllt, in dichten Büscheln, meist vor Austrieb des Laubes. Dekorative rötliche Rinde.
Pflege Frosthart, gelegentlich spätfrostgefährdet; wächst am besten auf nährstoffreichen Böden, verträgt aber zeitweilige Trockenheit. Schnittmaßnahmen sind selten nötig. Bei Befall mit Monilia-Spitzendürre die Zweige stark zurückschneiden. Die Bäume werden nicht sehr alt, nach 30–40 Jahren ist mit Astbruch zu rechnen.

Rhododendron
Rhododendron-Hybriden

Edel-Flieder
Syringa × chinensis

Weigelie
Weigela-Hybriden

       80-200 | IV VI   200-400 | V VI   100-200 | VI VII

Aussehen Wuchs breitbuschig bis kuppelartig, je nach Sorte bis zu 4 m, die neuen Züchtungen bleiben aber meist viel kleiner, breiter als hoch. Laub schmal oval, lederartig; immergrün. Glockige Einzelblüten in meist kompakten Büscheln, fast alle Farben.

Pflege Bei Schutz vor Wintersonne auch an sonnigen Standorten. Benötigt humosen, frischen, sauren Boden, allerdings gibt es inzwischen auch Sorten, die auf spezielle Unterlagen veredelt werden und daher in Maßen kalktolerant sind (sogenannte INKARHO-Rhododendren). Yakushimanum-Hybriden wachsen kompakt und werden selten über 1,5 m hoch.

Aussehen Bekannter und beliebter Spätfrühlingsblüher. Wuchs aufrecht, dicht, Laub herzförmig, dunkelgrün. Blüten in endständigen dicken Rispen, stark duftend.

Pflege Anspruchslos, Hitze und Trockenheit vertragend. Kalkliebend, gedeiht aber auf nahezu allen Böden. Wenn nötig, Rückschnitt nach der Blüte.

Sorten 'Andenken an L. Späth', purpurlila, einfach, 'Charles Joly', purpurrot, gefüllt, 'Mme. Antoine Buchner', rosa, gefüllt, 'Mme. Lemoine', weiß, gefüllt, 'Primrose', cremeweiß bis hellgelb, einfach, 'Ruhm von Horstenstein', violettrot, einfach, 'Sensation', dunkellila mit weißem Rand, einfach.

Aussehen Wuchs buschig aufrecht, im Alter auch überhängend. Laub spitz eiförmig, mittelgrün; sommergrün. Röhrenblüten in Büscheln, spätere Nachblüte möglich. Wertvolles, spät blühendes Gehölz.

Pflege Robust, frosthart, kommt mit allen nicht zu trockenen Böden zurecht. Nach der Blüte vorsichtig auslichten.

Sorten 'Bristol Ruby', bis 3 m hoch, Blüten rubinrot, 'Carnaval', 2 m hoch, Blüten hell- bis dunkelrosa, 'Eva Rathke', 2 m hoch, Blüten dunkelrot, *W. florida* 'Nana Variegata', 1,5–1,8 m hoch, Blüten rosa, Laub weiß gerandet.

Rosa Strahlengriffel
Actinidia kolomikta

200-300 V/VI

Klettergurke
Akebia quinata

300-600 V

Trompetenblume
Campsis-Hybriden

300-500 VII/X

Aussehen Langsam wachsende Schlingpflanze, benötigt eine Kletterhilfe zum Umschlingen. Große, breite Blätter mit gezahntem Rand, Blattoberseite im Frühjahr unregelmäßig weiß, später leicht rosa. Blüte weiß, zweihäusig, später kugelige, gelbgrüne Beeren.
Pflege Benötigt einen sonnigen, windgeschützten Platz, am besten an einer Hauswand. Bevorzugt sandig-lehmige, humose Gartenböden. Vor starken Frösten schützen, eventuell mit einem Vlies abdecken, um einen zu frühzeitigen Austrieb zu verhindern.

Aussehen Linkswindende Schlingpflanze mit kräftigem Wuchs. Das Laub besteht aus fingerartig gefiederten Blättern. Violette, 2–3 cm große Blüten im Mai, männliche Blüten kleiner und rosa, gurkenförmige Frucht (sehr selten). Bei milden Wintertemperaturen haften die Blätter bis in den Winter an der Pflanze.
Pflege Bevorzugt tiefgründigen, humosen Boden und einen geschützten Standort. Von Zeit zu Zeit alte, stark verholzte Triebe direkt über dem Boden herausschneiden. Benötigt eine Kletterhilfe in Form eines Spaliers oder Drahtseils.

Aussehen Kletterpflanze mit überhängenden Trieben, verholzend, benötigt ein Gerüst, an dem sie sich abstützen kann. Laub eiförmig, dunkelgrün, gefiedert zusammengesetzt. Trompetenartige Blüten, zu mehreren zusammen.
Pflege Standort mit kühlfeuchtem Wurzelbereich, bevorzugt sandig-lehmige Gartenböden, blüht aber nur in voller Sonne.
Sorten 'Madame Galen', großblütig, kräftig rot, 'Indian Summer', Blüten terrakottabraun, etwas schwachwüchsiger; 'Flava', hellgelb blühend, dunkles Laub; 'Flamenco', sehr große dunkelrote Blüten ab August.

Früh blühende Waldreben
Clematis alpina, C. macropetala

Aussehen Klettert mithilfe in Ranken umgewandelter Blätter am Ende der zusammengesetzten Fiederblätter. Laub dunkelgrün. Blüten nickend, glockenförmig, auch gefüllte Sorten.
Pflege Die Sorten dieser Gruppe sind pflegeleicht. Sie mögen aber keinen heißen Standort und sind sehr empfindlich gegenüber Staunässe und schweren Böden. Optimal für halbschattige, trockene Standorte. Nachblüte im Spätsommer ist möglich.
Sorten 'Frances Rivis', leuchtend blaue Blüte, 'Maidwell Hall', lavendelblau, großblütig; 'Rosie O'Grady', gefüllte Blüten in sanftem Rosa; 'White Swan', weiße, gefüllte Blüten.

Großblumige Waldreben
Clematis-Hybriden

Aussehen Klettert mithilfe in Ranken umgewandelter Blätter am Ende der zusammengesetzten Fiederblätter. Laub dunkelgrün. Blüten offen, schalenförmig, auch gefüllte Sorten.
Pflege *Clematis*-Hybriden benötigen einen gut versorgten, humosen Boden ohne Staunässe. Der Standort sollte sonnig sein, der Fußbereich aber unbedingt beschattet. Ein jährlicher kräftiger Rückschnitt ist sinnvoll.
Sorten 'Ascotiensis' (Bild), Blüte blauviolett, sternförmig, kräftig, 'Hagley Hybrid', hellrosa mit weinroten Staubgefäßen.

Italienische Waldrebe
Clematis-viticella-Hybriden

Aussehen Klettert mithilfe in Ranken umgewandelte Blätter am Ende der zusammengesetzten Fiederblätter. Laub dunkelgrün. Blüten offen, schalenförmig, auch gefüllte und glockenförmige Sorten, kleinblumig.
Pflege *Clematis*-Hybriden benötigen einen gut versorgten, humosen Boden ohne Staunässe. Der Standort sollte sonnig sein, der Fußbereich aber unbedingt beschattet. Ein jährlicher kräftiger Rückschnitt ist sinnvoll. Viticella-Hybriden sind besonders robust und werden nicht von der Clematiswelke befallen.
Sorten 'Alba Luxurians', weiße Blüten mit grünen Spitzen.

Glockenrebe
Cobaea scandens

Blaue Mauritius
Convolvulus sabatius

Gewöhnlicher Hopfen
Humulus lupulus

Aussehen Rasch aufrecht kletternd, Blüten glockenförmig, Laub dunkelgrün, spitz eiförmig. Ideal für Zäune, Rosenbögen, Lauben, Balkone oder Rankgitter. Die Blüten stehen auf festen Stielen. Als kleine Sträußchen geschnitten sind sie in der Vase lange haltbar.
Pflege Durch das rasche Wachstum benötigen die Pflanzen viel Wasser und Nährstoffe, regelmäßig gießen. Sie gedeihen auf jedem humusreichen, lockeren Gartenboden oder in durchlässiger Blumenerde. Ein warmer, sonniger Standort fördert eine reiche Blüte. Aussaatzeit Ende März bis Anfang Mai im Haus.

Aussehen Kletterpflanze, umschlingt Zäune und Stäbe. Hellblaue Trichterblüten erscheinen in großer Zahl.
Pflege Je mehr Sonne die Blaue Mauritius bekommt, desto besser wächst sie. Hoher Düngerbedarf durch den raschen Wuchs. Erst gießen, wenn die Erde gut abgetrocknet ist. Bevorzugt wird lehmig-humoser Boden. Durch Einkürzen der Triebe verzweigt sich die Pflanze besser. Überwinterung im Haus möglich, vor dem Einräumen im Winter kürzt man zwei Drittel der langen Triebe ein. Überwintert wird hell, bei etwa 10 °C, wenig gießen.

Aussehen Rechtswindende Kletterpflanze, sehr starkwüchsig, mit gezackten Blättern und Trieben. Im Winter stirbt der oberirdische Teil der Pflanze ab und treibt im Frühjahr wieder aus. Blüten in Dolden, im trockenen verblühten Zustand in der Floristik beliebt.
Pflege Liebt einen frischen, humosen Gartenboden und benötigt eine Kletterhilfe (auch gut an Laternen oder alten Telefonmasten). Stickstoffhaltiger Dünger im Frühjahr fördert das Wachstum. Sehr winterhart, im Herbst die gesamte Pflanze herunterschneiden.

Kletter-Hortensie
Hydrangea petiolaris

Aussehen Kräftiger Haftwurzelkletterer, benötigt an einer rauen Wand keine Kletterhilfe, da sie sich mithilfe von Haftwurzeln an Wänden und Bäumen festhalten kann. Auch als Bodendecker zu verwenden. Belaubung glänzend dunkelgrün, sommergrün. Weiße Blüten in flachen, 15–20 cm großen Trugdolden.
Pflege Bevorzugt sandig-lehmige Gartenböden, wichtig ist eine genügende Bodenfeuchte. Ein Rückschnitt sollte nur bei Bedarf im Frühjahr (Februar bis März) durchgeführt werden. Benötigt bis zur Blüte einige Jahre, kann aber sehr alt werden.

Prunkwinde
Ipomoea purpurea

Aussehen Schlingpflanze mit auffallenden großen Trichterblüten, die nur einen Tag halten, sich aber ständig neu bilden. Herzförmig gebuchtetes, frischgrünes Laub.
Pflege Bevorzugt einen warmen, windgeschützten Standort und nahrhaften, durchlässigen Boden. Regelmäßig gießen und düngen. Anzucht aus Samen: Je 3-4 Körner in einen Topf oder ab Ende April direkt ins Freiland legen, ca. 1 cm dick mit Erde bedecken, andrücken und gleichmäßig feucht halten.
Sorten 'Blue Star', Blüten leuchtend azurblau mit dunkleren Streifen, 'Flying Saucers', weiß mit hellblauen Pinselstrich-Streifen.

Breitblättrige Platterbse
Lathyrus latifolius

Aussehen Wuchs kletternd, Stängel vierkantig, geflügelt, Laub mittelgrün, einzelne Blätter gefiedert zusammengesetzt, endständiges Blatt zu Ranken umgebildet, mit denen sich die Staude an der Rankhilfe festhält. Schmetterlingsblüten in lockeren Trauben, danach bohnenartige Samenschoten.
Pflege Bevorzugt lehmigen Boden, kalkliebend. Häufig verwildert anzutreffen. Im Herbst sterben die oberirdischen Teile ab. Benötigt eine Kletterhilfe, an der sich die Blattranken festhalten können.
Sorten 'White Pearl', perlmuttweiß mit rosa Äderung.

Duft-Wicke
Lathyrus odoratus

Aussehen Aufrecht wachsend oder buschig, blaugrüne
Stängel und Blätter, Laub
gefiedert. Bei rankenden
Sorten endständige Blattranken. Schmetterlingsblüten in
endständigen Trauben, stark
duftend!
Pflege Bevorzugt humosen,
eher frischen Boden. Am
besten ab April an Ort und
Stelle aussäen, gleichmäßig
feucht halten, mäßig düngen.
Kletternde Sorten benötigen
eine Rankhilfe. Verblühtes
sofort abschneiden, um Samenbildung zu verhindern.
Neigt an heißen Standorten
zu Mehltau.
Sorten 'Ripple Mix', 2 m,
pastellfarben mit dunklerer
Mitte, 'Ramia', 2 m, weinrote
Blüten mit lila Schiffchen.

Geißblatt, Jelängerjelieber
Lonicera heckrottii

Aussehen Starkwüchsiger,
breitbuschig wachsender
Schlinger, länglichovale, dunkelgrüne Blätter. Die orange-
roten Trichterblüten stehen
in Büscheln und duften stark.
Sie werden von Nachtfaltern
bestäubt.
Pflege Bevorzugt sandig-lehmige, humose Gartenböden
und einen geschützten Platz.
An heißen Standorten anfällig
für Blattläuse. Von Zeit zu
Zeit einkürzen und alte Triebe
herausschneiden, die nicht
mehr gut blühen.
Weitere Arten *L. caprifolium,* cremeweiße röhrenförmige Blüten, stark duftend;
L. henryii, kleinblütig, Blüten
gelb-rot, immergrün;
L. periclymenum, hellgelbe
duftende Blüten in Quirlen.

Rosenkelch
Rhodochiton sanguineum

Aussehen Zierliche, roman-
tisch und exotisch wirkende
Kletterpflanze aus Mexiko.
Laub herzförmig, frischgrün.
Purpurrosa Blütenkelche
blühen unermüdlich von Ende Mai bis zum Frost. Ihre
kräftig wachsenden, aber
zierlichen Triebe können an
Pyramiden, Bögen oder Rankgittern aufgeleitet werden
oder einfach aus Ampeln und
Gefäßen höchst dekorativ herunterhängen.
Pflege Am besten an warmer, geschützter Stelle im
Halbschatten pflanzen. Jede
humose, durchlässige Gar-
tenerde ist geeignet. Aussaat
auf der Fensterbank, nach
den Eisheiligen ins Freie.

Spaltkörbchen, Wu Wei Zi
Schisandra chinensis

Aussehen Wuchs kletternd, laubabwerfender, verholzender, robuster Ranker. Wechselständig angeordnete, ovale bis elliptische, leicht zugespitzte, tiefgrüne Blätter mit gesägten Rändern, rötlich gefärbte Blattstiele. Einzeln oder in Ähren erscheinende, lang gestielte, weiße bis zart rosafarbene zweihäusige Blüten, die intensiv duften. Fleischige rote Früchte essbar, der Geschmack ist gewöhnungsbedürftig und soll von süß, sauer, scharf, bitter bis salzig reichen.
Pflege Bevorzugt humosen Boden mit genügend Feuchtigkeit. Benötigt kräftiges Rankgerüst, kann bei Bedarf zurückgeschnitten werden. Sehr frosthart bis ca. –25°C.

Schwarzäugige Susanne
Thunbergia alata

Aussehen Leuchtende Blüten mit einem tiefschwarzen Auge. Laub dunkelgrün, eiförmig, groß. Für Rankgitter, Pyramiden oder Balkonkästen.
Pflege Benötigt nahrhaften, durchlässigen Boden. Regelmäßig düngen und großzügig gießen. Kann durch Aussaat selbst herangezogen werden. Die schnell wachsenden Schlinger brauchen eine Vorkultur in Töpfen auf der Fensterbank oder im Gewächshaus. Nach dem Aufgehen stäben, damit sie sich nicht verhaken.
Sorten 'Susi', orange mit schwarzem Auge, 'Lemon Star', gelb mit schwarzem Auge, 'African Sunset', terrakottafarben.

Blauregen, Glyzinie
Wisteria sinensis

Aussehen Der Blauregen ist eine schnell wachsende, linkswindende Schlingpflanze. Laub hellgrün, gefiedert. Die hängenden, violetten Blütentrauben mit Schmetterlingsblüten werden bis zu 30 cm lang, sie erscheinen am mehrjährigen Holz vor dem Blattaustrieb. Aus der Blüte entstehen bohnenartige, ca. 20 cm lange, giftige Hülsen.
Pflege Bevorzugt sandiglehmige Gartenböden ohne Staunässe, kalktolerant. Sehr stark wachsend, benötigt eine stabile Kletterhilfe, nicht an Dachrinnenrohre pflanzen. Bei Bedarf ist kräftiger Rückschnitt möglich.
Weitere Arten *W. floribunda* für geschützten Standort.

Leberbalsam
Ageratum houstonianum

Löwenmäulchen
Antirrhinum-Hybriden

Aussehen Kompaktbuschig, dicht verzweigt; Laub mittelgrün, rau. Blüten in flachen Doldentrauben. Die knopfartigen Blütenknospen entwickeln sich zu lockeren Pompons mit fransigen Blütenblättern. Für Unter- und Zwischenpflanzungen, die höheren Sorten sind auch schöne Schnittblumen.
Pflege Nährstoffbedarf ausgeglichen bis hoch. Um die Blütezeit zu verlängern, regelmäßig verblühte Dolden entfernen. Insgesamt pflegeleicht, verträgt keine Staunässe. Für Unter- und Zwischenpflanzungen.
Sorten 'Blaue Donau', mittelblau, 20 cm, 'Royal Hawaii', purpurviolett, 15 cm, 'Weißer Schnitt', weiß, 50 cm.

Aussehen Buschig bis mehrtriebig aufrecht, Laub stumpf dunkelgrün. In aufrechten Trauben angeordnete typische Löwenmäulchen-Blüten. Leitpflanze in Misch- und Kastenpflanzungen, Schnittblume, lockt Bienen und Schmetterlinge an.
Pflege Nährstoffbedarf mittel bis hoch, ansonsten pflegeleicht. Hohe Stickstoff-Düngung vermeiden. Verblühtes regelmäßig abschneiden. Pinzieren der Hauptknospen fördert reiche Verzweigung. Aussaat März bis Mai in Schalen oder direkt ins Freiland. Nicht mit Erde bedecken, nur andrücken und feucht halten. Direktaussaat ab April möglich. Nach dem ersten Flor ist ein Rückschnitt für die Herbstblüte erforderlich.
Sorten 'Schnitt-Mischung', 60 cm, bunte Farbmischung für den Vasenschnitt, 'Madame Butterfly', 80 cm, Mischung mit gefüllten Blüten, 'Serenade', 50 cm, mit weit geöffneten Rachenblüten, 'Columbia-Mischung', kompakte Blütenkerzen mit sehr dicht sitzenden Blüten.

Ringelblume
Calendula officinalis

   ↑ 30-40 VI IX

Aussehen Aufrecht, nur wenig verzweigt, rasch wachsend, einfache oder gefüllte Strahlenblüten, Laub mittelgrün, rau, lanzettlich. Altbekannte Heil- und Bauerngartenblume.
Pflege Bevorzugt frischen, durchlässigen Boden, Nährstoffbedarf mittel, regelmäßig gießen, verblühte Pflanzenteile entfernen, um die Blütezeit zu verlängern. Insgesamt sehr pflegeleicht.
Sorten 'Princess Orange', leuchtend orange, Blüten halb gefüllt, 'Fiesta Gitana Mischung', Orange- und Rosttöne mit brauner Mitte. 'Oranges Stachelschwein', auffällig nadelförmige Blüten; 'Touch of Red Mix', rot-gelb geflammte Blüten, auffallend.

Sommeraster
Callistephus chinensis

   ↑ 30-70 VI IX

Aussehen Wuchs aufrecht bis ausladend, schnell wachsend, einfache oder gefüllte Strahlenblüten. Hohe Sorten sind auch für den Schnitt geeignet. Laub mittelgrün, lanzettlich.
Pflege Regelmäßig verblühte Pflanzenteile entfernen, um die Blütezeit zu verlängern. Ausreichend gießen und düngen, Staunässe vermeiden. Das Substrat sollte neutral bis schwach alkalisch sein. Nährstoffbedarf mittel bis hoch. Moderne Züchtungen sind weitgehend resistent gegen die Asternwelke.
Sorten 'Pompon-Aster', hohe Farbmischung mit kugeligen gefüllten Blüten.

Kornblume
Centaurea cyanus

   ↑ 30-60 VI IX

Aussehen Wuchs stark verzweigt, Stängel und Laub graugrün, Blätter lanzettlich. Zahlreiche Korbblüten mit geschlitzten Blütenblättern, auch gefüllte Sorten. Heimische Ackerbegleitpflanze.
Pflege Kornblumen gedeihen in voller Sonne und im Halbschatten, sie bevorzugen einen nährstoff- und humusreichen Boden. Aussaat ab März direkt ins Freiland, Herbstaussaaten im September überwintern mit einer kleinen Blattrosette und blühen im nächsten Jahr früher. Bei Kahlfrösten im Winter mit Fichtenreisig abdecken. Im Frühling haben sie einen Wachstumsvorsprung und blühen besonders früh, ab Anfang Juni.

Kiel-Wucherblume
Chrysanthemum carinatum

↑ 60-90 VII/IX

Aussehen Wuchs aufrecht verzweigt, Laub fein gefiedert, frischgrün. An den Stängelenden einfache und halb gefüllte Blüten, die in der Vase lange haltbar sind.
Pflege Sehr standorttolerant, gedeiht in jedem Gartenboden an sonniger bis halbschattiger Stelle. Kontinuierlich Verblühtes abschneiden, um weitere Blütenbildung anzuregen. Aussaat ab April ins Frühbeet oder direkt ins Beet, Samen dünn mit Erde bedecken. Für eine bessere Verzweigung kneift man die Triebspitzen der Jungpflanzen aus, sobald diese 10 cm hoch sind.
Sorten 'Polar Star', 80 cm, Blüten weiß mit gelbem Innenring.

Spinnenblume
Cleome spinosa

↑ 50-100 VII/IX

Aussehen Wuchs aufrecht, stark verzweigt, Laub frischgrün. Blüten in Büscheln an den Stängelenden, mit weit herausragenden Staubgefäßen.
Pflege Gedeiht am besten in durchlässigem, lehmigem Gartenboden an sonnig warmer Stelle. Aussaat ab März bis Mai ins Frühbeet oder zu 2-3 Körnern in einen Topf, in zweifacher Samenstärke mit Erde bedecken, andrücken und feucht halten. Nur sehr junge Pflanzen lassen sich pikieren und umpflanzen. Regelmäßig gießen und abgeblühte Dolden herausschneiden.

Schmuckkörbchen
Cosmos bipinnatus

↑ 30-120 VII/X

Aussehen Aufrecht, stark verzweigt, schnell wachsend; mittelgrünes, sehr fein gefiedertes Laub. Blüten schalenförmig, auch gefüllte Sorten im Handel. Lässt sich gut als Lückenfüller im Staudenbeet verwenden, ebenso in Blumenwiesen.
Pflege Nährstoff- und Wasserbedarf mittel bis hoch, regelmäßig gießen, verblühte Pflanzenteile entfernen, um die Blütezeit zu verlängern.
Sorten 'Daydream', 120 cm, rosa mit rotem Innenring, 'Sea Shells', 100 cm, mit zusammengerollten Blütenblättern, 'Double Click', 80 cm, gefüllte Blüten.

Chinesische Nelke
Dianthus chinensis

Aussehen Kompakter, gedrungener Wuchs, Laub dunkelgrün, lanzettlich. Blüten schalenförmig, ganz geöffnet, Blütenblätter an den Rändern gefranst, süß duftend.
Pflege Warmer Standort, durchlässige, frische Böden. Ab April in Schalen oder Frühbeet säen, in 1,5-facher Samenstärke mit Erde bedecken, andrücken und feucht halten. Entspitzen oder Stutzen bringt kompakte Pflanzen mit vielen Blütentrieben. Vorsicht, auf Nelkenrost achten. Befallene Pflanzenteile vernichten, aber nicht auf den Kompost werfen. Vor Kaninchen schützen.

Goldmohn
Eschscholtzia californica

Aussehen Wuchs niedrig, gedrungen, Laub frischgrün, sehr fein geschlitzt. Blüten mohntypisch, seidenartig.
Pflege Liebt lockeren, sandigen, wasserdurchlässigen Boden in sonniger Lage. Aussaat März bis Mai, direkt an Ort und Stelle säen, nur flach mit Erde bedecken, andrücken und feucht halten. In mildem Klima kann auch im September gesät werden. Die Sämlinge lassen sich wegen der Pfahlwurzeln nur sehr schwer pikieren. Goldmohn sät sich häufig selbst wieder aus.
Sorten 'Apricot Chiffon', halb gefüllte Blüten in Lachsorange, 'Inferno', halb gefüllt, leuchtend orange.

Sommerazalee
Godetia grandiflora

Aussehen Wuchs aufrecht, wenig verzweigt, Laub dunkelgrün, lanzettlich. Blüten trichterförmig, Rand oft gerüscht, mit dunklerer Zeichnung auf den Blütenblättern.
Pflege Liebt mittelschweren Boden in sonniger bis leicht halbschattiger Lage. Aussaat von März bis Mai direkt ins Freiland. 2-3 Körner zusammenlegen, in 2-facher Samenstärke mit Erde bedecken, andrücken und feucht halten. Im Jugendstadium auf Erdflöhe achten, Befall zeigt sich durch Lochfraß in den Blättern. Selbst knospig geschnittene Blütenstiele blühen auf.

Schleierkraut
Gypsophila elegans

   ↑ 30-50 | VI IX

Aussehen Wuchs sparrig verzweigt, insgesamt aber kompakt, Laub graugrün, lanzettlich, klein. Blüten zierlich, in Massen in lockeren Dolden. Lässt sich auch gut getrocknet verwenden.
Pflege Bevorzugt nährstoffarmen, aber lockeren Gartenboden in sonniger bis halbschattiger Lage. Durch die zierlichen Blüten ist das Schleierkraut eine beliebte Schnittblume und wirkt auflockernd in jedem Blumenstrauß. Aussaat von März bis Juni an Ort und Stelle. Alle 3-4 Wochen Folgesaaten vornehmen, damit immer frische Blumen geschnitten werden können.

Sonnenblume
Helianthus annuus

   ↑ 30-200 | VII IX

Aussehen Wuchs straff aufrecht, schnell wachsend, für Kästen und Kübel spezielle Zwergsorten, zum Teil mehrtriebige. Laub rau, sehr groß. Strahlenblüten mit korbartiger Mitte. Die höheren Sorten als Schnittblumen. Bei einigen Sorten sind die Blüten steril und können so keine Wäsche mehr mit Pollen verschmutzen. Sonnenblumen drehen sich immer der Sonne zu, ihre Blütenköpfe wandern im Laufe des Tages von Ost nach West.
Pflege Raschwüchsig, benötigt daher viel Wasser und Dünger. Schlappt schnell bei Trockenheit. Verblühende Sorten setzen auf der Mittelscheibe Samen an (Vogelfutter!).

Vanilleblume
Heliotropium arborescens

  ↑ 30-80 | V IX

Aussehen Wuchs aufrecht bis kompakt buschig, Blüten klein, zahlreich in großen Dolden, süß duftend, Insektenweide. Laub dunkelgrün, spitz eiförmig, runzelig. Kann auch als Hochstamm gezogen werden.
Pflege Frühzeitiges Entspitzen der Triebe für buschigen Wuchs, regelmäßig abgeblühte Blüten entfernen, Überwinterung hell bei etwa 10 °C möglich. Substrat schwach sauer, frisch, humos. Nährstoffbedarf mittel bis hoch. Regelmäßig gießen, Staunässe und Ballentrockenheit vermeiden, vor Wind und Regen schützen.
Sorten 'Nautilus', Blüten dunkelblau, kompakter Wuchs.

Bechermalve
Lavatera trimestris

    VII / IX 60-100

Prachtlobelie
Lobelia speciosa

   VI / X 40-100

Aussehen Wuchs aufrecht buschig; mittel- bis dunkelgrünes Laub. Bechermalven sind mit ihren großen, becherförmigen Blüten wunderschöne Schnittblumen. In kleinen Gruppen gepflanzt sind sie auch auf dem Blumenbeet attraktiv und blühen dort ununterbrochen von Juli bis zum Herbst. Beliebte Bauerngartenblume, die gerne in Reihen zwischen Nutzpflanzen gesät wird.

Pflege Bevorzugt sonnige Standorte mit durchlässigem, nicht zu nährstoffreichem Boden. Regelmäßig gießen, nur auf sehr kargen Böden düngen, sonst blühen die Pflanzen schlecht. Wenn man die Blüten schneidet, sobald sich die Knospen gerade öffnen, halten sie sich 1-2 Wochen in der Vase. Die abgeblühten, getrockneten Samenstände eignen sich sehr gut zum Trocknen für Sträuße und Gestecke. Aussaat ab April direkt ins Freiland, in anderthalbfacher Samenstärke mit Erde bedecken, andrücken und feucht halten.

Sorten 'Ruby Regis', dunkelrosa blühende Sorte mit auffälliger dunkler Aderung, 60 cm, 'Mont Blanc', reinweiß, großblumig, 70 cm, 'Silver Cup', reinrosa, blühfreudig, 70 cm, 'Pink Beauty', hellrosa mit dunklerer Aderung, 60 cm, 'Tanagra', rosa mit dunklerer Aderung, 70 cm.

Aussehen Wuchs straff aufrecht, einzelne Pflanze nur wenig verzweigt, Laub lanzettlich, dunkelgrün. Zahlreiche Einzelblüten in dichten Blütenkerzen am kräftigen Blütenstängel. Die Blüten öffnen sich nach und nach, dadurch eine lange Blütezeit.

Pflege Benötigt einen Platz im halbschattigen oder sonnigen Bereich, der gut gedüngt (mittlerer bis hoher Nährstoffbedarf) sein sollte. Aussaat unter Glas von Januar bis März für die Blüte im Juli bis Mitte August, Anfang Oktober für die Blüte Ende April.

Sorten 'Fan Serie', als Mischung oder nach Farben sortiert, hochwüchsig bis 90 cm.

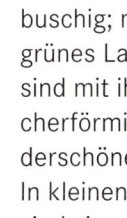

Muschelblume
Molucella laevis

   60-80 VII / IX

Aussehen Wuchs straff aufrecht mit kräftigen Blütenstängeln, Laub hellgrün, dreieckig, Ränder zackig eingebuchtet. Die dicht aneinanderliegenden, hellgrünen, glockenförmigen Schaublätter oder trichterförmigen Kelche sind für die Floristik im frischen und getrockneten Zustand wertvoll.
Pflege Wächst in nahrhaftem Boden in sonniger, warmer Lage. Aussaat ins Frühbeet oder ab April direkt ins Freiland. Ab Mitte Mai an Ort und Stelle pflanzen. Erst schneiden, wenn voll aufgeblüht, mit den Stielen nach oben aufhängen. Die Laubblätter zum Trocknen entfernen.

Ziertabak
Nicotiana-Hybriden

   30-60 VII / IX

Aussehen Aufrecht bis buschig wachsend, sternförmig geöffnete Röhrenblüten, die besonders abends und nachts duften, Schmetterlingsweide. Laub mattgrün, breit lanzettlich.
Pflege Liebt humosen Lehmboden, wächst aber in allen Gärten an sonniger Stelle und in leichtem Halbschatten. Benötigt reichlich Nährstoffe für eine lange Blüte. Regelmäßig alles Verblühte abknipsen, ausreichend gießen. Insgesamt pflegeleicht.
Sorten 'Havanna Appleblossom', kompakt, mit zartrosa Blüten, 'Lime Green', außergewöhnliche grüngelbe Blütenfarbe.

Jungfer im Grünen
Nigella damascena

    40-60 VI / IX

Aussehen Wuchs aufrecht verzweigt, Laub zierlich gefiedert, frischgrün. Die Blüten bestehen aus einem Kranz strahlenförmiger Zungenblüten, in der Blütenmitte erheben sich auffällige Staubgefäße, die an Tentakel erinnern. Samenkapseln dekorativ.
Pflege Pflegeleicht, gedeiht auf allen durchlässigen Böden, bevorzugt warme, geschützte Standorte. Blüht lange und sät sich an zusagender Stelle oft selbst aus. Aussaat von März bis Mai, direkt an Ort und Stelle säen, in mildem Klima auch im September, samendick mit Erde bedecken, andrücken und feucht halten. Die Samenkapseln vor der Samenreife schneiden.

Klatsch-Mohn
Papaver rhoeas

   ↑ 40-80 VI VIII

Aussehen Wuchs aufrecht verzweigt, Laub löffelförmig, stark gebuchtet, mittelgrün. Stängel und Laub borstig behaart. Blüten schalenförmig, erinnern an zartes Seidenpapier, einzelne Blüten nicht lange haltbar, es werden aber ständig neue Blüten nachgebildet.
Pflege Gedeiht auf allen durchlässigen Böden, bevorzugt warme, geschützte Standorte. Blüht lange und sät sich an zusagender Stelle oft selbst aus. Aussaat von März bis Mai, direkt an Ort und Stelle säen, in mildem Klima auch im September, samendick mit Erde bedecken, andrücken und feucht halten.

Aufrechte Geranie
Pelargonium zonale

  ↑ 30-50 V X

Aussehen Aufrecht buschig, Blüten in dichten Doldentrauben am Ende kräftiger Stängel. Laub mittelgrün bis dunkelgrün, bei manchen Sorten auch mehrfarbig, rau behaart.
Pflege Reichlich gießen, regelmäßig düngen, benötigt reichlich Nährstoffe. Verblühtes regelmäßig entfernen, um neue Blüten anzuregen. Im Herbst vor der Überwinterung die Pflanzen um etwa ein Drittel zurückschneiden, Überwinterung: bei mindestens 3 °C an einem hellen Standort. Insgesamt pflegeleicht.
Weitere Art *Pelargonium-peltatum*-Hybriden mit hängendem Wuchs und glänzendem Laub.

Petunie
Petunia-Hybriden

   ↑ 25-40 V IX

Aussehen Wuchs niederliegend, einige Sorten auch kompaktbuschig. Laub oval, dunkelgrün, samtig behaart. Blüten trichterförmig, weit geöffnet, es gibt auch gefüllte Sorten.
Pflege Bevorzugt frischen, nahrhaften Boden, reichlich düngen und gießen, regelmäßig alles Verblühte ausknipsen, um weitere Blütenbildung anzuregen. Besonders die gefüllten Sorten sind empfindlich gegen Regen.
Sorten 'Fantasy-Mischung', kleinblumige Farbmischung in Rot, Rosa und Weiß, besonders für Beete geeignet. 'Surfinia-Serie', Sortengruppe in vielen Farben, kräftiger Wuchs, besonders für Hanging Baskets geeignet.

Einjähriger Sonnenhut
Rudbeckia hirta

   VII/X 40-100

Aussehen Wuchs aufrecht oder verzweigt, Laub dunkelgrün, spitz eiförmig. An den Stängelenden Strahlenblüten, bei den einfach blühenden Sorten meist mit hängenden Blütenblättern, auch gefüllte Sorten. Wenn viele andere Einjährige ihren Höhepunkt überschritten haben, präsentieren sich die Sonnenhut-Blüten in voller Pracht und halten sich bis zum Frost. Besonders mit Ziergräsern lassen sich wunderschöne Kombinationen erzielen, sowohl in Beeten mit Einjährigen als auch zur Lückenfüllung in Staudenpflanzungen.
Pflege Bevorzugt durchlässigen, nahrhaften Boden ohne Staunässe, benötigt eine ausreichende Wasserversorgung, um lange zuverlässig zu blühen. Verblühtes regelmäßig herausschneiden, um neue Blütenbildung anzuregen. Aussaat ab März auf der Fensterbank oder ins Frühbeet, ab Mai auch noch ins Freiland säen, ca. 3 mm mit Erde bedecken, andrücken und feucht halten. Nach dem Auflaufen frühzeitig pikieren und nach dem Anwachsen hell und luftig weiterkultivieren. Nach den letzten Frösten in Beete und Rabatten auspflanzen. Die Blüten halten sich in der Vase bis zu zwei Wochen, wenn sie voll geöffnet geschnitten werden.

Mehliger Salbei
Salvia farinacea

   VI/X 60

Aussehen Wuchs aufrecht verzweigt, Laub und Stängel sehen aus wie mit Mehl bestäubt. Lippenblüten dicht gedrängt in kompakten Kerzen oben am Stängel.
Pflege Gedeiht gut in durchlässigem, nährstoffreichem, leicht kalkhaltigem Boden an sonniger Stelle. Aussaat ab März unter Glas in Schalen, dünn mit Erde bedecken, andrücken und feucht halten. Die Sämlinge in kleine Töpfe pikieren. Damit sich die Pflanze besser verzweigt, aus der Jungpflanze die Spitze ausbrechen.
Sorten 'Victoria', leuchtend blau, 60 cm, 'Strata', azurblau, 40 cm.

Kleinblütige Studentenblume
Tagetes tenuifolia

Mutterkraut
Tanacetum parthenium

Fackelblume
Tithonia rotundifolia

     ↑ 15-30 VI/X

     ↑ 30-50 VI/IX

 ↑ 70-120 VII/X

Aussehen Buschig, stark verzweigt, kleine einfache Blüten an den Stängelenden, aromatisch duftend! Feines, gefiedertes, hellgrünes Laub. Schön als Füllpflanze zwischen anderen Sommerblumen.

Pflege Bevorzugt durchlässigen, nährstoffreichen Boden und gleichmäßige Feuchtigkeit. Pflegeleicht, lässt sich einfach aus Samen heranziehen: Aussaat in Schalen oder Töpfe, dünn mit Erde bedecken, andrücken und gleichmäßig feucht halten. Ca. 2 Wochen nach Auflaufen in Töpfe oder Schalen pikieren, hell und luftig bei 14–18 °C weiterkultivieren. Nach den letzten Frösten auspflanzen.

Aussehen Wuchs aufrecht, stark verzweigt, Laub dunkelgrün, länglich mit stark gebuchtetem Rand. Blüten zahlreich an den Stängelenden, kleine Margeritenblüten, einige Sorten auch gefüllt. Kurzlebige Staude, die meist einjährig verwendet wird.

Pflege Liebt einen nährstoffreichen, kalkhaltigen, gut durchlüfteten Boden in warmer und sonniger Lage. Nach dem ersten Flor zurückschneiden, um eine zweite Blüte zu erzielen. Aussaat ab März im Frühbeetkasten oder direkt ins Freiland, mit wenig Erde bedecken, andrücken und feucht halten.

Sorten 'Weißer Stern', Blüten knopfartig, kompakt, 30 cm.

Aussehen Aufrecht bis stark verzweigt, Laub breit eiförmig, mattgrün, rau. Zahlreiche Korbblüten mit kuppelförmiger Mitte.

Pflege Bevorzugt humosen, durchlässigen Boden in warmer, geschützter Lage. Blüht in kalten, nassen Sommern nicht zuverlässig. Regelmäßiges Schneiden von Blütenstängeln regt die weitere Blütenbildung an. Ab März auf der Fensterbank aussäen und dünn mit Erde bedecken. Gleichmäßig feucht halten, nach den Eisheiligen ins Beet setzen.

Sorten 'Goldfinger', 100 cm, Blüten in besonders leuchtendem Orange.

Kapuzinerkresse
Tropaeolum majus

↑ 30–300 | VII / X

Aussehen Trompetenblüten in zahlreichen Farben. Buschiger oder auch kriechender Wuchs. Graugrüne, schildförmige Blätter.
Pflege Kapuzinerkresse wächst auf jedem Boden ohne Staunässe. Ein sonniger Standort fördert die reiche Blüte. Kletternde Sorten benötigen eine Kletterhilfe, oder sie entwickeln sich zu Bodendeckern.
Sorten ʻBanana Splitʼ, hellgelb mit roter Zeichnung, kompakt, ʻJuwel Cherry Roseʼ, kirschrot, halb gefüllt, buschig, ʻSangriaʼ, dunkelrot, dunkles Laub, buschig, ʻRankende Mischungʼ, verschiedene Orangetöne, rankend.

Argentinisches Eisenkraut
Verbena bonariensis

↑ 70–130 | VII / X

Aussehen Wuchs sparrig verzweigt, mit graugrünen, drahtigen Stängeln. Laub lanzettlich, mattgrün. Blüten in flachen Dolden an den Stängelenden. Diese Verbene ist ein Dauerblüher als Lückenfüller für das Staudenbeet.
Pflege Der Boden sollte gut durchlässig und eher trocken sein; winterhart bis ca. −12 °C, erhält sich aber durch Selbstaussaat, ohne lästig zu werden. Aussaat ab April ins Frühbeet, ab Mai ins Freie auspflanzen.

Zinnie
Zinnia elegans

↑ 10–50 | VI / IX

Aussehen Einfache oder gefüllte Strahlenblüten auf kräftigen Stängeln. Laub lanzettlich, dunkelgrün. Leicht zu kultivierende Sommerblumen für Beete, niedrige Sorten auch für Balkonkästen. Die Blütenstängel halten sich lange in der Vase.
Pflege Bevorzugt nicht zu nahrhaften, durchlässigen Boden und eine möglichst gleichmäßige Bodenfeuchte. Zinnien können ab April im Freiland ausgesät werden.
Sorten ʻProfusion Cherryʼ, kirschrot, guter verzweigter Wuchs, ʻKleinblumige Mischungʼ, gefüllte Blüten, auch für den Schnitt geeignet; ʻZowieʼ, zweifarbige Blüten in rot-gelb; gute Schnittblume, 50 cm.

Arbeitskalender

Wann wird gesät und wann gepflanzt? Was mache ich wann im Blumengarten? Die folgende Übersicht zeigt Ihnen, welche Tätigkeiten von Januar bis Dezember anfallen. Je nach Region und Witterung können sich die Arbeiten natürlich auch um die eine oder andere Woche verschieben.

Januar/Februar

Aussaat/Vermehrung

- Frostkeimer (z.B. alle Eisenhüte) in Schalen säen und ins Freie stellen. Erst nachdem sie einige Zeit kalten Temperaturen ausgesetzt waren, beginnen sie zu keimen.
- Die Mehrzahl der Ziersträucher, wie Forsythie, Zaubernuss oder Haselnuss, lassen sich in den Wintermonaten durch Steckhölzer vermehren. Man schneidet 25 cm lange, mit kräftigen Knospen versehene Hölzer, bündelt sie und schlägt sie bis zum Frühjahr in feuchten Sand ein.
- Sommerblumen, die sich langsam entwickeln, werden ab Februar auf der hellen Fensterbank oder im geheizten Gewächshaus ausgesät. Zu dieser Gruppe gehören beispielsweise Löwenmäulchen, Fleißiges Lieschen und Geranien.
- Verwenden Sie zum Anziehen von Blumen nur spezielle Aussaaterden. Entsprechend gekennzeichnete Substrate sind nährstoffarm und halten die nötige Feuchtigkeit gut, ohne gleich zu vernässen.

Gehölze und Rosen

- Koniferen sollten Sie in jedem Fall nach Dauerschneefall von der Last befreien, da sonst die Gefahr des Zweigbruchs besteht.
- Manchen Immergrünen wie Rhododendron und Kirschlorbeer setzt weniger die Kälte als vielmehr der häufige Wechsel von Wintersonne und darauffolgenden Nachtfrösten zu. An sonnigen Standorten werden sie am besten mit Gewebematten oder Fichtenzweigen schattiert.
- Im Herbst gepflanzte Bäume und Sträucher bei frostfreiem und trockenem Wetter mit Wasser versorgen. Wenn noch nicht geschehen, schützen sie insbesondere die Immergrünen vor der Wintersonne, vornehmlich an sonnenexponierten Standorten.
- Sträucher, die zu groß geworden sind oder besser an einen anderen Standort passen, lassen sich auch nach einigen Jahren noch verpflanzen. Das geschieht am besten bei frostfreiem Boden in der Vegetationsruhe, bevor die Gehölze im März/April wieder austreiben. Immergrüne Sträucher sollten in frostfreien Perioden und bei geringen Niederschlägen regelmäßig gegossen werden. Bei starker Wintersonne zusätzlich mit Vlies, Jute oder Bast abdecken, um Blattschäden zu vermeiden.

Pflege

- Im Staudenbeet werden vorjährige Stängel und Laub zurückgeschnitten, soweit dies nicht schon im Spätherbst geschehen ist. Viele Samenstände und Halme von Gräsern sind auch im Winter ausgesprochen dekorativ und geben den Pflanzen zusätzlich Schutz in der kalten Jahreszeit. Nun werden sie aber allmählich unansehnlich und können entfernt werden.

März/April

Allgemeine Arbeiten

✿ Mulchdecken werden auf noch leeren Beeten, ebenso zwischen Stauden entfernt. Das dient nicht nur der Bodenerwärmung, sondern beugt auch Schneckenplagen vor.

✿ Wo keine stärkeren Fröste mehr zu erwarten sind, werden jetzt nach und nach wieder Zapfstellen, Brunnen und Pumpen sowie Regentonnen in Betrieb genommen.

Aussaat/Vermehrung

✿ Empfindliche Sommerblumen für Beete und Balkonkästen werden auf der Fensterbank oder im Wintergarten, etwas robustere auch im Frühbeet oder im Folientunnel ausgesät und vorkultiviert. Robuste Sommerblumen, die sich schlecht pikieren und verpflanzen lassen, können Sie ab Mitte März an Ort und Stelle aussäen.

✿ Im Haus vorgezogene Stockmalven können Sie Mitte Mai als gut entwickelte Pflanzen setzen, die noch dieses Jahr blühen. Im Sommer gesäte Stockmalven kommen erst im darauffolgenden Jahr zur Blüte.
✿ Einige Sommerblumen können ab April direkt ins Beet gesät werden: Kornblumen, Strohblumen, Bechermalve, Kosmeen, Sonnenblumen sowie Ringelblumen.

Stauden und Sommerblumen

✿ Bei mildem Wetter können Sie bereits Anfang März die Gelegenheit nutzen, einige Gartenstauden zu verjüngen. Astern, Chrysanthemen, Katzenminze, Nachtkerzen, Sonnenhut und Phlox sollten nach 5–6 Jahren umgepflanzt und geteilt werden, damit sie weiterhin reich blühen.
✿ Damit frühlingsblühende Zwiebelblumen wie Tulpen und Narzissen ihre Blüten ungehindert entfalten können, sollten Sie auch die Staudenbeete von abgestorbenen Pflanzenteilen und Laub befreien.

✿ Staudenbeete, in denen noch nicht viel zu sehen ist, können Sie durch das Einpflanzen von blühenden Zwiebelblumen aufpeppen.
✿ Noch können viele Stauden geteilt und verpflanzt werden, in erster Linie die Herbstblüher und mehrjährigen Gräser.
✿ Nach Blüte und Einziehen der oberirdischen Pflanzenteile lassen sich frühe Krokusse und Winterlinge durch Teilung der Knollen bzw. Knollenklumpen vermehren. Wichtig: Sofort wieder einpflanzen.

Gehölze und Rosen

✿ Rosen abhäufeln, von abgestorbenen Trieben befreien und je nach Sorte und Triebstärke auf 2–5 Augen zurückschneiden.
✿ Ziersträucher auslichten, Sommerflieder und Sommerspierstrauch kann man noch kräftig zurückschneiden.

✿ Im März ist ein guter Termin für die Rosenpflanzung. Vorher sollten die Pflanzen jedoch wenigstens 12 Stunden in einem Wasserbad stehen, sofern nicht Containerware gekauft wurde.

Mai/Juni

Allgemeine Arbeiten

✤ Unter den Polstern von Steingartenpflanzen und zwischen Stauden verkriechen sich gerne Schnecken. Daher sollten Sie hier regelmäßig kontrollieren und die Schnecken absammeln.

✤ Stängel und Blätter von Tulpen und Narzissen müssen nach der Blüte so lange stehen bleiben, bis sie vergilbt sind.

Säen und Pflanzen

✤ Zweijährige wie Goldlack, Marienglockenblumen und Vergissmeinnicht aussäen, damit diese im nächsten Jahr zuverlässig zur Blüte kommen. Robuste Arten wie Bartnelke und Stockrose können ab Ende Mai direkt ins Freiland gesät werden.

Stauden und Sommerblumen

✤ Nicht nur Balkonblumen, auch vorgezogene Gartenblumen und Stauden stellt man jetzt öfter mal nach draußen, um sie abzuhärten.

✤ Austreibende Stauden sparsam düngen. Hoch wachsende Arten eventuell stützen, entweder mit speziellen Staudenhaltern oder durch Anbinden an stabile Stäbe.

✤ Abgeblühte Polster der Gänsekresse kann man bis um die Hälfte zurückschneiden, ebenso verfährt man mit Polster-Phlox.

✤ Wenn Sie regelmäßig Verwelktes entfernen, blühen Stauden und Sommerblumen meist umso reicher nach.

✤ Durch leichtes Zurückschneiden der Triebe lassen sich mehrjährige Gartenchrysanthemen zu kräftigerem Wuchs anregen.

✤ Sommerblühende Zwiebel- und Knollenpflanzen kommen Anfang bis Mitte Mai in die Erde.

Gehölze und Rosen

✤ Halten Sie bei älteren Rosen Ausschau nach Wildtrieben, die unterhalb der Veredelungsstelle herauswachsen. Graben Sie vorsichtig die Erde auf und entfernen Sie die Triebe direkt an ihrer Ansatzstelle.

✤ Brechen oder schneiden Sie bei Rhododendren regelmäßig alles Verblühte aus. Vorsicht, die neuen Knospen sitzen direkt unter dem verwelkten Blütenstand und dürfen nicht verletzt werden.

✤ Ende Juni ist der ideale Zeitpunkt für den Schnitt von Formgehölzen wie Buchsbaum. Sie treiben noch einmal richtig durch.

✤ Bei Kletterrosen neue Langtriebe aufbinden. Eine Gabe Volldünger fördert die Blütenbildung. Bei öfterblühenden Rosen Verblühtes immer abschneiden, nur so blühen sie kontinuierlich.

✤ Der Moniliapilz kann nicht nur bei Obstgehölzen, sondern auch beim Mandelbäumchen die gefürchtete Spitzendürre hervorrufen. Gelegentlich befällt er zudem Forsythien und Zierquitten. Auch hier schneidet man welkende und abgestorbene Spitzen 10–20 cm tief ins gesunde Holz zurück.

Juli/August

Aussaat und Vermehrung

- Anfang bis Mitte des Monats ist Hauptsaatzeit für zweijährige Sommerblumen wie Vergissmeinnicht, Stiefmütterchen, Maßliebchen, Goldlack, Marienglockenblumen und Stockmalven. Man zieht sie am besten im Frühbeet oder Töpfen bzw. Schalen mit Aussaaterde vor.
- Anfang Juli kann man von älteren Herbstzeitlosen vorsichtig Brutknöllchen für die Vermehrung abtrennen. Sie werden dann trocken gelagert und im Spätsommer eingepflanzt.
- Wer Zweijährige in Schalen ausgesät hat, sollte jetzt das Pikieren nicht vergessen, bei Aussaat in Freilandbeete wird vereinzelt. In Gegenden mit kalten Wintern pikiert man Maßliebchen in Töpfe, um sie später geschützt zu überwintern, wie es generell auch bei Goldlack üblich ist.

Stauden und Sommerblumen

- Spätestens jetzt sollten hoch wachsende Stauden an Stäben aufgebunden oder mit Stützringen versehen werden. Büsche von Phlox, Sonnenhut und Gartenchrysanthemen z. B. neigen stark zum Auseinanderfallen.
- Möglichst früh werden die Zwiebeln der Kaiserkrone gepflanzt. Sie kommen Ende Juli oder Anfang August 20 bis 25 cm tief in die Erde.
- Viele Sommerblumen im Beet wachsen und blühen jetzt noch kräftig bis in den Herbst hinein, was man durch gezielte Düngergaben unterstützen sollte.
- Bereits abgeblühte Stauden können geteilt und neu ausgepflanzt werden. Bei vielen Prachtstauden sollte dies alle 3–4 Jahre geschehen, da sonst die Blühleistung nachlässt. Nach wie vor gilt: Verblühtes regelmäßig entfernen, bei Trockenheit wässern und bei Bedarf düngen.

Gehölze und Rosen

- Magnolien und Rhododendren in Trockenzeiten gut wässern, auch wenn sie jetzt nicht mehr im Rampenlicht stehen.
- Bei allen öfterblühenden Rosen regelmäßig alles Verblühte entfernen, um den nächsten Flor zu fördern. Schneiden Sie die welken Blüten mitsamt den beiden darunter befindlichen Blättern weg.
- Einmalblühende Kletterrosen schneidet man direkt nach der Blüte, wobei auch alle verwelkten Blütenstände entfernt werden. Bilden die Sorten jedoch schöne Hagebutten aus, wird erst im Frühjahr geschnitten.
- Deutzien und Weigelien werden nach der Blüte am besten jährlich ausgelichtet und von alten Ästen befreit. So bleiben die Sträucher ansehnlich.
- Rhododendren werden an heißen Tagen nochmals kräftig gegossen, das fördert die Blütenbildung fürs nächste Jahr.
- Für Clematis ist der August der beste Pflanzmonat.
- Rosen werden ab Juli nicht mehr gedüngt, denn darunter würde ihre Winterhärte leiden.

September/Oktober

Allgemeine Arbeiten

❀ Wollen Sie im kommenden Jahr größere Pflanzflächen für Beete anlegen, sollten Sie den Boden schon jetzt umgraben. Der Frost zerkleinert die groben Schollen, bis zum Frühjahr haben Sie dann schon relativ feinkrümeligen Boden. Tipp: Rasensoden können Sie über den Winter einfach zu einem Hügel aufschichten, so entsteht rasch wertvolle, humusreiche Erde, die im Frühjahr untergemischt werden kann.

Aussaat/Vermehrung

❀ Sommerblumen bauen allmählich ab und können entfernt werden, falls Sie nicht Saatgut ernten möchten für das nächste Jahr.

❀ Die Saat an trockener und dunkler Stelle gut trocknen lassen und danach an einem trockenen dunklen Ort im Haus aufbewahren, am besten in Papiertüten.

❀ Im Sommer gesäte Zweijährige werden an ihren endgültigen Platz gepflanzt und blühen je nach Art im kommenden Frühling oder Frühsommer.

Stauden und Sommerblumen

❀ Jetzt ist die beste Pflanzzeit für Stauden. Der Boden ist noch warm, wodurch schnell neue Wurzeln gebildet werden. So sind die Pflanzen gut angewurzelt, bevor die Temperaturen sinken. Stauden, die zu groß geworden sind oder von der Mitte her verkahlen, werden ausgegraben, geteilt und neu eingepflanzt.

❀ Beginnen Sie mit der Pflanzung frühjahrsblühender Blumenzwiebeln. Für die verschiedenen Arten findet sich überall noch Platz: Im Beet zwischen Stauden, unter Gehölzen oder auch in großen Gruppen im Rasen.

❀ Blumenwiesen, die im Juli geschnitten wurden, können nun noch einen zweiten Schnitt vertragen, wenn es nötig ist.

❀ Binden Sie üppige Herbststauden auf bzw. zusammen, falls Sie noch nicht dazu kamen, und entfernen Sie weiterhin Verblühtes.

❀ Frühjahrs- und sommerblühende Stauden können Sie jetzt pflanzen. Auch Zwiebeln sollten jetzt in den Boden.

❀ Nicht winterharte Knollen (Gladiolen, Dahlien, Begonien u. a.) müssen vor dem ersten Frost ausgegraben werden. Die Knollen trocknen lassen und frostfrei überwintern.

❀ Schneiden Sie verblühte Stauden bodennah zurück. Herbstlaub können Sie als Winterschutz verwenden.

Gehölze und Rosen

❀ Jetzt sind die Zikaden unterwegs, die die gefürchtete Knospenbräune an Rhododendren übertragen. Sie lassen sich mit gelben Leimtafeln bekämpfen.

❀ Edel-, Beet- und Zwergrosen werden mit Gartenerde, Lauberde oder Kompost angehäufelt. In Gegenden mit kalten Winden werden Rosen mit Reisig abgedeckt.

November/Dezember

Allgemeine Arbeiten

✿ Falllaub lässt sich gut kompostieren. Unter großen Bäumen sollte das Laub, genauso wie in der Natur, liegen bleiben. Die Natur löst das selbst, und im nächsten Frühjahr ist wieder alles weg. Belassen Sie auch einen Laubhaufen in einer weniger genutzten Ecke des Gartens. Sie dient Nützlingen als Winterunterschlupf.

Stauden und Zwiebelblumen

✿ Bis Ende November können noch Blumenzwiebeln für das Frühjahr gepflanzt werden, Herbstblüher wie Astern und Herbstchrysanthemen werden nach der Blüte nicht zurückgeschnitten. Ihre verbliebenen Stängel sind ein guter Winterschutz.

✿ Empfindliche Gräser wie Pampasgras werden im oberen Drittel zu einem Schopf zusammengebunden, damit die Niederschläge nicht so leicht ins Innere vordringen und zu Fäulnis führen.

✿ Mediterrane und neu gepflanzte Stauden sollten Sie durch eine Laubdecke schützen. Zusätzlich aufgelegtes Nadelreisig verhindert, dass die Laubdecke bei Wind fortgeweht wird.

✿ Samenbildende Blumen können Sie den Winter über stehen lassen. Sie sehen bei Reifbildung sehr schön aus und dienen im Winter den Singvögeln als Nahrung. Geeignet sind für Vögel beispielsweise Sonnenblumen, Strohblumen, Kapuzinerkresse, Bechermalven und Ringelblumen.

✿ Zweijährige Blumen, frisch gepflanzte Stauden und andere frostempfindliche Pflanzen überstehen starke Fröste besser, wenn sie mit Tannenreisig abgedeckt werden.

Gehölze und Rosen

✿ So spät wie möglich, auf jeden Fall aber vor dem ersten Frost, sollten Rosen Winterschutz erhalten. Häufeln Sie den Wurzelbereich 15–20 cm hoch mit lockerem Mutterboden an. Sie können auch Häckselgut, Laubkompost und Stallmist untermischen. Eine zusätzliche Decke aus Nadelreisig schützt besonders empfindliche Sorten.

✿ Kletterrosen sind für eine Anbringung von reichlich Nadelreisig auch zwischen den Trieben dankbar.

✿ Kletterpflanzen am Spalier vor einer Hauswand bieten im Winter Schutz für viele Tiere. Sowohl nützliche Insekten als auch Vögel nutzen gern diese geschützten Plätze, aber auch Fledermäuse finden hier einen Überwinterungsplatz.

✿ Säulenförmige Nadelgehölze können von aufliegenden Schneeschichten auseinandergedrückt werden, verlieren so dauerhaft an Zierwert oder brechen gar. Binden Sie deshalb die Gehölze zusammen und entfernen Sie die Schneelast rechtzeitig!

Kräutergarten

Joachim Mayer

Gestaltung

Was macht das Besondere an Kräutern aus, und wie lassen sie sich im Garten einsetzen? Auf den folgenden Seiten finden Sie nicht nur Antworten auf diese Fragen, sondern auch eine kurze Geschichte der Kräuter sowie eine Fülle an Anregungen, gestalterischen und praktischen Tipps.

Besondere Pflanzen

Kräuter – schon allein das Wort lässt jeden an aromatische Düfte denken, an bekömmliches Essen mit besonderem Pep, an heilkräftige Tees und wohltuende Essenzen. Unter den Gartenpflanzen sind Kräuter geradezu ein Synonym für den populären Begriff „Wellness".

Auch wenn unsere Vorfahren noch nicht von „Wellness" sprachen – sie wussten bereits sehr gut, wie sich das körperliche und seelische Wohlbefinden mit Heil- und Würzpflanzen fördern lässt. Auch die Duftwirkungen der Kräuter waren ihnen bewusst und finden heute wieder besondere Beachtung: im Duft-garten wie in der Wohnung, als bereicherndes Sinnenerlebnis oder als regelrechte Dufttherapie. Schließlich bieten Kräuter im Garten oder auf dem Balkon noch einen weiteren „Wohlfühlfaktor": Viele verwöhnen das Auge mit schmucken Blättern und teils auch mit attraktiven Blüten.

Was sind Kräuter?

Das Wort „Kraut" rührt vom altdeutschen „chrut" oder „chriut" her und stand ursprünglich ganz allgemein für Rankendes und Kriechendes. Wesentlich exakter differenzieren da die Botaniker: Als Kräuter oder

Würz- und Heilkräfte, Düfte und Zierden: Kräuter haben allerhand zu bieten.

krautige Pflanzen werden alle Arten zusammengefasst, die nicht verholzen. Das beinhaltet auch alle kurzlebigen Blumen und ausdauernden Stauden, bei denen wir nicht unbedingt an „Kräuter" denken. Kräuter im engeren Sinn zeichnen sich dagegen durch besondere Inhaltsstoffe aus, die für Menschen heilsam wirken oder als Nahrungszutat den Geschmack verbessern und verfeinern. Und als solche dürfen sie – entgegen der streng botanischen Definition – auch in Teilen verholzen.

Verschiedene Lebensrhythmen

Viele Kräuter gehören zu den Stauden, d. h. sie sind mehrjährig, lassen oft über Winter die oberirdischen Teile absterben und treiben jedes Jahr erneut aus; so z. B. Eibisch und Liebstöckel. Ähnlich wachsen die sogenannten Halbsträucher, die mit der Zeit an der Basis verholzen, etwa Oregano oder Wermut. Vereinzelt handelt es sich auch um echte Kleinsträucher, z. B. beim Rosmarin. Andere, wie Dill oder Kerbel, sind nur einjährig. Mit der Fruchtreife ist ihr Lebenszyklus beendet, allein ihre Samen sorgen für den Fortbestand. Zweijährige Kräuter wie der Kümmel bilden im Jahr der Aussaat nur Blätter, die Blüten erscheinen erst im Folgejahr – sofern die Pflanzen, wie bei der Petersilie, nicht schon vorher abgeerntet werden. Auch manche eigentlich langlebigeren Kräuter werden nur ein- oder zweijährig kultiviert. Dies entweder, weil sie schon früh komplett geerntet werden (z. B. Knoblauch, Schnitt-Sellerie) oder weil die Pflanzen unsere kalten Winter nicht vertragen (z. B. Majoran).

Wertvolle Pflanzenstoffe

Die Heil-, Würz- und Duftkraft der Kräuter beruht auf besonderen Substanzen, die je nach Art in Blättern, Trieben, Blüten, Früchten, Samen oder Wurzeln gebildet bzw. angereichert

Einjährige wie Dill sterben nach dem Ausstreuen ihrer reifen Samen ab.

Halbsträucher wie Oregano leben ausdauernd und verholzen an der Basis.

werden. Man fasst sie unter dem Begriff „sekundäre Pflanzenstoffe" (auch: Phytamine) zusammen, weil sie anders als z. B. Kohlenhydrate und Eiweiße nicht Bestandteil des primären Pflanzenstoffwechsels sind. Sie dienen den Pflanzen teils zur Abwehr von Schädlingen und Krankheitserregern, teils zum Anlocken von Tieren, die die Blüten bestäuben oder die Samen verbreiten, teils als Hormone für den Stoffwechsel.

Wenige Kräuter verdanken ihre Würz- oder Heilkraft nur einem einzelnen Inhaltsstoff. Bei den meisten wirkt eine Kombination

Wirkstoffe unserer Kräuter

Wirkstoffgruppe	Eigenschaften, Wirkungen
Ätherische Öle	• ölig, flüchtig, d. h. leicht verdampfend • charakteristisch duftend (z. B. Kampfer, Limonen, Menthol, Thymol) • je nach Typ u. a. entzündungshemmend, beruhigend, krampflösend, antiseptisch, antibakteriell, schleimlösend, durchblutungsfördernd, erfrischend • Hauptwirkstoffe in vielen Küchenkräutern, in Heilpflanzen wie Kamille und Pfeffer-Minze, in Duftpflanzen
Gerbstoffe (Tannine)	• adstringierend (zusammenziehende Wirkung auf Schleimhäute und Gewebe), keim- und entzündungshemmend, schmerzlindernd, stoppen Durchfall • z. B. in Basilikum, Bohnenkraut, Melisse, Oregano, Pimpinelle
Bitterstoffe	• verdauungsfördernd, appetitanregend • z. B. in Anis, Engelwurz, Kümmel, Schaf-Garbe, Wermut
Scharfstoffe	• appetitanregend, verdauungsfördernd, geschmacksverstärkend, antibakteriell, schweißtreibend • bei äußerlicher Anwendung (Senfpflaster) wärmend, durchblutungsfördernd, entzündungshemmend, aber auch hautreizend • z. B. in Kresse, Meerrettich, Senf (Scharfstoffe: Senföle, Senföl-Glykoside), Knoblauch, Schnittlauch (Alliin, Allicin), Chili, Paprika (Capsaicin)
Cumarine	• bewirkt Duft nach frischem Heu • entzündungshemmend, abschwellend, teils blutgerinnungshemmend, Motten und andere Insekten vertreibend • z. B. in Engelwurz, Lavendel, Liebstöckel, Petersilie, Waldmeister
Schleimstoffe	• im Wasser quellend • reizmildernd, hemmen Entzündungen der Schleimhäute, besonders bei Husten und Magen-Darm-Problemen • z. B. in Beinwell, Eibisch, Huflattich, Mariendistel
Saponine	• schleim- und sekretlösend, harntreibend, entzündungshemmend, blut- und hautreinigend • unterstützen die Aufnahme anderer Inhaltsstoffe • z. B. in Bibernelle, Borretsch, Goldrute, Ringelblume, Thymian
Flavonoide	• Pflanzenfarbstoffe, meist gelb • je nach Typ u. a. entzündungshemmend, krankheitsvorbeugend, antioxidativ, gefäßerweiternd und -schützend • unterstützen die Wirkung anderer pflanzlicher Inhaltsstoffe • z. B. in Goldrute, Kamille, Kerbel, Petersilie, Salbei

verschiedener Substanzen, die sich teils noch gegenseitig fördern. Dazu kommen bei vielen Kräutern weitere gesundheitsfördernde Inhaltsstoffe wie Vitamine, Mineralstoffe oder Kieselsäure.

Hochwirksame Substanzen   In der Tabelle oben werden verbreitete sekundäre Pflanzenstoffe vorgestellt, die das Aroma und die besonderen Wirkungen unserer Kräuter

bestimmen. Dabei zeigt sich: Alle aromatischen, würzenden Substanzen wie ätherische Öle oder Bitterstoffe haben zugleich positive Wirkungen auf das körperliche Wohlbefinden.

Zwei weitere wichtige Gruppen wurden hier nicht oder nur teilweise berücksichtigt:

Alkaloide zählen zu den wirksamsten Stoffen im Pflanzenreich, können aber auch extreme Rauschzustände sowie tödliche Ver-

In den alten Apothekergärten wurden die
Kräuter nach Heilwirkung angeordnet.

giftungen verursachen. Hierzu gehören z. B.
das hochgiftige Atropin der Tollkirsche sowie
medizinisch eingesetzte Substanzen wie
Codein und Morphin. Von Selbstmedikamen-
tation oder auch Rauschmittel-Experimenten
mit solchen Pflanzenstoffen ist dringendst
abzuraten!
Vor Selbstversuchen mit hochwirksamen
Glykosiden muss ebenfalls gewarnt werden
– ganz besonders mit Herzglykosiden, z. B. in
Fingerhut und Christrose, die bei Überdosierung tödlich wirken können. Zu den harmloseren Vertretern dieser Gruppe zählen die in
der Übersicht aufgeführten Cumarine, Flavo-
noide, Saponine und Senföl-Glykoside.

Das Cumarin des Waldmeisters gefährdet
in allzu hoher Dosis die Gesundheit.

Die Dosis macht's   Bei allen Segnungen
der Kräuter sollte man bedenken: Bei sehr
hoher Dosierung oder übermäßigem Dau-
ergebrauch kann sich ihre positive Wirkung
ins Gegenteil umkehren, im Extremfall bis
hin zu ernsthaften Vergiftungen oder Leber-
schäden. Das gilt besonders für Cumarine,
Saponine sowie Thujon, eine Komponente

im ätherischen Öl u. a. von Salbei, Thymian
und Wermut. Gerb-, Bitter- und Scharfstoffe
können im Übermaß Magen, Darm und Leber
stark strapazieren, ätherische Öle Haut-,
Schleimhaut- und Augenreizungen, Kopfschmerzen, Magenbeschwerden oder Allergi-
en hervorrufen. Deshalb sollten Kräuter stets
maßvoll und nicht allzu einseitig verwendet
werden (siehe auch S. 212–213).

Kräutergeschichte

Die Anfänge der Kräuterverwendung liegen im Dunkeln, reichen aber vermutlich bis in die Altsteinzeit zurück. Seit Jahrtausenden werden sie als Würz- und Heilpflanzen, aber auch für magische und religiöse Zwecke genutzt. So sind sie zugleich ein wichtiger Teil der Kulturgeschichte.

Blütenpollen, die z. B. in Grabhügeln unter Luftabschluss konserviert wurden, sowie verkohlte Samen- und Fruchtreste können viele Jahrtausende überstehen. Anhand solcher Indizien vermuten Archäologen, dass schon vor mehr als 50 000 Jahren Würz- und Heilpflanzen verwendet wurden. Wahrscheinlich entdeckten schon die urzeitlichen Jäger und Sammler, dass aromatisch duftende Pflanzen ihre Fleisch- und Wurzelvorräte nicht nur bekömmlicher, sondern oft auch länger haltbar machten. Daneben ergaben ethnologische Forschungen bei sogenannten Naturvölkern, etwa in Afrika oder am Amazonas, wertvolle Hinweise. Häufig besitzen diese ein uraltes, reiches Wissen über den Gebrauch von Kräutern, von dem bis heute Arzneiforschung und Pharmaindustrie auf der Suche nach neuen Heilpflanzen profitieren.

Magische Pflanzen

In den traditionellen Kulturen sind Heiler und Schamanen die wahren Kräuterexperten. Heilsame, aromatische, teils auch berauschende Pflanzen stehen meist in Verbindung mit religiösen Ritualen und Magie, zeugen von der Macht der Götter oder Naturgeister, wehren böse Kräfte ab, schützen nicht nur vor Krankheiten, sondern auch vor Blitzschlag und anderem Unheil. Ähnliche Auffassungen finden sich auch bei den alten Germanen und Kelten und waren bei uns bis in die frühe Neuzeit verbreitet. Im Mittelalter war das Wort „Kräuter" gera-

In früheren Apotheken wurde eine Vielfalt von Kräuteressenzen angeboten.

Liebe geht durch den Magen

Kräuter genossen wohl in allen Kulturen auch ein hohes Ansehen als Hilfsmittel zur Anregung der Sexualität oder auch zur Steigerung der weiblichen Fruchtbarkeit, wie etwa Beifuß, Basilikum und Frauenmantel.

Der griechischen Liebesgöttin Aphrodite waren gleich mehrere Kräuter gewidmet, darunter Majoran, Thymian und Rosmarin. Ihr Name stand dann auch Pate für die Aphrodisiaka, also für Mittel zur Steigerung der Lust, Begierde und Manneskraft. Alraune, Safrankrokus, Sauerampfer und Wein zählten zu den hoch geschätzten „Lustmitteln" der Antike, Knoblauch war schon bei den alten Ägyptern angesagt, und später kamen z. B. Brennnessel, Löffelkraut, Muskatnuss, Arnika und Petersilie hinzu.

Besonderen Stellenwert hatte auch der Fenchel, über den schon der Römer Plinius (gemäß einer mittelalterlichen Übersetzung) schrieb: „Er ... stärcket die leiblichen Geister und mehret den natürlichen Saamen, richtet die hangenden Mannsruten wieder auff und hilfft den schwachen Männern, die zu den ehelichen wercken ungeschickt sind ...“

dezu ein Synonym für Zaubermittel aller Art. Solche Zusammenhänge finden heute nicht nur bei esoterisch Interessierten wieder viel Aufmerksamkeit. Da überlappt sich auch so manches mit der ganzheitlichen Naturheilkunde und Kräutertherapie.

Alte Kräuter-Hochkulturen

Die ältesten sicher belegten Funde zeigen, dass in Mexiko und Peru bereits 7000 v. Chr. Chilis als Gewürze geschätzt wurden. In unseren Breiten ist der Kümmel die älteste nachweisbare Gewürzpflanze (seit 3000 v. Chr.). Leichter lässt sich die Geschichte in alten Kulturen mit schriftlicher Überlieferung nachvollziehen: Mesopotamien, Persien, Ägypten, Indien und China waren auch in Sachen Kräuter und Gewürze wahre Kulturzentren des Altertums. Die ältesten Schriften stammen aus dem 4. bis 2. Jahrtausend v. Chr. und enthalten teils schon Kräuterrezepturen und Anbauhinweise.

Infolge der Eroberungsfeldzüge von Alexander dem Großen (356–323 v. Chr.) gelangten aus diesen Weltgegenden viele neue Pflanzen nach Griechenland, darunter Knoblauch, Majoran und Koriander. Die alten Griechen übernahmen auch so manches an Kräuter- und Medizinwissen von den Ägyptern und

aus dem Orient. Auf diesem frühen Wissens-
austausch fußt im Grunde genommen die
europäische Kräuterkunde bis in die Neuzeit
hinein.

Antike Kräuterlust   Im antiken Griechenland hatten die Kräuter Hochkonjunktur.
Früh entstanden umfassende Werke über
Heilkunde und Pflanzen. Hippokrates (um
460–370 v. Chr.), der wohl berühmteste Arzt
des Altertums, und Theophrast von Eresos
(um 372–287 v. Chr.), der „Vater der antiken
Botanik", zählen hier zu den bedeutendsten
Autoren. Herausragendes für die Kräuterkunde leistete dann der Arzt Pedanios Dioskuri-
des (1. Jahrhundert n. Chr.): In „De materia
medica" beschrieb er ausführlich 813 Arznei-
und Nahrungspflanzen mitsamt Verwendung
und Zubereitung. Dies wurde die Grundlage

für die meisten nachfolgenden Kräuterschrif-
ten bis in die frühe Neuzeit.
Auch die Römer fügten der Kräuterkunde
manches hinzu. So etwa Plinius der Ältere
(um 23–79) mit „Naturalis historia", einer
umfassenden Enzyklopädie, von der acht
Bände den pflanzlichen Heilmitteln gewidmet
waren. Dem römischen Feinschmecker
Marcus Gavius Apicius (1. Jahrhundert
n. Chr.) verdanken wir das älteste erhaltene
Kochbuch.
Ihre geliebten Gewürze wollten die Römer
auch nicht missen, als sie bei ihren Erobe-
rungsfeldzügen über die Alpen nach Norden
vordrangen. So gelangten etliche mediterrane oder ursprünglich vorderasiatische Kräuter zu uns, darunter z. B. Salbei, Borretsch
und Petersilie.

Kräuter im Mittelalter

Das Auseinanderbrechen des Römischen
Reichs und die Völkerwanderungen in Mitteleuropa waren kein fruchtbarer Boden für die
Weiterentwicklung der Kräuterkunde. Zudem
war den frühen christlichen Missionaren die
heidnische Kräuterheilerei der germanischen
Völker suspekt.
Doch die Benediktinermönche, die damals
aus dem italienischen Kloster Montecassino
nach Mitteleuropa kamen, brachten nicht
nur antikes Kräuterwissen, sondern auch
neue Pflanzen mit. Sie läuteten in unseren
Breiten das Zeitalter der Klostergärten ein.
Zur „Blaupause" für diese Gärten wurde der
Plan des Klosters St. Gallen von 820, mit
einem gesonderten „Herbularius" (Kräuter-
und Würzgarten). Zu den Wegbereitern zählte
auch der Reichenauer Abt Walahfrid Strabo
(808–849), der in seinem Lehrgedicht „Hor-
tulus" 24 Heil- und Zierpflanzen ausführlich
beschrieb.
Nachgeholfen hatte bei alledem Kaiser Karl
der Große (747–814): Er drängte die Mönche,

Anfangs war der Kräuteranbau eine
Domäne der Burg- und Klostergärten.

Getrocknete Kräuter wie diese Ringelblumenblüten werden als Droge bezeichnet.

Bauerngärten folgten dem Vorbild der
Kloster- und Herrschaftsgärten.

sich mehr mit der Heilkunst zu beschäftigen und Heilpflanzen anzubauen. In seiner um 812 erlassenen Verordnung „Capitulare de villis" ließ er 89 Pflanzen aufführen, darunter viele Heil- und Würzkräuter, die in allen kaiserlichen Gütern angebaut werden mussten. Von den Kloster- und Burggärten verbreitete sich der Kräuteranbau allmählich in die kleineren Pfarrgärten und schließlich auch in die Bauerngärten. Zur zunehmenden Wertschätzung der Kräuter trug im Mittelalter besonders die Benediktinerin Hildegard von Bingen (1098–1179) bei. Sie verwendete in ihren umfangreichen Werken über Medizin und Heilpflanzen erstmals volkstümliche Pflanzennamen anstelle der lateinischen. Nicht zuletzt förderte auch eine ausgeprägt warme Klimaperiode vom 9. bis ins 14. Jahrhundert den gedeihlichen Anbau von Kräutern in unseren Breiten.

EXTRA

Herbae und Drogen

Im Latein der mittelalterlichen Kräuterbücher heißen die Kräuter „herbae" – ein Begriff, den heute viele von käuflichen Kräutern aus der Apotheke kennen, beispielsweise als Thymi herba (Thymiankraut). Denn das lateinische „herba" hat ebenso wie das „Kraut" eine Doppelbedeutung: Es kann zum einen die ganze Pflanze meinen, zum anderen die zur Ernte bestimmten Blätter und Triebe.

Meist werden die medizinisch verwendeten Pflanzenteile getrocknet, bis sie „drög" (niederdeutsch) oder „droog" (holländisch) sind. Deshalb bezeichnet man sie als Drogen, was auch den Drogerien ihren Namen gab.

Apotheker und Kräuterhexen   Im 13. Jahrhundert konnten sich, dank einer Verordnung von Friedrich dem II., die Apotheker als eigener Berufsstand etablieren. Sie legten neuartige Apothekergärten an, in denen die Kräuter – anders als noch in den Klostergärten – nach medizinischen Anwendungsgebieten zusammengepflanzt wurden. Anfangs hieß die Apotheke noch Offizin. Danach wurden Pflanzen, die man als besonders wirksam einstufte, als „offizinell" bezeichnet. Bei vielen Kräutern ist dies bis heute Bestandteil des botanischen Namens, z. B. bei der Zitronenmelisse *(Melissa officinalis)*.

Vieles wurde aber auch wie seit alters in der freien Natur gesammelt, wobei die pflanzenkundigen „Kräuterweiblein" den Apothekern eine wertvolle Hilfe waren. Ihr Kräuterwissen ging oft auf alte, heidnische Quellen zurück, und ihre beim einfachen Volk beliebten Heilweisen wurden besonders von manchen Kirchenvertretern nicht gern gesehen. Später gehörten dann viele dieser Frauen zu den Opfern der grausamen Hexenverfolgung, die vom 15. bis ins 18. Jahrhundert währte.

Apothekergärten zeigten oft eine klare
Gliederung nach Anwendungsgebieten.

Kreutterbücher und kostbare Gewürze   Mit dem im 15. Jahrhundert aufkommenden Buchdruck erschien eine ganze Reihe neuer Kräuterbücher – nun erstmals in deutscher Sprache und mit Holzschnitten der Pflanzen illustriert. Manche von ihnen wurden fast so populär wie die gedruckte Bibel, so etwa das „New Kreutterbuch von underscheydt, würckung und namen der kreutter so in teutschen landen wachsen" des Hieronymus Bock (1539), das „New Kreüterbuch" des Leonart Fuchs (1543) und das „Neuw Kreuterbuch" des Tabernaemontanus (1588).

Schon mit den Kreuzzügen des 12. und 13. Jahrhunderts waren orientalische Gewürze nach Europa gelangt. Pfeffer, Ingwer und Zimt wurden zu hoch geschätzten Kostbarkeiten – und lösten Handelskriege aus. Ähnliches vollzog sich in noch weit größerem Ausmaß, als die Entdeckungsreisenden ab dem 15. Jahrhundert nach Amerika, Afrika und Asien vordrangen. Neben Gewürzen wie der Muskatnuss, die in unserem Klima nicht gedeihen, bereichern seit dieser Zeit u. a. amerikanische Gewächse wie Paprika, Kapuzinerkresse und Nachtkerze unsere Gärten.

Wechselhafte Neuzeit

Vom 16. bis zur Mitte des 19. Jahrhunderts gewann der Kräuteranbau fast stetig an Bedeutung, sowohl privat, in den immer zahlreicheren Bürgergärten, als auch im professionellen Heilpflanzenanbau.

Mit dem Siegeszug synthetisch hergestellter Arzneimittel kam es dann aber gegen Ende des 19. Jahrhunderts zu einem gewaltigen Einbruch. Zudem hatte sich der Gebrauch von Würzkräutern in deutschen Küchen stark reduziert, wobei wahrscheinlich auch neuartige Fertigprodukte wie die „Maggi"-Würze eine Rolle spielten. Geradezu zum Fels in der Brandung wurde der Pfarrer Sebastian

Die Kapuzinerkresse wurde im 16. Jahrhundert aus Südamerika eingeführt.

Botanische Namen wie *Salvia officinalis* gewährleisten eindeutige Bezeichnungen.

Kneipp (1821–1897). Er propagierte nicht nur Wasserkuren, sondern brachte auch wieder ins Bewusstsein, dass „gegen alles ein Kraut gewachsen ist".

Dennoch wurden in den Privathaushalten die Kräuter erst etwa ab den 1960er-Jahren in größerem Maße wiederentdeckt. Urlaube in mediterranen Ländern ließen in der Küche eine neue Kräuterlust erwachen. Zugleich führten das zunehmende Gesundheitsbewusstsein und die wachsende Skepsis gegen chemische „Supermittel" und ihre Nebenwirkungen zu einer neuen Wertschätzung von Heilpflanzen und altbewährten Kräutern.

EXTRA

Wissenschaftliche Kräuternamen

Gerade bei Kräutern können Verwechslungen mit ähnlichen, aber wirkungslosen oder sogar giftigen Pflanzen fatal sein. Über die Jahrhunderte hatten sich allerdings die unterschiedlichsten Kräuternamen angesammelt, sowohl lateinische wie deutsche, oft ganz verschieden, je nach Epoche und Region.

Damit räumte ein System für das gesamte Pflanzenreich auf, das der schwedische Naturforscher Carl von Linné (1707–1778) entwickelte und das – mit den nötigen Aktualisierungen – bis heute gültig ist. Danach werden die Pflanzen bestimmten Familien und Gattungen zugeordnet und erhalten einen zweigliedrigen botanischen Namen. Der besteht aus dem groß geschriebenen Gattungsnamen (z. B. *Salvia*) und dem klein geschriebenen Artnamen (z. B. *officinalis*). Egal, ob man diese Pflanze nun als Echten, Garten- oder Gewürz-Salbei kennt: Ihr wissenschaftlicher Name *Salvia officinalis* klärt eindeutig – und international gültig –, dass damit keine der vielen anderen Salbeiarten gemeint sein kann.

Kräuter im Garten

Raum für Kräuter findet sich in jedem Garten – viele gedeihen sogar in Töpfen auf Balkon oder Terrasse. Sie lassen sich auf vielfältige Weise in die Gestaltung integrieren und setzen als duftende Pflanzen mit anmutigem Charme besondere Akzente.

Ganz gleich, wie die Kräuter im Garten eingesetzt werden: Berücksichtigen Sie beim Gestalten und Planen stets deren Standortansprüche. Die meisten brauchen sonnige, warme, windgeschützte Plätze. Etliche bevorzugen zudem nährstoffärmere Böden als die meisten anderen Gartenpflanzen (siehe auch S. 167 und Pflanzenporträts ab S. 225). Denken Sie auch daran, dass zumindest die häufig verwendeten Kräuter vom Haus aus möglichst gut erreichbar sein sollten.

Plätze für Kräuter

Wenn man vom üblichen Bedarf in der Küche oder für Tees ausgeht, reichen von den meisten Kräutern einige wenige Exemplare. In diesem Fall gliedert man die Kräuter vorzugsweise in andere Gartenbereiche ein oder legt nur einzelne kleine Kräuterbeete an.
Doch Kräuter machen schnell Lust auf mehr. Viele lassen sich gut trocknen oder einfrieren und stehen so das ganze Jahr zum Würzen oder für bekömmliche Tees zur Verfügung. Da kann es sich schon lohnen, die bevorzugten Pflanzen in größerem Umfang anzubauen. Und so mancher wird auch bald zum leidenschaftlichen Kräuterfan, probiert gern neue Arten aus und genießt den Anblick und Duft spezieller Kräuterbeete und -gärten. Diese können zu besonderen Akzenten einer interessanten, attraktiven Gartengestaltung werden.

Kräuter im Blickfeld   Wer über eine sonnige Terrasse verfügt, muss nicht lange suchen: Das Terrassenumfeld bietet den idealen Platz für die Kräuter des täglichen Bedarfs. Hier sind sie ständig im Blick, verwöhnen beim Entspannen die Nase und lassen sich im Handumdrehen in die Küche bringen. So kann z. B. ein Kräuterbeet direkt vor der Terrasse angelegt werden oder in Form einer schmalen, länglichen Rabatte die Terrasse oder Teile davon rahmen.
Hier bieten sich aber auch „Mischpflanzungen" der verschiedensten Art an. Vorpflan-

Kräuter lassen sich fast überall harmonisch einfügen.

Viele Kräuter gedeihen auch gut in Töpfen, Kästen oder Kübeln.

Bauerngärtchen mit Kräutern: Niedrige Buchshecken säumen die Beete.

zungen an der Terrasse werden gern mit schmucken Kleingehölzen, Rosen, Stauden oder einjährigen Sommerblumen bepflanzt. Dazwischen lassen sich Kräuter wie Salbei, Oregano, Bohnenkraut oder auch Petersilie hervorragend als Begleit- oder Füllpflanzen einsetzen. Im Prinzip sind hier viele Gestaltungsmöglichkeiten umsetzbar, die bei den

TIPP

Kräuter können auch als duftende Einfassung die gesamte Terrassenvorpflanzung rahmen oder den zur Terrasse führenden Weg bzw. eine Treppe säumen.

„Kräutern im Ziergarten" (ab S. 154) genannt werden, beispielsweise ein Steingärtchen mit Kräutern. Wo genügend Platz ist, können auch hochwüchsige Pflanzen wie Liebstöckel an der Terrasse wachsen und sogar als Sichtschutz dienen. Nicht zuletzt ist die sonnige Terrasse selbst ein guter Standort für Kräuter in Töpfen und für aromatische Kübelpflanzen. Dies alles kann ebenso gut auf einen Sitzplatz im Garten oder die Umpflanzung einer Gartenlaube übertragen werden – wobei dort natürlich die Kräuter nicht ganz so nah an der Küche wachsen. Gerade an solchen lauschigen Ruheorten ist auch die gezielte Gestaltung von Duftbeeten (siehe S. 161) besonders reizvoll und lohnend.

Hier wachsen Gemüse, Kräuter und Blumen in Reihen nebeneinander.

Im Gemüsegarten

Traditionell kommen die Kräuter in den Bereich der Gemüsebeete, nach dem Prinzip: „Nutzpflanzen gehören zusammen". Das ist tatsächlich recht praktisch, zumal man im Gemüsegarten häufig zu tun hat und so auch die Kräuter genug Aufmerksamkeit erhalten. Zudem wirken viele Kräuter auf benachbarte Gemüse günstig und halten mit ihren Düften teils auch Schädlinge fern. Dies kann man sich gezielt durch Mischkulturen zunutze machen (siehe S. 182–183).

Mittendrin oder extra? Die einfachste Lösung, besonders für ein- und zweijährige Kräuter, ist die Saat oder Pflanzung in Reihen zwischen den Gemüsen. Kräuter mit kurzer Kulturdauer, z. B. Kerbel oder Rucola, eignen sich auch sehr gut, um vorübergehend leere Flächen bzw. Reihen sinnvoll zu nutzen. Ausdauernde Kräuterreihen dagegen gehören für einige Jahre zum festen Inventar und können

bei kleinen Gemüseflächen die Flexibilität ein wenig einschränken. Da gerade Mehrjährige wie Oregano und Thymian oft weitaus weniger Nährstoffe und Wasser brauchen als die meisten Gemüse, bietet sich für sie eher ein separater Streifen oder ein gesondertes Beet an. Eine attraktive Lösung ist der Einsatz solcher Pflanzen als Einfassung bzw. Umrandung der Gemüsebeete.
In diesem Fall können Sie den Randstreifen durch Einarbeiten von Sand, Splitt oder feinem Kies leicht an die Ansprüche der Kräuter anpassen.
Zum Wuchern neigende Arten wie Pfeffer-Minze oder Meerrettich sollten auf jeden Fall extra platziert werden, sofern man sie nicht mit einer wirksamen Wurzelsperre versehen kann. Auch recht hoch wachsende Kräuter stehen in größerer Zahl besser nicht mitten im Gemüse, sondern vorzugsweise im Beethintergrund.

Vorbild Bauerngarten Obwohl die traditionellen Bauerngärten nicht immer so kunterbunt waren, steht dieser Gartentyp heute für ein ansprechendes, farbenfrohes Miteinander von Gemüse, Blumen und Kräutern. Je nach Gartengröße können diese Pflanzengruppen abwechselnd in Reihen oder Grüppchen gepflanzt werden oder in separaten Beeten nebeneinander stehen. Nach klassischen Bauerngarten-Vorbildern werden die Beete rechteckig oder quadratisch angelegt und jeweils mit niedrigem, regelmäßig gestutztem Einfassungsbuchs umgeben. Andere passende Einfassungspflanzen sind Gamander oder niedrige Kräuter. Etwas pflegeleichter und platzsparender ist eine Einfassung aus niedrigen Holzpalisaden oder Ziegelsteinen. Sind die Beete groß genug, können Sie dahinter auch Buchs, Gamander oder Kräuter „in zweiter Reihe" pflanzen. Durch die komplette Beetanlage kann ein gerader, mindestens 80 cm breiter Hauptweg als Mittelachse führen. Noch stilechter wirkt allerdings ein Kreuz aus Längs- und Querweg, das den gesamten Bauerngarten in vier gleich große Beetflächen unterteilt. Zum Highlight wird ein rundes Beet, ein sogenanntes Rondell, in der Mitte des Wegkreuzes. Dort gepflanzte Rosen oder hohe Lilien ziehen alle Blicke auf sich und können schön mit Lavendel, Salbei und anderen Kräutern kombiniert werden. Als Wegbeläge eignen sich beispielsweise Kies, heller Schotter oder Klinkerpflaster und Steinplatten.

EXTRA

Traditionelle Bauerngartenkräuter

Nahezu alle Kräuter, die Sie im Porträtteil (ab S. 225) finden, gehörten bereits zum Repertoire unserer bäuerlichen Vorfahren – sogar das ursprünglich aus Indien stammende Basilikum. Zu den wenigen Ausnahmen zählen Currykraut, Chili und einige exotische Salbei-, Minze- und Basilikumarten. Auch Wald- oder Feuchtpflanzen wie Bärlauch und Brunnenkresse passen nicht so recht in einen „echten" Bauerngarten. Ansonsten kann hier die ganze Riege bewährter Küchenkräuter Platz finden. Ringelblume, Kapuzinerkresse, Kamille, Johanniskraut, Nachtkerze und Schaf-Garbe sorgen für stilechten Flor und passen gut zu Bauerngartenstauden wie Pfingstrose, Rittersporn, Margerite und Lupine. Zu den markanten Kräutern historischer Gärten gehören auch recht große Heil- und Würzstauden, so etwa Beifuß, Eberraute, Eibisch, Engelwurz und Goldrute. Selbst wenn man sie nicht als Kräuter nutzen möchte, kann man sich an ihrem Bauerngartenflair erfreuen und sie z. B. in den Beethintergrund pflanzen. Das gilt auch für den attraktiven Alant (*Inula helenium*, im Bild) mit seinen großen gelben Blüten. Er war früher eine geschätzte Heilpflanze; von der Verwendung seines Wurzelstocks wird heute aber abgeraten, da er starke unangenehme Nebenwirkungen hervorrufen kann. Trotzdem gehört er in jeden Bauerngarten.

Kräuter lockern mit Blattschmuck und zartem Flor bunte Blumenbeete auf.

Im Ziergarten

Attraktive Blüher wie Ringelblume, Kapuzinerkresse und Schaf-Garbe werden weitaus häufiger als Zierpflanzen denn als Kräuter genutzt. Dasselbe gilt für den Lavendel. Er besticht nicht nur mit blauvioletten Blütenständen, sondern vor allem mit seinen silbergrauen Blättchen, die selbst über Winter erhalten bleiben.
Ähnliche Vorzüge bieten viele andere Kräuter: ansprechendes, oft duftendes Laub in vielen Grüntönen, auch gelb- oder blaugrün, silbrig grau (z. B. Curry- und Heiligenkraut) oder purpurfarben wie bei manchen Basilikum- und Salbeisorten. Als Blattschmuckpflanzen eignen sich Kräuter sehr gut, um beruhigende Akzente im bunten Blumenflor zu setzen. Dazu kommen bei vielen Kräutern hübsche, meist eher zart wirkende Blüten, oft in Rosa-, Violett- oder Blautönen (z. B. Salbei, Ysop) oder auch gelb (z. B. Barbarakraut) und weiß (z. B. Kamille). Und

für das wunderschöne Blau der auffälligen Borretschblüten findet sich selbst unter den Gartenblumen wenig Vergleichbares. Allerdings werden die meisten Kräuter zum Konservieren kurz vor oder während der Blüte geschnitten. Im Ziergarten sollten deshalb vorzugsweise Würz- und Heilpflanzen integriert werden, von denen man nur Blätter oder einzelne Triebe ernten will.

KOSMOS TIPP

Bei allen Mischpflanzungen müssen Sie daran denken, dass manche Kräuter stark wuchern oder sich gern durch Samen ausbreiten und so die Pflanzpartner bedrängen. Hier hilft nur Vorbeugen (z. B. Wurzelsperre für Pfeffer-Minze, Ausbrechen der Samenstände) oder häufiges Auslichten.

In Beeten und Rabatten Sollen Kräuter in Blumenbeete integriert werden, müssen Sie ebenso wie beim Gemüsebeet berücksichtigen, dass manche eher nährstoffarme, trockene Verhältnisse bevorzugen. Oregano, Heiligenkraut, Bohnenkraut und ähnlich genügsame Kräuter werden hier besser etwas separat gepflanzt, in Form von Streifen oder kleinen Flächen eingestreut oder als Beeteinfassung verwendet.

Wenn dagegen im Beet vorwiegend anspruchslose Stauden oder Kleinsträucher wachsen, lassen sich die meisten Kräuter recht gut einfügen. Oft ist es ratsam, sie in kleinen Trupps zu pflanzen, damit sie wirklich zur Geltung kommen. Ausgenommen natürlich stattliche Arten wie Eibisch und Engelwurz: Das sind markante Solitärstauden für die Einzelpflanzung.

Achten Sie auch auf die spätere Wuchshöhe der Kräuter und ihrer Pflanzpartner. Weder sollten die Kräuter durch höhere Pflanzen übermäßig beschattet werden noch zierliche Blüher und Blattschmuckpflanzen von anderen verdeckt. Pflanzgruppen in Beeten sowie in schmalen Rabatten arrangiert man deshalb nach dem Prinzip der Höhenstaffelung: Große nach hinten, kleine nach vorn.

EXTRA

Blüten als Augen- und Gaumenschmaus

Ein gemischter Kräuter- und Blumengarten ist nicht nur eine ergiebige Quelle für Blumen- und Duftsträuße, etliche Pflanzen bieten auch essbare, recht schmackhafte, teils sogar würzige und gesundheitsfördernde Blüten. Hier eine kleine Auswahl:

Kräuter: Barbarakraut, Bärlauch, Basilikum, Beinwell, Bibernelle, Borretsch, Brunnenkresse, Dill, Kamille, Kapuzinerkresse, Lavendel, Ringelblume, Nachtkerze, Oregano, Pimpinelle, Rosmarin, Rucola, Salbei, Schnittlauch, Ysop

Blumen und Gemüse: Bechermalve, Gänseblümchen, Hornveilchen, Indianernessel, Kürbis, Löwenzahn, Ochsenzunge, Rose, Schlüsselblume, Stiefmütterchen, Sonnenblume, Veilchen, Vergissmeinnicht, Zucchini

Besonders die auffälligen Blüten, etwa von Borretsch und Kapuzinerkresse, sind als Garnierung von Salaten oder Quarkspeisen eine appetitanregende Augenweide. Mit Ringelblumenblüten lassen sich zudem Kräutertees ansprechend dekorieren. Viele passen (vorzugsweise nicht mitgekocht) auch zu Gemüse und Suppen, so z.B. Barbarakraut, Gänseblümchen und Pimpinelle. Manche eignen sich eher für Süßspeisen und Desserts, darunter Stiefmütterchen und – in kleinen Mengen – Lavendel und Rosmarin. Die beiden Letztgenannten munden auch kandiert (mit Zuckerlösung konserviert), ebenso Rosen- und Bechermalvenblütenblätter.

Vorsicht, vermeiden Sie Experimente mit Blumen, über deren Essbarkeit Ihnen nichts bekannt ist! Manche sind hochgiftig, z.B. die von Fingerhut, Eisenhut und Maiglöckchen.

Duftige Rosenbegleiter   Begleitpflanzen für Edel-, Beet- und Strauchrosen unterstreichen dezent die Pracht der „Königin der Blumen" und verstärken durch andersfarbige Blüten und Blätter die Wirkung des Rosenflors. Neben Blütenstauden wie Rittersporn und Glockenblume bieten sich hier so manche Kräuter und Duftpflanzen an – allen voran der Lavendel. Weitere hübsche Kandidaten sind Salbei, Thymian, Schaf-Garbe, Heiligenkraut, Currykraut, Oregano (v. a. gelbblättrige Sorten), Goldrute und Beinwell. Die stark aromatischen Kräuter können mit ihrem Duft nebenbei auch so manchen Schädling von den Rosen fernhalten. Allerdings braucht es etwas Fingerspitzengefühl, um die Rosen gezielt mit höheren Nährstoff- und Wassergaben zu versorgen als ihre meist genügsameren Begleiter. Viele der Kräuter bevorzugen zudem kalkhaltige Böden, während die Rosen an solchen Standorten oft gelbe Blätter bekommen, da der Kalk ihre Eisenaufnahme behindert. Solche Rosen-Kräuter-Gemeinschaften gedeihen deshalb am besten an „Kompromiss-Standorten" mit sandig-humosem Boden und neutralem pH-Wert (siehe S. 171).

KOSMOS

TIPP

Beim Anlegen eines Steingartens empfiehlt es sich, zuunterst eine Dränageschicht (aus Kies oder Schotter) auszubringen und darüber ein gut durchlässiges Steingartensubstrat. Oder Sie passen den Boden durch reichliches Untermischen von Sand und Splitt an.

Im Steingarten   Große, ansprechende Natursteine verleihen den oft am Hang oder als kleine Hügel angelegten Steingärten ihre besondere Wirkung. Zugleich dienen die Steine als Wärmespeicher für die Pflanzen in ihrer Umgebung. Sonnige Steingartenbereiche bieten deshalb ideale Plätze für wärmeliebende Mehrjährige wie Salbei, Thymian, Dost, Oregano, Bohnenkraut, Lavendel, Rosmarin, Tripmadam, Curry- und Heiligenkraut, Wermut, Eber- und Weinraute und Römische Kamille.
Typische Steingartenpflanzen wie Felsensteinkresse, Schleifenblume, Seidelbast und Zwergkiefer sind Standortspezialisten für trockene, magere, oft auch kalkhaltige Böden. Deshalb fühlen sich hier auch viele mediterrane Kräuter wohler als in Ziergartenbereichen mit üppig versorgten Böden. Manche Polsterstauden, etwa Blaukissen oder Kissen-Astern, sind allerdings für etwas häufigere Nährstoff- und Kompostgaben dankbar. Und je nach Bodenbeschaffenheit und Erntehäufigkeit zählen hier auch Kräuter zu den Kandidaten, die etwas mehr Kompost und Gießwasser brauchen.

Die blauen Blüten von Lavendel passen wunderschön zum edlen Rosenflor.

Steingarten und Trockenmauer bieten gute Plätze für wärmeliebende Kräuter.

Der würzige Bärlauch gedeiht am besten im feuchten Schatten von Gehölzen.

Im Steppengarten Von den Standortverhältnissen her sind sogenannte Steppengärten dem Steingarten recht ähnlich. Im Grunde genommen handelt es sich um Wildstaudenpflanzungen für trockene, sonnige Standorte, geprägt z. B. von Woll-Ziest, Kugeldistel, Steppenkerze, Steppen-Salbei, Federgräsern und Seggen. Das Einstreuen größerer Steine oder eine Bodenbedeckung mit Schotter oder Kies kann die Wirkung solch einer Gestaltung verstärken. Hierzu passen fast alle beim Steingarten genannten Kräuter, wobei die höherwüchsigen (Eber- und Weinraute, Wermut, Beifuß, Curry- und Heiligenkraut sowie Lavendel) eine besonders gute Figur machen. Zudem können trockenheitsverträgliche Ein- oder Zweijährige wie Mariendistel oder Nachtkerze beliebig dazwischengesät werden.

Gehölzschatten und Teich Ganz andere Voraussetzungen herrschen in waldartigen Lebensräumen: gedämpfter Sonnengenuss

sowie durch Falllaub angereicherter, oft frischer bis feuchter Humusboden. Die meisten Kräuter gedeihen hier nicht, doch Bärlauch und Waldmeister sind wahre Experten für solche Plätze. Sie lassen sich sehr gut als Bodendecker unter Gehölzen oder am schattigen Gehölzrand einsetzen. Ideal sind humose Standorte zwischen laubabwerfenden Sträuchern und Bäumen, die im Frühjahr bis zum Laubaustrieb noch reichlich Sonne durchlassen. An halbschattigen Gehölzrändern lassen sich auch stattlichere Kräuter wie Engelwurz, Liebstöckel, Beinwell oder Baldrian platzieren, etwa in Gesellschaft von Waldmeister, Eisenhut, Astilben und Farnen. Die Letztgenannten passen auch recht gut in die Umgebung eines naturnahen Teichs, wo sich auch Kurzlebige wie Barbarakraut und Löffelkraut hinzugesellen können. Die Teichkräuter schlechthin sind allerdings Brunnenkresse und Bach-Minze, die sogar ständig „nasse Füße" im Sumpf- oder Flachwasserbereich vertragen.

Eigenständige Kräuterbeete erleichtern die gezielte Pflege und Ernte.

Kräuterbeete

In gesonderten Beeten lassen sich gezielt Kräuter mit ähnlichen Standortansprüchen zusammenpflanzen und besonders einfach pflegen und ernten. Oft ist es dabei zweckmäßig, ein- und mehrjährige Arten in getrennten Beeten oder Beetabschnitten unterzubringen. Natürlich kann jedes Kräuterbeet nach Belieben mit Blumen „aufgepeppt" werden, doch die Würz- und Heilpflanzen spielen hier die Hauptrolle. Das lässt sich bei Lust und Bedarf zu einem regelrechten Kräutergarten ausdehnen.

Im Folgenden geht es vorrangig um Anregungen und Planungshilfen. Die eher „technischen" Aspekte, wie Beeteinfassung oder das Anlegen einer Kräuterspirale, sind im Praxiskapitel beschrieben (siehe S. 172–175).

Beete und Rabatten   Das „klassische" Kräuterbeet ist ebenso wie das Gemüsebeet rechteckig oder quadratisch. Üblich ist eine Breite von 1–1,2 m, wobei man von den Seiten aus sämtliche Pflanzen gut erreichen kann. Die Länge kann dann beliebig gewählt werden. Auch die Höhe lässt sich variieren: Hoch- und Hügelbeete ermöglichen Pflege und Ernte mit wenig oder sogar ganz ohne Bücken. Eine attraktive Variante sind kreisrunde Beete oder Rondelle, z. B. als „Inselbeete" in Rasen oder Wiese. Soll das Rondell größer werden, zerteilt man es mit einem mittendurch geführten Weg in zwei Halbkreise. So lässt sich der Durchmesser verdoppeln und trotzdem bleiben alle Pflanzen gut erreichbar.

Bei Rabatten handelt es sich um schmale, lang gezogene Beete, die schnurgerade oder auch geschwungen verlaufen können. Werden sie z. B. an einer Hauswand angelegt, sollten sie nur etwa 60–80 cm breit sein, da die Kräuter nur von einer Seite zugänglich sind. Besonders reizvoll wirken Kräuterrabatten entlang von Wegen, als duftende Begleiter bei jedem Gartenspaziergang. Hier genügen 30–50 cm Breite.

Hochwüchsige Arten kommen im Beet in die Mitte oder, falls sie dort den „rückseitigen" Pflanzen zu viel Licht nehmen würden, in den Hintergrund. Letzteres ist besonders auch für Rabatten an einer Mauer empfehlenswert. Nach vorn pflanzt man die kleineren Arten, außerdem besonders attraktive Kräuter, etwa buntblättrige Salbeisorten.

Kräuterspirale   Die Kräuterspirale, auch als Kräuterschnecke benannt, hat ebenfalls einen rundlichen Grundriss. Sie wird durch spiralförmig angeordnete Natursteine strukturiert. Diese setzt man ohne Mörtel so auf, dass die Spirale nach innen allmählich an Höhe zunimmt. So erinnert das Ganze schließlich an die Form eines Schnecken-

TIPP

In größeren Beeten und Rabatten empfiehlt es sich, ein bis zwei kleine Pfade freizuhalten oder einige Trittsteine auf der Beetfläche zu verteilen, um die Pflege und vor allem auch die Ernte zu erleichtern.

hauses. Als Pflanzflächen dienen die aufgefüllten Zwischenräume zwischen den Steinreihen. Auf dem trockenen, sonnigen „Turm" in der Mitte finden bevorzugt Kräuter wie Thymian und Oregano Platz, unten am Spiralenbeginn mehr feuchtigkeitsliebende Arten wie Liebstöckel oder Petersilie. Der Aufbau im Einzelnen wird bei der Beetanlage beschrieben (siehe S. 173). Eine schöne Ergänzung stellt ein Mini-Teich am Fuß der Spirale dar, der dann u. a. mit Brunnenkresse bepflanzt werden kann. Solch eine Kräuterspirale sollte mindestens 2 m, besser noch 3–4 m Durchmesser haben. Sie bildet einen besonderen Blickpunkt mitten im Rasen oder vor einer sonnigen Terrasse, lässt sich aber auch in den Gemüsegarten eingliedern.

Die Kräuterspirale ist eine besonders attraktive Gestaltungsmöglichkeit.

EXTRA

Kräutereinfassungen und -hecken

Mehrjährige, strauchähnliche Kräuter lassen sich schön als Beeteinfassung verwenden oder auch als niedrige Hecken zur optischen Abtrennung von Gartenbereichen, entlang eines Wegs oder zur Umrahmung eines Sitzplatzes.
Für Einfassungen und Kleinhecken bieten sich vor allem verschiedene Thymiane, niedrige Ysop- und Salbeisorten sowie Winter-Bohnenkraut an. Halbmeter- bis fast meterhohe Hecken dagegen sind möglich mit Lavendel, Ysop, Heiligenkraut, Currykraut, in sehr wintermilden Lagen auch

mit Rosmarin. Eberraute, Weinraute und Zitronenmelisse kommen ebenfalls in Betracht. Die meisten dieser Pflanzen sind immer- oder wintergrün, verlieren aber teils in strengen Wintern ihr Laub, so etwa Ysop und Weinraute.
Für eine Kräuterhecke können Sie die Pflanzabstände etwas enger wählen als in den Pflanzenporträts empfohlen. Auch eine zweireihige Pflanzung ist möglich. Ein regelmäßiger Rückschnitt, je nach Art im Frühjahr oder nach der Blüte, fördert kompakten und dichten Wuchs.

Kunstvoll gegliederte Pflanzflächen prägen den formalen Kräutergarten.

Formale Kräutergärten

Klare Linien, geometrische Formen, symmetrische Umrisse und Unterteilungen – das sind die grundsätzlichen Kennzeichen formaler Gartenanlagen. Ihren Höhepunkt erlebte diese Art der Gestaltung in den Fürstengärten des Barock. Kreative Gartenarchitekten schufen eine Vielzahl spannender Beetgliederungen, teils mit bestechenden Beetmustern, die auch zu dem Begriff „ornamentaler Garten" führten.

Bei den meisten formalen Kräutergärten wird die rechteckige, quadratische oder auch runde Grundfläche durch deutlich gekennzeichnete Linien in geometrische Abschnitte unterteilt. Die Linien werden entweder durch

schmale Wege markiert oder aber durch niedrige Hecken aus Buchs, Gamander oder Kräutern wie Lavendel. Kleine Hecken dienen zudem oft als Umrahmung des Ganzen, lassen sich aber auch durch Steinumrandungen ersetzen.

Von alldem ist der Bauerngarten gar nicht so weit weg, wie es vielleicht auf den ersten Blick scheint. In der bekannten Form mit Buchshecken, Wegkreuz und Rondell in der Mitte genügt er durchaus „formalen" Ansprüchen. Schließlich übernahmen die einfachen Leute auf ihren Grundstücken ja auch Anregungen aus den „Herrschaftsgärten".

Vielfältige Formen   Ausgehend von einer „klassischen" Bauerngarten-Gliederung können z. B. die vier großen Beetabteile, die durch das Wegkreuz entstehen, durch diagonale Linien weiter unterteilt werden. Führt man je eine davon vom Rondell in der Mitte zur Ecke, ergeben sich je Beetabteil zwei dreieckige Flächen; führt man dazu noch eine zweite Diagonallinie über Kreuz, sind es schon vier kleine Pflanzdreiecke pro Beetabteil. Ein weiterer Kniff wäre beispielsweise, die Rundform des Rondells aufzugreifen und zusätzlich an allen vier Gartenecken Viertelkreis-Beetchen anzulegen.

Mit Diagonallinien lassen sich z. B. auch rautenförmige Pflanzflächen kreieren. Und wenn Sie noch akkurate Rund- bzw. Halbkreisbögen als Linien hinzunehmen, wird die Fülle möglicher Formen fast unendlich.

TIPP

Entstehen durch die Linienführung recht kleine Pflanzsegmente, ist es ganz „im Sinne der Erfinder", sie jeweils nur mit einer Kräuterart zu bepflanzen. Auch das führt zu klaren Farbeffekten, die die formale Unterteilung betonen.

Runde Beetformen kontrastieren reizvoll mit rechtwinkligen Trittplatten.

Barocke Gartenkunst wirkt auch im Kleinformat sehr repräsentativ.

Zum wahren Herzstück der gesamten Gestaltung kann ein Kräutergarten mit rundem Grundriss werden. Hier bietet sich besonders die Wagenradform an: Die Wege oder Hecken verlaufen längs, quer und diagonal durch die Kreismitte, sodass die Linien an die Speichen eines Rads erinnern. Entsprechend präsentieren sich die einzelnen Beetabschnitte in der Form von Tortenstücken. Auf ähnliche Weise lässt sich ein halbkreisförmiger Kräutergarten anlegen – eine sehr schöne Lösung z. B. für den Anschluss direkt an eine Terrasse.

Formale Farbspiele   Damit alle Formen auch wirklich gut zur Geltung kommen, müssen die Linien klar sichtbar sein. Linien mit gleichartiger Funktion – z. B. Diagonallinien von der Mitte zur Ecke – sollten aus demselben „Material" bestehen. Handelt es sich dabei um Hecken, können silbrig oder blaugrün belaubte Arten und Sorten den Gliederungseffekt verstärken. Besonders markante Weg

beläge sind z. B. helle Kiesel, rötliche Klinker oder granitgraues Pflaster. Auch gefärbter Rindenmulch oder Splitt kommen durchaus infrage.

Duftbeete

Im Duftgarten gesellen sich zum ästhetischen und Gourmet-Genuss ganz konzentriert betörende Wohlgerüche – ein herrlicher Aufenthaltsort, um die Seele baumeln zu lassen. An einem befestigten Sitzplatz sind kleine Duftparadiese besonders gut aufgehoben, zumindest sollte dort aber genug Platz für eine Gartenbank sein.

Meist handelt es sich beim Duftgarten um eine beetartige oder locker angeordnete Pflanzung von Kräutern, Stauden und Blumen, wobei oft auch einige Gehölze hinzukommen. Zwar spielt hier die Ernte für Würz- und Heilzwecke eine geringere Rolle; dafür kann solch ein Garten reichlich Pflanzen für herrliche Duftsträuße und -potpourris liefern.

Kräuter wie Salbei verströmen erst nach
Berühren der Blätter ihren Duft.

Eine wertvolle Ergänzung, besonders an Sitzplatz oder Terrasse, stellen Abenddufter dar,
auch bekannt und beliebt als „Mondschein-
pflanzen": Sie verströmen ihren Blütenduft
erst ab der Dämmerung intensiv, um Nachtfalter zur Bestäubung anzulocken. Hier können über Sommer auch Kübelpflanzen wie
die Engelstrompete *(Brugmansia)* das abend-
liche Riechrepertoire ergänzen. Natürlich lassen sich auch tagduftende Kübelschönheiten
wie der Zitronenstrauch *(Aloysia triphylla)*
nach Belieben hinzugesellen.

Betörend oder aufdringlich?   Intensive
Gerüche werden nicht von jedem als angenehm empfunden. Bei manchen Menschen
können schwere, süßliche Düfte, etwa von
Engelstrompete oder Geißblatt, sogar Kopfschmerzen verursachen. Manchmal kippt
das ersehnte Sinnenerlebnis auch in ein un-
angenehmes Geruchswirrwarr um, wenn zu
viele unterschiedliche Duftnoten auf engem
Raum kombiniert werden. Deshalb ist es am
besten, eine Duftpflanzung behutsam aufzubauen, ausgehend von einigen Pflanzen mit
vertrauten Wohlgerüchen. Es kann zudem
vorteilhaft sein, die eher herbwürzigen und
die blumigen bis süßlichen Duftpflanzen in
verschiedenen Ecken zu konzentrieren und
jeweils nur sparsam ein paar Exemplare aus
dem anderen „Lager" einzustreuen.

Mannigfache Duftspender   Da die
meisten Kräuter Blatt- und Kontaktdufter
sind, die ihr volles Aroma erst beim Berühren
oder gar Zerreiben entfalten, sollten ihnen
einige „Spontandufter" beigesellt werden. Zu
diesen Pflanzen, die über Blüten ihre Wohlgerüche ganz von selbst verströmen, zählen die
meisten duftenden Blumen, Zierstauden und
Blütengehölze. Außerdem fügen diese den
überwiegend würzig-aromatischen Duftnoten
der Kräuter vielfältige „blumige" Nuancen
hinzu – z. B. auch süßlich, fruchtig, honig-
oder vanilleartig.

Duftrasen und -pfade   Manche flach
wachsende Kräuter und Duftpflanzen sind
tatsächlich so robust, dass sie zumindest
gelegentliches Begehen vertragen.
Für einen Duftrasen oder -pfad kommen vor
allem folgende Pflanzen infrage:
➤ Zitroniger Kümmel-Thymian *(Thymus
   herba-barona* var. *citriodorus)*
➤ Sand-Thymian *(Thymus serpyllum)*
➤ Lavendel-Thymian *(Thymus thracicus)*
➤ Kriechendes Bohnenkraut *(Satureja
   repanda, S. spicigera)*

➤ Römische Kamille *(Chamaemelum nobile),* Sorte 'Treneague' oder var. *ligulosa*

➤ Teppichpolei-Minze *(Mentha pulegium* 'Repens' oder 'Penny Royal')

Für einen geschlossenen, bodenbedeckenden Wuchs setzt man mindestens sechs Pflanzen pro m², bei kleinen Pflanzen bis zu 20. Ganz so trittfest wie eine Grünfläche ist ein Duftrasen oder -pfad allerdings nicht. Wenn Sie die Fläche oft betreten möchten, kommt als Alternative das Pflanzen der Kräuter zwischen Rasengittersteine infrage. Mähen ist nur bei der Kamille nach der Blüte nötig, bei Bedarf kann man auch beim Thymian einmal mit dem Rasenmäher (höchste Schnittstufe) darübergehen.

EXTRA

Pflanzen für den Duftgarten

Kräuter
Bärlauch *, Basilikum-Arten, Currykraut, Eberraute, Fenchel, Goldrute, Heiligenkraut, Kamille, Lavendel, Minze-Arten, Nachtkerze **, Rosmarin, Salbei-Arten, Schaf-Garbe, Thymian-Arten, Zitronenmelisse

Ein- und zweijährige Blumen
Nelken °, Goldlack *, Vanilleblume, Duftpelargonien, Duft-Wicke, Duftsteinrich, Gemshorn **, Levkoje **, Wunderblume, Ziertabak **

Stauden
Steinquendel, Herbst-Chrysantheme, Taglilie °, Nachtviole **, Indianernessel, Katzenminze, Edelpfingstrose °, Staudenphlox °, Primeln * ° (je nach Art duftende Blüten im Frühjahr oder Sommer), Steppen-Salbei, Seifenkraut **, Duftveilchen *

Zwiebel- und Knollenblumen
Maiglöckchen, Winterling *, Hyazinthe *, Lilien °, Narzissen * °, Tulpen * °

Sträucher und Klettergehölze
Felsenbirne *, Schmetterlingsstrauch, Scheinhasel *, Seidelbast, Kletterhortensie, Geißblatt, Jelängerjelieber **, Magnolie * °, Strauchpfingstrose °, Pfeifenstrauch °, Rosen °, Flieder °, Duftund Winterschneeball

* = duftende Frühjahrsblüher; ** = Abend- bzw. Nachtdufter; ° = nicht alle Arten/Sorten duftend

Etliche Würzkräuter gedeihen prima an einem hellen Küchenfenster.

Kräuter in Töpfen

Manche wärmeliebenden Gewürzpflanzen werden bei uns schon seit jeher als Kübelpflanzen kultiviert, allen voran Rosmarin und Lorbeerbaum. Auf diese Weise lassen sie sich leicht über Winter an einen frostfreien Platz bringen. Darüber hinaus haben sich etliche Kräuter als topftauglich erwiesen und können so auf Balkon, Terrasse oder sogar im Zimmer gehalten werden. Von vielen werden kleinwüchsige, kompakte Sorten oder spezielle Zwergformen angeboten, denen man bei der Gefäßpflanzung den Vorzug geben sollte. Bei der Pflege von Topfkräutern gilt es manche Besonderheiten zu beachten (siehe S. 190–193).

Auf der Fensterbank   Im Zimmer lassen sich kurzlebige Kräuter wie Kresse, Basilikum oder Kerbel ziehen. Auch mehrjährige mediterrane Kräuter, z. B. Estragon oder Oregano, fühlen sich unter diesen geschützten Verhältnissen recht wohl. Allerdings entwickeln sie hier ihr Aroma oft nicht ganz so ausgeprägt wie an einem sonnigen Gartenplatz. Dafür lassen sie sich drinnen häufig auch noch über Winter gut beernten. Des Weiteren bieten sich für die Zimmerkultur exotische Arten an, die draußen höchstens als Kübelpflanzen gedeihen, so etwa Zitronengras, Echte Aloe oder Tabasco-Chili. Sie sind auch in einem Wintergarten sehr gut aufgehoben. Der Fensterplatz sollte möglichst hell sein. Von mediterranen Kräutern einmal abgesehen, bekommt die pralle Sonne hinter einem Südfenster jedoch nicht allen Pflanzen. Petersilie beispielsweise, Schnittlauch und sogar Basilikum sind für eine Beschattung um die Mittagszeit dankbar oder stehen besser an einem hellen Südost- oder Ostfenster. Auch wenn sich die Küche als Kräuterstandort anbietet, muss bedacht werden, dass häufiger Küchendunst in kleinen Räumen den Pflanzen ebenso zusetzen kann wie kalte Zugluft. Besonders schwierig wird es mit der trockenen Heizungsluft ab Herbst. Gelegentliches Übersprühen kann deren Auswirkungen etwas lindern. Besser ist es jedoch, wenn sich über Winter ein heller, aber kühler Platz findet, z. B. im Treppenhaus. Besonders die Mehrjährigen, die auch im Garten gedeihen, sollten recht kühl überwintern. Nicht zuletzt fördert zu viel Wärme Schädlinge wie Spinnmilben und Schildläuse.

Auf Balkon und Terrasse Ein sommerlicher Frischluftaufenthalt macht auch für weniger Sonnenhungrige unbeschattete Südlagen erträglich, wobei die direkte Sonne zudem die Aromaausbildung fördert. Und für empfindlichere Pflanzen findet sich meist ein halbschattiges Plätzchen. Neben Balkon und Terrasse kommt für die Topfhaltung im Freien auch ein sonniger Hof infrage, und natürlich können Topfkräuter ebenso gut im Garten platziert werden, z. B. am Gartensitzplatz oder im Steingarten.

Schon ein etwas größerer Balkon bietet zudem den Vorteil, dass sich hier auch recht stattliche Topfkräuter und Kübelpflanzen halten lassen. „Richtige" Kübelpflanzen müssen allerdings frostfrei überwintert werden (siehe S. 193). Die anderen Mehrjährigen können mit etwas Schutz meist im Freien bleiben und lediglich bei starken Frösten ins Haus geholt werden.

EXTRA

Pflanzen für eine mediterrane Gestaltung

Kräuter
Basilikum, Bohnenkraut, Borretsch, Currykraut, Eberraute, Estragon, Fenchel, Heiligenkraut, Kamille, Kerbel, Lavendel, Majoran, Oregano, Petersilie, Rosmarin, Rucola, Salbei, Thymian, Weinraute, Ysop, Zitronenmelisse

Kübelpflanzen und Topfgehölze
Agave, Strauchmargerite, Bougainvillee, Zwergpalme, Zistrose, Orangen-, Zitronenbäumchen, Feige, Efeu, Lorbeer, Brautmyrte, Oleander, Olivenbaum, Granatapfelbaum, Mittelmeerschneeball, Weinrebe

Balkonblumen
Löwenmäulchen, Margeriten, Goldtaler, Ringelblume, Blaue Mauritius, Spanisches Gänseblümchen, Goldlack, Duft-Wicke, Duftsteinrich, Pelargonie, Geranie, Portulakröschen, Hornveilchen

Mit geschickt arrangierten Töpfen wird der Balkon zum Kräutergärtchen.

In ansprechenden Gefäßen entfalten mediterrane Kräuter besonderen Charme.

Charmante Gestaltungen   Vor allem hübsche Einjährige wie rotblättriges Basilikum oder Borretsch lassen sich in Kästen oder großen Schalen schön mit Balkonblumen oder „Mini"-Tomaten kombinieren. Die Ringelblume ist ohnehin eine bewährte Balkonzierde, ebenso die Kapuzinerkresse, die mit langen Trieben aus einer Hängeampel herabwallen kann. Auch Bohnenkraut, Thymian und andere Kräuter kommen für eine Ampel oder einen Hängekorb infrage.

Auf besondere Weise präsentieren sich die Pflanzen in einem Kräuter- oder Erdbeertopf. Dabei handelt es sich um große, bauchige Gefäße, die nicht nur oben, sondern auch in muldenartigen Öffnungen (Pflanztaschen) an den Seiten bepflanzt werden können. Für die Seitentaschen eignen sich besonders genügsame, polsterartig wachsende Pflanzen wie Thymian oder Tripmadam, oben können auch anspruchsvolle Arten gepflanzt werden. Allerdings sollte solch ein Topf drinnen kühl und hell überwintert werden, falls er Mehrjährige beherbergt.

Mediterranes Flair   Viele Kräuter und einige beliebte Kübelpflanzen sind am Mittelmeer zu Hause. Geschickt auf Balkon, Terrasse oder in einem Hof arrangiert, sorgen sie für ein mit Düften angereichertes Ambiente, das geradezu Urlaubsgefühle erweckt. Mit der auf S. 165 genannten Pflanzenauswahl können Sie ganz aus dem Vollen schöpfen und den Traum vom Süden genießen. Passende, eher „filigrane" Gartenmöbel, etwa im Kaffeehaus-Stil oder aus Rattan, machen das Ganze noch stilechter, ebenso Accessoires wie Terrakottatöpfe, schmiedeeiserne Blumenbänke oder Keramikvasen. Wer von vornherein an eine mediterrane Gestaltung denkt, kann sich auch bei den Bodenbelägen (z. B. terrakottafarbene Fliesen oder Natursteinplatten) an südländischen Vorbildern orientieren.

Ähnliches lässt sich auch an einem Gartensitzplatz umsetzen, wobei dann die winterharten Kräuter und Zierpflanzen natürlich in den Boden kommen und die anderen in Pflanzgefäßen hinzugesellt werden.

Pflege & Verwendung

Von der Standortwahl über Aussaat, Pflanzung und Pflege bis hin zur Ernte und Konservierung – hier geht es um alles, was beim Kräuteranbau zum Erfolg und schließlich zum optimalen Genuss verhilft. Dazu gehören auch Tipps für die vielfältigen Möglichkeiten wohltuender Verwendung.

Standort & Boden

Die meisten Kräuter sind im Vergleich zu Gemüse und anderen Gartenpflanzen recht genügsam. Aber auch sie haben ihre Ansprüche. Wenn diese bei der Standortwahl berücksichtigt werden, erweisen sie sich oft als ausgesprochen pflegeleicht.

Viele Kräuter sind ursprünglich Wiesenpflanzen. Manche wachsen in der Natur auch an besonnten Waldrändern oder wurden schon vor langem zu sogenannten Kulturbegleitern, die sich an Äckern oder in Gärten ansiedeln. Auch wenn sich solche Naturstandorte z. B. im Nährstoffangebot unterscheiden, gedeihen die meisten Kräuter gut an einem Gar-

tenplatz, der die nachfolgend beschriebenen Voraussetzungen erfüllt.

Gute Gartenplätze

Kräuterstandorte sollten die meiste Zeit des Tages, mindestens aber fünf bis sechs Stunden, direkt besonnt sein. Für Pflanzen, die gemäß Porträtteil (ab S. 225) auch Halbschatten vertragen, genügt oft schon die Vormittagssonne. Umgekehrt können selbst die ausgewiesenen Sonnenpflanzen vormittags beschattet stehen, sofern sie dann in den Genuss der intensiven Mittagssonne kommen. So oder so ist die Sonne nicht nur ein unverzichtbarer Wachstumsfaktor, sondern

Schnittlauch mag es gern etwas feuchter und gedeiht auch im Halbschatten gut.

Die meisten Kräuter brauchen nur mäßig
Nährstoffe, aber reichlich Sonne.

Der anspruchslose Mauerpfeffer wächst
selbst auf Sand und zwischen Steinen.

auch entscheidend für die Ausbildung der
wertvollen Aroma- und Wirkstoffe.

Durchlässiger Boden   Stark tonhaltige oder gar verdichtete Böden, in denen
Wasser nur langsam abfließt, sind für die
allermeisten Kräuter völlig ungeeignet. Ein
schlecht belüfteter Tonboden aus feinsten
Mineralkörnchen sollte allerdings nicht mit
dem weitaus günstigeren Lehm verwechselt
werden: Er besteht zu je einem Drittel aus
Sand (grobe Körnchen), Schluff (mittelgroße
Körnchen) und Ton (feine Körnchen).
Ein Lehmboden ist für die meisten Kräuter
recht günstig, doch ein sandiger Lehmboden (Sandanteil von mehr als 50 %) eignet
sich oft noch besser. Überwiegt allerdings
der Sand noch stärker, trocknet der Boden
schnell aus und kühlt in Kälteperioden rasch
ab. Genügend Humus im Boden, vor allem
durch Kompostzufuhr, kann diese Nachteile
abmildern. Auch sandige Lehmböden sollten
einen guten Humusgehalt aufweisen. Eine
übermäßige Versorgung z. B. mit Stallmist ist
jedoch für Kräuter nicht empfehlenswert.

KOSMOS **TIPP**

Tonboden lässt sich mit den Händen leicht zu festen Rollen formen,
wobei die Reibflächen glänzen und
in den Fingerrillen Reste verbleiben. Röllchen aus Lehmboden
dagegen werden schnell rissig und
haben stumpfe Reibflächen.

Wärme und Wind   Abgesehen von
manchen mediterranen Gewächsen sind die
Gartenkräuter recht kälteverträglich. Ein warmer, etwas geschützter Platz ist allerdings
förderlich, nicht zuletzt auch für die Bildung
der wertvollen Inhaltsstoffe. Wo Mauern,
Hecken oder größere Nachbarpflanzen etwas
abschirmen, ohne zu viel Schatten zu werfen,
sind Kräuter am besten aufgehoben. An exponierten Plätzen steigt nicht nur die Frost-
gefahr. Besonders in Westlagen herrschen
hier oft starke Winde, die den Aromastoffge-
halt mindern können und das Austrocknen
fördern; in ungeschützten Ostlagen werden
vor allem die kalten Winterwinde zum Risiko.

Südländische Gewohnheiten Etliche beliebte Kräuter, wie Oregano, Salbei und Ysop, sind mediterraner Herkunft – zu Hause in einem Klima, das von trockenen, heißen Sommern und milden, regenreichen Wintern geprägt wird. Kleine Blättchen, bläuliche Blattfarben oder wachsartige Überzüge sind typische Vorkehrungen solcher Kräuter, um Trockenheit und Hitze besser zu überstehen. Entsprechend brauchen sie im Garten einen möglichst vollsonnigen, warmen, geschützten Platz. In kalten Regionen werden sie teils besser in Töpfen kultiviert, um sie frostfrei zu überwintern. Der Boden sollte besonders gut durchlässig sein, damit größere Regenmengen im Sommer schnell ablaufen können. Zudem gedeihen diese Kräuter oft am besten an nährstoffarmen und zugleich kalkhaltigen Standorten.

Mittelmeerkräuter wie Lavendel kommen mit Trockenheit gut zurecht.

Boden vorbereiten

Werden ganz neue Beete auf Wiesen- oder Rasenflächen angelegt, schält man zunächst den Grasbewuchs ab. Stechen Sie dazu den Spaten in recht flachem Winkel ein, um die Grassoden samt Wurzeln abzutrennen. Sie eignen sich gut zum Kompostieren.

Tiefgreifende Lockerung Erstmals in Kultur genommene Böden werden am besten umgegraben, ebenso verdichtete oder stark verunkrautete Flächen. Dies geschieht vorzugsweise im Herbst, weil dann Winterfröste

Beim Umgraben werden die Schollen spatentief ausgehoben und gewendet.

Sand wird zur Bodenlockerung breitwürfig ausgestreut und dann flach eingearbeitet.

helfen können, die Erdschollen zu zerkrümeln. Lesen Sie schon beim Umgraben alle Unkrautreste und -wurzeln aus, ebenso bei allen weiteren Arbeitsgängen.

Wenn der Boden bereits gut „in Schuss" und recht locker ist, kann man auf das Umgraben verzichten, um die unzähligen nützlichen Organismen im Boden zu schonen – und den eigenen Rücken. In diesem Fall lockert man mithilfe einer Grabegabel, die man in Abständen von etwa 10 cm in den Boden sticht und hin und her rüttelt. Alternativ oder ergänzend kann ein Sauzahn, ein Gerät mit kräftigem, gebogenem Zinken mit pflugartiger Spitze, durchgezogen werden.

Die Feinbearbeitung Im zeitigen Frühjahr bzw. etwa vier Wochen vor dem Säen oder Pflanzen folgt der nächste Arbeitsgang. Nun werden mit Hacke oder Kultivator bzw. Grubber (mit 3–5 kurzen, gekrümmten Zinken) die verbliebenen Schollen und Klumpen zerkleinert und aufgelockert. Abschließend wird die Oberfläche mit dem Rechen einge-

ebnet. Nun kann sich der Boden noch etwas setzen. Gehen Sie dann kurz vor Aussaat oder Pflanzung nochmals mit dem Kultivator oder einem Gartenwiesel (Gerät mit rotierbaren Metallsternen) durch, und sorgen Sie mit dem Rechen für eine feinkrümelige Oberfläche ohne Mulden.

Bodenverbesserung Günstig für alle Böden ist die Zugabe von gut vererdetem Gartenkompost, ersatzweise käuflichem Grüngutkompost oder Rindenhumus (kein Rindenmulch!). Ausgebracht wird der Kompost schon im Herbst oder beim zweiten Lockerungsgang im zeitigen Frühjahr. Verteilen Sie ihn rund 2 cm hoch (bei Sandböden etwas höher) über die Fläche und arbeiten Sie ihn dann mit Rechen oder Kultivator nur flach ein. Extrem leichte, sandige Böden lassen sich außerdem durch Einarbeiten von Tonmehlen (z. B. Bentonit) verbessern, recht tonhaltige Böden dagegen durch Untermischen von grobem Sand, Splitt, feinem Kies oder Schotter oder Lavagrus.

EXTRA

Säuregrad, pH-Wert, Kalkgehalt

Der Säuregrad eines Bodens hat vor allem Einfluss darauf, wie gut die Pflanzen bestimmte Nährstoffe aufnehmen können. Er lässt sich als pH-Wert messen. Die pH-Wert-Skala reicht von 0 (extrem sauer) bis 14 (extrem alkalisch). Saure Böden (pH-Wert unter 5,5) enthalten kaum Kalk, alkalische bzw. basische Böden (pH über 7,2) dafür in der Regel umso mehr.

Den pH-Wert Ihres Bodens können Sie mit Testsets aus dem Fachhandel bestimmen. Noch mehr empfiehlt es sich aber, eine gründliche Untersuchung von Bodenproben durch ein Labor in Auftrag zu geben (Adressen bei der Landwirtschaftskammer nachfragen oder im Branchenbuch

suchen). Solche Bodenuntersuchungen werden öfter auch von Gärtnereien und Gartencentern angeboten. Das Ergebnis der Analyse informiert Sie nicht nur genau über pH-Wert und Kalkgehalt, sondern auch über andere Nährstoffgehalte und die Bodenart.

Die meisten Kräuter gedeihen auf einem in etwa neutralen Boden (pH 6–7) am besten, für kalkliebende wie Lavendel & Co. liegt der pH-Wert besser bei 7–8. Verwenden Sie bei Bedarf nur Kalkdünger wie kohlensauren Algen- oder Dolomitkalk, die den pH-Wert allmählich anheben. Diese werden vorzugsweise im Herbst oder zeitigen Frühjahr eingearbeitet.

Beete anlegen

Neue Kräuterbeete werden am besten schon im Spätsommer geplant und ab Frühherbst angelegt. Eine Kräuterspirale kann man auch im zeitigen Frühjahr aufsetzen, doch die Vorbereitungen, etwa die Steinbeschaffung, laufen besser schon früher an.

Wie schon bei der Gestaltung erwähnt, haben sich für Kräuterbeete Breiten von 1–1,2 m bewährt, für nur einseitig zugängliche Rabatten 60–80 cm. Gemüsebeete werden gern etwa 2 m lang angelegt, für Kräuterbeete bevorzugt man aber oft fast quadratische Umrisse.

Abstecken & einfassen

Spätestens vor der Feinbearbeitung neuer Flächen markiert man mit Pflöcken und daran aufgespannten Schnüren den genauen Beetumriss. Dann wird auch gleich die Anlage einer Wegumrandung oder Beeteinfassung vorgenommen.

Mit Pflock und Schnur können Sie nicht nur rechteckige Umrisse abstecken: Es braucht lediglich ein paar Pflöcke mehr, um z. B. auch Kreisformen oder geschwungene Rabattenkanten zu markieren. Hilfreich ist dabei auch ein langer Schlauch, mit dem man zunächst eine „Schablone" auslegen kann. Formale

Unregelmäßige Beetumrisse lassen sich gut mit hellem Sand markieren.

Natursteinpflaster eignet sich für Einfassungen ebenso wie als Wegbelag.

Eine Kräuterspirale wird bald zum naturnahen Blickfang der Gartengestaltung.

und kunstvolle Gestaltungen z. B. mit Diagonallinien werden am besten zuerst auf dem Papier skizziert: mit maßstabsgerechten Plänen samt Kopien, um diverse Entwürfe durchzuspielen.

Beeteinfassungen   Eine Beetabgrenzung zu den angrenzenden Bereichen ist oft empfehlenswert. Sie hemmt die übermäßige Ausbreitung wuchernder Kräuter ebenso wie das Eindringen von Unkräutern oder Gräsern und den Erdabtrag. Senkrecht eingegrabene Kunststoff- bzw. Aluminiumbänder oder Platten sind preiswert und leicht zu verlegen. Für attraktiveres Kräuterbeetflair sorgen allerdings Ziegelsteine, große Natursteine oder Kiesel, Holzpalisaden oder rustikale Bretter. Zum Rasen hin dagegen sind ebenerdig eingesetzte Randsteine oder Plattenwege oft die beste Lösung, weil so bequem bis an den Rand des Beets gemäht werden kann. Sehr schön wirkt natürlich auch eine pflanzliche Umrahmung mit Buchs, Gamander oder Kräutern. Vor allem für Beete mit kurzlebigen Kräutern kommt außerdem eine attraktive Einfassung mit einjährigen Blumen wie Tage-

tes (Studentenblumen) oder Ringelblumen infrage. Da solche Abgrenzungen in erster Linie optisch wirken, können sie zusätzlich von einer festen Stein- oder Holzeinfassung umrahmt werden.

Kräuterspirale

Für die bereits auf S. 159 kurz vorgestellte Kräuterspirale bedarf es – bei 2–4 m Durchmesser – einer Fläche von rund 5–15 m². Nach dem Markieren des Umrisses wird zunächst der Boden spatentief ausgehoben und Kies oder Schotter als Dränage eingebracht. Wenn Sie einen kleinen Teich am Rand der Spirale anlegen möchten, richten Sie dann auch gleich die Grube her – entweder für eine Abdichtung mit Teichfolie, für ein kleines Fertigbecken oder eine eingesenkte Bauwanne. Oft wird empfohlen, den Teich an der Südseite der Spirale zu platzieren. Besser jedoch wählt man eine Stelle, die später nicht den ganzen Tag in der prallen Sonne liegt, etwa an der Ostseite. Andernfalls erhitzt sich das Wasser in dem kleinen Becken im Sommer sehr schnell.

1.

Befüllen Sie die Pflanz-
streifen der Mauer-
spirale zuunterst mit
Kies oder Schotter als
Dränage, und bringen
Sie darüber geeignete
Pflanzerde aus.

2.

Bei diesem natürlich
wirkenden Aufbau ist
der höchste Bereich
von der Seite her gut
zugänglich, und die
mittlere Ebene bietet
viel Pflanzfläche.

3.

Verteilen Sie die
Kräuter zunächst in
Töpfen, um vor dem
Einpflanzen, wenn
nötig, noch Anordnung
und Abstände zu kor-
rigieren.

4.

Die heranwachsenden
Kräuter schließen
schon bald die Lücken,
wenn sie an den
passenden Standort
gesetzt wurden.

Aufsetzen der Steine Nun gilt es,
die Natursteine spiralförmig so aufzusetzen, dass die Höhe nach innen allmählich
ansteigt. Zwischen den Wandungen muss
dabei 50–60 cm Platz bleiben, denn diese
Streifen sind die späteren Pflanzflächen. Am
einfachsten geht es, wenn man zunächst
nur eine Steinlage auslegt, um damit die
Grundstruktur der Spirale zu markieren und
bei Bedarf zu korrigieren. Die Spirallinie kann
sehr regelmäßig verlaufen oder auch etwas
„lockerer", sodass die turmartige Mitte später nicht ganz genau im Zentrum liegt.
Je nach Spiralen- und Steingröße beginnt
man außen mit ein bis drei aufgeschichteten
Steinlagen und fügt dann – langsam ansteigend – weitere Lagen hinzu. Die Mitte kann
schließlich 50–120 cm Höhe erreichen. Falls
die Schichtung einfach nicht stabil werden
will, z. B. wegen sehr unregelmäßiger Stein-
formen, können Sie etwas Erde oder Lehm
als Fugenmaterial einbringen.
Da die unteren Steinreihen in der Mitte später nicht mehr zu sehen sind, können dafür
auch unansehnlichere Brocken verwendet
werden. Eine Alternative ist das Vormodellie-
ren der Fläche, indem man einen nach außen
abfallenden Hügel aus Schotter als Kern auf-
schichtet. Das erspart so manche Steinreihen, macht es aber nicht unbedingt leichter,
die Spirale ansehnlich aufzusetzen.
Steht die Spiralmauer, werden die Pflanzzwi-
schenräume zuunterst mit Kies oder Schotter aufgefüllt, in den höheren Bereichen etwa
bis zur Hälfte. Darüber kommt dann der
ausgehobene Boden oder Erde aus anderen
Gartenteilen; für die Pflanzen im unteren Teil
mit Kompost verbessert, für die ganz oben
mit Sand oder feinem Splitt.

Die Kräuterspirale bepflanzen Beachten Sie beim Bepflanzen, dass Teile des
unteren Bereichs – je nach Lage und Ausrichtung – etwas weniger Sonne abbekommen

und dann nur für halbschattenverträgliche Kräuter geeignet sind.

Ansonsten wachsen am Spiralenanfang eher nährstoff- und feuchtigkeitsliebende Kräuter wie Kerbel, Petersilie, Schnittlauch, Rucola, Pfeffer-Minze, Sauerampfer und Barbarakraut. Sitzen sie in der Nähe des kleinen Teichs, genießen sie zudem die erhöhte Luftfeuchtigkeit. Der nächste Abschnitt bietet sich z. B. an für Zitronenmelisse, Borretsch, Pimpinelle, Portulak und Schnitt-Sellerie, mit zunehmender Höhe auch für Bohnenkraut, Estragon und Ysop.

Ganz obenauf thronen trockenheitsverträgliche Arten wie Majoran, Oregano, Currykraut, Thymian und Lavendel. Zusätzlich können in die Steinfugen Sand-Thymian und Trip-

madam gepflanzt werden. Sehr hoch- oder breitwüchsige Pflanzen wie Liebstöckel und Beinwell setzen Sie besser an den Rand oder in den Hintergrund der Kräuterspirale.

Sonnenkinder wie Oregano werden möglichst weit oben platziert.

Ein Hochbeet für bequemes Gärtnern

Mithilfe einer kastenartigen Konstruktion können Sie Ihr Kräuterbeet vom Erdniveau auf eine rücken- und kniefreundliche Arbeitshöhe „hieven". Solch ein Hochbeet hat dieselben Maße wie ein Erdbeet, ist also rund 1,2 m breit und beliebig lang. Seine Seitenwände werden je nach Körpergröße 0,8–1 m hoch gewählt.

Die Wände lassen sich mit (druckimprägniertem) Holz errichten, z. B. mit starken Brettern, Balken oder Rundhölzern. Vier Eckpfosten, bei Bedarf verstärkt durch zwei in der Mitte der Längsseiten, stützen die Konstruktion und werden mit Pfostenschuhen aus Metall im Boden verankert. Die Innenseiten schützen Sie am besten mit kräftiger Teichfolie gegen durchrieselnde Erde und Feuchtigkeit. Etwas arbeitsaufwendiger, aber länger haltbar ist ein Hochbeet mit gemauerten Steinwänden.

Das „klassische" Hochbeet im Gemüsegarten wird mit einer bestimmten Schichtung aus organischen Materialien befüllt: Gehölzschnitt Grassoden, Laub, halb zersetzter Kompost und schließlich Muttererde. Beim Verrotten sor-

gen diese Materialien für Wärme und setzen Nährstoffe frei. Dabei sackt das Ganze langsam zusammen und muss nach etwa 5 Jahren wieder neu aufgeschichtet werden.

Allerdings gedeihen hier in den ersten 2 Jahren nur wirklich nährstoffliebende Kräuter. Besser eignet sich ein Hochbeet, das unten mit Kies oder Schotter als Dränage befüllt wird und darüber mit einer Pflanzerde, die auf die Ansprüche der Kräuter zugeschnitten ist.

Säen & Pflanzen

Gut entwickelte Jungpflanzen bieten die beste Voraussetzung für gesundes Wachstum und aromatische Ernten. Eigene Anzucht ist nicht immer nötig. Doch nicht zuletzt macht es auch Spaß, Pflanzen komplett vom Samen oder Steckling bis zur Ernte heranzuziehen.

Vor allem ein- und zweijährige Kräuter wie Dill und Petersilie werden am einfachsten ohne späteres Verpflanzen direkt gesät.

Kräutergärtnereien halten eine große Auswahl an Jungpflanzen bereit.

TIPP

Wer Wert auf von Anfang an völlig „chemiefreie" Kräuter legt, findet im Fachhandel auch Biosaatgut sowie Jungpflanzen aus biologischem Anbau.

Andere, z. B. Majoran, kann man unproblematisch im Warmen vorziehen und später nach draußen setzen. Speziellere Arten und Sorten sind ohnehin oft nur als Samen erhältlich. Soweit verfügbar, verlangen käufliche Jungpflanzen allerdings weniger Mühe und Geduld. Teils braucht man sowieso nur wenige Exemplare, wie etwa beim Liebstöckel, sodass die meisten Samen in der Tüte bleiben. Bei manch anderen Mehrjährigen ist die Anzucht aus Samen recht langwierig oder teils auch gar nicht möglich.

Samen- & Pflanzenkauf

Samen und Jungpflanzen vieler Kräuter gibt es in fast allen Gartencentern, gängige Arten oft sogar in Bau- oder Supermärkten. Häufig lohnt sich allerdings der Besuch einer Stauden- oder Gemüsegärtnerei mit Kräutern im Programm. Denn hier findet man öfter auch vorgezogene Jungpflanzen von Kräutern, die anderswo nur als Samen im Handel sind, und das in hoher Qualität mitsamt kompetenter Beratung. Letzteres gilt ebenso für gute Fach-Gartencenter. Teils bieten Gärtnereien ihre Pflanzen auch auf Wochenmärkten an. Spezialisierte Kräutergärtnereien, die manchmal auch als Duftpflanzen- oder Raritätengärtnerei firmieren, versenden häufig ebenfalls Samen und Jungpflanzen. Die An-

In einem Kasten lassen sich die Samentüten nach Aussaatdatum vorsortieren.

Vom wüchsigen Liebstöckel genügen oft schon ein oder zwei Pflanzen.

gebotsfülle und meist auch Qualität der Ware lassen hier selten etwas zu wünschen übrig.

Auf Qualität achten   Im Allgemeinen erhält man überall Saat- und Pflanzgut, das grundsätzlich in Ordnung ist. Doch es rentiert sich oft, etwas näher hinzuschauen und ein wenig mehr für ausgewiesene Qualitätsware auszugeben. Bei Samentüten sind Keimschutzverpackungen sowie klare Kennzeichnungen des Abpack- oder Haltbarkeitsdatums ein deutliches Plus.
Jungpflanzen sollten zunächst einmal einen gut gepflegten Eindruck machen: mit kompaktem Wuchs, mit nicht zu trockener Erde, ohne untypisch aufgehellte oder gar braune Blätter und in ausreichend großen Verkaufstöpfen. Werfen Sie auch einen Blick auf die Blattunterseiten: Hier sollten keinerlei Krank-

heitsanzeichen oder gar Schädlinge versteckt sein. Über Versand bezogene Pflanzen müssen gleich nach Eingang ausgepackt, gut versorgt und gründlich geprüft werden.

Saatgut aufbewahren   Gerade bei Kräutern braucht man oft nur kleine Mengen für die Anzucht oder Aussaat. Verschließen Sie angebrochene Samentüten gut, und bewahren Sie diese bis zum nächsten Saattermin trocken, kühl (ideal um 5 °C) und am besten dunkel auf. Sie können auch in Dosen, Kisten oder dunkel getönten Schraubgläsern verstaut werden. Wie lange die Samen ihre Keimfähigkeit behalten, ist je nach Art unterschiedlich. Meist bleiben sie bei sachgemäßer Lagerung zwei bis drei Jahre recht vital; Ringelblumensamen halten sogar bis zu sechs Jahre.

Aussaat im Beet

Kommen die Samen ohne späteres Verpflanzen gleich an Ort und Stelle, spricht man auch von Direktsaat. Es ist zwar günstig, wenn der Boden dafür leicht feucht ist, doch lassen Sie nach starken Regenfällen die Oberfläche besser ein paar Tage abtrocknen. So können Sie viel leichter eine ebene, feinkrümelige Oberfläche herstellen, was gerade für die oft feinen Kräutersamen wichtig ist.

Saatreihen anlegen   In Reihen gesäte Kräuter lassen sich leicht pflegen und ernten. Zum Bodenlockern und Jäten kann man einfach mit Hacke oder Kultivator die Zwischenräume bearbeiten. Da man oft nicht allzu große Mengen von einer Art braucht, bieten sich im reinen Kräuterbeet eher kürzere Querreihen parallel zur Beetschmalseite an. Soll längs gesät werden, z. B. zwischen Gemüsereihen, können innerhalb einer Reihe auch die Kräuterarten abwechseln. Berücksichtigen Sie stets die jeweils nötigen Reihenabstände nach Angaben auf der Samentüte oder im Porträtteil (ab S. 225). Markieren Sie die Reihen am besten mit an Pflöcken aufgespannten Schnüren, und ziehen Sie an diesen entlang die Saatrillen. Lichtkeimer brauchen allerdings höchstens flache Rillen oder werden einfach entlang der Schnur auf dem Boden ausgestreut.

EXTRA

Saat- und Pflanztermine

➤ Das Kräuterjahr beginnt mit der Anzucht von Ein- wie Mehrjährigen, die meist zwischen März und Mai durchgeführt wird. Manches lässt sich für eine frühe Ernte auch schon im Februar vorziehen, doch oft mangelt es zu der Zeit noch am nötigen Licht.

➤ Die Hauptsaatzeit draußen startet im April, bei robusteren Arten bzw. mildem Wetter auch schon im März. Das gilt vor allem für Einjährige, aber auch einige Mehrjährige wie Schnittlauch und Winter-Bohnenkraut eignen sich nun gut für eine Beetsaat. Besonders wärmeliebende Arten wie Majoran oder Portulak werden besser erst ab Mai gesät.

➤ Manche Arten, z. B. Dill, Kresse und Rucola, können noch bis zum Spätsommer oder Herbst gesät werden. Hier bieten sich Folgesaaten an: Wenn Sie etwa alle zwei bis vier Wochen kleinere Mengen säen, stehen Ihnen über Monate frische Kräuter in bedarfsgerechten Portionen zur Verfügung.

➤ Einige Kräuter, etwa Löffelkraut und Barbarakraut, lassen sich wahlweise im Frühjahr oder im Spätsommer/Herbst säen, haben aber im Hochsommer eine Saatpause.

➤ Vorgezogene Einjährige können teils schon ab April ausgepflanzt werden. Kälteempfindliche Arten wie Basilikum und Paprika sollten allerdings frühestens Mitte Mai, bei kühler Witterung noch später, ins Freie kommen.

➤ Mehrjährige (gekaufte) Jungflanzen werden meist im März/April oder im Herbst nach draußen gesetzt. Für frostempfindliche Pflanzen empfiehlt sich der Frühjahrstermin. Teils haben die Jungpflanzen als sogenannte Containerpflanzen bereits einen sehr gut durchwurzelten Erdballen. In diesem Fall können sie das ganze Jahr über bei frostfreiem Wetter in den Boden kommen. Doch auch sie wachsen am besten im Frühjahr, Frühsommer oder Herbst an.

➤ Drinnen überwinterte Kübelpflanzen wie Lorbeer oder Anisverbene werden bevorzugt im Frühjahr, kurz vor Austriebsbeginn, ein- oder umgetopft. Nach draußen kommen sie aber erst ab Mitte Mai.

TIPP

Die Samen von Lichtkeimern wie Kamille und Majoran keimen nicht unter einer dicken Erdschicht, sondern brauchen Helligkeit. Man drückt sie nur leicht an der Bodenoberfläche an oder überstreut sie höchstens hauchfein mit Erde, die die Samen ein wenig schützt.

Säen und Ausdünnen Streuen Sie die Samen möglichst gleichmäßig und nicht allzu dicht in den Rillen aus. Ziehen Sie dann die Rillen mit Erde zu, sofern es sich nicht um Lichtkeimer handelt. Die Erdabdeckung sollte etwa doppelt so hoch sein wie die Samen dick sind, bei feinem Saatgut also nicht allzu stark. Drücken Sie die Erde bzw. die Samen etwas an und gießen Sie dann gründlich mit feiner Brause – nicht mit kräftigem Strahl, denn das könnte Samen wegschwemmen. In der Folgezeit muss der Boden stets feucht gehalten werden. Haben sich die Sämlinge gut entwickelt, stehen sie meist zu eng. Ziehen Sie dann vorsichtig so viele Pflänzchen heraus (bevorzugt die schwächeren Exemplare), dass die Verbleibenden den richtigen Abstand haben. Nur so können sie sich gut weiterentwickeln.

Majoran ist ein Lichtkeimer und darf nach der Aussaat nicht abgedeckt werden.

1.

Die Samen werden möglichst gleichmäßig in den zuvor gezogenen Rillen ausgestreut, mit der Hand, direkt aus der Samentüte oder mit einem gefalteten Karton als Sähilfe.

2.

Größere Samen lassen sich gut einzeln und gleich auf Endabstand auslegen.

3.

Für lange Reihen, z. B. bei einer Beeteinfassung, kann man eine Särolle zur Hilfe nehmen.

4.

Nach dem Säen werden die Samen mit der Hand oder mit dem Rechen durch Beiziehen von Erde abgedeckt.

5.

Zum Schluss wird gründlich mit feiner Brause angegossen und die Saat auch danach gleichmäßig feucht gehalten.

Saatbänder und -scheiben Immer öfter werden Saatbänder mit Kräutern angeboten. Hier sind die Samen schon im nötigen Endabstand zwischen zwei Spezialpapierstreifen befestigt, die mit der Zeit verrotten. Das erspart späteres Ausdünnen. Die Bänder werden in gewünschter Länge zugeschnitten, in die Rillen ausgelegt, mit Erde abgedeckt, gründlich angegossen und feucht gehalten. Nach dem selben Prinzip verwendbare rundliche Saatscheiben sind vor allem für Kräuter in Töpfen gedacht und enthalten teils mehrere Arten oder Sorten auf einer Scheibe.

Breitwürfige Saat Wenn man die Kräuter lieber gruppenweise auf „Fleckchen" statt in akkuraten Reihen haben möchte, können die Samen einfach über der vorgesehenen Fläche ausgestreut werden. Bei dieser Methode stehen die Sämlinge später allerdings recht eng, sodass gründlich ausgedünnt werden muss. Feine Samen lassen sich besser verteilen, wenn man sie vor dem Ausstreuen mit Sand vermischt. Zum Schluss werden die Samen eingeharkt, wenn nötig noch mit etwas Erde überstreut und gut angegossen.

Anzucht aus Samen

Gewächshaus, Frühbeet oder Wintergarten sind für die Anzucht ideal – je nach Zeitpunkt allerdings nur, wenn es dort eine Heizmöglichkeit gibt. Ansonsten findet die Anzucht meist auf der Fensterbank statt. Der Platz sollte möglichst hell sein. Wichtig ist es jedoch, dass die Sämlinge von allzu praller Mittagssonne verschont bleiben, etwa durch zeitweilige Schattierung. Meist bereitet aber eher ein Lichtmangel Probleme, besonders bei sehr zeitiger Anzucht. Statt des ersehnten Wachstumsvorsprungs kommt es dann zu staksigen, klein- und fahlblättrigen Pflänzchen. Weitere Anzuchtschritte und Vermehrungsmethoden erfolgen wie auf S.52-57.

Auspflanzen

Jungpflanzen, die im Haus aus Samen oder Stecklingen vorgezogen wurden, sollte man am besten langsam an die raueren Verhältnisse im Freien gewöhnen, ehe sie endgültig an ihren Gartenplatz kommen. Das gilt auch für gekaufte Kräuter, besonders bei der Frühjahrspflanzung. Zum Abhärten stellt man die Pflanzen, noch in ihren Töpfen, schon 1–2 Wochen vor dem Setzen tagsüber nach draußen, sofern es nicht gerade extrem kalt ist – anfangs nur ein paar Stunden, dann zunehmend länger. Der Stellplatz sollte etwas geschützt sein, z. B. auf der Terrasse, und nicht in der prallen Sonne liegen. Mit einer Kiste, in der man mehrere Töpfe unterbringen kann, lässt sich das ohne allzu großen Aufwand durchführen.

Optimal verteilen Sollen die Pflanzen in längeren Reihen, als Hecken oder Einfassung, gesetzt werden, ist eine an Pflöcken aufgespannte Richtschnur hilfreich. Bei einer eher locker angeordneten Bepflanzung mit verschiedenen Arten empfiehlt es sich, die Pflanzen zunächst noch in ihren Töpfen auf der Fläche zu verteilen, um Anordnung und Pflanzabstände zu überprüfen. Ganze Beete oder Rabatten werden am einfachsten von hinten nach vorn bepflanzt. Mit einem Brett zum Auftreten oder Knien lassen sich stärkere Bodenverdichtungen während der Pflanzarbeit vermeiden.

KOSMOS

TIPP

Beachten Sie stets die nötigen Pflanzabstände – zu eng gesetzte Pflanzen bedrängen sich mit der Zeit gegenseitig, entwickeln sich nicht optimal und sind anfälliger für Krankheiten.

Dichte Wurzelballen werden vor dem Einpflanzen vorsichtig gelockert.

Nach dem Einsetzen drückt man die Erde
rund um die Pflanze herum an.

Vor dem Einsetzen Lösen Sie die Erdballen vorsichtig aus den Töpfen, ohne die
Wurzeln zu beschädigen. Manchmal geht das
schon einfach, indem man den Topf umdreht,
auf den Boden klopft und die Pflanze dann,
an der Stängelbasis gefasst, behutsam her-
auszieht. Andernfalls muss man die Wurzeln
mit einem Messer von der Topfwand ablösen oder den Topf ein Stück aufschneiden.
Ziehen Sie sehr dichte, stark zusammenge-
presste Wurzeln etwas auseinander. Ist der
Erdballen relativ trocken, wird er vor dem
Einsetzen nochmals gründlich angefeuchtet.

Richtig pflanzen Die Kräuter werden
so tief gepflanzt, wie sie zuvor im Topf standen, sodass der Wurzelhals – der Übergang
zwischen Wurzel und Sprossbasis – gerade
eben unter den Boden kommt. Zum Graben
der Löcher ist eine kleine Pflanzschaufel
hilfreich. Für nässempfindliche mediterrane
Kräuter kann das Loch auch etwas tiefer
ausgehoben und dann unten mit einer Dränageschicht aus Sand, feinem Kies oder
Schotter aufgefüllt werden. Am besten wird
dann auch die ausgehobene Erde vor dem
Wiedereinfüllen mit solchen Lockerungsma-

terialien vermischt. Für nährstoffliebende Arten empfiehlt sich das Untermischen von gut
ausgereiftem Kompost. Nach dem Einsetzen
und Auffüllen der Erde wird der Boden oben
rundherum angedrückt und dann gründlich
angegossen. Auch in der Folgezeit hält man
den Boden recht feucht, bis die Pflanzen gut
eingewachsen sind.

Vor dem Pflanzen sollten Topfkräuter gewässert werden, dann wachsen sie besser an.

Kapuzinerkresse zieht Blattläuse an und hält so oft die Pflanzpartner läusefrei.

Durchdachte Mischpflanzungen können den gesunden Wuchs fördern.

Fruchtwechsel

Im Allgemeinen erfordern Kräuter keine besonders diffizile Anbauplanung. Dennoch sollten sie nicht ganz beliebig gesät oder gepflanzt werden. Ein etwas gezielterer Einsatz hilft, Anbauproblemen vorzubeugen und günstige Wechselwirkungen zu nutzen.

Pflanzplätze wechseln   Von der häufig kultivierten Petersilie weiß man: Wird sie jährlich an derselben Stelle angebaut, wächst sie immer schlechter und bringt oft nur noch gelbe Blätter hervor. Sie sollte deshalb nur alle vier bis fünf Jahre an derselben Stelle angebaut werden. Solche ausgeprägten Selbstunverträglichkeiten sind, wie bei der Petersilie, oft die Folge wachstumshemmender Wurzelausscheidungen. Ein Daueranbau derselben Art kann zudem bestimmte Krankheitserreger im Boden fördern. Es ist deshalb auch bei anderen Ein- und Zweijährigen sicherer, wenn man jährlich die Saat- bzw. Pflanzstelle wechselt. Auch wenn Mehrjährige nach einigen Jahren geteilt und verpflanzt oder durch neue Exemplare ersetzt werden, sollten sie möglichst an einen anderen Platz kommen.

Doldenblütler – manchmal heikel
Die Petersilie gehört wie viele andere Kräuter zur Pflanzenfamilie der Doldenblütler (Apiaceae). Hier sind Unverträglichkeiten besonders verbreitet, und die Wurzelausscheidungen können sich auch negativ auf Nachbarpflanzen derselben Familie auswirken. Deshalb sollten besonders Fenchel und Kümmel nicht direkt neben anderen Doldenblütlern angebaut werden. Gerade bei Pflanzen aus dieser Familie ist es zudem empfehlenswert, sie nicht dort zu säen, wo im Vorjahr bereits Doldenblütler standen. Zur Familie der Doldenblütler gehören: Anis, Dill, Engelwurz, Fenchel, Kerbel, Koriander,

Kräuter im Mischanbau

Kraut	Guter Nachbar für ...
Basilikum	Gurken, Kohlrabi, Schwarzwurzeln, Tomaten
Bohnenkraut	Bohnen, Zwiebeln
Borretsch	Gurken, Kohl, Rote Bete, Zucchini
Dill	Gurken, Kohl, Möhren, Salat, Zwiebeln
Fenchel	Erbsen, Gurken, Salat, Salbei
Gartenkresse	Radieschen, Rettich, Salat
Kamille	Kartoffeln, Kohl, Lauch, Sellerie, Zwiebeln
Kapuzinerkresse	Radieschen, Rettiche, Tomaten; als „Fangpflanze" für Läuse unter Obst
Kerbel	Radieschen, Salat
Knoblauch	Erdbeeren, Gurken, Möhren, Rote Bete, Salat, Tomaten
Koriander	Kartoffeln, Kohl, Rote Bete
Kümmel	Gurken, Kartoffeln
Majoran	Möhren, Zwiebeln
Petersilie	Kartoffeln, Kohl, Radieschen, Rettiche, Zucchini
Ringelblume	Kartoffeln, Kohl, Rucola
Rucola	Lauch, Möhren, Ringelblumen, Salat, Sellerie
Schnittlauch	Erdbeeren, Kohl, Möhren
Schnitt-Sellerie	Bohnen, Kamille, Kohl, Lauch, Spinat, Tomaten
Wermut	Johannisbeeren (mindert Säulenrostgefahr)

Kümmel, Liebstöckel, Petersilie, Sellerie; unter den Gemüsen außerdem Möhre und Pastinake.

Gute Partner

Dass Kräuter mit Wurzelausscheidungen das Wachstum in ihrer Umgebung beeinflussen, gilt auch für viele andere Pflanzenarten. Nachbarpflanzen werden dadurch aber nicht immer gehemmt, sondern teils sogar gefördert, da solche Ausscheidungen u. a. auch dazu dienen, Krankheiten und Schädlinge fernzuhalten. Selbst innerhalb der Doldenblütler kennt man günstige Wechselwirkungen, etwa zwischen Dill und Möhren sowie Anis und Koriander. Es gibt sogar Hinweise, dass manche Arten den Geschmack benachbarter Kräuter und Gemüse fördern. Vorteilhaft ist aber auch der intensive Duft vieler Kräuter. Er kann Schädlinge vertreiben oder ihnen zumindest das gezielte Anfliegen von Wirtspflanzen erschweren. Lavendel wird deshalb z. B. gern als Blattlausvertreiber neben Rosen gesetzt, und Pfeffer-Minze sowie Eberraute können Kohlgemüse vor Kohlweißlingen bewahren. Aromatische Mehrjährige wie Salbei, Thymian und Ysop sind ganz allgemein gute Partner für Gemüse und Zierpflanzen. Weitere Beispiele für bewährte Kombinationen sind in der Übersicht oben zusammengefasst.

Kräuter pflegen

Sagt ihnen der gewählte Standort eini-germaßen zu, gehören Kräuter zu den pflegeleichtesten Gartenpflanzen. Etwas Fürsorge ist aber schon nötig und ratsam, damit sich die Pflanzen gut entwickeln, gesund bleiben und nachhaltig aromatische Ernten liefern.

Die meiste Aufmerksamkeit brauchen frisch gesäte oder gepflanzte Kräuter. Sie benötigen auch nach dem Aufgehen bzw. Anwachsen einen gleichmäßig leicht feuchten Boden, bis sie ein kräftiges Wurzelwerk entwickelt

haben. Droht im Frühjahr nochmals ein Kälteeinbruch, werden Saaten und Jungpflanzen am besten vorübergehend insbesondere über Nacht abgedeckt. Hierfür eignen sich Vliese, Loch- oder Schlitzfolien aus dem Gartenfachhandel.

Bodenbearbeitung

Beim Hacken zwischen Jungpflanzen ist etwas Vorsicht geboten, damit die noch zarten Wurzeln nicht aus Versehen verletzt werden. Gerade in der Anfangszeit sollten auch Unkräuter besonders früh und regelmäßig entfernt werden.

Ein Gartenwiesel hilft bei der Bodenlockerung und Unkrautbekämpfung.

Hartnäckige Unkräuter sollten möglichst komplett mit Wurzeln entfernt werden.

Bodenlockerung   Verdichtet sich die obere Bodenschicht, fehlt es den Wurzeln und nützlichen Bodenorganismen an Luft, und das Regen- oder Gießwasser wird schlecht aufgenommen oder kann nicht zügig versickern. Der Boden um die Kräuter herum sollte deshalb regelmäßig gelockert werden. Mit dem Hacken werden zudem immer wieder feine Kanälchen (Kapillaren), über die das Wasser im Boden verdunsten kann, zerstört. So lässt sich der Gießbedarf deutlich vermindern.

Zwischen Saat- oder Pflanzreihen geht das Lockern bequem mit einer Ziehhacke mit kurzem Hackenblatt an zwei Bügeln, einem Kultivator oder einem Gartenwiesel. Bei unregelmäßiger Anordnung oder engem Stand ist ein kurzstieliger Handkultivator oder -grubber hilfreich; damit lässt sich sehr gezielt arbeiten, ohne die Pflanzen zu verletzen.

Unkrautbekämpfung   Bei der Bodenlockerung werden zugleich auch viele Unkräuter entfernt. Hartnäckige Wurzelunkräuter wie Disteln oder Quecken sollten aber besser sorgfältig mit der Hand oder einem Unkrautstecher herausgezogen werden, sodass möglichst keine Wurzelreste im Boden verbleiben.

Im Allgemeinen gelingt die Unkrautbekämpfung umso leichter und arbeitssparender, je regelmäßiger man aufkeimenden Wildwuchs schon im Frühstadium entfernt. Unkräuter, die reichlich Samen bilden, so etwa das Franzosenkraut, sollten spätestens in der Blüte beseitigt werden.

EXTRA

„Kraut" und „Un-Kraut"

Wie schmal der Grat zwischen „Kraut" und „Un-Kraut" ist, zeigen nicht nur schmackhafte und heilsame Pflanzen wie Brennnessel und Sauerampfer, die oft in erster Linie als unerwünschte Kulturbegleiter angesehen werden. Denn im Grunde genommen ist ein Unkraut einfach eine Pflanze, die nicht dort wächst, wo sie vom Menschen vorgesehen war. Allerdings kommt erschwerend hinzu, dass solche Gewächse oft ausgesprochen vital sind, mit den Kulturpflanzen um Wasser und Nährstoffe wetteifern und sie auf Dauer überwuchern.

In diesem Sinn können allgemein geschätzte Kräuter, z. B. Estragon oder Nachtkerze, ebenfalls zur Plage werden, wenn sie sich übermäßig durch Ausläufer oder Selbstaussaat verbreiten. Auch hier sollte man früh und regelmäßig eingreifen, einen Teil der Blüten- oder Samenstände vorbeugend entfernen oder die überzähligen Sämlinge ausrupfen und Ausläuferpflanzen mit Messer oder Spaten abtrennen.

Mulchen   Unter Mulchen versteht man die Bedeckung freier Bodenflächen, vorwiegend mit organischen Materialien. Eine Mulchschicht hat gleich mehrere Vorteile: Sie unterdrückt Unkrautaufwuchs, bewahrt die Bodenfeuchtigkeit, schützt die Oberfläche vorm Verkrusten und Verschlämmen und den Wurzelbereich vor Temperaturschwankungen. So bietet sie auch Mehrjährigen über Winter Schutz – und erspart das Hacken. Außerdem reichert die Auflage beim Verrotten den Boden mit Humus und Nährstoffen an. Als Mulchmaterialien eignen sich ausgereifter Kompost, käuflicher Rindenhumus, Rasenschnitt (am besten mit etwas Gehölzhäcksel oder Rindenmulch vermischt), Laub und klein gehäckselter Gehölzschnitt; für gut eingewachsene Pflanzen auch Rindenmulch. Mit dem Mulchen beginnt man allerdings besser erst gegen Ende Mai, wenn die erste Frühjahrs-Schneckenplage vorüber ist. Ein im Frühjahr offener Boden erwärmt sich zudem auch besser. Der Mulch wird nach Lockern des Bodens etwa 2–4 cm hoch ausgebracht und von Zeit zu Zeit erneuert.

Wenn Sie mit Rindenmulch, Laub oder Gehölzhäcksel mulchen, sollten Sie kalkliebenden Kräutern gelegentlich eine Handvoll kohlensauren oder Algenkalk gönnen, da diese Mulchmaterialien sauer wirken. Für nährstoffbedürftigere Kräuter empfiehlt sich in diesem Fall auch öfter eine stickstoffhaltige Düngung, z. B. mit Hornspänen.

Frisch gesetzte Kräuter werden kräftig angegossen, direkt in den Wurzelbereich.

Gießen & Düngen

In Bezug auf das Gießen und besonders das Düngen sind viele Kräuter recht genügsam – was aber keinesfalls heißt, dass sie völlig anspruchslos wären. Hier ist oft ein bisschen Fingerspitzengefühl gefragt.

Gießen   Mit Hacken oder Mulchen können Sie den Gießaufwand reduzieren, doch ganz ohne Wasserversorgung in regenarmen Zeiten gedeihen die wenigsten Kräuter. Selbst mediterrane Arten wie Oregano oder Salbei sind in lang anhaltenden Trockenperioden für gelegentliche Wassergaben dankbar. Starke, dauerhafte Vernässung sollte man

---

KOSMOS

TIPP

Kies, Splitt oder Schotter trägt zwar nicht zur Humusbildung bei, eignet sich ansonsten aber auch gut zur Bodenbedeckung, besonders für trockenheitsverträgliche, wärmeliebende Kräuter.

aber unbedingt vermeiden, auch bei eher feuchtigkeitsliebenden Kräutern wie Kerbel und Pfeffer-Minze – von Brunnenkresse und Bach-Minze einmal abgesehen. Am besten lässt man die Bodenoberfläche vor dem nächsten Gießgang abtrocknen und prüft mit den Fingern, ob die Schicht darunter noch genügend Feuchtigkeit aufweist.

Gegossen wird vorzugsweise ohne Brauseaufsatz direkt in den Wurzelbereich, und das möglichst vormittags oder in den frühen Abendstunden. So kommt das meiste Gießwasser auch wirklich den Pflanzen zugute, statt in der Mittagshitze zu verdunsten. Spätabendliches Gießen hat den Nachteil, dass die Pflanzen dann feucht in die kühlere Nacht gehen, wodurch die Ausbreitung von Pilzkrankheiten gefördert werden kann. Deshalb ist es auch ratsam, Blätter oder gar Blüten möglichst wenig zu benetzen. Im Hoch-

sommer tut den Pflanzen aber auch einmal eine erfrischende Blattdusche am Morgen gut. In der prallen Mittagssonne dagegen können Wassertropfen auf den Blättern wie kleine Brenngläser wirken.

Düngen Regelmäßige und reichliche Blaukorngaben sind im Kräutergarten völlig fehl am Platz. Zu hohe Düngung, besonders mit der wachstumsfördernden Hauptkomponente Stickstoff, kann nicht nur die Krankheitsanfälligkeit und Kälteempfindlichkeit erhöhen – sie kann auch deutlich den Gehalt an Wirk- und Aromastoffen mindern.

Bei mediterranen Kräutern wie Bohnenkraut, Oregano und Ysop verzichtet man am besten ganz auf eine Düngung, besonders wenn sie auf normal versorgtem Gartenboden wachsen oder mit organischen Materialien gemulcht werden.

EXTRA

Wasser umsonst aus der Tonne

In Tonnen oder Zisternen gesammeltes Regenwasser schont nicht nur die Wasserrechnung, sondern ist auch für die Pflanzen besonders bekömmlich. Bau- und Gartenmärkte bieten Regentonnen in verschiedenen Größen an, dazu allerhand praktisches Zubehör wie Fallrohrklappen, Regensammler mit Überlaufstopp, Schmutzfilter oder auch Pumpen. Da sich auf den Dächern Ruß- und Schadstoffteilchen ablagern können, sollte man den ersten Regenguss nach längerer Trockenheit vorsichtshalber nicht nutzen und in die Kanalisation ablaufen lassen. Besteht keine Möglichkeit zur Regenwassernutzung, vertragen die meisten Kräuter auch recht hartes, kalkhaltiges Leitungswasser ganz gut. Wasser aus dem Hahn sollte aber möglichst etwas angewärmt sein. Am besten befüllt man nach dem Gießen gleich wieder die Kannen; beim Abstehen kann sich dann auch ein Teil des Kalks am Boden absetzen.

Für die meisten Kräuter genügen kleinere Kompostgaben als Düngung.

Andernfalls können sie alle paar Jahre im Frühjahr eine Handvoll gut ausgereiften Kompost erhalten. Eine Kompostgabe im Frühjahr bzw. nach dem Auspflanzen reicht auch den meisten anderen Kräutern. Der Kompost wird dann um die Pflanzen herum 1–2 cm hoch ausgestreut und oberflächlich eingearbeitet. Steht kein eigener Kompost zur Verfügung, können Fertigkomposte oder Rindenhumus verwendet werden. Kalkliebende Kräuter sollten außerdem alle ein bis zwei Jahre mit dünn ausgestreutem Algen-, Dolomit- oder kohlensaurem Kalk versorgt werden, sofern der Boden nicht ohnehin schon sehr kalkhaltig ist.

Manche Kräuter haben einen etwas höheren Nährstoffbedarf, vor allem Liebstöckel, Kapuzinerkresse, Basilikum, Petersilie und Gewürzpaprika. Sie werden nach einer Startdüngung mit Kompost oder organischem Dünger im Sommer am besten ein- oder auch mehrmals nachgedüngt. Ideal sind dafür spezielle Kräuterdünger oder organische

Volldünger in fester oder flüssiger Form, da sie ihre Nährstoffe je nach Temperatur und Bodenfeuchte allmählich abgeben und keine Düngesalze enthalten. Überwinternde Pflanzen sollten nach Anfang August keinen Dünger mehr erhalten.

Schnitt & Winterschutz

Mit ein paar einfachen Handgriffen zur rechten Zeit können Sie dafür sorgen, dass Ihre Kräuter wüchsig bleiben und heil über die kalte Jahreszeit kommen.

Schneiden und verjüngen   Bei den mehrjährigen Kräutern fördert ein regelmäßiger oder gelegentlicher Rückschnitt meist die Bildung neuer Triebe. Allerdings werden Kräuter ohnehin öfter kräftig beschnitten, nämlich bei der Ernte. Durch das Abschneiden aller Triebe zum Trocknen erübrigen sich deshalb oft weitere Schnittmaßnahmen – ebenso bei einer Wurzelernte, wie etwa beim Eibisch.

Manche Mehrjährige sind typische Stauden, deren oberirdische Teile über Winter absterben, so z. B. Schaf-Garbe, Beifuß und Goldrute. Hier werden im Herbst oder Frühjahr die alten Stängel etwa handbreit über dem Boden weggeschnitten, um Platz für den Neuaustrieb zu schaffen. Teils bleiben die Stängel auch über Winter recht ansehnlich und bieten zudem etwas Kälteschutz für die Pflanzenbasis, sodass man gut bis zum Frühjahr warten kann. Andererseits lassen sich

KOSMOS

T I P P

Den wüchsigen Liebstöckel kann man sogar im Sommer kräftig zurückschneiden, wenn er unansehnlich geworden ist oder mehr Neuaustrieb mit zarten Blättern gewünscht wird.

Empfindliche Kräuter können über Winter rundum mit Stroh eingepackt werden.

Lavendel schneidet man alle zwei bis drei Jahre um rund ein Drittel zurück.

etwas frostempfindliche Stauden leichter komplett mit Winterschutzmaterial überdecken, wenn schon im Herbst geschnitten wurde.

Etliche mehrjährige Kräuter, vor allem mediterrane wie Oregano, Salbei und Thymian, zählen zu den Halbsträuchern. Mit der Zeit verholzen sie von unten her immer stärker, sodass sie an der Basis und in der Mitte verkahlen. Je nach Wuchsstärke und Alter empfiehlt sich hier alle ein bis zwei Jahre ein Rückschnitt im Frühjahr – im Allgemeinen um bis zu zwei Drittel der Trieblänge. Für kälteempfindliche Arten ist der April, in raueren Lagen sogar erst der Mai, der beste Schnitttermin. Lässt trotz des Schnitts die Neutriebbildung merklich nach, kann man viele Mehrjährige durch Teilung und Neupflanzung an anderer Stelle verjüngen.

Vor Kälte gut geschützt Bei uns heimische mehrjährige Kräuter wie Löffelkraut, Bibernelle oder Engelwurz brauchen keine besonderen Vorkehrungen. Doch in kalten Wintern kann schon bei Schnittlauch, Petersilie, Pfeffer-Minze und Zitronenmelisse ein leichter Winterschutz nicht schaden. Unverzichtbarer ist er bei den mediterranen Kräutern. Am empfindlichsten ist der Rosmarin, der in frostgeplagten Regionen am besten als Kübelpflanze kultiviert wird.

Der wichtigste Schutz draußen besteht in einer Laubabdeckung rund um die Pflanzen, um ein Durchfrieren des Wurzelbereichs zu verhindern. Für diesen Zweck eignet sich auch Rindenmulch. Zurückgeschnittene Stauden können mit diesen Materialien auch ganz überstreut werden. Zum Abdecken der oberirdischen Teile haben sich Nadelholzzweige, besonders Fichtenreisig, bewährt, die man locker dachziegelartig über die Pflanzen legt. So isolieren sie ausreichend, lassen aber Luft durch. Alternativ lässt sich Schutzvlies aus dem Gartenfachhandel verwenden, das allerdings bei starken Frösten in mehreren Lagen ausgebracht werden muss.

Kräuter in Töpfen

Auch wenn man über einen Garten verfügt, ist die Topfhaltung von Kräutern eine schöne Sache. So kann man häufig verwendete Küchen- und Teekräuter ganz nach Belieben und leicht erreichbar auf Terrasse, Balkon oder sogar am Küchenfenster platzieren.

Für Kräuter in Töpfen lassen sich leicht warme, geschützte Plätze finden.

Die Pflanzenhaltung in Gefäßen wird gern unter dem Begriff „mobiler Garten" zusammengefasst. Und tatsächlich bietet die „Mobilität" bei der Kräutergärtnerei so manche Vorteile. Wärmebedürftige Arten lassen sich in Töpfen besonders einfach an einer geschützten Stelle platzieren. Auf die reizvollen Einsatz- und Gestaltungsmöglichkeiten mit

Topfkräutern wurde bereits im einführenden Kapitel hingewiesen.

Gefäße & Pflanzerde

Größere oder breitwüchsige Kräuter wie Dill, Pfeffer-Minze oder Lavendel werden am besten einzeln in Töpfen gehalten. Kompaktere Mehrjährige, etwa Salbei oder Thymian, gedeihen auch in Mischpflanzungen in Balkonkästen oder breiten Kübeln. Allerdings sollten Pflanzen, die in einem Gefäß miteinander kombiniert werden, unbedingt ähnliche Ansprüche haben. Für Mischpflanzungen mit Gemüse oder Blumen kommen eher etwas anspruchsvollere Kräuter wie Basilikum, Petersilie oder Rucola infrage, außerdem Kapuzinerkresse und Ringelblume, die auch „klassische" Balkonblumen sind. Unter praktischen Gesichtspunkten ist es zudem einfacher, jeweils nur Einjährige oder Mehrjährige zusammenzupflanzen.

Geeignete Pflanzgefäße   Ob Töpfe oder Kästen – die Gefäße müssen groß genug sein, damit das Wurzelwerk darin bequem Platz findet und noch etwas „Luft" für das weitere Wachstum bleibt. Mehrjährige werden allerdings besser öfter umgetopft, statt gleich in überdimensionierte Gefäße zu kommen, in denen Vernässungsgefahr droht. Wo die Gefäße nicht allzu schwer sein sollen, besonders im Fall von Balkonkästen, wählt man Ausführungen in stabilem Kunststoff. Ansonsten sind Ton- oder Terrakottagefäße nicht nur ansprechender und standfester, ihre porösen Wände sorgen auch für einen vorteilhaften Luftaustausch – allerdings nur, wenn sie nicht glasiert sind. Sollen die Kräu-

Die Gefäße müssen genug Platz für das Wurzelwachstum bieten.

ter draußen überwintert werden, müssen die Gefäße frostfest sein. Diese Anforderung erfüllen auch Holzkübel, die von Zeit zu Zeit einen pflanzenverträglichen Schutzanstrich brauchen.

Alle Gefäße müssen an der Unterseite unbedingt Abzugslöcher für überschüssiges Wasser haben – sofern nicht gerade Brunnenkresse darin kultiviert werden soll. Bei den meisten Pflanzgefäßen sind zumindest entsprechende Ausstanzungen zum einfachen Durchstoßen vorhanden. Andernfalls hilft ein Bohrer.

Erden und Substrate Nährstoffliebende Kräuter entwickeln sich in hochwertiger Blumen- oder Kübelpflanzenerde recht gut, wenn man Sand oder zerkleinerte Vulkange-

steine wie Perlite und Lavagrus untermischt. Für die meisten mediterranen Kräuter sollte der Mischungsanteil solcher lockernden Stoffe allerdings bei 30–50 % liegen und zudem etwas Kalk hinzugefügt werden. Hier kommt als Alternative auch nährstoffarme Dachgartenerde für die Extensivbegrünung infrage. Zunehmend bietet der Fachhandel aber auch spezielle Kräutererden an, teils sogar auf torffreier Basis, die im Allgemeinen den Vorzug verdienen.

Säen, pflanzen, topfen

Kleinere, schnellwüchsige Kräuter, die man im Garten draußen sät, z. B. Gartenkresse, Löffelkraut und Rucola, können auch direkt in Kästen oder Töpfe gesät werden. Teils gibt es hier auch praktische Saatscheiben oder -bänder. Bei anderen Ein- und Zweijährigen ist es oft besser, vorgezogene oder gekaufte Jungpflanzen einzusetzen. Das erleichtert auch eine gemischte Bepflanzung. Bei allen gelten dieselben Saat- und Pflanztermine wie im Garten.

Topfkräuter eignen sich gut, um Wege und Treppen zu säumen.

1.

Zum Umtopfen werden die Pflanzen behutsam aus den alten Töpfen gehoben und der Wurzelballen etwas aufgelockert.

2.

Staudenartige und viele halbstrauchige Kräuter können bei der Gelegenheit auch geteilt werden, zur Vermehrung und Verjüngung.

3.

Nach dem Einsetzen die Erde um die Pflanze herum andrücken und dann gründlich gießen.

Mehrjährige Kräuter werden am besten im März/April ein- und umgetopft. Nach draußen kommen sie allerdings teils erst etwas später, je nach Kälteempfindlichkeit; Rosmarin und Kübelpflanzen wie Lorbeer z. B. erst im Mai. Bei vielen Kräutern wird das Umtopfen nur alle paar Jahre nötig; ältere Rosmarinpflanzen sollten sogar nur möglichst selten umgesetzt werden. Wählen Sie das

neue Gefäß, je nach Pflanzengröße, 2–4 cm breiter als das vorherige.

Richtig eintopfen   Zuerst werden am besten Tonscherben über die Abzugslöcher gelegt, um einem Verstopfen vorzubeugen. Füllen Sie dann eine Dränageschicht aus Blähton, Bimskies oder Kies ein. Diese sollte, je nach Gefäßgröße und Nässeempfindlichkeit der Pflanzen, 2–5 cm hoch sein. Ideal ist es, wenn Sie dann noch ein zugeschnittenes Stück Gartenvlies darüber ausbreiten; so können sich die Hohlräume nicht mit eingeschwemmter Erde zusetzen.

Nun wird etwas Erde eingefüllt und so „austariert", dass die Pflanze später in der richtigen Höhe zu stehen kommt. Beachten Sie dabei, dass zwischen der Erdoberfläche und dem Gefäßrand 1–3 cm frei bleiben müssen, damit es sich gut gießen lässt. Nach dem Einsetzen der Pflanze wird seitlich die restliche Erde aufgefüllt, oben etwas angedrückt und zum Schluss gründlich gegossen.

Pflegetipps

Kräuter in Töpfen und Kästen verlangen schon etwas mehr Aufmerksamkeit als ihre „Kollegen" im Garten. Denn selbst die beste Pflanzerde kann den Gartenboden mit seinen Reserven und der schützenden Einbettung der Wurzeln nicht ersetzen.

Gießen und Düngen   Topfkräuter müssen etwas häufiger gegossen und gedüngt werden. Vermeiden Sie aber unbedingt ein dauerhaftes Vernässen des Substrats. Hat sich überschüssiges Gieß- oder Regenwasser im Untersetzer angesammelt, sollte es umgehend ausgegossen werden. Bei teils unbedeckter Erdoberfläche in Kübeln kann auch eine vorsichtige Lockerung erfolgen, z. B. mit einem kleinen Handkultivator oder einer kräftigen Gabel. Mulchen ist bei Topfhaltung ebenfalls möglich – für die trockenheitsliebenden vorzugsweise mit feinem Kies. Je nach Nährstoffbedarf wird alle ein bis vier Wochen Kräuterdünger oder organischer Volldünger in Flüssigform ausgebracht; bei Verwendung normalen Volldüngers etwas schwächer dosiert als auf der Verpackung angegeben. Für Pflanzen, die überwintert werden, ist Anfang August Düngestopp.

Überwinterung Robuste Pflanzen, die im Garten auch strengere Winter unbeschadet überstehen, müssen nicht ins Haus genommen werden. Oft reicht es schon, wenn man sie eng nebeneinander an einen geschützten Platz nahe der Hauswand stellt. Sicherer – und vor kalten Wintern sehr ratsam – ist es allerdings, wenn zusätzlich durch gute Topfisolierung dem Durchfrieren des Wurzelballens vorgebeugt wird. Stellen Sie dazu die Töpfe auf dicke Styroporplatten oder Bretter und umhüllen Sie sie mit Luftpolsterfolie. Die Erdoberfläche kann mit Fichtenzweigen, Laub oder Zeitungen (ein paar Steine darauflegen) abgedeckt werden. Bei empfindlicheren Pflanzen bzw. in besonders frostigen Phasen empfiehlt sich zudem das Umhüllen der Triebe mit luftdurchlässigen Materialien wie Vlies, Sackleinen oder Jute.
Gerade bei mediterranen Kräutern, besonders Rosmarin, Oregano und Currykraut, empfiehlt sich in kalten Wintern eine Überwinterung im Haus. Ein Muss ist das bei Pflanzen wie Anisverbene oder Balsamstrauch. Diese sollten auch schon vor den ersten leichten Frösten, spätestens Mitte Oktober, ins Winterquartier kommen und frühestens Mitte Mai wieder ihren Platz draußen einnehmen. Gut entwickelte Lorbeersträucher vertragen sogar ein paar Minusgrade. Der optimale Überwinterungsplatz für die allermeisten Arten ist möglichst hell, recht kühl (4–12 °C) und sollte an frostfreien Tagen gelegentlich gelüftet werden.

1.
Kleinere und mittelgroße Topfkräuter lassen sich draußen platzsparend in einem großen Korb überwintern. Zuvor schneidet man sie etwas zurück.

2.
Nun wird der Korb mit isolierender Noppen- bzw. Luftpolsterfolie ausgelegt.

3.
Dann stellt man die Töpfe dicht an dicht nebeneinander in den Korb. Dieser kommt an einen geschützten Platz nahe der Hauswand.

4.
Die Zwischenräume werden mit trockenem Laub oder Stroh aufgefüllt. Bei stärkeren Frösten kann man den Korb zusätzlich mit Fichtenreisig abdecken.

Pflanzenschutz

Viele Kräuter sind robust und halten sich teils schon durch intensive Düfte so manche Plagegeister vom Leib. Doch auch sie bleiben nicht ganz von Krankheiten und Schädlingen verschont. Diese lassen sich aber oft recht einfach im Zaum halten.

Auch bei den Kräutern gibt es eine ganze Reihe potenzieller Schaderreger, viele treten aber nur recht selten auf, oft abhängig vom Wetterverlauf. In ausgesprochenen Schädlingsjahren kann es allerdings auch passie-

ren, dass z. B. sogar der Lavendel keine Blattläuse mehr vertreibt, sondern selbst befallen wird. Die zunehmend heißen, trockenen Sommer in unseren Breiten tragen wohl auch dazu bei, dass mediterrane Würzkräuter öfter unter Schädlingen leiden als früher.

Natürliche Stärkung

Pflanzen, die am passenden Standort wachsen und bedarfsgerecht gepflegt werden, sind in der Regel weniger bedroht als geschwächte Exemplare. Und selbst wenn sie

Gute Standortwahl und Pflege fördern die Widerstandskräfte der Pflanzen.

Die Pflanzen sind nicht nur auf sich selbst angewiesen: Die Natur schützt sie auch indirekt nach dem Motto „Fressen und gefressen werden". Marienkäfer und ihre Larven fressen täglich bis zu 150 Blattläuse.

befallen werden, verkraften sie dies besser und erholen sich oft wieder.

Ein gesunder Start Gründliche Bodenvorbereitung, gut abgestimmte Saat- und Pflanztermine, genügend weite Pflanzabstände und eine besonders aufmerksame Pflege im Jugendstadium – so legt man schon bei der Aussaat und Pflanzung den Grundstein für die Widerstandskraft. Denn je zügiger und kräftiger die Jungpflanzen heranwachsen, desto besser sind sie auch später gegen Schaderreger gefeit. Sehr wichtig ist zudem, dass dieselbe Art nicht ständig am selben Platz angebaut wird.

Wuchsstörungen

Wenn das Wachstum stockt, die Pflanzen kümmern oder welken, die Blätter gelblich oder braun werden, kann das sehr verschiedene Ursachen haben. Sind keine eindeutigen Anzeichen von Schaderregern zu erkennen, sollte man zuerst überlegen, ob Standort und Pflege stimmen. Verdichteter Boden, zu wenig Licht oder auch zu viel pralle Sonne, zu wenig oder zu viel Gießwasser, mangelnde, einseitige oder übermäßige Nährstoffversorgung – dies alles kann zu den eingangs genannten Symptomen führen. Manchmal handelt es sich auch um Frostschäden oder deren Spätfolgen.

Pflegefehler sollten natürlich möglichst noch korrigiert werden, Standortprobleme lassen sich oft durch Verpflanzen beheben. Ansonsten gräbt man am besten vorsichtig den Boden auf und überprüft die Wurzeln. Sind diese gesund, lässt sich die Pflanze eventuell noch durch kräftigen Rückschnitt oder Entfernen aller welken Teile retten. Wenn sie aber schon stark kümmert, wird sie besser komplett mitsamt den Wurzeln beseitigt.

Bodenbürtige Schaderreger Welken und Wuchsstörungen können auch durch Pilze, Bakterien oder Nematoden (winzige Fadenwürmer) im Boden hervorgerufen werden. Sie sind oft schlecht oder gar nicht zu erkennen und die Symptome für Laien schwer auseinanderzuhalten. Dill, Baldrian, Johanniskraut, Knoblauch und Kümmel gehören z. B. zu den Pflanzen, die gelegentlich unter solchen Schaderregern leiden.

Besteht ein Verdacht oder treten die Probleme öfter auf, kann man sich an den regional zuständigen Pflanzenschutzdienst wenden. Gegen diese Schaderreger gibt es jedoch keine zugelassenen Bekämpfungsmittel für den Hobbybereich. Hier hilft nur ein Standortwechsel bzw. eine längere Anbaupause. Von Nematoden befallene Flächen werden aber durch Gründüngung mit speziellen Ölrettich- oder Senfsorten, Tagetes oder Ringelblumen schneller „kuriert". Zur Vorbeugung gegen bodenbürtige Pilzkrankheiten an Keimlingen oder Jungpflanzen sollte man Vernässung und zu engen Stand vermeiden.

Verbreitete Pilzkrankheiten

Schadpilz	Schadbild	Befällt …
Echter Mehltau	weißliche bis hellgraue, mehlige, abwischbare Beläge auf Blattoberseiten, Trieben, Knospen und Blüten	z. B. Alant, Bohnenkraut, Borretsch, Johanniskraut, Salbei
Falscher Mehltau	blattoberseits gelbe oder braune Flecken, unterseits graue bis graubraune Beläge, teils auch an Trieben und Blüten, absterbende Blätter	z. B. Fenchel, Kamille, Kümmel, Schnittlauch
Rostpilze	pustelartige orangerote, braune, schwarze, gelbe oder weißliche Beläge auf Blättern oder am Stängelgrund	z. B. Estragon, Pfeffer-Minze, Schnittlauch, Thymian, Zitronenmelisse
Blattflecken-krankheiten	gelbliche, braune, schwarze, graue oder rötliche Flecken, teils mit dunklem Rand; oft erst zerstreut, dann zusammenfließend	z. B. Basilikum, Majoran, Petersilie, Pfeffer-Minze

Krankheiten

Die meisten Krankheiten an Kräutern werden durch Schadpilze verursacht. Die wichtigsten sind in der obenstehenden Übersicht vorgestellt.

Viren und Bakterien treten dagegen selten auf. Viruskrankheiten äußern sich oft durch mosaikartig aufgehellte bzw. gescheckte Blätter, z. B. an Knoblauch. Bakterielle Erkrankungen rufen häufig Braun- bis Schwarzfärbung von Pflanzenteilen, nasse Faulstellen sowie Schleimabsonderung hervor. Beim bakteriellen Doldenbrand von Dill, Koriander und Kümmel beispielsweise sind davon die Blüten- bzw. Samenstände betroffen.

Vorbeugung Vor allem gegen Viren, aber auch andere Pflanzenkrankheiten ist Hygiene besonders wichtig. Da Infektionen durch Pflanzensäfte auf Gartenscheren, über anhaftende Erdreste usw. erfolgen können, ist häufiges und gründliches Säubern von Geräten und Zubehör wie Anzuchtgefäßen äußerst empfehlenswert – erst recht, wenn diese zuvor mit kranken Pflanzen in Kontakt kamen. Dann kann zusätzlich auch eine

Zitronenmelisse wird gelegentlich von Rostpilzen befallen.

Desinfektion mit Alkohol erfolgen. Wo oft Viruskrankheiten auftreten, sollten zudem Pflanzensauger wie Blattläuse konsequent bekämpft werden, da diese die Erreger übertragen. Vermeiden Sie zudem unnötige Verletzungen von Pflanzen und Wurzeln und achten Sie auch beim Ernten auf saubere Schnitte, die schnell verheilen; andernfalls entstehen Eintrittspforten für Schaderreger. Die Ausbreitung von Pilzen ist an Feuchtigkeit gebunden. Entscheidend ist deshalb richtiges Gießen, ohne übermäßiges Be- und Vernässen (siehe S. 187). Auch ein recht luftiger oder etwas regengeschützter Standort für anfällige Kräuter beugt Pilzkrankheiten vor, ebenso das Vermeiden von zu engen Pflanzenabständen und überhöhter Stickstoffdüngung. Hilfreich sind auch Pflanzenstärkungsmittel aus dem Fachhandel, die bei wiederholter Anwendung die Widerstandskraft stärken, ebenso wie das Überstreuen mit Gesteinsmehlen.

Bekämpfung　　Gegen Viren und Bakterien gibt es keine wirksamen Mittel. Erkrankte Pflanzen sollten umgehend entfernt werden (und nicht auf den Kompost kommen!), inklusive Wurzeln und eventuellen Resten am Boden. Dasselbe empfiehlt sich bei starkem Pilzbefall. Bei noch weniger ausgeprägten Pilzerkrankungen kann oft schon das Entfernen betroffener Pflanzenteile die Ausbreitung eindämmen, bei Mehrjährigen auch ein kräftiger Rückschnitt.

Gegen Echten Mehltau helfen käufliche Lecithinpräparate. Es gibt zwar auch recht umweltschonende Pflanzenschutzmittel (Fungizide) auf Schwefel- oder Kupferbasis, doch darunter finden sich kaum Präparate, die vom Gesetzgeber für Kräuter im Hausgarten zugelassen sind. Es empfiehlt sich, solche Zulassungsbeschränkungen zu beachten. Die bereits erwähnten Pflanzenstärkungsmittel können bei Anfangsbefall noch eine eindäm-

mende Wirkung zeigen, besonders solche aus Ackerschachtelhalm. Gute Hausmittel sind Knoblauch- und Zwiebeltee, ebenso Auszüge aus Rainfarn (siehe S. 223–224).

Schädlinge

Bei diesen Plagegeistern unterscheidet man saugende und beißende, also Fraßschäden verursachende Schädlinge. Die wichtigsten Vertreter sind in den Übersichten auf den folgenden Seiten zusammengefasst. Bis auf die Spinnmilben und Schnecken gehören alle zu den Insekten.

Nicht zu vergessen sind Wühl- und Feldmäuse, die in manchen Gärten durch ihre unterirdischen Gänge und den Fraß an Wurzeln oder auch Sämlingen und Jungpflanzen sehr lästig werden. Kaiserkrone und Wolfsmilch haben, wenn sehr zahlreich gepflanzt, eine gewisse Abwehrwirkung, auf die man sich aber nicht unbedingt verlassen kann. Ähnlich verhält es sich mit anderen Vergrämungs- und Hausmitteln. Bei starker Heimsuchung kann der Griff zu Wühlmausfallen oder Giftködern helfen. Maulwürfe dagegen „nerven" fast nur durch ihre Wühltätigkeit und sind ansonsten nützliche Schädlingsvertilger. Da sie unter Naturschutz stehen, dürfen gegen sie nur Vergrämungsmittel eingesetzt werden.

Vorbeugung　　Was gegen Pilzkrankheiten empfohlen wurde, mindert oft auch die Anfälligkeit für tierische Schädlinge, z. B. zurückhaltende Stickstoffdüngung, genügend große Pflanzenabstände sowie Pflanzenstärkungsmittel. Anders als Schadpilze werden aber viele Schädlinge durch Trockenheit und Hitze gefördert, besonders Spinnmilben, Blattläuse und Erdflöhe. Eine gute, gleichmäßige Wasserversorgung kann den Befallsdruck vermindern, gegen Erdflöhe ist außerdem häufige Bodenlockerung wichtig. Sehr

Schädlinge mit Fraßschäden

Schädlinge	Schadbild / Verursacher	befallen ...
Blattkäfer	zahlreiche kleine Löcher in den Blättern, teils Kahlfraß/meist 3–5 mm groß, dunkel und metallisch glänzend, Minzkäfer blauschwarz	z. B. Johanniskraut, Lavendel, Pfeffer-Minze
Erdflöhe	ähnlich wie bei Blattkäfer, oft schon Keimblätter durchlöchert /1,5–3 mm groß, blauschwarz glänzend oder dunkelgrün, sehr beweglich	v. a. Barbarakraut, Kresse, Meerrettich, Rucola, Senf
Glattkäfer	zerfressene Blütenköpfe/sehr klein, schwarz oder braun	Kamille
Schmetterlings-raupen	Fenster- oder Kahlfraß an Blättern, Blätter und Triebe teils mit Fäden umwickelt/meist 1–4 cm lang und grün, grüngelb, bräunlich oder auffällig gefärbt bzw. gestreift	z. B. Kresse, Lavendel, Oregano, Zitronenmelisse
Nacktschnecken	Loch-, Schabe- oder Kahlfraß, oft glänzende Schleimspuren /1–15 cm lang, braun, rötlich, orange, grau, schwarz, gelb oder weißlich, tagsüber versteckt	v. a. junge Pflanzen, z. B. Basilikum, Fenchel, Liebstöckel

anfällige Pflanzen sollten möglichst nicht vor einer hellen Wand oder neben Steinplatten stehen, da in diesem Umfeld besonders günstige Bedingungen für die Schädlinge herrschen. Gegen Gemüsefliegen und andere Schädlinge helfen Pflanzenschutznetze, die vor allem im April/Mai über gefährdeten Pflanzen ausgebreitet werden. Und die sicherste Vorbeugung gegen Schnecken, die bevorzugt an jungen Pflanzen fressen, bieten immer noch Schneckenzäune.

Bekämpfung Viele Schädlinge bekommt man schon gut in den Griff, wenn man sie des Öfteren konsequent abstreift, absammelt oder mit Wasser abspritzt. Das Entfernen stark befallener Pflanzenteile hilft ebenfalls beim Eindämmen. Schnecken lassen sich am besten morgens oder abends unter ausgelegten Brettern oder Säcken absammeln. Ebenerdig in den Boden eingegrabene, halb mit Bier gefüllte Becher haben sich als wirksame Schneckenfallen erwiesen: Die Tiere ertrinken dort quasi im Alkohol, dessen Duft sie anzieht. Allerdings scheinen

solche Fallen manchmal mehr Schnecken anzulocken als zu beseitigen. Gegen manche Schädlinge, besonders Erdflöhe, hilft auch mehrmaliges Überstreuen mit Gesteinsmehl. Für Kräuter zugelassene Pflanzenschutzmittel basieren meist auf Rapsöl oder Kaliseife und wirken vor allem gegen saugende Schädlinge wie Blattläuse und Spinnmilben. Gegen Schnecken gibt es Köder mit dem Wirkstoff Eisen-III-Phosphat, die weder für Menschen und Haustiere noch für Nützlinge giftig sind. Weiße Fliegen im Zimmer oder Gewächshaus können mit beleimten Gelbtafeln oder -stickern gefangen werden. Für Kräuter im Haus lassen sich sogar über den Fachhandel beziehbare Nützlinge gezielt einsetzen, z. B. Florfliegen gegen Blattläuse und Thripse oder Raubmilben gegen Spinnmilben. Siehe S.64–66.
Gegen viele Schädlinge haben sich auch eigene Zubereitungen aus Wermut, Brennnessel und Rainfarn bewährt.

Kulturschutznetze bewahren Jungpflanzen vor der Eiablage von Gemüsefliegen.

Schädlinge mit Saugschäden

Schädlinge	Schadbild / Verursacher	befallen …
Blattläuse	Blätter eingerollt, gekräuselt, klebrig, Triebe, Knospen und Blüten deformiert / 2–6 mm groß, meist grün, schwarz oder grau, in Kolonien, meist an jungen Triebspitzen und Blattunterseiten	sehr viele Pflanzen, z. B. Baldrian, Basilikum, Borretsch, Dill, Kamille, Kümmel, Liebstöckel
Spinnmilben	punktförmige, helle bis silbrige Saugstellen, eingerollte, abfallende Blätter / winzig, gelbgrün, bräunlich oder rötlich, meist an den Blattunterseiten	z. B. Basilikum, Eibisch, Paprika; öfter an Zimmerkräutern
Zikaden	gelblich oder weiß gesprenkelte, vergilbende Blätter / 3–5 mm groß, grünlich, bräunlich, teils mit schwarzroten Flecken, bei Annäherung wegspringend	z. B. Alant, Eibisch, Pfeffer-Minze, Zitronenmelisse
Blattwanzen	Blätter mit unregelmäßig verteilten, verschieden großen Löchern, deformierte Triebspitzen, Knospen oder Blüten / 5–10 mm groß, grün oder bräunlich	z. B. Baldrian, Dill, Fenchel, Koriander, Zitronenmelisse
Schildläuse	Wachstumshemmung, Blattvergilbung, teils absterbende Triebspitzen / versteckt unter 1–2 mm großen, braunen, rötlichen oder gelben, harten Schilden	besonders an im Haus zu warm überwinterten Pflanzen, z. B. Lorbeer
Weiße Fliege	Blätter mit kleinen hellen Flecken, oft klebrig, trocknen bei starkem Befall ein und fallen ab / 2–3 mm groß, mit weißlich überpuderten Flügeln, oft zahlreich auffliegend	z. B. Basilikum, Rosmarin, Salbei; öfter an Zimmerkräutern
Thripse	punktförmige, helle bis silbrige Saugstellen, daneben schwarze Kotfleckchen / 1–2 mm groß, weißlich bis braunschwarz, meist an den Blattunterseiten	z. B. Liebstöckel, Thymian, Zitronenmelisse; öfter an Zimmerkräutern
Gemüsefliegen	Fraßgänge in Blättern und anderen Pflanzenteilen, teils starke Welke / kleine Fliegen mit oft hellen, 0,5–1 cm langen Maden	z. B. Knoblauch, Schnittlauch, Liebstöckel

Ernten & konservieren

Man muss aus der Kräuterernte und -konservierung keine Wissenschaft machen. Doch ein wenig Sorgfalt und gutes „Timing" lohnen sich unbedingt, um in den optimalen Genuss der wertvollen Inhaltsstoffe zu kommen und zugleich die Pflanzen zu schonen.

Bei unpassend geernteten oder unzureichend aufbewahrten Würzkräutern machen sich die Versäumnisse deutlich bemerkbar: Sie entfalten kaum Aroma. Auch bei Heilkräutern weisen mangelnder Duft oder Geschmack meist darauf hin, dass die Wirkstoffgehalte nicht im erwünschten Maß ausgeprägt sind.

Die Triebe sollten möglichst sauber und schonend abgeschnitten werden.

Kräuterernte

Die nebenstehende Übersicht zeigt, was wann zu ernten ist – je nach genutztem Pflanzenteil und vorgesehener Verwendung. Auf besondere Details und kleine Abweichungen wird in den Porträts (ab S. 225) hingewiesen.

Wirkstoffanreicherung nutzen   Bei den meisten Kräutern steigt der Wirkstoffgehalt in den Blättern und Trieben bis etwa zur Blütenknospenbildung an, auch bedingt durch den sommerlichen Sonnen- und Wärmegenuss. Danach investiert die Pflanze ihre Kraft vorwiegend in die Blüten- und Samenentwicklung. Der beste Erntezeitpunkt für Trocknung und Konservierung liegt deshalb meist kurz vor der Blüte – vorzugsweise nach ein paar sonnigen Tagen und nicht nach einer trüben, verregneten Phase. Letzteres gilt

auch für die Blüten- und Samenernte. Erntet man stattdessen Frisches ganz nach Bedarf, nimmt man teils geringere Konzentrationen in Kauf. Dafür gibt es keine Konservierungsverluste, und schließlich kann man, wenn nötig, einfach ein paar Blättchen mehr z. B. für den Salat oder Tee pflücken.

Schonende Erntetechnik   Beim Ernten sollte man unbedingt grobe Verletzungen vermeiden. Blätter, Triebspitzen und Blüten werden per Hand abgezupft, abgeknipst oder mit scharfem Messer bzw. Schere abgeschnitten. Saubere Schnitte sind auch für die Ernte des gesamten Krauts sehr ratsam. Werden größere Mengen gepflückt oder geschnitten, kommt das Erntegut locker und nicht allzu hoch aufgeschichtet in einen luftigen Korb oder einen mit Löchern versehenen Karton. Bis er ins Haus gebracht wird, sollte er an einem schattigen Platz stehen. Reife Samen können auf ein Tablett o. Ä. ausgeschüttelt werden, doch meist ist es

Kräuterernte zur rechten Zeit

Erntegut	Zeitpunkt	Beispiele
Junge Blätter oder Triebspitzen	fortlaufend, ab der Entwicklung als kräftige Pflanze bis zum Herbst, teils auch über Winter; Ein- und Zweijährige in der Regel nur vor Blüh-beginn	Basilikum, Dill, Estragon, Löffelkraut, Majoran, Peter-silie, Rucola, Schnittlauch, Schnitt-Sellerie, Zitronen-melisse
Ganze Triebe zum Trocknen bzw. Konservieren	meist kurz vor der Blüte, teils auch zu Blühbe-ginn, seltener in der Vollblüte	Bohnenkraut, Pfeffer-Minze, Salbei, Thymian; im Blü-tenstadium z. B. Oregano, Schaf-Garbe, Ysop
Blüten, Blüten-triebe	gleich nach vollständigem Öffnen der Blüten oder zum Blühbeginn	Beifuß, Bibernelle, Dill, Gold-rute, Johanniskraut, Kamille, Kapuzinerkresse, Lavendel, Nachtkerze, Ringelblume
Samen	nach voller Ausreife, wenn die Samen braun werden bzw. sich leicht aus den Fruchtständen streifen lassen	Anis, Bibernelle, Dill, Engel-wurz, Fenchel, Koriander, Kümmel, Liebstöckel, Senf
Wurzeln und an-dere unterirdische Organe	Spätherbst bis Frühjahr bzw. nach Absterben der oberirdischen Teile; bei Mehrjährigen vorzugs-weise erst im 2. oder 3. Jahr	Bärlauch, Baldrian, Beinwell, Bibernelle, Eibisch, Engel-wurz, Knoblauch, Liebstö-ckel, Meerrettich, Nachtker-ze, Wurzelpetersilie

von Vorteil, die kompletten Samen- bzw. Fruchtstände abzuschneiden.

Wurzeln sollten möglichst großzügig ausge-graben oder mit einer Grabegabel vorsichtig herausgehebelt werden. Man lässt sie dann etwas abtrocknen, bevor man behutsam die Erdreste abstreift und abwäscht.

Verträgliche Erntemengen   Sollen die Kräuter nicht nur einmal komplett beerntet werden, ist es wichtig, ihnen ausreichend Reserve für den Neuaustrieb zu belassen. Bei der fortlaufenden Ernte beschränkt man sich am besten – als ganz grobe Faustregel – auf maximal ein Fünftel der Pflanzenmasse, je nach Wuchsstärke, Jahreszeit und Erntehäu-figkeit. Bei der Ernte ganzer Triebe schneidet man Einjährige in der Regel handbreit über dem Boden, bei Mehrjährigen erntet man nur das obere Drittel oder, falls recht starkwüch-sig, etwa die Hälfte. Von sehr jungen, noch

schwach entwickelten Halbsträuchern und Stauden werden in den ersten ein bis zwei Jahren besser nur einzelne Triebe geerntet.

Am besten erntet man am Vormittag, nach dem Abtrocknen der Morgenfeuchte.

Zum Trocknen werden die Stängel gebündelt und kopfüber aufgehängt.

Kräuter konservieren

Das Trocknen ist das älteste und einfachste Verfahren, um Kräuter längere Zeit haltbar zu machen. Sachgemäß getrocknete und aufbewahrte Kräuter behalten bis zu einem Jahr genügend Aroma zur Nutzung als Würze oder Tee. Verluste der leicht flüchtigen ätherischen Öle halten sich in Grenzen, wenn man das Erntegut recht zügig, aber nicht übermäßig heiß trocknet und es schon ab dem Schnitt vor direkter Sonnenbestrahlung schützt. Zum Trocknen geeignete Kräuter sind im Porträtteil (ab S. 225) durch ein entsprechendes Symbol gekennzeichnet.

Wo trocknen? Altbewährt ist das Aufhängen oder Auslegen der Kräuter an einem warmen, recht schattigen Ort, an dem die Luft möglichst gut zirkulieren kann, z. B. auf dem Dachboden, in einem Schuppen oder an einem überdachten Platz im Freien, etwa auf der Terrasse.

Die Temperaturen sollten tagsüber zwischen 30 und 35 °C erreichen – auf einem Dachboden kann es im Hochsommer für eine schonende Trocknung schon zu heiß werden. Beim Trocknen in geschlossenen Räumen muss man häufig lüften.

Wie trocknen? Die Pflanzenteile sollten möglichst nicht gewaschen werden. Staub oder kleine Erdreste beseitigt man durch vorsichtiges Ausschütteln. Stärker verschmutzte Blätter kann man mit sanftem Wasserstrahl abspülen und tupft sie anschließend gleich mit Küchenpapier trocken. Stark beschädigte oder krankheitsverdächtige Teile werden ausgelassen. Dann werden die Stängel unten zu lockeren Bündeln zusammengebunden und, z. B. an aufgespannten Schnüren, kopfüber aufgehängt. Binden Sie jeweils nur Triebe derselben Art zusammen, und zwar höchstens acht bis zehn pro Bündel.

Kopfüber aufgehängt werden auch Samenstände. Um Verlusten durch ausfallende Samen vorzubeugen, packt man sie entweder in gut luftdurchlässige Stoffbeutel oder legt große Papierbögen, Tücher oder Tabletts darunter.

Kleinere Stängel, Triebspitzen, Samenstände sowie einzelne Blätter und Blüten können Sie zum Trocknen auch in dünner Schicht nebeneinander ausbreiten, etwa in flachen Holzkisten, Körben oder großen Sieben. Ideal ist allerdings eine erhöht angebrachte bzw. auf einem Gestell aufgespannte Unterlage aus Gaze, Mull, Vlies oder feinmaschigem Draht, bei der die Luft auch von unten gut zirkulieren kann.

Trocknung im Backofen   Unter einer Schnelltrocknung mit künstlicher Wärme kann zwar das Aroma ein wenig leiden, doch falls kein passender Trocknungsort zur Verfügung steht, ist das eine brauchbare Methode. Breiten Sie dazu die Pflanzenteile locker auf Alufolie oder Backpapier über einem Rost im Backofen aus, stellen Sie ihn maximal auf 35 °C ein und lassen Sie die Backofentür einen Spalt offen, damit das verdunstende Wasser entweichen kann. Oft sind die Kräuter schon nach einigen Stunden trocken. Sogar nur wenige Minuten dauert es in der Mikrowelle. Hier legt man die Kräuter auf Küchenpapier, das die Feuchtigkeit aufnimmt, und deckt sie auch mit solchem ab. Etwas schonender ist die Trocknung in einem Dörrapparat, der nach dem Ausbreiten der Kräuter auf den Rosten auf die niedrigste Stufe eingestellt wird.

Nach einer künstlichen Trocknung müssen alle Pflanzenteile an einem schattigen Platz gut abkühlen können, bevor sie weiterverarbeitet werden.

Trocknen von Wurzeln   Wurzeln, etwa von Beinwell oder Engelwurz, brauchen zum Trocknen höhere Temperaturen. Sie sollten

Kleinere Pflanzenteile lassen sich gut auf Sieben oder flachen Körben trocknen.

recht zügig trocknen, da sie andernfalls leicht schimmeln. Hier ist der Backofen, wie zuvor beschrieben, die beste Lösung – in diesem Fall allerdings auf 50–60 °C eingestellt. Zuvor werden die Wurzeln behutsam mit Wasser gesäubert, etwas trocken getupft und, wenn nötig, halbiert oder in kleinere Stücke zerteilt.

EXTRA

Richtige Aufbewahrung

Bei Lufttrocknung zwischen 30 und 35 °C sind die meisten Blätter nach einer Woche trocken, teils schon nach vier Tagen. Sie rascheln dann und zerbröseln leicht, die Stängel splittern schnell. Auch Samen lassen sich nach rund einer Woche meist gut ausschütteln. Blüten brauchen oft etwa zwei Wochen. Nun werden die Blätter von den Stängeln abgetrennt und, wenn sie etwas größer sind, gerebelt, d. h. zwischen den

Fingern oder mithilfe eines Siebs zerrieben. Dann kommen sie am besten in dunkel getönte, luftdicht verschließbare Schraubgläser, die an einem dunklen, relativ kühlen Ort aufbewahrt werden. Versehen Sie die Gläser mit Etiketten und notieren Sie darauf den Pflanzennamen sowie das Erntedatum. Andere Pflanzenteile werden ebenso gelagert; Samen lassen sich aber auch gut in Papiertüten aufbewahren.

Meist ist es ratsam, die Kräuter zum Einfrieren klein zu schneiden.

Kräuter einfrieren   Von fast allen Küchenkräutern lassen sich Blätter und Triebspitzen einfrieren. Sie bleiben dann ungefähr ein Jahr lang gut verwendbar. Die Kräuter müssen allerdings gleich nach der Entnahme aus dem Tiefkühlfach verbraucht werden. Frieren Sie deshalb stets nur kleine Portionen ein, die jeweils zum Würzen einer Mahlzeit reichen.

Frisch geerntete Pflanzenteile werden zunächst unter sanft fließendem Wasser abgewaschen und mit einem Küchentuch trocken getupft, dann als Ganzes oder klein geschnitten luftdicht in kleine Gefrierbeutel oder Plastikdosen gepackt. Eine andere Möglichkeit ist das Einlegen zerkleinerter Kräuter in mit Wasser gefüllte Eiswürfelschalen. Nach dem Gefrieren verpackt man die Würfel in Plastikbeutel oder -dosen. Zum Schluss sollte alles genau beschriftet werden – unbedingt inklusive Einfrierdatum.

Einlegen in Öl oder Essig   Die praktische Methode des Einfrierens stand unseren Vorfahren noch nicht zur Verfügung. Doch dafür ersannen sie neben dem Trocknen noch manch andere pfiffige Praktik, etwa das Einlegen in Essig oder Öl. Die hier genannten Verfahren eignen sich in erster Linie für Würzkräuter.

Bei dieser Methode werden die Aromastoffe der Kräuter extrahiert und in Öl oder Essig gebunden. Dies eignet sich vor allem für Kräuter mit ausgeprägtem Aroma, etwa Basilikum, Bärlauch, Dill, Estragon, Rosmarin

KOSMOS   **TIPP**

Beim Auftauen werden die Kräuter recht „matschig", außerdem verlieren sie einen Teil ihrer Aromastoffe. Gefrorene Kräuter eignen sich deshalb am besten für Kochgerichte, denen sie noch gefroren kurz vor Ende der Garzeit zugegeben werden.

oder Thymian. Verwenden Sie dafür nur gute, kaltgepresste Pflanzenöle (z. B. Distel-, Olivenöl) und hochwertige Wein- oder Obstessige.

Zum Ansetzen brauchen Sie gut verschließbare Flaschen oder hohe Gläser. Von kleinblättrigen Kräutern legt man ganze Stängel oder Triebspitzen ein. Sie werden zuvor von vertrockneten Partien befreit, behutsam abgespült und trocken getupft. Meist genügen drei bis vier Stängel auf einen halben Liter Öl oder einen Liter Essig. Oder man legt einfach so viele Kräuter ein, dass der Boden gut bedeckt ist. Dann wird Öl oder Essig eingefüllt, bis die Kräuter komplett untergetaucht sind. Anschließend werden die Gefäße gut verschlossen und an einen warmen, hellen Fensterplatz gestellt.

Nun lässt man die Kräuter etwa zwei bis drei Wochen ziehen, im Essig bis zu vier Wochen. Kräuteransätze in Öl sollten während dieser Zeit öfter leicht geschüttelt werden. Zum Schluss werden die Pflanzenreste über ein Sieb oder Tuch abgeseiht, die Flüssigkeit in saubere Flaschen umgefüllt, etikettiert und dann an einem dunklen, kühlen Platz aufbewahrt. Kräuteröle halten sich so etliche Monate, Kräuteressige sogar ein paar Jahre.

Kräuterpasten Kräuterpasten nach dem Vorbild des Pesto sind eine besondere Variante der Konservierung in Öl. Sie können nicht nur aus Basilikum, sondern z. B. auch aus Kerbel, Oregano oder Bärlauch hergestellt werden. Dabei kommen 100 ml Öl auf 100 g sehr fein gehackte oder in einem Mörser zerstoßene Kräuter, denen man ein paar Prisen Salz hinzugibt. Das Öl wird am besten tropfenweise untergerührt. Zum Ansetzen eines „echten" Basilikum-Pestos gehören außerdem geröstete Pinienkerne und etwas Knoblauch.

Kräuter einsalzen In früheren Zeiten war dies eine übliche Konservierungsmethode etwa für Dill, Liebstöckel oder Petersilie. Dabei werden die klein geschnittenen Kräuter mit Salz in Gläsern aufgeschichtet. Auf jede Kräuterschicht folgt eine dünnere Salzlage (etwa ein Viertel oder Drittel so hoch wie die Kräuter). Die gut verschlossenen Gefäße werden dann an einem dunklen, kühlen Platz aufbewahrt. Die Aromaverluste sind allerdings relativ hoch, und das Würzen wird zwangsläufig zu einer recht salzigen Angelegenheit.

Für die moderne Küche ist ein selbst hergestelltes Kräutersalz die bessere Alternative. Es dient allerdings weniger dem Konservieren, sondern einfach als aromatischer Ersatz für normales Kochsalz. Nach bewährtem Mischungsrezept gibt man 200 g Salz auf 1000 g fein zerhackte Frischkräuter bzw. 500 g Trockenkräuter. Dafür eignen sich z. B. Basilikum, Bohnenkraut oder Rosmarin.

Selbst hergestellte Kräuteröle sind eine schöne, individuelle Geschenkidee.

Würzen & genießen

Ob gekochte Speisen, Rohkost oder Süßes – für alles ist ein Kraut gewachsen, das den Geschmack optimal verfeinern und abrunden kann. Das „gewisse Etwas" in der hohen Kochkunst basiert oft auf dem gezielten, fein abgestimmten Gebrauch von Kräutern.

Wie bei allem ist auch bei der Kräuterverwendung noch kein Meister vom Himmel gefallen: Das Ausprobieren und Sammeln von Erfahrungen kann einem kein Buch abnehmen – und schließlich ist immer der eigene Geschmack entscheidend. Rezepte in Zeitschriften, Büchern oder aus dem Internet bieten aber oft eine gute Ausgangsbasis.

Kräuter in der Küche

Mit etwas Lust am Experimentieren stößt man immer wieder auf neue Gaumenfreuden, etwa auch in Form ganz individueller Kräutermischungen. Dabei kann die nebenstehende Übersicht mit den wichtigsten Würzkräutern für verschiedene Speisen erste Anhaltspunkte liefern.

Geschmackliche Abrundung Gerade bei Braten und fetten Fleischgerichten, aber auch bei „gehaltvollen" Gemüsespeisen und Eintöpfen verbessern Kräuter nicht nur den Geschmack, sondern auch Bekömmlichkeit und Verdaulichkeit. Das gilt besonders z. B. für Beifuß, Estragon, Koriander und Thymian. Dies lässt sich beispielsweise auch bei Kar-

Mit Kräutern wie Schnittlauch lässt sich selbst ein einfaches Quarkbrot „veredeln".

Bei der Kräuterwahl für Salate kann man ganz aus dem Vollen schöpfen.

toffeln vorzüglich nutzen: Bratkartoffeln mit Majoran und Backkartoffeln mit Rosmarin sind schmackhafte „Klassiker".
Kräuter können alle Speisen bekömmlicher machen. Doch beispielsweise bei magerem Fleisch, bei Fischgerichten oder Suppen steht zunächst einmal das Fördern eines markanten Aromas im Vordergrund, sodass hier vorzugsweise Würzen mit deutlichem Eigengeschmack gefragt sind. Allerdings: Je prägnanter der Geschmack, desto behutsamer sollten die Kräuter zunächst eingesetzt werden.

Salate – Gesundheit pur In Salaten geben – möglichst nur frisch verwendete – aromatische, gern auch etwas scharfe Kräuter dem knackigen Grün oft erst den richtigen Pep. Zudem fügen sie der gesunden Kost teils noch reichlich Vitamine und Mineralstoffe hinzu. Manche Arten, wie Portulak oder Rucola, eignen sich sogar als Hauptbestandteile eines Salats. Winter- und Frühlingssalate, z. B. mit Barbarakraut, Löffelkraut oder jungen Brennnesselblättern, können als regelrechte Entschlackungskur eingesetzt werden.

Bewährte Kräuterverwendung

Gericht	Passende Kräuter
Schweinefleisch	Beifuß, Fenchel, Gewürzpaprika, Kerbel, Knoblauch, Koriander, Kümmel, Liebstöckel, Majoran, Salbei, Thymian
Rindfleisch	Basilikum, Bohnenkraut, Estragon, Kerbel, Liebstöckel, Lorbeer, Meerrettich, Oregano, Petersilie, Rosmarin, Salbei, Thymian
Lammfleisch	Basilikum, Bohnenkraut, Dill, Kerbel, Knoblauch, Liebstöckel, Oregano, Petersilie, Pfeffer-Minze, Rosmarin, Salbei, Thymian, Weinraute
Geflügel	Beifuß, Currykraut, Estragon, Gewürzpaprika, Liebstöckel, Lorbeer, Majoran, Rosmarin, Salbei, Schnittlauch, Thymian
Wild	Bohnenkraut, Liebstöckel, Lorbeer, Majoran, Rosmarin, Salbei
Hackfleisch	Basilikum, Koriander, Majoran, Pfeffer-Minze, Thymian
Fisch	Basilikum, Borretsch, Currykraut, Dill, Eberraute, Fenchel, Kerbel, Liebstöckel, Meerrettich, Rosmarin, Salbei, Schnittknoblauch, Schnittlauch
Gemüse	Bärlauch, Basilikum, Bohnenkraut, Brunnenkresse, Currykraut, Estragon, Kerbel, Knoblauch, Lorbeer, Petersilie, Pimpinelle, Schnittlauch, Thymian
Suppen und Eintöpfe	Bärlauch, Bohnenkraut, Estragon, Kerbel, Knoblauch, Koriander, Liebstöckel, Majoran, Petersilie, Portulak, Schnittlauch, Schnitt-Sellerie, Thymian
Pizza und Nudeln	Basilikum, Estragon, Gewürzpaprika, Knoblauch, Oregano, Rosmarin, Rucola, Thymian
Eierspeisen	Beifuß, Brunnenkresse, Dill, Gewürzpaprika, Kapuzinerkresse, Kerbel, Kresse, Löffelkraut, Petersilie, Schnittlauch, Weinraute
Salate	Bärlauch, Basilikum, Borretsch, Brunnenkresse, Dill, Gewürzpaprika, Kapuzinerkresse, Kresse, Löffelkraut, Petersilie, Pimpinelle, Portulak, Rucola, Sauerampfer, Schnittlauch, Schnitt-Sellerie, Zitronenmelisse

Mit einem Wiegemesser lassen sich Kräuter besonders gut zerkleinern.

Zubereitungstipps   Keine Regel ohne Ausnahme: Das gilt gerade auch für die Frage, inwieweit man Kräuter mitkocht. Im Allgemeinen jedoch werden zarte und eher „saftige" Kräuter wie Basilikum, Petersilie oder Schnittlauch gar nicht mitgekocht oder höchstens kurz vor Ende der Garzeit zugegeben. Letzteres empfiehlt sich auch für die meisten anderen Kräuter. Etwas derbere Kräuter wie Bohnenkraut, Rosmarin, Thymian dagegen sollten wenigstens einige Minuten oder – besonders im Fall von Lorbeer und Chili – von Anfang an mitkochen.

KOSMOS

TIPP

Zum schonenden Zerkleinern frischer Kräuter eignet sich am besten ein spezielles Kräuterwiegemesser, das meist schon mit passendem Holzbrett angeboten wird, oder auch ein Keramikmesser.

Das betrifft allerdings nur frische Kräuter. Getrocknete werden in der Regel mitgekocht bzw. spätestens beim Abschmecken mit Salz und Pfeffer zugegeben. Von getrockneten Kräutern reicht oft schon ein Drittel der Menge, die man von Frischkräutern verwendet.

Kräuterquark & -butter

Durch Überstreuen mit Kräutern lassen sich nach Belieben Brote mit Käse oder Streichwurst jeder Art verfeinern. Doch in Kombination mit Butter oder Quark munden viele von ihnen so köstlich, dass man kaum noch einen weiteren Brotbelag vermisst.

Kräuterquark   Ob als Brotaufstrich, zu Pellkartoffeln, als Dip zu gegrilltem Fleisch oder Rohkostplatten oder als gehaltvoller „Klecks" im Salat: Kräuterquark lässt sich als gesunde, erfrischende Speise vielfältig einsetzen. Ganz nach Vorliebe kann Mager- oder Sahnequark Verwendung finden und z. B. etwas Sahne, Crème fraîche, Joghurt, Essig oder Öl zugegeben werden.
Die „klassischen" Quarkkräuter sind Petersilie und Schnittlauch, oft im Verein mit Zwiebeln. Beliebt ist auch leicht Scharfes wie Brunnen-, Garten-, Kapuzinerkresse oder Löffelkraut. Aber gerade beim Quark können Sie vielerlei Kräuter und Kombinationen ausprobieren. Gourmets schätzen z. B. auch Borretsch, Dill, Estragon, Kerbel, Pimpinelle, Sauerampfer oder Tripmadam als Quarkzutaten, und mit Salbei, Pfeffer-Minze oder Zitronenmelisse lassen sich nicht ganz alltägliche Geschmacksnoten erzielen.

Kräuterbutter   Eine aromatische Kräuterbutter schmeckt auf Baguette oder frischem Vollkornbrot ebenso wie z. B. an Steaks oder mit Folienkartoffeln. Die zuvor einige Zeit bei Zimmertemperatur aufgestellte Butter kann einfach in einer Schüssel mit der Gabel zer-

Borretschblüten dienen als dezente Würze und zugleich als appetitliche Dekoration.

Süßspeisen & Getränke

Mit Kochtopf, Backofen, Salatschüssel oder Brotzeit hat sich der Kräutergenuss noch lange nicht erschöpft. Auch Süßes, Erfrischendes oder Alkoholisches mundet mit Kräuteraroma oft noch besser.

Süßspeisen Manche Kräuter können Desserts und Süßspeisen wie Obstsalat, Kompott oder Eis eine ganz eigene Note verleihen. Traditionell kommt hier Anis und Koriander große Bedeutung zu, vor allem als Zutat für Plätzchen und anderes Gebäck. Ansonsten sind in Kombination mit Süßem besonders Zitronenmelisse und Pfeffer-Minze interessant, außerdem speziellere Arten mit mildem bis fruchtigem Aroma, etwa Anis–Ysop, Muskateller-Salbei, Orangen-Thymian, Zimt-Basilikum oder Zitronengras.

drückt werden. Dann fügt man die frischen, klein geschnittenen Kräuter und, wenn man ihn mag, Knoblauch aus der Presse hinzu, vermischt alles gut und schmeckt das Ganze mit Salz und Pfeffer ab. Mit einem Mixer zum Verrühren der Butter und allmählichem Untermischen der Kräuter wird die Kräuterbutter etwas cremiger und die Aromen vermischen sich noch besser.
Vier bis fünf verschiedene Kräuter sind für eine gute Kräuterbutter meist ausreichend, mehr führt eher zu einem Geschmackswirrwarr. Gut eignen sich z. B. Basilikum, Estragon, Kerbel, Majoran, Oregano, Petersilie, Rosmarin, Schnittlauch und Thymian. Einzelne Komponenten können getrocknet sein, doch Frischkräuter verdienen den Vorzug. Die Zugabe von fein gehackten Schalotten und etwas Zitronensaft verleiht der Kräuterbutter ein Flair von französischer Küche. Eingefroren hält Kräuterbutter etwa ein halbes Jahr.

Ein paar Kräuterblättchen können auch Obstsalate optimal abrunden.

Waldmeister verfeinert Maibowlen, andere alkoholische Getränke und Süßspeisen.

Basilikum, Borretsch, Brunnenkresse, Dill, Kerbel oder Petersilie. Sie können kalt mit Milch, Buttermilch, Trinkjoghurt oder auch Mineralwasser angerührt werden, am besten mit einem Mixer. Im Allgemeinen empfiehlt es sich, die Kräuter zu pürieren. Je nach bevorzugter Geschmacksrichtung gibt man Salz, Pfeffer, Zitronensaft oder etwas Koriander hinzu. Eine schmackhafte Ergänzung für Joghurt- und Buttermilchdrinks sind klein geschnittene oder gehobelte Salatgurken.

Kräutercocktails   Schon die vorgenannten Drinks werden manchmal als Kräutercocktails bezeichnet. Ein „echter" Cocktail entsteht jedoch in einem Cocktailmixer, kombiniert den Kräutergeschmack mit Fruchtigem, Süßem und/oder Alkohol und wird standesgemäß im Cocktailglas samt Röhrchen serviert – am schönsten garniert mit einem frischen Kräuterzweig oder mit Blüten, etwa von Kapuzinerkresse oder Borretsch. Für leckere Cocktails kommen besonders die bei den Süßspeisen genannten Kräuter infrage, aber z. B. auch Basilikum, Fenchel, Rosmarin, Sauerampfer, Thymian, Wermut oder Ysop. Alkoholfreie Versionen werden mit Milch oder stillem Mineralwasser gemixt, alkoholische z. B. mit Fruchtlikör und Rum, Gin oder Wodka. In beiden Fällen sind Limetten- oder anderer Fruchtsaft oder auch Fruchtsirup eine gute Abrundung.

Kräutergelee   Kräutergelees können als Brotaufstrich genossen werden, passen oft aber auch gut zu Fleischgerichten. Die Grundlage ist meist ein Apfel- oder Beerenobstgelee, wobei die Kräuter (in kleinen Mengen) mitgekocht und später abgeseiht werden. Gut eignen sich z. B. Estragon, Rosmarin, Salbei und Thymian. Soll Pfeffer-Minze (sehr lecker mit Apfel) oder Basilikum das Gelee verfeinern, werden sie am besten zuvor zu einem kräftig dosierten Tee gekocht und dann in dieser Form der Geleemasse zugegeben.

Erfrischende Kräuterdrinks   Ursprünglich aus Marokko stammt eine einfache, aber köstliche Erfrischung für heiße Sommertage: ein im Kühlschrank oder mit Eiswürfeln gekühlter Pfefferminztee, der ganz nach Belieben mit etwas Grüntee kombiniert und mit Zucker gesüßt wird. Ähnliches lässt sich auch mit Zitronenmelisse kredenzen. Zunehmender Beliebtheit erfreuen sich zudem Drinks mit anderen Kräutern, z. B.

Alkoholische Kräutergetränke   In Kräuterschnäpsen, -likören und -weinen wird das Kräuteraroma – anders als beim Cocktail – extrahiert, sodass man dies auch als Konservierungsmethode ansehen kann.
Oft wirken solche Getränke, wie etwa der beliebte Magenbitter, verdauungsfördernd und magenberuhigend, teils auch appetitanregend. Kräuterweine lassen sich auch gut als Würze für andere Speisen oder Saucen nutzen.

Als Grundlage für Schnäpse und Liköre dienen eher neutral schmeckende Spirituosen, z. B. Korn oder milder Branntwein, für Likör auch Wodka. Für Fruchtweine nimmt man gute Weiß- oder Rotweine, wahlweise trocken oder lieblich. Im Allgemeinen ist eine kräftige Handvoll Kräuter pro Liter Alkohol ausreichend. Angesetzt werden die Getränke in verschließbaren Flaschen mit breiter Öffnung oder in großen Glasgefäßen.

Kräuterschnäpse und -liköre kommen nach dem Verschließen der Gefäße an einen sonnigen Platz, um dort etwa drei Wochen zu ziehen. Zwischendurch sollte man sie öfter etwas schütteln. Zum Schluss werden die Kräuter abgeseiht und die Getränke in saubere Flaschen umgefüllt. Für Liköre löst man dann Zucker (mindestens 100 g pro Liter) in heißem Wasser auf, gibt diesen Sirup nach dem Abkühlen hinzu, lässt das Ganze an einem dunklen, kühleren Ort nochmals ein bis zwei Wochen ziehen und filtriert dann die Zuckerreste ab. Anstelle des Zuckers kann auch Honig verwendet werden.

Ausgesprochene Bitterliköre verzichten auf Süßstoffe und setzen stattdessen auf eine vielfältige Mischung, oft mit hohem Anis- oder Fenchelanteil.

Kräuterweine stellt man von vornherein an einen dunklen Platz mit Zimmertemperatur. Die Kräuter können hier meist schon nach einigen Tagen bzw. einer Woche abgesiebt werden.

Kräuterweine und -schnäpse sind schmackhaft und bekömmlich.

Kräuter für alkoholische Getränke

Getränk	Kräuter
Kräuterschnaps, Kräutergeist	Dill, Estragon, Johanniskraut, Koriander, Kümmel, Liebstöckel, Pfeffer-Minze, Rosmarin, Salbei, Thymian, Ysop
Kräuterlikör	Anis, Anisysop, Beifuß, Fenchel, Koriander, Oregano, Pfeffer-Minze, Rosmarin, Salbei, Schaf-Garbe, Thymian
Kräuterwein	Basilikum, Kamille, Lavendel, Pfeffer-Minze, Rosmarin, Salbei, Waldmeister (kleine Mengen), Wermut (kleine Mengen), Zitronenmelisse

Heilen & pflegen

Seit Urzeiten nutzt der Mensch Kräuter, um Krankheiten zu lindern und zu kurieren. Und auch heute noch leistet ein Kräutergarten als Pflanzenapotheke hervorragende Dienste, vor allem bei kleineren Beschwerden und zur Steigerung des allgemeinen Wohlbefindens.

Schon die in der Küche verwendeten Kräuter haben oft gesundheitsfördernde „Nebeneffekte". Auch Kräutertees können in erster Linie zum Genuss getrunken werden, etwa als magenschonende Alternative zu schwarzem Tee oder Kaffee, und quasi als Dreingabe das Wohlergehen fördern und die Widerstandskräfte stärken.

Wissenswertes

Aber natürlich lassen sich die Kräuter aus dem Garten auch gezielter gegen bestimmte Beschwerden einsetzen. Mit hoch konzentrierten Präparaten aus der Apotheke allerdings können eigene Tees, Salben oder Auszüge meist nicht ganz mithalten. Sie eignen sich deshalb in erster Linie zum Lindern leichter Befindlichkeitsstörungen oder zur unterstützenden Begleitung einer ärztlichen Behandlung. Bereits in der Einführung wurde darauf hingewiesen, dass selbst diese segensreichen Naturheilmittel unerwünschte Nebenwirkungen haben können.

Ein vielfältig bepflanzter Kräutergarten ist eine regelrechte Naturapotheke.

Es ist deshalb stets ratsam:
➤ die Verträglichkeit noch nicht probierter Kräuter erst in kleinen Mengen zu testen;
➤ eher zurückhaltend zu dosieren und vor allem bei Tees häufig die Kräuter abzuwechseln;
➤ sich bei längerem Gebrauch oder unklaren Beschwerden mit dem Arzt abzustimmen;
➤ während Schwangerschaft und Stillzeit auf stark wirksame und sehr intensiv schmeckende Kräuteranwendungen zu verzichten oder zuvor den Arzt zu befragen.

Kräutertees

Kräutertees lassen sich gegen vielerlei Beschwerden einsetzen (vergleiche Übersicht auf S. 215). Sie können dabei auch jeweils mehrere geeignete Kräuter kombinieren, z. B. zur Linderung einer Erkältung. Solche Mischungen sollten jedoch höchstens aus vier bis fünf verschiedenen Arten bestehen. Im engeren Sinne versteht man unter Tees nur Heißwasseraufgüsse, doch etwas weiter gefasst kann man auch die auf dieselbe Weise verwendeten Abkochungen und Kaltauszüge dazuzählen.

Teeaufgüsse Aufgüsse mit heißem Wasser in der Tasse oder Teekanne sind die geläufigste Zubereitungsform für Blätter, Triebteile und Blüten. Geht es vor allem um den Teegenuss, können auch Frischkräuter Verwendung finden. Für eine gezieltere Behandlung eignen sich jedoch getrocknete Kräuter mit ihrer höheren Wirkstoffkonzentration besser. In der Regel dosiert man sie mit ein bis zwei gehäuften Teelöffeln pro Tasse, füllt sie in einen Filterbeutel oder seiht sie später mit einem Sieb ab. Mit heißem Wasser überbrüht, lässt man die Pflanzenteile im Allgemeinen zehn Minuten ziehen, deckt dabei am besten das Gefäß ab, damit sich nicht zu viele ätherische Öle verflüchtigen, und rührt

Kräutertees fördern das Wohlbefinden und lindern vielerlei Beschwerden.

gelegentlich um. Manche Kräuter, z. B. Salbei, werden jedoch recht bitter und besser schon etwas früher abgesiebt bzw. herausgenommen. Die Tees können mit Honig oder Zucker gesüßt werden – bei Magen- oder Darmstörungen allerdings höchstens sehr sparsam. Etwas anders gestaltet sich die Zubereitung eines Knoblauchtees: Hier kocht man zunächst das Wasser und gibt dann den Saft ausgepresster Zehen (ein bis zwei pro Tasse) hinzu. Etwas angenehmer schmeckt eine Mischung mit Ingwer und Zitronenmelisse, die man schon vorher zusammen mit Wasser aufbrüht.

KOSMOS TIPP

Beachten Sie, dass bei manchen Kräutern übermäßiger Gebrauch die gewünschte Wirkung ins Unangenehme verstärkt. So kann reichlich Baldrian müde und schläfrig machen, und verdauungsfördernde Kräuter wie Fenchel führen schlimmstenfalls zu Durchfall.

Auch buntblättriger Salbei eignet sich für Tees, doch die reine Art ist aromatischer.

Abkochungen   Für Wurzeln und harte Samen, z. B. von der Engelwurz, empfiehlt sich anstelle eines Aufgusses die sogenannte Abkochung. Hierbei werden die Pflanzenteile, mit ein bis zwei Teelöffeln pro Tasse, in einen Topf mit Wasser gegeben, nach Auflegen des Deckels langsam aufgekocht und 10–20 Minuten bei mäßiger Hitze geköchelt. Dann nimmt man das Ganze vom Herd, lässt es noch etwas ziehen und filtert schließlich die Kräuterreste ab.

Kaltauszüge   Hierbei werden die Pflanzenteile mit kaltem Wasser übergossen, in abgedeckten Gefäßen über Nacht stehen gelassen, morgens abgeseiht und vor Gebrauch leicht auf Trinktemperatur erwärmt. Unter den im Porträtteil beschriebenen Kräutern bietet sich diese Methode besonders für Baldrian-, Beinwell- und Eibischwurzeln an. Man verzichtet hier auf das Aufbrühen, um die empfindlichen Schleimstoffe zu schonen. Üblich ist dies z. B. auch bei Mistel- oder Malventee.

Inhalieren & Mundpflege

Neben Teegenuss und äußerlicher Anwendung gibt es noch zwei spezielle Einsatzbereiche, bei denen Kräuter große Wirkung entfalten: das Einatmen heilsamer aromatischer Wasserdämpfe und der Gebrauch als Mundwasser.

Inhalationen   Dieses altbewährte Hausmittel kann sehr effektiv Erkältungen und Atemwegsbeschwerden lindern und kurieren. Die besten Kräuter dafür sind Thymian, Salbei, Ysop, Kamille (auch zur Hautreinigung und bei Akne), Pfeffer-Minze (auch gegen Kopfschmerzen), Fenchel und Anis. Man gibt von seinem bevorzugten Kraut etwa eine Handvoll auf 1 Liter Wasser, kocht das Ganze in einem Topf auf und atmet dann 10 bis maximal 15 Minuten lang die Dämpfe ein. Dabei sollten Kopf und Topf mit einem großen Handtuch überdeckt werden, damit die äthe-

Lindernde und heilsame Kräutertees

Beschwerden	Heilkräuter
Verdauungsprobleme, Blähungen	Anis, Basilikum, Beifuß, Fenchel, Kamille, Koriander, Kümmel, Liebstöckel, Nachtkerze, Pfeffer-Minze, Rosmarin, Schaf-Garbe, Wermut, Ysop, Zitronenmelisse
Bauchkrämpfe	Fenchel, Kamille, Kümmel, Pfeffer-Minze
Appetitlosigkeit	Beifuß, Kamille, Koriander, Pimpinelle, Schaf-Garbe, Wermut
Durchfall	Bohnenkraut, Eibisch, Johanniskraut, Kamille, Salbei
Erkältung	Eibisch, Kamille, Knoblauch, Meerrettich
Husten, Bronchitis	Anis, Bibernelle, Eibisch, Fenchel, Knoblauch, Salbei, Sauerampfer, Thymian, Ysop
Halsschmerzen	Eibisch, Kamille, Salbei
Kreislaufprobleme, Durchblutungsstörungen	Kerbel, Knoblauch, Lavendel, Rosmarin, Zitronenmelisse
Nervosität, Schlafstörungen	Baldrian, Dill, Johanniskraut, Kamille, Lavendel, Zitronenmelisse
Kopfschmerzen	Pfeffer-Minze, Zitronenmelisse
Harnwegsprobleme	Borretsch, Brennnessel, Goldrute, Meerrettich, Petersilie
Menstruationsbeschwerden	Kamille, Liebstöckel, Schaf-Garbe
Arterienverkalkung	Bärlauch, Knoblauch

rischen Öle ohne Verluste in Nase und Mund gelangen. Praktischer als Topf oder Schüssel ist ein geeigneter Dampfinhalator mit Atemmaske; damit lassen sich auch eventuelle Augenreizungen vermeiden.

Die Wirkung solcher Mundwässer lässt sich durch Zugabe von einigen Tropfen Propolis (Bienenharz) oder ätherischer Ölextrakte verstärken.

Kräuter-Mundwasser Zum Spülen und Gurgeln bei Beschwerden im Rachenraum können erkaltete Aufgüsse, Kaltauszüge oder in Wasser verdünnte Tinkturen Verwendung finden. Gegen Mund- und Zahnfleischentzündungen haben sich besonders Kamille, Salbei, Rosmarin und Thymian bewährt. Eibisch, Ringelblume, Schaf-Garbe und Zitronenmelisse leisten hier ebenfalls gute Dienste. Mundgeruch lässt sich – je nach Ursache – mit Salbei, Thymian, Kamille, Pfeffer-Minze oder auch Basilikum und Petersilie eindämmen. Salbei, Kamille und Eibisch helfen, des Öfteren gegurgelt, auch gegen Halsschmerzen.

Ein Kaltauszug des Ruprechtskrauts *(Geranium robertsianum)* wirkt adstringierend.

Selbst angesetzte Öle geeigneter Kräuter lassen sich zum Einreiben verwenden.

Äußerliche Anwendung

Als Umschläge, in Salben und ähnlichen Darreichungsformen lindern Kräuter Verspannungen, Schmerzen, Hautprobleme und manches mehr. Neben den im Porträtteil vorgestellten Pflanzen sei hier ausdrücklich auch die im Garten schwer kultivierbare Arnika *(Arnica montana)* genannt (vergleiche nebenstehende Übersicht), deren Blüten in Apotheken erhältlich sind. Eine weitere segensreiche Zutat, die bei vielen äußerlichen Anwendungen mit Kräutern kombiniert werden kann, ist Propolis, das Kittharz der Bienen, ein natürliches Antibiotikum und wirksames Heilmittel u. a. für Hauterkrankungen. Beachten Sie, dass manche der hier empfohlenen Kräuter und Hilfsstoffe (z. B. Lanolin) bei dafür empfindlichen Menschen Hautallergien auslösen oder verstärken können.

Kräuterumschläge Umschläge, auch als Kompressen oder Wickel bezeichnet, können z. B. bei Prellungen, Verspannungen, Hautproblemen oder auch zur Linderung

innerer Krämpfe eingesetzt werden. Als Umschläge dienen Baumwoll- oder Leinentücher, die, wenn nötig, mit Mullbinden an der betroffenen Körperstelle befestigt werden. Zuvor werden sie in Kräuteraufgüsse, -auszüge oder verdünnte Tinkturen getaucht oder mit Kräutersalbe bestrichen. Warme Kompressen kommen, sofern nicht in heißen Kräuteraufguss getaucht, zunächst in warmes Wasser und werden dann ausgewrungen; ihre Temperatur sollte bei 35–40 °C liegen. Nach dem Befestigen des „Kräutertuchs" wird dann noch ein zweites Baumwolltuch daraufgelegt, eventuell auch eine Folie, die Verschmutzungen vorbeugt; bei warmen Behandlungen kommt zusätzlich ein Wolltuch darüber, oder man legt eine Wärmeflasche auf. Der Umschlag sollte mindestens eine halbe Stunde verbleiben, meist sind ein bis zwei Stunden empfehlenswert. Intensivieren lässt sich die Behandlung, indem man mit Mörser oder Küchenmaschine stark zerkleinerte Kräuter mit Wasser aufkocht, zu einem Brei vermengt und in dicker Schicht aufträgt. Darauf folgen wieder die Tücher als Wickel, wie zuvor beschrieben. Warme Umschläge eignen sich besonders dort, wo Durchblutungsförderung und das Lösen von Verspannungen und Krämpfen gefragt sind. Kalte Umschläge empfehlen sich im Allgemeinen zur Entzündungshemmung, bei Quetschungen und Prellungen, zum Fördern der Wundverheilung und oft auch bei Hautproblemen.

Heilkräuteröle　Nicht zu verwechseln mit hoch konzentrierten ätherischen Ölen, sind selbst hergestellte Kräuteröle Auszüge, die meist mit Oliven- oder auch Jojobaöl angesetzt werden. Solche Öle, überwiegend auf Basis der in der Übersicht genannten Kräuter, dienen vor allem zum Einreiben sowie als Massageöle. Bei Hautabschürfungen, leichten Wunden und Ekzemen können auch Mischöle, z. B. aus Beinwell, Kamille, Ringelblume und Thymian helfen. Ein Anis-Fenchel-Öl sorgt bei einer Bauchmassage für Erleich-

terung bei Völlegefühl oder Blähungen. Die Zubereitung geschieht auf dieselbe Weise, wie man Würzkräuter in Öl konserviert (siehe S. 204–205). Hier füllt man das Ansetzglas allerdings zu einem Drittel oder gar bis zur Hälfte mit den Kräutern.

Arnika zählt zu den wirksamsten Pflanzen für wohltuende äußerliche Anwendungen.

Beliebte Kräuter für Umschläge, Öle und Salben

Kraut	Anwendungsbereiche
Arnika	Verstauchungen, Prellungen, Zerrungen, Blutergüsse, Insektenstiche, Haut- und Venenentzündungen, rheumatische Beschwerden
Beinwell	Verstauchungen, Prellungen, Zerrungen, Arthrose, Wunden, Knochenbrüche
Johanniskraut	Muskelschmerzen, Zerrungen, Quetschungen, Wunden, Hautverletzungen, leichte Verbrennungen, Hautausschläge (Vorsicht, erhöht die Licht- und Sonnenempfindlichkeit!)
Kamille	Wunden, juckende und nässende Hautausschläge
Majoran	Wunden, Juckreiz, rheumatische Beschwerden, Krampfadern, als Schnupfensalbe
Ringelblume	Hautverletzungen und -entzündungen, leichte Verbrennungen, Sonnenbrand, Hautausschläge, Wunden, offene Beine, Erfrierungen, Quetschungen, Verstauchungen, Prellungen, Zerrungen
Salbei	Juckreiz, starkes Schwitzen, Hautausschläge und -entzündungen, Insektenstiche
Schaf-Garbe	Hautausschläge und -entzündungen, fettige Haut, Wunden
Zitronenmelisse	Hautausschläge, Prellungen, Beulen, Blutergüsse, Insektenstiche

Ringelblumensalbe ist ein bewährtes Mittel z. B. bei kleinen Hautverletzungen.

Kräutersalben Bevorzugte Kräuterarten und Verwendung entsprechen den bei den Ölen genannten. Die Salben sind jedoch einfacher in der Anwendung und werden nur auf kleinere Hautpartien aufgetragen. Sie halten sich allerdings selbst im Kühlschrank oft nur wenige Wochen und beginnen dann leicht zu schimmeln. Sauberkeit und Hygiene sind bei der Herstellung oberstes Gebot. Durch Zugabe von Paraben K oder Teebaumöl lässt sich die Haltbarkeit verbessern; auch Vitamin E hat einen leicht konservierenden Effekt. Als Salbengrundlage dient ein Fett: Vaseline, Schweineschmalz, Eucerin (Apotheke), Pflanzenbratfett oder ein gutes Pflanzenöl (z. B. Oliven-, Mandel-, Jojoba-, Kokos-, Weizenkeimöl), das durch Zugabe von Bienenwachs (etwa 10–20 g pro 100 ml Öl) gehärtet wird. Die Zubereitung erfolgt am besten im Wasserbad, z. B. in einem Marmeladeglas oder Töpfchen, das in einen größeren wassergefüllten Topf gestellt wird. Zunächst wird die Fettgrundlage bzw. das Bienenwachs im

Pflanzenöl bei schwacher Hitze zum Schmelzen gebracht und immer wieder umgerührt. Weitere Zugaben wie Kakaobutter oder Sheabutter machen die Salbe geschmeidiger. Dann lässt man das Fett auf Handwärme abkühlen, gibt – als grobe Faustregel – eine Handvoll zerkleinerter bzw. getrockneter Kräuter pro 100 g Fett bzw. 100 ml Öl hinzu und rührt sie gut unter. Nun lässt man das Ganze 30–60 Minuten bei kleiner Flamme köcheln, dann erkalten und einige Stunden oder über Nacht durchziehen. Danach wird die Masse wieder mit schwacher Hitze zum Schmelzen gebracht und nach Abfiltrieren der Kräuterreste in saubere, verschließbare Gefäße bzw. Salbentiegel gefüllt. Zuvor können Sie der Salbe noch ein paar Tropfen ätherisches Öl zur Verstärkung von Duft und Heilwirkung hinzufügen. Eine gute Variante ist das Herstellen einer Salbe aus einem zuvor angesetzten Heilkräuteröl. Dieses müssen Sie lediglich leicht erwärmen und mit dem zuvor geschmolzenen Bienenwachs und eventuell weiteren Zutaten wie Kakaobutter vermischen.

Pflegecremes Cremes lassen sich häufiger und großflächiger anwenden als Salben und dienen vor allem der Hautpflege. Neben den in der Übersicht auf S. 217 genannten Kräutern können hierfür z. B. auch Aloe, Eibisch, Lavendel, Rosmarin und Thymian verwendet werden. Cremes haben einen Fett- und einen Wasseranteil, sodass in ihnen fett- wie wasserlösliche Wirkstoffe enthalten sind. Als Fette dienen die bei der Salbe genannten Pflanzenöle, denen ebenfalls Bienenwachs zum Verfestigen sowie am besten auch Kakao- oder Sheabutter zugegeben wird. Sehr wichtig ist außerdem ein Emulgator wie Tegomuls, Emulsan, Wollwachsalkohol, Lecithin oder Lanolin, der dafür sorgt, dass sich Fette und Wasser später gut verbinden.

Die Öle samt Zusätzen werden nun in einem Wasserbad auf 60–70 °C erhitzt, parallel wird etwa die doppelte Menge Wasser auf dieselbe Temperatur gebracht. Sind alle festen Stoffe gelöst, gießt man das Wasser unter ständigem Rühren langsam in das Fett und rührt dann sorgfältig weiter, bis sich das Ganze auf Handwärme abgekühlt und eine cremeartige Konsistenz erreicht hat. Nun gibt man die Kräuter in Form von Tees, Auszügen, Tinkturen oder Ölen hinzu und ergänzt nach Belieben noch einige Tropfen ätherische Ölextrakte. Da die Cremes durch ihren Wassergehalt noch leichter verderblich sind als Salben, fügt man am besten auch Teebaumöl oder Paraben K hinzu.

Tinkturen Tinkturen sind hochprozentige alkoholische Kräuterauszüge und werden mit mindestens 70 %igem Alkohol aus der Apotheke angesetzt. Ansonsten gleicht die Her-

Cremes, etwa auf Kamillebasis, dienen vorwiegend der Hautpflege.

stellungsprozedur der eines Kräuterschnapses (siehe S. 211). Allerdings verwendet man kleinere Gefäße, z. B. Schraubgläser, füllt diese etwa bis zur Hälfte mit Kräutern und gießt so viel Alkohol darüber, bis diese gut bedeckt sind. Tinkturen können Sie bis zu 6 Wochen an einem warmen, sonnigen Platz ziehen lassen. Sie werden am besten täglich geschüttelt.

Nach dem Filtrieren sind sie in dunklen (!) Flaschen an einem kühlen Ort aufbewahrt mindestens ein Jahr haltbar.

Für die hochkonzentrierten Tinkturen gibt es viele Verwendungsmöglichkeiten.

Tinkturen können in kleinen Mengen (10–50 Tropfen) eingenommen oder zum Trinken in Wasser gelöst werden. Sie lassen sich auch für Umschläge, Salben, Cremes, zum Mundspülen und Gurgeln oder als Badezusätze verwenden. Dafür setzt man sie entsprechend mit den Kräutern an, die zuvor beim jeweiligen Einsatzbereich genannt wurden. Auch die Übersicht zur Kräuterteeverwendung (siehe S. 215) bietet gute Anhaltspunkte: Das Einreiben mit Pfefferminztinktur hilft z. B. bei Kopfschmerzen, eine Mischtinktur aus Salbei, Thymian und Ysop kann Atemwegserkrankungen lindern.

Wohlfühlkräuter

Die Möglichkeiten einer wohltuenden oder kosmetischen Kräuterverwendung sind nahezu unerschöpflich, vom selbst hergestellten Haarwasser (z. B. mit Brennnessel, Lavendel oder Rosmarin) über duftige Kräutersträuße bis hin zum anregenden oder entspannenden Räuchern, bei dem Kräuter (z. B. Salbei, Lorbeer) in einer Schale mit Räucherkohle langsam verbrannt werden.

Kräuterbäder   Bäder mit Kräuterzusätzen dienen oft vor allem der „Wellness". Sie können aber durchaus auch therapeutische Effekte haben. Meist genügen 100–200 g getrocknete Kräuter für ein Vollbad, von Frischkräutern nimmt man die doppelte bis 3-fache Menge. Man kocht sie wie einen Teeaufguss in 1–2 Litern Wasser oder lässt sie wie beim Kaltauszug über Nacht ziehen. Nach dem Abfiltrieren der Pflanzenreste werden die Flüssigkeiten unter das Badewasser gemischt. Stark aromatische Kräuter wie Lavendel oder Rosmarin können Sie auch einfach in kleine Baumwoll- oder Leinensäckchen einfüllen und ins Badewasser hängen. Auch Kräutertinkturen lassen sich als Badezusatz verwenden, ebenso Heilkräuteröle. Für Letztere braucht man allerdings noch einen Emulgator (z. B. Tegomuls oder auch Milch bzw. Sahne), damit sich das Öl gut mit dem Wasser verbindet.
Entspannend wirken z. B. Baldrian, Kamille, Lavendel und Zitronenmelisse, anregend Rosmarin und Pfeffer-Minze, reinigend und entzündungshemmend Ringelblume, Schaf-Garbe sowie Kamille. Kräuterbäder lindern oft auch rheumatische Beschwerden. Für Erkältungsbäder können die bei der Inhalation genannten Kräuter eingesetzt werden, gegen Schweißfüße Fußbäder mit Salbei.
Die ideale Badetemperatur liegt bei 35–38 °C, die empfohlene Badezeit bei 15–20 Minuten.

Duftpotpourris   Ab Spätsommer können Zusammenstellungen getrockneter Kräuter in Schalen oder Körbchen die Wohnung mit ihrem Aroma erfüllen. Fügt man einige hübsche Blüten hinzu, erfreuen sie auch das Auge. Noch intensiver duften solche Potpourris, wenn man die Kräuter zerkleinert, gut durchmischt, einige Tropfen passender ätherischer Öle hinzufügt und dann in einer Papiertüte einige Zeit an einem dunklen, kühlen Platz ziehen lässt, bevor sie in der Schale ausgebreitet werden. Potpourris und Kräutersträuße eignen sich auch als schöne Geschenke.

Kräutersäckchen und -kissen

Kräutersäckchen bereichern mit ihrem Duft die Umgebung und können z. B. unangenehme Gerüche vertreiben oder Kleidungsstücken im Schrank einen frischen Hauch verleihen. Zum Umhüllen eignen sich Baumwolle oder Leinen, die man leicht zu Säckchen vernähen und nach Lust und Laune ornamental besticken kann. Schneidet man die Stoffstücke etwas größer zu, ist auch schnell ein Kissen gefertigt, um sich angenehmst darauf zu betten.

Befüllt werden Säckchen und Kissen mit getrockneten Kräutern, am besten in Mischungen aus 2–5 Komponenten. Lassen Sie sich einfach von Ihrer Nase leiten, kombinieren Sie Ihre Lieblingsdüfte und beachten Sie dabei ein wenig die bei den anderen Anwendungen genannten Wirkungen der Kräuter. Für ein entspannendes Ruhekissen eignen sich z. B. Kamille, Zitronenmelisse, Lavendel, Beifuß und Anis, zu einem klaren Kopf verhelfen Rosmarin und Pfeffer-Minze, denen man einige Fichtennadeln und etwas Eukalyptusöl beimischen kann.

Kombiniert mit getrockneten Blüten, erfreut ein Duftpotpourri auch das Auge.

EXTRA

Buttermilch-Kräuter-Bad zum Verwöhnen

In solch einem Bad kann sich trockene, strapazierte Haut hervorragend regenerieren, und der ganze Körper genießt die durchgreifende Entspannung. Sogar ein Sonnenbrand wird dadurch gelindert. Geeignete Kräuterzusätze sind Zitronenmelisse, Salbei oder Ringelblume, als Aufguss (100–200 g auf 1 Liter Wasser, 10 Minuten ziehen lassen), Kräuteröl oder Tinktur. Sie werden zusammen mit 1 Liter Buttermilch sowie einigen Tropfen Weizenkeimöl ins Badewasser gegeben – und dann heißt es nur noch: erholen und genießen.

Gegen Plagegeister

Dass manche Schädlinge und Lästlinge intensive Kräuterdüfte scheuen, macht man sich vor allem im Garten durch Misch- und Schutzpflanzungen zunutze. Doch auch im und am Haus lassen sich aromatische Pflanzen zum Vertreiben und Fernhalten von Ungeziefer und Schadinsekten einsetzen.

In der Wohnung kann man mit Kräutern manchmal „zwei Fliegen mit einer Klappe schlagen", indem man ihre Düfte genießt und zugleich auf ihre abschreckende Wirkung auf bestimmte Lästlinge baut. Im Garten helfen manche Kräuter bei der aktiven Bekämpfung von Schädlingen und Krankheiten.

Die ätherischen Öle des Lavendels vertreiben Stechmücken.

Im Haus

Der Einsatz von „Vertreibungskräutern" ist ein altes Hausmittel. Teils sind die Erfahrungen zur Wirksamkeit recht unterschiedlich. Diese kann z. B. von der Jahreszeit und Witterung abhängen, da die Aromastoffgehalte der Kräuter ebenso veränderlich sind wie die Vermehrungszyklen der Schädlinge. Dennoch erweisen sich solche naturgemäßen Methoden nicht selten sich als recht effektiv.

Düfte zum Vertreiben   Zur Vorbeugung und Abwehr von Ungeziefer werden meist einfach ein paar Kräuterbüschel, -sträuße oder -säckchen an „kritischen Stellen" ausgelegt, aufgestellt oder aufgehängt. Gegen von draußen eindringende Insekten sind z. B. die Fensterbank und der Haustürbereich ein guter Platz.
Einsetzen kann man:
➤ gegen Fliegen: Beifuß, Lavendel, Wermut, Brennnessel
➤ gegen Fruchtfliegen: Basilikum, Pfeffer-Minze
➤ gegen Stechmücken: Lavendel, Rosmarin (auf der Terrasse im Grillfeuer verbrennen)
➤ gegen Kleidermotten: Lavendel, Eberraute, Rosmarin, Waldmeister
➤ gegen Lebensmittelmotten: Lorbeer, Lavendel, Pfeffer-Minze
➤ gegen Mehlkäfer: Lorbeer
➤ gegen Ameisen: Eberraute, Lavendel, Majoran, Thymian, Kerbel, Pfeffer-Minze; mit Wermutjauche übergießen
➤ gegen Mäuse: Pfeffer, Rainfarn, Chili-früchte
Meist sind Mischungen der genannten Kräuter am wirksamsten. Sie müssen regelmäßig

erneuert werden, wenn die Duftwirkung allmählich nachlässt.

Im Garten

Der Kräutergarten liefert neben vielem anderen auch „Grundstoffe" für naturgemäße
Pflanzenschutzmittel frei Haus. Bestimmte
Kräuterbrühen, -tees, -auszüge oder -jauchen
dämmen wirksam Schädlinge und Krankheiten ein oder stärken zumindest die Widerstandskraft der Pflanzen.

Mittel selbst herstellen   Die Übersicht
auf S. 224 stellt die wichtigsten Pflanzen-
schutz- und Stärkungsmittel aus Kräutern
und ihre Anwendungsbereiche vor. Mitbe-
rücksichtigt wurden auch Ackerschachtelhalm (Zinnkraut, *Equisetum arvense*)
und Rainfarn *(Tanacetum vulgare),* zwei im
Pflanzenschutz sehr wirksame Wildpflanzen,
die man in der Landschaft sammeln kann
(Ackerschachtelhalm ist auch in Apotheken
erhältlich).
Grundsätzlich unterscheidet man folgende
Zubereitungsarten:
➤ Brühe: Pflanzenteile 24 Stunden in kaltem
  Wasser einweichen, dann 20–30 Minuten
  bei geringer Hitze sieden lassen, nach
  Abkühlung absieben
➤ Tee: Pflanzenteile mit kochendem Wasser
  übergießen, 10–15 Minuten ziehen lassen,
  abseihen; nach Abkühlung verwenden
➤ Kaltwasserauszug: Pflanzenteile ein bis
  zwei Tage in kaltes Wasser legen, anschließend absieben
➤ Jauche: Pflanzenteile in einer Tonne ansetzen und mit Wasser übergießen. Tonne an
  sonnigem Platz unverschlossen aufstellen
  und täglich umrühren, zur Geruchsbin-
  dung etwas Gesteinsmehl zugeben und
  dann gären lassen. Nach Abklingen der
  Schaumbildung und Absinken der Pflanzenreste verwenden

Eine Schachtelhalmbrühe wirkt pflanzen-
stärkend und lässt sich einfach herstellen.

Die Mengenangaben in der Übersicht beziehen sich der Einfachheit halber jeweils auf
10 Liter Wasser. Gerade bei Tees, die vor
dem Ausbringen meist stark in Wasser ver-
dünnt werden, reichen oft wesentlich kleinere Ansätze, in 1 Liter Wasser oder weniger.

Kräutermittel verwenden   Solche
Pflanzenmittel werden je nach Anwendungsbereich mit einer Spritze oder Gießkanne
ausgebracht. Man sollte sie möglichst gleich
bei Anfangsbefall oder schon vorbeugend
einsetzen, dies des Öfteren in kurzen Abständen, und die Pflanzen gründlich benetzen. Zum Spritzen kann als Haftmittel etwas
Schmierseife hinzugefügt werden.
Besonders gegen Pilzkrankheiten ist es oft
vorteilhaft, Ackerschachtelhalm, Rainfarn
und/oder Schaf-Garbe zu vermengen, damit
sich ihre Wirkungen durch die Kombination
gegenseitig verstärken.

Pflanzenschutz- und Stärkungsmittel auf Kräuterbasis

Mittel	Ansatzmenge auf 10 l Wasser	Einsatzbereich (Verdünnung)
Ackerschachtelhalmbrühe oder -jauche	Kraut frisch: 1,5 kg, getrocknet: 200 g; für Jauche 100 g getrocknet	Pilzkrankheiten, Spinnmilben, Lauchmotte (1:5)
Brennnesselkaltwasserauszug	Kraut frisch: 1 kg, getrocknet: 100–200 g	Blattläuse, Weiße Fliege (unverdünnt)
Kamillenkaltwasserauszug	Blüten frisch: 500–1000 g	Fäulnishemmung, Pflanzenstärkung (1:5)
Kamillentee	Blüten frisch: 50 g	Saatgutbeize (unverdünnt)
Kapuzinerkressetee	Kraut und Blüten frisch: 1,5–2 kg	Blut- und Schildläuse (1:10 beim Spritzen oder unverdünnt zum Abbürsten der Läuse)
Knoblauchtee	Zehen frisch: 700 g	Pilz- und Bakterienkrankheiten (unverdünnt), Spinnmilben (1:7)
Meerrettichbrühe oder -tee	Wurzeln und Blätter frisch: 300 g	Monilia an Steinobst (Brühe unverdünnt, Tee 1:5)
Rainfarnbrühe, -tee, -auszug oder -jauche	Blütenköpfe getrocknet: 300 g, für Jauche 3 kg	Schädlinge, Mehltau und Rost (unverdünnt)
Schaf-Garben-Kaltwasserauszug	Blütenköpfe getrocknet: 200 g	Pilzkrankheiten (1:10)
Wermutbrühe oder -tee	Kraut mit Blüten frisch: 300 g, getrocknet: 30 g	Blattläuse, Apfelwickler, Brombeergallmilbe (unverdünnt)
Wermutjauche	Kraut mit Blüten frisch: 300 g, getrocknet: 30 g	Ameisen, Raupen, Läuse, Säulenrost an Johannisbeeren (unverdünnt)
Zwiebelschalenjauche	Zwiebelschalen (Küchenabfälle): 1 kg	Pilzkrankheiten (1:10), Möhrenfliege (1:20)

Erklärung der Symbole im Porträtteil

 Blütenfarbe

🌀 geringer Wasserbedarf   ∅ Einlegen möglich

🌀 normaler Wasserbedarf   ❄ Einfrieren möglich

🌀 hoher Wasserbedarf   ))) Trocknen möglich

☀ sonniger Standort    Wuchshöhe in cm

☀ halbschattiger Standort

● schattiger Standort    Erntezeit in Monaten

Kräuter von A–Z

Dieses Kapitel bietet Ihnen Anbau-, Pflege- und Erntetipps für eine Vielzahl von Kräutern. Neben allen beliebten Arten sind auch einige weniger populäre Kräuter berücksichtigt, die einen Versuch im Garten lohnen. Die Kurzangaben zur Erntezeit beziehen sich jeweils auf das Haupterntegut.

Knoblauch
Allium sativum

  VII/VIII 50-80

Anbau Verwenden Sie am besten käuflichen Pflanz-Knoblauch. Von diesem im Oktober oder März/April einzelne Zehen so in den Boden stecken, dass die Spitze etwa 2 cm unter die Oberfläche kommt. Reihenabstand 20–25 cm, in der Reihe 15 cm. Knoblauch kann auch gut zwischen Erdbeeren oder Tomaten gesteckt oder in Mischkultur mit Möhren angebaut werden.
Pflege Bei lang anhaltender Trockenheit gießen; etwas Kompost geben.
Ernte Wenn die Blätter verbraunen und umknicken, die aromatischen, gesundheitsfördernden Zwiebeln aus dem Boden holen. Luftig und schattig lagern.

Dill
Anethum graveolens

  VII/IX 60-120

Anbau Direktsaat von April bis August, am besten in Folgesaaten. Mit 20–30 cm Reihenabstand oder breitwürfig; für Samenernte in der Reihe auf 10–20 cm ausdünnen.
Pflege Bei Trockenheit gießen; Boden regelmäßig lockern.
Ernte Blätter fortlaufend bis zum ersten Frost; Blütenstände zum Blühbeginn. Die Samen ernten, sobald sie braun werden, dann trocknen. Verwendung von Blättern für Salate, Fisch- und andere Gerichte; Samen und Blütenstände v. a. zum Einlegen von Gurken. Ein Blättertee hilft bei Verdauungsproblemen, ein Tee aus Samen gegen Schlafstörungen.

Kerbel
Anthriscus cerefolium

Anbau Direktsaat von März bis August, bei Bedarf alle 4 Wochen nachsäen. Reihenabstand 10–15 cm, kann in der Reihe recht eng stehen.
Pflege Bei Trockenheit gründlich gießen.
Ernte Blätter von noch nicht blühenden Pflanzen schneiden; je nach Saattermin 4–8 Wochen nach dem Säen. Nicht zu tief schneiden, damit neues Laub austreibt – so werden mehrere Ernten möglich. Gleich verwenden, da das Aroma recht flüchtig ist. Der zartwürzige Kerbel eignet sich z. B. für Salate, Suppen und Kräuterbutter. Er wirkt stoffwechselanregend und findet auch Verwendung als blutreinigender Tee.

Schnitt-, Blatt-Sellerie
Apium graveolens var. *secalinum*

Anbau Anzucht März bis Mai; Samen nur ganz fein mit Erde abdecken. Große Sämlinge dann in Einzeltöpfchen pikieren und ab Anfang Mai mit 30–35 cm Abstand auspflanzen. Oder ab Ende April direkt ins Beet säen.
Pflege Bei Trockenheit gießen. Regelmäßig hacken oder mulchen.
Ernte Blätter fortlaufend nach Bedarf abschneiden oder -rupfen. Regelmäßiges Pflücken verlängert die Erntezeit. Mit ihrem würzigen Selleriegeschmack passen die Blätter sehr gut zu deftigen Suppen, Eintöpfen und Soßen, bereichern aber auch Salate. Sellerie wirkt entwässernd und verdauungsfördernd.

Barbarakraut, Winterkresse
Barbarea vulgaris

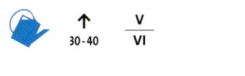

Anbau Direktsaat für die Winterernte von Ende Juli bis September; aber auch Frühjahrsaussaat möglich, ebenso das Vorziehen ab Frühjahr zum späteren Verpflanzen. Pflanzenabstand 20–25 cm.
Pflege Bei Trockenheit regelmäßig gießen. Am besten mulchen. Wenn Sie spät gesäte Pflanzen bis zum nächsten Frühsommer stehen lassen, erscheinen die gelben Blüten und sorgen dann durch Selbstaussaat für Nachwuchs.
Ernte Blätter bis zur Blüte fortlaufend ernten. Da das Barbarakraut wintergrün ist, liefert es auch in der kalten Jahreszeit eine vitaminreiche Würze mit kresseähnlichem Geschmack.

Borretsch, Gurkenkraut
Borago officinalis

Anbau Direktsaat April bis Juli, am besten in kleinen Grüppchen und nur geringer Menge; später auf 25 cm Abstand ausdünnen. Eignet sich gut zum optischen Auflockern von Gemüsebeeten.
Pflege Bei Trockenheit gießen. Borretsch verbreitet sich leicht durch Selbstaussaat und kann überhandnehmen; deshalb die Sämlinge regelmäßig auslichten.
Ernte Blätter ab Mai fortlaufend ernten. Mit ihrem gurkenartigen Geschmack verfeinern sie Salate, Eierspeisen, Fischgerichte und eingelegte Gurken. Auch die hübschen blauen Blüten sind essbar und ergeben eine ansprechende Garnierung.

Ringelblume
Calendula officinalis

Gewürzpaprika, Chili
Capsicum-Arten

Anbau Bevorzugen Sie für die Verwendung als Heilpflanze orangefarbene, halb gefüllte bis gefüllte Sorten. Anzucht ab März mit Pflanzung ab Ende April; oder Direktsaat von April bis Juni. Pflanzenabstand 20–30 cm. Vermehrt sich durch Selbstaussaat.

Pflege Bei anhaltender Trockenheit gießen. Verblühtes entfernen, wenn keine Selbstaussaat gewünscht.

Ernte Für Salben oder Umschläge (gegen Entzündungen und Wunden) voll geöffnete Blüten ernten. Gleich verarbeiten oder an einem schattigen Platz trocknen. Mit den essbaren Blüten lassen sich Tees oder Salate appetitlich dekorieren.

Anbau Anders als die großfrüchtigen Gemüsepaprikas liefern Gewürzpaprikas (Peperoni) meist schmale, spitzkegelige Früchte mit mild- bis feuerscharfem Geschmack. Die meisten gehören zu *Capsicum annuum,* auch Jalapenos und viele als Chili oder Cayennepfeffer gehandelte Sorten. Spezialgärtnereien bieten Sorten weiterer Arten an, etwa von *C. frutescens* (z. B. Tabasco-Chili) und *C. chinense* (z. B. Habaneros). Solche „Exoten" sind teils ausgesprochen scharf, oft aber auch besonders wärmebedürftig. Mehr noch als bei *C.-annuum*-Sorten empfiehlt sich die Kultur im Gewächshaus oder Kübel.
Anzucht bei 20–26 °C. Pflan-

zung ins Freie gegen Ende Mai, im Gewächshaus oder unter Folientunnel Anfang Mai. Pflanzabstand je nach Wuchshöhe 40–75 cm.

Pflege Mulchen oder auf dunkler Mulchfolie anbauen (in Schlitze pflanzen). Gleichmäßig feucht halten. Bei staksigem Wuchs bei 40–50 cm Höhe entspitzen. Ein- bis zweimal düngen. Hohe Sorten mit Stäben oder Schnüren stützen. Im Topf teils mehrjährige Haltung möglich (hell und kühl überwintern).

Ernte Sobald sich die Früchte fest anfühlen, je nach Sorte und Verwendung noch grün oder voll ausgefärbt (rot, violettbraun oder gelb).

Kümmel
Carum carvi

Anbau Direktsaat von April bis Mai; Lichtkeimer. 30 cm Reihenabstand, später in der Reihe auf 15 cm Abstand ausdünnen. Kümmel liebt kalk- und humusreichen Boden. Nicht in der Nähe von Fenchel anbauen.

Pflege Bei Trockenheit gießen. Im 2. Frühjahr düngen.

Ernte Blüten erscheinen erst im 2. Jahr. Im 1. Jahr können Sie aber schon junge Blätter ernten und als Würze für Suppen und Salate verwenden. Zur Gewinnung der Samen im folgenden Sommer die Samenstände abschneiden, wenn sie sich braun färben. An schattigem, luftigem Platz nachreifen lassen, dann die Samen herausschütteln.

Löffelkraut
Cochlearia officinalis

Anbau Direktsaat im März/April oder von August bis Mitte September, mit 25 cm Reihenabstand, später in der Reihe auf 15–20 cm Abstand ausdünnen. Das wintergrüne, meist zweijährig kultivierte Löffelkraut wächst teils auch ausdauernd und vermehrt sich an zusagenden Standorten durch Selbstaussaat.

Pflege Am besten gleichmäßig leicht feucht halten. Regelmäßig hacken oder den Boden mulchen.

Ernte Fortlaufend junge Blätter abschneiden. Wegen seines hohen Vitamin-C-Gehalts war das Löffelkraut früher bei Seefahrern zur Vorbeugung gegen Skorbut hoch geschätzt. Heute ist das vitaminreiche Würz- und Salatkraut besonders wertvoll im Winter, wenn es sonst kaum Frisches zu ernten gibt: Löffelkraut kann sogar unter Schnee oder leicht gefroren gepflückt werden. Es eignet sich auch sehr gut für eine belebende Frühjahrskur. Im Sommer werden die Blätter allerdings schnell sehr scharf.

Die löffelförmigen, kresse- bis senfartig schmeckenden Blätter munden in Salaten, Kräuterquark und als Brotaufstrich und passen auch zu Eierspeisen und Kartoffeln. In Salaten kann eine Kombination mit Borretsch und Schnittlauch den etwas bitteren Geschmack mildern.

Koriander
Coriandrum sativum

Rucola, Salatrauke
Eruca sativa

Gartenkresse
Lepidium sativum

Anbau Für die Ernte der Früchte Direktsaat im April in Reihen mit 25–30 cm Abstand; später auf 10 cm ausdünnen. Spezieller Blattkoriander (Cilantro) kann bis Anfang Juni gesät werden.
Pflege Bei anhaltender Trockenheit gießen.
Ernte Frische Blättchen bis zu Beginn der Blüte ernten; sie eignen sich für Salate und viele asiatische Gerichte. Ab Spätsommer reife Fruchtstände abschneiden und über Papierbögen trocknen; die Einzelfrüchte fallen dann heraus. Sie finden Verwendung in Gebäck und Brot, beim Einlegen von Gurken oder für deftige Gerichte. Koriandertee hilft bei Verdauungsbeschwerden.

Anbau Direktsaat ab Ende März bis September, unter Glas ganzjährig; in Folgesaaten. Mit 20 cm Reihenabstand oder breitwürfig.
Pflege Gleichmäßig feucht halten, sonst schmecken die Blätter bitter und scharf. Keine stickstoffbetonte Düngung, um hohe Nitratgehalte zu vermeiden. Regelmäßig hacken.
Ernte Einzelne, bevorzugt junge Blätter nach Bedarf schneiden; sonst ganze Reihe bei 15–20 cm Höhe ernten. Kresse- und zugleich nussartiger Geschmack; als Würze für Salate, zu Tomaten, roh auf Pizzen, an Fleischgerichten. Lässt sich schlecht konservieren, aber wie Basilikum zu Pesto verarbeiten.

Anbau Direktsaat von März bis Oktober in Folgesaaten, auf der Fensterbank oder im Gewächshaus auch ganzjährig. In Reihen mit 10 cm Abstand oder breitwürfig säen; Lichtkeimer. Kann im Haus zudem ganzjährig als Lieferant gesunder Keimsprossen gesät werden.
Pflege Gleichmäßig gut feucht halten.
Ernte 1–3 Wochen nach der Aussaat, wenn die Pflänzchen etwa 5–8 cm hoch sind. Die vitaminreiche Gartenkresse wird als Würze vorzugsweise roh verwendet und gibt einer Vielzahl von Gerichten aromatischen Pfiff. Sie wirkt blutreinigend, appetitanregend und harntreibend.

Echte Kamille
Matricaria recutita

Basilikum
Ocimum basilicum

Anbau Direktsaat Ende März bis Mai, in Reihen mit 20–25 cm Abstand oder breitwürfig; Lichtkeimer. Später auf 15–20 cm Abstand ausdünnen. Auch eine Herbstsaat Ende August bis September ist möglich; die Ernte setzt dann im nächsten Jahr etwas früher ein. Die Echte Kamille verträgt recht mageren sowie kalkhaltigen Boden. Gemüsebeete, die zuvor sehr stickstoffreich gedüngt wurden, sollten gemieden werden.
Eine mehrjährige Verwandte ist die Römische Kamille (siehe S. 240).
Pflege Bei anhaltender Trockenheit gießen. Im Jugendstadium konkurrierende Unkräuter gründlich bekämpfen.

Ernte Den Sommer über Blütenköpfe mit kurzem Stielstück abschneiden. Sie sind erntereif, wenn wenigstens die Hälfte der gelben Röhrenblüten geöffnet ist. Nur bei trockenem Wetter ernten. Die Blütenköpfe an einem luftigen, schattigen Platz in dünner Schicht ausgebreitet trocknen lassen. Die heilsame Wirkung der Kamille hat sich u. a. bei Entzündungen des Hals-, Nasen- und Rachenraums, Hautreizungen und Magen-Darm-Problemen bewährt. Sie eignet sich für Tees, zum Inhalieren, ebenso für Salben und Bäder. Vorsicht, Kamille kann zuweilen allergische Reaktionen auslösen und augenreizend wirken.

Anbau Anzucht Ende März bis Mai bei 18–22 °C; Lichtkeimer. Nach Mitte Mai mit 30 × 25 cm Abstand auspflanzen. Braucht warme, geschützte Lagen; Topfkultur ist oft sicherer. Eine kleine Auswahl aus der Fülle interessanter Basilikumarten und -sorten finden Sie auf S. 232.
Pflege In kühlen Frühsommernächten mit Vlies oder Folie abdecken. Gleichmäßig leicht feucht halten. Ein- bis zweimal organisch düngen.
Ernte Junge Triebe und Blätter jederzeit nach Bedarf. Bevorzugt Triebspitzen schneiden, um buschigen Wuchs zu fördern. Zum Einfrieren, Einlegen oder für Pesto kurz vor der Blüte ganze Triebe ernten.

Basilikum: Reichhaltige Auswahl

Sortengruppe, Art	Eigenschaften
Basilikum vom Mittelmeertyp *(Ocimum basilicum)*	
Genoveser Basilikum	die bekannteste Form, mit großen, dunkelgrünen, aromatischen Blättern; in robusten Sorten wie 'Aton', 'Großes Grünes', 'Genoveser', 'Serrata' (sehr große Blätter)
Rotblättrige Sorten	sehr attraktiv mit rotbraunen bis dunkel purpurroten Blättern und rosa bis violetten Blüten; z. B. 'Bordeaux', 'Chianti', 'Moulin Rouge', 'Dark Opal'
Feinblättriges Basilikum, Französisches Basilikum	kleine Blätter mit feinem bis kräftigem Aroma; in kompakten Sorten wie 'Balkonstar' und 'Mini'
Busch-Basilikum, Griechisches Basilikum *(Ocimum basilicum var. minimum)*	kleinblättrig, kräftiges Aroma; sehr kompakt, stark verzweigt, oft kugelförmig
Krausblättriges Basilikum	mit großen, gekrausten Blättern, in Grün ('Green Ruffles') oder Rot ('Purple Ruffles')
Basilikum aus Thailand	
Thai-Basilikum (Horapa) *(Ocimum basilicum)*	großblättrig, süßlich aromatisch, mit leichter Anis- und Lakritznote; in Sorten wie 'Siam Queen'
Wildes Basilikum, Tulsi *(Ocimum canum)*	großblättrig, Geschmack ähnlich wie Mittelmeer-Basilikum, aber etwas derber; robust, teils verholzend und mehrjährig; Sorte 'Wildes Purpur' mit roten, sehr aromatischen Blättern
Heiliges Basilikum *(Ocimum tenuiflorum = O. sanctum)*	kleinblättrig, süßlich und herbwürzig, mit Zimt- und Kampfernote
Basilikum mit besonderen Geschmacksnoten	
Zimt-Basilikum, Mexikanisches Gewürz-Basilikum *(Ocimum basilicum var. cinnamomum)*	großblättrig, mit Zimtaroma, passt gut zu süßen Speisen; violette Blüten; in Sorten wie 'Cino'
Großblättriges Zitronen-Basilikum *(Ocimum basilicum var. citriodorum)*	schmeckt zugleich nach Basilikum und Zitronenmelisse; in Sorten wie 'Sweet Dani' und 'Sweet Lemon'
Kleinblättriges Zitronen-Basilikum, Limonen-Basilikum *(Ocimum americanum)*	besonders intensives und süßes Zitronenaroma
Anis-Basilikum *(Ocimum basilicum var. anisum)*	großblättrig, mit anisartigem Beiton
Strauch-Basilikum	
Ostafrikanisches Strauch-Basilikum *(Ocimum kilimandscharicum)*	vorzugsweise in Hybriden wie 'African Blue', 'Magic Blue'; Geschmack etwas strenger als beim Mittelmeer-Basilikum; bildet große Büsche, mehrjährig bei heller, frostfreier Überwinterung
Kubanisches Strauch-Basilikum *(Ocimum-basilicum-Varietät)*	kleinblättrig; Geschmack ähnlich Mittelmeer-Basilikum, kräftig; bildet rundliche Büsche, robust, mehrjährig bei heller, frostfreier Überwinterung

Majoran
Origanum majorana

Petersilie
Petroselinum crispum

 30-50

 15-20 III/V

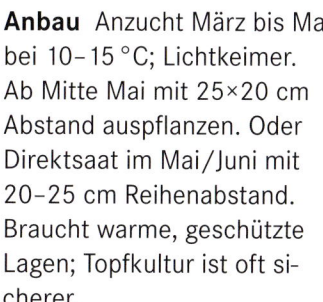

Anbau Anzucht März bis Mai bei 10–15 °C; Lichtkeimer. Ab Mitte Mai mit 25×20 cm Abstand auspflanzen. Oder Direktsaat im Mai/Juni mit 20–25 cm Reihenabstand. Braucht warme, geschützte Lagen; Topfkultur ist oft sicherer.

Pflege Bei anhaltender Trockenheit gießen, aber Vernässung vermeiden. Regelmäßig hacken.

Ernte Ab Mai Blätter und junge Triebe fortlaufend ernten. Zum Konservieren schneiden, wenn die ersten Blütenknospen erscheinen. Würzt deftige Gemüse- und Fleischgerichte, Eintöpfe und Wurst. Als Tee appetitanregend und hilft bei Verdauungsbeschwerden.

Anbau Zur Auswahl stehen Blattpetersilie mit gekrausten oder glatten Blättern (Letztere ist aromatischer), außerdem Wurzelpetersilie (var. *tuberosum)* mit weißer Wurzelrübe. Direktsaat ab Mitte März bis Juli, Wurzelpetersilie nur bis April. Reihenabstand 20–25 cm, später auf 10–15 cm ausdünnen. Keimt langsam, Radieschen oder Kresse als Markiersaat zugeben. Petersilie ist nicht selbstverträglich, deshalb am besten jedes Jahr an einen anderen Platz säen.

Pflege Gleichmäßig leicht feucht, aber nicht nass halten. Jungpflanzen organisch oder mit reifem Kompost düngen, ein- bis zweimal nachdüngen. Bei Überwinterung mit Fichtenreisig abdecken. Regelmäßig hacken. Spät gesäte Pflanzen können Sie auch im Spätherbst ausgraben und in Töpfe pflanzen. Hell und mäßig warm aufgestellt, liefern sie über Winter frische Blätter.

Ernte Nach Bedarf Laub samt Stielen schneiden; dabei die inneren Herzblätter stehen lassen. Bei gelungener Überwinterung sind Ernten bis ins nächste Frühjahr möglich; doch bald erscheinen dann lange Blütenstiele. Die Rüben der Wurzelpetersilie im Spätherbst des 1. Jahres ausgraben. Sie lassen sich ähnlich wie Sellerie für Suppen und Eintöpfe nutzen. Die Petersilienblätter dagegen nicht mitkochen.

Anis
Pimpinella anisum

Anbau Direktsaat April bis Mai, mit 25–30 cm Reihenabstand; später in der Reihe auf 20 cm vereinzeln. Keimt langsam, Radieschen oder Kresse als Markiersaat zugeben.
Pflege Bei Trockenheit gießen. Regelmäßig lockern.
Ernte Wenn sich die Früchte bräunlich verfärben, die Pflanzen abschneiden, zum Trocknen aufhängen und dann die rundlichen Einzelfrüchte ausschütteln. Sie eignen sich für Gebäck und Süßspeisen sowie für Tees gegen Husten und Verdauungsbeschwerden. Leider reifen die Früchte nach kühlen Sommern oft nicht richtig aus. Schon ab Frühsommer lassen sich junge Blätter als Würze ernten.

Portulak
Portulaca oleracea var. *sativa*

Anbau Direktsaat Mai bis August, am besten in Folgesaaten alle 3–4 Wochen. 15–20 cm Reihenabstand; Samen nur dünn mit Erde bedecken.
Pflege Gleichmäßig feucht halten. Nach Entwicklung der Jungpflanzen düngen.
Ernte Ab etwa 4 Wochen nach der Aussaat junge Blätter nicht blühender Pflanzen ernten. Wird nicht allzu tief geschnitten und dann etwas Kompost gegeben, wächst die Pflanze nach und liefert drei bis vier Ernten. Die fleischigen, würzigen, Vitamin-C-reichen Blätter können roh an Salate, Quark und Soßen gegeben oder wie Spinat gedünstet werden.

Sommer-Bohnenkraut
Satureja hortensis

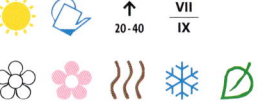

Anbau Direktsaat ab Ende April bis Anfang Juli in Folgesaaten. 25 cm Reihenabstand, wenn nötig, ausdünnen; Samen nur leicht abdecken. Auch Anzucht im März/April mit späterem Verpflanzen möglich. Recht ähnlich ist das etwas kräftiger schmeckende mehrjährige Winter-Bohnenkraut (siehe S. 250).
Pflege Bei Trockenheit mäßig gießen. Regelmäßig den Boden lockern.
Ernte Fortlaufend Blätter pflücken und junge Triebe schneiden. Zum Konservieren am besten kurz vor der Blüte ernten, dann ist das leicht pfeffrige Aroma am intensivsten. Es bleibt aber auch noch während der Blüte erhalten.

Mariendistel
Silybum marianum

Anbau Anzucht im März oder April, ab Mai mit mindestens 50×50 cm Abstand auspflanzen. Bevorzugt nährstoffarmen, gut durchlässigen Boden. Eine dekorative Rarität mit großen, weiß marmorierten, bestachelten Blättern und auffälligen Blütenköpfen.
Pflege Bei anhaltender Trockenheit gießen. Den Boden locker halten.
Ernte Haupterntegut sind die Früchte. Als Tee zubereitet, helfen sie bei Verdauungsbeschwerden und haben eine leicht leber- und gallenschützende Wirkung (bei Fertigpräparaten deutlich stärker). Junge Blätter und Blütenköpfe können als Gemüse zubereitet werden.

Gelbsenf, Weißer Senf
Sinapis alba

Anbau Für die Gewinnung der Senfkörner Direktsaat Mitte März bis April; zur Nutzung der Blätter oder als Gründüngung bis September. Mit 20 cm Reihenabstand oder breitwürfig säen. Senf kann im Haus ganzjährig für Keimsprossen gesät werden.
Pflege Am besten gleichmäßig leicht feucht halten.
Ernte Zur Körnerernte die Pflanzen im Spätsommer abschneiden, wenn sich die Fruchtschoten gelb färben, und zum Trocknen aufhängen. Dann die Samen herausnehmen und nachtrocknen lassen. Sie eignen sich gut zum Würzen, Einlegen und für Marinaden. Junge Blätter passen zu Salaten und Suppen.

Kapuzinerkresse
Tropaeolum majus

Anbau Anzucht im März/April mit Pflanzung ab Mitte Mai oder ab Mitte April Direktsaat. Pflanzenabstand 25–30 cm, bei langtriebigen Klettersorten 40–50 cm.
Pflege Gleichmäßig gut feucht halten. Alle 4 Wochen düngen (eher stickstoffarm). Kletternde Sorten aufleiten.
Ernte Junge Blätter schmecken kresseartig würzig und lassen sich z. B. für Salate und Quark verwenden. Dazu passen auch die essbaren Blüten, die eine hübsche Garnierung bieten. Blütenknospen und Samenkapseln ergeben nach Einlegen erst in Salz, dann in Essig pikante „falsche Kapern" (die echten stammen vom Kapernstrauch).

Schaf-Garbe
Achillea millefolium

Schnittlauch
Allium schoenoprasum

  ↑ 50-90 VI/IX

  )))

Anbau Vorzugsweise im Frühjahr pflanzen, mit 40 cm Abstand. Auch Anzucht oder Direktsaat im Frühjahr oder August/September möglich; Lichtkeimer. Vermehrung durch Teilung. Die beste Heilpflanzensorte ist 'Proa'.
Pflege Bei Trockenheit gießen. Im Herbst zurückschneiden, wenn vorher nicht stark beerntet wurde. Im Frühjahr Kompost oder organischen Dünger geben.
Ernte In der Vollblüte Triebspitzen oder ganze Stängel handbreit über dem Boden abschneiden. Das getrocknete Kraut wirkt als Tee appetitanregend und krampflösend, als Salbe oder Badezusatz entzündungshemmend.

Anbau Anzucht ab Februar, Direktsaat ab März, je nach Sorte bis Mai oder August. Mit 25–30 cm Reihenabstand oder in Horsten mit 25 cm Abstand; vorgezogene Sämlinge in Büscheln mit 25×25 cm Abstand auspflanzen. Auch vorgezogene Jungpflanzen erhältlich. Bevorzugt kalkhaltigen Boden.
Zum Antreiben über Winter im Spätherbst mitsamt Wurzelballen ausgraben, dann in Töpfe pflanzen, hell bei etwa 20 °C aufstellen.
Alle 2–3 Jahre durch Teilung im Herbst oder Frühjahr verjüngen und zugleich vermehren.
Pflege Bei Trockenheit gießen. Im Frühjahr mit reifem

Kompost oder organischem Dünger versorgen. Die hübschen Blüten müssen nicht unbedingt ausgebrochen werden, das Entfernen fördert allerdings die Blattbildung.
Ernte Blattröhren ganzjährig nach Bedarf abschneiden, sobald die Pflanzen gut entwickelt sind. Nicht zu stark beernten, damit die Pflanzen kräftig genug für das Nachtreiben bleiben. Verwendung roh zu Salaten, Suppen, Quark und anderen Gerichten. Die vitamin- und mineralstoffreichen Blätter wirken appetitanregend, verdauungsfördernd und blutdrucksenkend. Auch die Blüten sind essbar und geben eine attraktive Dekoration für Salate ab.

Schnittknoblauch
Allium tuberosum

Anbau Direktsaat oder An- zucht von März bis Juli, Saat bzw. Pflanzung mit 30 cm Reihenabstand und 20 cm in der Reihe. Auch vorgezoge- ne Jungpflanzen erhältlich. Vermehrung älterer Pflanzen durch Teilung (am besten alle 2–3 Jahre).
Pflege Gleichmäßig leicht feucht halten. Im Frühjahr Kompost geben.
Ernte Fortlaufend nach Bedarf Blätter schneiden; nur frisch verwenden. Nicht zu stark beernten, damit die Pflanze immer wieder Neuaustrieb bilden kann. Die würzigen Röhrenblätter lassen sich wie Schnittlauch einsetzen, haben aber eine deutliche Knoblauchnote.

Bärlauch
Allium ursinum

Anbau Gekaufte Zwiebeln im Herbst stecken; Jungpflanzen im zeitigen Frühjahr setzen. Oder Samen zwischen Au- gust und Februar an Ort und Stelle breitwürfig ausstreuen (Kaltkeimer); 1–2 cm hoch mit Erde abdecken. Breitet sich dann oft von selbst aus. Bärlauch gedeiht am besten auf frischem bis feuchtem, humosem Boden unter laub- abwerfenden Gehölzen.
Pflege Am geeigneten Standort anspruchslos. Bei starker Ausbreitung durch Abstechen mit dem Spaten eindämmen.
Ernte Blätter im Frühjahr ernten, bevor die Blüten erscheinen; die kleinen Zwie- beln im Frühjahr oder Herbst.

Echter Eibisch
Althaea officinalis

Anbau Pflanzung im Früh- jahr oder Spätsommer / Herbst mit etwa 60 cm Abstand. Auch Anzucht aus Samen oder Direktsaat im Frühjahr möglich. Durch Tei- lung einfach zu vermehren. Ideal ist ein sandig-lehmiger Boden.
Pflege Bei Trockenheit gie- ßen. Im Herbst oder Frühjahr mit Kompost versorgen. An Stützstäben aufbinden.
Ernte Den Wurzelstock im Spätherbst oder Winter aus- graben; die Wurzeln säubern, in Stücke schneiden und trocknen. Wurzelauszüge helfen bei Erkältung, Entzün- dungen im Mund und Magen- Darm-Beschwerden; ebenso Blätter- und Blütentees. Junge Blätter auch für Salate.

Echte Engelwurz
Angelica archangelica

Meerrettich
Armoracia rusticana

   ↑ 150-200   VI / VIII

 ↑ 50-70   V / VI

Anbau Direktsaat im September (Kaltkeimer). Im Frühjahr auf etwa 1 m Abstand vereinzeln. Die Engelwurz ist recht kurzlebig, vermehrt sich aber durch Selbstaussaat. In der Regel genügen 2–3 Exemplare dieser stattlichen Wildstaude.
Pflege Gleichmäßig leicht feucht halten. Im Frühjahr organischen Dünger geben. Jungpflanzen anhäufeln. Soll der Wurzelstock geerntet werden, im 1. Jahr die Blütentriebe ausschneiden.
Ernte Junge Blätter fortlaufend ab Mai/Juni, Samen im Herbst. Wurzelstöcke im Herbst des 2. Jahres ausgraben, nach Halbierung trocknen und zerkleinern. Alle

Pflanzenteile, besonders aber die Wurzeln, enthalten appetitanregende, verdauungsfördernde und krampflösende Stoffe und haben ein würzig süßliches, anisartiges Aroma. Wurzeln und Samen finden Verwendung in Kräuterlikören („Magenbitter") und können ebenso wie die Blätter auch als Tees, Auszüge und für äußerliche Anwendungen, z. B. bei Rheuma, eingesetzt werden. Die Blätter eignen sich zudem als Würze für Salate und andere Speisen. Sogar die Stängel lassen sich kandiert genießen.
Vorsicht, häufige Anwendung und Hautkontakt mit dem Pflanzensaft kann die Lichtempfindlichkeit erhöhen.

Anbau Vermehrung mit „Fechsern": Das sind dünne, 20–30 cm lange Teilstücke von den Seitenwurzeln. Diese im Frühjahr schräg einpflanzen. Achtung, Meerrettich breitet sich mit der Zeit stark aus; oft genügt eine Pflanze.
Pflege Bei Trockenheit gießen. Im Sommer ein- bis zweimal die Wurzeln vorsichtig freilegen. Dann Seitenwurzeln abtrennen oder mit grobem Tuch abreiben; nur den unteren Wurzelkranz belassen. Danach wieder abdecken. Das fördert die Ausbildung kräftiger Wurzeln.
Ernte Wurzeln ab Herbst ausgraben. Kühl lagern; am besten draußen in Sand einschlagen.

Eberraute
Artemisia abrotanum

Anbau Pflanzung im Frühjahr mit 40 cm Abstand. Meist genügt eine Pflanze. Vermehrung durch Teilung, Absenker oder Stecklinge. Liebt kalkhaltigen, gut durchlässigen Boden.
Pflege Über Winter die Pflanzenbasis mit Nadelholzreisig oder Laub abdecken. Im Frühjahr um gut ein Drittel zurückschneiden und etwas Kompost geben.
Ernte Junge Triebspitzen ab Frühsommer. Zum Trocknen im Spätsommer ganze Triebe schneiden. In kleinen Mengen als Würze für Salate, Soßen und fette Fleischgerichte verwenden. Lässt sich auch als Tee, z. B. bei Verdauungsstörungen, einsetzen sowie zum Vertreiben von Motten.

Wermut
Artemisia absinthium

Anbau Pflanzung im Frühjahr oder Herbst. Eine Pflanze ist meist ausreichend. Einzeln pflanzen, da die Wurzelausscheidungen teils andere Pflanzen hemmen. Auch Anzucht oder Direktsaat im Frühjahr möglich. Vermehrung durch Teilung oder Stecklinge. Liebt kalkhaltigen, gut durchlässigen Boden.
Pflege Im Herbst oder Frühjahr zurückschneiden. In kalten Wintern mit Nadelholzreisig oder Laub abdecken.
Ernte Blätter fortlaufend nach Bedarf schneiden, zum Trocknen im Spätsommer die Triebspitzen. „Klassische" Zutat für Kräuterschnaps wie Absinth; ansonsten Verwendung ähnlich wie Eberraute.

Estragon
Artemisia dracunculus

Anbau Unterschieden wird Französischer Estragon (intensives Aroma mit Anisnote), Deutscher bzw. Thüringischer Estragon (ähnlich, aber robuster) und Russischer Estragon (herber, robust). Pflanzung im April/Mai mit 30–40 cm Abstand. Bei Russischem Estragon Direktsaat April bis Juni möglich. Vermehrung durch Teilung, Ausläufer oder Stecklinge.
Pflege Gleichmäßig leicht feucht halten. Im Herbst zurückschneiden, in rauen Lagen abdecken; im Frühjahr Kompost geben. Alle 3–4 Jahre teilen.
Ernte Junge Triebspitzen und Blätter ab Mai. Zum Konservieren kurz vor der Blüte schneiden.

Beifuß
Artemisia vulgaris

  ↑ 80-150 VIII/IX

Anbau Anzucht ab März mit Pflanzung im Mai, Direktsaat ab April; Samen dünn abdecken. 40 cm Pflanzenabstand. Oft reicht ein Exemplar. Separat kultivieren, da Beifuß andere Pflanzen hemmen kann. Vermehrung durch Teilung.
Pflege Blütenstände auch bei Nichtverwendung entfernen, sonst droht starke Samenausbreitung. Im Frühjahr zurückschneiden.
Ernte Junge Blätter bis zum Blühbeginn, dann auch Blütenstände mit noch geschlossenen Knospen. Verwendung als verdauungsfördernde Würze für fette Speisen (z. B. Gänsebraten); als Tee, u. a. gegen Magen-Darm-Probleme und Mundgeruch.

Römische Kamille
Chamaemelum nobile

  ↑ 15-25 VI/IX

Anbau Wird bei uns vor allem als teppichbildende Duftpflanze angeboten. Die nicht blühende Sorte 'Treneague' ist recht trittfest und eignet sich für Duftrasen und -pfade. Pflanzung im Frühjahr oder Frühherbst, mit 15 cm Abstand. Auch Direktsaat oder Anzucht im Frühjahr möglich. Vermehrung durch Teilung.
Pflege Bei anhaltender Trockenheit gießen. Im Frühjahr leicht zurückschneiden.
Ernte Die Blüten einfach blühender Sorten können wie die der einjährigen Echten Kamille (siehe S. 230) geerntet und für Tees, Bäder usw. verwendet werden. Vorsicht, kann gelegentlich allergische Reaktionen hervorrufen.

Gewürz-Fenchel
Foeniculum vulgare var. *dulce*

    ↑ 100-200 VII/IX

Anbau Direktsaat März bis April, bei manchen Sorten auch bis August. 40 cm Reihenabstand; später auf 30 cm in der Reihe ausdünnen oder verpflanzen. Nicht neben Dill oder Koriander säen. Wächst oft nur zweijährig, vermehrt sich aber durch Selbstaussaat.
Pflege Gleichmäßig leicht feucht halten. Im Frühjahr mit Kompost versorgen.
Ernte Blätter ab Juni fortlaufend nach Bedarf schneiden. Blüten und Samenstände erscheinen je nach Saattermin meist erst im 2. Jahr. Samenstände ernten, wenn sie sich bräunlich verfärben; die Samen herausklopfen und nachtrocknen lassen.

Waldmeister
Galium odoratum

Anbau Pflanzung im Frühjahr oder Herbst; flächig, mit etwa 12 Pflanzen je m². Ideal ist ein Platz unter laubabwerfenden Gehölzen, der zuvor gut mit Humus angereichert wurde. Vermehrung durch Teilung oder über Ausläufer.
Pflege Nach der Pflanzung mulchen. Bei Trockenheit gießen. Im Frühjahr oder Herbst mit Kompost überziehen.
Ernte Blätter während der Blüte ernten und vor Gebrauch leicht antrocknen lassen. Sie sind die „klassische" Zutat für die Maibowle, können aber auch Süßspeisen und Cocktails aromatisieren. Vorsicht, wegen des Cumarin-Gehalts nur sparsam und nicht allzu oft verwenden.

Currykraut
Helichrysum italicum

Anbau Pflanzung ab Ende April, mit 30–40 cm Abstand. Braucht gut durchlässigen Boden. Lässt sich in frostgeplagten Regionen sicherer als Kübelpflanze kultivieren.
Pflege Nach der Blüte zurückschneiden; Zwerg-Currykraut besser erst im Frühjahr. Im Herbst mit Winterschutz versehen oder drinnen hell und kühl überwintern. Im Frühjahr schwach dosiert düngen.
Ernte Fortlaufend junge Blätter und Triebe; ab Blühbeginn schwächeres Aroma, doch oft noch nutzbar. Schmeckt als Würze angenehm curryartig, aber je nach Sorte und Erntezeitpunkt manchmal recht bitter; sparsam verwenden.

Echtes Johanniskraut
Hypericum perforatum

Anbau Ab Mitte April gekaufte Jungpflanzen setzen, mit 40 cm Abstand. Auch Direktsaat oder Anzucht im Frühjahr möglich; Lichtkeimer. Vermehrung durch Teilung oder Stecklinge. Bevorzugt gut durchlässige, kalkhaltige Böden.
Pflege Bei anhaltender Trockenheit gießen. Im Frühjahr zurückschneiden.
Ernte In der Vollblüte die Blütenstängel schneiden und trocknen. Daraus bereitete Tees wirken nervenstärkend und lindern Depressionen. Äußerlich angewandte Öle sind schmerzstillend und entzündungshemmend. Vorsicht, der Hauptwirkstoff Hypericin erhöht die Lichtempfindlichkeit von Haut und Augen.

Ysop
Hyssopus officinalis

Lavendel
Lavandula angustifolia

    VII/IX

30–60

   VI/VIII

30–90

Anbau Anzucht März bis Mai, Pflanzung ab Ende April; oder Direktsaat ab Ende April; Lichtkeimer. 25–30 cm Abstand. Vermehrung durch Teilung oder Kopfstecklinge. Mag gut durchlässigen, kalkhaltigen Boden.

Pflege Im Herbst kräftig zurückschneiden und in kalten Wintern mit Nadelholzreisig oder Laub abdecken.

Ernte Blätter und Triebspitzen fortlaufend nach Bedarf schneiden. Zum Konservieren blühende Triebspitzen ernten. Ysoptee hilft bei Husten, Blähungen und anderen Magen-Darm-Beschwerden. Die herb aromatischen Blätter runden Salate sowie Fleisch-, Fisch- und Gemüsegerichte ab.

Anbau Neben der reinen Art gibt es einige kompakter wachsende Sorten sowie Hybriden *(L. × intermedia)* mit verschiedenen Blütenfarben. Auch der breitblättrige, starkwüchsige Speik-Lavendel *(L. latifolia)* kommt infrage. Pflanzung am besten im Frühjahr mit 30–40 cm Abstand. Je nach Art und Sorte ist teils die Anzucht aus Samen im Frühjahr oder Absenker möglich. Vermehrung durch Kopfstecklinge im Frühjahr. Lavendel liebt durchlässigen, eher nährstoffarmen, kalkhaltigen Boden.

Pflege Nur bei lang anhaltender Trockenheit gießen. In rauen Lagen mit leichtem Winterschutz versehen. Alle 2–3 Jahre im zeitigen

Frühjahr um etwa ein Drittel zurückschneiden, dann mäßig mit Kompost oder organischem Dünger versorgen.

Ernte Blütentriebe schneiden, sobald sich die Blüten öffnen, und gleich trocknen. Blütentees wirken beruhigend und helfen bei Schlafstörungen, aber auch bei Appetitlosigkeit, Blähungen und nervösen Darmbeschwerden. Badezusätze, Kräuterkissen, Duftsäckchen und -potpourris sind weitere Einsatzmöglichkeiten; ebenso das Auslegen im Kleiderschrank zur Mottenvertreibung. Die Blättchen, jederzeit nach Bedarf zu pflücken, eignen sich als (sparsame) Würze für Fisch-, Fleisch- und Gemüsegerichte.

Liebstöckel, Maggikraut
Levisticum officinale

Anbau Anzucht ab März, Direktsaat ab April sowie im August möglich; Lichtkeimer. Da aber in der Regel 1–2 Exemplare genügen, ist es meist am besten, Jungpflanzen zu kaufen und im Mai zu setzen. Abstand untereinander 60 cm, zu anderen Pflanzen etwa 120 cm. Vermehrung durch Teilen des Wurzelstocks oder Abtrennen von jungen Schösslingen. Anders als viele mediterrane Kräuter bevorzugt Liebstöckel nährstoffreiche, humose, frische bis feuchte Böden, die tiefgründig gelockert werden sollten.
Pflege Bei Trockenheit gießen. Jährlich im Frühjahr Kompost oder organischen Dünger geben. Bei unerwünschter Ausbreitung konsequent Sämlinge und Schösslinge entfernen.
Ernte Junge Blätter fortlaufend ernten, Samen im Spätjahr. Wurzel ab dem 2. Jahr im Herbst ausgraben.
Der traditionellen Verwendung als Suppenwürze verdankt die Pflanze den Namen Maggikraut. Blätter und klein geriebene Wurzeln passen aber auch zu Salaten, Soßen, Fleisch- und Fischgerichten, zu Gemüse und Omelettes; die Samen eignen sich besonders als Brot- und Likörwürze. Liebstöckel hilft bei Verdauungsstörungen, die Wurzel wird zudem gegen Harnwegserkrankungen eingesetzt.

Zitronenmelisse
Melissa officinalis

Anbau Anzucht März bis Mai; Lichtkeimer. Setzen gekaufter Pflanzen ab März, vor kalten Nächten mit Vlies abdecken. Pflanzabstand 30 cm. Vermehrung durch Teilung, Ausläufer oder Stecklinge.
Pflege Bei Trockenheit gießen. Vorsichtig hacken, da flache Wurzeln. In kalten Wintern mit Nadelholzreisig abdecken. Im Frühjahr abgestorbene Triebe entfernen und mit Kompost versorgen.
Ernte Blätter und Triebspitzen nach Bedarf. Zum Konservieren Triebe kurz vor der Blüte abschneiden. Verwendung als Würze für Salate, Fischgerichte oder Süßspeisen sowie für beruhigende, entspannende Tees.

Bach-, Wasser-Minze
Mentha aquatica

Pfeffer-Minze
Mentha × piperita

   30-60 VII IX

  50-80 VII IX

Anbau Pflanzung ab April, mit etwa 30 cm Abstand. Vermehrung durch Teilung oder Abtrennen der Ausläufer. Feuchter bis sumpfiger Boden, ideal z. B. am Teichrand, auch im Flachwasser bis etwa 15 cm Tiefe.
Pflege An trockeneren Standorten reichlich gießen. In kalten Wintern mit Nadelholzreisig abdecken. Häufig auslichten und überschüssige Ausläufer entfernen. Kräftiger Rückschnitt möglich.
Ernte Blätter fortlaufend nach Bedarf pflücken, ab Juli auch blühende Sprossspitzen schneiden. Eignet sich vor allem für Tees, die etwas milder schmecken als die der üblichen Pfeffer-Minze.

Anbau Pflanzung im Frühjahr oder Frühsommer mit 30–40 cm Abstand. Da die Minze stark wuchert, ist eine Wurzelsperre empfehlenswert: z. B. eine kräftige Teichfolie, die rund um die Pflanzstelle senkrecht in den Boden gesteckt wird, oder ein eingesenkter Baueimer mit herausgetrenntem Boden. Teils werden auch Samen angeboten (Anzucht März bis Mai; Lichtkeimer). Vermehrung durch Ausläufer oder Kopfstecklinge.
Pflege Bei Trockenheit gießen. Bei Pflanzung ohne Wurzelsperre häufig die Ausläufer abstechen. Kann kräftig zurückgeschnitten werden. Am besten alle 3 Jahre an eine andere Stelle umpflanzen.

Ernte Blätter fortlaufend nach Bedarf pflücken. Zum Konservieren kurz vor Blühbeginn schneiden. Neben der altbewährten Anwendung als Tee, der Magen- und Darmbeschwerden lindert, erfreut sich die Minze heute auch großer Beliebtheit als gekühlter Erfrischungstee sowie als Würze zu Salaten, Fleischgerichten, Süßspeisen und Milchprodukten. Der hohe Mentholgehalt ist jedoch für manchen schlecht verträglich. Als Alternative bieten sich andere, mentholärmere Minzearten an (siehe S. 245). Vorsicht, reines Pfefferminzöl sollte bei Säuglingen und Kleinkindern keine Verwendung finden!

Vielfalt der Minzen

Sortengruppe, Art	Eigenschaften
„Klassische" Tee-Minzen	
Hellgrüne Pfeffer-Minze, 'White Mint' (*Mentha × piperita* f. *pallescens*)	der geläufigste Minzen-Typ, z. B. 'Pfälzer Minze', hoher Mentholgehalt; wärmeliebend
Dunkelgrüne Pfeffer-Minze, 'Black Mint' (*Mentha × piperita* f. *rubescens*)	mit rötlich violetter Nervatur, z. B. 'Mitcham', hoher Mentholgehalt; recht robust
Spearmint-Minze (*Mentha spicata*)	schmalblättrig; die „Kaugummi-Minze", enthält kein Menthol; auch in rötlich dunkelblättrigen Sorten ('Black Spearmint')
Krause Minze (*Mentha spicata* var. *crispa*)	ähnlich der Spearmint-Minze, mit stark gekrausten Blättern
Marokkanische, Arabische, Nane-Minze (*Mentha spicata* var. *crispa*)	nordafrikanische und vorderasiatische Herkünfte der Krausen Minze, besonders geeignet für kalte Tees und Süßspeisen; teils etwas frostempfindlich; kleinwüchsige Sorte: 'Nana'
Minzen mit besonderem Aroma	
Bananen-Minze (*Mentha arvensis* 'Banana')	zarte, gekrauste Blätter mit an Banane erinnerndem Aroma, geringer Mentholgehalt
Schokoladen-Minze (*Mentha × piperita* 'Chocolate' und 'After Eight')	Aroma erinnert an Minzschokolade, gut geeignet für Süßspeisen und als Duftpflanze, hoher Mentholgehalt
Orangen-Minze (*Mentha piperita* var. *citrata*)	rotgrüne Blätter, herbfruchtiges Aroma mit leichter Orangennote, mäßiger Mentholgehalt
Apfel-Minze (*Mentha rotundifolia*)	große, filzige Blätter, Aroma nur entfernt apfelähnlich, geringer Mentholgehalt; sehr robust
Ananas-Minze (*Mentha suaveolens* 'Variegata')	weiß gerandete Blätter mit herb zitronigem Aroma, geringer Mentholgehalt
Erdbeer-Minze (*Mentha* species)	zierliche, kompakte Pflanze; fruchtiges, erdbeerartiges Aroma, recht hoher Mentholgehalt

Orangen-Minze

Marrokanische Minze

Ananas-Minze

Brunnenkresse
Nasturtium officinale

Gemeine Nachtkerze
Oenothera biennis

Oregano, Dost
Origanum vulgare

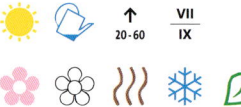

Anbau Die Brunnenkresse braucht stets feuchten Boden und sollte über Sommer mindestens 2 cm tief im Wasser stehen. Deshalb Kultur in wasserdichten Gefäßen oder im Sumpf- und Flachwasserbereich von Teich oder Bachlauf (bis 20 cm Wassertiefe). In Gefäßen Aussaat Mai bis Juli; Pflanzung draußen ab Mitte Mai.
Pflege Auf ausreichenden Wasserstand achten. Gefäße in kalten Wintern gut isolieren oder vorübergehend im Haus hell und kühl aufstellen.
Ernte Die scharf würzigen, vitaminreichen Blätter werden vorzugsweise im Frühjahr gepflückt, lassen sich aber bei Bedarf ganzjährig nutzen.

Anbau Direktsaat im April oder Ende Juli/August; Lichtkeimer. 20–30 cm Reihen- und Pflanzenabstand. Vermehrt sich oft stark durch Selbstaussaat.
Pflege Bei anhaltender Trockenheit gießen. Gelegentlich Kompost geben. Unerwünschte Sämlinge entfernen.
Ernte Blätter zur Blütezeit; Tees helfen bei Durchfall, Verdauungsbeschwerden und Magen-Darm-Krämpfen. Die im Herbst bis zum Frühjahr geernteten Wurzeln ergeben ein schmackhaftes, gesundes Gemüse. Auch die Blüten sind essbar. Zur Nutzung des Samenöls (z. B. bei Neurodermitis) besser Fertigpräparate verwenden.

Anbau Wird in mehreren Sorten, Arten und Unterarten angeboten, z. B. auch gelbblättrig oder sehr kompakt. Anzucht März bis Mai oder Direktsaat Mai bis Juni; Lichtkeimer. Pflanzung ab Mitte Mai mit 30 cm Abstand. Vermehrung durch Teilung, Ausläufer oder Stecklinge. Bevorzugt gut durchlässigen, eher nährstoffarmen Boden.
Pflege Bei anhaltender Trockenheit mäßig gießen. In rauen Lagen leichter Winterschutz. Wird nicht komplett geerntet, im Frühjahr kräftig zurückschneiden.
Ernte Blätter und junge Triebspitzen fortlaufend nach Bedarf. Zum Konservieren Triebe während der Blüte schneiden.

Große Bibernelle
Pimpinella major

50-100   IX

Rosmarin
Rosmarinus officinalis

30-150   VI

Anbau Samen werden meist für Wiesen- bzw. Wildblumensaaten angeboten (nicht zu verwechseln mit der Pimpinelle, siehe S. 250). Direktsaat März bis Mai oder Spätsommer. Breitwürfig säen oder – für die Wurzelernte besser – mit 30–40 cm Reihenabstand.

Pflege Bei anhaltender Trockenheit gießen. Unkraut konsequent entfernen.

Ernte Haupterntegut sind die ab Herbst ausgegrabenen Wurzeln. Ihre Abkochungen und Auszüge werden gegurgelt oder getrunken, v. a. bei Bronchitis und Halsentzündungen. Blätter, Blüten und Samen eignen sich als Würze, z. B. für Salate, in Kräuteressig und Gemüsebrühen.

Anbau Der wärmeliebende, gegen Frost und lange Winternässe recht empfindliche Rosmarin wird – zumindest in raueren Lagen – am besten als Kübelpflanze kultiviert. Gekaufte Jungpflanzen ab Mai draußen in Töpfe oder an geschützte Plätze setzen. Auch Anzucht aus Samen möglich (März bis Juli). Vermehrung durch Kopfstecklinge im Spätsommer oder Absenker. Rosmarin liebt durchlässigen Boden, der auch sandig, steinig und recht mager sein kann.

Pflege Bei anhaltender Trockenheit mäßig gießen. Über Winter mit Nadelholzreisig oder Stroh abdecken. Als Kübelpflanze hell bei 2–8 °C überwintern, erst ab Mitte Mai nach draußen stellen. Die Triebe nach der Blüte oder im Frühjahr etwa um ein Drittel zurückschneiden. Im Frühjahr etwas Kompost oder organischen Dünger geben.

Ernte Blätter und junge Triebspitzen fortlaufend, aber nicht übermäßig nach Bedarf ernten. Zum Konservieren Triebe im Sommer schneiden. Rosmarin hat sich nicht nur als mediterrane Würze für Fleisch- und Fischgerichte, Bratensoße, Tomatensalat und Bohnen bewährt, als (niedrig dosiertes) Teekraut hilft er auch bei Verdauungsbeschwerden und Völlegefühl, in Bädern und Salben lindert er rheumatische Beschwerden und regt den Kreislauf an.

Sauerampfer
Rumex acetosa

   ↑ 30-80   V VIII

Anbau Direktsaat März bis Mai oder im August; in Reihen mit 30 cm Abstand, Sämlinge auf 10–15 cm ausdünnen. Vermehrung durch Teilung. Bevorzugt frischen bis feuchten Boden.
Pflege Am besten gleichmäßig feucht halten. Frühes Ausbrechen der Blütentriebe fördert die Blattbildung. Im Frühjahr Kompost geben.
Ernte Fortlaufend zarte, junge Blätter pflücken. Die säuerlich würzigen Blätter enthalten reichlich Vitamin C und Eisen. Sie passen gut zu Salaten, Suppen, Soßen und Gemüsegerichten. Teezubereitungen lindern Husten sowie Magen- und Darmbeschwerden und wirken blutreinigend.

Weinraute
Ruta graveolens

  ↑ 50-80   VI VIII

Anbau Direktsaat oder Anzucht im März bis Mai. 35 cm Abstand; meist reicht ein Exemplar. Vermehrung durch Teilung oder Stecklinge.
Pflege Bei langer Trockenheit gießen. In rauen Lagen im Herbst anhäufeln und mit Nadelholzreisig abdecken. Im Frühjahr zurückschneiden.
Ernte Blätter nach Bedarf. Zum Konservieren Triebe vor Blühbeginn schneiden. Die würzigen, leicht bitteren und scharfen Blätter runden Lamm und andere Fleischgerichte, Fisch, Eierspeisen, kräftige Soßen und Suppen ab. Vorsicht, nur sehr sparsam verwenden – in hoher Dosierung giftig! Der Pflanzensaft kann Hautreizungen hervorrufen.

Echter Salbei
Salvia officinalis

  ↑ 50-80   VI VIII

Anbau Pflanzung vorzugsweise im Frühjahr, mit 30 bis 40 cm Abstand. Anzucht aus Samen ab März möglich. Vermehrung durch Stecklinge, Absenker oder Teilung. Liebt gut durchlässigen, kalkhaltigen Boden.
Pflege Gießen nur bei langer Trockenheit nötig. In kälteren Regionen über Winter anhäufeln und mit Nadelholzreisig abdecken. Im späten Frühjahr Triebe auf Handbreite zurückschneiden.
Ernte Junge Blätter nach Bedarf; Triebe zum Konservieren kurz vor der Blüte. Vorsicht, wegen des Gehalts an Thujon (in hoher Dosis giftig) für Tees nur in geringen Mengen und nicht ständig verwenden.

Salbei in bunter Fülle

Sorte, Art	Eigenschaften
Sorten des Echten Salbeis	
'Aurea', 'Aureavariegata', 'Goldblatt', 'Icterina'	gelb-grün gemusterte Blätter
'Creme de la Creme', 'Rotmühle'	weißlich gerandete Blätter
'Tricolor', 'Hexenmantel'	Blätter grün, gelblich weiß und rosa bis violett gezeichnet
'Purpurascens', 'Purpurmantel'	rotbraune Blätter
'Berggarten'	mit großen, runden Blättern, geringer Blütenansatz
'Crispa'	breite, gekräuselte, samtige Blätter
'Culinaria'	große, silbrig schimmernde Blätter
'Nana'	Zwerg-Salbei, nur 25–40 cm hoch
'Nazareth'	schmalblättrig, mit zartem Marzipanduft
Weitere Salbeiarten	
Cleveland-, Marzipan-Salbei *(Salvia clevelandii)*	mit intensivem, süßlichem Duft
Frucht-Salbei *(Salvia dorisiana)*	große, lindgrüne Blätter mit fruchtigem Aroma; frostfreie Überwinterung (Kübelhaltung)
Honigmelonen-Salbei *(Salvia elegans)*	Blätter mit Honigmelonenduft, rote Blüten im Sommer und Herbst; frostfreie Überwinterung (Kübelhaltung)
Spanischer Salbei *(Salvia lavandulifolia)*	schmalblättrig, sehr aromatisch, nur etwa 30 cm hoch
Dalmatinischer Salbei *(Salvia officinalis* subsp. *major)*	mit großen, runden Blättern; wächst ausladend, leicht hängend
Ananas-Salbei *(Salvia rutilans)*	Blätter mit Ananasduft, rote Blüten im Herbst; frostfreie Überwinterung (Kübelhaltung)
Muskateller-Salbei *(Salvia sclarea)*	große, herzförmige Blätter mit Muskatellerduft, z. B. zum Aromatisieren von Wein, Desserts oder Marmeladen; oft nur zweijährig

'Purpurascens'

Muskateller-Salbei

'Icterina'

Pimpinelle
Sanguisorba minor

Anbau Direktsaat April bis Juni, mit 25 cm Reihenabstand; später in der Reihe auf 15 cm Abstand ausdünnen. Am besten alle 2–3 Jahre nachsäen; vermehrt sich auch durch Selbstaussaat. Bevorzugt kalkhaltigen Boden.
Pflege Bei Trockenheit gießen. Frühes Abschneiden der Blütenstände fördert die Blattbildung.
Ernte Junge Blättchen fortlaufend nach Bedarf. Mit ihrem leicht bitteren, gurkenähnlichen Geschmack passen sie – stets ungekocht – zu Salaten, Quark, Fisch, Eierspeisen, Kräutersoßen, -suppen und -essig. Sie sind ein typischer Bestandteil der „Frankfurter grünen Soße".

Heiligenkraut
Santolina chamaecyparissus

Anbau Pflanzung vorzugsweise im Frühjahr, mit 25–30 cm Abstand. Vermehrung durch Stecklinge oder Absenker. Liebt, kalkhaltigen, eher mageren Boden.
Pflege In rauen Lagen über Winter mit Nadelholzreisig schützen. Kräftiger Rückschnitt im Frühjahr fördert kompakten Wuchs. Alternativ oder zusätzlich die Triebe nach der Blüte um ein Drittel einkürzen.
Ernte Blätter, junge Triebe und blühende Sprossspitzen finden vor allem Verwendung in Duftsträußen und -säckchen. Sie vertreiben Motten und andere Insekten. Eine Auflage aus zerdrückten Blättern soll Entzündungen durch Insektenstiche lindern.

Winter-, Berg-Bohnenkraut
Satureja montana

Anbau Anzucht März bis Juni oder Direktsaat zwischen April und Juli; Samen nur leicht abdecken. 25 cm Pflanzenabstand. Vermehrung durch Teilung oder Absenker. Braucht gut durchlässigen, am besten nicht allzu nährstoffreichen Boden. Ein kurzlebiger Verwandter ist das eher mild aromatische Sommer-Bohnenkraut (siehe S. 234).
Pflege Verträgt Trockenheit besser als Nässe. In rauen Lagen über Winter mit Nadelholzreisig abdecken. Kann im Frühjahr leicht zurückgeschnitten werden, um den Neuaustrieb zu fördern.
Ernte Fortlaufend Blätter und junge Triebe. Zum Konservieren kurz vor der Blüte ernten.

Tripmadam
Sedum reflexum

   VII / VIII 100-150

Anbau Mehrere reizvolle Sorten mit grünen, blau-grünen, silbrigen oder gold-gelben Blättern. Pflanzung am besten im Frühjahr oder Frühsommer, mit 15–20 cm Abstand. Vermehrung durch Abtrennen bewurzelter Sprosse. Braucht gut durch-lässigen Boden, gern sandig-kiesig. Gedeiht auch auf Tro-ckenmauern und in Trögen.
Pflege Sehr anspruchslos.
Ernte Blättchen und junge, nicht blühende Triebspitzen pflücken. Sie sind vitamin- und mineralstoffreich und schmecken leicht säuerlich. Geeignet z.B. für Salate, Soßen, Quark sowie Suppen und Eintöpfe (nicht mitko-chen), Kräuteressig und Re-mouladen.

Goldrute
Solidago virgaurea

  VII / IX 60-90

Anbau Pflanzung im Herbst oder Frühjahr mit 30–40 cm Abstand. Auch Aussaat im Frühjahr möglich. Vermeh-rung durch Teilung oder Stecklinge.
Pflege Bei anhaltender Tro-ckenheit gießen. Im Herbst oder Frühjahr mit Kompost versorgen. Nach der Blüte oder im Frühjahr zurück-schneiden.
Ernte Blühende Sprossspit-zen schneiden und trocknen. Tees wirken harntreibend, krampflösend und entzün-dungshemmend. Sie werden bei entzündlichen Harnwegs-erkrankungen, Harnsteinen und Reizblase eingesetzt. Die Therapie bei ernsthaften Erkrankungen unbedingt mit dem Arzt abstimmen!

Beinwell
Symphytum officinale

    V / VIII 50-100

Anbau Pflanzung im Herbst oder Frühjahr mit 60–80 cm Abstand. Auch Aussaat im Frühjahr möglich. Vermeh-rung durch Teilung. Liebt feuchten, nährstoffreichen Boden.
Pflege An trockenem Stand-ort des Öfteren gießen. Im Frühjahr Kompost geben.
Ernte Blätter vor der Blü-te; Wurzeln während der Ruhezeit. Breiumschläge, Kompressen, Salben und Tinkturen helfen bei Prellun-gen, Zerrungen und Verstau-chungen. Vorsicht, wegen giftiger Inhaltsstoffe nicht auf offenen Wunden und nicht innerlich anwenden! Sparsa-mer Gebrauch der Blätter als Würze für Frühjahrssalate gilt allerdings als unbedenklich.

Quendel, Arznei-Thymian
Thymus pulegioides

Echter Thymian
Thymus vulgaris

   10-20 VI/VIII

 10-40 VI/IX

Anbau Pflanzung im Frühjahr oder Herbst mit 25–30 cm Abstand. Anzucht oder Direktsaat von April bis Anfang August; Lichtkeimer. Vermehrung durch Teilung, Absenker. Dieser kriechend wachsende Thymian kommt besonders gut mit trockenen, mageren Standorten zurecht und ist frosthart. Er eignet sich u. a. als Bodendecker, für Duftrasen und zur Trocken-mauerbepflanzung.
Pflege Sehr anspruchslos.
Ernte Wie Echter Thymian. Etwas weniger aromatisch und geringere Wirkstoffkon-zentration als beim Echten Thymian. Als Heilpflanze für Kinder oft angenehmer; als Würze sehr gut für Salate und Dips geeignet.

Anbau Pflanzung vor-zugsweise im Frühjahr mit 20–30 cm Abstand. Anzucht oder Direktsaat von April bis Mitte August; Lichtkeimer. Vermehrung durch Teilung oder Absenker. Bevorzugt gut durchlässigen, sandig-lehmi-gen Boden. Eine bewährte, recht frostharte Sorte ist 'Deutscher Winter'. 'Compac-tum' und 'Fredo' wachsen nur etwa 20 cm hoch.
Pflege In rauen Lagen über Winter mit Nadelholzreisig abdecken. Gelegentlich et-was Kompost geben. Ältere Pflanzen nach der Hauptblüte oder im Frühjahr zurück-schneiden. Alle 3–4 Jahre durch Teilung verjüngen.
Ernte Blättchen und Trieb-spitzen fortlaufend. Zum

Konservieren bei Blühbeginn oder auch in der Vollblüte (bis August).
Als pikante, verdauungsför-dernde Würze passt Thymian zu nahezu allen deftigen, gekochten oder gebratenen Speisen, von Gemüsesuppen über Pizza und Eierspeisen bis zu Fleisch-, Fisch- und Muschelgerichten. Er ist auch eine wichtige Zutat für delikaten Kräuteressig. Tees und Aufgüsse zum Gurgeln helfen bei Husten, Bronchitis, Halsschmerzen, Mundentzün-dungen und -geruch. Bäder können bei Atemwegser-krankungen unterstützend eingesetzt werden, regen an und lindern juckende Hauter-krankungen.

Abwechslungsreiche Thymiane

Art	Eigenschaften
Bergamotte-Thymian *(Thymus chamaedrys)*	kriechend, frosthart; herb fruchtig, an Earl-Grey-Tee erinnernd
Zitronen-Thymian *(Thymus × citriodorus)*	buschig, recht frosthart; mit Zitronenduft; in verschiedenen Farbvarianten (z. B. Goldthymian 'Mystic Lemon'), auch in kriechenden Formen
Orangen-Thymian *(Thymus fragrantissimus)*	buschig, mäßig frosthart; mit herbfruchtigem Aroma
Kriechender Orangen-Thymian *(Thymus-Hybride)*	kriechend, frosthart; mit herbfruchtigem Aroma
Kümmel-Thymian *(Thymus herba-barona)*	kriechend, frosthart; mit intensiv kümmelartigem Aroma
Kaskaden-Thymian *(Thymus longicaulis)*	buschig, mit langen Trieben, die z. B. an Trockenmauern herabwallen; mäßig frosthart
Sand-, Feld-Thymian *(Thymus serpyllum)*	kriechend, frosthart; oft rötlich gefärbte Blätter, Sorten mit hellvioletten, roten und weißen Blüten, auch mit gelbgrünen Blättern oder Zitronenduft
Lavendel-Thymian *(Thymus thracicus)*	kriechend, mäßig frosthart; Aroma ähnelt Lavendel oder Rosmarin

Orangen-Thymian

Thymian 'Doone Valley'

Zitronen-Thymian

Sand-Thymian

Arznei-Thymian

Brennnessel
Urtica dioica

   ↑
50-150   VII
X

Baldrian
Valeriana officinalis

   ↑
70-150   V
VIII

Anbau Die vor allem als „Unkräuter" bekannten Brennnesseln siedeln sich oft von selbst im Garten an und lassen sich leicht durch Teilung oder Ausläufer vermehren. Spezialisierte Versender bieten auch Samen an. Anzucht im März/April ist sicherer als Direktsaat (ab Mai); Lichtkeimer.
Pflege An einem humosen, nährstoffreichen, nicht zu trockenen Platz kaum nötig. Sonst öfter mit Kompost versorgen. Regelmäßig zurückschneiden, damit sich viele Jungtriebe bilden.
Ernte Junge, zarte Blätter im Frühjahr für spinatähnliches Gemüse. Blätter bis vor der Blüte für Tees; sie wirken gegen entzündliche Harnwegs-

und Gelenkerkrankungen, rheumatische Beschwerden und sind blutreinigend. Tinkturen bzw. alkoholische Auszüge eignen sich für pflegendes Haarwasser.
Aus den ab Herbst geernteten Wurzeln können Tees und Extrakte, besonders zur Linderung von Prostatabeschwerden, zubereitet werden; Fertigpräparate sind allerdings wirksamer.
Blätter und Triebe werden zudem für Brühen zur Blattlausbekämpfung und Jauchen zum Düngen eingesetzt.
Das Kraut der einjährigen Kleinen Brennnessel *(Urtica urens)* lässt sich ebenfalls für alle genannten Zwecke verwenden.

Anbau Pflanzung im Frühjahr oder Herbst, mit 40–50 cm Abstand. Auch Anzucht aus Samen im April/ Mai möglich; Lichtkeimer. Vermehrung durch Teilung. Bevorzugt feuchten Boden.
Pflege Bei Trockenheit gießen. Im Frühjahr Kompost oder organischen Dünger geben. Im Jahr der Wurzelernte die Blütenstände ausbrechen.
Ernte Die Wurzeln ab dem 2. Jahr während der Ruhezeit ausgraben, waschen, trocknen und in nicht zu kleine Stücke schneiden. Tees, Tinkturen und Bäder helfen bei Schlafstörungen und Nervosität. Vorsicht, übermäßige Anwendung kann tatsächlich sehr müde machen!

Zitronenstrauch
Aloysia triphylla

  VI / IX

50–150

Anbau Als Kübelpflanze. In wintermilden Gegenden auch Auspflanzung möglich (mit gutem Winterschutz), aber recht riskant. Vermehrung durch Stecklinge.

Pflege An sonnigen Plätzen häufig gießen, dazwischen immer wieder Erdoberfläche abtrocknen lassen. Von April bis August alle 2 Wochen düngen. Hell oder dunkel bei 4–12 °C überwintern; wenig gießen. Im März kräftig zurückschneiden.

Ernte Fortlaufend junge Blätter ernten; am besten ganze Triebspitzen abschneiden. Für erfrischende Tees, Duftpotpourris und Badezusätze; auch als Würze für Salate, Fisch und Süßspeisen.

Lorbeer
Laurus nobilis

       IV / V

100–250

Anbau Als Kübelpflanze. In wintermilden Gegenden Auspflanzung möglich (mit gutem Winterschutz), aber bei starken Frösten riskant. Vermehrung durch Stecklinge.

Pflege An sonnigen Plätzen häufig gießen, dazwischen die Erdoberfläche abtrocknen lassen. Von April bis August alle 1–2 Wochen düngen. Hell oder dunkel bei 0–10 °C überwintern, wenig gießen. Schnitt zum Formen (z. B. als Kegel) im Spätsommer und Frühjahr.

Ernte Junge Blätter nach Bedarf. Sparsam verwenden für Fleisch-, Fisch- und Gemüsegerichte, zum Einlegen von Gurken und Heringen, für Kräuteressig.

Anisverbene
Lippia alba

 VII / VIII

50–200

Anbau Nur in Kultur als Kübelpflanze; verträgt keine Minusgrade. Vermehrung durch Stecklinge.

Pflege Gleichmäßig leicht feucht halten. Von April bis August alle 2 Wochen düngen. Bei 4–12 °C überwintern; wenig gießen. Im Frühjahr zurückschneiden.

Ernte Fortlaufend junge Blätter ernten; am besten ganze Triebspitzen abschneiden. Verwendung wie beim Zitronenstrauch, wobei hier ein deutliches Anisaroma vorherrscht. In ihrer südamerikanischen Heimat wird die Pflanze traditionell als Mittel zur Beruhigung sowie bei Magen- und Atemwegserkrankungen eingesetzt.

Exotische Kräuter für die Kübelkultur

Art	Höhe	Ernte, Nutzung	Licht/Überwinterung
Lemonysop (Agastache mexicana)	60–90 cm	Blätter vor der Blüte, Blüten bis September; Würze, Teedroge, Duftpotpourris	sonnig/hell bei 4–12 °C
Echte Aloe (Aloe vera)	40–70 cm	Saft der angeritzten Blätter, ab Frühjahr; zur Hautpflege und Wundheilung	sonnig/hell bei 4–12 °C
Kapernstrauch (Capparis spinosa)	30–80 cm	geschlossene Blütenknospen ab Frühsommer; ergeben nach Trocknen und Einlegen die „echten" Kapern	sonnig/hell bei 4–12 °C
Balsamstrauch (Cedronella canariensis)	50–120 cm	Blätter vor der Blüte; für Tees, Duftpotpourris und -kissen	sonnig/hell bei 4–12 °C
Zitronengras (Cymbopogon citratus)	30–100 cm	Halme und Blätter ab Frühsommer; Würze und Teedroge	sonnig/hell bei 10–18 °C
Kardamom (Elettaria cardamomum)	30–80 cm	Samen im Herbst; Würz- und Heilmittel	sonnig, halbschattig/hell bei 4–12 °C
Arabisches Bergkraut (Micromeria fruticosa)	40–60 cm	Blätter vor der Blüte; minzartige Würze und Teedroge	sonnig/hell bei 4–12 °C
Brautmyrte (Myrtus communis)	50–150 cm	Blätter vor der Blüte; Würze und Teedroge	sonnig/hell bei 4–12 °C
Knoblauchs-Kaplilie (Tulbaghia violacea)	30–50 cm	Blätter ab Frühjahr; schnittlauchartige Würze	sonnig, halbschattig/hell oder dunkel bei 4–12 °C

Aloe

Zitronenverbene

Arabisches Bergkraut

Arbeitskalender

Der Kräutergarten verlangt keinen großen Arbeitsaufwand, doch alles gelingt einfacher und besser, wenn das Rechte zur rechten Zeit erledigt wird. Die Monatszuordnung der Arbeiten in diesem Kalender dient als Anhaltspunkt und kann je nach regionaler Wetterentwicklung etwas variieren.

Januar/Februar

Allgemeine Arbeiten

- Gartengeräte warten, Anzucht- und Pflanzgefäße gründlich reinigen, den Geräteschuppen aufräumen: Wer die Wintertage für solche Arbeiten nutzt, kann im Frühjahr unbeschwert loslegen.
- Mit artgerechtem Futter und immer wieder frisch gefüllten Tränken erleichtert man Vögeln im Garten die Überwinterung.
- Schauen Sie sich nach Bezugsquellen für speziellere Arten oder Sorten um, und bestellen Sie rechtzeitig bei den Samen- und Pflanzenversendern.

- Kam man im Herbst nicht zum Umgraben oder zur tiefgreifenden Lockerung mit der Grabegabel, kann das jetzt nachgeholt werden, wenn der Boden frostfrei und nicht zu nass ist. Die Schollen bereits umgegrabener Böden werden nun zerkleinert.
- Jetzt ist ein guter Zeitpunkt, um vor einer Neuanlage eine Bodenuntersuchung zu beauftragen und Bodenproben zu entnehmen.

Säen und Pflanzen

- In Töpfen auf dem Fensterbrett oder in einem beheizten Gewächshaus können Rucola, Kerbel und andere schnellwüchsige Kräuter zur Ernte „richtiger" Blätter gesät werden.
- Weiterhin bieten Keimsprossen aus Samen von Kresse, Senf usw. eine gesunde Nahrungsergänzung. Sollen nur die zarten, ganz jungen Sprosse geerntet werden, können die Keimschalen oder -boxen recht dunkel stehen; für etwas kräftigeres Grünkraut ist ein hellerer Platz nötig.
- Auch die Anzucht, z. B. von Gewürzpaprika und Schnittlauch kann jetzt beginnen; jedoch am besten nur dann, wenn ein wirklich heller Platz zur Verfügung steht.

Pflege

- Überprüfen Sie vor Frostperioden die Winterschutzabdeckungen kälteempfindlicher Kräuter und ergänzen Sie diese, wenn nötig, mit Laub, Reisig oder Vlies.
- An milden Tagen sollten die Winterquartiere öfter gelüftet werden.

- Drinnen überwinterte Kräuter und Kübelpflanzen weiterhin regelmäßig kontrollieren, zurückhaltend gießen und an warmen Tagen lüften.

Ernte

- Nicht nur drinnen überwinterte oder angetriebene Kräuter liefern mitten im Winter schmackhafte Blätter, sondern auch Winter- und Immergrüne im Garten, z. B. Barbarakraut, Petersilie, Salbei und Thymian.

- Nach wie vor verhelfen winter- und immergrüne Kräuter, ob draußen oder drinnen überwintert, zu kleinen, aber feinen frischen Ernten.

März/April

Allgemeine Arbeiten

⚜ Jetzt ist die Haupteinkaufszeit für Samen und früh zu pflanzende Kräuter. Denken Sie auch an nötiges und praktisches Zubehör, z. B. für die Anzucht.

⚜ Im Garten steht zunächst das Herrichten einer ebenen, feinkrümeligen Beetober-fläche für die ersten Freilandsaaten und -pflanzungen an. Entfernen Sie zuvor gründlich alle Unkräuter.

⚜ Erste Abwehrmaßnahmen gegen Schnecken sind nötig.

Säen und Pflanzen

⚜ Drinnen beginnt die Hauptsaison für die warme Anzucht, z. B. von Majoran, Schnitt-Sellerie, Oregano und Chili, gegen Ende März auch von Basilikum.

⚜ Im Freien können bei nicht allzu kühlem Wetter u. a. Kerbel, Löffelkraut und Schnittlauch gesät werden, ab Mitte/Ende Februar auch Petersilie und Rucola.

⚜ Spätestens ab Mitte April lässt sich fast alles, das sich für eine Direktsaat eignet, draußen aufs Beet säen. Nur mit besonders wärmeliebenden Arten wie Majoran oder Portulak sollte man sich bis Mai gedulden.

Pflege

⚜ Frühe Saaten und junge Pflanzen sollten vor kalten Nächten mit Folie oder Vlies geschützt werden.

⚜ Staudenartige Kräuter können Sie nun zurückschneiden, falls nicht schon im Herbst geschehen, und bei Bedarf teilen und neu verpflanzen.

⚜ Mehrjährige Kräuter versorgt man jetzt mit Kompost oder kurz vor Austriebsbeginn mit organischem Dünger, sofern sie nicht zu den besonders genügsamen Arten gehören.

⚜ Überwinterte Mehrjährige können noch mit Kompost oder Dünger versorgt werden, gut angewachsene nährstoffbedürftige Jungpflanzen erhalten eine Startgabe.

⚜ Saaten und frisch gesetzte Jungpflanzen müssen gleichmäßig leicht feucht gehalten werden.

Ernte

⚜ Überwinterte Kräuter treiben teils schon neue Blätter, sollten aber immer noch zurückhaltend beerntet werden. Frühsaaten, etwa von Kerbel und Rucola, können bereits das Angebot bereichern. Reichlich würzige Blätter liefert nun schon der Bärlauch.

Mai/Juni

Allgemeine Arbeiten

- Nach den Eisheiligen Mitte Mai können auch die besonders wärmebedürftigen Kräuter bzw. Kübelpflanzen in Töpfen nach draußen gebracht werden. Stellen Sie diese am besten zunächst 1 bis 2 Wochen halbschattig auf, bevor sie an einen vollsonnigen Platz kommen.
- Unkräuter müssen konsequent bekämpft werden.
- Durch Mulchen lässt sich der Aufwand für das Hacken und Gießen verringern.
- Schädlinge wie Blattläuse, Spinnmilben und Käfer machen sich breit. Wenn Abstreifen oder Abspritzen nicht ausreicht, können selbst hergestellte Tees und Brühen eingesetzt werden.
- Von vielen mehrjährigen Kräutern lassen sich im Juni Stecklinge für die Vermehrung schneiden und in geeignetes Anzuchtsubstrat topfen.

Säen und Pflanzen

- Für die meisten warmen Anzuchten ist der Mai der letzte Termin. Gegen Ende Mai wird es dann oft sinnvoller, die Samen draußen in Schalen, in gesonderte Vermehrungsbeete oder gleich direkt aufs Beet zu säen.
- Nun kann nahezu alles, von Anis bis Ysop, gesät werden, mit Ausnahme der Arten, die spezielle Früh- oder Spätsaaten erfordern.
- Ab Anfang Mai ist eine gute Pflanzzeit für wärmebedürftige Mehrjährige wie Oregano; ab Mitte Mai dann auch für empfindliche Einjährige wie Basilikum.

Pflege

- Späte Kälteeinbrüche im Mai können immer noch vorübergehendes Auflegen von Vlies oder Folie erforderlich machen.
- Die Saaten und jungen Kräuter brauchen recht regelmäßige Fürsorge: bei Bedarf gießen, öfter vorsichtig hacken und nährstoffliebende Jungpflanzen mit Kompost oder organischem Startdünger versorgen.

Ernte

- Der Mai ist ein wahrer „Wonnemonat": Nun lässt sich schon allerhand zum Würzen und für gesunde Kräutertees ernten.
- Ab Juni können die ersten Triebe zum Trocknen und für andere Konservierungsmethoden geerntet werden, z. B. von Basilikum, Salbei und Thymian.
- Blüten zum Trocknen liefern jetzt u. a. Kamille und Ringelblume.

Juli/August

Allgemeine Arbeiten

- Während der Sommermonate ist eine Mulchschicht zwischen den Pflanzen empfehlenswert. Sie bewahrt nicht nur die Bodenfeuchtigkeit, sondern schützt die Oberfläche auch vor starken Verschlämmungen und Verkrustungen nach Platzregen.
- Vermeiden Sie beim abendlichen Gießen das Benässen von Blättern oder gar Blüten, um Pilzkrankheiten vorzubeugen.
- Neben hartnäckigen Wurzelunkräutern sollten jetzt besonders regelmäßig unerwünschte Pflanzen mit Blüten gejätet werden, damit es nicht zu einer Massenverbreitung durch Samen kommen kann.
- Für eine Stecklingsvermehrung von Rosmarin ist der Spätsommer der beste Termin. Schneiden Sie dafür die Spitzen junger, nicht blühender Triebe.

Säen und Pflanzen

- Bis Anfang Juli kann noch Sommer-Bohnenkraut gesät werden. Ansonsten kommen nun vor allem Samen raschwüchsiger Arten wie Kerbel, Kresse oder Rucola aufs Beet oder auch in Gefäße. Für längerfristigen Genuss sorgen Saaten z. B. von Schnittlauch oder Schnittknoblauch.
- Mit Saaten z. B. von Barbarakraut, Dill, Kerbel und Portulak legen Sie den Grundstein für frischen Kräutergenuss im Herbst.

Pflege

- An trockenen Sommertagen ist Gießen besonders wichtig: direkt in den Wurzelbereich, möglichst morgens oder am frühen Abend.
- Neben feuchtigkeitsbedürftigen Saaten, Jungpflanzen, Topfkräutern und Arten wie Petersilie und Pfeffer-Minze sollten auch Kräuter mit Scharf- und Bitterstoffen nicht allzu trocken gehalten werden. Besonders Rucola schmeckt sonst oft etwas unangenehm, und neigt bei Trockenheit und Hitze außerdem zum Schießen (vorzeitige Blütenbildung).
- Wo nicht gemulcht wurde, sollte man regelmäßig hacken, um die Bodenverdunstung herabzusetzen.
- Egal, ob sie drinnen oder draußen überwintert werden: Mehrjährige Kräuter sollten ab August keinen stickstoffhaltigen Dünger mehr erhalten, damit alle Neutriebe bis zur kalten Jahreszeit gut ausreifen können.

Ernte

- Blüten und Blütentriebe, z. B. Johanniskraut, Ringelblume, Goldrute und Lavendel, werden hauptsächlich in der Vollblüte oder gleich zu Blühbeginn geerntet.
- Werden beim Knoblauch die Blätter braun und kippen um, sind die Zwiebeln erntereif.

September/Oktober

Allgemeine Arbeiten

- Besondere Achtsamkeit gilt nun den Mehrjährigen: Sie sollten möglichst schädlings- und krankheitsfrei in den Winter gehen.
- Wo Kräuter- und Gemüsebeete geräumt werden, kann gleich eine tiefgreifende Bodenlockerung erfolgen, durch Umgraben oder mit Grabegabel bzw. Sauzahn, falls die Böden weder verdichtet noch stark verunkrautet sind.

- Noch bevor die Temperaturen nachts unter den Nullpunkt fallen, müssen „Exoten" nach drinnen an einen hellen, kühlen Platz gebracht werden. Bei älteren Lorbeer- oder Zitronensträuchern und mediterranen Topfkräutern ist dies nicht ganz so eilig, doch auch sie sollten keinen stärkeren Frösten ausgesetzt werden.

Säen und Pflanzen

- Für recht baldige Ernten lassen sich im September immer noch Kresse und Rucola säen, für den Herbst- und Winterbedarf Barbara- und Löffelkraut, fürs nächste Jahr Bärlauch, Echte Kamille und Engelwurz.

- Nicht allzu kälteempfindliche Mehrjährige können gut im Herbst gepflanzt werden, ebenso Knoblauchzehen und Bärlauchzwiebeln.

Pflege

- Leichte Fröste werden von allen gartenüblichen, gut entwickelten Kräutern schadlos verkraftet. Zumindest bei den mediterranen Kräutern und im Herbst gesetzten Pflanzen ist es aber ratsam, vorbeugend den Wurzelbereich mit Laub oder Rindenmulch abzudecken.

Ernte

- Im September ist bei Kräutern, die in der Blüte ihren Wirkstoffgehalt bewahren, noch eine Ernte zum Trocknen bzw. Konservieren möglich, so etwa bei Oregano oder Goldrute. Wegen der niedrigeren Temperaturen muss nun jedoch eventuell im Backofen getrocknet werden.
- Die fortlaufende Ernte von Blättern oder Triebspitzen bei immergrünen Mehrjährigen sollte nun behutsamer ausfallen, damit diese nicht allzu zerrupft der kalten Jahreszeit entgegensehen.

- Gegen Ende Oktober ist Zeit für die Wurzelernte, etwa von Baldrian, Eibisch, Engelwurz und Meerrettich.

November/Dezember

Allgemeine Arbeiten

✿ Ist der Boden weder gefroren noch zu nass, kann die tiefgreifende Lockerung der Beete und Pflanzflächen auch im Spätherbst oder Winter durchgeführt werden.

✿ Spätestens Anfang November sollten selbst in wärmeren Regionen frostempfindliche Topfkräuter nach drinnen gebracht, die robusteren draußen etwas geschützt platziert und, wenn nötig, mit einer Topfisolierung versehen werden.

✿ Denken Sie an die Wasserleitungen und Zapfstellen im Garten. Sofern noch nicht geschehen, muss die Hauptleitung für draußen abgestellt werden. Die Hähne lässt man leer laufen und dann aufgedreht.

✿ Mit geeignetem Vogelfutter hilft man den gefiederten Gästen über karge Winterzeiten. Futterhäuser sollten öfter gereinigt werden.

Säen und Pflanzen

✿ Um Schnittlauch drinnen anzutreiben, gräbt man nun im Garten einige Büschel samt Wurzelwerk aus und lässt sie zunächst einige Zeit draußen liegen. Es ist günstig (jedoch nicht zwingend), wenn die Pflanzen während der Zeit etwas Frost abbekommen. Dann pflanzt man sie in Töpfe und stellt sie an ein helles Fenster, bei 15–20 °C. So lässt sich im Haus über

Wochen frischer Schnittlauch ernten.

✿ Im Garten kann bei frostfreiem Wetter noch Bärlauch gesät oder als Zwiebel gesteckt werden.

✿ Bei frostfreiem Boden können noch im Dezember Schnittlauch- oder Petersilienballen ausgegraben und drinnen in Töpfen angetrieben werden.

Pflege

✿ Winterschutzabdeckungen bei Garten- und Topfkräutern sollten gelegentlich überprüft und, wenn nötig, ergänzt werden, falls stärkere Fröste drohen.

✿ Sehen Sie regelmäßig nach drinnen überwinterten Kräutern und Kübelpflanzen. Gerade an etwas zu warmen Plätzen können

jetzt z. B. Schildläuse auftreten. Gegossen wird nur sehr zurückhaltend, doch die Erde darf nicht völlig austrocknen. An warmen Tagen ist Lüften ratsam.

✿ Auch draußen überwinternde Topfkräuter brauchen gelegentlich etwas Wasser.

Ernte

✿ Wurzeln, z. B. von Baldrian oder Engelwurz, können bei frostfreiem Boden geerntet werden.

✿ Von Winter- und Immergrünen drinnen wie draußen lassen sich ab und zu ein paar

Blätter ernten. Kurzlebige Überwinterer wie Barbarakraut und Löffelkraut können stärker beerntet werden, ebenso drinnen angetriebene Kräuter.

Obst & Gemüse

Joachim Mayer

Planen & Anlegen

In jedem Garten, ob groß oder klein, findet sich ein Platz für Gemüse und Obst. Dieses Kapitel zeigt verschiedene Möglichkeiten auf, Nutzpflanzen im Garten zu integrieren, und informiert über die nötigen Voraussetzungen für eine praxisgerechte und zugleich attraktive Gestaltung.

Nützlich & attraktiv

Frisch, gesund, oft besonders aroma-
tisch und zugleich preiswert – Obst und
Gemüse aus dem eigenen Garten ist
einfach unschlagbar. Zudem bieten viele
Nutzpflanzen durchaus einen hübschen
Anblick und können so auch die Gestal-
tung bereichern.

So mancher wetteifert zwar gern um den
größten Kürbis oder die üppigste Apfelernte,

doch dabei geht es eher um sportliches Ver-
gnügen. Höchsterträge um jeden Preis, die
schlimmstenfalls auf Kosten der Gesundheit,
der Umwelt und der Freude am Gärtnern
gehen – das ist im Privatgarten nicht nötig.
Dennoch sollten die Ernten zufriedenstellend
ausfallen, damit das Ganze auf Dauer Spaß
macht. Hilfreich ist dabei eine gute, bedarfsgerechte Planung schon im Vorfeld. Diese
erspart spätere Enttäuschungen.

Ein schön angelegter Gemüsegarten kann
den Gaumen und das Auge erfreuen.

Wünsche & Aufwand

Vom Naschgärtchen mit ein paar Erdbeeren und Tomaten bis hin zur weitgehenden Selbstversorgung: Je nach Gartengröße ist fast alles möglich. Sofern die Standortverhältnisse und örtlichen Gegebenheiten passen, wird vor allem die Zeit zum begrenzenden Faktor.

Den Zeitbedarf abschätzen   Gemüsebeete gehören zu den Gartenflächen, die am meisten Aufwand verlangen. Wichtig ist dabei vor allem die Regelmäßigkeit. Von Frühjahr bis Spätsommer kann fast tägliches Gießen anfallen. Für Hacken, Jäten und kleinere Pflegearbeiten reicht notfalls das Wochenende. Doch wer dies zwei- bis dreimal pro Woche durchführen kann, erspart sich unterm Strich Arbeit und Mühe und gelangt sicherer zu einer guten Ernte. Besonders intensiv beschäftigt ist man während der Sä- und Pflanzzeit im Frühjahr und Frühsommer sowie bei der Bodenbearbeitung im Herbst und zeitigen Frühjahr.

Beim Obst fallen nach der Pflanzung und besonderen Fürsorge danach hauptsächlich Schnittmaßnahmen im Spätwinter oder Sommer an. Regelmäßig durchgeführt, ist das oft nur eine Sache von 10–30 Minuten pro Baum oder Strauch – Abtransport oder Häckseln von Schnittgut nicht mitgerechnet. Der Zeitbedarf für „laufende Arbeiten" wie Freihalten der Baumscheibe und gelegentliches Gießen hält sich sehr in Grenzen.

An die Ernte denken   Als vergnüglichste Arbeit winkt schließlich die Ernte. Doch auch hier darf man den Zeitaufwand nicht ganz vergessen. Wenn größere Mengen an Obst und Gemüse auf einmal reif werden, kann man durchaus viele Stunden beschäftigt sein, bis alles geerntet, eingelagert oder konserviert ist.

Ein reicher Erntesegen führt öfter auch dazu, dass fast täglich dasselbe Gemüse auf den Tisch kommt – bis es keiner mehr sehen mag. Schon von daher empfiehlt es sich, alles zunächst in bescheidenem Umfang anzubauen, um herauszufinden, was man wirklich sinnvoll verwerten kann.

Nicht zuletzt ist die Ernte „Terminsache". Wer z. B. im Sommer oder Frühherbst gern eine mehrwöchige Urlaubsreise genießt, sollte von vornherein daran denken, dass ihm dann eventuell die Haupternte, etwa von Tomaten oder Beerenobst, entgeht und sich so der Anbau vielleicht gar nicht lohnt.

EXTRA

Kleine Planungshilfe

Schon mit 10–20 m^2 Gemüsefläche (das entspricht etwa 4 bis 8 Beeten) und rund 10 m^2 für kleine Obstformen kann man den Speiseplan vielfältig bereichern. Von 1 m^2 lassen sich z. B. rund 12 Salatköpfe oder Kohlrabis, 7–10 kg Tomaten, rund 5 kg Möhren oder 3–4 kg Zwiebeln ernten. Bei der Planung sollte immer bedacht werden, ob das Erntegut auch verbraucht werden kann. Wer Gemüse hauptsächlich aus eigenem Anbau genießen möchte, muss ca. 20–50 m^2 pro Person veranschlagen, je nachdem, wie viele Kartoffeln und Lagergemüse vorgesehen sind. Für eine weitgehende Selbstversorgung schließlich bedarf es wenigstens 70 m^2 pro Person; oder sogar bis gut 150 m^2, wenn ein umfangreiches Angebot an Obst gewünscht wird.

Lage & Garteneinrichtung

Die Platzierung der Beete und Obst-
gehölze muss sich in erster Linie
nach den Ansprüchen der Pflanzen
richten. Nächste Priorität haben dann
praktische Gesichtspunkte, persön-
liche Vorlieben und eine harmonische
Gesamtgestaltung.

Standortwahl

Fast alle Obst- und Gemüsearten gedeihen
am besten und liefern die aromatischsten
Ernten, wenn sie den ganzen Tag über fast
uneingeschränkt Sonne erhalten. Doch es
gibt schon etliche, die Halbschatten, also

eine Beschattung während etwa der Hälfte
des Tages, gut vertragen (siehe Porträts ab
S. 329). Oft wachsen und reifen selbst reine
„Sonnenanbeter" unter diesen Verhältnissen
noch passabel. Dabei ist im Allgemeinen ein
Platz, der die intensivere Nachmittagssonne abbekommt, günstiger als eine Fläche,
die nur vormittags besonnt wird. Hat man
allerdings die Wahl, sollten die sonnigsten
Gartenbereiche für Gemüsebeete und Obstpflanzungen bevorzugt werden.

Guter Boden   Der ideale Nutzgartenbo-
den ist humos, nährstoffreich, durchlässig,
recht leicht zu bearbeiten, vermag Wasser
und Nährstoffe optimal zu speichern und an
die Wurzeln abzugeben. Diesem „hohen Ziel"
kann man sich selbst bei sehr sandigem oder
tonhaltigem Boden durch gründliche Bearbeitung und Verbesserung mit der Zeit und viel
Geduld annähern.
Schwierig wird es allerdings bei starken
Verdichtungen im Untergrund, sehr nassen
Böden oder einem hohen Anteil von Steinen
bzw. Bauschutt. In solchen Fällen muss eventuell eine Firma mit der Sanierung beauftragt
werden. Ist jedoch der Boden mit Schad-
stoffen wie Blei oder Cadmium belastet,
hilft schlimmstenfalls nur ein tief reichender

Genügend Sonne und ein fruchtbarer Boden
ermöglichen reiche Ernten.

Bodenaustausch – oder der Verzicht auf den Nutzpflanzenanbau. Im Zweifelsfall sollte man eine Schadstoffuntersuchung durchführen und sich beraten lassen.

Günstiges Kleinklima   Fröste sowie austrocknende, kalte oder sturmartige Winde gehören zu den größten Wetterrisiken im Nutzpflanzenanbau. Im Einflussbereich von immergrünen Hecken, Mauern oder Gebäuden sind die Pflanzen solchen Faktoren weniger stark ausgesetzt. Nahe an Wänden oder Mauern kommt ihnen zudem die Wärmespeicherung und -abgabe der Fassaden zugute. Dafür bieten Hecken als lebendige und luftdurchlässige Barrieren den Vorteil, dass sich in ihrem Umfeld keine Hitze staut, die Temperaturen ausgeglichener sind, Winde weitreichender abgebremst werden und in ihnen allerlei Nützlinge einen Lebensraum finden.

Das Pflanzen bzw. Errichten schützender Einfassungen ist besonders in exponierten Ortsrand- sowie Hanglagen empfehlenswert. Bei Gärten am Hang lohnt sich zudem gerade für den Gemüsebereich der Aufwand für eine Terrassierung mit Stützmauern mitsamt Einbau von Treppen. Das erleichtert die Pflege gewaltig und beugt dem Abtrag fruchtbaren Bodens vor.

Eine Heckeneinfassung direkt am Gemüsegarten darf jedoch nicht so hoch werden, dass sie die Fläche übermäßig beschattet, oder muss sich auf die Nord-, Nordost- und/oder Nordwestseite beschränken. Natürlich dürfen mauergeschützte Standorte ebenso wenig im Schatten liegen.

Praktische Infrastruktur

Vor der Neuanlage eines Gemüsegartens sollte man schon früh an die Wasserversorgung denken. Ein oder zwei Zapfstellen in der näheren Umgebung sind ausgesprochen

Je sonniger der Standort, desto besser reifen meist die Früchte aus.

hilfreich, selbst wenn dafür eigens neue Wasserleitungen verlegt werden müssen. Stehen Dächer als Auffangflächen zur Verfügung, rentieren sich Investitionen in Regenwassertonnen, -tanks oder unterirdische Zisternen und machen sich auf Dauer durch Reduzierung der Wasserkosten bezahlt.

Lässt es sich einrichten, ist es ideal, wenn sich Geräteschuppen und Kompostplatz in der Nähe des Gemüsegartens befinden. Strominstallationen (nur vom Fachmann ausgeführt!) können für den Geräteschuppen und erst recht für ein Gewächshaus sinnvoll sein. Oft erweist es sich zudem als hilfreich, wenn zumindest der Weg zum Nutzgarten abends beleuchtbar ist.

Wege & Beete

Zur wichtigen „Infrastruktur" gehören auch die Wege. Das beginnt schon beim Zugang zum Nutzgartenbereich vom Haus oder Garteneingang. Ein breiter Hauptweg, den man z. B. bequem mit einer Schubkarre befahren kann, ist hier vorteilhaft. Das gilt erst recht für den Weg, der als Hauptachse inmitten eines großen Nutzgartens dient. Auch zum Kompost und Geräteschuppen hin machen relativ breite Wege Sinn, ebenso am Rand größerer Obstanpflanzungen.

Wegbreiten und -beläge   Hauptwege sollten mindestens 90 cm breit sein, für Nebenwege zwischen den Beeten genügen 30–40 cm Breite. Nebenwege können einfach nur festgetreten und z. B. mit Rindenmulch abgedeckt werden. Oder man legt dort schmale Holz- oder Kunststoffroste aus, die das Betreten selbst bei nassem Boden komfortabler machen.
Hauptwege werden am besten mit Pflas-

Trittplatten sind eine gute Lösung für platzsparende Pflegepfade.

ter oder Platten befestigt. Für Haupt- wie Nebenwege kommt auch eine natürlich wirkende Kiesabdeckung infrage. Ein Wurzelschutzvlies als Unterlage kann dem Unkrautaufwuchs zwischen den Kieseln vorbeugen. Kies- und erst recht Pflaster- oder Plattenwege sollten nur mit einem fachgerechten Unterbau aus Schotter und Grobkies sowie Sand angelegt werden.

Beetgrößen und -formen   Als praktisch haben sich rechteckige Beete mit 1,2 m Breite und – ganz nach Platz und Belieben – etwa 1,5–2,5 m Länge bewährt. Am besten werden sie längs in Nord-Süd-Richtung angelegt; das gewährleistet gleichmäßige Besonnung. Gestalterisch sehr reizvoll ist ein kreisförmiger oder halbkreisförmiger Gemüsegarten. In dem Fall werden die Beete in dreieckiger Form, ähnlich wie Tortenstücke, angelegt. Die übliche Reihensaat oder -pflanzung muss hier allerdings „flexibel" an die Beetform angepasst werden.
Eine andere Lösung ist der völlige Verzicht auf Beeteinteilungen und Nebenwege. Hierbei bestellt man die gesamte Fläche einfach mit langen Reihen mit 30–60 cm Abstand und nutzt die gemulchten oder mit Rosten ausgelegten Zwischenräume oder auch Trittplatten für den Zugang zu den Pflanzen. Dies eignet sich besonders für einen konsequenten Mischkulturanbau, bei dem jede Reihe mit einer anderen Art bestückt wird.

Hügel- und Hochbeete   Diese speziellen Beetformen bieten erhöhte Arbeitsflächen und nutzen die Wärme und Nährstofffreisetzung aufgeschichteter verrottender Materialien. Zudem können sie selbst bei ungünstigem Untergrund den Anbau von Gemüse und Erdbeeren ermöglichen.
Beim Hügelbeet schichtet man organische Materialien und Erde so auf, dass ein von beiden Längsseiten sanft ansteigender

„Damm" entsteht, in der Mitte bis rund 1,3 m hoch. Die Breite beträgt etwa 1,5 m, die Länge am besten wenigstens 3 m. Mit diesem Beetaufbau lässt sich die Anbaufläche gegenüber einem Flachbeet um bis zu ein Drittel vergrößern.

Ein Hochbeet dagegen wird mit einer kastenartigen Rahmenkonstruktion angelegt, mit Wänden z. B. aus druckimprägnierten Holzbrettern oder auch aus zu Mäuerchen aufgesetzten Steinen. Mehr noch als ein Hügelbeet ermöglicht es bequemes Arbeiten ohne Bücken. Man errichtet es 1,2 m breit und beliebig lang, je nach Körpergröße mit 0,8–1 m hohen Seitenwänden. Besteht die Konstruktion aus Holz, sollte sie innen mit einer kräftigen Teichfolie ausgekleidet werden. Die Aufschichtung bzw. Befüllung ist bei Hügel- und Hochbeet im Prinzip gleich und erfolgt am besten schon im Herbst. Zunächst wird der Boden einen Spatenstich tief ausgehoben. Dann legt man ein engmaschiges Maschendrahtgitter als Wühlmausschutz aus; es sollte an allen Seiten mindestens 10 cm über Bodenniveau hochgezogen werden.

Darauf kommen 30–40 cm grob zerkleinerte Gartenabfälle (Gehölzschnitt, Stauden- oder Kohlstängel) als Dränage; beim Hügelbeet etwa 60 cm breit als hügelartig aufgesetzter Kern. Darüber folgen: 10–15 cm Grassoden (mit den Wurzeln nach oben) oder noch nicht ganz zersetzter Frischkompost oder Mist; 20–30 cm Laub (gut anfeuchten); 10–15 cm Frischkompost; schließlich 15–30 cm Erde, nämlich der Aushub, vermischt mit reifem Kompost.

Es ist günstig, beim Aufsetzen über alle Lagen etwas Gesteinsmehl auszustreuen. Drücken Sie beim Hügelbeet zum Schluss noch eine breite, recht tiefe Gießrinne längs der Mitte, also am höchsten Punkt, ein.

Bis etwa zum dritten Jahr nach dem Aufschichten setzen Kompost, Mist und die anderen organischen Materialien reichlich Nährstoffe frei. Deshalb sollten anfangs hauptsächlich Starkzehrer angebaut werden. Dann bleiben noch zwei bis drei Jahre für Mittel- und Schwachzehrer. Schließlich muss die immer mehr zusammensackende Schichtung komplett neu aufgebaut werden.

EXTRA

Umgrenzungen

Ob man den Nutzbereich mit niedrigen Hecken oder Zäunen vom Rest des Gartens abtrennt, ist vorwiegend eine gestalterische Frage. Sofern sie nicht zu viel Schatten werfen, bieten z. B. auch Obsthecken oder -spaliere eine hübsche und stimmige Abgrenzung. Andernfalls ist es günstig, den gesamten Gemüsegarten einfach mit einem Plattenweg oder ebenerdig eingesetzten Randsteinen einzufassen: Das erleichtert das Mähen von angrenzenden Rasenrändern.

Das Einfassen der einzelnen Beete kann dem Eindringen von Unkräutern und dem Abtrag fruchtbaren Bodens vorbeugen. Hierfür gibt es verschiedene Möglichkeiten, von senkrecht eingegrabenen Platten, Kunststoff- bzw. Aluminiumbändern oder -elementen über Ziegelsteine bis hin zu niedrigen Holzpalisaden oder rustikalen Brettern.

Sehr ansprechend wirken pflanzliche Beeteinfassungen, z. B. aus niedrigem Buchs, Gamander *(Teucrium chamaedrys)*, aromatischen Kräutern wie Thymian, Ysop und Salbei, die auch manche Schädlinge fernhalten können, oder einjährigen Blumen wie Tagetes (Studentenblumen) und Ringelblumen. Sie sind allerdings nicht ganz so pflegeleicht wie feste Umrandungen.

Frühbeet & Gewächshaus

Besonders frühe und späte Ernten, mehr Platz für die Anzucht, die Möglichkeit, wärmebedürftige Pflanzen zu kultivieren – vieles spricht dafür, schon bei einer Neuanlage an ein Frühbeet oder auch Gewächshaus zu denken.

Standort & Lage   Die Standorte dafür sollten sonnig und, vor allem für ein Gewächshaus, etwas windgeschützt liegen. Berücksichtigen Sie dabei, dass gerade auch zwischen Herbst und Frühjahr ein möglichst ungehinderter Lichteinfall nötig wird, um Spät- und Frühgemüse erfolgreich anzubauen. Falls sich solche Plätze auch noch in der Nähe des Hauses finden, ist das ideal, da der Unterglasanbau häufiges Lüften und Gießen erfordert.

Frühbeete   Die niedrigen Kästen bieten nicht ganz so vielfältige Möglichkeiten wie ein Gewächshaus. Dafür sind sie schnell aufgebaut und lassen sich schon in bescheidener Größe (ab etwa 1 m Tiefe und 1,2 m Breite) sinnvoll nutzen und oft auch flexibel platzieren.

Mit druckimprägnierten Holzbrettern, alten Fensterscheiben oder käuflich erhältlichen Frühbeetfenstern bzw. UV-geschützten Stegdoppelplatten kann man sich leicht selbst ein Frühbeet ganz nach Bedarf bauen. Wählen Sie dabei die Vorderwand mindestens 30 cm hoch, die Rückwand 10–15 cm höher; bei fest installierten Kästen sollten die Wandbretter mindestens 5 cm tief in den Boden reichen. Das Angebot an Fertigkästen ist allerdings so mannigfaltig, dass man für jeden Zweck etwas Passendes finden kann: vom leichten, beliebig umsetzbaren „Wanderkasten" über Frühbeete mit automatischer Lüftung und integrierter Heizung, bis hin zum Aufsetzkasten für Hochbeete. Automatische Fensteröffner und spezielle Heizmatten oder -kabel gibt es auch separat zu kaufen.

Gewächshäuser   Ein Kleingewächshaus ist schon eine anspruchsvollere Anschaffung. Zunächst sollte man sich gründlich über das Angebot informieren, auch über das nötige Zubehör wie Regale und Arbeitstische und, falls gewünscht, über verschiedene Heizmöglichkeiten. Für ein Gewächshaus brauchen Sie mindestens 4-5 m² geeignete Fläche; wenn Sie darin Gemüse in Bodenbeeten anbauen möchten, wenigstens 8 m².

Wichtig!   Bei größeren Gewächshäusern müssen Sie die ortsüblichen Grenzabstände zum Nachbargrundstück beachten, eventuell

Die Vorderseite des Frühbeets sollte nach Süden oder Südosten weisen.

wird sogar eine Bauanzeige oder -genehmigung erforderlich.

Bauweise   Das „klassische" Kleingewächshaus besitzt ein Satteldach, eine Rahmenkonstruktion aus Aluminium und wird mit UV-geschützten, isolierenden Stegdoppel- bzw. Hohlkammerplatten (aus Polycarbonat oder Acryl) abgedeckt. Es gibt auch sehr ansprechende Modelle mit Stützpfosten und Verstrebungen aus Holz. Die Kosten dafür sind allerdings höher; außerdem müssen sie alle paar Jahre mit pflanzenverträglichen Holzschutzmitteln gestrichen werden. Andere Varianten sind Rundbogenhäuser mit Aluminiumstreben sowie Stegdoppelplatten oder kräftiger Folie als Abdeckung. Neben solchen frei stehenden Ausführungen kommt auch ein Anlehngewächshaus an einer Hauswand in Betracht, meist mit Pultdach und drei senkrechten Wänden. Damit lässt sich die Wärmeabstrahlung der Wand nutzen. In der Regel werden Gewächshäuser als Bausätze geliefert, meist schon mit einem Fundamentrahmen aus stabilem Aluminium oder auch Stahl. Die Verankerung im Boden kann im einfachsten Fall durch Metallpfosten oder Ähnliches erfolgen, doch oft empfiehlt es sich, wenigstens die Eckstützen in Form von Punktfundamenten einzubetonieren. Für größere, beheizte Gewächshäuser kann auch ein durchlaufendes betoniertes Streifenfundament sinnvoll sein.

Gewächshaus-Beheizung   Für die Anzucht robuster Arten, ein paar Wochen Ernteverfrühung oder das Auspflanzen z. B. von Paprika oder Gurken genügt schon ein unbeheiztes Gewächshaus. Das sogenannte Kalthaus dagegen wird über Winter frostfrei gehalten und erweitert so die Anbau- und Anzuchtmöglichkeiten. Will man auch exotische Obst- und Gemüsearten kultivieren, muss der Schutzraum als temperiertes oder

Paprika lieben Wärme und gedeihen am besten im Gewächshaus.

Warmhaus betrieben werden, von Herbst bis Frühjahr beheizt auf Tagtemperaturen zwischen 12 und 22 °C. In diesem Fall ist der Anschluss an die Zentralheizung des Wohnhauses eine besonders gute Lösung. Ansonsten bietet der Fachhandel eine Reihe unterschiedlicher Gewächshausheizungen an, z. B. Umluft- und Propangasheizungen oder leistungsfähige Heizlüfter. Wählen Sie aber unbedingt Heizgeräte, die speziell für Gewächshäuser ausgewiesen und an die hohe Luftfeuchtigkeit angepasst sind. Einige Hersteller bieten auch Solar-Wärmespeicher an, welche die tagsüber aufgenommene Energie nachts als Wärme an die Umgebung abgeben.

KOSMOS   **TIPP**

Achten Sie beim Gewächshauskauf auf das Qualitätssiegel „TÜV-geprüft". Sehr wichtig ist auch, dass die Lüftungsfläche, also der Anteil an zu öffnenden Fenstern sowie Türen, mindestens 10 %, besser 20 % der Gesamtoberfläche beträgt.

Gestalten

*Die Gestaltung im Obst- und Gemüse-
garten verbindet das Schöne mit dem
Nützlichen. So lassen sich ansprechende
und zugleich praktische Lösungen für
jede Gartensituation finden.*

Obst im Garten

Erdbeeren werden meist – als mehrjährige
Kulturen – in den Gemüsegarten eingeglie-
dert oder können in speziellen Sorten auch
als Bodendecker bzw. für Erdbeerwiesen Verwendung finden. Größere Pflanzungen mit
anderen Beerensträuchern können ebenfalls
beetartig angelegt werden.

Im Sommer ziehen fruchtende Johannisbeer-
stämmchen alle Blicke auf sich.

Obstgehölze sind typische Solitäre für Einzelpflanzungen oder kleine Gruppen. Bedenken
Sie bei der Planung, dass oft wenigstens
zwei verschiedene Exemplare bzw. Sorten
gepflanzt werden müssen, um die Befruchtung zu sichern. Stehen schon Apfel- oder
Birnbäume in den Nachbargärten oder der
näheren Umgebung, genügt ein „Solobaum".

Markanter Hausbaum   Attraktive, reiche Frühjahrsblüte, ansprechendes Laub,
schöne Wuchsform und schließlich appetit-
licher Fruchtschmuck – Obstbäume haben
beachtliche Zierqualitäten. So macht z. B. ein
Apfel-, Quitten- oder Süßkirschenbaum auch
als prägender Hausbaum inmitten des Gartens oder vor der Terrasse eine gute Figur.
Man sollte allerdings schon Platz für einen
Hoch- oder Halbstamm haben und mit dem
späteren Schattenwurf der bis zu 10 m breiten Kronen rechnen. Der lässt sich bei genügend hohen Stämmen dann aber auch sehr
angenehm für lauschige Sitzplätze nutzen.

Obstspaliere und -hecken   Spalier-
obstbäume (siehe Extra) können auch frei-
stehend an einem stabilen Pfostengerüst mit
quer gespannten Drähten gezogen werden.
Dann spricht man von einem Obstspalier, besonders wenn mehrere Exemplare aufgereiht
nebeneinanderstehen. Dafür kommen auch
Säulenobstbäume sowie Beerenobststräucher infrage. Solche Obstspaliere können die
Funktion einer Hecke übernehmen, etwa zum
Abgrenzen von Gartenbereichen. Sträucher
wie Johannisbeeren lassen sich auch ohne
Drahtspalier heckenartig anpflanzen. Für hohe, frei wachsende Hecken sind Haselnuss-
oder Wildobststräucher eine gute Wahl.

Hochstämmchen & Kletterer Auf Stämmchen veredelte Johannis- und Stachelbeeren wirken in kleinen Gruppen ebenso ansprechend wie einzeln, etwa im Zentrum des Gemüsegartens, in einer Zierpflanzenrabatte oder an der Terrasse. Auch die zunehmend angebotenen Spindel- oder Zwergbäumchen, z. B. von Apfel und Birne, lassen sich für solche gestalterischen Zwecke einsetzen.

Kletterpflanzen Mit Kiwi und Weinrebe hat das Obstsortiment attraktive Kletterpflanzen zu bieten, mit denen sich Fassaden ebenso verschönern lassen wie Pergolen oder Laubengänge. Achten Sie beim Kauf auf frostharte Neuzüchtungen.

Wichtig! Bei großen Gehölzen und Hecken müssen rechtlich festgelegte Abstände zu Grundstücksgrenzen und Nachbargebäuden eingehalten werden. Für Obstbäume können z. B. je nach Wuchsstärke zwischen 1 und 6 m Abstand vorgeschrieben sein, für unveredelte Walnussbäume sogar 8 m. Die Regelungen sind je nach Bundesland etwas unterschiedlich und können bei den zuständigen Ortsverwaltungen oder Baubehörden erfragt werden.

Das Nachbarrecht regelt auch manch andere Punkte, die zu Streitfällen führen könnten. Im Allgemeinen darf z. B. der Nachbar auf sein Grundstück fallendes Obst behalten, allerdings nicht von den Zweigen des Baums auf der anderen Zaunseite abernten.

EXTRA

Spalierobst

Werden Obstbäume von Anfang an konsequent so erzogen, dass die Haupttriebe nur in zwei Richtungen wachsen, können sie als platzsparende Spalierbäume z. B. vor einer Hauswand gepflanzt werden. Dies nutzt man besonders gern bei wärmeliebenden Arten wie Birne, Pfirsich und Aprikose. Aber auch Apfel, Sauerkirsche und Pflaume können auf diese Weise gezogen werden. Spindel- oder Buschbäume auf schwach wachsenden Unterlagen eignen sich für diese Erziehungsform am besten; manchmal werden auch schon entsprechend vorgezogene Jungbäume angeboten.

Besonders Apfel und Birne lassen sich – mit einigem Aufwand und speziellen Schnitt- sowie Anbindemethoden – in kunstvollen Spalierformen ziehen, z. B. mit waagerechten oder u-förmig angeordneten Ästen. Ansonsten eignen sich eher formlose Spaliere mit einigen günstig verteilten Haupttrieben, Fächerspaliere mit v-förmig angeordneten Leittrieben oder Dreiastkronen mit einem Mittel- und zwei Leitästen in einer Ebene.

Bauerngartenflair

Mit auf den restlichen Garten abgestimmten
Umrissen, Beetanordnungen, Einfassungen
und Wegebelägen lässt sich der Nutzgarten
in die unterschiedlichsten Gestaltungslinien
einfügen, ob eher naturnah und leger oder
mehr formal und architektonisch.
Zu den reizvollsten Gestaltungsmöglichkeiten
gehört der Bauerngarten, der sich an historischen Vorbildern orientiert. Die sind freilich
recht unterschiedlich und entsprechen auch
nicht immer dem, was man heute als typischen Bauerngarten ansieht. Aber eine etwas freiere „Interpretation" tut dem Ganzen

Lupinen und Mohn sorgen für einen stimmi-
gen Beethintergrund.

Im Bauerngarten wachsen Gemüse, Kräuter
und Blumen einträchtig nebeneinander.

keinen Abbruch. So können Sie z. B. nach
Belieben eher die formalen Aspekte betonen
oder aber eine lockere, bunte Mischung aus
Nutz- und Zierpflanzen anstreben.

Bunte Vielfalt   Bei der Anlage und Bepflanzung ihrer Gärten übernahmen die
Bauern früherer Zeiten so manches aus den
Klostergärten, später auch aus den prachtvollen herrschaftlichen Barockgärten. Was
gefiel und machbar war, wurde in bescheidener Ausführung in vielen bäuerlichen Gärten
umgesetzt. So entstand eine Gestaltung,
die noch heute bestechend wirkt: im Umriss
meist rechteckig, gegliedert durch einen
breiten Längs- und Querweg in Kreuzform,
mit einem Rondell (Rundbeet) in der Mitte.
Der gesamte Nutzgarten ist von einer niedrigen, regelmäßig gestutzten Buchshecke umgeben; auch die rechteckigen oder quadrati-
schen Beete werden oft mit auf etwa 30 cm
Höhe gehaltenem Buchs eingefasst.
In den Beeten wachsen Gemüse, Kräuter
und Blumen, entweder in separaten Abteilen
oder abwechselnd in Reihen oder Grüppchen
gepflanzt. Als zentraler Blickfang beherbergt
das ebenfalls mit Buchs umrahmte Rondell
höhere, attraktive Pflanzen, etwa Rosen oder
Lilien, die meist mit niedrigen Blumen oder
Kräutern unterpflanzt werden. In der modernen Variante bietet sich dafür z. B. auch ein
Beerenhochstämmchen oder ein Zwergobst-
baum an. Passende Beläge für die Hauptwege sind beispielsweise Kies, heller Schotter,
Klinker- bzw. Ziegelpflaster oder Steinplatten.

Variationen und Abwandlungen   Dieses klassische Vorbild kann nach Bedarf va-
riiert und angepasst werden. In einem etwas
kleineren Nutzgarten reicht auch ein gerader
Weg als Hauptachse. Das mittige Rondell
kann dann ersetzt werden, indem man den
Hauptblickpunkt ans Ende des Weges ver-
lagert, z. B. in Form einer schönen Bank, die

von zwei Beerenhochstämmchen oder Säulenobstbäumen eingerahmt wird. Oder man verzichtet ganz auf breite Wege und akkurate Beeteinteilungen und übernimmt lediglich das zentrale Rondell und Buchsumrahmung als prägende Bauerngartenelemente.

Der Buchs kann aber auch z. B. durch Gamander *(Teucrium chamaedrys)*, Kräuter wie Thymian und Ysop oder runde oder halbrunde Holzpalisaden ersetzt werden. Alternativ oder ergänzend zu einer pflanzlichen Umrahmung können niedrige Holzzäune den Bauerngarten umschließen, z. B. auch der „klassische" Scherengitterzaun. Besonders rustikal und natürlich wirken Flechtzäune aus Weiden- oder Haselnussruten.

Eingang und Umgebung   Im einfachsten Fall erfolgt der Zugang durch Aussparungen in der Umrandung bzw. Umzäunung.

Der Haupteingang lässt sich schön betonen, indem links und rechts davon z. B. etwas größere, rundlich geschnittene Buchsbäumchen oder auch je ein oder zwei Säulenobstbäume gepflanzt werden. Ausgesprochen attraktiv wirkt ein breiter Rosenbogen als Portal, berankt mit einer aparten Kletterrose oder Waldrebe *(Clematis)*.

An der sonnenabgewandten Rückseite des Bauerngärtchens bieten sich Beerenobststräucher und -spaliere oder niedrige Obstbaumformen als „Kulisse" an. Markant und ansprechend präsentiert sich hier auch Topinambur mit sonnenblumenähnlichen Blüten im August, etwas weniger auffällig bleiben Rhabarber oder Meerrettich.

Sehr gut passen in dieses Umfeld auch hohe Bauerngartenstauden und stattliche Heil- und Würzkräuter, z. B. Alant, Beifuß, Eberraute, Eibisch, Engelwurz und Goldrute.

EXTRA

Bauerngartenblumen

Für den anmutigen Bauerngartencharme spielen kurzlebige Blumen und mehrjährige Blütenstauden, mit denen schon unsere bäuerlichen Vorfahren ihre Beete schmückten, eine wichtige Rolle. Hier eine kleine Auswahl:

Ein- und zweijährige Blumen: Stockrose *(Alcea rosea,* siehe Bild), Ringelblume *(Calendula officinalis)*, Schmuckkörbchen *(Cosmos bipinnatus)*, Bartnelke *(Dianthus barbatus)*, Sonnenblume *(Helianthus annuus)*, Bechermalve *(Lavatera trimestris)*, Klatschmohn *(Papaver rhoeas)*, Studentenblume *(Tagetes)*, Kapuzinerkresse *(Tropaeolum majus)*

Blütenstauden: Rittersporn *(Delphinium-*Hybriden), Gämswurz *(Doronicium orientale)*, Prachtstorchschnabel *(Geranium × magnificum)*. Wiesenmargerite *(Leucanthemum vulgare)*,

Lupine *(Lupinus polyphyllus*-Hybriden), Indianernessel *(Monarda*-Arten), Bauernpfingstrose *(Paeonia officinalis)*, Türkischer Mohn *(Papaver orientale)*, Stauden-Phlox *(Phlox paniculata)*

Kleine Gärten

Selbstversorgergarten, Hausbaum, Gewächshaus – für viele Gartenbesitzer sind solche Themen weniger interessant, da bei den heute üblichen Grundstücksgrößen dies teils nur eingeschränkt, teils gar nicht zu verwirklichen, ist. Dennoch muss man auch in einem kleinen Garten nicht auf vielfältige Erntegenüsse verzichten.

Gemüse auf engem Raum   Wie in der „Kleinen Planungshilfe" (siehe S. 267) erwähnt, lässt sich schon ab etwa 10 m² Gemüseanbaufläche allerhand ernten. Hier kann man sich auch den Raum für Nebenwege sparen und stattdessen einige Trittplatten oder -roste zwischen den Reihen platzieren. Salate und Gemüse mit kurzer Kulturdauer, Saisonverfrühung und Verlängerung mit Folie und Vlies, geschickte Planung und gute Bodenpflege – mit dieser Kombination können Sie vom Frühjahr bis in den Winter hinein alle

drei bis zehn Wochen etwas Neues von derselben Fläche ernten.

Arten wie Kopfkohl oder Kartoffeln, die recht große Pflanzabstände brauchen, kommen im kleinen Garten weniger infrage. Bei Tomaten kann man ebenso wie bei Bohnen auf „Buschformen" mit etwas weniger Standraumbedarf ausweichen.

Zucchini und Kürbisse müssen keine Beetfläche belegen: Direkt neben den Kompost gepflanzt, profitieren sie von dessen Nährstoffgehalt und können mit ihren großen Blättern die aufgeschichteten Abfälle kaschieren und beschatten.

Klein, aber fein   Der kulinarische Trend zu jung und zart geernteten Gemüsen zeigt sich zunehmend auch im Angebot für den Garten: Mini- oder „Baby-Leaf"-Sorten, die es von verschiedenen Gemüsen gibt, be-

Gute Planung verhilft selbst auf kleiner Fläche zu ansehnlichen Ernten.

TIPP

Lassen Sie sich auch bei kleinen Flächen nicht dazu verleiten, zu eng zu säen bzw. zu pflanzen. Das beeinträchtigt Wuchskraft und Erträge und kann die Krankheitsanfälligkeit der Pflanzen fördern, sodass es unterm Strich nichts bringt.

gnügen sich oft mit engeren Abständen und räumen auch schneller das Beet für eventuelle Nachkulturen. Dem entsprechen beim Obst die meist nur 1,5–2 m hoch und breit wachsenden Zwergbäume (mit Früchten normaler Größe!). Und der Platz für eine zweite Befruchtersorte lässt sich sparen, wenn man sich nach sogenannten Duobäumen mit zwei verschiedenen Sorten auf demselben Stamm umsieht. Gerade diese kompakten Obst- und Gemüseformen eignen sich gut für eine platzsparende Kultur in Pflanzgefäßen.

Ausdehnung nach oben　　Wenn sich an Länge und Breite nichts ändern lässt, bleibt immer noch die Höhe. Nach diesem Motto hilft z. B. ein Hügelbeet, die Anbaufläche sanft ansteigend zu vergrößern. Noch konsequenter geht man in die Senkrechte, indem man Gurken und rankende Kürbisse an Maschendrahtgittern oder Kletterhilfen hochzieht. Vielleicht findet sich dafür auch ein Platz an einer Haus- oder Garagenwand, ebenso wie für Feuerbohnen, Kiwis und Weinreben, Brombeeren oder Spalierobstbäumen. Schmal und hoch: Diesem Prinzip folgen auch Säulenobstformen, etwa von Apfel, Birne oder Süßkirsche.

Platzspar-Lösungen　　Gerade wenn man wenig Platz hat, lohnt es sich, das Angebot von Garten- und Baumärkten zu studieren. So gibt es z. B. recht kompakte Anlehngewächshäuser für die Hauswand. Ansonsten lässt sich mit flexibel umsetzbaren Frühbeetkästen, Folientunneln oder Tomatenhäusern gut arbeiten. Manche Hersteller bieten z. B. auch platzsparende Wandtanks zum Sammeln von Regenwasser an.
Und Thermokomposter ermöglichen das schnelle Kompostieren von Gartenabfällen auf geringer Grundfläche.

EXTRA

Grenzabstände & Nachbarrecht

Wie man aus der Not eine Tugend machen kann, zeigen die typischen kleinen Cottagegärten in der Tradition englischer Landpächter und Kleinbauern. Hier wachsen Gemüse, Kräuter, Obst und Blumen auf engstem Raum. Baumobst wird vorzugsweise in Spalierform gezogen, anspruchslose Blumen bedecken freie Flächen zwischen den Gemüsereihen und überwuchern die Wege. Insgesamt wirkt das Ganze noch zwangloser als ein traditioneller Bauerngarten. Buchseinfassungen passen hier ebenso wenig ins Bild wie große Rasenflächen.

Prägend sind stattdessen alte Rosen, Clematis, Pfeifenstrauch, Eibe und Beerensträucher, Lavendel und Salbei sowie Stauden in eher einfachen, nicht allzu hochgezüchteten Sorten. Überall wo noch ein Plätzchen bleibt, werden Sommerblumen wie Levkojen und Fleißige Lieschen oder auch Kräuter dazwischengesetzt. Hier lassen sich auch sehr gut Nutzpflanzen in Töpfen und Kübeln in das Gesamtbild einfügen, ebenso z. B. eine Erdbeerwiese oder Brombeeren, die am Zaun oder Geräteschuppen emporranken, wo ihre Stacheln nicht stören.

Töpfe & Kästen

In Gefäßen gezogene Obst- und Gemüsepflanzen bieten eine Alternative oder schöne
Ergänzung zum Anbau im Garten – gerade
auch, wenn dieser nicht allzu groß ist.

Als Standorte kommen vor allem Terrasse,
Balkon oder ein sonniger Hof infrage. Doch
auch mitten im Garten können Sie z. B. mit
Kübelobstbäumchen oder getopften Arti-
schocken Akzente setzen. Üppige Erträge
darf man freilich von Topfobst und -gemüse
nicht erwarten. Sie liefern eher Leckeres und
Gesundes zum Naschen.

Mobiles Obst und Gemüse   Ein großer
Vorteil von Topfpflanzen ist ihre „Mobilität“:
Man kann sie leicht an besonders geschützten Stellen platzieren, bei Dauerregen vorübergehend ins Trockene rücken und über

Zwergpfirsiche werden kaum höher als
1,5 m, tragen aber normal große Früchte.

Winter frostfrei unterbringen. Dadurch lassen
sich in Gefäßen auch besonders wärmeliebende und exotische Obst- und Gemüsearten kultivieren, die sonst höchstens in
wintermilden Regionen im Garten gedeihen,
beispielsweise Pepino, Andenbeere *(Physalis)*
oder Feigenbaum.

Kompakt ist Trumpf   Für die Gefäßkul-
tur eignen sich vor allem Gemüse mit kurzer
Kulturdauer und geringem Platzbedarf, etwa
Pflücksalat oder Radieschen, die sogar in
Balkonkästen passen, sowie Arten, die über
längere Zeit fortlaufend Erntegut liefern, z. B.
Mangold, Busch- und Feuerbohne. Busch-
bzw. Balkontomaten sind vielfach erprobte
„Balkon-Klassiker“, und auch von anderen
Gemüsen gibt es immer mehr Züchtungen
speziell für Töpfe und Kästen. Hängetomaten
und -erdbeeren können sogar an Decke oder
Wand aufgehängte Ampeln zieren.
Die bereits beim kleinen Garten erwähnten
Zwerg- oder Säulenbäume sind auch gute
Kandidaten für Kübel. Zudem gedeihen fast
alle Beerensträucher in Gefäßkultur, bis hin
zu Brombeeren (vorzugsweise aufrechte
und/oder stachellose), Kiwi und Weinrebe.

Geeignete Gefäße   Die Pflanzgefäße
müssen unbedingt Wasserabzugslöcher an
den Unterseiten aufweisen und recht großzügig bemessen werden, auch Balkonkästen
für kompakte Gemüse oder Erdbeeren. Größeren Gemüsepflanzen sollte man Töpfe mit
mindestens 8 bis 10 Litern Erdvorrat gönnen,
Obstgehölzen je nach Größe der Jungpflanzen wenigstens 25 Liter, bei mindestens
40 cm Topfhöhe. Es ist allerdings besser, sie
nach einigen Jahren in größere Gefäße zu
setzen, als gleich „Riesenkübel“ zu wählen,
die ein angepasstes Gießen erschweren.
Ton- oder Terrakottatöpfe sorgen durch ihr
Gewicht für die nötige Standfestigkeit, zudem ist der Gasaustausch über ihre porösen

Kompakte Balkontomaten passen sogar in große Blumenkästen.

Pflück- und Schnittsalate liefern nach wenigen Wochen Frisches vom Balkon.

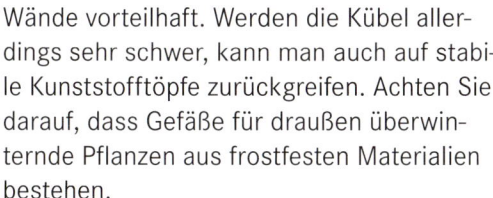

Die schmalen, platzsparenden Säulenäpfel lassen sich gut in Kübeln ziehen.

Wände vorteilhaft. Werden die Kübel allerdings sehr schwer, kann man auch auf stabile Kunststofftöpfe zurückgreifen. Achten Sie darauf, dass Gefäße für draußen überwinternde Pflanzen aus frostfesten Materialien bestehen.

Geignete Erden   Einjährige Gemüse gedeihen recht gut in Qualitäts-Blumenerde, Obst in hochwertiger Kübelpflanzenerde, am besten mit Perlite, Lavagrus oder Sand zum Untermischen. Noch besser eignen sich spezielle Gemüse- und Tomatenerden sowie für Obstgehölze Dachgarten- oder Trogerde (Typ „intensiv").

Für die Gefäßkultur empfehlen sich mehrmalstragende Erdbeersorten.

Nutzgärtchen für Kinder

Kinder genießen den Garten am liebsten zum Spielen, Herumtollen, Verstecken. Doch sie sind häufig auch den Reizen der Pflanzenwelt aufgeschlossen – ganz besonders leckeren, süßen Früchten, die sich gleich im Garten vernaschen lassen.

Viele Kinder finden es aber auch spannend, selbst etwas zu säen, das Durchbrechen der Keimlinge an der Erdoberfläche zu erwarten, dem Wachstum zuzusehen und sich auf die erste eigene Ernte zu freuen.

Beete für Juniorgärtner   Ein eigenes kleines Gemüsebeet oder zunächst auch nur ein paar Balkonkästen für die ersten Saat- und Pflanzversuche – das ist für viele Kinder eine schöne Sache; erst recht mit eigenen

KOSMOS TIPP

Warnen Sie Ihre Kinder eindringlich vor dem Naschen unreifer Bohnen, grüner Tomaten, Kartoffeln und Kartoffelfrüchten, die giftig sind. Solange die Kinder noch klein sind, pflanzen Sie besser nur unbestachelte Brom- und Stachelbeeren.

Gartengeräten in kindgerechten Größen. Auch die damit verbundene Verantwortung kommt vielen entgegen – wobei freilich, je nach Alter und Temperament, anhaltende Aufmerksamkeit nicht unbedingt garantiert ist. Was schnell wächst, pflegeleicht ist und / oder zu den Lieblingsspeisen gehört, hat die besten Aussichten, so etwa Radieschen, Salate, Tomaten und Erdbeeren. Auch der Fachhandel hat sich schon auf die jüngsten Garteneinsteiger eingestellt und bietet eigens für sie z. B. Saatbänder mit Radieschen, schnell reifenden Möhrchen und Pflücksalat an. Nachdem Halloween auch bei uns populär geworden ist, steht zudem der Kürbis ganz oben auf der Hitliste, wobei sich im Samenhandel auch spezielle Schnitz- oder Malkürbisse finden.

Vielfältige Attraktionen

Leicht zu säende, fröhlich leuchtende Sommerblumen, z. B. Ringelblume, Kapuzinerkresse und Löwenmäulchen, verwandeln das Kinderbeet in ein Bauerngärtchen. Sonnenblumen werden besonders interessant, wenn eine neben ihnen in den Boden gesteckte Messlatte das Wachstum genau verfolgen lässt. Auch farbige Windräder, lustige Gartenzwerge oder Tierfiguren und ähnliche Accessoires machen den Junggärtnern Freude. Doch die größte Attraktion – für etwas ältere Kinder – ist ein Baumhaus im Wipfel eines Obstbaum-Halb- oder Niederstamms.

Das erste eigene Beet! Mit kindgerechten Geräten macht's besonders Spaß.

Praxis

Von der Bodenbearbeitung über Aussaat und Pflanzung bis zur Ernte – in diesem Kapitel geht es um die nötigen Handgriffe, um Anbaumethoden sowie Tipps und Tricks aus der Praxis. Dabei ist oft auch etwas Hintergrundwissen hilfreich, ebenso eine gut durchdachte Anbauplanung.

Grundausstattung

Der erste Schritt bei der Anlage eines neuen Nutzgartens ist ebenso wie vor Beginn einer neuen Anbausaison die gründliche Bodenbearbeitung. Zunächst aber bedarf es einer soliden Grundausstattung mit geeigneten Gerätschaften.

Wer ganz neu einsteigt, sollte auch gleich an Wandhalterungen, Regale u. Ä. für Geräteschuppen oder Abstellraum denken, um Geräte und Zubehör platzsparend und übersichtlich unterzubringen. Letztendlich erleichtert das die praktische Arbeit.

Mit passender, solider Grundausstattung geht vieles leicht von der Hand.

Hilfreiche Gartengeräte

Achten Sie beim Gerätekauf auf stabile Materialien und gute Verarbeitung, und testen Sie, ob z. B. die jeweilige Stiellänge zu Ihrer Körpergröße passt und die Werkzeuge gut in der Hand liegen.

Bodenpflege und Erdarbeiten Zur Grundausstattung gehören ein Spaten, eine Grabegabel mit breiten, geraden Zinken (beide am besten mit T-förmigem Griff) und eine Schaufel; außerdem eine Bügel- oder schmale Schlaghacke, ein Kultivator bzw. Grubber mit gebogenen Zinken sowie Rechen (Harken), am besten zwei in verschiedenen Breiten. Zusätzliche Kleingeräte mit kurzem Stiel, z. B. Hacke oder Kultivator, erleichtern zielgerichtetes Arbeiten zwischen engen Reihen. Nach Bedarf können sich hinzugesellen: Mist- oder Kompostgabel, z. B. zum Aufsetzen von Kompost; kräftige Schlag- oder Stoßhacke und Krail für grobe Bodenbearbeitung und gegen hartnäckige Unkräuter; Gartenkralle zur Lockerung nicht allzu schwerer Böden mit Drehbewegungen; Sauzahn mit einem pflugscharähnlichen Zinken für die Tiefenlockerung; Gartenwiesel mit rotierbaren Metallsternen zum Krümeln und Lockern der Bodenoberfläche.

Pflanz- und Pflegearbeiten Hier gibt es allerlei Kleinzubehör, das sich oft als sehr nützlich erweist: z. B. Pflanzschaufel, Pflanz- und Pikierholz, kräftiges, rostfreies Gartenmesser, Bindeschnur, -bast oder -draht, Unkrautstecher und nicht zuletzt robuste Gartenhandschuhe. Spezielle Knieschoner oder -kissen machen z. B. Pflanzarbeiten bequemer. Fast unabdingbar ist ein Spritzgerät, am besten eine Rückenspritze (auf TÜV/GS-Sicherheitssiegel achten).

Schnittwerkzeug Wenn man eine Reihe von Gehölzen zu schneiden hat, lohnt sich die Anschaffung mehrerer Scheren: eine Bypassschere mit zwei geschwungenen Klingen für den schonenden, präzisen Schnitt dünnerer Triebe; eine Ambossschere mit gerader Klinge und starrer Gegenfläche für kräftigere Zweige sowie eine Astschere mit langen Holmen (mit Bypass- oder Ambossklingen) zum Schnitt von bis zu 5 cm starken Trieben. Als Ergänzung reicht oft eine Baumsäge mit Bügel und verstellbarem Blatt für dickere Äste. Mit einer Astsäge (schmales Sägeblatt an einem Handgriff) kommt man besonders leicht in jeden Winkel. Astscheren und -sägen gibt es auch mit ausfahrbaren Teleskopstielen. Die Hippe, ein Messer mit geschwungener Klinge, eignet sich zum sauberen Nachschneiden von Wundrändern.

Bewässerung Zur Standardausrüstung gehören Gießkannen in verschiedenen Größen und Schläuche samt Aufsätzen zur Regulierung der Wasserverteilung. Die Schläuche sollten druckfest, knickstabil sowie UV- und witterungsbeständig sein. Schlauchwagen, -trommeln oder -führungsrollen machen den Umgang mit langen Schläuchen einfacher.

Ernte und Transport Wo höhere Obstbäume oder Klettergehölze gepflegt und beerntet werden, ist eine stabile, für den Außenbereich geeignete Leiter (mit GS und/oder TÜV-Siegel) unverzichtbar. Ein Obstpflücker an langem Stiel kann so manche Kletteraktion ersparen.
Stets sehr brauchbar sind viele Eimer und Körbe in verschiedenen Größen sowie eine stabile Schubkarre mit genügend langen Holmen, eventuell auch eine Sackkarre.

Schnittwerkzeug sollte besonders sorgfältig ausgewählt und gepflegt werden. Qualitativ hochwertige Geräte halten ein Leben lang.

KOSMOS

TIPP

Die Anschaffung einer Motorhacke oder -fräse lohnt sich nur bei großen Nutzgartenflächen, zumal wirklich leistungsstarke Geräte mit guter Sicherheitsausstattung ihren Preis haben. Vielerorts kann man Motorgeräte auch nach Bedarf ausleihen (z. B. im Bau- oder Landmaschinenhandel).

Boden

Die Wasser- und Nährstoffversorgung der Pflanze sowie die Verankerung für einen festen Stand sind die Hauptfunktionen der Wurzeln. Wie gut und nachhaltig die Wurzeln der Pflanzen diese Aufgaben erfüllen können, hängt vom Boden ab.

Bodenbearbeitung

Den Boden vorbereiten   Die Bearbeitung neuer Flächen und ebenso später die jährliche Tiefenlockerung werden am besten im Herbst vorgenommen – idealerweise bei schwach feuchtem, aber keinesfalls nassem Boden. Ist die Fläche noch mit Rasen oder Wiese bewachsen, trennen Sie zunächst die Grassoden samt Wurzeln ab, indem Sie den Spaten in sehr flachem Winkel einstechen. Die Grassoden ergeben ein gutes Kompostmaterial.

Nun wird der Boden umgegraben und bleibt über Winter in Schollen liegen, wobei dann oft Fröste helfen, die „Brocken" zu zerkrümeln. Bei recht dichten Böden kann es auch sinnvoll sein, zwei oder gar drei Spatenstiche tief umzugraben. Lesen Sie bei jeder Bodenbearbeitung gründlich alle Unkrautreste und -wurzeln sowie größere Steine aus.

Schonende Bodenlockerung   Anfangs ist das Umgraben meist unverzichtbar, besonders bei recht schweren Böden. Nach einigen Jahren guter Bodenpflege kann man aber immer öfter auf das Wenden der Schollen verzichten und so die nützlichen Organismen im Boden sowie den eigenen Rücken schonen. Zum Lockern dient dann eine Grabegabel, die man in Abständen von etwa 10 cm in den Boden sticht und hin und her rüttelt. Alternativ oder ergänzend kann ein Sauzahn durchgezogen oder eine Gartenkralle eingesetzt werden.

Beim Umgraben werden die Erdschollen spatentief abgestochen und dann vor dem Ablegen im Graben komplett gewendet. So bleiben sie bis zum Frühjahr liegen.

Nährstoffe & Düngung

Einen ihrer wichtigsten Nährstoffe nehmen die Pflanzen über ihre Blätter aus der Luft auf: das Kohlendioxid, das sie mithilfe der Sonnenenergie in Kohlenhydrate und damit in organische, körpereigene Substanz umwandeln. Doch die meisten für das Wachstum benötigten Nährstoffe entnehmen die Wurzeln dem Boden.

Durch die Ernte und das Entfernen der Pflanzenreste, teils auch durch Auswaschung, werden die Bodenvorräte immer wieder beansprucht, sodass wir durch Düngung für Nachschub sorgen müssen. Dabei ist der Nährstoffbedarf und -entzug gerade bei den Gemüsen je nach Art recht unterschiedlich, weshalb man sie in Stark-, Mittel- und Schwachzehrer unterteilt (siehe auch S.297).

Nährstoffe

Hauptnährstoffe Die Hauptnährstoffe Stickstoff (chemische Abkürzung: N), Phosphor (P), Kalium (K), Magnesium (Mg), Kalzium (Ca) und Schwefel (S) werden von den Pflanzen in größeren Mengen benötigt. Stickstoff ist als wichtiger Baustein von Eiweißen und Blattgrün der „Wachstumsmotor" schlechthin. Phosphor fördert u. a. die Blüten- und Fruchtbildung. Kalium festigt das Gewebe und beeinflusst maßgeblich den Wasserhaushalt der Pflanze. Magnesium ist als Bestandteil des Blattgrüns und für viele Stoffwechselvorgänge unentbehrlich. Schwefel braucht die Pflanze u. a. für Eiweiße und Enzyme. Kalzium hat nicht nur Bedeutung für den Stoffwechsel, sondern in Form von Kalk auch großen Einfluss auf den pH-Wert des Bodens sowie die Bodenstruktur.

Häufige Düngeformen des Stickstoffs sind Nitrat bzw. Salpeter und Ammonium. Da Stickstoff im Boden stark durch die Tätigkeit von Mikroorganismen beeinflusst und in Nitratform leicht ausgewaschen wird, ist sein Gehalt sehr veränderlich. Er wird deshalb üblicherweise in Bodenuntersuchungen nicht berücksichtigt.

Düngesalze des Phosphors kennt man als Phosphate, die des Schwefels als Sulfate.

Obstbäume werden über die von Unkraut frei gehaltene Baumscheibe gedüngt.

Kalziummangel verursacht bei Tomaten Blütenendfäule und braune Flecken.

Mangel und Überschuss   Nährstoffmangel kann zu Kümmerwuchs und schlechten Ernten führen sowie Geschmack und Haltbarkeit des Ernteguts einschränken. Oft äußert er sich zunächst in blassen, gelblichen, teils auch kleinen oder verbräunenden Blättern oder führt zu verkrüppelt wirkenden Pflanzenteilen. Je nach Nährstoff gibt es eine Vielzahl spezieller Symptome, z. B. schmutzig grüne, teils rötliche Blätter bei Phosphormangel oder Knollenbräune des Sellerie bei Bormangel.

Aber auch bei Überdüngung können Wachstum und Ernte leiden, besonders bei zu hohen Stickstoffgaben. Die Pflanzen wachsen dann sehr üppig, mit dunkel- bis blaugrünen Blättern, aber weichem, sehr anfälligem Gewebe. Außerdem wird die Fruchtbildung beeinträchtigt, und der Nitratgehalt steigt auf gesundheitsschädliche Mengen an.

Ansonsten führen hohe Mengen an bestimmten Nährstoffen im Boden vor allem dazu, dass die Aufnahme anderer Stoffe behindert wird. Enthält der Boden z. B. sehr viel Kalium und Magnesium, kann es vorkommen, dass Früchte nur ungenügend mit Kalzium versorgt werden, obwohl der Kalkgehalt im Boden ausreichend ist. Das ist eine der Ursachen für die Stippe bei Äpfeln sowie die Blütenendfäule bei Tomaten und Paprika. Hohe Kalkgehalte bzw. pH-Werte wiederum können bei Weinreben und anderen Obstgehölzen Eisenmangel (Vergilben jüngerer Blätter bei grün bleibenden Blattadern) hervorrufen.

Kalium- und Magnesiumsalze kommen in mineralischen Düngern als Sulfat oder Chlorid vor. Darauf sollte man achten, denn Beerenobst, manche Steinobstarten und viele Gemüse gelten als chloridempfindlich.

Spurennährstoffe   Von den Spurennährstoffen brauchen die Pflanzen nur kleine Mengen, sie sind aber dennoch unverzichtbar. Hierzu zählen Eisen (Fe), Mangan (Mn), Zink (Zn), Kupfer (Cu), Molybdän (Mo) und Bor (B). Sie sind oft Bestandteile von lebensnotwendigen Enzymen für die unterschiedlichsten Stoffwechselvorgänge.

KOSMOS

TIPP

Treten häufig Wuchsstörungen oder Blattaufhellungen mit unbekannter Ursache auf, ist eine Bodenuntersuchung zur Ermittlung der Nährstoffgehalte ratsam.

Kalziummangel in den Apfelfrüchten führt zu braunen Stippeflecken.

Fester Dünger wird leicht in die Bodenoberfläche eingearbeitet.

Düngerarten

Hauptsächlich verwendet man im Garten Mehrnährstoffdünger, die zumindest die wichtigsten Hauptnährstoffe enthalten. Gute Volldünger bieten die ganze Palette, inklusive Spurennährstoffen, in ausgewogenem Verhältnis. Darunter finden sich auch Düngemittel, die auf die Bedürfnisse bestimmter Pflanzengruppen zugeschnitten sind, z. B. Tomaten- und Beerenobstdünger. Einzelnährstoffdünger, z. B. Eisen- oder Kaliumdünger, werden vor allem dann eingesetzt, wenn ein deutlicher Nährstoffmangel

EXTRA

Nitrat im Blickpunkt

Stickstoff nehmen die Pflanzen hauptsächlich in Form von Nitrat auf. Auch der in organischen Düngern gebundene Stickstoff wird von Bodenorganismen in dieses leicht lösliche Salz umgesetzt. Bei genügend Sonne und Wärme wandelt die Pflanze das Nitrat recht schnell in Eiweiße und ähnliche Verbindungen um. Bei überhöhtem Stickstoffangebot sowie bei Lichtmangel und Kälte dauert diese Umwandlung allerdings wesentlich länger.

Wird das zeitweilig eingelagerte Nitrat mit der Nahrung aufgenommen, können daraus krebserregende Nitrosamine entstehen. Besonders gefährdet sind Säuglinge, da bei ihnen das Umwandlungsprodukt Nitrit den Sauerstofftransport im Blut behindert und schlimmstenfalls zum Ersticken führt!

Nitrat sammelt sich hauptsächlich in Blättern und unterirdischen Pflanzenteilen an. Deshalb sind vor allem Salate, Blatt- und Wurzelgemüse (z. B. Spinat, Rote Bete und Rettich) betroffen – erst recht, wenn sie in der lichtarmen Zeit in Gewächshaus oder Frühbeet angebaut werden. Düngen Sie deshalb unter solchen Umständen besonders zurückhaltend und ernten Sie möglichst nur abends, am besten nach einem sonnigen Tag, an dem die Umwandlung in Eiweiße beschleunigt wurde.

Ein guter Düngetermin, z. B. bei Erdbeeren, ist bald nach Austriebsbeginn.

auftritt oder eine Bodenuntersuchung ein Defizit bei einer bestimmten Komponente aufgezeigt hat.

Gebräuchliche Düngerformen sind Festdünger zum Einarbeiten in den Boden und Flüssigdünger zum Ausgießen. Manche Einzelnährstoffdünger können auch direkt auf die Blätter ausgebracht werden.

Für die handelsüblichen Mehrnährstoffdünger werden die mineralischen Rohstoffe chemisch so aufgeschlossen, dass sie als leicht lösliche Düngesalze vorliegen. So kommen sie den Pflanzen schnell zugute. Ist die Dosierung nicht dem Wachstum angepasst, kann es zur Überdüngung kommen – oder aber zur Auswaschung.

In mineralischen Langzeitdüngern dagegen sind die Nährstoffe so aufbereitet, dass sie, abhängig von Bodenfeuchte und -temperatur, nach und nach freigesetzt werden; je nach Nährstoffbedarf der Pflanzen reicht ihr Vorrat bis zu 6 Monaten.

Mittlerweile bietet der Fachhandel organische Volldünger für alle Zwecke an, z. B. auch als Beerenobst- und Flüssigdünger. Ist eine organische Stickstoffversorgung gefragt, empfehlen sich Horndünger, je nach Vermahlungsgrad (Hornmehl, -gries oder -späne) mit schneller oder allmählicher Wirkung.

Zu den organischen Düngern zählen auch der Kompost, oft mit mäßigem Hauptnährstoffgehalt, aber zahlreichen Spurennährstoffen, sowie der nährstoffhaltigere Stallmist, vorzugsweise von Rindern oder Pferden. Im Fachhandel ist Mist auch als abgepackter Trockendung erhältlich.

Dünger ausbringen

Achten Sie stets auf die Anwendungshinweise auf der Verpackung, und vermeiden Sie eine Überdosierung. Die Dünger sollten nur auf angefeuchtetem Boden ausgebracht und möglichst gleichmäßig verteilt werden, am besten bei etwas bedecktem Himmel. Festdünger arbeitet man dann mit Kultivator oder Rechen leicht ein.

Vorratsdünger ohne Stickstoffanteil, z. B. Kalium- und Kalkdünger, können im zeitigen Frühjahr oder Herbst ausgebracht werden. Die Grund- oder Startdüngung mit stickstoffhaltigen Mitteln erfolgt besser erst zum Säen, Pflanzen oder zum Wachstumsbeginn bzw. kurz davor. Je nach Art können eine oder mehrere Nachdüngungen, auch Kopfdüngungen genannt, erforderlich werden.

Kompost Siehe S. 291

Kräftigende Pflanzenjauchen Selbst hergestellte Jauchen aus Blättern und Stängeln von Brennnesseln und Beinwell sind schnell wirkende organische Flüssigdünger, die nicht nur Hauptnährstoffe und wichtige Spurennährstoffe enthalten, sondern auch andere pflanzenstärkende Substanzen. Brennnesseljauche ist stickstoffreich, Beinwelljauche enthält zudem viel Kali.

Kompost & Mulch

Kompost und Mulch sind zusammen mit einer Gründüngung drei kostengünstige bis kostenlose Hilfsmittel von unschätzbarem Wert. Sie versorgen den Boden mit Nährstoffen und Humus und bieten dazu vielerlei positive „Nebenwirkungen".

Kompostplatz

Zum Kompostieren ist ein leicht beschatteter Platz in einer gut erreichbaren Gartenecke ideal – allerdings nicht direkt am Nachbarzaun, um eventuelle Geruchsbelästigung oder auch unnötige Streitigkeiten zu vermeiden. Der Boden muss unbefestigt und durch-

Praktisch: Kompostboxen mit abnehmbaren Brettern je nach Füllhöhe.

lässig sein. Wenn möglich, sollten 3–4 m² Kompostierfläche je 100 m² Gartenfläche veranschlagt werden. Denn idealerweise verfügt man über drei bis vier Kompost-„Abteilungen": eine zum Sammeln des Materials, eine zum Aufsetzen, am besten auch eine zum Umsetzen und schließlich eine für den (fast) fertigen Kompost.

In einem großen Garten können das einfach drei bis vier hügelartige Mieten sein. Kompakter und platzsparender geht das allerdings mit Kompost-Holzboxen aus dem Bau- oder Gartenmarkt. Recht praktisch sind auch Thermokomposter aus Kunststoff, die für eine schnelle Zersetzung sorgen. Hier muss man jedoch besonders sorgfältig für eine gute Durchmischung der Materialien und eventuell auch Belüftung sorgen, da sonst Fäulnis auftreten kann.

Kompostmaterialien

Zum Kompostieren eignen sich fast alle organischen Garten- und Küchenabfälle, z. B. auch Kaffee- und Teesatz, außerdem Holzasche (jedoch keine Grill- oder Steinkohlenasche) sowie Stallmist für besonders nährstoffreiche Komposte. Äste, Zweige, kräftige Gemüse- und Blumenstängel sollten vor dem Aufsetzen zerkleinert werden. Rasenschnitt lassen Sie am besten flach ausgebreitet etwas anrotten, bevor er auf den Kompost kommt.

Verzichten Sie aber auf verschimmelte Küchenreste, Fleisch-, Fischabfälle und Knochen, Öle und Fette sowie Haustierkot. Behandelte Zitrusschalen sollten höchstens in kleinen Mengen auf den Kompost kommen. Durch die anfängliche Hitzeentwicklung in

Kompostgaben fördern gesundes Wachstum von Gemüse und Obst.

TIPP

Abgemähte Gründüngung, siehe S. 41, lässt sich gut als Mulch oder zum Kompostieren nutzen. Andere Reste arbeitet man leicht in den Boden ein und lässt sie verrotten.

Streuen Sie beim Aufschichten etwa alle 20 cm eine dünne Lage aus humosem Boden oder bereits fertigem Kompost dazwischen; die darin enthaltenen Mikroorganismen fördern den Rottevorgang. Auch das Ausstreuen von etwas Gesteinsmehl oder Algenkalk zwischen den Schichten ist empfehlenswert. Abschließend wird der Haufen mit einer Schicht Erde überzogen und mit Rasenschnitt oder Laub abgedeckt. Sackt der Komposthaufen nach ein paar Monaten deutlich zusammen, kann man ihn umsetzen, um alles nochmals gut zu durchmischen und zu belüften. Nach 6 bis 12 Monaten, je nach Ausgangsstoffen und Rottebedingungen, sind die Abfälle vollständig vererdet. Der fertige, reife Kompost ist dann feinkrümelig, dunkel und riecht angenehm nach Waldboden. Er lässt sich überall zum Mulchen, Düngen oder auch als Bestandteil von Pflanzerden einsetzen. Auch noch nicht komplett verrotteter Frischkompost kann verwendet werden. Diesen sollten Sie aber schon einige Zeit vor dem Säen oder Pflanzen ausbringen oder nur zwischen gut eingewachsenen, nährstoffliebenden Gewächsen verteilen.

seinem Kern, kann ein gut aufgesetzter Kompost so manche Krankheitskeime und Unkrautsamen unschädlich machen. Dennoch ist es sicherer, kranke Pflanzenteile sowie Unkräuter mit Samenständen oder Ausläufern nicht auf den Kompost zu geben.

Aufsetzen

Zuunterst empfiehlt sich, falls verfügbar, eine Lage Holzhäcksel, die das Sickerwasser und die darin enthaltenen Nährstoffe aufsaugt. Dann folgt eine 20-30 cm hohe Schicht aus Gehölzschnitt oder sperrigen Stängeln, die für eine gute Dränage sorgt. Darüber kommen, bis höchstens 1,5 m Höhe, die weiteren Abfälle, dabei möglichst gröbere und feinere Materialien gut miteinander vermischen.

Mulchen

Mulchen bedeutet das Bedecken freier Bodenflächen – vorzugsweise mit organischen Materialien, die beim Verrotten den Boden anreichern und die nützlichen Organismen fördern. Zudem erspart eine Mulchschicht das Hacken und so manches Gießen, da sie

Eine Mulchauflage reduziert die Verdunstung. Vor dem Ausbringen wird der Boden noch einmal gelockert.

die Bodenfeuchtigkeit bewahrt, dem Verkrusten der Oberfläche vorbeugt und Unkrautaufwuchs unterdrückt. Bei Früchten wie Erdbeeren oder Gurken, die nahe am Boden reifen, kann eine grob strukturierte Mulchauflage wie Stroh auch dem Verschmutzen oder gar Faulen vorbeugen.

Als Mulchmaterialien eignen sich reifer Kompost, Rindenhumus, Rasenschnitt (am besten mit Gehölzhäcksel oder Rindenmulch vermischt), Laub, Stroh, gehäckselter Gehölzschnitt oder auch zerkleinerte Gründüngungs- und andere Pflanzenreste; zwischen gut eingewachsenen Pflanzen auch Rindenhumus und Frischkompost.

Mulchpraxis Am besten beginnt man mit dem Mulchen erst gegen Ende Mai, nachdem die erste Schneckenplage abgeklungen ist. Zudem erwärmt sich ein im Frühjahr noch unbedeckter Boden besser. Dies ist gerade auch bei Obstgehölzen ein wichtiger Punkt: Die nächtliche Wärmeabstrahlung des nackten Bodens kann Blütenschäden durch

Spätfröste vorbeugen. Danach aber können Sie die Mulchschicht auf der Baumscheibe bis zum nächsten Frühjahr immer wieder erneuern, wobei sie über Winter auch den Wurzelbereich schützt.

Bringen Sie den Mulch auf zuvor gelockertem Boden aus, je nach Material etwa 2–6 cm hoch – wo öfter Probleme mit Wühlmäuse auftreten, besser nicht allzu dick. Wird öfter mit den sauer wirkenden Mulchstoffen Rindenmulch oder Laub gedüngt, sollte etwas Kalk zum Ausgleich gegeben werden.

KOSMOS TIPP

Beim Zersetzen von Rindenmulch, Gehölzhäcksel und Stroh wird recht viel Stickstoff verbraucht; mischen Sie deshalb ein paar Handvoll Hornspäne unter.

Gemüsegarten

Einige Grundkenntnisse sind für den Gemüseanbau schon erforderlich. Doch mit der Praxis wächst die Erfahrung, und vieles geht immer leichter von der Hand. Und selbst durch kleine Misserfolge, vor denen kein Gärtner gefeit ist, lernt man meist noch etwas dazu.

Anbauplanung

Sind die ersten Schritte   wie Beetanlage und Bodenvorbereitung getan, geht es an das Besorgen von Saatgut und Jungpflanzen. Weitere Vormerker für den Einkaufszettel im Frühjahr sind Anzuchtschalen und -erde, Abdeckfolien und -vliese, Kulturschutznetze sowie Pflanzetiketten und ähnliches Kleinzubehör.
Im kleinen Gemüsegarten muss man sicher keine detaillierten Beetbelegungspläne austüfteln. Doch schon hier lohnt es sich,

auf einem Blatt Papier das Vorgesehene für die kommende Saison festzuhalten: die gewünschten Arten und Sorten, deren Platzbedarf und Flächenanteil, Saat- und Pflanzzeiten sowie die voraussichtlichen Erntetermine. Erst recht empfiehlt sich das für größere Gemüseflächen. Solche Notizen, am besten in Form einer übersichtlichen Liste, helfen dann auch, die Arbeiten ein wenig zu planen bzw. auf die Wochenenden zu verteilen. Bei dieser Zeitplanung kann der Jahresarbeitskalender (ab S. 371) ebenso helfen wie die Gemüseporträts (ab S. 329).

Hilfreiches Gartentagebuch   Etwas mehr Muße verlangt das Ganze, wenn man Mischkulturen einbezieht und auf optimale Fruchtwechsel bzw. -folgen achtet, was sehr empfehlenswert ist. So mancher Gärtner nutzt dafür gern Tabellen-, Text- oder Spezialprogramme auf dem PC, die das Durchspielen verschiedener Lösungen erleichtern. Ob „digital" oder in altbewährter Papierform:

Ein wenig Planung erleichtert den Anbau und verhilft zu reichem Erntesegen.

In Mischkulturen können sich benachbarte Gemüsearten gegenseitig fördern.

Ein Gartentagebuch, in dem Jahr für Jahr die Belegung der Beete notiert wird, ist für die langfristige Planung äußerst hilfreich. Wenn Sie hier auch nachträglich die tatsächlichen Saat- und Erntetermine vermerken, die verwendeten Sorten aufschreiben, regelmäßig den Wetterverlauf notieren und besondere Erfolge sowie eventuelle Probleme festhalten, verfügen Sie nach einigen Jahren über ein sehr nützliches, individuelles Nachschlagewerk.

Fruchtwechsel & -folge

Die Begriffe Fruchtwechsel, Fruchtfolge oder auch Kulturfolge werden oft recht beliebig durcheinandergeworfen. Bei allen geht es grundsätzlich um die zeitliche Abfolge verschiedener Gemüsearten auf derselben Fläche.

Fruchtwechsel Das Prinzip des Fruchtwechsels ist im Gemüsegarten besonders wichtig. Es besteht darin, dass man auf derselben Fläche nicht mehrmals dieselbe Art hintereinander anbaut, egal ob im Lauf der Jahre (Fruchtfolge) oder innerhalb desselben Jahres (Kulturfolge). Dabei sollten die aufeinanderfolgenden Gemüse nicht nur verschiedenen Arten (z. B. Tomate nach Buschbohne), sondern möglichst auch verschiedenen Familien angehören (z. B. Korbblütler wie Kopfsalat nach Zwiebelgewächsen wie Porree). Der Familienwechsel sollte auch beim Einbeziehen von Gründüngung beachtet werden (siehe S. 297).
So beugen Sie Krankheiten und Schädlingen vor, die sich auf bestimmte Arten und oft auch ganze Pflanzenfamilien spezialisiert haben und im Boden oder auf Pflanzenresten überdauern; z. B. die bei Kreuzblütlern verbreitete Kohlhernie. Sogar bei Tomaten, die lange Zeit als selbstverträglich galten, kann ein jährlicher Platzwechsel den Befall mit Krautfäule mindern. Teils sind auch spezielle Wurzelausscheidungen oder einseitiger Nährstoffentzug die Ursache, wenn dieselbe Pflanze nach mehrmaligem Anbau hintereinander immer schlechter gedeiht. Als besonders selbstunverträglich gelten Erbsen, Gurken und Zucchini, Möhren und Zwiebeln.

Fruchtfolge In der traditionellen Fruchtfolge wird die Anbaufläche in drei bis vier Quartiere oder „Trachten" unterteilt. Auf dem ersten Quartier (erste Tracht), das im Herbst oder Frühjahr eine Stallmistdüngung erhält, wachsen Starkzehrer mit hohem Nährstoffbedarf; auf dem zweiten Mittelzehrer, auf dem dritten Schwachzehrer. Diese Quartiere rotieren jährlich: Im nächsten Jahr kommen auf das vormalige erste Quartier die Mittelzehrer, und das vorjährige Schwachzehrer-Quartier wird durch erneute Mistdüngung zum neuen Platz für die Starkzehrer. Ein zusätzliches Quartier kann dem Anbau mehrjähriger Kulturen dienen oder wird mit Gründüngung eingesät.
Solch eine Fruchtfolge hat auch den günstigen „Nebeneffekt" eines Fruchtwechsels. Außerdem ist das Abwechseln von Gemüsen mit unterschiedlichen Nährstoffansprüchen auch ohne Mistdüngung vorteilhaft. Deshalb finden Sie in der Übersicht auf S. 297 und in den Gemüseporträts (ab S. 329) Angaben, welche Gemüse zu den Stark-, Mittel- oder Schwachzehrern zählen. Ansonsten aber muss das recht unflexible Prinzip der traditionellen Fruchtfolge nicht komplett übernommen werden, sofern man nicht regelmäßig Mist verwendet.

Ergiebige Kulturfolgen Unter Kulturfolge versteht man den abwechselnden Anbau mehrerer Arten auf derselben Fläche innerhalb eines Jahres. So lässt sich das Beet für mehrere Ernten nutzen: mit Hauptkultur (mit der längsten Anbaudauer), Vorkultur und/

Erbsen sollten nicht mehrmals hintereinander angebaut werden.

oder Nachkultur. Auch eine Zwischenkultur ist möglich: Vor der Hauptkultur gesät oder gepflanzt, wächst sie zeitweise mit dieser zusammen, wird aber geerntet, bevor sich die Hauptkultur voll entwickelt.

Zwei Beispiele: Erbsen (Vorkultur) – Chinakohl (Hauptkultur) – Feldsalat (Nachkultur); Pflücksalat (Vorkultur) – Radieschen (Zwischenkultur) – Tomaten (Hauptkultur) – Spinat (Nachkultur).

Ebenso wie bei den jährlichen Fruchtfolgen sollten sich hier jeweils Pflanzen aus verschiedenen Familien abwechseln. Sehr günstig ist das gelegentliche Einfügen einer Gründüngung als Vor- oder Nachkultur.

Mischkultur

Bei der Mischkultur werden verschiedene Gemüsearten im selben Beet angebaut, meist abwechselnd in Reihen nebeneinander oder auch innerhalb derselben Reihe. Dabei kombiniert man gezielt Gemüse, die miteinander verträglich sind oder sich sogar gegenseitig günstig beeinflussen. Durch das Nebeneinandersetzen von flach- und

tiefwurzelnden Pflanzen sowie Stark- und Schwach- bzw. Mittelzehrern kann man eine sehr gute Flächen- und Nährstoffnutzung erreichen. Außerdem bedecken und beschatten großblättrige Arten vorteilhaft den Boden zwischen den Reihen.

Gute Partner   Die Mischkultur macht es Schädlingen schwerer, ihre Wirtspflanzen gezielt aufzusuchen und sich zwischen ihnen auszubreiten. Manche Arten halten durch ihre Düfte oder Wurzelausscheidungen sogar Schaderreger von ihren Nachbarn fern. Möhren und Zwiebeln oder Porree z. B. schützen sich gegenseitig vor den auf sie spezialisierten Gemüsefliegen. Tomaten und Sellerie verwirren mit ihren strengen Düften Kohlweißlinge. Noch stärker sind solche Wirkungen bei aromatischen Kräutern, die man ebenfalls gut in die Mischkultur einbeziehen kann.

Die Wurzelausscheidungen mancher Pflanzen können auch direkt einen förderlichen Einfluss auf das Wachstum ihrer Nachbarn haben. Nicht selten sind allerdings auch hemmende Wirkungen. Aus diesen und anderen Gründen gedeihen auch manche Pflanzen sehr schlecht nebeneinander. Die Übersicht auf S. 298 zeigt, was erfahrungsgemäß gut und was weniger gut zueinander passt und berücksichtigt neben Gemüse auch Erdbeeren.

Saatgut- & Pflanzenkauf

Bei vielen Gemüsen ist die Aussaat direkt aufs Beet die einfachste und beste Lösung, bei manchen wie Radieschen oder Möhren sogar die einzige, da späteres Verpflanzen die Knollen- oder Rübenbildung beeinträchtigt. Bei anderen Arten, z. B. Kopfsalat oder Kohlgemüse, bieten gekaufte oder selbst vorgezogene Jungpflanzen oft Vorteile, da sie nach dem Setzen im Beet zügig heranwach-

Pflanzenfamilien der Gemüsearten

Familie	Arten
Baldriangewächse	Feldsalat*
Doldenblütler	Knollen-Fenchel***, Knollen-Sellerie***, Möhre**, Pastinake**, Stangensellerie***
Gänsefußgewächse	Mangold**, Rote Bete**, Spinat**
Knöterichgewächse	Rhabarber**
Korbblütler	Artischocke***, Bataviasalat**, Chicorée**, Eissalat**, Endivie**, Kopfsalat**, Löwenzahn*, Pflück- und Schnittsalat*, Radicchio**, Romanasalat**, Schwarzwurzel**, Topinambur**, Zuckerhut** Gründüngung: Ringelblume, Sonnenblume, Tagetes
Kreuzblütler	Asia-Salate*, Blumenkohl***, Brokkoli***, Chinakohl**, Grünkohl***, Kohlrabi**, Meerrettich**, Pak Choi**, Radieschen*, Rettich**, Rosenkohl***, Rucola*, Speiserübe*, Weiß-, Rot- und Wirsingkohl*** Gründüngung: Ölrettich, Senf, Raps
Kürbisgewächse	Gurke***, Kürbis***, Zucchini***, Zuckermelone***
Nachtschattengewächse	Aubergine**, Paprika***, Pepino**, Tomate***, Kartoffel***
Portulakgewächse	Portulak*, Winterportulak *
Schmetterlingsblütler	Buschbohne*, Feuer- und Stangenbohne**, Puffbohne**, Erbse*; Gründüngung: Klee- und Wickenarten, Luzerne, Lupine, Serradella
Spargelgewächse	Spargel***
Süßgräser	Zuckermais***
Zwiebelgewächse	Knoblauch*, Porree***, Zwiebeln**

* = Schwachzehrer, ** = Mittelzehrer, *** = Starkzehrer

sen. Fast ausschließlich gepflanzt werden die kälteempfindlichen Fruchtgemüse, die bei einer Spätsaat draußen nicht mehr ausreifen würden; außerdem Spargel, Rhabarber sowie Arten, bei denen verschiedene unterirdische Organe als Pflanzgut dienen, z. B. Kartoffeln und Knoblauch.

Ob man Jungpflanzen lieber kauft oder selbst vorzieht, ist vor allem eine Frage des Zeitaufwands und teils auch der Kosten. Allerdings sind auch manche Arten und besonders bestimmte Sorten nur selten oder gar nicht als Jungpflanzen erhältlich, sodass eigene Anzucht die Auswahl erweitert.

Abwechslung ist Trumpf: Mischkultur ermöglicht eine gute Flächenausnutzung.

Mischkultur: gute und schlechte Partner

	Bohnen	Chicorée	Endivie	Erbsen	Erdbeeren	Fenchel	Gurken	Kartoffeln	Knoblauch	Kohlarten	Kohlrabi	Kopf- und Pflücksalat	Mangold	Möhren	Porree	Radieschen	Rettich	Rote Bete	Sellerie	Spinat	Tomaten	Zucchini	Zwiebeln
Bohnen				-	+	-	+	+	-	+	+	+		-				+	+		+		-
Chicorée					+		-							+							+		
Endivie					+					+	+				+				-				
Erbsen	-				+	+	-	-		+	+	+		+	-	+	+				-	+	-
Erdbeeren	+		+				+	-			+				+	+				+			+
Fenchel	-	+		+			+				+										-		
Gurken	+			+		+				+	+	+			+	-	-	+	+		-		+
Kartoffeln		-		-		-				+	+			-					-		+	-	
Knoblauch	-			-	+		+			-				+				+			+		
Kohlarten	+		+	+	-		+	-			-	+	+	+				+	+	+	+		-
Kohlrabi	+		+	+			+			-		+		+	+			+	+	+	+		-
Kopf- und Pflücksalat	+			+	+	+	+			+	+			+	+	+		+	-		+		+
Mangold										+				+		+	+						
Möhren		+		+		-	+						+		+	+	+				+		+
Porree	-	+	-	+						+	+	+		+				-	+		+		
Radieschen	+			+				-		+	+	+	+							+	+		
Rettich	+			+				-		+	+	+	+	+						+	+		
Rote Bete	+					+	-	+	+	+	+			-					-			+	+
Sellerie	+	-				+	-			+	+	-		+							+		
Spinat				+			+			+	+					+	+		+		+		
Tomaten	+	+		-		-	-	-		+	+	+		+	+	+	+	+	+	+			
Zucchini				+														+					+
Zwiebeln	-			-	+		+			-	-	+		+				+				+	

+ = gute Nachbarn   - = schlechte Nachbarn   (leere Kästchen) = kein Einfluss

Vitales Saatgut   Im Allgemeinen lohnt es sich, auf ausgewiesene Qualitätsware bzw. Markensaatgut zu achten und dafür etwas mehr auszugeben. Mittlerweile wird auch Biosaatgut für Hobbygärtner angeboten. Sehr vorteilhaft sind Keimschutzverpackungen, genaue Angaben zur Keimdauer und Kultur auf der Samentüte und eine deutliche Kennzeichnung des Abfüll- oder Haltbarkeitsdatums.

Die Samen der meisten Arten bleiben bei sachgemäßer Lagerung mindestens zwei bis drei Jahre gut keimfähig, die von Gurke, Zucchini, Endivie und manchen anderen sogar fünf bis sechs Jahre und mehr. Verschließen Sie angebrochene Samentüten gut, und bewahren Sie diese trocken und kühl (ideal um 5 °C) auf, am besten in kleinen Dosen, Kisten oder dunkel getönten Schraubgläsern.

Spezielle Saatgutformen   Bei feinem Saatgut ist ein gezieltes Verteilen oft schwierig. Dies lässt sich mit pilliertem bzw. Pillensaatgut, das es z. B. von Kopfsalat und Möhren gibt, vereinfachen. Hier sind die Samen durch eine Hüllmasse so vergrößert, dass sie sich leicht auslegen lassen. In Saatbändern, etwa mit Salaten, Möhren oder Radieschen,

KOSMOS

TIPP

Achten Sie bei Steckzwiebeln und Pflanzknoblauch auf „saftige", nicht eingetrocknete Ware, und bevorzugen Sie möglichst zertifizierte, unbedingt virusfreie Pflanzkartoffeln.

sind die Samen schon im optimalen Endabstand zwischen zwei später verrottenden Spezialpapierstreifen eingeschlossen, sodass jegliches Ausdünnen bzw. Vereinzeln entfällt. Für Töpfe werden auch Saatscheiben, für die flächige Aussaat Saatteppiche angeboten.

Eigene Anzucht

Die Hauptanzuchtzeit liegt zwischen Februar und April. Entsprechend bedarf es dafür eines warmen Platzes. Steht kein beheizbares Gewächshaus oder Frühbeet zur Verfügung, findet die Anzucht meist auf dem Fensterbrett statt. Dort sollten die Sämlinge nach dem Aufgang möglichst hell stehen, jedoch vor allzu praller Mittagssonne geschützt. Vor allem bei früher Anzucht ist allerdings oft Lichtmangel das Hauptproblem. Er führt zu staksigen, klein- und fahlblättrigen

EXTRA

Sorten und F1-Hybriden

Im allgemeinen Sprachgebrauch redet man oft von „Gemüsesorten", wenn eigentlich die Arten, z. B. Feldsalat oder Paprika, gemeint sind. Bei Sorten dagegen handelt es sich um spezielle Züchtungen einer Art. Verschiedene Sorten können sich z. B. deutlich in der Saat- und Erntezeit unterscheiden, außerdem in der Wuchshöhe, in der Form, Größe und auch im Geschmack des Ernteguts, in der Nutzungsform (z. B. Zucker- oder Schalerbsen) und in der Widerstandskraft gegen bestimmte Schaderreger.

Deshalb ist es stets ratsam, die Sortennamen und -eigenschaften zu beachten und Sorten möglichst gezielt auszuwählen.

Der bei Gemüsesorten häufige Zusatz „F1-Hybriden" weist auf besonders hochwertige Kreuzungen aus verschiedenen Sorten bzw. Zuchtlinien hin. Sie vereinen die besten Eigenschaften der Elternpflanzen und übertreffen diese teils sogar. Dafür müssen die Elternsorten immer wieder neu gekreuzt werden, deshalb ist das Saatgut recht teuer.

Spezielle Anzuchtgefäße sind Jiffypots, die nach dem Setzen im Boden verrotten.

Pflänzchen, die teils noch nicht einmal das Aussetzen lohnen. Hier können spezielle Vermehrungsleuchten aus dem Fachhandel für Abhilfe sorgen.

Die ideale Keimtemperatur liegt meist zwischen 18 und 22 °C, für wärmebedürftige Arten wie Tomaten, Paprika und Gurken auch höher (teils bis 26 °C). Bei anderen dagegen, z. B. Bohnen oder Kopfkohl, genügen oft schon 15–18 °C, bei Kopfsalat z. B. hemmen Temperaturen über 20 °C sogar die Keimung.

Nützliches Zubehör Praktische Anzuchthilfen sind die sogenannten Mini-Gewächshäuser, die aus einer Schale bzw. Wanne samt transparenter Abdeckhaube bestehen. Die Haube sorgt für ein luftfeuch-

tes, warmes Kleinklima. Große Samen, z. B. von Zucchini oder Bohnen, werden besser einzeln oder zu wenigen in kleine Töpfe gesät. Dann lässt sich ein Mini-Gewächshaus gut als abdeckbare Stellfläche für die Töpfe nutzen. Siehe auch S. 56–57.

Anzucht im Freien Gemüse für die Sommer- und Herbstpflanzung, z. B. Endivie oder später Kohlrabi, können im Freilandbeet oder Frühbeet ohne Abdeckung vorgezogen werden. So beanspruchen sie bis zur Pflanzung weniger Platz als bei einer Direktsaat, und man kann dann für das Setzen die kräftigsten Jungpflanzen auswählen.

Eine aufgespannte Richtschnur erleichtert das Ziehen gerader Saatrillen.

Große Samen lassen sich schon gut im nötigen Endabstand ablegen.

Freilandsaat & Pflanzung

Etwa ab Februar, sobald der Boden nicht mehr allzu nass ist, kann es draußen an die Beetvorbereitung gehen – am besten schon einige Wochen vor dem Säen oder Pflanzen, damit sich bis dahin noch alles setzen kann. Nun werden mit Hacke oder Kultivator die nach der gründlichen Bodenlockerung im Herbst verbliebenen Schollen und Klumpen zerkleinert und aufgelockert, eventuell auch Kompost, Kalk oder andere Bodenverbesserungsmittel eingearbeitet. Abschließend wird die Oberfläche mit dem Rechen eingeebnet. Gehen Sie dann kurz vor Aussaat oder Pflanzung nochmals mit Kultivator oder Gartenwiesel durch, und sorgen Sie mit dem Rechen für eine feinkrümelige Oberfläche ohne Mulden.

Reihensaat Meist ist das Ablegen der Samen in parallelen Reihen die praktischste Lösung. Beachten Sie dabei stets die empfohlenen Reihenabstände. Sehr hilfreich ist das Markieren der Reihen mit einer an Pflöcken aufgespannten Richtschnur. Entlang dieser zieht man dann, z. B. mit einem Stöckchen oder dem Rechenstiel, die Saatrillen, je nach Samengröße 2–5 cm tief. Sehr feine Samen und Lichtkeimer brauchen höchstens flache Rillen, da sie nur angedrückt und dünn mit Erde überstreut werden.

Verteilen Sie die Samen möglichst gleichmäßig in den Rillen. Saatbänder werden in der benötigten Länge zugeschnitten, in die Rillen gelegt, an den Enden mit Erde beschwert und schon einmal gründlich angefeuchtet, damit sie guten Bodenkontakt bekommen. Abschließend zieht man von der Seite Erde über die Samen und drückt sie an. Gießen Sie dann gründlich mit feiner Brause, aber mit mäßigem Wasserdruck. Auch in der Folgezeit muss der Boden unbedingt stets feucht gehalten werden.

Nach dem Einsetzen drückt man die Erde rund um die Pflanze herum etwas an.

Vereinzeln   Haben sich die Sämlinge gut entwickelt, stehen sie bei einer Reihen- oder Breitsaat oft zu eng. Ziehen Sie dann vorsichtig so viele Pflänzchen heraus (bevorzugt die schwächeren Exemplare), dass die Verbleibenden den richtigen Abstand haben, und drücken Sie diese nach dem Ausdünnen etwas an.

Horst- und Breitsaat   Die Horst- oder Dibbelsaat wird vor allem bei Bohnen und Erbsen praktiziert. Hier legt man drei bis sechs Samen in kleinen Häufchen oder in Kreisen um die Stützen herum aus; diese Grüppchen jeweils im Abstand von 30 bis 60 cm, je nach Pflanzenart.
Breitwürfiges Ausstreuen der Samen – mit etwas Schwung aus dem Handgelenk – kommt am ehesten für Feldsalat, Gründüngungspflanzen sowie im Anzuchtbeet infrage. Feine Samen lassen sich besser verteilen, wenn man sie vor dem Ausstreuen mit Sand vermischt. Zum Schluss werden die Samen eingeharkt, wenn nötig, noch mit etwas Erde überstreut und gut angegossen.

Reihen- und Verbandpflanzung   Das Pflanzen erfolgt ebenfalls vorzugsweise in Reihen, wobei man auch hier unbedingt die empfohlenen Mindestabstände einhalten sollte. Bei Angaben wie „60 × 40 cm" steht die erste Zahl steht für den Abstand zwischen den Reihen, die zweite für den Abstand innerhalb der Reihe.
Dabei können Sie mit einem kleinen „Trick" ein paar mehr Pflanzen unterbringen: Bei der Verbandpflanzung setzt man die Pflanzen innerhalb der Reihe nicht parallel zu denen der Nachbarreihe, sondern um die Hälfte des Abstands verschoben. So steht jede Pflanze „auf Mitte" zwischen zwei Pflanzen der benachbarten Reihe – von oben betrachtet ergibt sich ein Dreiecksverband. Dadurch lassen sich die Reihen etwas enger aneinanderrücken.

Das Auspflanzen   Auch beim Auspflanzen sind eine Richtschnur an zwei Pflöcken sowie ein Zollstock sehr hilfreich, außerdem eine kleine Pflanzschaufel und ein Pflanzholz (für schmale Wurzelballen bzw. Setzlinge ohne Erdballen). Gemüsejungpflanzen werden oft mit quadratisch oder rundlich zusammengepressten Ballen ohne Umhüllung, sogenannten Erdpresstöpfen, angeboten. Lockern Sie diese vor dem Einsetzen vorsichtig auf, ohne die Wurzeln zu verletzen, und feuchten Sie sie, wenn nötig, gründlich an. Eingetopfte Pflanzen müssen zuvor behutsam aus dem Gefäß gelöst werden.

Heben oder stechen Sie das Pflanzloch so groß aus, dass die Wurzeln bequem darin Platz finden. Die meisten Pflanzen werden so tief gesetzt, dass der Wurzelhals, die Verbindung zwischen Wurzel und Stängel, gerade eben unter den Boden kommt. Achten Sie bei Salaten unbedingt darauf, dass das „Herz" mit den jungen Triebknospen über der Oberfläche bleibt. Tomaten, Paprika, Bohnen und Erbsen können Sie dagegen etwas tiefer setzen, da sie an der mit Erde bedeckten Sprossbasis zusätzliche Wurzeln entwickeln. Nach dem Einsetzen und Auffüllen der Erde wird der Boden oben rundherum angedrückt und dann gründlich angegossen. Auch in der Folgezeit hält man den Boden recht feucht, bis die Pflanzen gut eingewachsen sind.

Folie & Vlies

Mit Folien und Abdeckvliesen lassen sich frühe Saaten und Pflanzungen vor Kälte schützen, ebenso im Herbst die letzten Ernten. Sie können nur bei Bedarf aufgelegt werden oder aber bei Frühsaaten, z. B. von Radieschen und Möhren, als wärmespendende „Dauerauflage" dienen. So kann man die ersten Ernten um zwei bis drei Wochen verfrühen.

Geeignete Abdeckungen   Benutzen Sie nur UV-stabilisierte Folien und Vliese, die für gärtnerische Zwecke angeboten wer-

den. Ungelochte Folien sollten höchstens für kurzzeitigen Schutz verwendet werden, denn die Pflänzchen brauchen unbedingt Luft und leiden zudem unter Wärmestau, wenn die Frühjahrssonne auf eine geschlossene Abdeckung scheint. Unproblematischer sind Loch- oder Schlitzfolien. Besonders bewährt haben sich Vliese aus feinem Fasergeflecht. Sie sind leicht, aber reißfest sowie luft- und wasserdurchlässig. Zugleich halten sie ähnlich wie Kulturschutznetze auch Schädlinge fern. Mit genügend Dehnreserve verlegt, können sie lange auf den Kulturen verbleiben.

Folien wie Vliese werden am besten an den Rändern mit Brettern oder Steinen beschwert, sodass sie sich bei Bedarf einfach abheben lassen. Vliese können auch mit Erdankern fixiert werden.

Vliese leisten auch gute Dienste, wenn man sie als Tunnel aufspannt.

Besondere Nutzungsmöglichkeiten
Legt man Folien schon vor der Aussaat aus, lässt sich die Bodentemperatur ein wenig erhöhen. Dunkel eingefärbte Mulchfolien verwendet man auch auf leeren Beeten zur Unterdrückung des Unkrautaufwuchses durch Licht-, Luft- und Wasserentzug.
Schwarze Mulchfolien oder -vliese eignen sich zudem gut für den Anbau von wärmebedürftigen Fruchtgemüsen wie Gurken und Paprika, da die dunkle Farbe die Sonnenstrahlung absorbiert. Man breitet sie auf der Fläche aus und versieht sie mit kreuzförmigen Einschnitten, in die dann die Pflanzen gesetzt werden. Gießen und Düngen erfolgt bei Folien über die Pflanzschlitze. Bei schwarzen Vliesen ist der Wärmeffekt zwar etwas geringer; wegen ihrer Wasser- und Luftdurchlässigkeit verdienen sie aber den Vorzug.

Tunnel und Tomatenhaus   U-förmig gebogene Draht- oder Federstahlstützen in rund 50 cm Abstand im Boden verankern, Folie oder Vlies darüber ausbreiten und befestigen – fertig ist der Folien- oder Vliestunnel, der sich wie ein flexibles „Kleinstgewächshaus" nutzen und einfach umsetzen lässt. Solche Tunnel gibt es in verschiedenen Breiten und Höhen. Durch den Luftraum über den Pflanzen isolieren sie noch besser als flach ausgelegte Abdeckungen. Besteht die Abdeckung aus ungelochter Folie, muss sie zumindest an den Frontseiten des Öfteren zum Lüften aufgeschlagen werden.
Unter genügend hohen Tunneln lassen sich sogar Paprika, Auberginen und andere Fruchtgemüse bis zur Ernte kultivieren. Noch komfortabler sind zeltartige Folien-Tomatenhäuser mit aufrollbarer Front. Sie schützen nicht nur vor Kälte, sondern auch vor Dauerregen und beugen so der Krautfäule bei Tomaten vor.

Mit einem kurzstieligen Handkultivator kann man gezielt und vorsichtig lockern.

Pflegearbeiten

Samen, Sämlinge und Jungpflanzen brauchen besondere Aufmerksamkeit. Doch auch nach dem Anwachsen ist ausreichendes Gießen, regelmäßiges Hacken, Jäten oder Mulchen sowie bei Bedarf ein Nachdüngen unerlässlich (siehe auch S. 287–293).

Lockern und Jäten   Das Hacken zwischen den Pflanzen bzw. um diese herum verbessert die Durchlüftung und Wasseraufnahme der obersten Bodenschicht und beseitigt konkurrierende Unkräuter. Außerdem werden dabei immer wieder feine Kanälchen (Kapillaren), über die das Wasser im Boden verdunsten kann, zerstört. Lockern Sie deshalb möglichst regelmäßig und am besten auch nach jedem kräftigen Regen, sobald die oberste Schicht etwas abgetrocknet ist. Vor allem zwischen Sämlingen, Wurzelgemüse und Zwiebeln muss man allerdings vorsichtig

hacken, um Verletzungen zu vermeiden. Sind die Pflanzen gut angewachsen, lässt sich das Hacken häufig durch Mulchen ersetzen. Hartnäckige Unkräuter wie Disteln, Quecken oder Ackerwinden sollten sorgfältig mit der Hand oder einem Unkrautstecher entfernt werden, sodass möglichst keine Wurzelreste im Boden verbleiben. Am besten gelingt das bei leicht feuchtem Boden.

Gießtipps   Bei bereits angewachsenem Gemüse lässt man die Oberfläche etwas abtrocknen und gießt am besten erst wieder, wenn auch der Boden darunter nur noch schwach feucht ist (mit dem Finger prüfen). Rund 10–20 l/m², ausgebracht mit kleinen Pausen, um zwischendurch das Wasser versickern zu lassen: Das ist für die meisten Gemüse eine gute „Dosis", die selbst bei heißem Wetter oft für zwei bis drei Tage reicht.

Anhäufeln   Das Heranziehen von gelockerter Erde an die Stängelbasis der Pflanzen verbessert besonders bei Bohnen, Gurken, Kohl und Tomaten die Standfestigkeit und fördert die Ausbildung zusätzlicher Wurzeln. Beim Lauch sorgt das Anhäufeln für schöne weiße Stangen, bei Kartoffeln und Möhren wird es erforderlich, damit sich das Erntegut nicht grün verfärbt. Beginnen Sie mit dem Anhäufeln, sobald die Jungpflanzen gut entwickelt sind, und drücken Sie dabei die von den Seiten beigezogene Erde etwas an.

Spezielle Arbeiten und Stützen   Bei manchen Gemüsen werden besondere Handgriffe nötig, etwa das Ausgeizen von Tomaten oder das Zusammenbinden oder Abdecken zum Bleichen. Hinweise dazu finden Sie in den Porträts, ebenso zu nötigen Stützhilfen

Ein Gartenwiesel eignet sich gut zum Lockern und zur Unkrautbekämpfung.

für hoch wachsende Pflanzen. Oft müssen Ranker und Schlinger wie Erbsen und Stangenbohnen anfangs etwas aufgeleitet oder locker angebunden werden, bis sie von selbst weiterklimmen.

Für Tomaten sind Spiral- bzw. Wellstäbe aus Aluminium sehr praktisch und außerdem nach Gebrauch leicht zu reinigen. Hier können Sie die wachsenden Triebe einfach in die Windungen „einlegen". Ansonsten eignen sich – z. B. auch für Auberginen und Paprika – Bambus-, Tonkin-, Holz- oder Metallstäbe. Binden Sie die Pflanzen in Abständen von 20–30 cm an die Stützstäbe – am besten mit einer lockeren Achterschleife, bei der die Schnur zwischen Stängel und Stütze einmal überkreuzt wird, sodass die Bindung wie eine liegende Acht aussieht.

Alle Stützvorrichtungen sollten möglichst tief und stabil im Boden verankert werden, am besten schon vor dem Pflanzen, damit die Wurzeln beim Setzen nicht gestört werden.

An zeltartigen Stangengerüsten können Bohnen oder auch Kürbisse klettern.

EXTRA

Tipps fürs Gewächshaus

An warmen, sonnigen Tagen müssen Kulturen unter Glas noch häufiger als draußen gegossen werden. Im Hochsommer ist oft eine Schattierung ratsam, etwa durch Anbringen spezieller Schattiergewebe. Äußerst wichtig ist dann auch regelmäßiges und häufiges Lüften.

Bei Tomate, Paprika und anderen Fruchtgemüsen mangelt es im Gewächshaus oft am Wind oder an den Bienen, die – je nach Art – für die Bestäubung nötig sind. Deshalb empfiehlt es sich, die blühenden Pflanzen täglich um die Mittagszeit etwas zu rütteln. Notfalls müssen Sie die Pollen mit einem Pinsel auf die Narbe des weiblichen Blütenstempels übertragen. Gurken dagegen bilden ihre Früchte in der Regel ohne besondere Bestäubungsnachhilfe.

Ernte, Lagern, Konservieren

Angaben zu den jeweiligen Ernteterminen, -methoden und manchen Besonderheiten finden Sie im Porträtteil (ab S. 329). Im Einzelnen ist der optimale Erntetermin allerdings oft eine Sache von Probeernten und Geschmackstests, bis man über genug Erfahrung verfügt.

Terminsache Ernte Im Allgemeinen muss spätestens dann geerntet werden, bevor ein „kritisches Stadium" erreicht wird, z. B. die Blütenbildung, das Verholzen von Knollen oder die Überreife von Früchten. Das bedeutet: im Zweifelsfall lieber etwas früher – ganz besonders bei trockenem, heißem Wetter, bei Dauerregen oder im Herbst bei Frostbeginn.

Gemüse lagern Die meisten Gemüse lassen sich wenigstens ein paar Tage, teils auch einige Wochen im Kühlschrank aufbewahren. Besonders empfiehlt sich das bei Salaten und Blattgemüsen, da sich bei ungekühlter Aufbewahrung schnell ein Großteil der Vitamine abbaut.

Kohlgemüse sowie Endivie, Zuckerhut, Radicchio und Chicorée können in kühlen Räumen (idealerweise bei 3–5 °C) auf luftigen Regalen längere Zeit gelagert werden, Chinakohl und Chicorée am besten in Zeitungspapier eingewickelt. In solchen Räumen halten sich auch Wurzelgemüse wie Möhren und Rote Bete gut, wenn man sie in Kisten mit leicht feuchtem Sand einschlägt. Kartoffeln werden einfach in große Kisten aus Holzlatten eingefüllt. Wichtig ist eine möglichst hohe Luftfeuchtigkeit, die man durch Aufstellen wassergefüllter Eimer oder Besprengen des Bodens mit Wasser fördern kann; außerdem häufiges Lüften bei frostfreiem Wetter. Lagern Sie Obst stets in getrennten Räumen, da die Früchte, vor allem Äpfel, Ethylen

Zucchini schmecken nur, wenn man sie nicht zu groß werden lässt.

ausströmen, das ein vorzeitiges Welken der Lagergemüse bewirkt.

Kohl- und Wurzelgemüse können Sie über Winter auch im Garten lagern, in einer ca. 50 cm tiefen und bis 80 cm breiten Erdgrube bzw. -miete oder im Frühbeet. Zunächst wird die Grube bzw. das Frühbeet mit feinmaschigem Draht zum Schutz gegen Mäuse ausgekleidet. Dann bringt man eine rund 10 cm hohe Lage Sand aus und schichtet dann die Gemüse, jeweils mit Zwischenlagen aus Sand oder Stroh, übereinander. Zum Schluss wird alles mit Erde abgedeckt, darüber kommen Holzplatten oder Bretter bzw. die Frühbeetfenster, die man zusätzlich mit Strohmatten oder Noppenfolie isolieren kann. Ernten Sie Gemüse zum Einlagern möglichst nur bei trockenem Wetter. Es darf weder Beschädigungen noch Faulstellen aufweisen.

Gemüse konservieren   Das Einfrieren ist die einfachste Methode der Konservierung und schont auch die wertvollen Inhalts- und Geschmacksstoffe am besten. Es eignet sich für fast alle Gemüse, mit wenigen Ausnahmen wie Salate, Radieschen oder Rettiche. Bei Temperaturen um -20 °C bleibt das Gemüse bis zu einem Jahr verwertbar. Unter den traditionellen Konservierungsmethoden haben heute vor allem noch das Einsäuern (Milchsäuregärung unter Luftabschluss) und das Einlegen in Essig oder Öl Bedeutung. Durch Einsäuern kann man nicht nur Sauerkraut aus Weißkohl gewinnen, sondern z. B. auch Rote Bete oder Sellerie haltbar machen. In Essig konserviert man vorzugsweise Gurken, in Öl z. B. Auberginen und Paprika.

KOSMOS **TIPP**

Zwiebeln und Knoblauch werden am besten in Netzen oder zu Zöpfen gebündelt und dann an einem luftigen und trockenen Platz aufgehängt.

Speisepilze

Pilze aus eigenem Anbau sind eine interessante, schmackhafte Ergänzung zum selbst geernteten Gemüse. Die Pilzkultur zählt allerdings auch zu den schwierigsten Gärtnervergnügen, da sie recht viel Geduld und Fingerspitzengefühl verlangt. Speisepilze brauchen ein organisches Substrat, auf dem sie wachsen und dem sie ihre Nährstoffe entziehen, je nach Art meist Holz oder Stroh. Große Pflanzenversender und teils auch Gartencenter bieten öfter Pilzbrut gängiger Arten an; ansonsten muss man nach spezialisierten Pilzversendern Ausschau halten. Meist erhält man dann zusammen mit der Pilzbrut ausführliche Kulturanleitungen,

oft auch schon geeignete Fertigsubstrate. Für die Pilzkultur im Garten sind halbschattige bis schattige, windgeschützte, möglichst luftfeuchte Plätze unter Bäumen oder Sträuchern ideal.

Pilze auf Holz   Typische Holzbewohner sind Austernseitling, Shii-Take, Stockschwämmchen und Schwefelkopf. Sie bevorzugen unterschiedliche Hölzer. So gedeiht etwa der Austernseitling am besten auf Eiche, Buche, Erle oder Pappel, der Schwefelkopf nur auf Nadelholz.
Als Kulturunterlage dienen 40–50 cm lange, rund 30 cm dicke Stammstücke. Die Stämme müssen frisch geschlagen sein, maximal vor drei Monaten. Die Pilzbrut wird in Bohrlöcher oder Einschnitte ausgebracht oder auf die Schnittflächen der Stammstücke aufgetragen. Ist das Holz bereits angetrocknet, sollte man es zuvor ein bis zwei Tage in ein Wasserbad legen. Zum Schluss wird die Brut mit Folie oder einem feuchten Sack eingepackt. Das Myzel (Pilzgeflecht) entwickelt sich meist bei Temperaturen um 20 °C am besten, braucht aber selbst dann mehrere Monate, um das Holz zu durchwuchern. Zeigt sich das weiße, fädige Geflecht an der Holzoberfläche, wird die Abdeckung entfernt, der Stamm aber weiterhin feucht gehalten. Man gräbt ihn am besten, waagerecht ausgelegt, mit der Unterseite in den Boden ein. Stammstücke mit Shii-Take allerdings sollten nur ausgelegt oder senkrecht aufgestellt werden. Bis sich die ersten Hüte ernten lassen, kann es nochmals einige Monate oder gar Jahre dauern. Dafür lässt sich das Stammstück dann aber auch vier bis fünf Jahre beernten.

Pilze auf Stroh   Auf Stroh wachsen z. B. Braunkappe (Kulturträuschling), Limonenseitling und Schopftintling. Austernseitlinge können auf Stroh wie auf Holz kultiviert werden.

Pilzanbau verlangt Geduld, belohnt aber mit köstlichen, gesunden Ernten.

Man braucht dafür einen frischen, gepressten Strohballen. Dieser wird mehrere Tage gründlich gewässert bzw. in Wasser gelegt, sodass er auch innen gut durchfeuchtet ist. Nun lässt man ihn etwa einen Tag abtropfen und sticht dann 15 bis 20 tiefe Löcher hinein, um ihn mit Pilzbrut zu beimpfen. Ballen mit Austernseitlingen kann man in gelochte Folie einpacken, solche mit anderen Pilzen in einen luftigen Folientunnel legen. Die Strohballen werden in etwa 8 bis 16 Wochen vom Myzel durchwachsen. Nach Erscheinen der Fruchtkörper können sie einige Monate beerntet werden, dann fällt das Stroh in sich zusammen.

EXTRA

Champignons & Co.

Substrate für weiße Champignons und Braune Egerlinge (Steinchampignons), sind diffizil herzustellende Spezialkomposte. Man bezieht solche Pilzbruten am besten mitsamt Fertigsubstraten. Sie eignen sich vorzugsweise für die Kultur im Haus, z. B. im Keller, an einem dunklen, möglichst luftfeuchten Platz und meist zwischen 12 und 18 °C. Die Pilze erscheinen oft schon nach einigen Wochen, nach wenigen Monaten ist die Kultur erschöpft.

Obstgarten

Auch Obstgehölze brauchen Pflege, doch im Allgemeinen ist der Aufwand deutlich geringer als im Gemüsegarten. Nehmen Sie sich umso mehr Zeit für die Auswahl der Wuchsform und Sorte, damit Sie dauerhaft Freude an Ihrem Obstbaum oder -strauch haben.

Obstgehölze sind eine Anschaffung für viele Jahre, oft für Jahrzehnte. Deshalb sollten sie ebenso sorgfältig ausgewählt werden wie ihre Standorte im Garten. Dabei gibt es allerhand zu beachten, von der Sorte bis hin zur Baum- oder Strauchform.

Ein sorgfältig gewählter Obstbaum bereitet über viele Jahre Freude.

Auswahl & Pflanzenkauf

Die Obstart, also z. B. Apfel oder Pflaume, ist natürlich zu allererst Geschmackssache. Bedenken Sie aber auch, dass manche Arten, etwa Aprikose, Weinrebe und teils auch Birne, in raueren Regionen manchmal schwer unter Frösten leiden. Will man sie dort trotzdem kultivieren, muss man nicht nur einen besonders geschützten Platz, etwa als Spalier an der Hauswand, wählen, sondern auch auf möglichst robuste Sorten achten.

Sortenvielfalt   Den Sorten, also den verschiedenen Züchtungen einer Art, sollte man große Aufmerksamkeit widmen. Denn sie unterscheiden sich nicht nur in Geschmack und Farbe der Früchte, sondern oft auch in der Reifezeit, teils auch in der Widerstandsfähigkeit gegen Kälte und Schaderreger. Ebenso wie beim Gemüse gibt es resistente und tolerante Sorten, die viel Ärger und Pflanzenschutzaufwand ersparen können. Großer Beliebtheit erfreuen sich alte Obstsorten. Sie warten teils mit besonders gutem Geschmack auf und sind oft recht robust sowie hervorragend an das regionale Klima angepasst, wenn es sich um typische Lokalsorten handelt.

Befruchtersorten   Für Apfel, Birne, viele Süßkirschen- und manche Pflaumensorten ist jeweils eine zweite Sorte zum Bestäuben nötig. Solche Befruchtersorten oder Pollenspender müssen zur selben Zeit blühen wie die erkorene Hauptsorte, damit man überhaupt in den Genuss von Früchten kommt. Sofern in der näheren Umgebung keine geeigneten Befruchterbäume wachsen, müssen Sie deshalb Platz für zwei Exemplare reservieren. Manche Gärtnereien bieten als Alternative „Duobäumchen" an, bei denen zwei sich gegenseitig bestäubende Sorten auf denselben Stamm veredelt sind. Hier gibt es allerdings manchmal Probleme, wenn die Sorten mit der Zeit recht uneinheitlich wachsen.

Zwei Pflanzen benötigen Sie auch bei der Haselnuss, außerdem bei den meisten Kiwisorten, da hier die weiblichen und männlichen Blüten auf verschiedenen Exemplaren sitzen. Bei vielen anderen Obstarten, z. B. Sauerkirsche oder Johannisbeere, kann eine zweite Sorte deutlich die Befruchtung und damit den Ertrag fördern, ist aber – bis auf wenige Ausnahmen – nicht zwingend nötig.

Gute Kaufberatung Man kann überall seinen „Traumbaum" erwischen. Doch in einem Fachgeschäft mit kompetenter Beratung findet man am sichersten zum idealen Obstbaum und, wenn nötig, zur geeigneten Befruchtersorte. Das kann z. B. auch ein gut sortiertes Gartencenter sein; doch Obstbaumschulen bieten oft eine weit größere Auswahl an Bäumen mit verschiedenen Sorten, Unterlagen und Wuchsformen. Hier können Sie teils auch zwischen Veredlungen verschiedenen Alters wählen, zudem zwischen wurzelnackten Pflanzen ohne Erdballen und Containerpflanzen. Letztere werden von Anfang an in Kunststofftöpfen angezogen. Dadurch besitzen sie einen gut durchwurzelten, kompakten Ballen und lassen sich fast jederzeit pflanzen. Mit besonders guter Pflanzenqualität kann man in Markenbaumschulen rechnen.

Obstbaumschulen bieten eine reiche Auswahl an Sorten und Baumformen.

Unterlagen

Obstbäume sind in aller Regel veredelt, ebenso Beerenstämmchen. Sie bestehen im Grunde aus zwei verschiedenen Pflanzen, die komplett miteinander verwachsen sind: der Unterlage und der Edelsorte, die die gewünschten Früchte liefert (siehe auch S. 319). Die Unterlage steuert Wurzeln und Stammbasis bei, bei Beerenhochstämmchen den gesamten Stamm. Die Veredlungsstelle, also der Übergang zwischen Unterlage und Edelsorte, bleibt als leichte Verdickung erkennbar.

Die Unterlage ist meist eine Auslese oder Züchtung aus nah verwandten Wildarten; Birnen werden häufig auch auf Quitten veredelt. Bei Obstbäumen bestimmt die Unterlage die Wuchsstärke des gesamten Gehölzes und hat zudem oft Einfluss auf die Robustheit. Verschiedene Unterlagen können auch darüber entscheiden, wie gut der Baum z. B. mit eher schweren oder recht kalkhaltigen Böden zurechtkommt und wie frosthart das Gehölz ist.

Hochstämme fruchten über Jahrzehnte üppig, brauchen aber viel Platz.

Eine Sonderform ist Spalierobst, das sich an Gerüsten oder Wänden ziehen lässt.

Obstbaumformen

In den Obstporträts (ab S. 357) finden Sie Angaben zu den Wuchshöhen und Pflanzabständen der verschiedenen Arten. Diese mögen auf den ersten Blick etwas verwirrend erscheinen, da die Spannbreiten bei den Bäumen teils gewaltig variieren. Doch tatsächlich können Sie heute bei vielen Arten zwischen „Zwergen" oder schmalen Säulen und ausladenden „Riesen" sowie verschiedenen Zwischengrößen wählen. Bei den großen Formen sollte man die späteren Kronenbreiten keinesfalls unterschätzen und die Abstände lieber etwas weiter als zu eng wählen. Auch die gesetzlich vorgeschriebenen Grenzabstände, die je nach Bundesland variieren, sind zu berücksichtigen.

„Klassische" Formen   Die geläufigsten Baumformen mitsamt ihren Durchschnittsmaßen stellt die gegenüberstehende Übersicht vor. Auch innerhalb dieser Baumformen kann es recht große Unterschiede geben, je nach Wuchsstärke von Art und Sorte. Während die anderen Formen typische Baumkronen bilden, gehen bei den schmalen Spindelbüschen rundum kurze Seitenäste ab, die zugleich die Fruchttriebe sind und nach oben hin zunehmend kürzer gehalten werden. Im Allgemeinen gilt: Je größer die Bäume, desto später, aber auch umso üppiger der erste Vollertrag und desto länger die Lebensdauer. Halb- und Hochstämme beginnen ab dem 6. bis 10. Standjahr reichlich zu tragen, Buschbäume etwa ab dem 2., Spindelbüsche teils schon im ersten Jahr.

Obstbaumformen

Baumform	Stammhöhe der Veredlung	Wuchshöhe	Pflanzabstand
Hochstamm	160–180 cm	8–15 m	7–12 m
Halbstamm	100–120 cm	5–10 m	5–8 m
Niederstamm	80–100 cm	3–8 m	3–7 m
Buschbaum	40–60 cm	2,5–4 m	2,5–4 m
Spindelbusch	40–60 cm	2–3 m	2–3 m

Spezielle Formen   Bei den äußerst schlanken, nur bis 50 cm breiten Säulenobstbäumen stehen die kurzen Fruchtzweige direkt am Stamm. Säulenäpfel behalten diese Form meist ohne größere Eingriffe, Säulenbirnen, -kirschen und -zwetschen dagegen brauchen regelmäßigen Schnitt. Ähnlich verhält es sich mit den immer häufiger angebotenen Zwergbäumen: Manche, vor allem unter den Zwergäpfeln, -birnen und -pfirsichen, bleiben genetisch bedingt klein (um 1,5 m) und bilden hauptsächlich Fruchttriebe. Andere sind im Grunde genommen schwachwüchsige Buschbäume und lassen sich nicht ganz so kompakt halten, selbst wenn man häufig schneidet. Es gibt derzeit noch wenig längerfristige Erfahrungen mit den modischen „Zwergen", die recht häufig ohne Sortennamen in den Handel kommen. Eine weitere Sonderform sind Bäume, die bereits als Spalierobst vorgezogen wurden.

Obstbäume pflanzen

Wurzelnackte Jungbäume können nur während der Ruhezeit zwischen Oktober und etwa Mitte April gesetzt werden, an frostfreien Tagen. Am besten wachsen sie erfahrungsgemäß bei Herbstpflanzung an. Die frostempfindlichen Pfirsich-, Nektarinen- und Aprikosenbäume setzt man allerdings besser im Frühjahr, besonders in kälteren Regionen.

Containerpflanzen können Sie – außer bei Frost – fast das ganze Jahr über setzen. Allerdings sind auch bei ihnen die vorgenannten Termine ideal, und das Pflanzen in heißen, trockenen Sommerwochen muss man den Junggehölzen nicht unbedingt zumuten.

Vorbereitungen   Notfalls kann man zwar die Bodenlockerung auf das Pflanzloch beschränken. Doch meist lohnt sich eine gründliche, möglichst tiefe Bodenbearbeitung (siehe S. 286) des gesamten Umfelds, gerade auch bei neu in Kultur genommenen Böden. Heben Sie das Pflanzloch etwa doppelt so tief und breit aus, wie die Wurzeln bzw. Erdballen hoch und breit sind. Lockern Sie dann die Sohle der Grube mit einer Grabegabel, bei schweren Böden auch die Wandungen, und verbessern Sie den Aushub mit reifem Kompost und, wenn nötig, etwas Sand. Jungbäume brauchen einen Stützpfahl, Spindelbüsche sogar zeitlebens. Schlagen Sie diesen schon vor dem Pflanzen an der Westseite ein, ein Stück weit neben der Grubenmitte, sodass er später gerade am Rand des Wurzelballens steht. Er sollte so lang sein, dass er nach dem Einschlagen bis knapp unter den Ansatz der Krone reicht. Feuchten Sie die Wurzeln oder Erdballen vor dem Einsetzen nochmals gründlich an. Eingekürzt werden nur beschädigte und überlange Wurzeln.

Nach dem Einsetzen wird der Boden mithilfe eines Gießwalls eingeschlämmt.

Das Einsetzen   Die verdickte, wulstige Veredlungsstelle sollte etwa eine Handbreit über die Erdoberfläche kommen. Beim Ausrichten der Pflanzhöhe ist eine quer über die Grube gelegte Latte hilfreich. Zuerst wird die Erde am Grubenboden aufgefüllt, bis das Bäumchen richtig steht. Beim Einfüllen an den Seiten wird zwischendurch etwas gerüttelt und am besten auch schon einmal gegossen, damit die Wurzeln guten Bodenkontakt erhalten. Nachdem die Erde komplett aufgefüllt ist, treten Sie die Oberfläche fest, häufen rings um die Grube einen kleinen Gießwall auf und schlämmen dann den Boden kräftig mit Wasser ein.

Nach dem Pflanzen   Nun wird der Stamm mit einer Achterschleife bzw. lockeren, aber stabilen Bindung am Pfahl befestigt. Sofern nicht schon in der Baumschule durchgeführt, braucht er dann einen Pflanzschnitt (siehe S. 549). Abschließend muss

nur noch der Boden gemulcht und bei anhaltender Trockenheit in der Folgezeit öfter gegossen werden. Wo eventuell ein Verbiss durch hungrige Wildtiere wie z. B. Kaninchen droht, wird der Stamm mit einer Baummanschette aus dem Fachhandel geschützt.

Pflegearbeiten

Achten Sie bei allen Handgriffen an Ihren Obstpflanzen aufmerksam auf eventuelle Anzeichen von Krankheiten oder Schädlingen – je früher man sie erkennt und gegensteuert, desto einfacher ist meist die Bekämpfung.

Baumscheibe und Mulchen   Unter Baumscheibe versteht man einen kreisförmigen Bereich rund um den Stamm, der von Unkräutern frei gehalten wird. Sie entspricht etwa dem Umfang der Krone bzw. erhält einen Durchmesser von etwa 1,5 m. Da oft ein größerer Teil der Wurzeln recht flach unter der Bodenoberfläche verläuft, ist häufiges, tiefes Hacken nicht ratsam. Stattdessen empfiehlt sich fast ganzjähriges Mulchen – außer zur Zeit der Blüte.
Eine hübsche und teils sogar schädlingshemmende Alternative ist das Unterpflanzen der Bäume mit Kapuzinerkresse, Tagetes oder Ringelblumen.
Mulch empfiehlt sich erst recht bei den flach wurzelnden Beerensträuchern, die dabei auch vom Verdunstungsschutz durch die organische Auflage profitieren. Bei Erdbeeren beugt der Mulch verschmutzten oder faulenden Früchten vor.

Gießtipps für Obst   Im ersten Standjahr ist bei Obstbäumen recht häufiges Bewässern ratsam, falls zwischen Frühjahr und Spätsommer lange Trockenperioden auftreten (im Schnitt etwa einmal pro Woche). Später lohnt es sich besonders beim flach wurzelndem Beerenobst, bei Apfelbäumen sowie generell bei kleinwüchsigen Baumformen, zwischen Blütenansatz und Fruchtbildung auf eine ausreichende Wasserversorgung zu achten. Hier können Sie je nach Gehölzgröße durchaus 20–50 l ausbringen – und zwar bei Bäumen hauptsächlich im äußeren Kronenbereich, wo sich die meisten Saugwurzeln befinden. Erdbeeren sollten zwischen spätem Frühjahr und Frühherbst recht gleichmäßig feucht gehalten werden.

Früchte ausdünnen   Vor allem Apfelbäume und hier speziell manche Sorten wie 'Berlepsch' neigen zur sogenannten Alternanz, d. h., auf reiche Ernten folgt ein weitgehender Ertragsausfall im nächsten Jahr. Das lässt sich etwas mindern, indem man den Fruchtbehang in den „fetten Jahren" ausdünnt. Dazu wartet man zunächst bis ungefähr Ende Juni, denn um diese Zeit stoßen die Bäume schon von selbst manche kleine Früchte ab. Sind die Büschel dann immer noch recht dicht besetzt, schneiden Sie so viele heraus, dass nur noch zwei bis drei

Das Ausdünnen sehr dichter Fruchtbüschel verbessert die Qualiltät des Ernteguts.

Äpfel pro Fruchtstand bzw. maximal 30 an einem Säulenbaum verbleiben. Das fördert dann auch Größe und Geschmack der verbleibenden Früchte. Auch bei stark behangenen Birn- und Pfirsichbäumen verbessert leichtes Ausdünnen die Ernte. (Schnitt ab S. 502)

EXTRA

Weißanstrich an Obstbäumen

Wechseln sich im Spätwinter sonnige Tage und frostige Nächte ab, wird die Rinde der Obstbäume durch die extremen Temperaturschwankungen stark strapaziert. Leicht bilden sich dann Frostrisse und -spalten, über die zudem Schaderreger eindringen können. Ein Weißanstrichmittel aus dem Fachhandel kann dem vorbeugen. Es wird frühzeitig auf den Stamm, vor allem an der Sonnenseite, sowie im Bereich des Kronenansatzes aufgetragen. Die helle Farbe reflektiert das Sonnenlicht und verhindert so übermäßige Erwärmung. Oft enthalten solche Präparate auch Wirkstoffe zur Rindenpflege sowie gegen Krankheiten und Schädlinge.

Ernten & verarbeiten

Das Erntevergnügen erstreckt sich beim Obst oft über mehrere Tage oder Wochen, da die Früchte meist nach und nach abreifen. Mehrmals tragende und Monatserdbeeren liefern sogar monatelang immer wieder köstliche Früchte.

Die richtige Erntereife Bei vielen Obstarten lässt sich der ideale Erntezeitpunkt leicht herauszufinden: Wenn sich die Früchte art- bzw. sortentypisch ausgefärbt haben, wird einfach probiert, ob sie schon schmecken. Manche, etwa Nüsse, machen das nicht ganz so einfach, oder brauchen, wie die Pflaumen, noch etwas Geduld, nachdem sie ihre Farbe zeigen. Hinweise dazu finden Sie in den Obstporträts (ab S. 357).
Nashi, Aprikosen, Nektarinen und Stachelbeeren können bei Bedarf kurz vor der Vollreife gepflückt werden. Quitten und Kiwis,

die man häufig erst kurz vor Frostbeginn erntet, lassen sich noch recht hart ernten und drinnen nachreifen. Quitten entfalten meist ohnehin erst nach rund zwei Wochen Lagerung ihr volles Aroma. Eine längere Nachreife ist oft bei Äpfeln und Birnen nötig: Während die Frühsorten mehr oder weniger direkt vom Baum munden, brauchen Herbst- und besonders Wintersorten mehrere Wochen Lagerzeit, bis sie die sogenannte Genussreife erreichen. Gepflückt werden sie, wenn sie voll ausgefärbt sind und sich die Stiele beim Drehen der Frucht leicht vom Zweig lösen.

Obst haltbar machen Frische Beeren und Steinobstfrüchte halten sich meist ein paar Tage im Kühlschrank, festere Früchte auch in einem kühlen Zimmer. Doch am besten ist es, sie möglichst bald zu genießen oder aber umgehend zu verarbeiten oder einzufrieren. Was sich zum Einfrieren eignet, ist im Porträtteil gekennzeichnet; Äpfel und andere größere Früchte werden dafür am besten in Scheiben geschnitten. Ansonsten können natürlich alle Früchte – von Nüssen einmal abgesehen – auf vielfältige und leckere Weise konserviert werden, z. B. als Marmelade, Kompott oder in Form von Säften, Fruchtweinen, -schnäpsen und -likören. Einfaches Einkochen und Entsaften sind weitere Konservierungsmöglichkeiten.

Obst lagern Sommeräpfel und -birnen sind bei kühler, luftiger Aufbewahrung meist ein paar wenige Wochen haltbar, ähnlich recht hart geerntete Kiwis. Herbstäpfel und -birnen sowie Quitten und Nashis halten sich bis Spätherbst oder Winter (teils sortenabhängig), manche Winteräpfel und -birnen bis ins Frühjahr hinein.

Äpfel und Birnen können in kühlen Räumen auf Regalen gelagert werden.

Optimale Lagerräume sollten kühl (unter 8 °C) sein, eine recht hohe Luftfeuchtigkeit und gute Lüftungsmöglichkeiten bieten. Trockene Räume lassen sich durch Aufstellen wassergefüllter Eimer oder Schalen etwas feuchter halten.

Man legt die Früchte auf Regalen aus, am besten auf Lattenrosten oder in flachen Holzkisten, die man mit Holzwolle auskleiden kann. In kühlen Räumen lassen sich Äpfel und Birnen auch in großen Folienbeuteln lagern, wofür sich allerdings nicht alle Sorten gleich gut eignen. Nach dem Befüllen stellt man die Tüten zunächst offen auf, bis sich die Früchte an die Raumtemperatur angepasst haben. Dann werden sie verschlossen und mit einigen Löchern versehen, z. B. mit einer Stricknadel.

Lagern Sie stets nur gesunde, unbeschädigte Früchte ein. Die Äpfel sollten möglichst etwas separat gelagert werden und das Obst generell nicht im selben Raum wie Gemüse, da die Ethylenabgabe der Früchte anderes Erntegut zum Welken bringt. Kontrollieren Sie regelmäßig das Lager, und lesen Sie Früchte mit Fäulnis- oder Krankheitsanzeichen umgehend aus.

Wal- und Haselnüsse breitet man nach dem Entfernen der grünen bzw. braun gewordenen Hüllen an einem warmen Platz flach aus, lässt sie langsam trocknen und wendet sie währenddessen mehrmals. Danach bleiben sie an einem trockenen, kühlen Ort etwa ein Jahr haltbar.

Vermehren & veredeln

Es kann sehr reizvoll sein, wenn man von seinen bevorzugten Obstpflanzen eigenen Nachwuchs heranzieht. Falls umfangreiche Neupflanzungen vorgesehen sind, lässt sich so auch etwas Geld sparen. Allerdings dauert es bei der Gehölzvermehrung oft Jahre, bis üppige Ernten möglich sind, erst recht bei

Erdbeeren machen mit ihren Ausläufern die Vermehrung besonders einfach.

Baumveredlungen. Die Veredlung ist auch nicht ganz einfach und in der Praxis eher ein faszinierendes Hobby für Liebhaber. Wer da etwas intensiver einsteigen will, kommt um gute Spezialliteratur oder Anschauungsunterricht in Kursen oder bei einem erfahrenen Gärtner kaum herum. Die Veredlung wird deshalb hier nur kurz vorgestellt.

Ausläufer Erdbeeren lassen sich leicht durch die Tochterpflänzchen, die sich an den oberirdischen Ausläufern bilden, vermehren. Wenn diese im Juli/August gut bewurzelt sind, trennt man sie ab und pflanzt sie an die gewünschte Stelle. Förderlich ist es, wenn man die Ausläufer zuvor mit Drahtklammern am Boden fixiert.

Brombeeren und besonders Himbeeren entwickeln oft unterirdische Ausläufer. Wo daraus junge Schösslinge treiben, gräbt man im Herbst oder Frühjahr den Boden auf, trennt sie mitsamt ausreichendem Wurzelwerk ab und setzt sie um.

Die meisten Beerensträucher lassen sich durch Ableger vermehren.

Ableger   Bei den meisten Beerensträuchern sowie Haselnusssträuchern kann man junge Triebe zur Wurzelbildung anregen, indem man sie im zeitigen Frühjahr zum Boden herunterbiegt. Graben Sie eine rund 10 cm tiefe Rinne in den Boden, legen Sie den herabbiegbaren Teil des Triebs der Länge nach hinein, und befestigen Sie ihn mit kräftigen Haken. Halten Sie die Rinne stets leicht feucht. Wenn aus dem abgelegten Trieb Jungtriebe wachsen, werden diese nach und nach mit Erde angehäufelt, die man ebenfalls feucht hält. Je nach Art und Entwicklung können diese Triebe dann im Herbst oder folgenden Frühjahr samt Wurzeln abgetrennt und verpflanzt werden.

Anhäufeln   Diese Methode eignet sich besonders für Stachelbeere, Johannisbeere und Heidelbeere. Zunächst wird im Herbst die Mutterpflanze kräftig zurückgeschnitten, um Neuaustrieb aus der Basis anzuregen. Die ab Frühjahr erscheinenden Jungtriebe werden bis zum Sommer mehrmals angehäufelt, sodass sie schließlich rund 30 cm hoch locker mit Erde bedeckt sind. Im Herbst nach dem Laubfall schneidet man die Triebe möglichst weit unten an der Basis ab. Man setzt sie

dann am besten zuerst in ein gut gelockertes Pflanzbeet, schneidet sie im Frühjahr zurück und pflanzt sie schließlich im folgenden Herbst oder Frühjahr an den endgültigen Platz.

Warum veredeln?   Mit Ausnahme sehr weniger, überwiegend alter Sorten sind fast alle Obstbäume auf Unterlagen veredelt, da sie sich auf den eigenen Wurzeln nicht wie gewünscht entwickeln (siehe auch S. 311). Zudem wäre eine Vermehrung, z. B. über Steckhölzer, meist noch langwieriger. Man bringt deshalb die Edelsorte, deren Früchte man ernten will, mit einer Unterlage, die als Stammbasis samt Wurzelwerk dient, so in Verbindung, dass beide zu einer Pflanze verwachsen.

Edelsorten und -augen   Die Edelsorte wird bei der Okulation in Form eines Auges, also einer Knospe, eingesetzt, bei der Kopulation oder Geißfußpropfung als junger Trieb bzw. als sogenanntes Edelreis. Edelreiser kann man in manchen Baumschulen kaufen oder aber von einem vorhandenen Baum im Winter schneiden. Man wählt dafür kräftige,

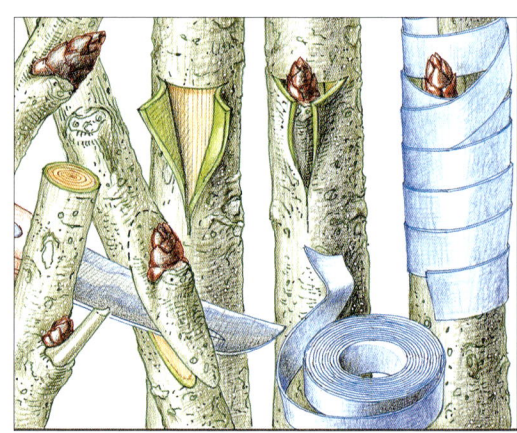

Okulation: Ein Auge der Edelsorte wird in die Rinde der Unterlage, die man zuvor T-förmig einschneidet, eingesetzt.

einjährige Triebe und schneidet 20–25 cm lange Stücke mit drei bis fünf Augen. Diese werden bis zur Veredlung kühl und feucht gelagert, z. B. eingeschlagen in feuchtem Sand. Edelaugen schneidet man erst direkt vor der Veredlung frisch von einem diesjährigen Trieb, zusammen mit einem rund 3 cm langen Rindenstück.

Unterlagen   Unterlagen, meist ein- oder zweijährig, werden von manchen Baumschulen in geringen Stückzahlen für Hobbygärtner verkauft. Zuvor muss man sich genau informieren, welcher Unterlagentyp für die eigenen Zwecke am besten geeignet ist. Zur Unterlage kann allerdings auch ein schon vorhandener Baum werden: entweder, indem man ihn umveredelt, d. h. eine neue Sorte aufsetzt oder aber eine zweite Sorte als Befruchter in die Krone einveredelt. Beim Umveredeln muss zuvor die alte Krone abgesägt werden.

Veredelungspraxis   Meist veredelt man in 10–20 cm Höhe, außer die Unterlage soll den ganzen Stamm bilden. Bei der Okulation wird das Edelauge zwischen Juli und September mit einem T-förmigen Schnitt in die Rinde der Unterlage eingesetzt. Hat die Knospe im folgenden Frühjahr ausgetrieben, wird das darüber befindliche Reststück der Unterlage entfernt.

Für die Kopulation, die am besten im Spätwinter durchgeführt wird, müssen Unterlage und Edelreis etwa gleich stark sein. Beide werden schräg angeschnitten, sodass sich die Schnittflächen möglichst deckungsgleich miteinander verbinden lassen.

Die Geißfußpfropfung findet Anwendung, wenn die Unterlage breiter ist als das Edelreis. Das Edelreis wird dafür mit zwei schrägen Schnitten angespitzt, sodass ein Keil entsteht. Die Unterlage versieht man mit einem passenden keilförmigen Einschnitt im Randbereich, um dann das Edelreis einzusetzen. Der beste Zeitpunkt dafür ist das zeitige Frühjahr.

Bei allen drei Methoden werden Unterlage und Edelsorte mit Bast verbunden; bei der Okulation kann auch ein spezielles Gummiband aus dem Fachhandel verwendet werden. Nach erfolgreicher Entwicklung des Edelauges wird der überstehende Teil der Unterlage entfernt.

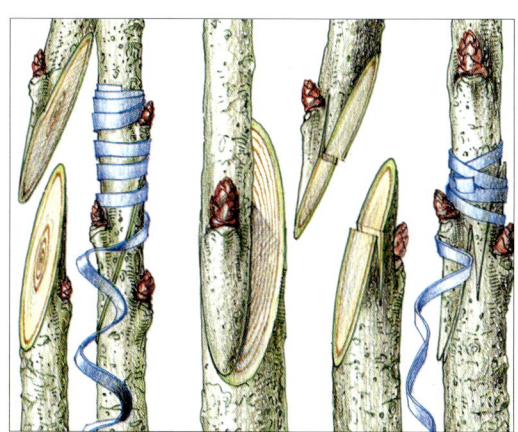

Kopulation: Edelreis und Unterlage werden über deckungsgleiche Schrägschnitte miteinander verbunden.

Geißfußpfropfung: Die Edelreiser werden in keilförmige Einschnitte an der breiteren Unterlage eingepasst.

Pflanzenschutz

Die gehaltvollen Nutzpflanzen werden leider auch von unerwünschten Mitessern besonders geschätzt. Doch oft kann man diese schon durch geeignete Vorbeugung recht gut in Schach halten und auch ohne zweifelhafte Giftstoffe in den Griff bekommen.

Geeignete Standortwahl, gesundes Saat- und Pflanzgut, genügend große Pflanzenabstände, gute und regelmäßige Pflege, bedarfsgerechte Wasser- und Düngerversorgung, das Vermeiden unnötiger Verletzungen, z. B. beim Hacken und Schneiden – schon das alleine hilft, den Befallsdruck durch Schädlinge und Krankheiten deutlich zu mindern.

Vorbeugen

Zu den wichtigsten Vorbeugungsmaßnahmen gehört ein häufiger Wechsel des Anbauplatzes, bei kurzlebigen Gemüsen am besten jährlich, bei Mehrjährigen und Obst bei jeder Neupflanzung. Wenn Sie Schnittwerkzeug und andere Geräte, Anzuchtschalen, Stützstangen usw. nach jedem Gebrauch gründlich reinigen und nach einem starken Befall zudem mit Alkohol desinfizieren, haben Viren und sonstige hartnäckige Erreger weniger Chancen. Überdauernden Krankheiten und Schädlingsstadien beugt man zudem vor, indem man kranke Pflanzenreste sowie Fallobst vom Boden entfernt und Früchte, die nach der Ernte am Baum oder Strauch verblieben sind, wegschneidet.

Erhöhte Widerstandskräfte Mittlerweile sind recht viele Gemüse- und Obstsorten mit hoher Widerstandsfähigkeit gegen häufig auftretende Schaderreger erhältlich. Resistente Sorten werden von bestimmten Krankheiten oder Schädlingen kaum befallen; sogenannte tolerante Sorten sind nur gering anfällig bzw. verkraften einen Befall meist ohne größere Schäden. Zur Widerstandskraft trägt auch eine ausreichende Kaliumversorgung bei, ebenso das Ausstreuen von Gesteinsmehlen auf dem Boden oder (dünn) über den Pflanzen. Der Fachhandel bietet auch Pflanzenstärkungsmittel auf Naturstoffbasis an, die die Anfälligkeit für Krankheiten und Schädlinge herabsetzen.

Ein geeigneter Standort und regelmäßiger Schnitt beugen Obstkrankheiten vor.

Förderliche Nachbarpflanzen Dass manche Pflanzen z. B. durch Wurzelausscheidungen oder Düfte Schaderreger von den Nachbarn fernhalten können, nutzt man im Gemüsegarten durch Mischkulturen (siehe S. 296 und 298). Studentenblumen (Tagetes) und Ringelblumen, z. B. als Beeteinfassung, helfen gegen Nematoden (Älchen) im Boden. Schwarze Blattläuse und Blutläuse „fliegen" geradezu auf Kapuzinerkresse und verschonen dann weitgehend die Nachbarpflanzen; deshalb sät man sie z. B. gern auf die Baumscheibe von Apfelbäumen.

Abschrecken und fangen

Zu den besten käuflichen Hilfsmitteln gehören Schneckenzäune, die man um gefährdete Beete herum errichtet, Kulturschutznetze, die Gemüsefliegen und andere Schädlinge von Saaten und Jungpflanzen fernhalten sowie Vogelschutznetze für Samen und Früchte. Vergrämungsmittel (Repellents) oder akustische Vertreiber, z. B. gegen Wühlmäuse, Vogelscheuchen u. Ä. erfüllen dagegen nicht immer ihren Zweck.

Eindämmen und entfernen Tritt ein Befall auf, kann man oft schon effektiv entgegenwirken, indem man erkrankte Pflanzenteile gleich entfernt und betroffene Triebe großzügig bis in den gesunden Bereich zurückschneidet. Bei stark befallenen Pflanzen ist es allerdings am besten, wenn man sie mitsamt den Wurzeln beseitigt, um einer Ausbreitung vorzubeugen, insbesondere bei Virus- und Bakterienkrankheiten. Gegen Schädlinge hilft häufig schon wiederholtes Abstreifen, Absammeln oder Abspritzen mit Wasser. Sehr nützlich können zudem Fallen sein, die es für verschiedene Obstschädlinge gibt.

EXTRA

Nützlinge fördern

Besonders gern besuchen die hilfreichen Schädlingsräuber vielfältig bepflanzte Gärten, mit Blüten- und Wildhecken, naturnahen Bereichen wie Trockenmauer und Gartenteich sowie Ecken, in denen etwas Wildwuchs geduldet wird. Insekten wie Schwebfliegen, deren Larven eifrig Schädlinge vertilgen, ernähren sich oft von Nektar und fliegen bevorzugt Pflanzen mit einfachen, ungefüllten Blüten an. Ohrwürmer nutzen gern mit Holzwolle oder Stroh gefüllte Töpfe als Unterschlupf, mit der Öffnung nach unten an den Ästen eines Apfel- oder Birnbaums aufgehängt. Holz-, Laub- und Steinhaufen bieten Unterschlupf und Überwinterungsplätze, z. B. für Igel oder Eidechsen. Florfliegen, Marienkäfer und andere Nutzinsekten überwintern gern in Dachböden, Geräteschuppen oder Garagen, wenn sie durch Ritzen Einlass finden. Noch gezielter kann man Nützlinge mit geeigneten Nisthilfen fördern. Die gibt es im spezialisierten Fachhandel nicht nur für Vögel, sondern auch für Fledermäuse und manche Insekten (Bild).

Pflanzenschutzmittel

Hochgiftige Mittel sind heute für Hobbygärtner kaum noch erhältlich. Sie wären sowieso
bei Pflanzen, die der gesunden Ernährung
dienen, noch weniger angebracht als im Rest
des Gartens. Mittlerweile gibt es ein recht
breites Angebot an gut wirksamen Pflanzenschutzmitteln auf pflanzlicher bzw. Naturstoffbasis. Beachten Sie aber, dass auch
diese nicht immer völlig harmlos sind.
Bei der Auswahl sollten möglichst nützlingsschonende Präparate bevorzugt werden. Bie-
nenungefährliche Mittel (Kennzeichnung B4
oder B3) sind im Nutzgarten, wo Bienen und
Hummeln für die Bestäubung unentbehrlich
sind, geradezu zwingend.

Pflanzenschutzmittel anwenden

Setzen Sie Pflanzenschutzmittel nur für den
zugelassenen Anwendungsbereich ein, und
richten Sie sich genau nach den Dosierungs-,
Anwendungs- und Sicherheitsempfehlungen
des Herstellers. Teils finden sich in den Bei-
packzetteln auch Hinweise auf den optimalen Anwendungszeitraum, je nach Entwick-
lungszyklus der Schädlinge.
Feste, körperbedeckende Kleidung ist beim
Ausbringen stets empfehlenswert, bei Mitteln mit Gefahrenkennzeichnung auch Hand-
schuhe und eventuell eine Schutzmaske.

Spritzen Sie nur bei windstillem Wetter und
möglichst bei leicht bedecktem Himmel.
Besagen die Anwendungshinweise auf dem
Beipackzettel nichts anderes, spritzt man am
besten so, dass die Blätter tropfnass werden,
auch an den Unterseiten.
Bewahren Sie Pflanzenschutzmittel stets un-
zugänglich für Kinder auf, und entsorgen Sie
Reste über den Sondermüll.

Spritzen sollte man nur bei windstillem Wetter und leicht bedecktem Himmel.

Gefahrensymbole und Wartezeit

Präparate, die bei unsachgemäßem Gebrauch
Risiken bergen, sind mit Gefahrensymbolen auf
orangegelbem Grund und folgenden Kürzeln
gekennzeichnet: T (giftig), Xn (gesundheitsschäd-
lich), Xi (reizend), C (ätzend), N (umweltgefähr-
lich), F (leicht entzündlich).

Sehr wichtig sind auch die Packungsangaben zur
Wartezeit: Sie gibt an, wie lange man nach der
letzten Anwendung des Mittels warten muss, bis
das Erntegut verzehrt werden kann. Allerdings
bedarf es nicht bei allen Mitteln solch einer War-
te- bzw. Karenzzeit.

Häufige Schädlinge

Einige Plagegeister treten an Gemüse wie an Obst, teils auch an Zierpflanzen, auf. Manche, etwa die Grüne Pfirsichblattlaus, sind dabei überhaupt nicht wählerisch. Andere, z. B. Schwarze Bohnenblattlaus oder Mehlige Apfelblattlaus, beschränken sich auf bestimmte Pflanzengruppen, doch Symptome und Bekämpfung sind bei allen sehr ähnlich. Gegen etliche Schädlinge stehen umwelt- und gesundheitsschonende Pflanzenschutzmittel, z. B. auf der Basis von Neem, Rapsöl oder Kaliseife, zur Verfügung.

Bodenschädlinge Im Boden lebende Larven von Wiesenschnaken, Käfern (Drahtwürmer, Engerlinge) und Eulenfaltern sowie die bis 5 cm langen, braunschwarzen Maulwurfsgrillen (Werren) fressen Wurzeln und Knollen an und zerstören manchmal ganze Beete. Vor allem Drahtwürmer lassen sich mit Ködern wie jungen Salatpflanzen oder ausgelegten Kartoffelhälften fangen, Maulwurfsgrillen mit ebenerdig eingegrabenen Gläsern. Gegen Maulwurfsgrillen, Wiesenschnaken und Nematoden gibt es biologische Präparate mit nützlichen Nematoden. Andere Nematoden, auch als Älchen bekannt, sind gefürchtete Schädlinge, z. B. an Erdbeeren, Sellerie und Salat. Die winzigen Fadenwürmer saugen an Wurzeln und teils auch oberirdischen Pflanzenteilen. Typisch ist, dass die Pflanzen in Beeten nesterweise kümmern oder absterben. Wurzelnematoden verursachen z. B. Rübenmissbildungen an Möhren, Stängelnematoden angeschwollene, gelbfleckige Blätter bei Zwiebelgewächsen. Da die meisten sehr lange im Boden überdauern, sind vorbeugend weite Fruchtwechsel und nach Befall Anbaupausen von mindestens vier bis fünf Jahren sehr ratsam. Manche Gründüngungspflanzen wie Tagetes bringen Nematoden zum Absterben, helfen aber nicht gegen alle Arten.

Verbreitete Schädlinge

Schädlinge	Schadbild	Hinweise
Blattläuse	Blätter eingerollt, gekräuselt, Triebe, Knospen und Blüten deformiert; Läuse grün, schwarz oder mehlig grau (an Kohl, Apfel)	meist in Kolonien, hinterlassen klebrige Beläge, oft besiedelt von schwärzlichen Rußtaupilzen
Spinnmilben	punktförmige, helle Saugstellen, eingerollte, abfallende Blätter, überziehen Pflanzen teils mit feinen Gespinsten	häufig an Bohnen und Gurken; Obstbaumspinnmilben ohne Gespinste, Weibchen rötlich
Thripse	punktförmige, helle Saugstellen, daneben schwarze Kotfleckchen, abfallende Blätter, auch Blütenschäden	v. a. im Gewächshaus und an Obst, z. B. Erdbeeren, Weinrebe
Weiße Fliege	Blätter mit kleinen hellen Flecken, oft klebrig; kleine, weißlich überpuderte Tiere, oft zahlreich auffliegend	v. a. im Gewächshaus, z. B. an Gurken, aber auch an Kohl, Zucchini, Erdbeeren u. a.
Blattwanzen	Blätter mit unregelmäßig verteilten, verschieden großen Löchern, deformierte Triebspitzen, Knospen oder Blüten	häufig an Kartoffeln, Sellerie und Obstgehölzen; lassen sich morgens gut ablesen
Schnecken	Loch-, Schabe- oder Kahlfraß, oft glänzende Schleimspuren	bevorzugen junge Pflanzen und zarten Austrieb

Häufige Gemüseschädlinge

Schädlinge	Schadbild	Hinweise
Gemüsefliegen	Fraßgänge in Blättern, Stängeln, Rüben und anderen Pflanzenteilen, verursacht durch kleine, helle Maden	spezialisierte, nicht überwechselnde Arten, v. a. an Möhren, Zwiebeln, Kohl, Rettichen, Bohnen; vorbeugend Netze auflegen
Erdflöhe	zahlreiche kleine Blattlöcher, oft schon in den Keimblättern; sehr bewegliche, winzige, dunkle Käfer	an Kohl, Radieschen und anderen Kreuzblütlern, v. a. bei trockenem Wetter; häufig gießen und hacken oder mulchen
Kohlweißlinge	Lochfraß durch gelbgrüne oder grüne Raupen, teils Kahlfraß bis auf die Blattrippen	an Kohl und anderen Kreuzblütlern; biologische Bekämpfung mit *Bacillus-thuringiensis*-Präparaten möglich
Lauchmotten	Fraßgänge in den Blättern, darin kleine, gelblich weiße Raupen	an Porree, Zwiebel, Knoblauch; vorbeugend Netze auflegen, stark befallene Pflanzen entfernen

Gemüseschädlinge   So manche Schädlinge haben sich auf bestimmte Gemüsearten bzw. -gruppen spezialisiert. Die wichtigsten davon sind in der Übersicht „Häufige Gemüseschädlinge" zusammengefasst. Frühzeitig ausgelegte Kulturschutznetze können nicht nur die Eiablage von Gemüsefliegen verhindern, sondern z. B. auch von Lauchmotten und Wurzelläusen an Salaten. Neben Hacken und ausreichendem Gießen ist oft auch das Jäten förderlich, da manche Unkräuter solchen Schädlingen als Wirte dienen.

Neben Kohlweißling und Lauchmotte treten noch diverse Schmetterlingsraupen auf. Sie lassen sich ebenso wie größere Käfer, etwa an Kartoffeln oder Erbsen, durch gründliches Absammeln im Zaum halten; bei Kartoffelkäfern auch die rötlichen Larven und Eigelege entfernen.

Die Raupen des Kohlweißlings lassen manchmal nur noch die Blattrippen stehen.

Obstschädlinge Schädlinge, die sich ganz auf Obst bzw. bestimmte Obstarten eingestellt haben, sind fast noch zahlreicher als die beim Gemüse. Besonders bedeutende sind in der Übersicht rechts vorgestellt, allen voran Frostspanner sowie Apfel- und Pflaumenwickler, die zu den Schmetterlingen zählen. 10–20 cm breite Wellpappegürtel zum Abfangen von Wicklerraupen kann man leicht selbst herstellen. Sie werden ab Ende Mai in 50–100 cm Stammhöhe angebunden. Im Fachhandel gibt es auch beleimte Fallen mit Sexuallockstoffen, um die Männchen aus dem Verkehr zu ziehen. Diese wirken

allerdings großflächig in Obstanlagen aufgehängt effektiver als zu wenigen im Garten.
Zur direkten Bekämpfung des Apfelwicklers
werden Präparate mit einem Granulosevirus
angeboten. Sehr hilfreich sind auch käufliche
Leimringe gegen Frostspannerraupen sowie
beleimte Kirschmadenfallen.

Häufige Krankheiten

Die an Gemüse wie an Obst verbreiteten
Pilzkrankheiten (siehe Übersicht S. 326)
haben jeweils ähnliche Lebensweisen und
Schadbildern, sind aber meist auf bestimmte
Pflanzengruppen spezialisiert. So kann z. B.
Echter Mehltau an Gurken auf Zucchini, jedoch nicht auf Apfelbäume überwechseln.
Der Echte Mehltau ist ein „Schönwetterpilz",
der bei trockenem, warmem Wetter auftritt
und sich schon dank erhöhter Luftfeuchtigkeit am Abend ausbreiten kann. Oft er-

Maulwurfsgrillen graben fingerdicke Gräben
unter der Bodenoberfläche.

scheint er erst im Spätsommer, sodass bei
Gemüse teils keine Bekämpfung mehr nötig
wird. Bei Obst dagegen sollten kranke Triebe
unbedingt bis ins gesunde Holz zurückgeschnitten, befallene Blatt- und Blütenbüschel

Häufige Obstschädlinge

Schädlinge	Schadbild	Hinweise
Frostspanner	Lochfraß an Knospen, Blüten und jungen Blättern, oft auch Kahlfraß bis auf die Mittelrippen durch grüne oder rötliche Raupen; ausgehöhlte Früchte	an fast allen Obstbäumen; von Ende September bis März gegen hochkrie-chende Weibchen Leimringe um Stäm-me und Stützpfähle legen
Apfel- und Pflaumenwick-ler	früh abfallende Früchte mit kleinen Bohr-löchern, innen oft zerfressen von weißen bis rötlichen Raupen (Maden)	v. a. an Kernobst, Pflaume, Pfirsich und Walnuss; Wellpappegürtel um die Stämme legen, im Herbst abnehmen und vernichten
Blutlaus	Lauskolonien mit weißem, watteartigem Überzug an Stämmen und Trieben; krebs-artige Rindenwucherungen	besonders an jungen Apfelbäumen; Kolonien abbürsten; Wucherungen gründlich ausschneiden und mit Wund-verschlussmittel behandeln
Kirschfrucht-fliege	matte, weiche, teils früh abfallende Früchte, darin manchmal noch weißliche Maden	v. a. an mittel bis spät reifenden Süß-kirschen; ab Ende April bis Ende Juni Kirschfruchtfliegenfallen aufhängen
Stachelbeer-blattwespe	ab Mai Löcher in den Blättern, ab Som-mer teils völliger Kahlfraß durch kleine, grüne Larven	an Stachelbeere, Roter und Weißer Jo-hannisbeere; frühzeitig Larven und wei-ße Eigelege absammeln und vernichten
Himbeerkäfer	ab Mai Fraßschäden an Knospen; in den reifen Früchten weißliche „Himbeer-maden"	an Himbeere und Brombeere, v. a. an schattigen Plätzen; Käfer morgens in ei-nen wassergefüllten Eimer abschütteln

Verbreitete Pilzkrankheiten

Schadpilz	Schadbild	Hinweise
Echter Mehltau	weißliche bis hellgraue, mehlige, ab-wischbare Beläge auf Blattoberseiten, Trieben, Knospen und Blüten	v. a. an Gurke, Apfel, Weinrebe, Stachel- und Johannisbeere (Amerikanischer Stachelbeermehltau)
Falscher Mehltau	blattoberseits gelbe oder braune Flecken, unterseits graue bis graubraune Beläge, teils auch an Trieben und Blüten	besonders an Salat, Spinat, Gurken, Erdbeeren und Weinreben
Grauschimmel	faulende, weiche Blätter, Früchte und andere Pflanzenteile, überzogen mit mausgrauem, stäubendem Pilzrasen	v. a. an Salat, Gurken, Bohnen, Toma- ten, Zwiebeln, Erdbeeren, Himbeeren und Brombeeren

sowie erkranktes Falllaub entfernt werden. Die anderen Pilze sind dagegen an Feuchtigkeit gebunden. Entscheidend ist deshalb richtiges Gießen, ohne übermäßiges Be- und Vernässen. Auch ein recht luftiger Standort beugt vor, ebenso das Vermeiden zu enger Abstände und überhöhter Stickstoffdüngung sowie Hygiene, z. B. das gründliche Reinigen von Bohnenstangen. Beim Obst ist es zudem sehr wichtig, Baumkronen bzw. Sträucher licht zu halten, damit sie nach einem Regen bald abtrocknen.

Viruskrankheiten   Diese nicht bekämpf-baren Krankheiten sind zum Glück relativ selten. Auch sie sind in der Regel auf bestimmte Pflanzen oder Gruppen spezialisiert. Ihre Übertragung erfolgt oft durch Blattläuse und andere Pflanzensauger, über erkranktes Pflanz- und Saatgut, aber auch über Schnittwerkzeug und andere Geräte. Hygiene ist daher oberstes Gebot. Bei befallenen Gehölzen kann man zunächst betroffene Partien großzügig ausschneiden; doch meist muss die Pflanzen komplett entfernt werden. Das häufigste Symptom sind mosaikartige Blattaufhellungen, so etwa an Gurke, Tomate, Salat, Spinat, Apfel und Himbeere. Als Schadbilder kommen u. a. auch gekräuselte Blätter, deformierte Triebe und Früchte sowie gestauchter Wuchs vor, so etwa an Erbsen, oder stark

veränderte, unterseits wulstige Blätter an der Sauerkirsche. Besonders gefürchtet ist die Scharkakrankheit an Steinobst.

Gemüsekrankheiten   Hier wären zum einen die **Rostpilze**, z. B. an Porree, Bohnen und Spargel, zu nennen. Anfangs zeigen sich gelbe, rote oder bräunliche Flecken auf den Blattoberseiten; dann pustelartige Sporenlager auf den Unter- oder Oberseiten. Diese sind meist braun- oder orangerot („rostig") und überdauern in Pflanzenresten, wobei

Echter Mehltau ist an seinem weißlichen, abwischbaren Belag gut erkennbar.

sich die Überwinterungsformen dunkelbraun bis schwarz färben.

Die gefürchtete **Kohlhernie** befällt Kohlarten, Rettich, Radieschen und andere Kreuzblütler. An den Wurzeln bilden sich kropfartige Wucherungen mit schorfiger Oberfläche und verbraunendem Gewebe. Befallene Pflanzen welken und kümmern. Sind die Ausstülpungen an den Wurzeln allerdings beim Aufschneiden hohl und mit winzigen Larven besetzt, handelt es sich um den weitaus harmloseren Kohlgallenrüssler. Mit Kohlhernie befallene Pflanzen dagegen müssen umgehend entfernt werden. Da der Pilz im Boden lange überdauern kann, dürfen mindestens 5 Jahre keine Kreuzblütler auf derselben Fläche angebaut werden. Zur Vorbeugung und erst recht nach einem Befall sollten saure Böden auf einen höheren pH-Wert aufgekalkt werden.

Die **Kraut- und Braunfäule** bzw. Knollenfäule schädigt Tomaten und Kartoffeln. Die Blätter färben sich gelb bzw. graugrün bis braun, unterseits mit weißlichem Schimmelbelag, und sterben ab. Tomatenfrüchte bekommen

Birnengitterrost ist auffällig, doch der Schaden hält sich meist in Grenzen.

braune, eingesunkene Flecken, Kartoffelknollen graue Flecken mit rotbraunem Gewebe darunter; sie faulen nach der Ernte schnell. Vorbeugend sollten Tomaten und Kartoffeln weder neben- noch nacheinander angebaut werden. Eine mit etwas Abstand über den Tomatenpflanzen aufgespannte Folie schützt diese während der Fruchtreife vor Dauerregen und somit auch oft vor der Ausbreitung des Pilzes.

Obstkrankheiten Häufige Pilzkrankheiten an Baum- und Beerenobst stellt die Übersicht auf S. 328 in Kurzform vor.

Zu den gefährlichsten Krankheiten zählen der von Bakterien verursachte Feuerbrand, überwiegend an Kernobst, und die von Viren hervorgerufene Scharkakrankheit an Steinobst. Befallene Bäume müssen komplett gerodet werden. Bei Verdacht auf diese Krankheiten sollte man sich unbedingt und umgehend an das zuständige Pflanzenschutzamt wenden. Denn zum einen sind sie meldepflichtig, zum anderen können die Fachleute bei der genauen Diagnose weiterhelfen und die erforderlichen Maßnahmen angeben.

Feuerbrand trat lange Zeit nur an Apfel, Birne und Quitte auf, außerdem an verschiedenen Ziergehölzen mit apfelartigen Früchten, z. B. Feuerdorn und Zwergmispel. Mittlerweile gibt es immer mehr Hinweise, dass auch Stein- und Beerenobst befallen werden können. An kranken Gehölzen verfärben sich zunächst Blätter und Blütenstände braun bis schwarz; zunehmend wirken dann ganze Triebpartien wie versengt. Oft krümmen sich die Triebspitzen hakenartig ein; aus Wunden treten gelbbraune Schleimtröpfchen aus.

Die **Scharkakrankheit** tritt an Pflaumen, gelegentlich auch an Pfirsichen und Aprikosen auf. Bei Befall wird das Fruchtfleisch rötlich und zäh. Die Früchte wirken wie marmoriert, sind außen zunehmend gefurcht und fallen vorzeitig ab.

Pilzkrankheiten an Obst

Schadpilz	Schadbild	Hinweise
Monilia-Fruchtfäule	Früchte mit braunen Faulstellen und schimmelartigen, ringförmigen Sporenlagern	an Steinobst, Apfel und Birne; vorbeugend Fruchtverletzungen vermeiden, abgestorbene Fruchtmumien entfernen
Monilia-Spitzendürre	absterbende, verdorrt aussehende Triebspitzen, welkende Blüten und Blätter	an Steinobst, v. a. Sauerkirsche; befallene Triebspitzen bald nach der Blüte zurückschneiden
Apfel- und Birnenschorf	braungraue Blattflecken, früher Blattfall; an Früchten braungraue Flecken, die aufreißen und verkorken	Vorbeugung, z. B. Lichthalten der Krone, besonders wichtig; zur Bekämpfung sind häufige Spritzungen nötig
Birnengitterrost	ab Mai orangerote Flecken auf den Blattoberseiten, unterseits im Sommer gelbbraune Ausstülpungen	Pflanzung nahe Wacholdern (Winterwirte) vermeiden; befallene Blätter früh entfernen
Schrotschusskrankheit	erst kleine, rötliche Blattflecken, dann zahlreiche Löcher; auf Früchten rot umrandete Flecken	an Steinobst, besonders Kirschen; befallene Triebe zurückschneiden, Fruchtmumien und Falllaub entfernen
Kräuselkrankheit	Blätter gekräuselt, zunehmend beulenartig, deformiert und aufgehellt, Blatt- und Fruchtabwurf	an Pfirsich und Nektarine; befallene Blätter und Früchte entfernen, Triebe ins gesunde Holz zurückschneiden
Obstbaumkrebs	am Holz wulstige Wucherungen, oft in mehreren Ringen; absterbende Triebe	an Apfel, seltener Birne; befallene Triebteile großzügig ausschneiden und vernichten, auf gute Wundbehandlung achten
Rot- und Weißfleckenkrankheit	kleine runde, rote oder grauweiße, braunrot umrandete Flecken auf den Blättern	an Erdbeere; Laub nach der Ernte komplett entfernen, auf gute Vorbeugung achten, Unkräuter sorgfältig bekämpfen
Rutensterben	an den Ruten violettbraune Flecken, zum Winter hin silbrig grau mit schwarzen Punkten; brüchige, absterbende Ruten	an Himbeere und Brombeere; gute Vorbeugung besonders wichtig, v. a. Mulchen, ausgewogene Düngung, Rutenschnitt schon im Herbst

Erklärung der Symbole im Porträtteil

 Blütenfarbe

geringer Wasserbedarf
normaler Wasserbedarf
hoher Wasserbedarf

$\frac{5}{10}$ Kulturdauer in Wochen

sonniger Standort
halbschattiger Standort
schattiger Standort

$\uparrow_{50\text{-}100}$ Wuchshöhe in cm

$\frac{V}{VI}$ Erntezeit in Monaten

Gemüse von A–Z

Auf den folgenden Seiten finden Sie eine Auswahl von bewährten, pflegeleichten und robusten Gemüsepflanzen, darunter bewährte Klassiker, aber auch neue Arten und Sorten. Die Angaben zum Standort und zur Pflege erleichtern Ihnen die Auswahl für den eigenen Garten.

Asia-Salate im Überblick

Amchoi (Blatt- senf, Senfkohl)	oval, fein ge- zähnt, mittel- grün, bei 'Red Giant' groß und rot überlaufen	scharfer, senfartiger Geschmack, nach Düns- ten milder; „schießt" im Sommer recht leicht
Mibuna (Blattkohl)	schmal, glatt- randig, weich, frischgrün	milder, rettichartiger Geschmack; kältever- träglich
Misome (Blatt- kohl)	rundlich, tief- grün, dick	milder, kresseartiger Geschmack; hitzever- träglich
Mizuna (Blattkohl)	länglich, ge- schlitzt	milder, kresseartiger Geschmack; robust, sehr schnellwüchsig, „schießt" im Sommer recht leicht
Komatsuna (Senfspinat)	schmal, abge- rundet, fleischig	milder, mangoldähn- licher Geschmack; hitzeverträglich
Salatchrysanthe- me (Shungiku)	gezähnt, frisch grün	mild bis herb aromati- scher Geschmack; wird meist in 20 cm Höhe abgeerntet, wächst andernfalls bis 120 cm hoch und blüht gelb (Blüten essbar)
Tatsoi (Rosetten- kohl)	rundlich, dick, dunkelgrün, in dichter Rosette	milder Geschmack; sehr ertragreich

Asia-Salate
Brassica, Chrysanthemum

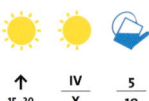

↑ 15-30   IV / X   5 / 10

Sorten Mit Ausnahme der Salatchrysantheme *(Chrysan- themum coronarium)* sind die meisten Asia-Salate Varietä- ten oder Sorten von *Brassica rapa* oder *B. juncea* und da- mit Kohlverwandte. Auch Pak Choi und Chinakohl (siehe S. 341) werden öfter zu den Asia-Salaten gezählt.

Anbau Schwachzehrer. Direktsaat März bis Anfang August, 20–25 cm Reihen- abstand, später etwas aus- dünnen. Teils als Saatbänder erhältlich.

Pflege Gleichmäßig feucht halten.

Ernte Bei 10–20 cm Höhe schneiden, rund 4–5 cm über der Basis. Spätsaaten nach Herbstschnitt teils nochmals im Frühjahr beerntbar.

Mizuna

Endivie
Cichorium endivia

↑ 15-30   VIII XI   8 12

Sorten Escariol-Sorten mit breiten, ganzrandigen Blättern; Frisée-Sorten mit krausen, geschlitzten Blättern.
Anbau Mittelzehrer. Aussaat Juni bis Juli auf Anzuchtbeete, 30 cm Reihenabstand; nach etwa 4 Wochen mit 30–40 cm Abstand verpflanzen. Aussaat schossfester Sorten für die Sommerernte ab Mai möglich.
Pflege Gleichmäßig feucht halten. Wenn die Sorte nicht selbstbleichend ist, etwa 2 Wochen vor der Ernte die Köpfe zusammenbinden oder mit dunkler Folie abdecken. So bleiben die inneren Blätter hell und bitterstoffarm.
Ernte Ganze Köpfe abschneiden; vertragen leichte Fröste.

Zuckerhut
Cichorium intybus var. *foliosum*

↑ 20-35   IX XI   10 14

Sorten Oft ohne Sortenname im Handel; auch als Zichoriensalat oder Fleischkraut bekannt. Gute Züchtungen sind z. B. 'Jupiter' und 'Pluto'.
Anbau Mittelzehrer. Direktsaat Mitte/Ende Juni bis Mitte Juli, Reihenabstand 35–40 cm, später in der Reihe auf 35–40 cm vereinzeln. Zu frühe Saat führt leicht zum vorzeitigen Schossen. Kann zur Ernte junger Blätter auch enger gesät werden (ähnlich wie Schnittsalat).
Pflege Gleichmäßig leicht feucht halten; ein- bis zweimal mit Dünger versorgen.
Ernte Ganze Köpfe vor den ersten stärkeren Frösten direkt über dem Boden abschneiden.

Radicchio
Cichorium intybus var. *foliosum*

↑ 15-30   VIII XI   10 14

Sorten Hauptsächlich werden Sorten für die Herbsternte angeboten, z. B. 'Palla Rossa 2' und 'Indigo'. Sorten vom Typ 'Roter Veroneser' dagegen schmecken im Herbst sehr bitter und bringen erst im Frühjahr (nach möglichst frostarmer Überwinterung) schmackhafte neue Köpfchen hervor.
Anbau Mittelzehrer. Direktsaat Ende Mai bis Anfang Juli, Reihenabstand 30 cm, später in der Reihe auf 25 cm vereinzeln.
Pflege Gleichmäßig leicht feucht halten; ein- bis zweimal mit Dünger versorgen. Bei stärkeren Frösten mit Vlies abdecken.
Ernte Köpfe knapp über dem Boden abschneiden.

Rucola, Salatrauke
Eruca sativa

| ↑
30-80 | V
X | 4
6 |

Sorten Mit rundlichen, ganzrandigen Blättern, z. B. 'Ruca',
oder mit stark gefiedertem
Laub, z. B. 'Juno', 'Runway'.
Letztere sind Kreuzungen mit
der Wilden Rauke *(Diplotaxis
tenuifolia)* und schmecken
besonders würzig.
Anbau Schwachzehrer. Direktsaat ab Ende März bis
September, unter Glas ganzjährig; in Folgesaaten. Mit
20 cm Reihenabstand oder
breitwürfig. Auch als Saatbänder erhältlich.
Pflege Gleichmäßig feucht
halten, besonders im Hochsommer, sonst werden die
Blätter sehr scharf und bitter.
Ernte Einzelne, vorzugsweise junge Blätter nach Bedarf
schneiden; oder ganze Reihe
bei 15–20 cm Höhe ernten.

Kopfsalat
Lactuca sativa var. *capitata*

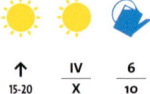

| ↑
15-20 | IV
X | 6
10 |

Sorten Auf geeignete Früh-
jahrs-, Sommer-, Herbstsorten je nach Saatzeit achten;
blattlaus- und mehltauresistente Sorten bevorzugen.
Anbau Mittelzehrer. Anzucht
ab Februar; Pflanzung März
bis Mitte September; im Gewächshaus fast ganzjährig;
Abstand 30 × 30 cm; nicht
zu tief pflanzen, mit Wurzelhals über dem Boden. Auch
Direktsaat von März bis August möglich, Reihenabstand
30 cm, dabei auf 30 cm vereinzeln.
Pflege Bei Früh- und Spätanbau mit Vlies oder Folie
schützen; gleichmäßig feucht
halten; regelmäßig hacken
oder mulchen.
Ernte Mit Strunk knapp über
dem Boden.

Eissalat
Lactuca sativa var. *capitata*

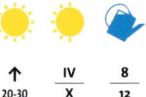

| ↑
20-30 | IV
X | 8
12 |

Sorten Diese spezielle Sortengruppe des Kopfsalats
zeichnet sich durch kräftige, knackige, oft am Rand
gewellte, zerfranste Blätter
aus. Auch hier muss man bei
Sommeranbau auf schossfeste Sorten (z. B. 'Calmar', 'For-
tuna', 'Robinson') achten und
sollte gezielt blattlaus- und
mehltauresistente Züchtungen wählen.
Anbau Mittelzehrer. Wie
Kopfsalat, Saatzeit je nach
Sorte; auch hier zu tiefes
Pflanzen unbedingt vermeiden.
Pflege Wie Kopfsalat.
Ernte Braucht etwas länger als Kopfsalat. Köpfe mit
Strunk schneiden. Bleibt im
Kühlschrank mehrere Tage
knackig.

Bataviasalat
Lactuca sativa var. *capitata*

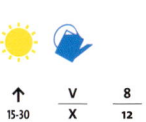

Pflück- und Schnittsalat
Lactuca sativa var. *crispa*

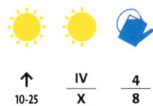

↑ 15-30 | V / X | 8 / 12

↑ 10-25 | IV / X | 4 / 8

Sorten Eine Formengruppe des Kopfsalats, die dem Eissalat ähnelt; die Köpfe sind aber meist lockerer, die Blätter weicher und öfter rötlich gefärbt oder überhaucht. Sorten namhafter Anbieter sind meist mehltauresistent.

Anbau Mittelzehrer. Direktsaat März bis Juli, unter Glas Januar bis September; Reihenabstand 30 cm, in der Reihe auf 30–35 cm vereinzeln. Auch Anzucht ab Februar mit Pflanzung bis Mitte August möglich. Nicht zu tief setzen.

Pflege Wie Kopfsalat.

Ernte Ganze Köpfe abschneiden oder wie beim Pflücksalat.

Sorten Pflücksalate bilden lockere Köpfe, von denen man einzelne Blätter erntet; Schnittsalate bilden flache Blattrosetten, die komplett geschnitten werden. Die Übergänge sind aber oft fließend. Der beliebte rotblättrige 'Lollo Rosso' z. B. lässt sich auf beide Weise nutzen. Zu den Pflücksalaten zählen auch Eichblattsalate wie 'Navara' (bronzerot, blattlaus- und mehltauresistent). Typische Schnittsalate sind z. B. 'Gelber Runder' und 'Multigreen' (mehltauresistent). Oft werden Pflück- und Schnittsalate auch in Sortenmischungen angeboten; besonders als „Baby-Leaf"-Mischungen, die, sehr früh geerntet, zarte Blätter liefern.

Achten Sie bei Sommeranbau auf schossfeste Sorten.

Anbau Schwachzehrer. Direktsaat März bis Juli/ August, mit 20–25 cm Reihenabstand oder breitwürfig; später auf 15–25 cm vereinzeln. Manche Sorten für fast ganzjährigen Gewächshausanbau geeignet. Teils als Saatbänder erhältlich. Bei Pflücksalat auch Anzucht mit Pflanzung ab April möglich.

Pflege Gleichmäßig feucht halten, besonders bei Sommerhitze, um Schossen vorzubeugen.

Ernte Pflücksalat: nach Bedarf äußere Blätter ernten; Schnittsalat: nach 4 bis 6 Wochen die ganze Pflanze knapp über dem Boden abschneiden.

Romana-, Römersalat
Lactuca sativa var. *longifolia*

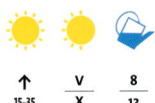

↑ V 8
15-35 X 12

Sorten Bei älteren Sorten
mussten die länglichen Köpfe
zum Bleichen der inneren
Blätter zusammengebunden
werden, deshalb auch der
Name Bindesalat. Moderne
Sorten wie 'Goodison' sind
selbstschließend oder wachsen als niedrige „Mini-Sala-
te", z. B. 'Ovired' (dunkelrot).
Anbau Mittelzehrer. Direktsaat März bis August, je nach
Größe 20–30 cm Reihenab-
stand, später auf 20–30 cm
vereinzeln. Oder ab Mitte
Februar vorziehen.
Pflege Leicht feucht halten,
ein- bis zweimal düngen.
Ernte Köpfe über dem Boden abschneiden. Besonders
die Miniformen eignen sich
zur Nutzung der kompakten,
aromatischen Salatherzen.

Löwenzahn
Taraxacum officinale

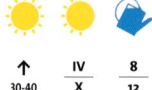

↑ IV 8
30-40 X 12

Sorten 'Kultivierter Vollherzi-
ger'; sonst oft nur als Kultur-
oder Gourmet-Löwenzahn
gekennzeichnet.
Anbau Schwachzehrer.
Direktsaat März bis Mai
oder August/September,
Reihenabstand 30 cm, auf
20–30 cm vereinzeln. Kann
mehrjährig gezogen werden.
Pflege Feucht halten; häufig
Boden lockern. Zum Bleichen
Eimer überstülpen. Wenn nur
Blätter gewünscht, Blüten
ausbrechen. Im Herbst aus-
gegrabene Wurzeln können
wie Chicorée (siehe S. 336)
angetrieben werden.
Ernte Junge grüne oder gelbe Blätter fortlaufend ernten.
Auch Blüten essbar; getrocknete Blätter und Wurzeln für
Heiltees.

Feldsalat
Valerianella locusta

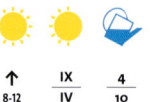

↑ IX 4
8-12 IV 10

Sorten Mit unterschiedlicher
Eignung für Spätsommer-
oder Herbstanbau; manche
Sorten können fast ganzjährig gesät werden. Vor allem
im Gewächshaus mehltauto-
lerante Sorten bevorzugen
(z. B. 'Elan', 'Favor', 'Gala').
Anbau Schwachzehrer.
Direktsaat Ende Juli (für
Herbsternte) bis Mitte September (Frühjahrsernte);
unter Glas bis Ende Oktober.
Reihenabstand 10–20 cm
oder breitwürfig, auf 5 cm
vereinzeln. Samen nur flach
mit Erde bedecken.
Pflege Leicht feucht halten.
Bei Frösten mit Folie, Vlies
oder Nadelreisig abdecken.
Ernte Blattrosetten direkt
über dem Boden abschnei-
den. Nicht gefroren ernten.

Stangen-, Bleichsellerie
Apium graveolens var. *dulce*

↑ 40-50   VIII XI   18 22

Sorten Moderne Sorten wie 'Golden Spartan' sind selbstbleichend, d. h., sie müssen nicht zusammengebunden werden, um schmackhafte Stiele zu gewinnen. Das gilt auch für grünen Stangensellerie wie 'Tall Utah' und 'Tango'. Eine andere Varietät ist der Schnittsellerie (var. *secalinum),* von dem man fortlaufend die Blätter erntet.
Anbau Starkzehrer. Anzucht ab Mitte März, Samen nur dünn abdecken; ein- bis zweimal pikieren, dann bei 14–18 °C halten. Ab Mitte Mai auspflanzen, Abstand 30–40 × 30 cm.
Pflege Gleichmäßig feucht halten; mehrmals düngen.
Ernte Blattstiele an der Basis abdrehen.

Mangold
Beta vulgaris ssp. *cicla*

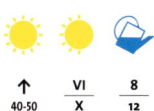

↑ 40-50   VI X   8 12

Sorten Reiner Blattmangold wie 'Grüner Schnitt', von dem man nur die Blätter spinatartig zubereitet, wird heute selten angeboten. Vom Stieloder Rippenmangold, dessen Stiele ähnlich wie Spargel oder Kohlrabi zubereitet werden, findet man hauptsächlich den weißstieligen 'White Silver' oder den rotstieligen 'Vulkan'. Sehr beliebt sind Sorten, von denen sich Stiele wie Blätter nutzen lassen, vor allem 'Lucullus' (weißstielig) und die farbenfrohen Sorten 'Rhubarb Chard' (rotstielig) und 'Bright Lights' (Stiele weiß, gelb und in Rottönen).
Anbau Mittelzehrer. Direktsaat April bis Juni, Reihenabstand 30–40 cm, in der Reihe auf 30 cm vereinzeln. Sofern nicht besonders aufbereitet, besteht das Saatgut aus Samenknäueln, aus denen mehrere Sämlinge wachsen; beim Ausdünnen nur ein bis zwei kräftige pro Saatstelle stehen lassen.
Pflege Bei Trockenheit kräftig gießen; häufig hacken; mehrmals etwas organischen Dünger geben. Bei nicht allzu starken Frösten lässt sich spät gesäter Mangold mit leichter Schutzabdeckung oft heil über den Winter bringen und im Frühjahr nochmals beernten.
Ernte Stiele von außen nach innen nach und nach ernten. Blätter bevorzugt recht jung ernten, nicht mehr als ein Drittel pflücken bzw. wegschneiden.

Chicorée
Cichorium intybus var. *foliosum*

↑	X	22
20-30	II	26

Winterportulak
Montia perfoliata

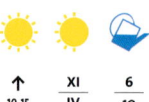

↑	XI	6
10-15	IV	10

Sorten Chicorée wird kultiviert, um die Rüben im Herbst auszugraben und anzutreiben. Die dann im Dunklen gebildeten Sprosse sind eine Delikatesse als Wintersalate und -gemüse. Am unkompliziertesten sind Sorten zum Treiben ohne Deckerde, z. B. 'Tardivo' und 'Zoom'.
Anbau Mittelzehrer. Direktsaat Mitte Mai bis Anfang Juni, Reihenabstand 30–40 cm, in der Reihe auf 10 cm vereinzeln.
Pflege Leicht feucht halten. Nach dem Aufgang sparsam organisch düngen. Ab etwa Mitte Oktober Rüben mit einem Durchmesser von 3–6 cm ausgraben, Laub auf einen etwa 4 cm Schopf einkürzen. Was nicht gleich

angetrieben werden soll, an einem kühlen Ort in Sand oder Erde einschlagen. Die Treiberei erfolgt in einem dunklen Raum bei 12–18 °C. Die Rüben dicht an dicht in einen Eimer mit kleinen Wasserabzugslöchern im Boden stellen, 10–20 cm hoch Erde einfüllen, diese gut durchfeuchten. Dann alles mit schwarzer Folie abdecken oder einen großen Eimer überstülpen. Ist statt dessen Deckerde erforderlich, wird sie etwa 20 cm hoch über den Rüben eingefüllt und muss behutsam leicht feucht gehalten werden.
Ernte Rund 5 bis 6 Wochen nach Beginn der Treiberei die gelblichen, noch geschlossenen Sprosse ernten.

Sorten In der Regel ohne Sortenbezeichnung angeboten. Auch als Postelein oder Kubaspinat bekannt.
Anbau Schwachzehrer. Direktsaat von September bis März im Freien, Frühbeet oder Gewächshaus; Reihenabstand 15–20 cm oder breitwürfig, auf 20 cm Abstand vereinzeln; nur flach mit Erde abdecken.
Pflege Bei Trockenheit gießen, im Winter nur an frostfreien Tagen.
Ernte Blätter fortlaufend nach Bedarf ernten. Bei Kompletternte nicht zu tief schneiden, damit Neuaustrieb erfolgen kann; nicht im gefrorenen Zustand ernten. Lässt sich wie Spinat oder für Salate verwenden.

Spinat
Spinacia oleracea

↑	V	5
10-25	III	12

Sorten Während Sorten für Früh- und Spätanbau an längeren, heißen Tagen schnell zur Blüte kommen, lassen sich recht schossfeste Sorten wie 'Emilia' und 'Junius' auch im Sommer säen. Mehltauresistente Sorten bevorzugen.

Anbau Mittelzehrer. Frühjahrs- und Herbstsorten: Direktsaat Februar bis April/Mai oder August bis Anfang Oktober (für Winter-/Frühjahrsernte); Sommersorten: April bis Juni/Juli. Reihenabstand 25–30 cm, bei zu dichtem Stand auf etwa 5 cm vereinzeln.

Pflege Bei Trockenheit gießen; des Öfteren hacken.

Ernte Äußere Blätter ernten oder ganze Pflanzen 2–3 cm über dem Boden schneiden.

Seltene und alte Blattgemüse

Name	Lichtan-spruch	Anbau, Pflanzen-abstand	Ernte, Hinweise
Bärlauch *(Allium ursinum)*	halbschat-tig bis schattig	Direktsaat Aug. bis Feb., breitwürfig; Pflanzung der Zwiebeln im Herbst	Blätter März bis Mai, Zwiebeln im Frühjahr oder Herbst; mehrjährig
Gartenmelde *(Atriplex hortensis)*	sonnig bis halbschat-tig	Direktsaat März bis Okt.; 25–30 × 5 cm oder breitwürfig	April bis Nov.; auch rot- und gelbblättrige Sorten
Erdbeerspinat *(Chenopodium capitatum)*	sonnig bis halbschat-tig	Direktsaat Mitte März bis Juni; 25 × 30 cm	Mai bis vor Blühbeginn (ab Juni); rote, essbare Früchte
Guter Heinrich *(Chenopodium bonus-henricus)*	sonnig bis halbschat-tig	Direktsaat März bis Juni; 40 × 30 cm	April bis Juli; mehrjährig
Meerkohl *(Crambe maritima)*	sonnig bis halbschat-tig	Anzucht März bis April, Pflanzung ab Mai; 60 × 60 cm	ab Juni; mehrjährig; Frühjahrstriebe durch Abdecken bleichen
Eiskraut *(Mesembryanthemum crystallinum)*	sonnig	Anzucht ab März, Pflanzung ab Mitte Mai; Direktsaat Anfang Mai bis Juli; 30 × 30 cm	Juli bis Okt.; geringer Wasserbedarf
Portulak *(Portulaca oleracea* var. *sativa)*	sonnig bis halbschat-tig	Direktsaat Mai bis Aug.; 15–20 cm × 5–10 cm	Juni bis Sep.; Sommer-Alternative zum Winterportulak
Sauerampfer *(Rumex acetosa)*	sonnig bis halbschat-tig	Direktsaat März bis Mai oder August; 30 × 15 cm	April bis Okt.; mehrjährig; auch für Heiltees
Neuseeländer Spinat *(Tetragonia tetragonioides)*	sonnig	Anzucht März bis Mai, Pflanzung ab Mitte Mai; 50 × 80 cm	Juli bis Okt.; bis 1 m lange Sprosse

Blumenkohl
Brassica oleracea var. *botrytis*

↑ 15-25   VI/XI   10/15

Sorten Mit unterschiedlicher Eignung für Früh-, Sommer- und Spätanbau. 'Clapton' gilt als resistent gegen Kohlhernie. Für wintermilde Regionen bzw. geschützten Anbau gibt es auch Winterblumenkohl wie 'Burt' und 'Walcheren 5' zur Pflanzung im August und Ernte im April / Mai. Zunehmender Beliebtheit erfreuen sich Romanesco-Sorten mit minarettartigen hellgrünen Röschen (z. B. 'Navona', 'Veronica'), meist für die Herbsternte; des Weiteren Sorten mit grünen, orangen oder violetten „Blumen".
Anbau Starkzehrer. Je nach Sorte Anzucht Februar bis Juni; Pflanzung von Frühsorten ab April, Sommersorten Mitte Mai bis Anfang Juni,

Herbstsorten in der zweiten Junihälfte; Pflanzabstand 50 × 50 cm, bei Herbstsorten 50 × 60 cm.
Pflege Frühsorten, wenn nötig, mit Folie oder Vlies abdecken. Gleichmäßig feucht halten; regelmäßig hacken oder mulchen. Mehrmals Volldünger geben. Neuere Sorten bedecken die Blume oft schon von selbst ausreichend; andernfalls kann man nach Ausbildung des Kopfes einige Blätter umknicken und darüberlegen, um eine weiße Blume zu erhalten.
Ernte Wenn die Köpfe gut ausgebildet, aber noch geschlossen sind, Strunk knapp unter den Hüllblättern abschneiden.

Rotkohl
Brassica oleracea var. *capitata*

↑ 20-30   VI/XI   12/20

Sorten Mit unterschiedlicher Eignung für Früh-, Sommer- und Spätanbau; Spätsorten eignen sich gut zum Lagern in kühlen Kellern oder Mieten. Manche (z. B. 'Red Dynasty') lassen sich zu allen Anbauterminen säen.
Anbau Starkzehrer. Anzucht je nach Sorte zwischen Februar und Mai, Pflanzung zwischen März und Juni; Pflanzabstand für Frühsorten 40 × 40 cm, für spätere 50 × 50 cm.
Pflege Frühsorten mit Vlies oder Folie schützen. Gleichmäßig feucht halten; regelmäßig hacken oder mulchen; etwas anhäufeln. Mehrmals düngen.
Ernte Köpfe am Strunk abschneiden.

Weißkohl
Brassica oleracea var. *capitata*

↑
20-30

VI
XI

12
22

Rosenkohl
Brassica oleracea var. *gemmiferae*

↑
50-100

IX
II

20
28

Sorten Früh-, Sommer- und Spätsorten (zum Lagern geeignet). Manche Züchtungen sind resistent gegen Kohlhernie, z. B. 'Kilaton', 'Kilaxy'. Spitzkohl mit schmalen, länglichen Köpfen, z. B. 'Filderkraut', ist besonders beliebt für die Sauerkrautherstellung. Angeboten werden auch „Mini"-Sorten wie 'Matsumo' und 'Minicole' für die frühe Ernte kleiner, zarter Köpfe.
Anbau Anzucht je nach Sorte zwischen Februar und Mai, Pflanzung zwischen März und Juni; Pflanzabstand für Frühsorten 40 × 40 cm, für mittelfrühe und späte Sorten 50–60 × 50–60 cm.
Pflege Wie Rotkohl.
Ernte Wie Rotkohl.

Sorten Frühsorten für die Herbsternte, z. B. 'Ikarus', 'Roodnerf' und Spätsorten für die Überwinterung, z. B. 'Diablo', 'Hilds Ideal', 'Cavalier' (mehltauresistent).
Anbau Anzucht März bis April, mit Pflanzung Mitte Mai bis Juni/Anfang Juli, Frühsorten geschützt auch ab April; oder Direktsaat April bis Mai, später vereinzeln; Abstand 60–70 × 40–60 cm (je nach Sorte); für gute Standfestigkeit recht tief pflanzen.
Pflege Gleichmäßig feucht halten; auch bei Trockenheit und frostfreiem Wetter im Winter gießen. Regelmäßig hacken, im Sommer anhäufeln. Startdüngung im Mai/Juni, im August nachdüngen. Im September können die

Blattschöpfe über den obersten Röschen weggeschnitten werden, damit sich die letzten Röschen gut entwickeln. Dies kann allerdings die Frosthärte beeinträchtigen.
Ernte Röschen von unten nach oben mehrmals durchpflücken. Bestes Aroma nach den ersten Frösten. In milden Wintern oder mit Schutzabdeckung ist bei Spätsorten eine Ernte bis Februar möglich; drohen jedoch längere Fröste unter – 10 °C, besser bald abernten. In strengen Wintern ganze Pflanzen an schattigem, geschütztem Platz in Erde einschlagen und abdecken, um nach und nach die letzten Röschen zu ernten.

Kohlrabi
Brassica oleracea var. *gongylodes*

↑ 25-35   V XI   7 12

Brokkoli
Brassica oleracea var. *italica*

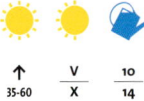

↑ 35-60   V X   10 14

Wirsing
Brassica oleracea var. *sabauda*

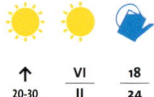

↑ 20-30   VI II   18 24

Sorten Früh-, Sommer- und Herbstsorten; mit „weißen" (hellgrünen) und „blauen" (blau- bis rotvioletten) Knollen).
Anbau Mittelzehrer. Anzucht früher Sorten ab Februar, Herbstsorten bis Juli auf Anzuchtbeet oder Direktsaat; Pflanzung je nach Sortengruppe April bis Mitte August; Abstand 30 × 30 cm.
Pflege Bei Frühanbau mit Vlies oder Folie schützen. Gleichmäßig gut feucht halten, um dem Platzen der Knollen vorzubeugen; oft hacken oder mulchen. Startdüngung geben, bei Bedarf nachdüngen.
Ernte Knollen nicht zu groß werden lassen, damit sie nicht verholzen.

Sorten Frühe und späte Sorten. Teils mit violetten Köpfen (z. B. 'Rosalind'), die beim Kochen vergrünen. 'Calabrese' bildet nach der ersten Ernte zahlreiche Nebentriebe.
Anbau Starkzehrer. Anzucht früher Sorten Februar bis April, ab April unter Folie, ab Mitte Mai ins Freie pflanzen, Abstand 40 × 50 cm. Bei Spätsorten April bis Juni Anzucht auf Saatbeet oder Direktsaat.
Pflege Gleichmäßig feucht halten; häufig lockern oder mulchen; etwas anhäufeln; Startdüngung, ein- bis zweimal nachdüngen.
Ernte Geschlossene Köpfe mit kurzem Stielstück. Bei Sommerhitze rasche Blütenbildung, früh ernten.

Sorten Frühe Sorten (z. B. 'Vorbote') für die Sommerernte, späte für Herbsternte (z. B. 'Vertus 2') und Winterernte ('Marner Grüfewi') sowie zum Einlagern.
Anbau Starkzehrer. Anzucht früher Sorten im Januar/Februar, Pflanzung ins Freie ab März; Aussaat später Sorten im März/April ins Frühbeet, Pflanzung bis Juni, sehr späte Sorten noch bis Juli; Pflanzabstand 50–60 × 50 cm.
Pflege Frühsorten mit Vlies oder Folie schützen. Gleichmäßig feucht halten; regelmäßig hacken oder mulchen; etwas anhäufeln. Mehrmals düngen.
Ernte Köpfe am Strunk abschneiden.

Grünkohl
Brassica oleracea var. *sabellica*

↑ 40-80   X II   18 22

Sorten Neben grünblättrigen Sorten gibt es die attraktive, rotblättrige Züchtung 'Redbor', die sich beim Kochen grün verfärbt.
Anbau Starkzehrer. Anzucht im Freien (Saatbeet) Mitte Mai bis Juni, mit 15 cm Reihenabstand; Pflanzung Ende Juni bis Anfang August mit 50 × 50 cm Abstand.
Pflege Bei Trockenheit kräftig gießen; regelmäßig hacken oder mulchen. Startdüngung geben, im Herbst kalibetont nachdüngen und anhäufeln.
Ernte Fortlaufend junge Blätter ernten oder Pflanzen ganz abschneiden. Bestes Aroma nach den ersten Frösten.

Pak Choi
Brassica rapa ssp. *chinensis*

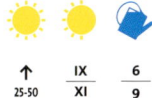

↑ 25-50   IX XI   6 9

Sorten 'Joi Choi' gilt als besonders schossfest und robust. Zunehmend werden kompakte „Mini"-Sorten wie 'Mei Quing' angeboten, die man oft zu den Asia-Salaten (siehe S. 330) rechnet.
Anbau Mittelzehrer. Direktsaat Ende Juni bis Anfang August. Oder Anzucht bei rund 20 °C und Pflanzung bis Mitte August; schon als recht kleine Pflanzen setzen, da größere schlecht anwachsen. Abstand 30 × 30 cm.
Pflege Gleichmäßig feucht halten. Kompost als Startdüngung geben.
Ernte Junge Blätter fortlaufend; zur Haupternte komplett schneiden, zur Verwendung der fleischigen Blattrippen.

Chinakohl
Brassica rapa ssp. *pekinensis*

↑ 25-45   V XI   8 12

Sorten 'Autumn Fun' und 'Bilko' sind widerstandsfähig gegen Kohlhernie, ebenso 'Orient Surprise'. Die letztgenannte eignet sich wie z. B. 'Kasumi' und 'One Kilo SB' auch für einen Frühanbau.
Anbau Mittelzehrer. Direktsaat Ende Juni bis Anfang August; Reihenabstand 40 cm, später in der Reihe auf 30–40 cm vereinzeln. Frühanbautaugliche Sorten zwischen März und Juni warm (bei etwa 20 °C) vorziehen, ab April auspflanzen.
Pflege Gleichmäßig feucht halten. Kompost als Startdüngung geben.
Ernte Ausgewachsene Köpfe komplett schneiden, spätestens vor den ersten stärkeren Frösten.

Paprika
Capsicum annuum

Zuckermelone
Cucumis melo

↑ VI 10
50-80 XI 20

↑ VIII 15
100-200 X 18

Sorten Bei Gemüsepaprikas sind die „Schoten" (botanisch: Beeren) meist groß, breit und schmecken mild. Bei Reife werden sie gelb, orange, rot oder violett, können oft aber auch grün geerntet werden; Reifezeit und Wuchshöhe können je nach Sorte etwas variieren. Die Angebotsfülle umfasst u. a. auch längliche „mediterrane" Sorten, oft süßlich schmeckend.
Gewürzpaprikas, Peperoni oder Chilis haben meist schmale, spitzkegelige, mäßig bis sehr scharfe Früchte, die gewöhnlich rot ausreifen. Manche Chilis sind Abkömmlinge anderer Arten, z. B. der Tabasco-Chili *(Capsicum frutescens)*.

Anbau Starkzehrer. Anzucht Februar bis März (bei 20–26 °C), Samen nur dünn mit Erde abdecken; ein- bis zweimal pikieren. Pflanzung ab April ins Gewächshaus, ab Anfang Mai im Folientunnel oder ab Mitte/Ende Mai draußen, möglichst geschützt. Pflanzabstand je nach Wuchshöhe 40 × 40 cm bis 60 × 60 cm.
Pflege Gleichmäßig feucht halten. Nach dem Pflanzen anhäufeln; häufig hacken oder mulchen. Hohe, großfrüchtige Sorten mit Stäben stützen. Startdüngung geben, mehrmals nachdüngen.
Ernte Je nach Sorte und Verwendung grün oder voll ausgefärbt. Die Früchte müssen sich fest anfühlen.

Sorten Mehrere Sorten- und Untergruppen mit unterschiedlicher Schale (warzen-, netzartig oder glatt) und Fruchtfleischfarbe (orange oder grün), z. B. Charentais- und Gaila-Melonen. Einige Sorten sind widerstandsfähig gegen Fusarium und Mehltau.
Anbau Starkzehrer. Anzucht März bis Mai, Pflanzung Ende Mai/Anfang Juni; 80–100 cm Abstand.
Pflege An Rankgitter oder Drähten hochleiten. Gleichmäßig feucht halten. Mehrmals düngen. Entspitzen des Haupttriebes nach dem 5. bis 6. Blatt verbessert den Fruchtansatz.
Ernte Wenn die Früchte aromatisch duften und Risse am Stielansatz sichtbar werden.

Gurke, Freilandanbau
Cucumis sativus

↑ 120-200   VI / IX   12 / 20

Gurke, Gewächshaus
Cucumis sativus

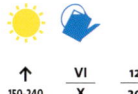 

↑ 150-240   VI / X   12 / 20

Sorten Freiland-Salatgurken (Landgurken) mit 20–40 cm langen Früchten, auch als Mini-Salatgurken (um 15 cm lang). Senf- oder Schälgurken mit dicken, rund 40 cm langen Früchten. Einlege- oder Traubengurken, die bei 6–15 cm Länge geerntet werden; reinweiblichte Sorten sind besonders ertragssicher. Bei allen möglichst krankheitsresistente Züchtungen bevorzugen oder veredelte Jungpflanzen kaufen. Moderne Sorten sind in der Regel bitterfrei.

Anbau Starkzehrer. Anzucht April bis Anfang Mai, in Töpfen mit 2 bis 3 Samen, dann jeweils die schwächsten Pflanzen entfernen. Pflanzung Mitte Mai bis Anfang Juni, am besten auf schwarzer Mulchfolie (in Schlitze setzen). Wenn kriechend am Boden gezogen, mit 120–150 × 30–50 cm Abstand; beim Hochleiten an Gittergerüsten 100 × 30 cm. Möglich ist auch Direktsaat Mitte Mai bis Anfang Juni.

Pflege Gleichmäßig feucht halten, nicht mit kaltem Wasser gießen. Bei Anbau ohne Mulchfolie Boden mulchen oder regelmäßig lockern. Zur Pflanzung Kompost, dann mehrmals organischen Dünger geben. Aufrecht gezogene Salatgurken schneiden, wie bei den Schlangengurken fürs Gewächshaus beschrieben.

Ernte Ab etwa 2 Wochen nach Blühbeginn; häufig durchpflücken.

Sorten Das Gewächshaus nutzt man vorzugsweise für die wärmebedürftigen Salat- oder Schlangengurken mit 40–50 cm langen Früchten. Auf widerstandsfähige Sorten oder Veredlungen achten.

Anbau Starkzehrer. Anzucht März bis April, Pflanzung Mitte April bis Mai; sonst wie bei Freilandgurken. An Schnüren, Stäben oder Gittern.

Pflege Wie bei Freilandgurken. Auf gute Lüftung achten. Bis etwa 60 cm Höhe junge Früchte ausbrechen; Seitentriebe mit Fruchtansätzen in den Blattachseln über dem 2. Blatt stutzen; ab rund 200 cm Höhe den Haupttrieb kappen.

Ernte Früchte nicht zu groß werden lassen.

Kürbis
Cucurbita-Arten

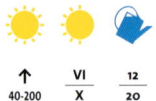

↑
40-200   VI/X   12/20

Zucchini
Cucurbita pepo

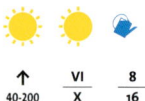

↑
40-200   VI/X   8/16

Sorten Gewaltige Sortenfülle mit Früchten der unterschiedlichsten Formen, Größen und Farben, teils rankend, teils niederliegend oder buschig wachsend. Sie entstammen dem Gartenkürbis *(Cucurbita pepo)*, zu dem auch die Zucchini zählen, dem Riesenkürbis (*C. maxima)* oder dem Moschuskürbis *(C. moschata).* Gartenkürbissorten wie rundliche Rondini-Typen und tellerförmige Patissons sind Sommerkürbisse und werden mit noch weichen Schalen geerntet. Winterkürbisse werden im Herbst geerntet und sind oft monatelang lagerfähig. Hierzu gehören die teils gigantischen Riesenkürbisse, Halloween-, Hokkaido-, Buttercup- und Hubbard-Kürbisse sowie Muskat- und Butternut-Kürbisse.
Anbau Starkzehrer. Anzucht im April, mit Pflanzung Mitte/Ende Mai; oder Direktsaat gegen Mitte Mai (nach den Eisheiligen).

Sorten Neben Sorten mit gurkenartigen, grünen oder gelben Früchten werden auch rundfrüchtige angeboten, außerdem bis 2 m hoch kletternde Sorten wie 'Black Forest'. Manche sind resistent gegen Mehltau und Viruskrankheiten, z. B. 'Mirza'.
Anbau Starkzehrer. Anzucht April bis Mai; Pflanzung ab Mitte Mai, Abstand 80 × 80 cm. Oder Direktsaat Mitte Mai bis Juni.
Pflege Bei Trockenheit kräftig gießen. Zum Start mit Kompost versorgen, mehrmals nachdüngen.
Ernte Bei etwa 15–20 cm Länge, als zarte Mini-Zucchini schon ab 8 cm. Regelmäßig durchpflücken. Auch die Blüten sind essbar.

Tomate
Lycopersicon esculentum

30-400   VI/X   10/22

Sorten Die Sortenvielfalt ist immens, mit vielen unterschiedlichen Wuchsformen, Fruchtformen und -farben. Nebenstehend eine Übersicht über die wichtigsten Sortengruppen, mit Hinweisen auf Sorten, die gegen Kraut- und Braunfäule widerstandsfähig sind. Es lohnt sich, bei der Sortenwahl auch auf Resistenzen gegen andere Krankheiten (z. B. Virosen, Fusariumwelke) zu achten.

Anbau Starkzehrer. Anzucht Februar bis Anfang April; Pflanzung ab Mitte Mai bis Juni, ab Anfang Mai ins Gewächshaus; Abstand je nach Wuchsform 40 × 60 cm bis 60 × 80 cm; tief einpflanzen, bis zum untersten Blattansatz; bei Stabtomaten gleich Stützstab nah am Stängel in den Boden stecken und Jungpflanzen anbinden.

Pflege Gleichmäßig feucht halten; am besten mulchen. Startdüngung geben und alle 4 Wochen nachdüngen. Bei Stabtomaten immer wieder Jungtriebe in den Blattachseln ausbrechen (ausgeizen) und nach Entwicklung von 5 bis 6 Fruchtständen die Spitze des Haupttriebs wegschneiden. Bei Dauerregen beugt ein an Stäben aufgespanntes Foliendach der Krautfäule vor.

Ernte Voll ausgefärbte Früchte fortlaufend pflücken; im Spätherbst noch nicht ausgereifte Tomaten an einem warmen, dunklen Platz nachreifen lassen.

Sortengruppen

Stabtomaten: meist um 150 cm hoch, wenig verzweigt, mit großen Früchten; z. B. 'Goldene Königin' (gelb), 'Harzfeuer': hochtolerant gegen Krautfäule: 'Fantasio', 'Phantasia' und 'Vitella'

Fleischtomaten: Wuchs wie Stabtomaten, mit besonders großen, gerippten Früchten; z. B. 'Corazon', 'Luxor', 'Matias', 'Myrto' (hochtolerant gegen Krautfäule)

Cocktail-, Kirsch- oder Cherrytomaten: Wuchs meist wie Stabtomaten, mit kirschen- bis pflaumengroßen, oft süßlichen Früchten; z. B. 'Philovita' (hochtolerant gegen Krautfäule), 'Rubin Pearl', 'Yellow Pearshaped' (gelb, birnenförmig)

Busch- oder Balkontomaten: 30–60 cm hoch, dicht buschig verzweigt; Früchte mittelgroß, manchmal auch klein, teils süß; z. B. 'Balkonstar', 'Incas' (eiförmig), 'Vilma'

Hängetomaten: meist ähnlich wie Buschtomaten, aber mit überhängenden Trieben; z. B. 'Pendulina Red', 'Tumbling Tom Yellow' (gelb)

Wild- oder Johannisbeertomaten: sehr wüchsig, vieltriebig, Früchte meist klein und sehr zahlreich, oft recht widerstandsfähig gegen Krautfäule; z. B. 'Golden Currant' (gelb), 'Rote Murmel'.

Aubergine
Solanum melongena

↑   VIII   22
60-120   X   26

Sorten Neben bewährten Sorten wie 'Black Beauty' oder 'Madonna', werden auch kompaktere Mini-Auberginen angeboten, z. B. 'Ophelia'.
Anbau Mittelzehrer. Anzucht Ende Februar bis Mitte März. Pflanzung Ende Mai, am besten auf schwarzer Mulchfolie, im Gewächshaus oder Folientunnel; Abstand 60 × 60 cm.
Pflege Gleichmäßig feucht halten. Mehrmals düngen. Hohe Sorten an Stäben aufbinden. Bei wüchsigen Pflanzen nur 3 bis 4 Haupttriebe mit je 2 Früchten stehen lassen, weitere Triebe und Fruchtansätze ausbrechen.
Ernte Sobald die Früchte gut ausgefärbt sind und ihren charakteristischen Glanz zeigen.

Pepino
Solanum muricatum

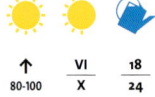

↑   VI   18
80-100   X   24

Sorten Bislang nur 'Pepino Gold', sonst oft ohne Sortenbezeichnung. Wegen des fruchtigen Geschmacks auch als Melonenbirne bzw. Birnenmelone bezeichnet.
Anbau Mittelzehrer. Anzucht Februar bis März; Samen nur andrücken oder dünn abdecken. Pflanzung Ende Mai; Abstand 100 × 60 cm. Am besten geschützt in großen Töpfen oder Hängeampeln kultivieren.
Pflege Gleichmäßig feucht halten. Mehrmals mit organischem Dünger versorgen. Nur 3 Haupttriebe belassen, diese an Stäben hochbinden oder in Ampeln hängen.
Ernte Nach voller Ausfärbung: gelborange mit violetten Streifen.

Zuckermais
Zea mays

↑   VIII   12
150-200   X   16

Sorten Recht sicher ausreifende, süß schmeckende Sorten sind z. B. 'Golda', 'Tasty Gold' und 'Vanilla Sweet'.
Anbau Starkzehrer. Anzucht April bis Mai; Pflanzung ab Mitte Mai, Abstand 60 × 20–30 cm. Oder Direktsaat Mai bis Anfang Juni. 2 bis 3 Körner pro Anzuchttopf bzw. Saatstelle säen, später die schwächsten Sämlinge entfernen.
Pflege Bei kühlem Wetter anfangs mit Vlies abdecken. Gleichmäßig feucht halten. Oft hacken oder mulchen. Startdüngung mit Kompost, zu Blühbeginn nachdüngen.
Ernte Wenn die aus den Kolben hängenden Staubfäden dunkelbraun werden und die Körner voll ausgefärbt sind.

Prunk-, Feuerbohne
Phaseolus coccineus

200-400 VI 10
X 16

Sorten Mit attraktiven roten oder weißen Blüten. Teils mit fadenlosen Hülsen, z. B. 'Butler', 'Lady Di' und 'Hestia' (niedrig, buschbohnenartig).
Anbau Mittelzehrer. Direktsaat Anfang Mai bis Mitte Juni, an Stangen oder Spalieren zum Hochziehen. Abstand der Stangen rund 60 cm, bei Reihenanbau 100 × 60 cm; um jede Stange 5 bis 8 Samen auslegen. Zum Begrünen von Spalieren alle 10–20 cm 1 bis 2 Samen. Saattiefe 2–3 cm. Vorquellen der Samen über Nacht beschleunigt die Keimung.
Pflege Wie Stangenbohne.
Ernte Fortlaufend junge Hülsen pflücken; oder bei Vollreife ernten, um die Samen als Trockenbohnen zu nutzen.

Stangenbohne
Phaseolus vulgaris var. *vulgaris*

200-300 VIII 10
X 16

Sorten Grün-, gelb- oder blauhülsig, mit fleischigen oder zarten, in der Regel fadenlosen Hülsen. Teils resistent gegen Viruskrankheiten.
Anbau Mittelzehrer. Direktsaat wie bei Feuerbohne, jedoch erst ab Mitte Mai bis Ende Juni. Die Stangen werden gern als zeltartige Gerüste angeordnet. Anzucht im April mit Pflanzung ab Mitte Mai kann die Ernte etwas verfrühen und der Bohnenfliege vorbeugen.
Pflege Pflanzen anfangs an den Stützen hochleiten. Bei Trockenheit kräftig gießen, während der Blüte gleichmäßig feucht halten. Gut mit Kompost versorgen. An der Basis anhäufeln.
Ernte Wie Feuerbohne.

Buschbohne
Phaseolus vulgaris var. *nanus*

25-50 VI 8
X 11

Sorten Zarte Filetbohnen und Trockenbohnen; meist fadenlos, ohne grobe Fasern in den Hülsen; grün-, gelb- oder blauhülsig.
Anbau Schwachzehrer. Direktsaat Mitte Mai bis Anfang Juli; alle 30–40 cm 3 bis 6 Samen in Horsten auslegen; Saattiefe 2–3 cm. Oder Anzucht ab Mitte April, Pflanzung Mitte Mai bis Mitte August; Abstand 40 × 10 cm.
Pflege Bei Trockenheit und während der Blüte kräftig gießen. Regelmäßig hacken oder mulchen; bei 15–20 cm Höhe anhäufeln.
Ernte Wie Feuerbohnen; häufig durchpflücken.

Achtung, rohe Hülsen und Samen aller *Phaseolus*-Bohnen sind giftig!

Erbse
Pisum sativum

Puffbohne, Dicke Bohne
Vicia faba

↑	VI	9
50-120	IX	12

↑	VI	13
15-30	VIII	15

Sorten Grundsätzlich unterscheidet man drei Sortengruppen: Schal-. Mark- und Zuckererbsen. Daneben gibt es Unterschiede bei den Saatzeiten und Wuchshöhen, wobei manche Sorten auch ohne Stützen auskommen. Schal- oder Palerbsen bilden glatte Körner, die man für den Frischverzehr sehr früh erntet; ausgereift ergeben sie gute Trockenbohnen. Markerbsen haben süßere, runzlige Körner, die sich hauptsächlich, noch unreif geerntet, für den Frischverzehr eignen. Von Zuckererbsen erntet man die jungen, zarten Hülsen, die komplett essbar sind.
Anbau Schwachzehrer. Direktsaat ins Beet, 2–4 cm

tief; Schalerbsen ab Mitte März, frühe Mark- und Zuckererbsen ab Ende März, späte Sorten bis Anfang Juli. Reihenabstand 30–40 cm, in der Reihe 4–5 cm. Nicht selbststützende Sorten auch in Doppelreihen, mit etwa 20 cm Platz dazwischen für gemeinsame Rankhilfen (Draht oder Reisigäste).
Pflege Gleichmäßig feucht halten. Bei 10–20 cm Höhe anhäufeln. Wenn erforderlich, gut verzweigte Äste als Stützen in den Boden stecken oder Maschendraht an Pfosten aufspannen.
Ernte Noch unreife Hülsen ernten, bei Zuckererbsen schon mit sehr kleinen Körnern. Schalerbsen bei Bedarf ausreifen lassen.

Sorten Mit weißen Körnern, z. B. 'Dreifach Weiße', oder grünkernig, z. B. 'Hangdown'.
Anbau Mittelzehrer. Direktsaat ab Ende Februar (keimt ab 5 °C Bodentemperatur), bis Anfang Mai; Frühsaat beugt dem oft starken Befall mit Blattläusen vor. Reihenabstand 40–60 cm, in der Reihe alle 20 cm 2 bis 3 Samen in Horsten, rund 5 cm tief säen.
Pflege Gleichmäßig feucht halten. Gut mit Kompost versorgen. Regelmäßig hacken; anhäufeln. Nach Erreichen der sortentypischen Höhe und Ansatz von Hülsen, Spitze abschneiden.
Ernte Halbreife, grüne Hülsen mit ausgewachsenen Körnern.

Knollen-Sellerie
Apium graveolens var. *rapaceum*

↑ 30-40 | IX XI | 22 26

Sorten U. a. 'Brilliant', 'Mars', (beide widerstandsfähig gegen Blattflecken), 'Prinz' (sehr schossfest).
Anbau Starkzehrer. Anzucht Ende Februar bis April, Samen höchstens hauchdünn abdecken; Sämlinge ein-, besser zweimal pikieren, dann bei 14–18 °C halten. Pflanzung ab Mitte Mai mit 40 × 40 cm Abstand; Setzlinge nicht zu tief einpflanzen, nur bis zum Wurzelhals.
Pflege Stets feucht halten; häufig hacken oder mulchen. Startdüngung geben, mehrmals nachdüngen.
Ernte Vor den ersten stärkeren Frösten mit der Grabegabel lockern, Knollen herausziehen; Wurzeln und Blätter einkürzen bzw. entfernen.

Rote Bete, Rote Rübe
Beta vulgaris ssp. *vulgaris* var. *vulgaris*

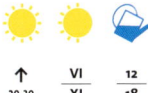

↑ 20-30 | VI XI | 12 18

Sorten Runde, plattrunde und längliche Rüben, Fleisch rot, gelb oder rotweiß geringelt. „Baby-Beets" für frühe Ernte zarter Rüben.
Anbau Mittelzehrer. Direktsaat Mitte April bis Ende Juni; Reihenabstand 25–30 cm, in der Reihe auf 5–10 cm vereinzeln.
Pflege Gleichmäßig feucht halten. Vorsichtig hacken, um die Rüben nicht zu beschädigen, oder mulchen. Zurückhaltend organisch düngen.
Ernte Ab Sommer fortlaufend ernten, „Baby Beets" schon ab 5 cm Durchmesser. Zur Lagerung im Spätsommer oder Herbst ernten; Blätter 3 cm über der Rübe abschneiden oder Herzblätter ganz stehen lassen.

Speiserübe, Stielmus
Brassica rapa ssp. *rapa*

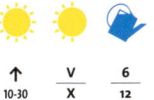

↑ 10-30 | V X | 6 12

Sorten Mairüben für die Ernte ab dem späten Frühjahr; die dickeren Herbstrüben und die kleinen 'Teltower Rübchen' für die Herbsternte. Stielmussorten wie 'Namenia' zum Ernten der Blätter.
Anbau Schwachzehrer. Direktsaat mit 25–30 cm Reihenabstand: Mairüben ab Mitte März bis August, Herbstrüben im Juli oder August, 'Teltower Rübchen' im August; in der Reihe auf 10–12 cm vereinzeln. Stielmus von März bis September, 15–20 cm Reihenabstand, kein Ausdünnen nötig.
Pflege Gleichmäßig feucht halten. Regelmäßig hacken.
Ernte Jeweils die dicksten Rüben herausziehen. Stielmus fortlaufend schneiden.

Möhre, Karotte, Gelbe Rübe
Daucus carota

| ↑ | V | 10 |
| 20-30 | X | 26 |

Knollen-Fenchel
Foeniculum vulgare var. *azoricum*

| ↑ | VI | 12 |
| 40-60 | X | 16 |

Sorten Frühe Sorten mit rund 12 Wochen zwischen Saat und Ernte (z. B. 'Almaro'), mittelfrühe mit 15 bis 20 Wochen (z. B. 'Riga') und späte, die meist auch gute Lagersorten sind, mit 20 bis 26 Wochen Kulturdauer (z. B. 'Rote Riesen 2'). „Echte" Karotten wie 'Pariser Markt' bilden rundliche Wurzelknollen und zählen zu den Frühsorten.
Dunkle Gesundheitsmöhren, etwa 'Nutri Red' (mittelfrüh) oder 'Rotin' (spät) bieten einen besonders hohen Carotingehalt, ebenso zart und früh geerntete „Snack-Möhren" wie 'Sugarsnax'. Widerstandsfähig gegen Möhrenfliegen sind z. B. 'Flyaway', 'Ingot' (beide mittelfrüh) und

'Resistafly' (früh).
Anbau Mittelzehrer. Direktsaat, am besten in Folgesaaten, ab Februar/März (frühe Sorten) bis Ende Juni (Spätsorten); Reihenabstand 25–35 cm, in der Reihe auf 4–8 cm Abstand vereinzeln. Teils auch als Saatbänder erhältlich. Wegen der langsamen Keimung (3 bis 4 Wochen) einige Radieschen als Markiersaat mitsäen.
Pflege Gleichmäßig feucht halten, sonst droht Aufplatzen. Besonders in den ersten Wochen sorgfältig jäten. Oft hacken oder mulchen; etwas anhäufeln, damit die Wurzelköpfe nicht grün werden.
Ernte Vor dem Herausziehen den angrenzenden Boden behutsam (Grabegabel) lockern.

Sorten Für den Hobbyanbau werden hauptsächlich schossfeste Sorten wie 'Finale', 'Fino' und 'Rondo' angeboten. Nicht schossfeste Sorten dagegen bilden vorzeitig Blüten, wenn sie vor dem Sommer gesät werden.
Anbau Starkzehrer. Anzucht März bis Juni, Pflanzung im Freien ab Mitte Mai; Abstand 40 × 20 cm. Oder Direktsaat Mitte April bis Ende Juli; nicht schossfeste Sorten erst ab Juni.
Pflege Gleichmäßig feucht halten. Kompost geben, mehrmals nachdüngen. Regelmäßig hacken, zu Beginn der Knollenbildung anhäufeln.
Ernte Spätestens vor Frostbeginn.

Pastinake
Pastinaca sativa

↑ 50-80   X / II   20 / 24

Sorten Eine bewährte Sorte ist 'Halblange (Weiße)', gut lagerfähig.
Anbau Mittelzehrer. Direktsaat Ende März bis Mai; Reihenabstand 35–45 cm, in der Reihe auf 15 cm Abstand ausdünnen; Langsamkeimer, Radieschen als Markiersaat mitsäen.
Pflege Bei Trockenheit gießen. Kompost geben, mehrmals nachdüngen. Regelmäßig hacken.
Ernte Die winterharten Wurzeln lassen sich bis zum zeitigen Frühjahr ernten. Allerdings schmecken sie oft aromatischer, wenn man sie im Spätherbst ausgräbt und einlagert (Mieten, Keller). Junge Blätter können als Würzkraut verwendet werden.

Rettich
Raphanus sativus

↑ 15-20   IV / XII   7 / 16

Sorten Mit sehr unterschiedlichen Aussaatterminen: Treibsorten für den zeitigen Gewächshausanbau, Früh-, Sommer-, Herbst- und Winterrettiche (lagerfähig).
Anbau Mittelzehrer. Direktsaat im Gewächshaus ab Januar, frühe Sorten unter Folie ab Februar, Sommersorten von April bis Juni, Herbst- und Wintersorten von Juni bis August, Treibsorten im Gewächshaus teils bis September; Reihenabstand 20–40 cm, in der Reihe auf 15–35 cm vereinzeln.
Pflege Gleichmäßig feucht halten; hacken. Kompost geben, leichte Nachdüngung.
Ernte Nicht zu lange stehen lassen, damit die Rüben nicht holzig bzw. pelzig werden.

Radieschen
Raphanus sativus var. *sativus*

↑ 10-15   III / X   3 / 8

Sorten Gruppen mit ähnlicher Terminstaffelung wie beim Rettich; mehrere Sorten, die sich auch für die ganze Freilandsaison eignen. Runde und längliche Knollen, rot, weiß oder rotweiß.
Anbau Schwachzehrer. Direktsaat von Treibsorten ab Januar unter Glas, Frühsorten ab Februar unter Folie, Früh- und Sommersorten ab März bis Anfang September im Freien; Reihenabstand 15–20 cm, in der Reihe auf 5–8 cm vereinzeln. Folgesaaten etwa alle 3 Wochen.
Pflege Gleichmäßig feucht halten. Regelmäßig den Boden lockern.
Ernte Dickste Radieschen zuerst; rechtzeitig ernten, bevor sie pelzig werden.

Schwarzwurzel
Scorzonera hispanica

Kartoffel
Solanum tuberosum

↑ 30-50 | IX III | 28 32

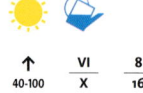

↑ 40-100 | VI X | 8 16

Sorten Bewährte Sorten sind 'Hoffmanns schwarze Pfahl', 'Mertes' (mehltautolerant) und 'Verbesserte nichtschießende Riesen'.
Anbau Mittelzehrer. Direktsaat März bis April, Reihenabstand 25–30 cm, in der Reihe auf 5–7 cm vereinzeln. Vorsicht, die stäbchenförmigen Samen dürfen nicht zerbrechen.
Pflege Gleichmäßig feucht halten. Regelmäßig den Boden lockern. Mit Kompost und kalibetontem Volldünger versorgen.
Ernte Ab Welken des Laubes bis zum Frühjahr; mit der Grabegabel behutsam lockern und die Wurzeln vorsichtig herausziehen, damit sie nicht brechen.

Sorten Nach Pflanz- und Erntezeitpunkt unterscheidet man frühe, mittelfrühe und Spätkartoffeln. Meist werden Frühkartoffeln bevorzugt, die zeitig ein gut gelockertes Beet für Sommersaaten hinterlassen. Für raue Lagen eignen sich eher spätere Sorten, die zudem gut lagerfähig sind.
Des Weiteren gibt es Sortenunterschiede bei den Kocheigenschaften (festkochend oder mehlig). Manche Sorten, z. B. 'Agria', 'Granola' und 'Nicola', gelten als relativ widerstandsfähig gegen die Krautfäule. Interessant sind alte Sorten mit ungewöhnlicher Färbung, z. B. 'Blaue Schweden' (blaue Schale, blauviolettes Fleisch).

Anbau Starkzehrer. Zur Vorbeugung gegen Viruskrankheiten besser nicht selbst vermehren, sondern virusfreie Saatknollen kaufen. Pflanzung von Frühkartoffeln ab April, von mittelfrühen und späten ab Mai bis Mitte Juni; Abstand 60–65 × 30–40 cm, 5–10 cm tief. Vorkeimen von Frühkartoffeln in Kisten (hell bei 12–15 °C) verfrüht die Ernte etwa um 14 Tage.
Pflege Bei Trockenheit gießen. Reichlich Kompost oder im Vorjahr Stallmist einarbeiten. Regelmäßig hacken; ab etwa 15 cm Höhe anhäufeln.
Ernte Frühkartoffeln mit noch grünen Blättern, späte zum Lagern erst nach Absterben des Laubes.

Achtung, grüne Knollenteile sind giftig!

Küchen- und Gemüsezwiebel
Allium cepa var. *cepa*

↑ 25-50   IV / X   12 / 22

Weitere Zwiebelarten
Allium-Arten

↑ 25-50   III / XII   18 / 24

Sorten Küchenzwiebeln mit braunen, weißen, gelben oder rotvioletten Zwiebeln, scharf schmeckend, rote Sorten teils auch süßlich; große, mild schmeckende Gemüsezwiebeln; Schalotten mit schmal länglichen, meist mild aromatischen Zwiebeln, von denen sich pro Pflanze bzw. Steckzwiebel mehrere bilden; kleine, weiße Silber- oder Frühlingszwiebeln zum Einlegen.

Anbau Mittelzehrer. Schalotten sind großteils nicht samenvermehrbar, von den anderen Sorten wird öfter Saatgut angeboten. Direktsaat für die Sommer- und Herbsternte Ende Februar bis April, für die Überwinterung im August.

Käufliche Steckzwiebeln aller Sorten ab Mitte März bis April pflanzen; Wintersteckzwiebeln (Küchenzwiebeln und Schalotten) im September/Oktober. Bei Frühjahrspflanzung so stecken, dass das obere Drittel aus dem Boden ragt; Winterzwiebeln 5 cm tief stecken. Abstand 25–30 × 5–10 cm, etwas größer für Gemüsezwiebeln und Schalotten.

Pflege Bei Trockenheit kräftig gießen, vor der Reife trockener halten. Boden regelmäßig lockern. Überwinternde Zwiebeln leicht abdecken.

Ernte Ab August, wenn das Laub umknickt und gelb wird; Schalotten ab Juli, überwinterte Zwiebeln ab April.

Sorten Lauchzwiebeln *(Allium fistulosum)* und ihre mehrjährige Variante, die Winterheckzwiebeln, zur Nutzung der Röhrenblätter (Schlotten) und lauchartigen, weißen oder roten Schäfte. Etagen- oder Luftzwiebel *(A. cepa* var. *viviparum)* zur Ernte der kleinen Brutzwiebeln, die sich an den Schaftspitzen bilden.

Anbau Mittelzehrer. Lauch- und Winterheckzwiebeln: Direktsaat März bis Anfang August. Etagenzwiebeln: im Frühjahr oder Frühherbst stecken, Vermehrung über Brutzwiebeln.

Pflege Leicht feucht halten. Gelegentlich Kompost geben.

Ernte Lauchzwiebeln ab August, sonst nach Bedarf.

Porree, Lauch
Allium porrum

↑ 40-60   VI/V   18/24

Knoblauch
Allium sativum

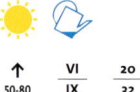

↑ 50-80   VI/IX   20/32

Sorten Nach der Erntezeit unterscheidet man Sommer-, Herbst- und Winterporree, wobei Letzterer bis ins Folgejahr beerntet werden kann. Sorten mit bläulichen Blättern wie 'Blaugrüner Winter' gelten als besonders frosthart. Frühe Sommersorten, z. B. 'Pancho', bleiben von der gefährlicheren 2. Generation der Lauchmotte verschont. Die Schaftgrößen sind teils sortenabhängig, wie schon die Namen 'Elefant' oder 'Herbstriesen' verraten.

Anbau Starkzehrer. Anzucht von Sommersorten ab Februar, Herbstsorten ab Mitte März bis April, Wintersorten April bis Juni; Pflanzung ab Anfang April, Winterporree bis Mitte August; Abstand 30–40 × 15–20 cm; recht tief in Pflanzlöcher oder -furchen setzen, der Blattansatz muss jedoch frei bleiben. Auch Direktsaat mit späterem Vereinzeln möglich, von April bis Mai.

Pflege Gleichmäßig feucht halten, besonders bei Herbsttrockenheit. Zum Start Kompost oder Volldünger geben, ein- bis zweimal nachdüngen. Boden häufig lockern; anhäufeln, um lange weiße Schäfte zu erhalten. Winterporree vor starken Frösten mit Vlies oder Fichtenreisig abdecken.

Ernte Mit der Grabegabel den Boden neben der Reihe lockern, um schadloses Herausziehen der Schäfte zu erleichtern; zum Einlagern die Blätter etwas einkürzen.

Sorten Bewährte Sorten sind z. B. 'Messidor' und 'Thermidrome'. Einen besonders guten Ruf unter Gourmets genießen rosa gestreifte Sorten wie 'Germidour'.

Anbau Schwachzehrer. Am besten speziellen Pflanz-Knoblauch verwenden. Von diesem im Oktober oder März/April einzelne Zehen so in den Boden stecken, dass die Spitze etwa 2 cm unter die Oberfläche kommt. Abstand 20–25 × 15 cm.

Pflege Gleichmäßig feucht halten. Bei lang anhaltender Trockenheit gießen; etwas Kompost geben.

Ernte Wenn die Blätter verbraunen und umkippen: Die Zwiebeln luftig, schattig und kühl lagern.

Meerrettich
Armoracia rusticana

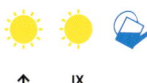

↑
50-70

IX
II

Spargel
Asparagus officinalis

↑
120-150

IV
VI

Sorten In der Regel ohne Sortenbezeichnung.
Anbau Mittelzehrer. Vermehrung mit „Fechsern": Das sind dünne, 20–30 cm lange Teilstücke der Seitenwurzeln. Diese im Frühjahr schräg einpflanzen. Meist genügt eine Pflanze; breitet sich stark aus.
Pflege Bei Trockenheit gießen. Im Sommer ein- bis zweimal die Wurzeln vorsichtig freilegen. Dann Seitenwurzeln abtrennen oder mit grobem Tuch abreiben; nur den unteren Wurzelkranz belassen. Danach wieder abdecken. Das fördert die Ausbildung kräftiger Wurzeln und dämmt die Ausbreitung ein.
Ernte Wurzeln ab Herbst ausgraben.

Sorten Bleichspargel (z. B. 'Gijnlim', 'Ravel'), der weiße, zarte Stangen liefert, erfordert einen Anbau mit Dämmen und einen sehr gut durchlässigen, aber humosen Boden. Etwas geringere Ansprüche hat der kräftiger schmeckende Grünspargel, z. B. 'Spaganiva', der ohne Damm angebaut wird.
Anbau Boden langfristig verbessern und tief lockern, am besten mit einer tief wurzelnden Gründüngung (z. B. Ölrettich). Pflanzung im März bis Anfang April, in 40 cm breite und 20 cm tiefe Gräben mit 120–140 cm Reihenabstand. Ideal ist ein 40 cm tiefer Graben, der 20 cm hoch mit gut verrottetem Mist und Kompost aufgefüllt wird. Pflanzen

mit 40–50 cm Abstand in den Graben setzen, Wurzeln flach mit Erde abdecken. Gräben ab dem 2. Jahr allmählich bis Bodenniveau auffüllen. Bei Bleichspargel im 3. Jahr 40–50 cm hohe und breite Dämme aufschütten.
Pflege Beete unkrautfrei halten; bei Trockenheit wässern. Jährlich im Herbst düngen (Kompost, Mist). Vergilbtes Kraut im Herbst unten abschneiden.
Ernte Erst ab dem 3. Jahr, bis spätestens 24. Juni. Bleichspargel: ca. 20 cm lange Triebspitzen freilegen und schneiden (frühmorgens oder nachmittags). Grünspargel: 15–20 cm hohe Triebe bodennah schneiden.

Artischocke
Cynara scolymus

Topinambur
Helianthus tuberosus

Rhabarber
Rheum rhabarbarum

↑ VIII
160-200 IX

↑ X
200-300 III

↑ V
100-150 VI

Sorten Beispielsweise 'Große von Laon', 'Imperial Star', 'Vert Globe'.
Anbau Starkzehrer. Anzucht Mitte Februar bis Anfang April; Pflanzung ab Mitte Mai, Abstand 100 × 100 cm, an einen möglichst geschützten Platz. Vermehrung ist möglich durch Teilung älterer Pflanzen im Frühjahr.
Pflege Bei Trockenheit kräftig gießen. Im Herbst oder Frühjahr gut mit Kompost versorgen, ein- bis zweimal nachdüngen. Im Spätherbst alte Blütenstiele stark zurückschneiden, Wurzelbereich abdecken (Laub, Fichtenreisig).
Ernte Im 1. Jahr oft noch spärlich. Geschlossene, knospige Blütenköpfe vor der Violettfärbung abschneiden.

Sorten Gut geeignet sind z. B. die nicht allzu stark wachsende 'Bianca' und die ertragreiche 'Gute Gelbe'.
Anbau Mittelzehrer. Pflanzung der Knollen im März oder April, Abstand 80–100 × 30 cm, 5–10 cm tief.
Pflege Bei anhaltender Trockenheit gießen. Im Frühjahr mit Kompost versorgen. Mehrmals anhäufeln. Unerwünschte Schösslinge aus im Boden verbliebenen Knollen konsequent entfernen.
Ernte Spätestens im Frühjahr möglichst alle Knollen ausgraben, um zu starker Verbreitung vorzubeugen. Die Knollen haben durch ihren Inulin-, Vitamin- und Mineralstoffgehalt einen hohen Gesundheitswert.

Sorten Am besten rotstielige wie z. B. 'Holsteiner Blut'. Grünstielige Sorten sind zwar ertragreicher, aber saurer.
Anbau Mittelzehrer. Im Herbst oder Frühjahr pflanzen, mit den Triebknospen knapp unter der Erdoberfläche; Abstand 150 × 150 cm.
Pflege Durch Überstülpen von Töpfen oder Treibglocken ab Februar lassen sich Austrieb und Ernte verfrühen. Während der Wachstumszeit gut feucht halten. Nach der Ernte düngen. Blütenstände ausbrechen. Alle 6 bis 8 Jahre durch Teilung verjüngen.
Ernte Letzte Ernte Ende Juni, da danach der Gehalt an gesundheitsschädlicher Oxalsäure stark ansteigt.

Obst von A–Z

Schon Erdbeersorten sollten sorgfältig ausgewählt werden, erst recht aber die langlebigen Obstbäume und -sträucher. Die Pflanzenporträts in diesem Kapitel bieten dazu Orientierungshilfen, außerdem viele Praxistipps für erfolgreichen Anbau, gedeihliche Pflege und ergiebige Ernte.

Quitte
Cydonia oblonga

↑   X
200-500   XI

Apfel
Malus domestica

↑   VIII
150-1000   X

Sorten Nach der Fruchtform unterscheidet man Apfel- und Birnenquitten. Fast alle Sorten selbstfruchtbar.
Anbau Meist als Buschbaum oder Halbstamm. Braucht einen warmen, geschützten Platz und kalkarmen Boden. Pflanzung vorzugsweise im Frühjahr; Abstand 4–7 m.
Pflege Baumscheibe mulchen; in den ersten Jahren im Wurzelbereich mit Winterschutz versehen. Bei anhaltender Trockenheit gießen. Keine stickstoffreiche Düngung. Alle paar Jahre auslichten.
Ernte Wenn die Früchte gut ausgefärbt sind, vor Frostbeginn. Noch harte Früchte können drinnen nachreifen.

Sorten Je nach Reifezeit Sommer- sowie gut lagerfähige Herbst- und Wintersorten; Früchte je nach Sorte grün, gelb oder rot, eher säuerlich oder süßlich. Neuere Züchtungen wie die „Pi" und „Re"-Sorten (z. B. 'Piros', 'Resi') sind sehr widerstandsfähig gegen Schorf, Mehltau und teils auch weitere Krankheiten. Für die Befruchtung sind zwei zeitgleich blühende Sorten nötig.
Die Übersicht rechts kann nur eine kleine Auswahl vorstellen. Bei zu Alternanz neigenden Sorten gibt es oft ausgeprägte Wechsel zwischen ertragsstarken und -schwachen Jahren.
Anbau Als recht große Bäume (Hoch-, Halb- oder

Niederstamm) oder in kleineren bzw. schmalen Formen: Busch, Spindel, Säulen- und Zwergapfel. Pflanzung vorzugsweise im Herbst, Abstand je nach Baumform 2–10 m.
Pflege Im Frühjahr düngen oder Kompost geben; auf gute Kaliversorgung achten. Baumscheibe mulchen. Bei Trockenheit kräftig gießen. Dichten Fruchtbehang Ende Juni ausdünnen. Regelmäßig schneiden.
Ernte Sobald die Früchte sortentypisch ausgefärbt sind und sich der Stiel beim Drehen der Frucht leicht löst. Herbst- und Wintersorten entfalten meist erst nach Lagerung ihren vollen Geschmack.

Birne
Pyrus communis

↑
150-1500

VIII
X

↑
200-500

VIII
IX

Sorten Sommerbirnen (Ernte ab August): z. B. 'Clapps Liebling', 'Frühe von Trévoux'; Herbstbirnen (ab September), z. B. 'Condo', 'Gute Luise'; Winterbirnen (ab Oktober), z. B. 'Gräfin von Paris', 'Uta'. Die genannten Sorten sind relativ frosthart und robust gegen Krankheiten. Für die Befruchtung sind zwei zeitgleich blühende Sorten nötig.
Anbau Als Hoch-, Halb- oder Niederstamm, als Spalier an einer warmen Hauswand oder in kompakteren Formen wie Buschbaum, Spindel, Säulen- oder Zwergbaum. Der Platz sollte möglichst warm, frost- und windgeschützt sein, der Boden kalkarm. Für kalkhaltigere Böden empfiehlt sich die Unterlage

„Pyrodwarf". Pflanzung im Herbst oder Frühjahr, bei Quitten- und Pyrodwarfunterlage stets mit Stützpfahl; Abstand je nach Baumform 2–8 m.
Pflege Im Frühjahr düngen oder Kompost geben; auf gute Kaliversorgung achten. Baumscheibe mulchen. Bei Trockenheit während der Fruchtbildung gießen. Sehr dichten Fruchtbehang Ende Juni ausdünnen. Regelmäßig schneiden; im Sommer steilwüchsige Triebe waagerecht binden.
Ernte Wenn sich der Stiel beim Drehen der Frucht leicht löst. Herbst- und Wintersorten sind erst nach längerer Lagerung genussreif.

Sorten Hauptsächlich angeboten werden 'Hosui', 'Kosui' (beide mit dunkelgelben Früchten) und 'Nijisseiki' (heller, glattschalig). Alle brauchen eine zweite Nashi- oder eine Birnensorte als Befruchter.
Anbau Als Busch, Spindelbusch oder Halbstamm. Pflanzung im Herbst oder Frühjahr; Abstand 2,5–4 m.
Pflege Baumscheibe mulchen. Bei Trockenheit öfter und kräftig gießen. Im Frühjahr düngen oder Kompost geben. Regelmäßig auslichten, abgetragenes Fruchtholz zurückschneiden.
Ernte Vollreif oder, für die Lagerung, kurz vor der Vollreife und noch etwas härter.

Aprikose
Prunus armeniaca

↑ 200-800   VI / VIII

Süßkirsche
Prunus avium

↑ 300-1200   V / VII

Sorten Als frosthart gelten 'Mino' (zugleich scharka- und moniliafest) und 'Ungarische Beste'. Überwiegend selbstfruchtbar (mit Ausnahmen, wie z. B. 'Orangered').
Anbau Als Busch, Niederstamm, Säulen- oder Zwergform. Anbau als Spalier an der Hauswand kommt dem Wärmebedarf entgegen, kann aber die spätfrostgefährdete Blüte noch weiter verfrühen. Pflanzung im Frühjahr, 2–8 m Abstand.
Pflege Blüten, wenn nötig, mit Vlies schützen. Spalierbäume an sonnigen Winter- und Frühjahrstagen schattieren. Sonst ähnlich wie Nashi.
Ernte Vorzugsweise vollreif, aber Nachreife möglich.

Sorten Herzkirschen (z. B. 'Burlat', 'Kassins Frühe') mit weichem Fruchtfleisch; Knorpelkirschen (z. B. 'Hedelfinger', 'Van') mit festem Fruchtfleisch, oft etwas anfällig für das Aufplatzen bei Regen. Mit roten bis schwarzroten, gelben oder rotgelben Früchten. Nach Reifezeit unterteilt in 7 Kirschwochen. Frühe Sorten sind weniger durch Kirschfruchtfliegen gefährdet. Interessante Besonderheiten sind die schlankwüchsige 'Sylvia' (meist als Säulenbaum) und das zunehmende Angebot an selbstfruchtbaren Sorten (z. B. 'Lapins', 'Sunburst'). Ansonsten brauchen die meisten Sorten eine zweite Süßkirsche oder eine Sauerkirsche als Befruchter.

Anbau Meist als Halb- oder Niederstamm, Busch, Spindelbusch; auch einige Säulen- und Zwergformen sind im Handel. Pflanzung vorzugsweise im Herbst, Abstand je nach Baumform 2–10 m.
Pflege Im Frühjahr düngen oder Kompost geben. Blüten, wenn nötig und möglich, mit Vlies schützen. Baumscheibe ab Frühsommer mulchen. Bei Trockenheit während der Fruchtentwicklung kräftig gießen. Regelmäßig schneiden, Hauptschnitt im Sommer bzw. nach der Ernte; steilwüchsige Triebe herunterbinden; überaltertes Fruchtholz entfernen.
Ernte Kirschen mit Stiel pflücken oder abschneiden.

Sauerkirsche
Prunus cerasus

↑ 150-1200   VI/VII

Pflaume
Prunus domestica

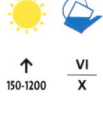

↑ 150-1200   VI/X

Sorten Nach den Früchten unterscheidet man die bevorzugt angebauten dunklen, weichfleischigen Weichselkirschen mit färbendem Saft (z. B. 'Schattenmorelle') sowie gelbe bis gelbrote Amarellen mit farblosem Saft (z. B. 'Ludwigs Frühe'). Wie bei den Süßkirschen werden die Sorten nach Reifezeit in 7 Kirschwochen eingeteilt. Widerstandsfähig gegen Monilia sind z. B. 'Gerema' und 'Saphir'. Unter den älteren Sorten ist 'Morellenfeuer' robuster als die sehr anfällige 'Schattenmorelle'. Die meisten Sorten sind selbstfruchtbar; bei den anderen kann die Befruchtung durch Sauer- oder Süßkirschen erfolgen.
Anbau Als Hoch-, Halb-, Niederstamm oder Busch, öfter mit Hohlkrone; auch als Spalier oder Zwergbaum. Pflanzung bevorzugt im Herbst, Abstand je nach Form 2–10 m.
Pflege Im Frühjahr düngen oder Kompost geben. Baumscheibe ab Frühsommer mulchen. Bei Trockenheit während der Fruchtentwicklung kräftig gießen. Regelmäßig schneiden, Hauptschnitt im Sommer nach der Ernte, bei Spätsorten auch im Frühjahr. Steilwüchsige junge Triebe herunterbinden oder wegschneiden. Bogig herabhängende ältere Seitentriebe entfernen oder stark einkürzen.
Ernte Kirschen mit Stiel pflücken oder abschneiden.

Sorten Pflaumen: groß, teils mit schwer lösenden Steinen; Zwetschen: mittelgroß, meist gut steinlösend; Renekloden: groß, rund, grüngelb oder violett; Mirabellen: klein, rund, gelb. Meist selbstfruchtbar, teils Befruchtersorte nötig.
Anbau Je nach Sorte in allen Baumformen möglich, auch als Spalier, Säulen- oder Zwergbaum. Pflanzung vorzugsweise im Herbst, Abstand je nach Baumform 2–10 m.
Pflege Baumscheibe mulchen. Bei Trockenheit kräftig gießen. Im Frühjahr düngen oder Kompost geben. Schnitt nach der Ernte, regelmäßig auslichten.
Ernte 1 bis 2 Wochen nach der vollen Ausfärbung.

Pfirsich
Prunus persica

↑
150-1000   VI / IX

Nektarine
Prunus persica var. *nucipersica*

↑
150-1000   VI / IX

Sorten Frühe, mittelfrühe und späte Sorten; weiß-, gelb- oder rotfleischig. Wenig anfällig gegen Kräuselkrankheit sind z. B. 'Kernechter vom Vorgebirge' (spät, für raue Lagen geeignet), 'Roter Weinbergpfirsich' (spät) und 'Revita' (mittelfrüh, recht robust); etwas stärker krankheitsgefährdet ist 'Früher Roter Ingelheimer' (Ernte im Juli, für raue Lagen geeignet). Fast alle Sorten sind selbstfruchtbar.

Anbau Als Hoch-, Halb- oder Niederstamm, als Busch- oder Zwergbaum oder als Spalier an einer wärmenden Hauswand. Wird vorzugsweise mit Hohlkrone erzogen, also ohne Mittelast. Braucht einen möglichst vollsonnigen, warmen, geschützten Platz und eher kalkarmen Boden. Pflanzung im Frühjahr; Abstand je nach Baumform 2–10 m.

Pflege Junge Bäume mit Winterschutz versehen, im Frühjahr düngen oder Kompost geben; auf gute Kaliversorgung achten. Blüten, wenn nötig, mit Vlies schützen. Baumscheibe ab Frühsommer mulchen. Bei Trockenheit gießen. Dichten Fruchtbehang Ende Juni ausdünnen. Regelmäßig schneiden, am besten im Sommer. Beim Schnitt auf die unterschiedlichen Holz- und Fruchttriebe achten.

Ernte In der Vollreife, wenn sich der Stiel beim Drehen der Frucht leicht löst.

Sorten Die Nektarine ist eine Varietät des Pfirsichs mit glattschaligen, oft noch süßeren Früchten. Zu den – stets selbstfruchtbaren – Sorten für den Hausgarten gehören u. a. 'Fantasia' (sehr ertragreich) und 'Nektarose' (recht frosthart).

Anbau Wie Pfirsich; besonders beliebt als Zwergbäumchen. Für die gute Abreife ist ein besonders sonniger und warmer Platz ratsam.

Pflege Wie Pfirsich. Spalierbäume an sonnigen Winter- und Frühjahrstagen schattieren, um verfrühter Blüte vorzubeugen.

Ernte Wie Pfirsich; die Früchte lassen sich notfalls aber etwas besser nachreifen.

Kiwi
Actinidia deliciosa

↑ 400-800 | X / XI

Erdbeere
Fragaria × ananassa

↑ 20-1500 | VI / X

Sorten Die meisten Kiwisorten, wie 'Hayward' oder 'Starella' tragen nur weibliche Blüten, sodass zusätzlich eine männliche Bestäubersorte, z. B. 'Matua', angebaut werden muss. Einhäusige Sorten wie 'Jenny' oder 'Solo' dagegen sind selbstfruchtbar; allerdings gibt es hier manchmal Probleme mit der Blütenentwicklung. Nicht nur in raueren Lagen haben sich die frostharten „Mini-Kiwis" (Sorten von *A. arguta)* mit kleineren, glattschaligen Früchten bewährt, z. B. 'Weiki', 'Maki' (rotschalig) und 'Issai' (selbstfruchtbar).
Anbau Schlingpflanze zum Hochwinden am stabilen Rankgerüst an einer Hauswand oder an einer Pergola.

Warmer, geschützter Platz mit leicht saurem Boden. Pflanzung vorzugsweise im Frühjahr, Abstand 3–5 m.
Pflege In den ersten Jahren Winterschutz, v. a. im Wurzelbereich geben. Während Wachstumszeit und Fruchtbildung gleichmäßig feucht halten; mulchen. Zum Austrieb, vor der Blüte und während der Fruchtentwicklung düngen. Im Sommer Seitentriebe so einkürzen, dass über den Früchten 4 bis 6 Blätter verbleiben. Abgetragene Langtriebe im Spätwinter auslichten.
Ernte Möglichst ausreifen lassen, aber vor den ersten stärkeren Frösten pflücken. Die Früchte können bei Zimmertemperatur nachreifen.

Sorten Siehe Übersicht auf S. 364. Bis auf wenige alte Sorten (z. B. 'Mieze Schindler') selbstfruchtbar.
Anbau Pflanzung Juli bis Anfang September oder Mitte März bis Mitte Mai; Abstand 40–50 × 25 cm; nicht zu tief pflanzen. Spätestens nach 4 Jahren durch neue Jungpflanzen ersetzen. Manche Sorten sind auch samenvermehrbar (Anzucht im Frühjahr).
Pflege Ab spätem Frühjahr bis Frühherbst regelmäßig gießen. Nach Austrieb düngen. Am besten ab Frühsommer mulchen. Nach der Ernte alte Blätter entfernen, ebenso nicht benötigte Ausläufer.
Ernte Mit Fruchtkelch pflücken.

Vielfalt der Erdbeeren

Sortengruppe	Eigenschaften	Bewährte und interessante Sorten
Einmaltragende Gartenerdbeeren	reiche Ernte im Juni/Juli; niedrige Blattrosetten mit Ausläufern	'Darselect' (früh) 'Elsanta' (mittelfrüh) 'Honeyeye' (sehr früh) 'Korona' (mittelfrüh) 'Polka' (mittelfrüh) 'Tenira' (mittelspät)
Mehrmalstragende Gartenerdbeeren	Früchte ab Juni, Haupternte im August bis Oktober; niedrige Blattrosetten mit Ausläufern	'Evita', 'Fresca' 'Josee', 'Mara de Bois' 'Mieze Nova' 'Ostara' 'Rapella' 'Seascape' 'Selva'
Monatserdbeeren *(Fragaria vesca* var. *semperflorens)*	kleine Früchte von Mai bis Oktober; niedrige Blattrosetten, meist ohne Ausläufer; halbschattenverträglich	'Alexandria' 'Mignonette' 'Rügen'
Wiesenerdbeeren *(Fragaria × vescana)*	ähnlich Monatserdbeeren, aber mit etwas größeren Früchten und reichlich Ausläufern; als Bodendecker, für Erdbeerwiesen	'Florika' 'Spadeka'
Hängeerdbeeren	mit kleinen Früchten von Juni/Juli bis Oktober; mit rund 40 cm langen Ausläufern, v. a. für Pflanzgefäße wie Ampeln	meist ohne Sortenbezeichnung angeboten 'Cascade' und 'Elan' hängend durch lange Stiele
Klettererdbeeren	ähnlich Hängeerdbeeren; mit bis 1,5 m langen Sprossen, zum Aufbinden an Stäben oder Rankgittern	'Bakker's Kingsize' 'Hummi' 'Mountainstar'

Jostabeere
Ribes × nidigrolaria

↑
150-200   VII

Sorten Kreuzung zwischen Schwarzer Johannisbeere (siehe S. 365) und Stachelbeere (siehe S. 366); wüchsiger sowie weniger krankheits- und schädlingsanfällig als die Kreuzungseltern. 'Jogranda' und 'Jostine' sind teils noch widerstandsfähiger, zudem großfrüchtiger.

Anbau An etwas geschütztem Platz, da Blüte spätfrostgefährdet. Pflanzung im Herbst oder zeitigen Frühjahr; Abstand 2–3 m.

Pflege Bei Trockenheit gießen; mulchen. Im Frühjahr organisch düngen. Nach der Ernte oder im Frühjahr auslichten; 6 bis 8 Haupttriebe sind ausreichend.

Ernte Vollreife Früchte; ganze Trauben abschneiden.

Schwarze Johannisbeere
Ribes nigrum

↑ VII
120-200

Rote Johannisbeere
Ribes rubrum

↑ VI
120-200 VIII

Sorten Frühe, mittelfrühe und späte Sorten, mit Reife zwischen Anfang und Ende Juli. Empfehlenswert sind Sorten mit geringer Krankheits- und Schädlingsanfälligkeit, ('Leandra', 'Titania'). Selbstfruchtbar, eine zweite Sorte verbessert die Ernte.

Anbau Wie Rote Johannisbeere; aber noch etwas tiefer pflanzen (rund eine Handbreit tiefer als im Topf). Dies fördert die Bildung von Neutrieben.

Pflege 10 bis 12 Haupttriebe anstreben; Haupttriebe, die älter als 3 Jahre sind, bodennah herausschneiden. Sonst wie Rote Johannisbeere.

Ernte Trauben als Ganzes abschneiden, Beeren abstreifen.

Sorten Frühe, mittelfrühe und späte Sorten, mit Reife zwischen Ende Juni und Anfang August; mit roten oder weißen Früchten. Johannisbeeren sind selbstfruchtbar, das Pflanzen verschiedener Sorten macht jedoch die Ernte deutlich sicherer. Die beliebten frühen Sorten 'Jonkher van Tets' (rot) und 'Weiße Versailler' (weiß) neigen leider zum Verrieseln (vorzeitiger Fruchtabwurf). Weniger gefährdet sind z. B. 'Red Lake' (früh), 'Rovada' (mittelfrüh, robust), 'Blanka' (weiß, mittelfrüh, robust) und 'Heinemanns Spätlese' (spät, ertragreich).

Anbau Als Strauch oder Stämmchen. Möglichst wind- und spätfrostgeschützter Platz; leicht saurer Boden. Pflanzung bevorzugt im Herbst oder zeitigen Frühjahr; Pflanzabstand 1,5–2 m; Sträucher so tief setzen, dass die untersten Triebknospen knapp mit Erde bedeckt sind. Mit Stütze versehen (Hochstämmchen zeitlebens).

Pflege Bei Trockenheit kräftig gießen. Flachwurzler, deshalb in nächster Umgebung nicht tief hacken, besser mulchen. Zum Austrieb organisch düngen; chloridhaltige Mineraldünger unbedingt vermeiden. Schnitt am besten nach der Ernte; überalterte Haupttriebe ganz entfernen; 8 bis 12 Haupttriebe genügen.

Ernte Ganze Beerentrauben abschneiden.

Stachelbeere
Ribes uva-crispa

↑ VI
100-150 VIII

Brombeere
Rubus sect. *Rubus*

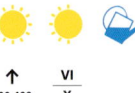

↑ VI
200-400 X

Sorten Bevorzugen Sie Sorten mit hoher Widerstandsfähigkeit gegen Stachelbeermehltau, z. B. 'Invicta' (grün), 'Redeva' (rot, spät reifend).
Anbau Als Strauch, Stämmchen oder Spalier an Draht. Etwas geschützter Platz, da Blüte spätfrostgefährdet. Pflanzung im Herbst oder Frühjahr; Abstand 1,5–2 m.
Pflege Bei Trockenheit gießen; mulchen. Im Frühjahr organisch düngen. Nach der Ernte abgetragene Haupttriebe, die älter als 3 Jahre sind, entfernen. Triebspitzen mit Mehltaubefall wegschneiden.
Ernte Für den Frischverzehr vollreif, zum Einkochen, für Konfitüre usw. auch etwas früher.

Sorten Man hat hier zum einen die Wahl zwischen bestachelten und stachellosen, zum andern zwischen aufrechten und rankenden, langtriebigen Sorten. Zudem gibt es leichte Unterschiede in der Reifezeit. Die stachellose, aufrechte, robuste 'Navaho' ist im Anbau besonders bequem. 'Wilsons Frühe' wächst aufrecht und ist nur mäßig bestachelt. Die stark bestachelte und rankende 'Theodor Reimers' wird wegen ihrer sehr wohlschmeckenden Früchte und hohen Erträge geschätzt. Stachellos und rankend sind z. B. 'Loch Ness' und 'Black Satin'.
Anbau An Spalieren mit quer gespannten Drähten ('Navaho' auch ohne Gerüst).

Pflanzung vorzugsweise im Frühjahr; so tief einsetzen, dass die Triebknospen am Wurzelhals unter die Erde kommen. Reihenabstand 2,5–3,5 m, in der Reihe bei rankenden Sorten 2–2,5 m, bei aufrechten 0,8 m.
Pflege Im Frühjahr organisch düngen. Gleichmäßige Wasserversorgung während der Fruchtentwicklung; mulchen. Je nach Wuchsstärke mit jeweils 4 bis 10 Ruten ziehen, diese abwechselnd nach links und rechts am Spalier anbinden. Abgetragene und überzählige Ruten im Frühjahr bodennah abschneiden. Im Sommer Seitentriebe auf 2 bis 4 Knospen einkürzen.
Ernte Einige Tage nach der Schwarzfärbung der Früchte.

Himbeere
Rubus idaeus

↑
150-250 | VI
X

Sorten Sommersorten, z. B. 'Meeker', bei denen die neu gebildeten Ruten im Folgejahr ab Juli Früchte tragen; Herbstsorten, z. B. 'Autumn Bliss', bei denen die Jungruten bereits im Jahr des Austriebes zwischen August und Oktober fruchten.
Anbau An Drahtspalieren mit 120–150 cm Reihenabstand, in der Reihe 40–50 cm. So pflanzen, dass die Triebknospen an der Basis rund 5 cm unter die Erde kommen.
Pflege Jungruten aufbinden. Im Frühjahr organisch düngen. Bei Trockenheit gießen; mulchen. Nach der Ernte abgetragene Ruten knapp über dem Boden wegschneiden.
Ernte Bei Vollreife pflücken.

Logan-, Taybeere
Rubus-Hybriden

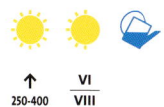
↑
250-400 | VI
VIII

Sorten Die Logan- oder Taybeere ist eine Kreuzung aus Brombeere und Himbeere, im Wuchs mit rankenden, fein bestachelten Ruten der Brombeere ähnlich und mit purpurroten, säuerlichen Früchten. Als Sorte gibt es z. B. 'Medana'. Bei der selten angebotenen, ähnlichen Boysenbeere handelt es sich um eine Kreuzung aus Logan-, Brom- und Himbeere.
Anbau An Drahtspalieren mit etwa 2 m Abstand. Pflanzung vorzugsweise im Frühjahr, an einem geschützten Platz.
Pflege Wie bei rankenden Brombeersorten. Winterschutz, zumindest im Wurzelbereich, ist empfehlenswert.
Ernte Bei Vollreife pflücken.

Heidelbeere
Vaccinium corymbosum

↑
100-200 | VI
VIII

Sorten Früh (z. B. 'Earlyblue'), mittelfrüh (z. B. 'Patriot', 'Bluecrop'), oder spät reifend. Die späte Sorte 'Sunshine Blue' (immergrün) verträgt auch weniger saure Böden.
Anbau Braucht sauren (pH 4–5), gut durchlässigen, humosen Boden. Pflanzung im Herbst oder Frühjahr; Pflanzabstand 1,5–2 m.
Pflege Mit kalkarmem Wasser gleichmäßig feucht halten; stets mulchen. Im Frühjahr stickstoffhaltigen organischen Dünger oder alle 3 Jahre Stallmist geben. Im Spätwinter alte, abgetragene Triebe herausschneiden; 5 bis 8 Haupttriebe genügen.
Ernte Einige Tage nach der vollen Ausfärbung.

Preiselbeere
Vaccinium vitis-idaea

Weinrebe
Vitis vinifera

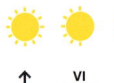
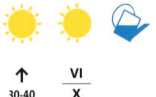

↑
30-40

VI
X

↑
150-1000

VIII
X

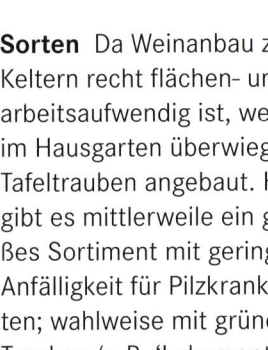

Sorten Bewährte Sorten sind z. B. 'Koralle' mit herbsauren und 'Erntesegen' sowie 'Red Pearl' mit etwas milder schmeckenden Früchten.
Anbau Benötigt sauren (pH 3 bis 4,5), gut durchlässigen, am besten sandig humosen Boden. Pflanzung vorzugsweise im Frühjahr, Pflanzabstand 20–30 cm.
Pflege Bei Trockenheit mit kalkarmem Wasser gießen; am besten mulchen. Regelmäßig jäten. Im Frühjahr Kompost oder alle 2 bis 3 Jahre kalkarmen, chloridfreien Dünger geben. Gelegentlich die ältesten, abgetragenen Triebe herausschneiden.
Ernte Nach voller Ausfärbung; öfter durchpflücken.

Sorten Da Weinanbau zum Keltern recht flächen- und arbeitsaufwendig ist, werden im Hausgarten überwiegend Tafeltrauben angebaut. Hier gibt es mittlerweile ein großes Sortiment mit geringer Anfälligkeit für Pilzkrankheiten; wahlweise mit grünen Trauben (z. B. 'Lakemont', kernlos), blauen Trauben (z. B. 'Nero') oder rötlichen Trauben (z. B. 'Vanessa', kernlos). Für kältere Regionen eignen sich v. a. früh reifende, gut frostharte Sorten, z. B. 'Bianca' (grün) oder 'Esther' (rot).
Anbau Am Drahtspalier oder an Rankgerüst oder Pergola. Möglichst warmer, geschützter Platz, etwa an einer Hauswand. Pflanzung im Frühjahr, mit der Veredlungsstelle etwa 5 cm über dem Boden; 1,5–3 m Abstand.
Pflege Triebe an Rankhilfe befestigen. Bei Trockenheit gießen. Am besten mulchen. Im Frühjahr mit Kompost versorgen. In kalten Lagen die Pflanzenbasis gut mit Winterschutz versehen. Erziehung je nach gewünschter Wuchsform: mit jährlich eingekürztem Haupttrieb, 1 oder 2 waagerecht gebundenen Haupttrieben oder mehreren fächerartig angeordneten Gerüsttrieben als Kletterpflanze. Im Spätwinter Seiten- bzw. Fruchttriebe auf 2 Augen zurückschneiden; darüber kurze Zapfen stehen lassen.
Ernte Bei Vollreife pflücken.

Haselnuss
Corylus avellana, C. maxima

↑
300-600

VIII
X

Walnuss
Juglans regia

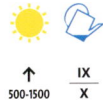

↑
500-1500

IX
X

Sorten Grundsätzlich unterscheidet man Zellernüsse (*Corylus avellana*), die sich leicht aus den Schalen lösen lassen, und die schwerer lösenden, aber noch besser schmeckenden Lambertsnüsse (*C. maxima*). Bei den heutigen Kultursorten handelt es sich allerdings oft um Kreuzungen bzw. Hybriden. Bewährte Sorten sind z. B. 'Hallesche Riesennuss', 'Webbs Preisnuss' und 'Wunder aus Bollweiler'. Die 'Rotblättrige Zellernuss' bietet neben schmackhaften Nüssen auch ein attraktives Erscheinungsbild. Für gute Ernten ist jeweils eine zweite Sorte oder eine Wildhasel als Befruchter erforderlich.
Anbau Pflanzung im Herbst

oder Frühjahr; Abstand 2,5–3 m. Eignet sich gut für lockere Hecken.
Pflege Gelegentlich im Frühjahr Kompost geben. Wässern bei trockenem Hochsommerwetter fördert die Ausbildung großer Nüsse. Mulchen ist vorteilhaft. Alle paar Jahre im Spätwinter auslichten, indem alte Triebe an der Basis herausgeschnitten werden. Falls nötig, ist auch ein kräftiger Rückschnitt möglich.
Ernte Wenn sich die zunächst grünschaligen Nüsse braun verfärben und hart werden. Decken oder Folien unter den Sträuchern erleichtern das Aufsammeln abfallender oder abgeschüttelter Nüsse.

Sorten Im Allgemeinen empfehlen sich veredelte Walnussbäume, da etwas kleiner, weniger spätfrostgefährdet und früher tragend als Sämlingsbäume. Gute Sorten sind z. B. 'Geisenheimer Walnuss (Nr. 26)' (kleinkronig, kein Spätfrostrisiko); 'Weinheimer Walnuss (Nr. 139)' (mittelstarker Wuchs, frühe Ernte).
Anbau Pflanzung vorzugsweise im Frühjahr; mindestens 6 m Abstand zu Grenzen und Gebäuden.
Pflege Baumscheibe häufig lockern oder mulchen. Schnitt, falls erforderlich, vorzugsweise im Spätsommer, um starkem „Bluten" vorzubeugen.
Ernte Reife Nüsse am besten herabfallen lassen.

Wildobst

So manche naturnahe Gehölze bilden schmackhafte und teils ausgesprochen gesunde und vitaminreiche Früchte – auch wenn diese oft erst nach Verarbeitung oder Frosteinwirkung genießbar sind. Wenn man diese besonderen Genüsse schätzt, lohnt es sich, das Angebot von Baumschulen und Gärtnereien zu studieren.

Denn von einigen dieser Sträucher oder Bäume werden auch spezielle Fruchtsorten angeboten.

Diese besitzen aber immer noch genug Wildgehölzcharakter, um den Garten ökologisch sowie durch ihren Zierwert zu bereichern.

Bewährte Wildobstarten

Name	Höhe, Lichtanspruch	Ernte, Verwendung
Felsenbirne *(Amelanchier*-Arten)	2–5 m; sonnig	ab Ende Juni; Frischverzehr, Marmelade
Apfelbirne *(Aronia melanocarpa)*	1,5–2 m; sonnig	Aug.; Frischverzehr, Saft, Likör, Gelee, Marmelade, Kompott
Schein-, Zierquitte *(Chaenomeles japonica)*	0,8–3 m; sonnig bis halbschattig	ab Sept.; Gelee, Marmelade, Likör
Kornelkirsche *(Cornus mas)*	3–8 m; sonnig bis halbschattig	ab Mitte Aug.; Frischverzehr, Saft, Wein, Likör, Gelee, Marmelade, Kompott
Sanddorn *(Hippophae rhamnoides)*	2–6 m ; sonnig	ab Sept.; Saft, Gelee, Sirup
Mispel *(Mespilus germanica)*	3–6 m; sonnig bis halbschattig	ab Okt.; erst nach Frost oder mehrwöchiger Nachreife genießbar, z. B. als Gelee
Schlehe *(Prunus spinosa)*	2–3 m; sonnig bis halbschattig	ab Mitte Nov.; erst nach Frost genießbar, z. B. als Marmelade oder Likör
Holunder *(Sambucus nigra)*	3–7 m; sonnig bis halbschattig	ab Sept.; Saft, Likör, Gelee u. a.
Eberesche *(Sorbus aucuparia)*	5–15 m; sonnig bis halbschattig	ab Okt.; Saft, Likör, Wein, Gelee

Kornelkirsche

Mispel

Arbeitskalender

Wenn die Arbeiten im Obst- und Gemüsegarten zur rechten Zeit erledigt werden, sind reiche Ernten garantiert. Die Monatszuordnung der Arbeiten in diesem Kalender dient als Anhaltspunkt und kann natürlich je nach regionaler Wetterentwicklung etwas variieren.

Januar/Februar

Allgemeine Arbeiten

- Die Winterwochen lassen sich gut für die Anbauplanung der Gemüsebeete nutzen.
- Nun ist noch genug Muße, um sich gründlich über die verschiedenen Obstsorten und Unterlagen zu informieren und das Angebot verschiedener Baumschulen zu prüfen.
- Bei Gartenversendern bald bestellen, wenn man Saatgut oder Obstgehölze für die Frühjahrspflanzung beziehen möchte.

- Bei frostfreiem, nicht mehr allzu nassem Boden die ersten Beete herrichten und mit Kompost oder Mist sowie, falls nötig, mit Kalk versorgen.
- Der Februar ist ein guter Termin für eine Bodenuntersuchung.
- Obst- und Gemüselager regelmäßig kontrollieren und lüften. Faules muss umgehend ausgelesen werden.

Säen und Pflanzen

- Gemüsesamen können den ganzen Winter über bei Zimmertemperatur zur Ernte vitaminreicher Keimsprossen gesät werden; so z. B. Radieschen, Rettich, Rucola und Kürbis.
- Mit der Anzucht der meisten Kohlarten kann es schon Anfang Februar losgehen; mit Salaten, Sellerie und Fruchtgemüse wie Tomaten und Paprika zwischen Mitte und Ende des Monats. Vermehrungsleuchten verbessern die Sämlingsentwicklung.

- Im Gewächshaus können im Januar Bindesalat, Rucola, Winterportulak, frühe Radieschen und Rettiche gesät werden, ab Februar auch Spinat sowie Pflück- und Schnittsalat. Auch gekaufte Salat- und Kohlrabipflanzen können unter Glas gesetzt werden.
- Ab Ende Februar lassen sich draußen Puffbohnen, frühe Möhren, Radieschen, Rettiche und Säzwiebeln unter Folien- oder Vliesabdeckung säen.

Pflege

- Wintergemüse draußen sollten vor starken Frösten etwas abgedeckt werden.
- An warmen Tagen im Gewächshaus und Frühbeet lüften.
- Im Februar kann der Obstbaumschnitt beginnen, vor allem beim Kernobst.
- Im Januar kann bereits die Weinrebe geschnitten werden: Brombeeren erst gegen

Ende Februar, wenn keine starken Fröste mehr drohen. Versäumter Schnitt an anderem Beerenobst lässt sich jetzt ebenfalls noch nachholen.
- Im Januar sollte man an Obstbäumen den Weißanstrich erneuern oder nachholen; außerdem Leimringe gegen Frostspanner überprüfen und, wenn nötig, erneuern.

Ernte

- Wer im Spätsommer und Herbst vorgesorgt hat, kann immer noch Frisches ernten, wie Feldsalat oder deftigen Grünkohl.

- Ernten Sie Wintergemüse draußen nicht in gefrorenem Zustand, sondern warten Sie, bis es wieder aufgetaut ist.

März/April

Allgemeine Arbeiten

- Bei den meisten Beeten kann nun die Feinbodenbearbeitung erfolgen. Flächen für neue Obstpflanzungen im Frühjahr werden gründlich vorbereitet.
- Bei Beeten, die noch nicht gebraucht werden, kann Gründüngung eingesät werden.
- Mit Pflanzenresten aus dem Vorjahr neuen Kompost aufsetzen; Komposthaufen aus dem Herbst umsetzen.
- Ab April kälteempfindliche Gemüsejungpflanzen für die Maipflanzung bei mildem Wetter tagsüber draußen abhärten.

Säen und Pflanzen

- Große Anzucht- und Saatzeit beim Gemüse: Achten Sie jeweils auf passende Früh- oder Sommersorten, z. B. bei Salat und Spinat, und ziehen Sie Arten mit langer Entwicklungsdauer (z. B. Tomaten, Paprika, Auberginen) nicht zu spät vor.
- Bei frühen Anzuchten allmählich den Verdunstungsschutz entfernen und rechtzeitig pikieren. Frühsaaten draußen ausdünnen.
- Im März ist Pflanzzeit für Salate, frühe Kohlgemüse, Steckzwiebeln, Knoblauch und Spargel. Ab April kommen u. a. Blumenkohl, Porree und Kartoffeln hinzu, im Gewächshaus auch Paprika und Gurken.
- Wurzelnackte Obstgehölze können bis etwa Mitte April gesetzt werden, ab dann werden Containerpflanzen nötig. Frühjahrspflanzung empfiehlt sich v. a. für Pfirsich, Nektarine, Aprikose, Quitte, Kiwi, Weinrebe, Brombeere und Walnuss.
- Ab Mitte März können Erdbeeren gepflanzt werden.

Pflege

- Frühe Saaten und Pflanzungen, wenn nötig, mit Vlies oder Folie abdecken. Kulturschutznetze gegen Gemüsefliegen und andere Insekten auslegen.
- Auf Schnecken achten und diese frühzeitig bekämpfen.
- Saaten und Jungpflanzen feucht halten, vorsichtig Boden lockern und jäten. Hacken und Gießen ist bei Radieschen, Rettich und Kohl besonders wichtig, um Erdflöhen vorzubeugen.
- Junge Gemüsepflanzen können eine Startdüngung erhalten. Schon größere Kohl- und Porreepflanzen anhäufeln und Erbsen mit Reisig o. Ä. stützen.
- Gewächshäuser und Frühbeete bei kräftiger Frühlingssonne regelmäßig lüften.
- Gegen Anfang März alte Mulchschichten unter Obst entfernen und Kompost oder organischen Dünger geben.
- Ab Ende April bis Ende Juni Kirschfruchtfliegenfallen aufhängen.

Ernte

- Früh- und Gewächshaussaaten, z. B. Salate, Radieschen und Winterportulak, liefern schon frische Ernten.
- Geerntet werden auch letzte Schwarzwurzeln, Porree, ab April Winterzwiebeln. Gegen Mitte April beginnt die Spargelernte.

Mai/Juni

Allgemeine Arbeiten

⊛ Wo schon die ersten Frühsaaten und -pflanzungen abgeerntet werden, die Beete vor der nächsten Gemüsekultur lockern, Unkräuter gründlich entfernen und mit reifem Kompost versorgen.

⊛ Wenn noch Platz und Gelegenheit dafür ist, spätestens jetzt Regenwassersammeltonnen kaufen und die Zuleitung installieren.

Säen und Pflanzen

⊛ Viele Salate sowie Kohlrabi, Möhren, Radieschen, Rettich, Mangold, Sommerspinat und Porree können in diesen Monaten gesät oder gepflanzt werden, am besten in Folgesätzen alle 2–3 Wochen. Je nach Termin auf geeignete Sommersorten achten.

⊛ Gegen Mitte Mai, wenn keine starken Kälteeinbrüche mehr drohen, beginnt die Saatzeit für Bohnen, Zucchini und Chicorée sowie die Pflanzzeit für Bohnen, Tomaten, Gurken und andere Fruchtgemüse.

⊛ Die Anzucht von Tomate, Kürbis und anderem Fruchtgemüse lohnt sich höchstens noch bis Anfang Mai. Stattdessen startet nun schon das Vorziehen von Spätsommer-, Herbst und Wintergemüse wie Endivie, Grünkohl, Chinakohl und Winterporree, die im Juni auch gepflanzt werden können.

⊛ Nun ist eine gute Pflanzzeit für Obstgehölze im Container. Bis Mitte Mai können Erdbeeren gesetzt werden, dann erst wieder im Spätsommer.

Pflege

⊛ Im Mai empfindliche Gemüsesaaten und -pflanzen weiterhin vor kalten Nächten mit Vlies oder Folie abdecken.

⊛ Gemüse regelmäßig gießen, lockern und jäten, bei Bedarf düngen.

⊛ Bohnen, Gurken, Kohl, Tomaten, Paprika, Porree und Kartoffeln anhäufeln. Tomaten ausgeizen; Stabtomaten, Stangenbohnen und andere hoch wachsende oder kletternde Pflanzen mit Stützen versehen.

⊛ Gewächshäuser und Frühbeete regelmäßig lüften; blühende Fruchtgemüse täglich um die Mittagszeit etwas rütteln.

⊛ Ab Ende Mai ist das Mulchen beim Obst sowie bei vielen Gemüsepflanzen empfehlenswert, bei Erdbeeren auch zum Schutz der Früchte.

⊛ Ab Ende Mai Wellpappegürtel zum Abfangen der Raupen von Apfel- und Pflaumenwickler anbringen. Noch bis Ende Juni Kirschfruchtfliegenfallen aufhängen.

⊛ Ende Juni, nach dem natürlichen Fruchtfall, sehr dichte Fruchtstände bei Apfel, Birne und Pfirsich ausdünnen.

⊛ Ungünstig stehende junge Obstbaumtriebe abspreizen oder aufbinden.

Ernte

⊛ Nun gibt es schon reichlich Gemüse zu ernten. Bei Spargel und Rhabarber ist der 24. Juni traditionell letzter Erntetermin.

⊛ Jetzt reifen bereits viele Süß- und Sauerkirschen sowie erste Erdbeeren und Johannisbeeren.

Juli/August

Allgemeine Arbeiten

- Sollen im Spätsommer abgeräumte Beete erst wieder im Frühjahr genutzt werden, ist eine Gründüngung empfehlenswert.
- Angebrochene Samentüten sollten gut verschlossen, beschriftet und an einem kühlen, trockenen Platz verstaut werden.

Säen und Pflanzen

- Endivie, Kohlrabi und Pak Choi können bis Juli auf Anzuchtbeeten vorgezogen werden; ab August lohnt sich das nur noch für späten Kopf-, Eis- und Romanasalat.
- Aufs Beet können noch viele Salate sowie z. B. Radieschen und Speiserüben gesät werden, die meisten bis Ende August.
- Nur noch bis Anfang Juli sät man späte Buschbohnen, Erbsen und Radicchio; bis Mitte Juli Zuckerhut; bis Ende Juli/Anfang August Asia-Salate, Kohlrabi, Chinakohl, Pak Choi, Lauch- und Winterheckzwiebeln.
- Ab August werden Löwenzahn, Feldsalat und Säzwiebeln gesät.
- Pflanzzeit ist noch für Salate und Endivie. Nur bis Anfang Juli für Rosenkohl, bis Mitte Juli für späte Buschbohnen und Wirsing, bis Ende Juli/Anfang August für Blumenkohl, Brokkoli, Grünkohl und Knollen-Fenchel.
- Pflanzung bis spätestens Mitte August: Bindesalat, Kohlrabi, Chinakohl, Pak Choi und Winterporree; bis Ende August: Endivie und Romanasalat.
- Im Juli und August können neue Erdbeeren gepflanzt oder Ausläufer zur Vermehrung abgetrennt werden.

Pflege

- Gemüse regelmäßig gießen, lockern und jäten, mulchen; bei Bedarf nachdüngen.
- Wo nötig, anhäufeln. Hoch wachsende Pflanzen an ihren Stützen aufbinden.
- Tomaten ausgeizen. Bei Dauerregen mit einem Foliendach überspannen. Nach Entwicklung von 5 bis 6 Fruchtständen die Spitze des Haupttriebs wegschneiden.
- Gewächshäuser regelmäßig lüften, wenn nötig, schattieren; blühende Fruchtgemüse täglich um die Mittagszeit etwas rütteln.
- Im Obstgarten mulchen, bei anhaltender Trockenheit gießen. Nach Anfang Juli keinen stickstoffhaltigen Dünger mehr geben.
- Stark behangene Apfel-, Birn- und Pfirsichbäume Anfang Juli ausdünnen, sofern nicht schon im Juni geschehen.
- Ungünstig stehende junge Obstbaumtriebe im Juli abspreizen oder aufbinden.
- Steinobstbäume und Beerenobst nach der Ernte auslichten. Bei starkwüchsigem Kernobst ist ein Sommerschnitt günstig.

Ernte

- In einem großen Gemüsegarten winkt jetzt eine reiche Ernte. Ernten Sie bei Dauerhitze oder -regen lieber früher als zu spät.
- Erntesegen auch im Obstgarten. Das meiste reift nach und nach; pflücken Sie regelmäßig durch.

September/Oktober

Allgemeine Arbeiten

- Geräumte Beete umgraben oder mit Grabegabel bzw. Sauzahn tiefgründig lockern. Wenn nötig, Kalium-, Magnesium-, Phosphat- oder Kalkdünger einarbeiten.

- Viele Gründüngungspflanzen können im September noch gesät werden.
- Kompost mit Sommer- und Herbstabfällen aufsetzen, älteren Kompost umsetzen.

Säen und Pflanzen

- Im September sind noch Freilandsaaten von Feldsalat, Spinat, Winterportulak, Rucola und Löwenzahn möglich. Ab Oktober lohnen sich meist nur noch Gewächshaussaaten.
- Pflanzung: bis Mitte September Kopf- und Eissalat, bis Oktober Wintersteckzwiebeln, ab Oktober Knoblauch und Rhabarber.

- Noch Anfang September ist eine Erdbeerpflanzung möglich.
- Der September ist ein guter Zeitpunkt, um Obstgehölze im Container zu pflanzen. Etwa gegen Mitte Oktober können dann auch wurzelnackte Obstbäume und -sträucher gesetzt werden.

Pflege

- Im Gemüsegarten bei Trockenheit gießen, lockern, jäten und mulchen.
- Herbst- und Wintergemüse kalibetont und stickstoffarm düngen. Auch Spargel wird jetzt noch einmal gedüngt.
- Tomaten bei Dauerregen mit einem Foliendach überspannen. Wenn die Nächte kälter werden, gefährdete Gemüse sowie Spätsaaten mit Vlies oder Folie abdecken.
- Bei Erdbeeren nach der Ernte alte Blätter und nicht benötigte Ausläufer entfernen.
- An Obstbäumen ab Ende September Leimringe gegen hochkriechende Frostspanner-Weibchen anbringen.

Ernte

- Wenn schon erste Fröste drohen, sollten letzte Fruchtgemüse und Hülsenfrüchte geerntet werden. Tomaten können drinnen an einem warmen, dunklen Platz nachreifen.
- Die meisten Salate (außer Spätsorten und Feldsalat) sollten spätestens im Oktober geerntet werden. Chinakohl, Pak Choi, Endivie, Zuckerhut, Radicchio, Sellerie und die meisten Kohlgemüse vertragen leichte Fröste und können oft bis November stehen bleiben. Mangold lässt sich mit etwas Schutz häufig über den Winter bringen.
- Grünkohl sollte vor der ersten Ernte am besten etwas Frost abbekommen.
- Kartoffeln, Knollen-Fenchel, Radieschen, Zwiebeln vor Frostbeginn ernten; Möhren, Rote Bete, Rüben vor stärkeren Frösten.
- Chicorée-Rüben gegen Mitte Oktober zum Treiben ausgraben.
- Die letzten Äpfel, Birnen und Quitten, Beeren und Weintrauben vor Frostbeginn pflücken; Kiwis vor den ersten stärkeren Frösten.

November/Dezember

Allgemeine Arbeiten

- Bei frostfreiem, nicht zu nassem Boden können nach wie vor leere Beete gründlich gelockert und bearbeitet werden.
- Abgefrorene oder abgemähte Gründüngungspflanzen werden oberflächlich eingearbeitet (nicht tief untergraben).
- Der Spätherbst ist ein guter Termin für eine Bodenuntersuchung.

- Gewächshäuser, wenn nötig abdichten und Luftpolsterfolie anbringen. Für optimalen Lichteinfall Scheiben putzen.
- Spätestens jetzt alle Wasserleitungen draußen entleeren. Gartengeräte säubern, pflegen und einräumen.
- Obst- und Gemüselager regelmäßig kontrollieren, lüften und Faules auslesen.

Säen und Pflanzen

- Im Gewächshaus können Rucola und Winterportulak gesät werden.
- Im Haus beginnt nun wieder die große Zeit der Keimsprossen, etwa Kresse, Erbsen, Radieschen, Rettich, Rucola und Kürbis.

- Bei frostfreiem Wetter lassen sich nach wie vor Obstgehölze pflanzen, wurzelnackte wie Containerpflanzen. Empfindlichere Arten wie Pfirsich und Weinrebe kommen aber besser im Frühjahr in den Boden.

Pflege

- Wintergemüse vor frostigen Nächten mit Vlies oder Folie schützen. Winterkohl und -porree anhäufeln, an der Basis mit Laub oder Fichtenreisig abdecken. Bei anhaltender Trockenheit gießen.
- Bei Obstgehölzen den Wurzelbereich bzw. die Baumscheibe gut mit Mulch bedecken, besonders bei Jungbäumen.
- Obstbäume mit Weißanstrich versehen. Wildtriebe an der Ansatzstelle entfernen.
- Frisch gesetzte Jungbäume bei anhaltender Trockenheit gießen. Mit Drahthose oder Spiralen vor Wildverbiss schützen. Stützpfähle überprüfen.
- Spalierobst mit Nadelreisig, Jute- oder Papiersäcken vor den Strahlen der Wintersonne bewahren, um Rindenschäden vorzubeugen.
- Fruchtmumien in Obstbäumen entfernen, ebenso alles Fallobst und Laub, in dem Schaderreger überwintern könnten.

Ernte

- Möhren, Rote Bete, Speiserüben, Chinakohl, Pak Choi, Endivie, Zuckerhut, Radicchio, Sellerie vor stärkeren Frösten ernten.
- Späte Rettiche können noch bis Dezember, Pastinaken und Schwarzwurzeln bis Frühjahr geerntet werden, ebenso Meerrettich und Topinambur.

- Grünkohl, Rosenkohl, Winterwirsing, Winterporree, Feldsalat, Spinat und Winterportulak liefern Frisches bis ins Frühjahr hinein. Wenn gefroren, mit der Ernte warten, bis die Pflanzen wieder aufgetaut sind.
- Letzte Kiwis vor den ersten stärkeren Frösten ernten und drinnen nachreifen lassen.

Balkon & Terrase

Katharina Adams

Gestaltung

Pelargonien, Fleißige Lieschen, Petunien und Co. blühen unermüdlich, meist ohne großen Pflegeaufwand, und das von Frühsommer bis in den Herbst hinein. Blatt- und Blütenschmuckpflanzen, Strukturgeber und Einzelstars sorgen für Abwechslung auf Balkon und Terrasse.

Draußen wohnen

In der warmen Jahreszeit avancieren Balkon und Terrasse zum erweiterten Wohnraum, der entsprechend attraktiv gestaltet sein will. Mit klassischen Balkonblumen, ergänzt von dekorativen und lang blühenden Kübelpflanzen, lädt das grüne Wohnzimmer die ganze Saison lang zum Frühstück, Sonnenbaden oder dem gemütlichen Verweilen bei einem guten Glas Wein am Abend ein.

Lange Blütenpracht

Die idealen Blumen für Balkon und Terrasse blühen vom Sommer bis zum ersten Frost. Bei guter Pflege bilden sich ständig neue Blüten, und auch längere Regenperioden können ihnen nicht allzu viel anhaben. Bei der klassischen Balkonkasten-Bepflanzung werden meist aufrechte und hängende Arten bzw. Sorten miteinander kombiniert. Die hängenden Exemplare kommen an die

Beete voller Sommerblumen und eine Pergola im Hintergrund: So lässt sich entspannen.

Außenseite des Kastens, damit sie üppig über die Balkonbrüstung wachsen können. Dabei spielen auch dekorative Blattschmuckpflanzen eine wichtige Rolle. Bei der Bepflanzung auf dem Boden stehender Kübel und Töpfe werden aufrechte und höhere Blumen in die Mitte gesetzt, die hängenden kommen dann rundherum und überspielen elegant den Kübelrand.

Farblich Ton in Ton

Je nach Zusammenstellung verschiedener Farben lassen sich ganz unterschiedliche Gesamteindrücke erzeugen. Mit zarten Pastelltönen können Sie eine romantische Stimmung zaubern, kräftige Gelb- und Orangetöne hingegen wirken fröhlich, während Blautöne eine frische Eleganz ausstrahlen. Ob Sie sich für Ton-in-Ton-Kombinationen oder für Pflanzungen in kontrastierenden Farben entscheiden, bleibt Ihrem persönlichen Geschmack überlassen. Hilfreich für die Entscheidung ist sicher auch die Einbeziehung der Balkon- oder Terrassenmöbel und der

Materialien von Bodenbelag und Hauswand. Die reich verzierten, rustikalen Balkongeländer oberbayrischer Bauernhäuser verlangen geradezu nach einer farbkräftigen, kontrastreichen Bepflanzung, während an eleganten Stadthäusern aus Edelstahl und Granit zurückhaltende Ton-in-Ton-Arrangements oder auch ungewöhnliche Farbzusammenstellungen eine bessere Figur machen.

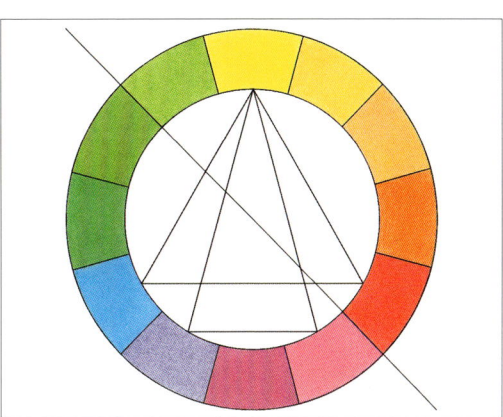

Die Spitzen der Dreiecke im Farbkreis zeigen, welche Farben gut zusammenpassen.

Der Farbkreis

Zwischen den reinen Komplementärfarben Gelb, Blau und Rot liegen die Mischfarben, die aus ihnen gebildet werden. Gegenüberliegende Farben auf dem Kreis heißen Komplementärfarben und bilden immer einen starken Kontrast (z. B. Blau und Orange), nebeneinanderliegende Farben hingegen sind in ihrer Stimmung ähnlich. Ausgewogen wirken auch Farb-Dreiklänge, die sich aus den Eckpunkten eines gleichseitigen Dreiecks ergeben, zum Beispiel Blau-Rot-Gelb. Alle Farben können durch Weißanteile verschieden stark aufgehellt sein. Pink wird zu Hellrosa, Violett zu Puderlila. Pastellfarben sorgen für den

nötigen Schuss Romantik in der Pflanzung. Weiß kommt im Farbkreis nicht vor, denn es gilt nicht als Farbe. Trotzdem ist Weiß ein wichtiges Gestaltungselement, denn es vermittelt zwischen allen anderen Farben und kann auch für sich verwendet sehr interessant durch die vielen Nuancen wirken.

Wichtig in einer harmonischen Pflanzung sind immer auch die unterschiedlich grünen Farbtöne des Laubes. Grün wirkt beruhigend und harmoniert mit allen Blütenfarben. Rotes, gelbes und panaschiertes Laub können als zusätzliches Gestaltungsmittel eingesetzt werden.

Saisonbepflanzung

Die meisten Balkone und Terrassen werden saisonal bepflanzt, das heißt, die ausgewählten Pflanzen bleiben nur eine gewisse Zeit in den Kästen und Kübeln. Im Sommer kommen alle bekannten und beliebten Sommerblumen zum Einsatz, die ab April in den Gartencentern und Gärtnereien erhältlich sind.

Frühlingsblühende Zwiebelblumen sind ja nicht nur im Beet eine Zierde, sondern schmücken auch Balkon und Terrasse. Be-sonders die früh blühenden kleinen Krokus-se, Narzissen und Hyazinthen spielen ihren Charme erst richtig aus, wenn sie aus der Nähe betrachtet werden können. Die größ-te Auswahl haben Sie, wenn Sie bereits im Herbst Blumenzwiebeln kaufen und pflanzen.

Farben und Trends   Heute bepflanzt man Kästen mit farblich abgestimmten Kombinationen verschiedener Blumen und Blattschmuckpflanzen. Waren lange die Pas-telltöne beliebt, mit denen sich romantische

Mit üppig bepflanzten Balkonkästen und Hangig Baskets wird der Balkon blickdicht.

TIPP

Viele Gärtnereien präsentieren zur Pflanzzeit Musterkästen, um den Kunden bei der Auswahl zu helfen. Dazu gibt es oft umfangreiche Infos zu weiteren Gestaltungsanregungen und Pflegetipps.

Arrangements gestalten lassen, lässt sich inzwischen kein eindeutiger Trend mehr ausmachen. Auf der einen Seite werden starke Farben mutig gemixt, auf der anderen Seite gewinnen auch monochrome Zusammenstellungen an Gewicht, besonders in Kombination mit Blattschmuckpflanzen.

Auch die Grenzen zwischen echten Sommerblumen und Stauden verschwimmen immer mehr. Viele Stauden werden heute als Saisonpflanzen behandelt. Auch finden Gräser und dekorative Gemüsepflanzen zunehmend Eingang in Kästen und Kübel, ebenso Kräuter, die den Sommer über Zutaten für die beliebte Mittelmeerküche liefern. Terrasse und Balkon sind zu erweiterten Wohnräumen geworden, die nach individuellem Geschmack eingerichtet werden. Dazu gehören neben Möbeln und Dekorationsgegenständen auch

Stauden, kleine Gehölze und Einjährige: farblich perfekt aufeinander abgestimmt.

die passenden Pflanzen. Mit saisonalen Bepflanzungen ist man flexibel und kann jedes Jahr neue Ideen ausprobieren.

EXTRA

Retro-Klassiker

Was früher Großmutters Fensterbank schmückte, bringt jetzt Farbe in den Balkonkasten. Von der Buntnessel, (früher *Coleus,* heute *Solenostemon scuttelarioides* genannt) gibt es unzählige Neuzüchtungen in allen erdenklichen Blattfärbungen. Besonders im Schatten leistet sie wertvollste Dienste. Als Kombinationspartner kommen vor allem schattenverträgliche Fuchsien und Begonien infrage, aber auch solo im Kübel macht das exotisch anmutende Lippenblütengewächs eine gute Figur.

Frühlingsbepflanzung mit Stiefmütterchen, Vergissmeinnicht und Gänseblümchen.

Viele Zwiebelblumen können in größeren Gruppen zusammengepflanzt werden.

Gruppe A: Frühblühende Tulpen ab Mitte April			
Apricot Beauty	aprikosenrosa	einfach blühend	40 cm
Bellona	leuchtend gelb	einfach, becherförmig	40 cm
Carlton	reinrot	stark gefüllt	25 cm
Diana	weiß	einfach blühend	30 cm
Prins Carneval	gelb-rot geflammt	einfach blühend	35 cm
Gruppe B: Mittelfrühe Tulpen ab Ende April			
Ajax	violett-weiß geflammt	einfach blühend	45 cm
Apeldoorn	orange mit schwarzem Basalfleck	einfach, becherförmig	60 cm
Kees Nelis	blutrot mit gelbem Rand	einfach blühend	45 cm
New Design	rosa-gelb geflammt, weißrandiges Laub	einfach blühend	45 cm
Oxford	reinrot	einfach, becherförmig	50 cm
Gruppe C: Späte Tulpen, ab Mai blühend			
Angelique	zartrosa	dicht gefüllt, päonienblütig	40 cm
Chinatown	hellrosa mit grünem Mittelstreifen	einfach, spitze Blütenblätter	40 cm
Flaming Parrot	rot-gelb geflammt	papageienblütig, krause Blütenblätter	60 cm
Johann Gutenberg	lachsrot	einfach, gefranster Rand	50 cm
Westpoint	reingelb	einfach, schlank, lilienblütig	50 cm

Frühling

Wenn die Tage länger werden und die Temperaturen langsam steigen, wird auch die Sehnsucht nach den ersten blühenden Frühjahrsboten größer. Gerade auf Balkon und Terrasse lassen sich farbenfrohe Pflanzungen arrangieren, die auch aus dem Wohnzimmer gut zu sehen sind und so richtig Lust auf Frühling machen. Die Auswahl an geeigneten Pflanzen für eine stimmungsvolle Frühlingsbepflanzung ist groß. Neben den bekannten Zwiebelblumen lassen sich auch Zweijährige und kleine Gehölze gut verwenden.

Der perfekte Rahmen für üppige Blüten Kleine Gruppen gleicher Zwiebelblumen können in farblich passenden Töpfen ganz reizend aussehen, besonders wenn Sie davon mehrere in verschiedenen Größen zusammenstellen. Ebenso lassen sich Töpfe in kontrastierenden Farben, die mit der Bepflanzung korrespondieren, in Gruppen kombinieren. Zu den klaren Farben vieler Frühlingsblüher sehen leuchtend blau glasierte Gefäße beispielsweise besonders schön aus. Es gibt auch Töpfe mit mehrfarbiger Glasierung, etwa in Streifenmustern. Kombinieren Sie doch davon mehrere in verschiedenen Farben, in denen jeweils gleichartige Gruppen von Zwiebelblühern wachsen.

Klassische Terrakottatöpfe und -kästen harmonieren mit allen Blütenfarben und wirken je nach Form und Oberflächengestaltung eher elegant oder rustikal. Mit einer Mischung aus Wasser und Buttermilch bestrichen setzen Tontöpfe besonders schnell eine schöne Patina an.

EXTRA

Zwiebelblumen und Mini-Gehölze – Die Kombination macht's

Obwohl puristische Einzelpflanzungen sehr reizvoll sind, bevorzugen die meisten Menschen Kombinationen verschiedener Pflanzen, die harmonisch aufeinander abgestimmt sind. Für Frühjahrspflanzungen bieten sich dabei Zusammenstellungen aus verschiedenen Zwiebelblumen und schmückendem Blattwerk kleiner Gehölze an. Efeu *(Hedera helix)* können Sie beispielsweise an die Seite eines Kasten pflanzen, sodass seine hängenden Triebe den Rand locker umspielen. Besonders die kleinblättrigen Sorten, die sich oft auch durch besondere Blattformen oder helle Blattränder auszeichnen, sind hierfür gut geeignet.

Auch andere immergrüne Kleinsträucher eignen sich gut für die Kombination mit Zwiebelblumen, wie etwa Skimmien oder auch Torfmyrten, deren attraktiver Beerenschmuck meist bis in den Frühling hinein an den Zweigen haftet.

Ob Sie dabei auf farbstarke Kombis, etwa blaue Traubenhyazinthen mit kräftig gelben Narzissen, oder auf subtile Zusammenstellungen wie porzellanblaue Puschkinien mit zartrosa Tulpen setzen, bleibt ganz Ihrem Geschmack überlassen.

Ton-in-Ton-Bepflanzungen wirken durch die unterschiedlichen Blütenformen.

Sommer

Auch Balkon und Terrasse haben ihren Höhepunkt in der Sommersaison. Die Auswahl an Arten und Sorten, die den ganzen Sommer lang üppig blühen, ist riesig. Bei den verwendeten Pflanzen handelt es sich entweder um echte Einjährige, die im zeitigen Frühjahr ausgesät werden, bei guter Pflege mehrere Monate blühen und danach absterben, oder um Stauden aus südlichen Gefilden, die wie Einjährige behandelt werden, da sie den kalten Winter bei uns nicht überstehen würden. Diese Pflanzen werden in der Regel durch Stecklinge vermehrt, das heißt, die Gärtnereien überwintern sogenannte Mutterpflanzen im geheizten Gewächshaus und schnei-

den ab Januar die erforderlichen Stecklinge, die dann bereits in Frühsommer blühen. Die Grenzen zwischen Saisonpflanzen und dauerhaften Kübelpflanzen kann man dabei nicht immer eindeutig ziehen. So gehören zum Beispiel Fuchsien zum klassischen Saison-Sortiment, sie werden aber auch als dauerhafte Kübelpflanzen kultiviert.

Der klassische Balkonkasten Auf dem Balkon sind bepflanzte Kästen, die am Balkongeländer befestigt werden, das wichtigste Gestaltungsmittel. Sie vermitteln nicht nur dem Balkonnutzer ein Gefühl der Abschirmung nach außen, sondern prägen auch das „Gesicht" des Hauses. Daher werden bei einer abgestuften Bepflanzung auch die hängenden Arten und Sorten stets zur Außenseite hin gepflanzt, wo sie den Rand des Kastens und einen Teil des Balkongeländers überwachsen können. Auf der Innenseite stehen dagegen die eher buschig-aufrechten Arten und Sorten. Bei breiteren Kästen ist es auch möglich, höhere Exemplare in den Mittelbereich zu setzen. Ebenso wie im Beet können Sie auch beim Balkonkasten mit Leit- und Füllpflanzen arbeiten. Die Leitpflanzen stechen auf den ersten Blick ins Auge, weil sie eine besonders prägnante Wuchsform besitzen. Besonders schmal aufrecht strebende Wuchsformen lassen sich auf diese Weise gezielt einsetzen. Die Rolle der Füllpflanzen übernehmen solche mit buschigem, eher breitem Wuchs. Sie werden vor und zwischen den Leitpflanzen gruppiert. Auch hängende Formen gehören zu den Füllpflanzen, sie runden die gesamte Struktur ab und schaffen den Übergang zum Pflanzgefäß, besonders feintriebige Arten wie Hängelobelien.

Lobelien schaffen einen weichen Übergang zum Pflanzgefäß aus Terrakotta.

Rahmengebende Struktur- und Blattschmuckpflanzen

Art	Laub	Standort	Verwendung
Hängebambus (*Agrostis stolonifera* 'Green Twist')	grün	sonnig bis halbschattig	hängender, starker Wuchs; winterhart
Silberwinde (*Dichondra repens* 'Silver Falls')	silberfarben	sonnig bis halbschattig	hängender Wuchs; auch als Bodendecker einsetzbar; pflegeleicht
Gundermann (*Glechoma hederacea* 'Variegata')	grün-weiß	halbschattig	hängender, starker Wuchs; winterhart
Purpurglöckchen (*Heuchera*-Hybriden, z. B. 'Purple Petticoat')	rotbraun, mai-grün, ockerfarben immergrün	halbschattig	aufrecht; winterhart
Süßkartoffel (*Ipomoea batatas*, z. B. 'Sweet Caroline'-Serie, 'Sweet Heart'-Serie)	maigrün, mahago-nibraun, schwarz-braun	sonnig, geschützt	starker, hängender Wuchs; Bildung von Süßkartoffeln im September bzw. Oktober möglich
Schokoklee (*Trifolium repens* 'Quadri-folium Purpureum')	dunkelbraun	sonnig	stehender, sehr starker Wuchs; winterhart

Im Herbst sorgen bunte Beeren und Gräser für viel Farbe im Balkonkasten.

Alle Farben des Herbstes auf der Terrasse vereinen Chrysanthemen, Fetthenne und verschiedene Fruchtgehölze.

Herbst

Auch im Herbst müssen Balkon und Terrasse nicht schmucklos bleiben. Die Sommerbepflanzung bietet nun keinen optimalen Anblick mehr, sodass es jetzt Zeit wird, die Kästen neu zu bepflanzen. Herbstblüher wie etwa Chrysanthemen und Heidekraut haben jetzt ihren großen Auftritt. Sie lassen sich gut mit kleine Früchte tragenden Gehölzen kombinieren, ebenso setzen allmählich gelb verfärbende Gräser schöne Akzente. Sie können auch schon die Zwiebelblumen für das nächste Frühjahr dazwischensetzen. Die Herbstblüher werden einfach herausgenommen, wenn sie verblüht sind, die Gehölze schmücken die Kästen auch den Winter über, besonders wenn Sie Immergrüne auswählen. Mit Beginn des Herbstes kommt die Zeit der opulenten Farben historischer Gewänder und kostbarer Wandbehänge. Blumenkästen und Kübel dürfen nun in satten Gold- und Kupfertönen schwelgen oder auch in den sanfteren Rosa- und Beerenfarben, die typisch für zahlreiche Sorten des Heidekrautes (Erica und Calluna) sind. Der Fantasie bei der Zusammenstellung sind dabei keine Grenzen gesetzt. Wenn Sie zum Beispiel ländlich-rustikale Akzente setzen wollen, greifen Sie zu naturbelassenen Körben in verschiedenen Größen und Formen, die Sie dicht mit üppig blühenden Chrysanthemen in feurigen Gold- und Orangetönen bepflanzen. Dazu passen kleine Gehölze mit Herbstlaub in lodernden Farben, also beispielsweise Pfaffenhütchen, kleinwüchsige Zier-Kirschen oder auch wunderschöne Sorten der Thunbergs Berberitze wie 'Kobold', deren gelbe bis scharlachrote Herbstfärbung an Leuchtkraft kaum zu überbieten ist. Auch Beeren tragende Gehölze fügen sich hervorragend in dieses Farbkonzept ein. Langsam wachsende Sorten des Feuer-

Heidekraut *(Calluna vulgaris)*, hier als Tisch-
dekoration verwendet, ist in vielen Rosatönen erhältlich.

dorns ('Soleil d'Or' und 'Teton') gedeihen auf
Dauer auch in Kübeln und sind am besten
als Hintergrund geeignet. Um die Farben-
pracht optisch zusammenzuhalten, sollten
Sie immer auch einige immergrüne Gehölze
mit einbinden. Gerade die verschiedenen
Zwergkoniferen wie Lebensbaum *(Thuja)* und
Scheinzypresse *(Chamaecyparis)* sind bestens für Kästen und Kübel geeignet.

Heidekraut harmoniert perfekt mit herbst-
färbenden Gräsern, zum Beispiel Hirse, Japa-
nischem Blutgras oder auch dem besonders
zierlichen Federgras. Kürbisse, rotbackige
Äpfel und dekorative Samenstände aus der
Natur ergänzen solche Pflanzenarrange-
ments aufs Beste.

Die schönsten Beerengehölze für Töpfe und Kübel

Art	Laub	Beerenfarbe	Standort
Zwergmispel *(Cotoneaster horizontalis* 'Saxatilis')	klein, Herbstfärbung orange	rot	sonnig bis halbschattig
Rebhuhnbeere *(Gaultheria procumbens)*	oval, immergrün	rot	halbschattig, feucht
Mahonie *(Mahonia aquifolium)*	gezähnt, immergrün	blau	sonnig bis halbschattig, für größere Kübel
Torfmyrte *(Pernettya mucronata)*	klein, immergrün	rot, rosa, weiß	halbschattig, saurer Boden
Skimmie *(Skimmia japonica)*	spitz oval, immergrün	rot	halbschattig, saurer Boden
Kissen-Schneeball *(Viburnum davidii)*	elliptisch, immergrün, glänzend	blau	Kübelpflanze, Winterschutz

Dauerbepflanzung

Wer seinen Balkon nicht jedes Jahr neu bepflanzen möchte, für den ist eine dauerhafte Bepflanzung mit Stauden und Gehölzen die Lösung. Die meisten Stauden wachsen auch im Kübel.

Pflegeleichte Blütenpracht

Bis auf hohe Arten, die schon im Beet gestützt werden müssen, sind fast alle Stauden für die Kübelkultur geeignet. Kleinwüchsige Gehölze finden in größeren Kübeln genügend Platz. Von vielen Arten wurden zudem in den letzten Jahren wirklich zwergige Sorten gezüchtet, die nicht nur in den heutigen knapp

In schattigen Ecken gedeihen verschiedene Schattenstauden und Farne in Töpfen.

bemessenen Gärten Platz haben, sondern sich auch speziell für die Kübelkultur eignen. Anders als bei der klassischen Saisonbepflanzung kommen hier allerdings weniger die üblichen Balkonkästen zum Einsatz, denn sie bieten den Stauden und Gehölzen auf Dauer zu wenig Raum für ihr umfangreicheres Wurzelwerk. Stauden werden meist einzeln oder höchstens in Dreiergruppen in ausreichend große Töpfe gepflanzt, in denen sie sich gut entwickeln können. Die meisten Stauden müssen jedoch auch wie im Beet nach einigen Jahren aufgenommen und geteilt werden, sonst vergreisen sie und blühen nicht mehr zufriedenstellend. Im Kübel ist dies bei den meisten Arten alle zwei Jahre nötig. Sie sehen es jedoch selbst, wenn die Pflanzen in der Blühleistung nachlassen oder einfach zu groß für den Topf werden.
Gerade an schattigen Standorten lassen sich viele Stauden, besonders solche mit auffälligem ornamentalem Laub, einsetzen. Funkien sind die idealen Kübelstauden für den Schatten. Sorten mit weiß oder gelb panaschierten Blättern bringen zudem Farbe und Helligkeit in dunkle Ecken. Kleine Gruppen aus Kübeln mit verschiedenen Sorten sehen besonders schön aus, doch auch große Einzelexemplare sind sehr wirkungsvoll. Als Gegengewicht zu diesen eher derben Gestalten eignen sich filigrane Astilben und Gräser.

Gehölze

Bei den Gehölzen ist die Auswahl groß. Wie schon angesprochen, werden immer kleinere Sorten gezüchtet, die auch auf Dauer im Kübel Platz finden. Sie können sich einen Kübelgarten für die Terrasse zusammenstellen, in dem zu jeder Jahreszeit etwas blüht. Nicht vergessen werden sollten auch die Immergrünen, zum Beispiel Stechpalmen *(Ilex aquifolium)*, Lorbeerkirsche *(Prunus laurocerasus)* oder Duftblüte *(Osmanthus heterophyllus)*. Zwergkoniferen mit ihren oft bizarren Formen und ungewöhnlichen Nadelfärbungen sind im Beet oft schwierig zu vergesellschaften. In dekorativen Kübeln an exponierter Stelle auf der Terrasse hingegen werden sie zum Blickfang, ganz besonders im Winter. Dabei lassen sich kriechende und aufrechte Sorten gut kombinieren.

Zu den beliebtesten Kübelgehölzen gehört der Buchsbaum, der meist zu strengen Formen geschnitten wird und die Rolle einer lebenden Skulptur übernimmt. Ebenso lässt sich Liguster *(Ligustrum ovalifolium* und *L. obtusum)* in strenge Formen schneiden, die im Kübel gut zur Geltung kommen.

Hortensien sind – gut gedüngt und ständig feucht, ausdauernde Kübelpflanzen.

Blüten- und Fruchtschmuckgehölze

Schon im zeitigen Vorfrühling blüht der Mittelmeer-Schneeball, im Spätsommer trägt er blaue Beeren (Bild rechts). Er ist nur im Weinbauklima winterhart. Die Schneeforsythie blüht ab März mit rosa Blüten, die in ihrer Form denen der Forsythie gleichen. Mit einer Wuchshöhe von 1–1,5 m findet sie auch auf längere Sicht Platz in einem geräumigen Kübel. Unter den Rhododendren und Azaleen finden sich zahlreiche kompakte Sorten, die für die Kübelkultur geeignet sind. Gerade in Gegenden mit kalkhaltigem Boden können Sie ihnen im Kübel mit Spezialsubstrat optimale Bedingungen schaffen. Hortensien werden oft als Topfpflanzen fürs Haus angeboten und können später im Freien weiter kultiviert werden, wenn sie einen größeren Kübel erhalten. Bei den Forsythien sind in den letzten Jahren mehrere Zwergsorten auf den Markt gekommen, die nicht höher als 1 m werden und damit

für ein Leben im Kübel wie geschaffen sind. Auch auf Fliederduft müssen Sie auf der Terrasse nicht verzichten. *Syringa meyeri* 'Palibin' wird nicht höher als 1 m und schmückt sich Ende Mai mit köstlich duftenden Blüten.

Der rustikale Weidenkorb bildet den perfekten Rahmen für eine ländlich anmutende, dicht gefüllte Rose.

Hübsch im Kübel sehen Hochstamm-Rosen aus, die in Stammhöhen von 60 cm bis 1,4 m erhältlich sind. Meist werden weichtriebige Ramblerrosen oder Kleinstrauchrosen auf den Stämmchen veredelt, die dann locker herunterhängen. Doch auch Edelrosen werden auf Hochstämmchen veredelt, sie wirken aber etwas steifer.
Neben den Hochstämmchen eignen sich Zwergrosen und Kleinstrauchrosen für den Kübel, die einen leicht übergeneigten Wuchs

aufweisen. Flach wachsende Bodendeckerrosen können hingegen gut für die Bepflanzung von Brüstungen verwendet werden, über die sie ihre langen Triebe wachsen lassen.

Traumpaar Rosen und Clematis Im Garten, am Rankgitter und an der Pergola, gehört die Kombination von Rosen und Clematis zu den beliebtesten Motiven. Beide

TIPP

Damit sich Rosen im Kübel wohl-
fühlen, ist es wichtig, dass ihre
Wurzeln genügend Raum zur
Ausbreitung erhalten. Besonders
wichtig ist ein ausreichendes Tie-
fenwachstum, daher sollten Sie nur
sehr hohe Kübel verwenden, die
durchaus schmal sein können.

für sich schon äußerst attraktiv, sind sie zusammen an Schönheit kaum zu übertreffen.
Auf der Terrasse finden sie an einer Pergola
Platz und verwandeln jeden Sitzplatz in eine
romantische Laube. Doch auch wenn Sie
keine Pergola und nur wenig Platz haben,
müssen Sie auf dieses Traumpaar nicht
verzichten. Da die Pflanzenzüchtung auch
in diesem Bereich erfolgreich war, stehen
Ihnen sowohl niedrige Kletterrosen als auch
schwachwüchsige Clematis zur Verfügung,
die sogar zusammen in einem Kübel Platz haben. Die sogenannten Mini-Climber werden
nicht höher als 2 m, wobei sie auch für diese
Höhe mehrere Jahre benötigen. Mit gezielten
Schnittmaßnahmen können sie sogar noch
etwas kleiner gehalten werden. Besonders
engagiert auf diesem Gebiet ist die däni-
sche Firma Poulsen, die eine ganze Serie
von Mini-Climbern herausgebracht hat, die
in den unterschiedlichsten Farben blühen.
Besonders schön ist die Sorte 'Open Arms',
deren kleine, nur ganz leicht gefüllte Blüten
von einem leuchtenden Rosa sind und die
sich zusätzlich durch dunkles, sehr gesundes
Laub auszeichnet.
Passende Clematis-Arten und -Sorten lassen
sich in dem großen Sortiment leicht finden.
Auch hier sind in den letzten Jahren viele
schwachwüchsige Sorten auf den Markt
gekommen, die schon im Hinblick auf die
Kübelverwendung gezüchtet wurden. Stell-
vertretend seien hier die beiden Sorten

'Königskind' (blau blühend) und 'Königskind
Rosa' genannt, die die richtigen Proportio-
nen für eine Berankung von Mini-Climbern
aufweisen. Eine interessante Neuheit ist
auch die gelb blühende Sorte 'My Angel',
die mit *Clematis tangutica* verwandt ist und
erst im Spätsommer blüht, wenn der Flor
der Rosen allmählich schwächer wird. Die
Blüten dieser Clematis haben die Form von
hängenden Glöckchen, aus denen sich fedrige Fruchtstände bilden, die zusätzlich einen
hohen Zierwert besitzen. Bereits im Frühling
blühen die Sorten von *Clematis alpina,* die
durch Rückschnitt im Zaum gehalten werden
können. Als Rankhilfe für Rosen und Clematis sehen Obelisken aus Metall besonders
hübsch aus, die Sie in den verschiedensten
Ausführungen im Fachhandel erhalten.

Kletterrosen und Clematis benötigen ein
stabiles Rankgitter und große Kübel.

Sichtschutz

Sich vor fremden Blicken schützen, von oben, von den Nachbarn oder der eigenen Familie – Privatsphäre entsteht im Handumdrehn mit mobilen Sichtschutzwänden oder in kurzer Zeit mit ein- oder mehrjährigen Kletterpflanzen.

Paravents, hier eines aus lackierter Weide, sind ein flexibler Sichtschutz.

Kletterpflanzen

Die beliebtesten Sitzplätze zeichnen sich immer dadurch aus, dass sie ein wenig vor den Blicken anderer verborgen bleiben. Eine schützende Hecke oder eine dicht bewachsene Pergola schaffen auf der Terrasse die nötige Intimität, nur dauert es ein paar Jahre, bis so ein Sichtschutz wirklich dicht ist.
Für eine schnelle Lösung bieten sich einjährige Kletterpflanzen an, mit denen Sie meterhohe grüne Wände schaffen können, die neugierige Blicke zuverlässig abwehren. Besonders auf Balkonen von Mehrfamilienhäusern leisten sie gute Dienste, mit einer „grünen Seitenwand" fühlt man sich gleich nicht mehr ganz so wie auf dem Präsentierteller.
Um üppig wachsen zu können, benötigen alle Kletterpflanzen Rankhilfen. Je nachdem, auf welche Art sie sich in luftige Höhen arbeiten, muss die Kletterhilfe unterschiedlich ausfallen. Schlinger winden sich um nicht zu dicke Stäbe oder Drähte, während Kletterpflanzen, die Ranken ausbilden, ein Spalier benötigen. Kletterpflanzen mit Haftscheiben, die sich direkt an Wänden festhalten, kommen nur im Gehölzbereich vor, nicht jedoch unter den Einjährigen.

Kletterhilfe   Eine Kletterhilfe für Schlinger ist schnell gebaut: Führen Sie 3–5 mm dicke Nylonseile im Abstand von 10 cm senkrecht nach oben (Sie können sie zum Beispiel durch Haken führen, die Sie am darüberliegenden Balkon befestigt haben). Leichte Rankgitter, die es fertig zu kaufen gibt, sind ebenfalls für den Balkon geeignet, Sie können aber auch stabile Netze verwenden, die Sie an den Ecken sicher befestigen.

Einjährige Kletterpflanzen wie Ballonrebe, Schwarzäugige Susanne und Rosenkelch sorgen für schnellen und dichten Sichtschutz.

Mobiler Sichtschutz

Als Sichtschutz reichen häufig kleine Maßnahmen, um den den Balkon blickdicht zu machen. Balkon-Verkleidungen aus Naturmaterialien oder einem festen imprägnierten Stoff sind ideal. Für seitliche Wind- und Sichtschutz-Maßnahmen bieten sich auch natürliche Lösungen an. Paravents aus geflochtener Weide sehen attraktiv aus; garantiert wetterfest sind Modelle aus geflochtenem Kunstrattan, aus dem heute auch viele Terrassenmöbel gefertigt werden.

Fertige Kästen mit Rankspalier   Inzwischen werden Balkonkästen mit fertig bewachsenen Efeurankgittern angeboten, die Sichtschutz bieten und gleichzeitig den Wind abhalten. Sie haben den Vorteil, dass sie auch im Winter blickdicht sind. Für Blüten können Sie ja mit der zusätzlichen Pflanzung von Einjährigen wie Ballonrebe, Schwarzäugiger Susanne oder Rosenkelch sorgen.

EXTRA

Einjährige Kletterpflanzen

Die Auswahl an kletternden Einjährigen reicht von wuchsstarken Schlingpflanzen, die locker ein paar Meter im Monat schaffen, bis hin zu zierlichen Arten, die für den Sichtschutz nicht ganz so optimal geeignet sind, aber einfach ihrer Schönheit wegen gepflanzt werden sollten. Zu den beliebtesten und am schnellsten wachsenden Arten gehört die Feuerbohne, die neben roten Schmetterlingsblüten auch essbare Bohnen produziert. Die Stäbe oder Schnüre, die ihr als Kletterhilfe dienen, sollten in jedem Fall stabil und sicher befestigt sein, denn sie entwickelt sich im Laufe des Sommers ziemlich üppig. Weitere Schlinger mit starker Wuchskraft sind Trichterwinden, deren ausdrucksvolle Trichterblüten

je nach Sorte lila, magenta oder auch zweifarbig leuchten, und Sternwinden. Deren Blüten gleichen an einer Schnur aufgereihten Wimpeln, die sich bei Öffnung von orangerot bis hellgelb verfärben. Dadurch erwecken die Blütenstände den Eindruck von lodernden Flammen! In ihrer Farbigkeit genauso spektakulär ist die Schwarzäugige Susanne, die orangene oder gelbe Blüten mit einem schwarzen Schlundfleck besitzt. Wichtige Rankpflanzen sind die Glockenrebe und natürlich Duft-Wicken. In der Blüte unauffällig, aber mit interessanten blasenartigen Früchten, sollte auch die Ballonpflanze nicht vergessen werden, die sehr zierlich wirkt, aber dennoch rasch 2 m hoch klettern kann.

Hanging Baskets

Blumenampeln und Hanging Baskets sind normale, in der Regel flache Töpfe und Schalen, die mithilfe von Ketten oder Schnüren aufgehängt werden. Manche Töpfe haben zu dem Zweck bereits Bohrungen im Randbereich oder Haken, an denen die Kette befestigt wird.

Ansonsten können Sie das Gefäß auch in ein starkes geknüpftes Netz einhängen. Auch wichtig ist ein Wasserabzugsloch, denn gerade in luftiger Höhe kann man die Gießmenge nicht so gut dosieren. Normale, konisch geformte Töpfe können auch in einen speziel-

len Metallring eingesetzt werden, an dem die nötigen Haken bereits angebracht sind. In den Topf werden eine oder mehrere Pflanzen eingesetzt, die dann locker über den Rand des Topfes wachsen.

Hanging Baskets sind Metallkörbe, bei denen die Pflanzen nicht nur von oben, sondern auch seitlich und von unten eingesetzt werden. Sie wachsen durch die Maschen des Korbes hindurch. Damit die Pflanzen zwischen den Maschen eingesetzt werden können, dürfen sie nur sehr kleine Wurzelballen besitzen, sodass eigentlich nur

Aus hängend wachsenden Sommerblumen lassen sich schöne Hanging Baskets gestalten.

Die Bepflanzung wurde perfekt auf Tisch-
wäsche und Geschirr abgestimmt.

Auch Kräuter eignen sich für Hanging
Baskets, hier sogar in mehreren Etagen.

Jungpflanzen infrage kommen, die direkt aus
Multitopfpaletten oder Jiffy-Pots umgesetzt
werden. Damit das Substrat nicht durch die
Maschen des Korbes herausrieselt, wird der
gesamte Korb mit Moos oder Kokosmatten
ausgekleidet. Erst danach füllt man die Erde
ein und beginnt mit der Bepflanzung. An den
Stellen in der Seite und im Bodenbereich
werden vorsichtig Löcher gestochen, durch
die die Pflanzen dann hindurchgeschoben
werden. Bedingt durch die dichte Bepflanzung muss eine Blumenampel besonders

TIPP

Dass beim Gießen nicht nur Laub
und Blüten überbraust werden und
das meiste Wasser gar nicht zu den
Wurzeln gelangt, können Sie mit
einem Trick verhindern. Stecken
Sie einen Trichter in die Erde und
gießen Sie die Ampel über die
Trichtertülle.

häufig gegossen und gedüngt werden, damit
sich die Pflanzen gut entwickeln und lange
blühen. Das Gießen in luftiger Höhe gelingt
am besten mit einem langen Aufsatz für den
Schlauch, mit dem Sie den Korb gut erreichen.

Kräuterkorb   Im Hanging Basket lassen sich auf kleinstem Raum viele Kräuter
unterbringen, die man täglich in der Küche
braucht. Eine schöne und sinnvolle Zusammenstellung wäre zum Beispiel:
➤ Basilikum, je eine grüne und eine rote
  Sorte, regelmäßig die Triebspitzen abknipsen.
➤ Salbei, auch hier gibt es schöne bunt-
  laubige Sorten.
➤ Thymian in unterschiedlichen Duft- und
  Geschmacksrichtungen.
➤ Bohnenkraut, am besten die dauerhafte
  Zwergstrauchversion, sie schmeckt intensiver als das einjährige Bohnenkraut.
➤ Oregano, ohne das keine Nudelsoße wirk-
  lich schmeckt.

Mini-Teiche

Wasser übt seit ewigen Zeiten eine besondere Faszination auf uns Menschen aus. Schon kleinste Wasserflächen strahlen Ruhe aus. Nicht umsonst gehört der Teich zu den am meisten geäußerten Wünschen bei der Gartenplanung.

Doch selbst wer im Garten keinen Platz für einen Teich hat, muss nicht auf ihn verzichten. Auf der Terrasse lassen sich leicht Mini-Teiche in wasserdichten Kübeln anlegen, in denen sogar kleine Wasserpflanzen Platz finden. Gefäße, die mindestens 50 Liter Wasser fassen, sind dafür geeignet.

Bei der Wahl der Teichgefäße sind der Fantasie kaum Grenzen gesetzt. Sie können alte Zinkwannen und Eimer verwenden, Fässer, Mörtelkübel oder glasierte Tonkübel. Unglasierte Terrakottakübel sind allerdings nicht geeignet, denn durch die porösen Wände diffundiert das Wasser langsam, aber stetig nach außen, sodass Sie ständig neues

Eine kleine Teichlandschaft, ganz einfach zusammengesetzt aus mehreren Kübeln mit Sumpf- und Wasserpflanzen.

TIPP

Auf dem Balkon sollten Sie Mini-Teiche nur aufstellen, wenn die Konstruktion stabil genug ist. Bedenken Sie, dass die Stellfläche leicht mit 200–300 kg/m^2 belastet wird. Am besten verwenden Sie hier nur möglichst kleine Gefäße mit wenig Eigengewicht, und diese auch nur einzeln.

Wasser nachfüllen müssten. Auch Kübel, die an der Unterseite Löcher für den Wasserabzug besitzen, sind natürlich nicht geeignet. Besonders schön sind alte Steintröge, die Sie mit etwas Glück bei Händlern finden, die sich auf das Recycling alter Baustoffe spezialisiert haben. Die vorgesehenen Kübel werden am besten mit weichem Regenwasser gefüllt. Wenn Sie Leitungswasser verwenden müssen, lassen Sie es einige Tage darin stehen, bevor Sie die Bepflanzung vornehmen.

Das richtige Substrat Für die Bepflanzung können Sie entweder spezielle fertige Substratmischungen kaufen oder sich aus Unterboden (kein Mutterboden aus den oberen Schichten!) und viel Flusssand selbst ein Substrat zusammenmischen. Auf keinen Fall sollten Sie Dünger untermischen, da die Pflanzen sonst viel zu stark wuchern und sich die Nährstoffe im Wasser lösen, was im schlimmsten Fall zum „Umkippen" des Gewässers führt. Beruhigendes Plätschern erzeugt ein kleiner Wasserspeier, den man aber am besten in einem gesonderten unbepflanzten Kübel verwendet.

EXTRA

Geeignete Pflanzen

Für die Pflanzenauswahl gilt: weniger ist mehr. In einem vollkommen zugewucherten Mini-Teich bekommen die Pflanzen schnell zu wenig Sauerstoff, die Wurzelballen beginnen zu faulen und die Pracht ist schnell dahin. Eine einzelne schwachwüchsige Seerose reicht voll und ganz aus, um einen Kübel zu füllen. Lassen Sie sich in Ihrer Gärtnerei beraten, welche Sorten sich für Kübel eignen. Einige kommen schon mit einer Wassertiefe von 30 cm zurecht.
Am besten werden die Wasserpflanzen einzeln in Körbe gepflanzt und dann eingesetzt. Auf diese Weise wird auch das Substrat nicht so leicht aus den Wurzelballen geschwemmt. Wuchernde Pflanzen, sofern man sie überhaupt verwendet, können auf diese Weise leicht entnommen und geteilt werden, bevor sie zu groß geworden sind. Der Igelkolben ist so eine wuchernde Pflanze, die aber wegen ihrer Attraktivität auch in Mini-Teichen verwendet wird.

Schatten

Die meisten Balkone und Terrassen sind so angelegt, dass sie den überwiegenden Teil des Tages Sonne erhalten, denn schließlich möchte man in seiner Freizeit am liebsten in der Sonne sitzen. Balkone und Terrassen, die nach Osten oder Westen liegen, bekommen nur an einem Teil des Tages Sonne.

Auf einem Westbalkon können Sie auch am Abend noch die Sonne genießen, was besonders für Berufstätige einen unschlagbaren Vorteil darstellt. Balkone an der Nordseite von Gebäuden liegen dagegen die ganze Zeit im Schatten, außer vielleicht wenige Stunden

morgens oder abends, wenn die Ausrichtung nicht exakt nach Norden zeigt.

Viele Pflanzen, die einen sonnigen Standort bevorzugen, wachsen auch an halbschattigen Plätzen durchaus zufriedenstellend. Meist fällt nur die Blüte ein wenig üppiger aus, dafür entschädigt dann aber attraktives Laub.

Besondere Pflanzen   Die verschiedenen Begonien-Arten fühlen sich im Schatten äußerst wohl. Neben den kleinen, kompakten Eisbegonien, die sich für die Unterpflanzung von Hochstämmchen eignen, gibt es auch breit bis überhängend wachsende Arten und Sorten, die für die Bepflanzung von Kästen und Ampeln geeignet sind. Auch bei den Blütenfarben haben Sie eine große Auswahl. Zarte Pastellfarben sind ebenso auf dem Markt wie weiße Blüten, kräftiges Rot, Gelb oder Orange.

Eine andere Gattung, die ihre Stärken an schattigen Standorten voll ausspielt, ist die Fuchsie. Die erhältlichen Sorten gehen inzwischen in die Hunderte, es gibt kleinblütige, großblütige, einfache und gefüllte Sorten. Die Farbpalette reicht dabei von Weiß über Rosa und Rot bis hin zu Blauviolett. Der dritte Vertreter für ausgesprochene Schattenplätze ist das Fleißige Lieschen. Die Sorten des Neuguinea-Lieschens besitzen relativ große, leuchtende Blüten und wachsen kompakt-buschig, während die Sorten des Fleißigen Lieschens etwas kleinere Blüten ausbilden und mehr in die Breite wachsen. Die Farbpalette reicht dabei von Weiß über Rosa und Rot bis hin zu dunklen Pinktönen. Auch gefüllte Blüten, die an kleine Röschen erinnern, sind im Programm.

Die panaschierten Blätter der Funkien hellen schattige Ecken auf.

Naschbalkon

Neben Kräutern und Gemüse lassen sich auch kleinwüchsige Obstsorten auf Balkon und Terrasse kultivieren.

Nicht nur Blumen und Blattschmuckpflanzen sind prädestiniert für die Kultur in Kübeln und Töpfen. Auch zahlreiche Gemüse-Arten wachsen hier ohne Probleme, sodass ein guter Teil des täglichen Bedarfs auf Balkonien geerntet werden kann. Dem begrenzten Platz angepasst, wachsen die modernen Terrassensorten nur moderat in Höhe und Breite. Trotzdem bringen sie erstaunliche Mengen an wohlschmeckenden Früchten hervor. Oft sind diese kleinfrüchtigen Sorten geschmacklich viel besser als die nur auf Ertrag gezüchteten Sorten, die im Erwerbsgartenbau gezogen werden. Außerdem sind zahlreiche Sorten nur schwer in frischer Qualität im Handel zu bekommen, daher lohnt sich der eigene Anbau doppelt.

Balkontomaten

Das Sortiment an Tomaten, das auf dem Wochenmarkt erhältlich ist, wurde in den letzten Jahren zwar immer umfangreicher, doch es gibt Hunderte von Sorten, alle höchst un-

Mehrmals tragende Hängeerdbeeren sind ideal für eine Pflanzung in Kübel und Kästen auf Balkon und Terrasse.

terschiedlich in Farbe, Größe, Form und Geschmack, dass Sie nicht auf diesen Genuss verzichten sollten. Besonders praktisch für kleinere Kästen sind kompakt wachsende Sorten, die nicht gestäbt werden müssen, sondern frei über den Kastenrand wachsen und ihre köstlichen Rispen herunterhängen lassen. Die meisten schwachwüchsigen Tomaten gehören zur Gruppe der kleinfrüchtigen Cherrytomaten mit süßlichem Aroma, es gibt jedoch auch Sorten, deren Früchte größer sind.

Noch mehr Gemüse   Nicht nur Tomaten, sondern auch Paprika, Auberginen, Zucchini und Kürbis eignen sich für den Anbau auf Balkon und Terrasse. Die modernen Sorten sind kleinwüchsig, die Früchte fallen ebenfalls viel kleiner aus als bei den üblichen Sorten. Ein ausreichend großer Kübel und bei Bedarf ein entsprechendes Rankgerüst sind ausreichend, um eine reiche Ernte zu garantieren.

TIPP

Auf immer mehr Pflanzenmärkten und Pflanzenbörsen werden im Frühling Jungpflanzen von alten, seltenen und ausgefallenen Tomatensorten angeboten. Auch Chili- und Paprika gehören inzwischen zum festen Sortiment.

Die Menge an Äpfeln, die ein Mini-Obstbaum produziert, ist genau richtig für den sofortigen Verzehr.

Obst in Augenhöhe

Johannis- und Stachelbeeren werden in der Regel nicht sehr groß und lassen sich daher leicht in Kübeln kultivieren. Besonders geeig-

net sind Hochstämmchen. Die Stachelbeere 'Pax' hat keine Stacheln und ihre Früchte sind unempfindlich gegen Mehltau. Auch bei den Johannisbeeren sollten Sie auf moderne, mehltautolerante Sorten achten, deren Früchte gleichmäßig ausreifen, damit auch genügend leckere Früchte zum Naschen vorhanden sind. Lohnend für die Kübelkultur ist auch die Jostabeere, eine Kreuzung zwischen Johannis- und Stachelbeere, deren Früchte sehr aromatisch und besonders gesund sind. Bei den Äpfeln sind es vor allem die säulenförmig wachsenden Ballerina-Sorten, die auf kleinstem Raum erstaunliche Mengen an wohlschmeckendem Obst hervorbringen.

Kräuter

Kräutertöpfe verbinden Nutzen mit Schönheit. Viele Kräuter blühen mit kleinen, zarten Blüten, duften intensiv und haben ein fantastisches Aroma. Basilikum duftet je nach Sorte nach Orangen, Zitronen oder Zimt! Auch die Kapuzinerkresse ist attraktiv und lecker zugleich. Die Blätter werden – sparsam – als Salatgewürz verwendet und die Blüten sind ein wunderschöner, essbarer Schmuck. Bei Salbei stellt sich manchem die Frage: Ist er eine würzende Zierpflanze oder ein zierendes Würzkraut? Minzen eignen sich hervorragend für erfrischende Tees und als i-Tüpfelchen auf Süßspeisen, zum Beispiel zu frischen Erdbeeren, gemischt mit Honig.

Obstsorten für den Kübel

Art	Geeignete Sorten	Besonderheiten
Apfel	'Bolero', 'Golden Gate', 'Red River'	Säulenform
Birne	'Codo', 'Saphira', 'Decora'	z. T. Säulenform
Kirsche	'Griotella', 'Stella Compact'	schwachwüchsige Unterlage
Zierquitte	'Cido' (essbar!)	hoher Vitamin-C-Gehalt
Stachelbeere	'Larell', 'Pax' (stachellos)	Hochstämmchen

Pflanzen & Pflegen

Pflanzen gedeihen und blühen nur dann üppig, wenn sie an einem Standort wachsen, der ihren Ansprüchen gerecht wird. Von der eigenen Aussaat bis zum üppig blühenden Balkonkasten ist es nicht schwer, wenn richtig gegossen, gedüngt und gepflegt wird.

Überlegungen vorweg

Bevor Sie mit der Bepflanzung beginnen, überlegen Sie zunächst, wie Ihr Balkon oder Ihre Terrasse grundsätzlich gestaltet werden soll. Wollen Sie eine klassische Bepflanzung mit Sommerblumen oder bevorzugen Sie eine dauerhafte Bepflanzung mit Stauden und Gehölzen?

Bereits ab Januar sind die Kataloge der verschiedenen Züchter und Händler erhältlich. Beim Durchblättern finden Sie bestimmt wertvolle Anregungen für die eigene Gestaltung. Wenn Sie bereits Kübelpflanzen besitzen, ist es sinnvoll, die Sommerblumen passend dazu auszuwählen. Auch der Arbeitsaufwand für die Pflege muss berücksichtigt werden. Für eine üppige Dauerblüte müssen Sie regelmäßig gießen und düngen, Verblühtes herausschneiden und auf Anzeichen von Schädlingsbefall achten.

Auch die farbliche Gestaltung will wohl über-

Die Kräuter neben der Terrasse verbreiten köstliche Düfte.

legt werden. Besonders die Bepflanzung der Terrasse soll mit dem dahinterliegenden Garten harmonieren. Orientieren Sie sich auch bei der Wahl der Pflanzgefäße an Ihrem gesamten Gartenkonzept. Der vorhandene Terrassenbelag muss ebenso in die Planung mit einbezogen werden wie die Möbel.

Standort & Lage

Standort Pflanzen blühen und wachsen nur dann zufriedenstellend, wenn sie einen Standort erhalten, der ihren Ansprüchen gerecht wird. Sonnenkinder werden im Schatten immer vor sich hin kümmern, wenig Blüten ansetzen und leichter von Schädlingen und Krankheiten befallen. Viele Schattenpflanzen kommen auch an mehr oder weniger sonnigen Standorten noch zurecht, wenn sie genügend Feuchtigkeit erhalten. Trotzdem verblasst manch hübsche Blattzeichnung, im schlimmsten Fall verbrennt das Laub innerhalb von Stunden. Reine Südlagen erhalten in der Regel den ganzen Tag über Sonne – ideal für Sonnenanbeter unter den Pflanzen. Ost- und Westlagen liegen zumindest einen Teil des Tages im Schatten. Nordbalkone erhalten meist nur früh morgens und abends ein paar Sonnenstrahlen, liegen aber besonders um die Mittagszeit im Schatten.

Wind und Wetter Besonders Pflanzen mit zierlichen Stängeln und Blüten sehen nach einem kräftigen Wind oft reichlich zerzaust aus. Triebe brechen ab, die Blüten verlieren ihre Blütenblätter und bieten einen traurigen Anblick. Daher ist es entscheidend, ob ein Balkon eher die Form einer Loggia hat und die Pflanzen durch Seitenwände und überstehende Dächer geschützt sind, oder ob der Balkon frei an der Hauswand befestigt ist, sodass Wind und Regen vollen Zugriff haben.

Gebäude Auch die Nachbarbebauung hat entscheidenden Einfluss auf das herrschende Mikroklima. Sie kann im Einzelfall als Windschutz oder Windbeschleuniger wirken.

EXTRA

Wie viel Geld will ich ausgeben?

Gerade wer in einer Mietwohnung oder in einem gemieteten Haus lebt, möchte nicht allzu viel Geld ausgeben und sich trotzdem eine gemütliche Oase im Freien schaffen. Dazu müssen es nicht immer die perfekten Lösungen sein. Oft besitzen pfiffige Improvisationen sogar einen besonderen Charme:

➤ Ein unschöner Fliesenboden verschwindet unter lose verlegten Holzfliesen, die es günstig in Baumärkten, Gartencentern und Möbeldiscountern gibt.
➤ Mit Schilfmatten lässt sich die Balkonbrüstung ganz einfach blickdicht machen.
➤ Markisen sind teuer. Schrauben Sie ganz einfach Haken in die Balken über Ihnen, an denen Sie selbst genähte Bahnen aus Fallschirm- oder Markisenstoff einhängen. Nicht vergessen: Vermieter vorher fragen!
➤ Gerade bei wenig Platz sind leichte Aluminium-Möbel praktisch und mit verschiedenfarbigen Polstern lassen sich immer wieder neue Stimmungen schaffen.
➤ Balkonblumen wachsen bei guter Pflege und Düngung schnell. Kaufen Sie kräftige Pflanzen, dabei müssen es aber nicht die größten Exemplare sein. Kleinere Sortierungen sind günstiger, und schon nach kurzer Zeit haben sie den Rückstand aufgeholt.

Pflanzgefäße

Schöne Töpfe und Kästen tragen zum Gesamteindruck einer gelungenen Balkon- und Terrassenbepflanzung bei. Sie sollen nicht nur attraktiv, sondern auch zweckmäßig sein, dazu langlebig und bei einer auf Dauer angelegten Pflanzung auch frosthart.

Balkonkästen sind in den unterschiedlichsten Materialien erhältlich. Am preiswertesten sind Kunststoffkästen. Neben den klassischen Farben weiß, braun und grün werden

auch Modelle in anderen Farben angeboten, die Sie passend zur vorgesehenen Bepflanzung auswählen können. Achten Sie beim Kauf auf gute Qualität. Die Farben sollten lichtecht sein und auch nach mehreren Jahren nicht ausbleichen. Markenhersteller geben häufig eine mehrjährige Garantie auf ihre Gefäße. Häufig imitieren Kunststoffkästen andere Materialien wie Terrakotta auf verblüffende Weise. Kunststoffkästen haben den Vorteil, dass sie relativ leicht zu heben sind. Neben den einfachen Kästen werden auch unterschiedlichste Modelle mit eingebautem Wasserreservoir angeboten. Die einfacheren haben Matten auf dem Boden, die größere Mengen an Gießwasser aufsaugen und gleichmäßig wieder abgeben. Solche Kästen sind etwas höher, damit die Wurzeln der Pflanzen noch genügend Raum haben. Auch Balkonkästen aus Terrakotta und Ton sind sehr beliebt. Oft sind ganze Serien aus Kästen und Kübeln im Angebot, alle im Design aufeinander abgestimmt und vielseitig zu kombinieren. Die angenehmen Rottöne hochwertiger Terrakotta harmonieren hervorragend mit jedem Bepflanzungsstil. Anders als Kunststoff atmet das Material und verdunstet dabei auch immer einen Teil des Gießwassers. Sie müssen in diesem Fall also etwas großzügiger gießen.
Wer es besonders edel mag, kann aus einem umfangreichen Sortiment an Gefäßen aus Zink, Edelstahl und Kupfer wählen. Mit der Zeit setzen diese Materialien eine Patina an und werden immer schöner, zudem sind sie so gut wie unzerstörbar.
Unter Bezeichnungen wie Fibre-Clay, Poly-Terrazzo oder Polystone kommen immer mehr Gefäße auf den Markt, die Steinma-

Klassische Terrakotta-Töpfe sind mit einer rustikalen Bepflanzung eine Augenweide.

Farblich passend wurden diese Blechgefäße zu den Blütenfarben der Hyazinthen und Tausendschön ausgewählt.

Eine simple Stahlmatte bietet der Prunkbohne genügend Halt, um sich nach oben zu winden.

terialien täuschend ähnlich sehen, aber viel leichter, dazu stoß- und frostfest sind. Gerade bei größeren Kübeln macht sich das geringere Gewicht deutlich bemerkbar.

Topfspaliere

Um üppig wachsen zu können, benötigen alle Kletterpflanzen Rankhilfen. Je nachdem, auf welche Art sie sich in luftige Höhen arbeiten, muss die Kletterhilfe unterschiedlich ausfallen. Schlinger winden sich um nicht zu dicke Stäbe oder Drähte, während Kletterpflanzen, die Ranken ausbilden, ein Spalier benötigen. Eine Kletterhilfe für Schlinger ist schnell gebaut: Führen sie 3–5 mm dicken Nylon- oder Drahtseile im Abstand von 10 cm senkrecht an der Wand entlang nach oben (mit Haken befestigen). Besonders preiswert sind einfa-

che Baustahlmatten (damit sie nicht rosten, sollten Sie sie vorher mit spezieller Farbe streichen (z. B. Hammerite), es gibt aber auch fertige Netze, die an den Ecken des Balkons mit Schlaufen und Ösen befestigt werden können. Katzen- oder Taubenschutznetze sind dafür nicht stabil genug.

KOSMOS **T I P P**

Weniger durch seine Blüten, dafür mehr durch sein besonders schönes Laub überzeugt der Japanische Hopfen, besonders die panaschierte Sorte 'Variegatus'. Hopfen ist der ideale Kandidat für halbschattige und schattige Balkone.

Pflanzeneinkauf

Kräftige Jungpflanzen mit gutem Knospenansatz garantieren für üppiges Wachstum und lange Blütedauer, regelmäßige Pflege und ausreichende Düngergaben vorausgesetzt.

Bezugsquellen

Qualität erkennen   Hochwertige Pflanzen sind buschig mit gleichmäßig langen Trieben. Sie besitzen gesundes Laub mit sortentypischer Blattfarbe. Es sollten keine Flecken, Pilzbeläge oder vergilbte Blätter zu sehen sein. Lange helle Triebe, die dazu noch spärlich belaubt sind, weisen auf zu dunklen

Stand hin. Schlappes Laub ist ein Anzeichen dafür, dass die Pflanzen auf dem Transport zum Verkaufsort gelitten haben oder dass die Pflanzen nicht ausreichend gegossen wurden. Auch abgeknickte Stängel sind ein Anzeichen für schlechte Transport- oder Lagerbedingungen. Ein weiteres Kriterium ist der gut durchwurzelte Ballen, der weder zu feucht noch zu trocken sein sollte. Beim Herausziehen des Ballens aus dem Topf sind zahlreiche gesunde, helle Wurzeln zu sehen. Der Wurzelballen fällt nicht auseinander. Insgesamt machen gute Pflanzen einen kräftigen Eindruck und besitzen bereits einen

Bei der Auswahl in Gartencentern ist für jeden Geschmack etwas dabei.

guten Knospenansatz, damit die Blüte nach dem Pflanzen nicht mehr allzu lange auf sich warten lässt. Viele typische Balkonpflanzen werden ab April/Mai bereits blühend verkauft. So haben Sie auf jeden Fall die Gewissheit, dass Ihre Blumen auch wirklich in der gewünschten Farbe blühen und Sie später keine Überraschungen erleben.

Die örtliche Gärtnerei   Gärtnereien haben in der Regel ein gutes Standardsortiment. Sie pflegen intensiven Kontakt zu ihren Kunden und sind dadurch auch über deren spezifische Wünsche gut informiert. Die Qualitätsstandards der Gärtnereibetriebe sind hoch, denn sie sind auf die Zufriedenheit der Kunden angewiesen, wenn sie diese langfristig an sich binden wollen. Gärtnereien beziehen ihre Ware in der Regel direkt von den Züchtern beziehungsweise von speziellen Vermehrungsbetrieben und kultivieren die dort bezogene Jungware weiter, um rechtzeitig zu Saisonbeginn verkaufsfertige Pflanzen anbieten zu können.

Gartencenter   Im Gartencenter erhalten Sie fast überall ein umfangreiches Sortiment der gängigen Beet- und Balkonblumenarten. Im Gegensatz zu Gärtnereien beziehen die Gartencenter verkaufsfertige Ware von Gärtnereien, die genügend große Stückzahlen liefern können. Die Qualität ist normalerweise gut. Es kommt vor allen darauf an, dass die Pflanzen fachgerecht vom Personal gepflegt werden, solange sie am Verkaufsort stehen.

KOSMOS T I P P

Wenn Sie schon im zeitigen Frühjahr besondere Wünsche anmelden, kann Ihre Gärtnerei Ihnen auch sicher die gewünschten Arten bzw. Sorten bis zum Saisonstart beschaffen.

So sieht ein gut durchwurzelter Topfballen aus. Die Pflanze wird im Kasten schnell weiterwachsen.

Versandhandel   Schon zum Winterende verschicken zahlreiche Versandgärtnereien ihre Kataloge. Ab April werden blühende bzw. knospige Pflanzen versandt, die Sie sofort in die vorgesehenen Kästen und Töpfe pflanzen können und die rasch anwachsen.
Bei einer Versandgärtnerei Pflanzen zu bestellen bedeutet Vertrauen in das Unternehme zu setzen, denn Sie können die Pflanzen beim Kauf nicht sehen, sondern müssen sich darauf verlassen, dass die Qualität in Ordnung ist. Viele Unternehmen bieten den Kunden daher umfangreiche „Zufriedenheitsgarantien" und die Option, Ware zurückzusenden, wenn sie nicht den Vorstellungen entspricht oder wenn die Pflanzen auf dem Transportweg, zum Beispiel durch zu lange Laufzeit, gelitten haben.

Pflanzenbörsen   Eine gute Quelle für ausgefallenere Wünsche sind Pflanzenbörsen. Sie werden von Pflanzenliebhabergesellschaften oder Gartenbauvereinen veranstaltet, deren Mitglieder überzählige Exemplare verkaufen oder gegen andere Pflanzen eintauschen. Die Termine werden meist in der Tagespresse oder auch Gartenzeitschriften bekannt gegeben.

Pflege-Einmaleins

Pflanzen in Kästen und Kübeln benötigen neben Wasser und Dünger regelmäßige Aufmerksamkeit, damit sie die ganze Saison über gesund und schön bleiben.

Laufende Pflege

Rückschnitt für bessere Verzweigung   Neu eingesetzte Pflanzen mit wenigen Trieben können Sie um ein Drittel einkürzen. Dadurch wird eine bessere Verzweigung angeregt, die Pflanzen wachsen buschiger und bilden zudem mehr Blüten aus. Auch später, wenn der Blütenflor nachzulassen beginnt, hilft ein vorsichtiger Rückschnitt, um die Blütenbildung neu anzuregen.

Wenn Sie Verblühtes ständig abschneiden, verlängern Sie die Blütedauer erheblich.

Verblühtes entfernen   Alle Blütenpflanzen entwickeln ihre Blüten, um sich fortzupflanzen. Die Blüten werden meistens von Insekten, manchmal auch vom Wind, bestäubt. Danach setzen sie Samen an, aus denen sich die nächste Generation entwickelt. Mit einem reichlichen Samenansatz hat die Pflanze also ihre Mission erfüllt und kann ihre Blütenbildung einstellen. Damit Ihre Blumen Sie durch eine lang anhaltende Blüte erfreuen, müssen Sie regelmäßig alles Verwelkte entfernen. Einzelblüten an weichen Stängeln kneifen Sie dabei einfach mit den Fingernägeln ab. Bei festen drahtigen Stängeln verwenden Sie am besten eine kleine Schere. Blütenrispen schneiden Sie komplett ab, wenn alle daransitzenden Blüten verblüht sind. Vergilbte, deformierte und trockene Blätter werden ebenfalls entfernt.

Schädlingskontrolle   Kontrollieren Sie Ihre Pflanzen regelmäßig auf Schädlinge. Bei beginnendem Befall reicht es meist, die befallenen Pflanzenteile abzuschneiden und in der Mülltonne zu entsorgen. Blattläuse in geringer Zahl können Sie leicht mit den Fingern zerdrücken, bevor sie sich zu größeren Kolonien vermehrt haben. Pflanzenschutzmittel aller Art kommen so erst gar nicht zum Einsatz. Sinnvoll können hingegen Pflanzenstärkungsmittel sein, die sie selber ansetzen können, die es aber auch fertig im Handel zu kaufen gibt. Beispiele hierfür sind Brennnesselbrühe und Neem-Präparate. Manche Schädlinge verstecken sich auch in der Erde. Bei kümmerlichem Wuchs oder welken Pflanzenteilen lohnt es sich, den Ballen auszutopfen und auf Engerlinge und Co. zu untersuchen.

KOSMOS

TIPP

Brennnesseljauche lässt sich aus 1 kg frischen Brennnesseln und 10 l Wasser selbst herstellen. Lassen Sie die Brennnesseln in dem Wasser 2–4 Tage ziehen und gießen Sie den Sud danach durch einen Filter ab. Füllen Sie das Ganze in einen verschließbaren Behälter, denn die Jauche riecht ziemlich unangenehm. Zum Gießen verdünnen Sie den Sud im Verhältnis 1:10 mit Wasser. Unverdünnte Jauche führt zu Verbrennungen auf den Blättern!

Richtig pflanzen

Damit Ihre Balkonblumen nach einem Regenguss nicht im Wasser stehen, sollte unter der Erde eine 2–3 cm dicke Dränageschicht aus Kies oder Blähton eingearbeitet werden. So kann überschüssiges Wasser schnell ablaufen. Es gibt auch Balkonkästen mit Dränagematten, die überschüssiges Wasser aufsaugen und dann langsam wieder an die Wurzeln abgeben. Generell gilt: Setzen Sie die Blumen nicht zu dicht, denn sie wachsen noch. In einen 80 cm langen Kasten passen ungefähr sechs bis sieben Pflanzen. Blumen aus Töpfen sollten Sie vor dem Einsetzen gründlich gießen, damit der Wurzelballen gut durchtränkt ist. Setzen Sie die Pflanzen etwa so tief, wie sie vorher in den Töpfen oder Trays gestanden haben, eher 1–2 cm tiefer als zu hoch. Das Gleiche gilt eigentlich auch für das Pflanzen von Blumenzwiebeln. Als Substrat kann normale Blumenerde aus dem Gartencenter verwendet werden. Wichtig ist auch hier, dass überschüssiges Gieß- oder Regenwasser gut abfließen kann, denn stauende Nässe vertragen die Zwiebeln nicht. Zwiebeln dürfen in Gefäßen enger stehen als im Garten, sollten sich aber nicht berühren. Die Pflanztiefe ist normalerweise auf der Verpackung angegeben. Als Faustregel gilt, dass die Pflanztiefe das zwei- bis dreifache der Zwiebelhöhe betragen sollte. Sollte das Gefäß relativ klein sein, ist es besser, die Zwiebeln nicht ganz so tief zu pflanzen, damit die Wurzeln noch ausreichend Platz haben und sich gut entwickeln können. Zum Schluss werden sie mit einer Schicht Erde abgedeckt und angegossen. Durch Pflanzung in mehreren „Etagen" lassen sich wunderschöne Zusammenstellungen komponieren, die über einen langen Zeitraum blühen.

EXTRA

Tipps für die erfolgreiche „Kräuterei"

Wenn Sie unterschiedliche Kräuter in Kästen zusammenstellen, achten Sie auf gleiche Ansprüche bezüglich Wasser und Dünger. Wenig Wasser benötigen Rosmarin, Thymian, Salbei und Oregano. Häufiger gegossen werden Schnittlauch, Melisse, Liebstöckel und Estragon.
Da den Pflanzen in den Töpfen wenig Erde zur Verfügung steht, sollten Sie die Kräuter gelegentlich mit einem speziellen Kräuterdünger düngen. Auf keinen Fall dürfen Sie üblichen Balkonblumendünger verwenden, dieser enthält viel zu viele Nährstoffe.
Ernten Sie Kräuter am besten morgens, dann duften sie am intensivsten und die ätherischen Öle entfalten ihre volle Wirkung. Später am Tag sind viele Aromastoffe bereits verflogen.

Kältereiz für Blütenbildung   Damit die Zwiebeln im nächsten Jahr blühen, brauchen sie die winterliche Kälte als Auslöser für die Blütenbildung. Sie können deshalb ruhig draußen bleiben, sollten aber vor zu starkem Frost geschützt werden. Dazu rückt man sie zusammen und schützt sie durch Abdecken mit luftdurchlässigem, isolierendem Vlies, damit die Erde nicht durchfriert. An wärmeren Tagen kann man das Isoliermaterial abnehmen und die Zwiebeln gelegentlich etwas gießen. So vorbereitet, steht einem blühenden Start in den Frühling auch auf Balkon und Terrasse nichts mehr im Wege.

Optimal gießen

Da der Wurzelraum aller Pflanzen, die in Kästen, Töpfen und Kübeln wachsen, stets begrenzt ist, müssen sie unbedingt regelmäßig gegossen werden, damit ihre Wurzelballen nicht austrocknen. Die meisten Balkon- und Kübelpflanzen stammen aus mehr oder weniger tropischen Gebieten, in denen es regelmäßig regnet. Das Laub dieser Pflanzen ist üppig und verdunstet dementsprechend viel Wasser über die Blattoberfläche. Dazu wachsen sie schnell und bilden eine hohe Anzahl an Blüten. Das bedeutet, dass sie auch bei uns auf dem Balkon viel Durst haben und es umgehend übelnehmen, wenn sie auf dem Trockenen sitzen. Eine Ausnahme machen nur die Vertreter aus mediterranen Gebieten, die Sie häufig an ihrem eher zierlichen, oft graugrünen oder silbrigen Laub erkennen können. Diese Pflanzen kommen mit weit weniger Wasser aus und überstehen auch kurze Trockenperioden. Trotzdem sollten Sie auch bei ihnen die Wurzelballen nicht austrocknen lassen.

Tägliches Gießen, bei sommerlicher Hitze sowohl morgens als auch abends, ist also absolute Pflicht, damit sich Ihre Pflanzen auf Balkon und Terrasse in Hochform präsentieren. Prüfen Sie vor dem Gießen die Feuchtigkeit des Substrates. Wenn die Oberfläche bereits angetrocknet ist, ist es höchste Zeit. Gießen Sie großzügig, aber langsam, damit die Erde nicht herausgeschwemmt wird. Überschüssiges Gießwasser läuft durch die Abzugslöcher am Boden wieder heraus. Falls Sie Untersetzer unter den Pflanzenbehältern haben, schütten Sie das darin stehende Wasser ab, warten Sie aber erst einige Minuten, denn oft saugen die Wurzeln einen Teil des Wassers bis dahin noch auf.

Leitungswasser oder Regenwasser?   Optimal zum Gießen ist natürlich das weiche Regenwasser, zudem sparen Sie auch eine Menge an Wassergebühren, wenn Sie darauf zurückgreifen können. Oft genügt schon eine Regentonne, in der ein Teil des

Mit einer Regentonne lässt sich Einiges an Wasserkosten sparen.

TIPP

Gießen Sie Ihre Pflanzen am besten morgens und/oder abends und nicht in der prallen Mittagshitze. Das Wasser verdunstet sonst zum Teil schon während des Gießvorgangs. Auf keinen Fall sollten Sie die Pflanzen bei voller Sonne mit der Brause gießen, weil das Laub dabei mit zahllosen Wassertröpfchen benetzt wird, die wie Brenngläser wirken. Im schlimmsten Fall führt das zu Verbrennungen auf den Blättern.

Bei vielen Kübelpflanzen lohnt sich eine automatische Tröpfchen-Bewässerung.

Wassers, das durch die Regenrinne läuft, aufgefangen wird. Eine Regentonne kann allerdings in der Regel nicht auf dem Balkon aufgestellt werden, weil auch kleine Tonnen mindestens 500 l Wasser fassen und sie damit eine zu schwere Last darstellen können. Garten- und Terrassenbesitzer haben jedoch die Möglichkeit, mithilfe einer Regentonne etwas von dem kostbaren Nass aus dem Regenrohr abzuzweigen. Regentonnen müssen übrigens nicht immer aus simplem grünem oder blauem Kunststoff bestehen, es gibt auf dem Markt auch ansprechende Modelle, zum Beispiel Holzfässer oder solche, die Felsbrocken täuschend ähnlich sehen. Unauffällig werden Regentonnen auch, wenn Sie einfach Kletterpflanzen an einem entsprechenden Rankgerüst drumherum wachsen lassen. Wenn Sie Leitungswasser zum Gießen verwenden, füllen Sie es am besten in Gießkannen und lassen es einige Stunden darin stehen, damit es sich erwärmt, bevor Sie mit dem Gießen beginnen.

Die Gießtechnik erleichtert die Arbeit

Wer größere Mengen an Balkon- und Terrassenpflanzen zu versorgen hat, weiß, wieviel Arbeit das tägliche Gießen bereitet, besonders wenn zahlreiche Gießkannen zu schleppen sind. Ein Wasserhahn an der Hauswand, an dem der Gartenschlauch angeschlossen wird, erleichtert die Arbeit erheblich. Aber auch hierbei müssen Sie täglich ans Gießen denken.

Praktisch sind Blumenkästen mit Wasserreservoir, die die Gießmenge für etwa zwei Tage speichern. So werden Ihre Pflanzen auch während einer kurzen Abwesenheit gut versorgt. Kästen mit Wasserreservoir haben in einer Ecke einen Einfüllstutzen für das Gießwasser, das im Innern durch feine Kanäle zu den Wurzeln geleitet wird. Am Stutzen können Sie jederzeit ablesen, ob noch genügend Wasser im Reservoir ist. Gegossen wird immer bis zum oberen Rand.

Filzmatten auf dem Boden der Kästen dienen als Wasserspeicher.

Unabhängigkeit durch automatische Bewässerung   Wer die Bequemlichkeit liebt, wird sich vielleicht für ein automatisches Bewässerungssystem begeistern. Die Möglichkeiten reichen dabei vom simplen Tropfschlauch bis zum computergesteuerten System.
Der Tropfschlauch ist im Prinzip nichts anderes als ein perforierter Gartenschlauch, der zwischen die Pflanzen gelegt und an den Wasserhahn angeschlossen wird. Die Durchflussmenge wird durch das Öffnen des Wasserhahns reguliert. Die Länge des Schlauchstückes und die Anzahl der Tropflöcher im Pflanzbehälter bestimmen dabei die Wassermenge, die pro Stunde an die Pflanzen abgegeben wird. So werden die Pflanzen gleichmäßig und Wasser sparend bewässert.

Richtig düngen

Neben der Bewässerung spielt auch eine auf das Pflanzenwachstum abgestimmte Düngung eine wichtige Rolle, damit Ihre Balkon-

und Terrassenblumen kontinuierlich bis zum Saisonende blühen. Da die Pflanzen dabei enorme Leistungen vollbringen, benötigen sie regelmäßige und ausreichende Düngergaben. Wenn Sie beim Pflanzen vorgedüngte Qualitätserde verwendet haben, reicht das Nahrungsdepot erst einmal für die ersten 6–8 Wochen. Danach sollten Sie Ihren Pflanzen aber die erste weitere Düngergabe gönnen. Im Handel erhalten Sie Dünger in den verschiedensten Zusammensetzungen und Darreichungsformen.

Mineralisch oder organisch?   Für Saisonbepflanzungen sind mineralische und organisch-mineralische Dünger sinnvoll, weil sie ihre Wirkstoffe schnell und vollständig an die Pflanzen abgeben.
Viele Dünger für Balkon- und Terrassenbepflanzungen sind in flüssiger Form erhältlich und werden einfach dem Gießwasser zugegeben. Andere wiederum bestehen aus kleinen Körnchen, die um die Pflanzen gestreut und leicht untergeharkt werden. Bei der Anwendung sollten Sie sich an die Angaben auf den Packungen halten, auf keinen Fall dürfen Sie eine höhere Dosierung wählen, denn die im Dünger enthaltenen Salze schädigen in hoher Konzentration die Pflanzen.

Depotdünger   Wer sich die regelmäßige Düngung ersparen will, kann auch Depotdünger verwenden. Dabei sind die Wirkstoffe in Trägersubstanzen eingelagert, werden nach und nach freigesetzt und können von den Pflanzen aufgenommen werden. Auf diese Weise brauchen Sie nur alle paar Wochen zu düngen. Lesen Sie aber auch hierbei sorgfältig die Herstellerangaben zur richtigen Dosierung. „Viel hilft viel" hilft nicht. Im Gegenteil, zu viel Dünger führt zu Wurzelschäden. Depotdünger sind meistens von körniger Substanz. Es gibt aber auch Kegel und Stäbchen, die in die Erde gesteckt werden.

Düngemittel immer genau nach den Angaben auf der Verpackung dosieren.

Mediterrane Kräuter düngen Die handelsüblichen Volldünger haben für die meisten Beet- und Balkonblumen die richtige Zusammensetzung. Mittelmeerkräuter wie Lavendel, Rosmarin oder Heiligenkraut haben allerdings etwas andere Ansprüche. Sie benötigen weniger Dünger, außerdem reagieren sie empfindlich auf zu hohe Stickstoffgaben. Das silbrige Laub wird weich und dabei anfällig für Schädlinge. Außerdem sinkt der Gehalt an aromatischen, ätherischen Ölen. Düngen (und wässern) Sie diese Pflanzen am besten sehr sparsam mit organisch-mineralischem Dünger.

Stauden und Gehölze Auch Stauden und Gehölze, die in Kübeln auf dem Balkon oder der Terrasse stehen, brauchen nicht die gleichen Düngermengen wie die schnell wachsenden Einjährigen. Eine Düngung zum Austrieb im Frühling, danach monatliche Düngungen bis Ende August sind ausreichend. Spätere Düngungen gehen zu Lasten der Winterhärte. Hier können Sie auch gut organische Dünger, z. B. Hornspäne, abgelagerten Kompost oder Rinderdung (granuliert und getrocknet im Handel) verwenden.

Dünger-Eigenschaften

Organisch-mineralischer Dünger	Organischer Dünger	Mineralischer Dünger
Sofort wirksam	keine Sofortwirkung	sofort wirksam
Langzeitwirkung	Langzeitwirkung	Langzeitwirkung bei besonderen Stickstoffformen
Nährstoffgehalt / Düngeformel wählbar	Nährstoffgehalt schwankend und durch die Natur begrenzt	Nährstoffgehalt / Düngeformel wählbar
Fördert Humusbildung	fördert Humusbildung	bedarfsgerechte Versorgung der Pflanzen
Aktiviert Bodenleben	aktiviert Bodenleben	hohe Pflanzenverfügbarkeit und -verträglichkeit
Ausgewogenes Nährstoffangebot	langfristig ausgewogenes Nährstoffangebot	ausgewogenes Nährstoffangebot

Eigenschaften von Pflanzsubstraten

Substrat	Eigenschaften	für welche Pflanzen
Anzuchterde	nährstoffarm, luftig locker, nicht vernässend	Aussaaten und Stecklinge
Rhododendron- oder Azaleenerde	sauer, pH-puffernd, humusreich	Azaleen, Heidekraut, Kamelien
Beet- und Balkonpflanzenerde	nährstoffreich, phosphor- und kalibetont gedüngt, pH-Wert leicht sauer bis neutral, strukturstabil	Beet- und Balkonblumen, Sommerblumen, Gemüsepflanzen im Topf
Grünpflanzenerde, Kübelpflanzenerde	nährstoffreich, stickstoffbetont gedüngt	Blattschmuckstauden, Kübelpflanzen
Pflanzerde	humusreich, nährstoff- und pH-Wert-puffernd	nur als Beimischung zum Auspflanzen in gewachsenem Boden im Garten
Zitruserde	sauer, mineralstoff- und tonreich, strukturstabil	Zitrusbäumchen, Hortensien, Kamelien

Richtig gedüngt wachsen Balkonpflanzen zu prächtigen Exemplaren heran.

Das richtige Substrat

Damit sich Ihre Balkon- und Terrassenbepflanzung die ganze Saison über von der besten Seite zeigt, sollten Sie bei der Erde nicht sparen. Gute Substrate zeichnen sich dadurch aus, dass sie gleichmäßig feinkrümelig sind und die Feuchtigkeit gut halten. Sie enthalten einen ausreichend hohen Anteil an Tonmineralien, hochwertigen Torf mit optimaler Struktur und die Beimischung von Zuschlagstoffen, die eine gute Wasser- und Nährstoffspeicherung garantieren. Die Erde bleibt damit vergießfest und atmungsaktiv, Wasser und Nährstoffe werden optimal an die Pflanzenwurzeln abgegeben. Wasseraufnahme verbessernde Zuschlagstoffe sorgen darüber hinaus für eine gleichmäßige Verteilung von Feuchtigkeit und Nährstoffen im Wurzelbereich und verhindern ein schnelles Austrocknen. Das Ergebnis sind kräftige gesunde Pflanzen und ein reicher Blütenflor. Gebrauchsfertige Substrate enthalten zusätzlich Vorratsdünger und alle für das Pflanzenwachstum notwendigen Nährstoffe. Eine Nachdüngung der Pflanzen ist daher erst nach ca. 6–8 Wochen nach dem Einpflanzen notwendig – wird zu früh gedüngt, kann es zu Wurzelschäden kommen.

Astern sind ausdauernd und brauchen strukturstabile Pflanzsubstrate.

KOSMOS TIPP

Hersteller von Qualitätssubstraten lassen ihre Erden regelmäßig von unabhängigen Instituten überprüfen. Hinweise darauf und die entsprechenden Qualitätssiegel finden Sie immer auf der Verpackung.

EXTRA

Substrate für Dauerbepflanzungen

Wenn Sie Stauden und Gehölze in Kübeln kultivieren wollen, mischen Sie ein Drittel Blumenerde, ein Drittel lockere Gartenerde und ein Drittel reifen Kompost. Zusätzlich können Sie noch Hornspäne als Langzeitdünger untermischen. Für Rhododendren und andere Gehölze wie Kamelien, die sauer-humosen Boden benötigen, verwenden Sie am besten spezielle Rhododendronerde, die Sie im Handel erhalten. Auch Kräuter benötigen ein anderes Substrat als dauerblühende Balkonblumen. Mischen Sie dafür gesiebte feinkrümelige Gartenerde (Komposterde) mit viel Sand und etwas Blähton, Lavagrus oder Perlite. Eine zusätzliche Düngung ist bei allen Gewächsen erst 6–8 Wochen nach der Pflanzung nötig.

Pflanzenschutz

Die beste Abwehr gegen Krankheiten und Schädlingen ist ein artgerechter Standort, ausreichende Wasserversorgung und optimale Düngung. Doch auch bei guter Pflege bleiben Balkon- und Kübelpflanzen nicht immer von Krankheiten und Schädlingen verschont. Je eher sie entdeckt werden, desto weniger müssen Sie die „Chemische Keule" einsetzen.

Weiße Fliegen, auch Mottenschildläuse genannt, sitzen an der Blattunterseite.

Pilzkrankheiten

Pilzkrankheiten zählen zu den häufigsten Schadursachen bei Balkonblumen. Sie werden durch sogenannte Sporen übertragen. Wasserspritzer und Wind verbreiten die Erreger im Pflanzenbestand. Über Wunden oder natürliche Öffnungen dringen die Pilzsporen besonders leicht in die Pflanzenzellen ein. Die häufigsten bei Topfpflanzen sind: Grau-

schimmel, Mehltau, Rußtau und Rost (Fuchsien, Geranien). Siehe auch S. 60, 196.

Schädlinge

Neben den Pilzkrankheiten setzen auch saugende und beißende Insekten den Pflanzen zu. Besonders Blattläuse und Milben können bei hohem Befallsdruck starke Schäden anrichten. Zum Glück kommt es aber meist nicht so weit, denn die Natur schafft oft von sich aus einen Ausgleich. So sind zum Beispiel Blattläuse die Lieblingsspeise der Marienkäfer-Larven und der Florfliegen, und der Nachwuchs von Meisen und Co. vertilgt große Mengen von Raupen. Siehe auch S. 62–63

Ein anderer weit verbreiteter Schädling, der besonders Balkon- und Kübelpflanzen befällt, ist die Weiße Fliege. Besonders in warmen, trockenen Sommern tritt sie verstärkt auf. Eine Bekämpfung mit relativ ungiftigen Neem-Präparaten ist möglich, die Spritzungen müssen jedoch häufig wiederholt werden, da nur die Larven abgetötet werden. Eine gute Möglichkeit ist das Anbringen von Gelbtafeln direkt an den Pflanzen. Die flugfähigen erwachsenen Tiere werden durch die Farbe angelockt und bleiben an der klebrigen Oberfläche hängen.

Besonders alte Rosensorten werden vom Sternrußtau befallen.

Vermehrung

Obwohl es einfacher ist, fertige Pflanzen beim Gärtner oder im Gartencenter zu kaufen, macht es auch Spaß, selber Pflanzen für den Eigengebrauch heranzuziehen. Zudem sind manche Arten und bestimmte Sorten nur selten als Pflanzen erhältlich. Aussaat und Stecklingsvermehrung sind die gebräuchlichsten Methoden, um Jungpflanzen heranzuziehen.

Aussaat

Damit die Aussaat Ihrer Balkon- und Terrassenblumen erfolgreich ist, sollten Sie einige grundlegende Dinge beachten. Zunächst eignen sich nicht alle Arten für die Aussaat zu Hause, denn sie haben ganz spezielle Wünsche an Faktoren wie Temperatur, Licht und Luftfeuchtigkeit, die vom Hobbygärtner nur schwer zu erfüllen sind. Einige Arten müssen schon im Januar ausgesät werden, damit sie bis zum Sommer blühfähig sind. Ohne zusätzliches Licht mithilfe spezieller Pflanzenleuchten entwickeln sich die Keimlinge nicht zufriedenstellend.

Ab Februar können Sie auch auf einer hellen Fensterbank aussäen, denn nun erhalten die Keimlinge genug Licht.

Das weitere Vorgehen entspricht der Aussaat von Sommerblumen im Kasten auf S. 57.

Pikieren

In der Regel 2-3 Wochen nach der Keimung ist es Zeit für das Pikieren, also Vereinzeln. Sie sehen es daran, dass sich die ersten richtigen Blätter nach den Keimblättern gebildet haben. Die Sämlinge benötigen nun mehr Platz, um ihre Wurzeln auszubilden und zu kräftigen Jungpflanzen heranzuwachsen. Mithilfe eines Pikierstäbchens oder auch eines kleinen Hölzchens heben Sie die Sämlinge vorsichtig aus der Saatkiste und setzen sie entweder wieder in Kisten oder direkt einzeln in Töpfe. Dazu bohren Sie mit dem Pikierstäbchen Löcher, setzen die Pflanzen hinein und drücken sie sanft fest.

Die Pflänzchen sollten so tief in die Erde kommen, dass die Keimblätter knapp über der Erde stehen. Auf diese Weise wird das Wurzelwachstum angeregt und die Pflanzen werden standfester und kompakter. Nach dem Pikieren wässern Sie die Pflanzen vorsichtig mit der Brause. Das Substrat, in das Sie pikieren, sollte leicht gedüngt sein, denn nun benötigen die Pflanzen auch Nährstoffe für eine weitere gute Entwicklung. Während des weiteren Wachstums geben Sie etwa alle 14 Tage etwas Dünger in das Gießwasser, verwenden Sie aber zunächst nur ein Viertel der auf der Packung angegebenen Menge. Sind die Pflanzen größer, steigern Sie auch die Düngermenge. Niemals sollte der kleine Wurzelballen austrocknen.

Keim- und Kulturtemperaturen   Die meisten Samen von Sommerblumen und Gemüsepflanzen benötigen Temperaturen von mindestens 15 °C, damit die Keimung induziert wird. Insofern eignen sich Standorte im Wohnbereich sehr gut für eine Aussaat. Auch in Frühbeetkästen sind ab Mitte April genügend hohe Temperaturen garantiert, und im warmen Kasten lässt die Verrottung der organischen Unterlage die Temperaturen schon zeitig steigen.

KOSMOS

TIPP

Tipp: Lassen Sie beim Umpflanzen Ruhe und Vorsicht walten, damit die Hauptwurzeln nicht beschädigt werden. Von solch einer Verletzung kann sich ein zarter Sämling nicht mehr erholen. Wässern Sie die Pflänzchen nach dem Pikieren gut an und schützen Sie sie vor Sonne und Zugluft, damit sie den Umpflanzschock gut überstehen.

Warum pikieren? Sämlinge wachsen je nach Art mehr oder weniger schnell. Schon bald beengen sie sich gegenseitig und wachsen zu schnell in die Höhe, um das notwendige Licht zu erhalten. Der eigentliche Sinn des Pikierens liegt darin, den Pflanzen mehr Abstand zueinander und den oberirdischen Pflanzenteilen mehr Platz für Ihre Ausbreitung zu geben. Die Pflanzen wachsen dann gedrungener und kräftiger. Zudem verzweigt sich das Wurzelsystem stärker. Je mehr Wurzeln die Pflanze bildet, desto mehr Wasser und Nährstoffe kann sie aufnehmen und desto besser wächst sie dann auch.

Ausgespülte Joghurtbecher eignen sich hervorragend zum Pikieren.

1.

Ziehen Sie die Sämlinge in kleinen Büscheln aus der Erde. Lockern Sie die Erde dazu mit dem Pikierstab.

2.

Trennen Sie vorsichtig die einzelnen Sämlinge aus dem Geflecht heraus. Achten Sie darauf, dass möglichst wenig Wurzeln beschädigt werden.

3.

Bohren Sie mit dem Pikierstab Pflanzlöcher in die vorbereitete Topfpalette, setzen Sie die Pflänzchen ein und drücken sie vorsichtig mit den Fingern fest.

4.

Nach zügigem Wachstum werden die Jungpflanzen ein weiteres Mal in Einzeltöpfe pikiert.

5.

Zunächst werden die Pflanzen noch abgedeckt, bei zunehmendem Wachstum können sie allmählich abgehärtet werden.

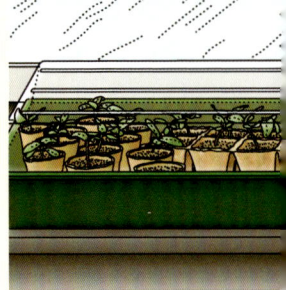

Überwinterung

Viele klassische Balkonpflanzen wie Geranien, Lobelien oder Petunien sind in ihrer Heimat zwar Stauden, werden bei uns aber wie Einjährige behandelt. Lediglich Gärtner und Züchter halten sich die erforderliche Anzahl an Mutterpflanzen für die Vermehrung.

Etliche Arten wachsen allerdings im Laufe der Jahre zu imposanten Kübelpflanzen heran, sodass sich auch eine Überwinterung lohnt. Natürlich können Sie auch jedes Jahr neue Pflanzen kaufen, doch bei größeren Exemplaren geht das gewaltig ins Geld. Manche Sorten sind auch schwer zu bekommen, sodass die eigenen Pflanzen wie Augäpfel gehütet werden.

Standort

Die meisten Balkon- und Kübelpflanzen benötigen einen kühlen, aber hellen Standort für die Überwinterung. Ideal ist der Wintergarten, das kühle Treppenhaus oder ein

Mit Schilfmatten, Kokos oder Vlies sind winterharte Kübelpflanzen vor Frost geschützt.

Gewächshaus, das sich bei Bedarf heizen lässt. Generell gilt: Je wärmer der Überwinterungsstandort ist, desto heller muss er auch sein. Einige Arten wie Fuchsien können auch dunkel überwintert werden. Dann sollte die Temperatur aber 6–8 °C nicht überschreiten. Die Pflanzen verlieren bei diesen Bedingungen ihr Laub und treiben erst im Frühling aus, wenn sie wieder heller und wärmer aufgestellt werden.

Rechtzeitig einräumen Kündigen sich die ersten Nachtfröste im Herbst an, ist es Zeit, an die Überwinterung der kälteempfindlichen Kübelpflanzen zu denken. Meist beginnen die kalten Nächte Ende September bis Anfang Oktober und spätestens dann sollte der Hobbygärtner die Pflanzen ins frostgeschützte Haus bringen. Palmen und Zierbananen kommen zuerst ins Warme. Anschließend folgen Pflanzen wie Zitrusbäumchen, Schönmalven, Engelstrompeten und Wandelröschen. Zum Schluss Kübelpflanzen wie Oleander, Rosmarin, Olive und Ähnliche, die kältere Temperaturen vertragen können. Vorher empfiehlt es sich, alte, dürre Triebe und verwelkte Blüten zu entfernen. Um sich die Arbeit etwas zu erleichtern, kann man mithilfe einer Sackkarre die Töpfe aufladen und bequem ins Haus fahren. Hilfreich ist es, wenn man vorher die sperrigen Pflanzen mit einem Band zusammenbindet und dornige Pflanzen evtl. mit einem Tuch oder Jute sicher umwickelt.

Der Wasserbedarf im Überwinterungsstandort ist gering. Die Erde sollte lediglich nicht völlig austrocknen. Aber hier gilt: Je heller und wärmer der Standort ist, desto häufiger müssen Sie auch gießen.

Kübelpflanzen richtig überwintern

Name	Standort im Sommer	Überwinterung
Schönmalve (Abutilon × hybridum)	sonnig	hell, bei 10 °C
Schmucklilie (Agapanthus-Hybride)	sonnig	hell, bei mindestens 3 °C
Strauchmargerite (Argyranthemum frutescens)	sonnig	hell, bei mindestens 3 °C
Aukube (Aucuba japonica)	halbschattig	hell, bei mindestens 3 °C
Bougainvillee (Bougainvillea glabra)	sonnig	hell, bei 3 bis 10 °C
Engelstrompete (Brugmansia suaveolens)	sonnig	hell, bei 5 bis 7 °C
Zylinderputzer (Callistemon citrinus)	sonnig	hell, bei mindestens 5 °C
Zitrone (Citrus limon)	sonnig bis halbschattig	hell, bei mindestens 5 bis 7 °C
Zierbanane (Ensete ventricosum)	sonnig	hell, bei 5 bis 7 °C
Korallenstrauch (Erythrina crista-galli)	sonnig	hell oder dunkel, bei 5 °C
Echter Feigenbaum (Ficus carica)	sonnig	dunkel, bei 0 bis 10 °C
Wandelröschen (Lantana camara)	sonnig	hell, 5 bis 10 °C
Echter Lorbeer (Laurus nobilis)	sonnig	hell, bei mindestens 3 °C
Schopf-Lavendel (Lavandula stoechas)	sonnig	frostfrei
Enzianstrauch (Lycianthes rantonnetii)	sonnig	hell, mindestens 5 bis 7 °C
Oleander (Nerium oleander)	sonnig	hell, bei 5 bis 10 °C, gut belüften
Olivenbaum (Olea europaea)	sonnig	hell, bei 10 °C
Bleiwurz (Plumbago auriculata)	sonnig	hell, bei mindestens 3 °C
Granatapfel (Punica granatum)	sonnig	bei mindestens 5 bis 10 °C
Gewürzrinde (Senna corymbosa var. corymbosa)	sonnig	hell, bei 5 bis 10 °C
Hanfpalme (Trachycarpus fortunei)	sonnig bis halbschattig	hell, frostfrei

Erklärung der Symbole im Porträtteil

 Blütenfarbe

 geringer Wasserbedarf
 normaler Wasserbedarf
 hoher Wasserbedarf

 sonniger Standort
 halbschattiger Standort
 schattiger Standort

 $\frac{V}{VI}$ Erntezeit in Monaten

 Wuchshöhe in cm

Pflanzen von A–Z

Was wäre ein Balkon oder eine Terrasse ohne die passenden Pflanzen? Die Auswahl in Gärtnereien, Gartencentern und auf dem Blumenmarkt ist riesig, jedes Jahr kommen neue Arten und Sorten dazu. Wir haben für Sie bewährte Klassiker, aber auch viele Novitäten ausgewählt.

Strahlen-Anemone
Anemone blanda

Gänsekresse, Schaumkresse
Arabis caucasica

Blaukissen
Aubrieta

Aussehen Knollenblume mit flachen Strahlenblüten mit gelben Staubgefäßen und dunkelgrünem, fingerartig gefiedertem Laub.
Ansprüche Bevorzugt trockene bis frische, humose Erde an einem sonnigen bis lichtschattigen Standort. Wächst auch im Topfgarten ideal unter dem lichten Dach sommergrüner Gehölze, das den Pflanzen zur Blütezeit ausreichend Licht lässt. Die Knollen werden im Herbst etwa 5 cm tief eingepflanzt. In rauen Lagen ist eine Laubschicht als Winterschutz sinnvoll. Gelegentliche Humusgaben werden gerne angenommen.

Aussehen Immergrüne kleine, anspruchslose Polsterstaude. Die Blüten sind klein, haben vier Blütenblätter und erscheinen in großer Zahl. Sie sind eine gute Bienenweide.
Ansprüche Durchlässiger Boden, kommt gut mit Trockenheit und Hitze zurecht. Nach der Blüte Verwelktes entfernen und zurückschneiden, um kompakte Form zu erhalten. Lässt sich besonders gut als Dauerpflanzung in Trögen verwenden. Auf guten Wasserabzug achten, empfindlich gegen Staunässe, besonders im Winter.
Sorten und verwandte Arten 'Schneehaube', weiß gefüllt blühend; *Arabis arendsii* 'Rosabella', kräftig rosa.

Aussehen Immergrüne kleine, anspruchslose Polsterstaude. Die Blüten sind klein, haben vier Blütenblätter und erscheinen in großer Zahl. Sie sind eine gute Bienenweide. Laub graugrün.
Ansprüche Durchlässiger Boden, kommt gut mit Trockenheit und Hitze zurecht. Nach der Blüte Verwelktes entfernen und zurückschneiden, um kompakte Form zu erhalten. Lässt sich besonders gut als Dauerpflanzung in Trögen verwenden.
Sorten 'Bessingham Red', dunkelrot; 'Hamburger Stadtpark', violettblau; 'Dr. Mules Variegated', leuchtend violett, weiß-buntes panaschiertes Laub; 'Cascade Blue', hellblau.

Felsen-Steinkraut
Aurinia (syn. *Alyssum*) *saxatile*

Aussehen Kissenförmige Polsterstaude mit goldgelben, kuppelförmigen Blütendolden. Laub hell graugrün.
Ansprüche Liebt durchlässigen, kalkhaltigen Boden. Sparsam düngen, nach der Blüte etwas zurückschneiden, um eine kompakten Wuchs zu fördern. Lässt sich besonders gut als Dauerpflanzung in Trögen verwenden, dabei auf guten Wasserabzug achten. Einer der wenigen, bei uns absolut winterharten mediterranen Kleinsträucher, fühlt sich an heißen und trockenen Stellen am wohlsten.
Sorten und weitere Art: 'Goldkugel', goldgelb, starkwüchsig, aber kompakt, 30 cm; *A. montanum* 'Luna', schwefelgelb, früher blühend.

Maßliebchen, Tausendschön
Bellis perennis

Aussehen Flach wachsend bis teppichartig, 10–20 cm breit, Blüten einfachgefüllt, Laub sattgrün.
Ansprüche Schwach sauer bis schwach alkalischer frischer und durchlässiger Boden. Regelmäßig gießen. Für Frühlingsbepflanzung in Kästen, schöne Blüten, zweijährig, teils auch mehrjährig. Pflegeleicht, für Einsteiger.
Sorten 'Habanera', 12 cm, große, dicht gefüllte Blüten mit feinen, gestrahlten Blütenblättern auf kurzen Stielen; 'Roggli', 15 cm, großblumige Serie mit dicht geröhrten, gut gefüllte Blüten, kompakte Pflanzen; 'Robella', 15 cm, sehr attraktives Lachsrosa, großblumig.

Frühlings-Krokus
Crocus vernus und *C.*-Hybriden

Aussehen Trichterförmige Blüten mit rundlichen Kronblättern in breitem Farbspektrum. Grasartige Blätter mit weißem Mittelstreifen.
Ansprüche Insgesamt pflegeleicht. Bevorzugt frischen und durchlässigen Boden mit geringem Nährstoffgehalt, Staunässe vermeiden; gelegentliche Düngergaben sinnvoll. Zwiebeln im Herbst 7–15 cm tief einpflanzen, bei optimalem Pflanzabstand von 10–15 cm. Hübsch in kleinen Gruppen, eignet sich gut für die Bepflanzung von Töpfen und Schalen, in Kombination mit Tulpen und Narzissen.
Sorten 'Flower Record', kräftig lila.

Goldlack, Schöterich
Erysimum cheiri (syn. *Cheiranthus*)

   IV / VI

Aussehen Niedrig wachsender Halbstrauch, der mit herrlich duftenden Blütenständen übersät ist. Bienen- und Schmetterlingspflanze. Laub dunkelgrün, lanzettlich.
Ansprüche Boden neutral oder kalkhaltig und ohne Staunässe, am besten mäßig trocken. Nicht düngen, bevorzugt mäßig nährstoffarmes Substrat. Benötigt einen geschützten Platz, in rauen Gebieten mit Winterschutz. In milder Lage mehrjährig, aber meist nur kurzlebig.
Sorten 'Citrona', schmaler und hoher Wuchs; 'Charity', kompakt, nur 20 cm hoch in den Farben cremeweiß, altrosa, rotbraun und gelb; 'Aida', kompakt wachsend.

Kaiserkrone
Fritillaria imperialis

   ↑ 60-100 III / IV

Aussehen Aus der Zwiebel wächst ein kräftiger, hoher Stängel, der von frisch grünen lanzettlichen Blättern umgeben ist. Über dem Blütenkranz erhebt sich ein zusätzlicher Blätterquirl. Blüte glockig, zu mehreren als Quirl am Stängelende.
Ansprüche Nahrhafter, aber lockerer und durchlässiger Boden ohne Staunässe. Bevorzugt sonnigen, warmen Stand. Die Zwiebeln werden im Herbst 30 cm tief in die Erde gesetzt. Stängel nach der Blüte bis zu den Blättern zurückschneiden, um einen Kraft raubenden Samenansatz zu verhindern.
Sorten 'Lutea', gelb blühend; 'Rubra Maxima', rot.

Schneeglöckchen
Galanthus

   ↑ 10-15 II / III

Aussehen Ein kurzer, aufrechter Stängel pro Zwiebel. Grasartiges, frischgrünes, grundständiges Laub. Bildet durch Brutzwiebeln und Selbstaussaat rasch kleine Kolonien. Blüte glockig, hängend, weiß mit grüner Zeichnung an den Spitzen.
Ansprüche Die Zwiebeln werden im Herbst 5 cm tief in Gruppen gepflanzt. Fühlt sich an kühlen Standorten am wohlsten.
Sorten und Arten 'Atkinsii', sehr schlanke Blüten, bis 20 cm; 'Flore Pleno', gefüllt blühend; 'Straffan', etwas später blühend als die Art; *G. caucasicus,* sehr kleinwüchsig, blüht bereits im Januar.

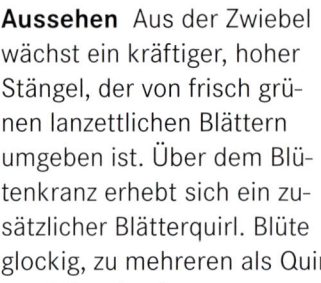

Nieswurz, Christrose
Helleborus-Orientalis-Hybriden

Hyazinthe
Hyacinthus-Hybriden

Aussehen Blüten einfach, schalenförmig, mit einem Durchmesser von ca. 5–6 cm. Oft sind die Blüten gesprenkelt, punktiert oder gestreift. Die Blütenstände sind verzweigt und locker in kleinen Sträußen über dem Laub. Auch nach der Blüte haften die dekorativen Blütenblätter an den Stängeln. Blätter immergrün, dunkelgrün, ledrig, robust, gesägter Rand.

Ansprüche Der Boden sollte kalkhaltig, durchlässig und gut durchlüftet sein. In der ersten Jahreshälfte, während der Wachstumsphase, brauchen die Christrosen viel Wasser.

Weitere Art *H. niger,* weiß, ab Dezember blühend.

Aussehen Aus der Zwiebel entwickelt sich ein kräftiger Stängel und mehrere steif aufrecht stehende, linealische Blätter. Breitet sich durch Brutzwiebeln sehr langsam aus. Blüte sternförmig, in dichten endständigen Trauben, stark duftend.

Ansprüche Die Zwiebeln werden im Herbst 15 cm tief gepflanzt, am besten in kleinen Gruppen. Eine dünne Laubschüttung im Winter ist in rauen Gebieten von Vorteil.

Verwendung In gemischten Frühlingspflanzungen mit Stiefmütterchen, Gänseblümchen oder Vergissmeinnicht.

Sorten 'Amethyst', mittelviolett; 'Bismarck', hellblau; 'Carnegie', weiß; 'City of Haarlem', hellgelb; 'Gipsy Queen', lachsorange; 'Jan Bos', karminrot; 'Ostara', dunkelblau; 'Woodstock', purpurlila, 'Fondant', rein perlmuttrosa, 'Splendid Cornelia', hell lilarosa, 'Pink Pearl', dunkelrosa, 'Delfts Blau', porzellanblau, 'Blue Jacket', dunkelblau.

Schleifenblume
Iberis sempervirens

Aussehen Polster- bis kuppelförmig wachsender Halbstrauch mit endständigen dichten Doldentrauben. Laub dunkelgrün, lanzettlich, immergrün.
Ansprüche Sonne und wärmeliebend, die ideale Staude für den Steingarten, Tröge und Kübel. Ein Rückschnitt nach der Blüte schützt vor zu starkem Verkahlen der Pflanze. Man sollte die Iberis nicht überdüngen, weil dadurch ihre Winterhärte leidet. Im Halbschatten wüchsig, aber weniger Blüten.
Sorten 'Appen Etz', kompakt wachsend; 'Findel', großblumig, grob im Aufbau; 'Fischbeck', besonders reichblütig; 'Schneeflocke', bewährte kompakte Sorte.

Netz-Iris
Iris reticulata

Aussehen Ein einzelner kurzer Stängel je Zwiebel, Laub grasartig, frisch grün. Violettblaue Irisblüten mit gelber Zeichnung auf den Hängeblättern.
Ansprüche Die Zwiebeln werden im Herbst 5 cm tief in kleinen Gruppen gepflanzt. In strengen Wintern ist eine Abdeckung mit Reisig sinnvoll. In Töpfen und Schalen kommt diese Miniatur-Iris gut zur Geltung. Am besten wirkt sie in kleinen Gruppen von 5 bis 10 Exemplaren, auch zusammen mit *Iris danfordiae*. Günstige Partner sind niedrige Polsterstauden, aber auch Walzen-Wolfsmilch, deren immergrünes, graues und fleischiges Laub einen interessanten Kontrast bildet.

Traubenhyazinthe
Muscari armeniacum

Aussehen Aus jeder Zwiebel entwickelt sich ein einzelner Stängel und schmal linealisches, grasgrünes Laub. Das Laub treibt bereits im Herbst aus, der Blütenstängel folgt erst im folgenden Frühjahr. Kleine azurblaue, kugelige Glockenblüten in dichten, endständigen Trauben, duftend. Durch Brutzwiebelbildung entstehen schnell große Horste.
Ansprüche Die Zwiebeln werden im Herbst etwa 5–8 cm tief in Gruppen gepflanzt. Sehr schön in Kombination mit Primeln und Polsterstauden wie Gänsekresse und Blaukissen.
Sorten 'Blue Spike', blaue, gefüllte Blüten.

Vergissmeinnicht
Myosotis sylvatica

Osterglocke, Narzisse
Narcissus

Kreuzkraut, Aschenblume
Pericallis-Hybriden

Aussehen Zahlreiche kleine Blüten in dichten Doldentrauben. Reich verzweigt, mit ihren länglich-lanzettförmigen, behaarten Blättern.
Ansprüche Das Vergissmeinnicht bevorzugt mittelschweren, lehmigen Boden, bei Trockenheit ausreichend wässern. Kann bereits im Herbst gepflanzt werden, sollte dann bei starken Frösten abgedeckt werden. Regelmäßiges Entfernen verblühter Blütenstände verlängert die Blütezeit.
Sorten 'Blaue Kugel', 15 cm hoch, kugeliger Wuchs; 'Blauer Korb', 25 cm hoch, aufrecht wachsend; 'Indigo', 25 cm hoch, indigoblau; 'Schnittwunder', 30 cm hoch, tiefblau, robuster Wuchs.

Aussehen Aus jeder Zwiebel wächst meist ein Stängel mit einer Blüte. Bei ausreichend Platz Horste bildend durch Brutzwiebeln.
Ansprüche Anspruchslos, wächst in jedem normalen Boden von frisch bis sommertrocken. Zwiebeln werden im Herbst 15–20 cm tief gepflanzt.
Sorten Breites Sortenangebot im Handel erhältlich, in sämtlichen Weiß-, Gelb- und Orangetönen. Blütenduft je nach Sorte unterschiedlich intensiv. Neben den klassischen Trompeten-Narzissen gibt es Sorten mit breiter, schmaler, gefüllter und geschlitzter Krone.

Aussehen Strahlenblüten mit meist weißem Auge, Sommerastern ähnlich sehend. Dunkelgrüne, gezähnte Blätter.
Ansprüche Bekannt wurde das Kreuzkraut als Zimmerpflanze, es eignet sich aber auch für den Balkonkasten. Es benötigt einen geschützten Standort ohne direkte Sonnenbestrahlung. Regelmäßig düngen und gießen. Die Pflanzen vertragen einige Minustemperaturen. Ausknipsen des Haupttriebes sorgt für einen buschigen Wuchs. Verblühtes regelmäßig abschneiden, um die Blütezeit zu verlängern.
Sorten 'Senetti-Serie' reichblütige. kräftige Pflanzen in leuchtenden Farbtönen.

Frühlings-Primel, Kissen-Primel
Primula vulgaris

Ranunkel
Ranunculus asiaticus

Blausternchen
Scilla siberica

Aussehen Tellerförmige Blüten mit gebuchteten Rändern, einzeln oder in kleinen Gruppen auf kurzen Stängeln. Große runzelige Blätter, in einer grundständigen Rosette.
Ansprüche Die Pflanzen benötigen einen kühlen Platz. Für ausreichend Feuchtigkeit sollte gesorgt werden, denn auf einen trockenen Wurzelballen reagieren sie empfindlich. Trotzdem Staunässe unbedingt vermeiden! Abgeblühtes regelmäßig entfernen, dies garantiert eine lange Blütezeit. Ein Vergilben der Blätter ist auf zu viel Wärme, Staunässe, zu niedrige Bodentemperaturen oder zwischenzeitliches Austrocknen des Ballens zurückzuführen.

Aussehen Kräftiger, behaarter Stängel mit endständiger Blüte, Laub gefiedert. Blüten kugelig, dicht gefüllt.
Ansprüche Nahrhafter, durchlässiger Boden, Standort immer warm und geschützt. Die Knollen werden ab Ende März etwa 5 cm tief gepflanzt, wobei die „Krallen" nach unten zeigen müssen. Vorher einige Stunden wässern, sie wachsen sonst nicht gut an. Nach der Pflanzung etwas Winterschutz geben, zum Beispiel durch eine Schicht Tannenreisig. Regelmäßig gründlich gießen, die gleichmäßige Bodenfeuchte ist wichtig für gutes Wachstum.

Aussehen Sternförmige, leuchtend blaue Blüten, 2–4 an einem Stängel sitzend. Pro Zwiebel entwickeln sich bis zu 3 Blütenstängel mit linealischen Blättern.
Ansprüche Insgesamt unkomplizierte Zwiebelblume. Die Zwiebeln werden im Herbst 10 cm tief eingepflanzt, hübsch auch in Gruppen, und gut mit allen Frühlingsblühern kombinierbar. Bei ausreichend Platz vermehren sie sich mit der Zeit durch Aussaat und Brutzwiebelbildung.
Sorten und Hybriden 'Alba', reinweiße Form, 10 cm; 'Spring Beauty', blau blühend, in allen Teilen größer; setzt keinen Samen an.

Tulpe
Tulipa

Hornveilchen
Viola cornuta

Stiefmütterchen
Viola × wittrockianna

Aussehen Pro Zwiebel wird meist ein Stängel mit einer Blüte und 3–5 breit linealischen Blättern ausgebildet. Es gibt auch Sorten mit mehreren Blütenstängeln. Die Blüte ist becherförmig, ungefüllte oder gefüllte Sorten erhältlich.

Ansprüche Die Zwiebeln werden im Herbst 10–15 cm tief eingepflanzt. Gelegentliche Kompost- oder Volldüngergaben fördern die Blühfreudigkeit. Die bekannten Zwiebelblumen sind vielfältig einsetzbar, in Töpfen, Kübeln und Balkonkästen lassen sich interessante Pflanzungen gestalten.

Aussehen Kompakt buschig, horstbildend. Veilchenblüten in fast allen Farben, oft mehrfarbig. Laub glänzend mittel- bis dunkelgrün. Im ganzen Habitus kleiner und zierlicher als Stiefmütterchen.

Ansprüche Bei Pflanzung bereits im Herbst während der Frostperioden abdecken. Regelmäßig gießen und düngen, ansonsten pflegeleicht und zuverlässig blühend.

Sorten 'Bowles Black', fast schwarz mit kleinem gelben Auge; 'Sparkler Purple Orange Face', Blüten mit orangefarbener Mitte; 'Angel Tiger Eye', gelb mit schwarzer Strichzeichnung; 'Valentine', pastell mit schwarzem Auge.

Aussehen Kompakt buschig, horstbildend. Auffällige Veilchenblüten in fast allen Farben, oft mehrfarbig. Laub glänzend mittel- bis dunkelgrün.

Ansprüche Bei Pflanzung bereits im Herbst während der Frostperioden abdecken. Regelmäßig gießen und düngen, ansonsten pflegeleicht und zuverlässig blühend.

Sorten 'Cats-Serie', mit ausgeprägter Blütenzeichnung, in vielen Farben; 'Schweizer Riesen', großblütig, in zahlreichen Farben; 'Delta-Serie', kompakte Pflanzen, großes Farbspektrum; 'Frizzle-Sizzle-Serie', Blüten mit stark gewellten Blütenrändern.

Leberbalsam
Ageratum houstonianum

Aussehen Kompakte buschige Pflanze mit Blüten in flachen Doldentrauben. Die Blätter sind mittelgrün, rau und dicht verzweigt. Zierende knopfartige Blütenknospen, die sich zu lockeren Pompons mit fransigen Blütenblättern entwickeln.
Ansprüche Insgesamt pflegeleichter Sommerblüher mit ausgeglichenem bis hohem Nährstoffbedarf, verträgt jedoch keine Staunässe. Regelmäßig verblühte Dolden abschneiden, um die Blütezeit zu verlängern. Höhere Sorten sind auch schöne Schnittblumen.
Sorten 'Blaue Donau', mittelblau, 20 cm; 'Royal Hawaii', Purpurviolett, 15 cm; 'Weißer Schnitt', weiß.

Amaranth, Fuchsschwanz
Amaranthus caudatus

Aussehen Der Amarant ist eine exotisch aussehende einjährige bzw. kurzlebige Staude mit langen Blütenrispen. Der deutsche Name ist wohl offensichtlich auf die sehr attraktiven Blütenrispen der roten Arten/Sorten zurückzuführen.
Ansprüche Während Trockenperioden gut wässern, Jungpflanzen etwas zurückschneiden, vor Spätfrösten schützen. Nicht winterhart und kurzlebig. Der Amarant dient auch als Nutzpflanze und war besonders bei den amerikanischen Ureinwohnern als Nahrungsmittel sehr geschätzt. In unseren Breitengraden wird er vor allem als einjährige Zierpflanze kultiviert.

Angelonie
Angelonia gardneri

Aussehen Viele kleine bezaubernde Blüten reihen sich an den aufrecht wachsenden Blütenrispen. Die Blüten reinigen sich selbst. Blätter dunkelgrün, glänzend, lanzettlich.
Ansprüche Bevorzugt einen sonnig-halbschattigen Standort. Substrat normal feucht halten. Beim Pflanzen Langzeitdünger in die Erde einbringen und bei Bedarf flüssig nachdüngen. Verblühtes regelmäßig entfernen, dann nutzt die Pflanze all ihre Kraft für die Entwicklung neuer Blüten. Optimal zum Bepflanzen von Schalen, Gefäßen und Balkonkästen.
Sorten 'Adessa Blue Bicolor', violettblau mit auffallendem weißem Auge.

Löwenmäulchen
Antirrhinum majus

↑ 20-50   VII/X

Aussehen Typische Löwenmäulchen-Blüten in aufrechten Trauben. Buschiger bis mehrtriebig aufrechter Wuchs mit stumpf dunkelgrünen Blättern. Hübsche Insektenweide.
Ansprüche Insgesamt pflegeleicht, bevorzugt jedoch einen Boden mit mittlerem bis hohen Nährstoffbedarf. Verblühte Pflanzenteile regelmäßig entfernen. Das Abknipsen der Hauptknospen fördert eine buschige Verzweigung. Ideale Leitpflanze in Misch- und Kastenpflanzungen, auch als Schnittblume geeignet.
Sorten 'Floral Carpet Mix', kompakter Wuchs, 20 cm; 'Floral Showers Mix', lockere Blütenstände, 20 cm.

Strauchmargerite
Argyranthemum frutescens

↑ 30-80   V/X

Aussehen Aufrecht buschig-halbrund, auch als Hochstämmchen. Blüte strahlenförmig, typische Margeritenblüte, auch gefüllt blühende Sorten erhältlich. Laub tiefgrün-silbrig grün.
Ansprüche Hoher Nährstoffbedarf, regelmäßig düngen. Regelmäßig verwelkte Blüten entfernen; Überwinterung bei mindestens 3 °C an einem hellen Standort. Insgesamt pflegeleicht.
Sorten 'Courtyard Citronelle', zitronengelbe Blüten. Kompakt und dicht verzweigt; 'Polly', reinweiß, ungefüllt, früh und lange blühend; 'Ping-Pong', anemonenblütig, weiß mit gelber Mitte; 'Meteor Red', burgunderrot mit großem gelben Auge.

Dukatenblume
Asteriscus maritimus

↑ 15-30   V/X

Andere Namen Goldtaler, Goldaster
Aussehen Kompakt buschig; Blüte goldgelb; Strahlenblüten mit dunklerer Mitte; Laub mittelgrün.
Ansprüche Verträgt auch heiße Standorte gut. Überwinterung im Haus an einem hellen, kühlen Standort. Hoher Nährstoffbedarf, daher regelmäßig düngen. Lange Blütezeit, bedingt frosthart, in sehr milden Regionen auch im Freiland mit Winterschutz möglich. Frühzeitiges Entspitzen der Triebe bewirkt einen kompakteren und buschigeren Wuchs; abgeblühte Triebspitzen sind regelmäßig zu entfernen, um die Blütezeit zu verlängern.

Begonie
Begonia-Hybriden

↑ 20-50 VI/X

Aussehen Aufrecht bis hängend (sortenabhängig), Blüten kelchförmig, einfach bis dicht gefüllt, immer an den Triebenden, Laub mittel- bis dunkelgrün, Rand gezähnt oder gesägt, immer asymmetrisch.
Ansprüche Braucht viele Nährstoffe und volle Sonne. Verwendung als dekorative Ampelpflanze, Leitpflanze in Misch- und Kastenpflanzungen. Frühzeitiges Entspitzen der Triebe bewirkt einen kompakteren und buschigeren Wuchs; abgeblühte Blüten sind regelmäßig zu entfernen, um Befall mit Grauschimmel zu vermeiden; gereinigte und getrocknete Knollen können dunkel und kühl bei 5 °C überwintert werden.

Zweizahn, Goldmarie
Bidens ferulifolia

↑ 40-60 V/X

Aussehen Wuchs aufrecht buschig bis überhängend, stark wachsend; Laub frischgrün, filigran. Aus dem Pflanzenzentrum wachsen Dutzende sich ständig verzweigende krautige Triebe hervor, an deren Enden die leuchtend gelben Blüten sitzen.
Ansprüche Substrat sollte humos und nährstoffreich sein. Regelmäßig gießen, Trockenheit führt zum Blütenfall. Ein Ausputzen der alten Blüten entfällt meist, da bei ausreichender Versorgung die verwelkten Blüten einfach überwachsen werden und mit der Zeit abfallen. Insgesamt pflegeleicht, für Einsteiger.
Sorten 'Peters Surprise', kompakte Sorte, sehr früher Blühbeginn.

Blaues Gänseblümchen
Brachyscome multifida

↑ 30-40 V/X

Anderer Name Australisches Gänseblümchen
Aussehen Kompakt bis breit buschig, zahlreiche zierliche Strahlenblüten an drahtigen Stängeln. Laub mittelgrün, schmal lanzettlich.
Ansprüche Substrat schwach sauer; frisch; durchlässig, Nährstoffbedarf mittel bis hoch, regelmäßig gießen und düngen. Verwendung als dekorative Ampelbepflanzung, für Lücken- und Unterpflanzungen.
Sorten und weitere Arten 'Mauve Mystique', breitwüchsig, aber kompakt, sehr reichblühend. 'Ultra', besonders satte Blütenfarbe, grünliche Mitte. *B. iberidifolia,* wüchsige, einjährige Art mit blaupurpurnen bis weißen Blüten.

Balkonstrohblume
Bracteantha bracteata

Aussehen Typische Asternblüten, Blütenblätter papier-
artig. Buschiger, kompakter
Wuchs; Laub dunkelgrün,
lanzettlich.
Ansprüche Bevorzugt nähr-
haften, aber durchlässigen
Boden. Bei Trockenheit gießen, mäßig düngen. Blüten
können zur Gewinnung von
Trockensträußen geschnitten
werden, das regt gleichzeitig
die Bildung neuer Blüten an.
Sorten 'Strawburst Yellow',
reingelbe gefüllte Blüten;
'Dazette Flame', goldgelbe
Blüten mit orangefarbenen
Spitzen; 'Dazette Satin', weiß,
leicht gefüllt; 'Sundance
Bronce', braunorange, dicht
gefüllt; 'Helica Plum', dunkelrosa mit heller Mitte.

Browallie
Browallia speciosa

Aussehen Kompakter kuppelförmiger Wuchs, Blüten
erinnern an weit offene Glockenblüten. Laub dunkelgrün,
spitz herzförmig, mittelgroß.
Ansprüche Browallien sind
recht pflegeleicht, sie benötigen aber hohe Temperaturen von mindestens 15 °C.
Gedeiht am besten an einem
hellen Standort ohne direkte
Mittagssonne. Erde stets
leicht feucht halten und während der Wachstumszeit alle
zwei Wochen düngen. Welke
Blüten sofort abschneiden,
dies fördert die Bildung neuer
Knospen. Überwinterte Pflanzen werden im Frühjahr in
normale Blumenerde umge-
topft, dabei die Triebe etwas
zurückschneiden.

Pantoffelblume
Calceolaria integrifolia

Aussehen Aufrechter bis
überhängender Wuchs; Laub
graugrün. Die Blüten sehen
kleinen Pantoffeln ähnlich, in
lockeren Doldentrauben im
oberen Bereich des Stängels.
Ansprüche Die Pflanzen für
einen buschigeren Aufbau
einmal stutzen. Ein kühler,
heller Standort hält die Pflanzen kompakt. Gleichmäßig
feucht halten, aber Staunässe unbedingt vermeiden. Um
die Blütezeit zu verlängern
und gegen Grauschimmel
vorzubeugen, regelmäßig verblühte Sprossspitzen entfernen. Nährstoffbedarf mittel
bis hoch, regelmäßig gießen
und düngen.

Ringelblume
Calendula officinalis

Aussehen Auffallende leuchtende Strahlenblüten, einfach oder gefüllt. Schnell aufrecht wachsend mit rauen, mittelgrünen Blättern. Klassische Heil- und Bauerngartenblume.
Ansprüche Insgesamt sehr pflegeleicht, bevorzugt jedoch frischen, durchlässigen Boden mit mittlerem Nährstoffgehalt und gleichmäßiger Wasserversorgung. Verblühtes regelmäßig ausknipsen, um die Blütezeit zu verlängern.
Sorten 'Fiesta Gitana Mischung', Orange- und Rosttöne mit brauner Mitte. 'Oranges Stachelschwein', auffällig nadelförmige Blüten, 'Touch of Red Mix', rot-gelb geflammte Blüten, auffallend.

Zauberglöckchen
Calibrachoa

Aussehen Je nach Sorte niederliegend, kugelig oder überhängend; die 3–4 cm großen Blüten sehen kleinen Petunien ähnlich. Laub: kleine, mittelgrüne, zum Teil behaarte Blätter.
Ansprüche Bevorzugt schwach saures Substrat, das frisch, aber durchlässig sein sollte. Nährstoffbedarf hoch; gleichmäßig, aber nicht zu stark gießen; eher etwas trockener halten. Regelmäßiges Entfernen von Verblühtem regt weitere Blütenbildung an. Verwendung für Balkonkästen und als dekorative Ampelpflanzen, sehr blühintensiv, besonders schön zusammen mit Zweizahn *(Bidens)* in Hanging Baskets.

Sommeraster
Callistephus

Aussehen Schnell wachsend, aufrecht bis ausladend. Einfache oder gefüllte Strahlenblüten, umrahmt von mittelgrünen, lanzettlichen Blättern.
Ansprüche Bevorzugt neutrale bis schwach alkalische Erde mit mittlerem bis hohem Nährstoffgehalt und gleichmäßiger Wasserversorung, daher ausreichend gießen und düngen, jedoch Staunässe vermeiden. Regelmäßig Verblühtes zur Verlängerung der Blütezeit entfernen. Hohe Sorten sind auch für den Schnitt geeignet.
Sorten 'Nekita Mischung', große, dicht gefüllte Pomponblüten, 60 cm; 'Teppich-Mischung', Zwergform mit gefüllten Blüten, 25 cm.

Goldköpfchen
Chrysocephalum-Hybriden

   20-30 V/X

Poscharsky-Glockenblume
Campanula poscharskyana

      15-25 VI/IX

Aussehen Die Pflanzen besitzen ein silbergrünes Laub und verzweigen sich stark. Die unzähligen gelben Blütenknospen öffnen sich den ganzen Sommer durch. Die Blüten verströmen einen schweren Duft nach reifer Ananas. Attraktiver Dauerblüher in Balkonkästen und sommerlichen Pflanzkübeln, auch für Ampeln geeignet.
Ansprüche In torfarme Blumenerde oder Balkonpflanzenerde pflanzen. Regelmäßig gießen und wöchentlich düngen. Abgeblühte Blütenstände herausknipsen.
Sorten 'Desert Flame', besonders trockenheitsverträglich.

Aussehen Kriechende oder hängende Triebe, bis 70 cm lang. Kräftiger, trockenheitsresistenter Bodendecker. Laub rundlich oder herzförmig. Sternförmige, weit geöffnete Glockenblüten.
Ansprüche Für jeden gut durchlässigen Boden geeignet, kalktolerant. Abgeblühte Blütenranken können zurückgeschnitten werden. Dauerhafte winterharte Staude für Kübel und Tröge, auch zusammen mit Steingartenpflanzen und Zwerggehölzen.
Sorten 'Blauranke', hell violettblau, kräftig wachsend; 'Silberregen', weiße Blüten, konkurrenzstark; 'Stella', dunkelviolett, von eher schwachem Wuchs.

Weitere Arten und Sorten
Karpatenglockenblume *(Campanula carpatica)*, Wuchs kompakt-polsterförmig, nicht in die Breite, Blüten becherförmig, mit den Sorten: 'Blaue Clips', dunkelblau, geschlossener Wuchs, 20 cm; 'Blue Uniform', mittelblauviolett, 20 cm; 'Pearl White', reinweiß, 15 cm, sehr früh blühend; 'Weiße Clips', weiß blühend, breitglockig, 25 cm. *C. portenschlagiana* 'Nice to See', dunkelviolett, kompakter polsterförmiger Wuchs, 15 cm. *C. cochleariifolia,* Wuchs dichtbuschig bis polsterförmig, Blüten kleiner als bei *C. carpatica,* 15 cm.

Hahnenkamm, Federbusch
Celosia argentea

  ↑ 30-60 | VI IX

Aussehen Wuchs aufrecht, dicht verzweigt, schnell wachsend. Der Name bezieht sich auf den bizarr geformten Blütenschopf, der sich samtartig anfühlt. Laub hellgrün, spitz eiförmig. Etwas schwierig mit anderen Sommerblumen zu kombinieren.
Ansprüche Benötigt einen warmen geschützten Standort; Substrat schwach sauer bis schwach alkalisch; frisch, durchlässig. Regelmäßig verblühte Pflanzenteile entfernen, um die Blütezeit zu verlängern. Bei Regen an ungeschütztem Standort anfällig für Grauschimmel.
Varietäten var. *cristata,* Hahnenkammform in zahlreichen Sorten; var. *plumosa,* Federbuschform.

Glockenrebe
Cobaea scandens

 ↑ 150-300 | VI X

Aussehen Glockenförmige Blüten, die an festen Stielen sitzen. Rasch aufrecht kletternd mit dunkelgrünen, spitz eiförmigen Blättern.
Ansprüche Gedeihen in jeder durchlässigen Blumenerde an einem bevorzugt warmen, sonnigen Standort. Aufgrund des schnellen Wachstums ausreichend und regelmäßig mit Wasser und Nährstoffen versorgen. Die Aussaat erfolgt Ende März bis Anfang Mai im Haus auf der Fensterbank.
Der Kletterer ist auch ideal für Balkone oder Rankgitter, ebenso für Zäune oder Rosenbögen. Als kleine Sträuße sind die Blüten in der Vase lange haltbar.

Zwerg-Strauchmargerite
Coleostephus multicaulis

   ↑ 15-30 | VI IX

Aussehen Wuchs buschig bis kriechend, auch überhängend; Blüten margeritenförmig mit Röhrenblüten und einem Kranz kurzer Zungenblüten. Laub schmal lanzettlich, klein, dunkelgrün.
Ansprüche Regelmäßig gießen, sparsam düngen. Verblühtes herausschneiden, um eine reiche Blütenfolge zu gewährleisten. Aussaat in Schalen, nur samendick mit Erde bedecken, andrücken und feucht halten. Beim Pikieren je 2–3 Pflanzen zusammennehmen, nach den Eisheiligen ins Freiland. Verwendung für Einfassungen, Steingärten, Flächenbepflanzungen und als Ergänzungspflanze für Balkonkästen und Kübel.

Blaue Mauritius
Convolvulus sabatius

Aussehen Kletterpflanze, umschlingt Zäune und Stäbe. Hellblaue Trichterblüten erscheinen in großer Zahl.
Ansprüche Die blaue Mauritius benötigt einen halbschattigen oder sonnigen Platz. Je mehr Sonne sie bekommt, desto besser wächst sie. Hoher Düngerbedarf durch den raschen Wuchs. Erst gießen, wenn die Erde gut abgetrocknet ist. Bevorzugt wird lehmig-humoser Boden. Durch Einkürzen der Triebe verzweigt sich die Pflanze besser. Überwinterung im Haus möglich, vor dem Einräumen im Winter kürzt man 2/3 der langen Triebe ein. Überwintert wird hell, bei etwa 10 °C, wenig gießen.

Köcherblümchen
Cuphea hyssopifolia

Aussehen In seiner Heimat Mittelamerika strauchartig, bei uns meist einjährig gezogen. Im Laufe des Sommers verholzend. Sternförmige Röhrenblüten, zahlreich dicht an den Trieben sitzend. Laub dunkelgrün, lanzettlich, glänzend.
Ansprüche Eine ausreichende Bewässerung bei mäßiger Düngung sorgt für permanenten Blütennachschub. Welke Blüten werden von der Pflanze einfach abgeworfen, sodass die Arbeit des Ausputzens entfällt. Frostfreie Überwinterung möglich. Interessante neue Sommerblume für Ampeln und Hanging Baskets.

Dahlie
Dahlia-Hybriden

Aussehen Aufrecht buschig, horstbildend, schnell wachsend. Für Balkonkästen sind vor allem niedrige Sorten geeignet. Blüten gefüllt und ungefüllt, Züchtungen mit unterschiedlichsten Blütenformen erhältlich.
Ansprüche Nährstoffbedarf hoch; regelmäßig gießen und düngen. Pflanztiefe 10–15 cm; Pflanzabstand 30–60 cm; Triebspitzen im Frühjahr auskneifen; vor dem ersten Frost den gesamten Spross 10 cm über dem Substrat abschneiden und Wurzelstöcke ausgraben.
Überwinterung Wurzelknollen in einem Sand-Torf-Gemisch frostfrei und trocken überwintern.

Elfensporn
Diascia barberae

Aussehen Wuchs aufrecht buschig überhängend; ideale Ampelpflanze. Laub matt- bis mittelgrün, zierlich.
Ansprüche Regelmäßiges Gießen und Düngen sorgt für eine lange Blütezeit. Überwinterung an hellem, kühlem Standort im Haus möglich. Mehrjährige Pflanze, verträgt leichten Frost. Frühzeitiges Entspitzen der Triebe bewirkt einen kompakteren und buschigeren Wuchs; im Sommer eventuell Rückschnitt bei Samenansatz.
Sorten 'Little Charmer', dunkelpink, sehr reich blühend; 'Coral Belle', aparte korallenrote Blütenfarbe, kompakt.

Schönranke
Eccremocarpus scaber

Aussehen Kletterpflanze, die sich durch Blattranken an der Kletterhilfe festhält. Röhrenförmige Blüten in lockeren Trauben. Mittelgrünes gefiedertes Laub. Sehr attraktiv!
Ansprüche Wächst auf jedem gut versorgten Boden. Regelmäßig düngen und gießen. Anzucht aus Samen möglich. Im März/April je 2–3 Korn in einen Topf oder ab Ende Mai ins Freiland säen, flach mit Erde bedecken, andrücken und feucht halten. Mit dem Topfballen auspflanzen.
Sorten 'Tresco-Hybriden', Mischung mit besonders farbenfrohen Blüten.

Kalifornischer Goldmohn
Eschscholzia californica

Aussehen Einjährige Sommerblume mit typischen Mohnblüten in Gelb- und Orangetönen, auch gefüllte Sorten im Handel. Buschiger Wuchs, fein gefiedertes frisch grünes Laub.
Ansprüche Liebt lockeren, sandigen, wasserdurchlässigen Boden in sonniger Lage. Anzucht aus Saat ist einfach, März bis Mai direkt ins Freiland, nur flach mit Erde bedecken, andrücken und feucht halten. In mildem Klima kann auch im September gesät werden. Die Sämlinge lassen sich wegen der Pfahlwurzeln nur sehr schwer pikieren. Goldmohn sät sich häufig selber wieder aus.

Zauberschnee
Euphorbia 'Diamond Frost'

Kapaster
Felicia amelloides

Fuchsie
Fuchsia-Hybriden

Anderer Name Balkon-Euphorbie, botanisch korrekt *Chamaesyce hypericifolia*
Aussehen kompakter, breit kissenförmiger Wuchs, ideal für Ampeln und Hanging Baskets. Zierliche, reinweiße Blüten in lockeren Dolden, an dünnen drahtigen Stängeln. Spatelförmiges Laub.
Ansprüche Bevorzugt humosen, aber durchlässigen Boden; regelmäßig, aber mäßig gießen. Alle 2–3 Wochen mit Flüssigdünger düngen oder schon beim Pflanzen mit Depotdünger versorgen. Verblühtes fällt von selber ab, das Ausputzen entfällt. Insgesamt sehr pflegeleichte Pflanze mit hoher Standorttoleranz, verträgt auch zeitweilige Trockenheit und Hitze.

Aussehen Rundlich buschig; breiter als hoch wachsend. Zahlreiche Strahlenblüten mit gelber Mitte. Sehr luftiger und zierlicher Gesamteindruck. Laub dunkel- bis tiefgrün, schmal lanzettlich. Schön als Zwischenpflanzung im Balkonkasten.
Ansprüche Substrat möglichst schwach sauer; durchlässig, sandig-humos. Mäßig trocken bis frisch halten. Nährstoffbedarf mittel. Regelmäßig, aber eher sparsam gießen. Das Entspitzen der Haupttriebe regt die Blütenbildung an, verwelkte Blüten regelmäßig entfernen.

Aussehen Wuchs aufrecht strauch- oder baumförmig bis überhängend. Im Alter verholzend. Blüten glockenförmig, einfach bis gefüllt, oft zweifarbig. Laub mittel- bis dunkelgrün, breit lanzettlich. Attraktive Ampel- und Kübelpflanze, wertvoll als Schattenblüher.
Ansprüche Im Herbst oder im Spätwinter vor dem Einräumen ins Haus zurückschneiden, ohne dabei zu tief ins alte Holz zu gehen. Überwinterung bei mindestens 3 °C an einem hellen Standort. Für eine reiche Blüte Verblühtes regelmäßig entfernen. Bevorzugt humosen, aber durchlässigen Boden und ausreichende Feuchtigkeit.

Prachtkerze
Gaura lindheimeri

Aussehen Apart mit ihren zarten, an Schmetterlinge erinnernden Blüten in lockeren Rispen, elegantes und anmutiges Blühwunder bis zum ersten Frost. Wuchs buschig, mit drahtigen Stängeln. Jede Einzelblüte ist kurzlebig und hält nur einen Tag, wobei sie sich von rosaweiß zu rosarot verfärbt. Blätter schmal und gezähnt, dunkelgrün.
Ansprüche Bevorzugt mäßig nährstoffreichen, eher trockenen bis normal feuchten Boden an geschütztem Platz. Empfindlich gegen Staunässe. Sonst völlig anspruchslos. Mäßiger Nährstoffbedarf.

Gazanie
Gazania rigens

Aussehen Flach wachsend bis aufrecht buschig. Laub dunkelgrün, auch silbrigweiß, mit grundständiger Rosette. Große Strahlenblüten in leuchtenden Sonnenfarben.
Ansprüche Um die Blütezeit zu verlängern, regelmäßig verblühte Blüten entfernen; mäßig düngen und gießen. Insgesamt pflegeleicht.
Sorten 'Magic Serie', blütenreiche, kompakte Pflanzen in Gelb- und Orangetönen; 'Chansonette-Mischung', einfarbige, sehr große Blüten; 'Daybreak Red Stripe', Blüten orange mit braunen Streifen; 'Talent Mix', kompakte Farbmischung.

Sonnenblume
Helianthus annuus

Aussehen Typischer straff aufrechter Wuchs mit großen leuchtenden Strahlenblüten mit korbartiger Mitte. Schnell wachsende Sommerblume mit rauen, großen Blättern. Für Kästen und Kübel gibt es aber Zwergsorten, zum Teil auch mehrtriebig.
Ansprüche Insgesamt pflegeleicht, jedoch Trockenheit vermeiden. Aufgrund ihres schnelles Wachstums für regelmäßige Wasser- und Düngergaben sorgen. Verblühende Sorten setzen auf der Mittelscheibe Samen an (wichtiges Vogelfutter!).

Vanilleblume
Heliotropium arborescens

Zwerg-Wucherblume
Hymenostemma paludosum

Sorten für den Balkon
'Pacino', einfach blühend, goldgelb mit brauner Mitte, 35 cm; 'Teddybär', gefüllte Blüten, gelb, 40 cm; 'Merida Bicolor', Halb gefüllt, gelb mit rotem Ring, braune Mitte, 40 cm; 'Ring of Fire', goldgelb mit breitem rotem Ring, mehrblütig, 120 cm; 'Mezzula', goldgelb mit dunkelbrauner Mitte, pollenfrei, 120 cm; 'Sonja', goldgelb mit dunkler Mitte, kleinblumig, 100 cm; 'Samtkönigin', samtrot, großblütig, verzweigter Wuchs, 150 cm.

Anderer Name Heliotrop
Aussehen Wuchs aufrecht bis kompakt buschig; Blüten klein, zahlreich in großen Dolden, süß duftend, Insektenweide. Laub dunkelgrün, spitz eiförmig, runzelig. Kann auch als Hochstamm gezogen werden.
Ansprüche Substrat schwach sauer; frisch, humos. Nährstoffbedarf mittel bis hoch. Regelmäßig gießen, Staunässe und Ballentrockenheit vermeiden, vor Wind und Regen schützen. Frühzeitiges Entspitzen der Triebe für buschigen Wuchs, regelmäßig abgeblühte Blüten entfernen. Überwinterung hell bei etwa 10 °C möglich.

Aussehen Wuchs buschig bis aufrecht, am Ende der Stängel weiße Margeritenblüten mit gelber Mitte. Laub dunkelgrün, Blätter breit lanzettlich.
Ansprüche Bevorzugt lockeren, humosen Boden mit guter Wasserversorgung. Mittlerer Nährstoffbedarf, regelmäßig mit Flüssigdünger düngen. Verblühtes ausknipsen, um weitere Blütenbildung anzuregen.
Sorten 'Weißer Ring', besonders kompakt wachsend.

Fleißiges Lieschen
Impatiens walleriana

Prunkwinde
Ipomoea purpurea

Aussehen Aufrecht buschig; Blüten schalenförmig, auch gefüllte Sorten. Laub hell- bis bronzegrün oder rötlich überlaufen. Wertvolle Blütenpflanze für schattige Lagen.
Ansprüche Bevorzugtes Substrat schwach sauer bis neutral; frisch; durchlässig, humos. Nährstoffbedarf mittel; regelmäßig gießen, Staunässe und Ballentrockenheit vermeiden. Entfernen von Abgeblühtem fördert die Blütenbildung.
Sorten 'Bonita-Serie', Zwergige Sortengruppe, reich blühend; 'Nino-Serie', kompakt und gleichmäßig; 'Victorian Rose', gefüllte, karminrosa-Blüten. 'Accent Star Mix', große zweifarbige Blüten mit ausdrucksvollem Stern.

Aussehen Schlingpflanze mit auffallenden großen Trichterblüten, die nur einen Tag halten, sich aber ständig neu bilden. Herzförmig gebuchtetes frisch grünes Laub.
Ansprüche Bevorzugt warmen windgeschützten Standort und nahrhaften, durchlässigen Boden. Regelmäßig gießen und düngen. Anzucht aus Samen ist leicht. Je 3–4 Körner in einen Topf oder ab Ende April direkt ins Freiland legen, ca. 1 cm dick mit Erde bedecken, andrücken und gleichmäßig feucht halten.
Sorten 'Blauer Himmel', reines Hellblau; 'Blue Star', himmelblau mit dunkler sternförmiger Zeichnung; 'Caprice', weiße Blüten, perlmuttrosa überhaucht; 'Carnevale di

Venezia', lebhaft gestreifte Blüten, sehr auffallend; 'Grandpa Ott', dunkelviolett mit weißem Auge; 'Murasaki Jishi', dunkelviolett mit weißem Rand, zipfelige Blüten; 'Sunrise Serenade', leuchtend karminrot, gefüllte Blüten.

Duft-Wicke
Lathyrus odoratus

Aussehen Aufrecht wachsend oder buschig, blaugrüne Stängel und Blätter, Laub gefiedert. Bei rankenden Sorten endständige Blattranken. Schmetterlingsblüten in endständigen Trauben, stark duftend!

Ansprüche Bevorzugt humosen, eher frischen Boden. Am besten ab April an Ort und Stelle aussäen, gleichmäßig feucht halten, mäßig düngen. Kletternde Sorten benötigen eine Rankhilfe. Verblühtes sofort abschneiden, um Samenbildung zu verhindern. Neigt an heißen Standorten zu Mehltau.

Sorten 'Zwerg-Mischung', nicht rankend, bis 50 cm hoch; 'Painted Lady', zweifarbig rosa-weiß, bis 100 cm.

Männertreu
Lobelia erinus

Aussehen Rundlich buschig überhängend, breiter als hoch. Laub dunkelgrün, lanzettlich, klein. Zahlreiche kleine Blüten mit charakteristischer Lippe und weißem Auge.

Ansprüche Bevorzugt humoses, frisches Substrat. Baut bei Trockenheit schnell ab. Regelmäßig gießen und düngen. Optimal ist ein halbschattiger Standort, volle Sonne nur bei ausreichender Bodenfeuchte. Dekorative Ampelpflanze, für Lücken- und Unterpflanzungen.

Sorten 'Blue Star', kompakt, Blüten azurblau; 'Kaiser Wilhelm', violettblau, ohne Auge.

Gauklerblume
Mimulus-Hybriden

Aussehen Niederliegend bis flach wachsend; Laub frisch grün. Auffallende Trompetenblüten vorwiegend in Gelbtönen. Eigentlich eine kurzlebige Staude.

Ansprüche Hoher Nährstoffbedarf, großzügig gießen und düngen. Nach der ersten Blüte sofort zurückschneiden, treibt danach wieder durch. Für bunte Beet- und Staudenpflanzungen in Terrassennähe, Teich- und Uferrand, samt sich stark aus.

Sorte 'Magic Mix', kompakte Mischung, frühe Blüte. 'Twinkle Mix', Blüten in reinen Gelb- und Rottönen, 20 cm; 'Roter Kaiser', einfarbig scharlachrot, für sumpfigen Standort.

Wunderblume
Mirabilis jalapa

🌸 🌸 🌸 🌸

Aussehen Aufrecht buschig. Blüten trompetenförmig, Blüten öffnen sich erst nachmittags, Schmetterlingsweide. Oft befinden sich mehrfarbige Blüten an den Pflanzen. Intensiv duftend, besonders abends und nachts. Laub mittelgrün, eiförmig. Die Blütenfarben variieren stark, von weiß über gelb bis hin zu allen Rottönen ist alles möglich. Auch zweifarbige, gestreifte Blüten.
Ansprüche Bevorzugt humosen, durchlässigen Boden. Regelmäßig gießen und düngen, Verblühtes ausknipsen. Pflegeleichte Sommerblume, die wie Dahlien als Knolle überwintert werden kann. Die Anzucht aus Samen ist einfach.

Elfenspiegel
Nemesia-Hybriden

🌸 🌸 🌸 🌸 🌸 🌸

Aussehen Niederliegend bis hängend, stark verzweigt; zahlreiche Blüten, die an kleine Löwenmäulchen erinnern. Laub mittel- bis dunkelgrün, lanzettlich.
Ansprüche Gleichmäßiges Gießen und Düngen garantieren eine lange Blütezeit. Frühzeitiges Entspitzen der Triebe bewirkt einen kompakteren und buschigeren Wuchs; Rückschnitt bei Samenansatz im Sommer, um neuen Blütenflor zu fördern.
Sorten 'Sunsatia'-Serie, früh und lange blühend, in vielen Farben; 'Karoo'-Serie, aufrechter Wuchs, dichte Doldentrauben, violette Farbtöne; 'Glory', kompakter kugeliger Wuchs, bunte Farbpalette.

Zier-Tabak
Nicotiana-Hybriden

🌸 🌸 🌸

Aussehen Schmetterlingsweide mit sternförmigen Blüten, die besonders in den Abend- und Nachtstunden duften. Aufrechter bis buschiger Wuchs mit mattgrünen Blättern.
Ansprüche Wächst ideal in humosem Lehmboden an sonnigen bis leicht halbschattigen Standorten. Für eine lange Blüte ausreichend gießen und gut mit Nährstoffen versorgen. Regelmäßig Verblühtes entfernen.
Sorten 'Havanna Appleblossom', kompakt, mit zartrosa Blüten; 'Lime Green', außergewöhnliche grüngelbe Blütenfarbe; 'Merlin Magic', kompakt, Blüten in sanften Lachstönen; 'Whisper Mixed', silbriges Laub.

Nierembergie, Weißbecher
Nierembergia hippomanica

Aussehen kompakt aufrecht–buschig; kleine becherförmige Blüten. Laub mittel- bis dunkelgrün, klein, schmal lanzettlich.
Ansprüche Benötigt humosen kalkfreien Boden und ausreichende Bodenfeuchte. Reichlich gießen und Verblühtes herausschneiden. Kann relativ einfach ab März auf der Fensterbank ausgesät werden. Mehrjährige Pflanze, in sehr milden Regionen auch im Freiland mit Winterschutz möglich.
Sorte 'Mont Blanc', reinweiße Züchtung mit kissenförmigem Wuchs. Sie wurde wegen ihrer Blühfreudigkeit mit einer Fleuroselect-Goldmedaille ausgezeichnet.

Glockenwinde
Nolana paradoxa

Aussehen Wuchs ausgebreitet bis kriechend, Triebe bis 100 cm lang. Strahlend blaue Trichterblüten, ähnlich Winden, erscheinen in großer Zahl. Unermüdlich blühend. Rautenförmige, sukkulente Blätter, die quirlartig am Stängel angeordnet sind.
Ansprüche Mäßig gießen und düngen, übersteht auch kurze Trockenheit gut. Anspruchslose Sommerblume, ideal für Ampeln und Hanging Baskets. Aussaat im März bis Mai in Schalen oder Frühbeetkasten. Bald nach Aufgang pikieren. Nach Mitte Mai auspflanzen. Auch Freilandaussaat möglich. Verblühtes regelmäßig ausknipsen, um neue Blüten anzuregen.

Kapkörbchen
Osteospermum ecklonis

Aussehen Aufrecht breitbuschig; Laub matt- bis graugrün, löffelförmig mit gebuchtetem Rand. Große Strahlenblüten in vielen Farben, oft mit weißer Mitte.
Ansprüche Regelmäßig düngen, mäßig gießen, aber nicht austrocknen lassen. Um die Blütezeit zu verlängern, regelmäßig Verblühtes entfernen, frühzeitiges Entspitzen junger Triebe regt einen buschigen Wuchs an.
Sorten 'Cape Daisy'-Serie, große Blüten mit dunkler Mitte; 'Symphony'-Serie, kompakt wachsende Serie mit cremefarbenen, gelben und orangen Sorten; 'Springstar'-Serie, Blüte früh einsetzend, kompakter Wuchs.

Aufrechte Geranie
Pelargonium-Zonale-Hybriden

   ↑ 30-50 V/X

Aussehen Aufrecht buschig; Blüten in dichten Dolden-trauben am Ende kräftiger Stängel. Laub mittelgrün bis dunkelgrün, bei manchen Sorten auch mehrfarbig, rau behaart.

Ansprüche Reichlich gießen, regelmäßig düngen, benötigt reichlich Nährstoffe. Verblühtes regelmäßig entfernen, um neue Blüten anzuregen. Im Herbst vor der Überwinterung die Pflanzen um etwa ein Drittel zurück-schneiden; Überwinterung bei mindestens 3 °C an einem hellen Standort.

Weitere Formen Peltatum-Hybriden mit hängendem Wuchs und glänzendem Laub. Ansprüche identisch, auch für Ampeln geeignet.

Sorte	Blüte	Blatt	Wuchs
Aufrechte Sorten (Zonale-Hybriden)			
'Carmen'	scharlachrot	mittelgrün	mittelstark
'Carino Purple'	dunkelpurpur	dunkelgrün	mittelstark
'Golan' Zonale	weiß	dunkelgrün	kompakt
'Jaffa'	orange	mittelgrün	starkwüchsig
'Ludwigsburger Flair',	helllachs mit grün	mittelgrün	starkwüchsig
'Ruth'	dunkellila, halb gefüllt	mittelgrün	mittelstark
'Samantha'	dunkelrot, gefüllt	mittelgrün	kompakt
Hängende Sorten (Peltatum-Hybriden)			
'Granatit'	samtrot, halb gefüllt	mittelgrün	mittelstark
'Rainbow Orange'	orange	mittelgrün	mittelstark
'Starlight Amethyst'	dunkelviolett, halb gefüllt	mittelgrün	mittelstark
'Ville de Paris', 'Dresden'	weiß	mittelgrün	starkwüchsig

Sternblume
Pentas lanceolata

Aussehen Reich verzweigter, buschig-kompakter
Wuchs, große Blütendolden.
Laub frisch grün.
Ansprüche Gleichmäßig
feucht halten, aber eher trocken kultivieren. Ein starker
Wechsel zwischen trocken
und sehr feuchtem Substrat
stresst die Pflanzen und führt
zu Vergilbungen und Nek-
rosen an den Blättern. Kein
kaltes Wasser verwenden.
Mittlerer bis hoher Nährstoffbedarf. Verblühtes regelmäßig herausschneiden, um die
Blütedauer zu verlängern. Als
Zimmerpflanze überwintern.
Sorten 'Graffiti Hellrosa',
Blüten babyrosa mit hellem
Auge; 'Graffiti Red Lace',
kirschrot; 'New Look Weiß',
reinweiß.

Petunie
Petunia

Aussehen Meist niederlie-
gender Wuchs mit trichterförmigen, weit geöffneten
Blüten, ungefüllt oder gefüllt.
Es gibt auch auch kompakt
buschige Sorten. Blätter dunkelgrün, samtig behaart.
Ansprüche Ideal in frischer,
nahrhafter Erde, braucht
regelmäßige Wasser- und
Düngergaben. Verblühte
Pflanzenteile entfernen, um
Blütenbildung anzuregen.
Die gefüllten Sorten sind besonders empfindlich gegen
Regen.
Sorten 'Cascadias'-Serie,
starkwüchsig mit einfachen
Blüten; 'Petitunia'-Serie,
kleinblütig, etwas schwächer
im Wuchs; 'Surfinia'-Serie
mit starkem, überhängendem
Wuchs, eher kleinblütig.

Portulakröschen
Portulaca grandiflora

Aussehen Flach wachsend,
auch kriechend. Duftige, an
Seidenblumen erinnernde
Blüten. Es gibt sowohl einfache wie halb gefüllte Blüten, bis 8 cm Durchmesser.
Letztere gleichen kleinen
Röschen. Blüten öffnen sich
nur bei Sonnenschein. Blätter
schmal, fleischig.
Ansprüche Der Standort
sollte sonnig und sogar heiß
sein, nur regen- und windgeschützt möchte die Pflanze
wachsen. Besonders gut
entwickelt sich das Portulakröschen in leicht sandigem
Gartenboden oder in sandiger Blumenerde. Der Wasser-
anspruch ist gering, Pflanze
nur minimal gießen und nur
alle 4 Wochen düngen.

Feuer-Salbei
Salvia splendens

Husarenknopf
Sanvitalia-Hybriden

Fächerblume
Scaevola aemula

Aussehen Aufrechter bis buschiger Wuchs, über dem dunklen, nesselartigen Laub erheben sich dichte Kolben mit Lippenblüten in meist knalligen Farben. Schwer mit anderen Sommerblumen zu kombinieren.
Ansprüche Regelmäßig gießen und düngen, verträgt aber keine Staunässe. Aussaat in Schalen, samendick mit Erde bedecken, andrücken und feucht halten. Sobald die Pflanzen sich berühren, in kleine Töpfe setzen. Um kräftigere Pflanzen zu bekommen, nach dem 6. Blatt die Spitze entfernen.
Sorten 'Blaze of Fire', feuerrot; 'Scarlet King', leuchtend rot, 25 cm; 'Leuchtfunk', scharlachrot, 20 cm.

Aussehen Wuchs niederliegend bis buschig, kompakt. Rundliche Strahlenblüten mit brauner oder grüner Mitte. Laub dunkelgrün, lanzettlich.
Ansprüche Bevorzugt humosen, durchlässigen Boden. Regelmäßiges Ausknipsen von Verblühtem fördert die Blütenbildung. Ausgewogen düngen und gießen, Staunässe vermeiden. Schöne Pflanze für Ampeln und Hanging Baskets, aber auch als überhängende Pflanze im Balkonkasten.
Sorten 'Picador Yellow', kompakter Wuchs, hitzefest; 'Gelber Vogel', kurze Blütenblätter, besonders markante schwarze Mitte; 'Solaris', langtriebig, zart, mit grüner Mitte.

Aussehen Breitbuschiger, kriechender oder überhängender Wuchs, ideal für Hanging Baskets. Laub mittelgrün, klein, am Rand gezähnt. Blüten sehen wie kleine ausgeklappte Fächer aus, zahlreich an den Triebspitzen.
Ansprüche Schon beim Pflanzen mit Depotdünger versorgen, regelmäßig gießen und bei Bedarf düngen. Da sich an den Triebspitzen immer neue Blüten bilden, nur vollständig abgeblühte Triebe abschneiden.
Sorten 'Saphira', dunkelviolette Blüten; 'New Wonder', kompakter Wuchs, frühe Blüte, blau; 'White Wonder', wüchsig, mit weißen Blüten.

Spaltblume, Bauernorchidee *Schizanthus × wisetonensis*

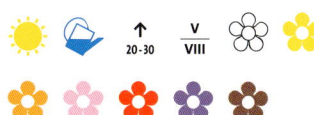

Aussehen Wuchs buschig bis aufrecht, endständige Dolden mit farbenprächtigen Rechenblüten. Laub mittelgrün, gefiedert.
Ansprüche Bevorzugt nahrhaften, aber durchlässigen Boden, benötigt viel Wasser, sollte aber nicht mit der Brause gegossen werden, sonst bildet sich leicht Grauschimmel. Regelmäßiges Entfernen von Verblühtem regt die Bildung neuer Blüten an. Eigentlich als Zimmerpflanze bekannt, eignet sie sich für geschützte Standorte auf Balkon und Terrasse. Am besten einzeln in Töpfen kultivieren, um ihren Pflegeansprüchen gerecht zu werden.

Schneeflockenblume *Sutera diffusa*

Aussehen Wuchs flach niederliegend bis kriechend, gut für Ampeln und Hanging Baskets geeignet. Sternförmige kleine Blüten, in großen Mengen an kurzen Seitentrieben. Laub dunkelgrün, eiförmig, sehr klein.
Ansprüche Bevorzugt frischen, nahrhaften, aber durchlässigen Boden. Nicht für heiße sonnige Standorte geeignet, blüht aber lange und zuverlässig im Halbschatten. Regelmäßig düngen und abgeblühte Triebe zurückschneiden.
Sorten 'Snowflake', ältere, immer noch beliebte Sorte, weiß; 'Big Ice Blue', kompakter gleichmäßiger Wuchs, hellblau; 'White', starkwüchsig, großblütig, weiß.

Kleinblütige Studentenblume *Tagetes tenuifolia*

Aussehen Buschig, stark verzweigt; kleine einfache Blüten an den Stängelenden, aromatisch duftend! Feines gefiedertes, hellgrünes Laub. Schön als Füllpflanze zwischen anderen Sommerblumen.
Ansprüche Bevorzugt durchlässigen, nährstoffreichen Boden und gleichmäßige Feuchtigkeit. Pflegeleicht. Aussaat in Schalen oder Töpfe, dünn mit Erde bedecken, andrücken und gleichmäßig feucht halten. Ca. 2 Wochen nach Auflaufen in Töpfe oder Schalen pikieren, hell und luftig bei 14–18 °C weiterkultivieren. Nach den letzten Frösten auspflanzen. Ab Ende April Direktsaat.

Schwarzäugige Susanne
Thunbergia alata

Gelbes Gänseblümchen
Thymophylla tenuiloba

Torenie
Torenia-Hybriden

Aussehen Schnell wachsende Schlingpflanze mit leuchtenden Blüten mit schwarzem Auge in der Mitte. Große, dunkelgrüne Blätter.
Ansprüche Wächst in nahrhafter, durchlässiger Erde und braucht regelmäßige Dünger- sowie großzügige Wassergaben. Eigene Vermehrung durch Aussaat in Töpfen auf der warmen Fensterbank oder im Gewächshaus möglich. Die Triebe brauchen schon bald nach dem Aufgehen lange Stäbe, damit sie sich nicht verhaken. Hübsch an Rankgittern, Pyramiden oder auch einfach im Balkonkasten.
Sorten 'Lemon Star', gelb mit schwarzem Auge.

Aussehen Wuchs kriechend bis überhängend, gut für Ampeln und Hanging Baskets geeignet. Zierliche Asternblüten in großer Zahl an den Triebenden. Laub fein gefiedert, mittelgrün, aromatisch duftend. Lässt sich besonders schön mit blau blühenden Sommerblumen vergesellschaften.
Ansprüche Bevorzugt nahrhaften durchlässigen Boden. Wöchentlich leicht düngen und Verblühtes zurückschneiden, um neue Blüten anzuregen. Staunässe vermeiden, aber auch Ballentrockenheit wird schlecht vertragen. Aussaat ab März auf der Fensterbank oder ab April ins Frühbeet, ab Mai ins Freiland auspflanzen.

Aussehen Wuchs kriechend bis überhängend, gut für Ampeln und Hanging Baskets geeignet. Mittelgrünes, gezähntes Laub. Blüten in Form von großen Löwenmäulchen, zahlreich an den Enden der Triebe.
Ansprüche Bevorzugt nahrhaften, durchlässigen Boden ohne Staunässe. Ausreichende Düngergaben sorgen für einen durchgehenden Blütenflor. Entspitzen der jungen Pflanzen fördern einen buschigen Wuchs. Regelmäßig Verblühtes ausknipsen.
Sorten 'Summerwave', großblütig, blau und violett; 'Viva Sol', leuchtend gelbe Blüten mit lila Schlund.

Kapuzinerkresse
Troaeolum majus

Aussehen Markante, leuchtende Trompetenblüten und schildförmige Blätter mit fast wachsartiger Oberfläche. Es gibt Sorten mit buschig kriechendem oder kletterndem Wuchs.
Ansprüche Insgesamt anspruchslos, wächst in jeder Erde, jedoch Staunässe vermeiden. Bevorzugt für reiche Blütenbildung einen sonnigen Standort. Kletternde Sorten brauchen eine Kletterhilfe.
Sorten 'Banana Split', hellgelb mit roter Zeichnung, kompakt; 'Juwel Cherry Rose', kirschrot, halb gefüllt, buschig; 'Sangria', dunkelrot, dunkles Laub, buschig; 'Rankende Mischung', verschiedene Orangetöne, rankend.

Verbene
Verbena-Hybriden

Aussehen Wuchs buschig bis kriechend, viele Sorten eignen sich für Ampeln und Hanging Baskets. Zahlreiche Blüten in dichten Dolden. Die Blüten sind lange haltbar und eignen sich auch für den Schnitt. Laub frisch grün.
Ansprüche Bevorzugt nahrhaften durchlässigen Boden. Regelmäßige Düngergaben und ein Entfernen von Verblühtem regen die Blütenbildung an. Die meisten Sorten lassen sich nur durch Stecklinge vermehren.
Sorten 'Superbena'- Serie, kompakt mit großen Blütendolden; 'Temari'-Serie, starkwüchsig, für Ampeln; 'Fuego'-Serie, hängender Wuchs, mit starken Blütenfarben.

Zinnie
Zinnia elegans

Aussehen Strahlenblüten auf kräftigen Stängeln, einfache oder gefüllte Sorten erhältlich. Lanzettliche, dunkelgrüne Blätter.
Ansprüche Pflegeleicht, ideal in nicht zu nahrhafter, durchlässiger Erde mit gleichmäßiger Feuchte. Niedrige Sorten auch für Balkonkästen, können ab April direkt draußen ausgesät werden.
Sorten 'Profusion Cherry', kirschrot, guter verzweigter Wuchs; 'Kleinblumige Mischung', gefüllte Blüten, auch für den Schnitt geeignet. 'Zahara Yellow', schwefelgelb, buschiger Wuchs.

Silberrandchrysantheme
Ajania pacifica

Besenheide
Calluna vulgaris

Aussehen Wuchs kompakt, polsterbildend; dunkelgrünes, silbrig umrandetes, glänzendes Laub. Blüten in dichten Dolden, kugelige Einzelblüten ohne Kelchblätter. Attraktiv durch auffallendes Laub.

Ansprüche Verblühtes regelmäßig entfernen, um die weitere Blütenbildung anzuregen. Sehr schön für Lücken- und Unterpflanzungen. Lässt sich gut mit Heidekraut und Gräsern kombinieren. Mehrjährige Pflanze, aber mäßig frosthart.

Sorten 'Bellania Bea', gelbe Blütenknöpfchen ohne Zungenblüten, kompakter Wuchs; 'Bellania Bess', gelbe Blütenknöpfchen mit einem Kranz gedrungener weißer Zungenblüten.

Aussehen Niederliegend bis aufrecht, dicht buschig; neue Triebe weich, von unten verholzend. Grünes bis graugrünes, nadelartiges Laub, auch gelblaubige Sorten im Sortiment. Blüten in dichten Ähren entlang der Triebe.

Ansprüche Rückschnitt nach der Blüte, mäßig gießen, sparsam düngen. Bevorzugt leichte, sandige und saure Substrate, die aber nicht austrocknen sollten.

Sorte	Blüte	Laubfarbe	Höhe
'Alba Plena'	weiß, gefüllt	frisch grün	30 cm
'Annemarie'	dunkelrosa, gefüllt	dunkelgrün	40 cm
'Gold Haze'	weiß	hellgelb	40 cm
'J. H. Hamilton'	lachsrot, gefüllt	dunkelgrün, im Winter bronze	40 cm
'Klaudine'	weiß, Knospenblüher	dunkelgrün	40 cm
'Long White'	weiß	frisch grün	60 cm
'Marleen'	rosalila, Knospenblüher	dunkelgrün	30 cm
'Sandy'	weiß, Knospenblüher	leuchtend gelb	40 cm

Chinesische Bleiwurz
Ceratostigma plumbaginoides

     20-30 VIII/X

Herbst-Chrysantheme
Chrysanthemum-Hybriden

   30-70 VIII/XI

Aussehen Wuchs buschig bis breit ausladend, Röhrenblüten von einem sehr leuchtenden Enzianblau. Grünes Laub, das sich im Herbst orange färbt, Blätter spitz eiförmig.

Ansprüche Nährstoff- und Wasserbedarf gering; wenig bis regelmäßig gießen, bei starkem Frost Winterschutz nötig. Gelegentlich zurückschneiden. Verwendung in gemischten Pflanzungen, schön mit Gräsern, Heidekraut und Zwergkoniferen. Auch als Dauerbepflanzung in Trögen verwendbar. Durch den kriechenden Wuchs gut geeignet für bodendeckende Unterpflanzungen von kleinen Gehölzen.

Aussehen Buschig bis horstartiger Wuchs, Laub graugrün bis dunkelgrün, löffelförmig, Rand gebuchtet. Blüten in endständigen Doldentrauben. Viele Sorten, von einfach bis dicht gefüllt, klein- und großblütige Sorten.

Pflege Regelmäßig gießen und ausgewogen düngen. Nach der Blüte zurückschneiden. Kann an geschütztem Platz über den Winter gebracht werden; eventuell ins Beet auspflanzen.

Sorte	Blütenfarbe	Blütenform
'Balios'	goldbronze	dicht gefüllt, pomponförmig, klein
'Barbara'	dunkelrosa	dicht gefüllt, kugelförmig, klein
'Debonair'	himbeerrosa	dicht gefüllt, flachkugelig, mittel
'Felix'	leuchtend gelb	gefüllt, asternförmig, mittel
'Hippo	fuchsrot, außen heller	gefüllt, flachkugelig, klein
'Lhasa'	weiß, gelbe Mitte	halb gefüllte Margeritenblüten, klein
'Lipsi'	goldorange	gefüllt, Strahlenblüten, mittel
'Nitro'	reinrosa	gefüllt, seerosenblütig, mittel
'Rosanna'	rosarot, gelbe Mitte	halb gefüllt, klein
'Senso'	rubinrot	gefüllt, seerosenblütig, groß

Schneeheide
Erica gracilis

   ↑ XI
15-30 II

Aussehen Dicht teppichartig; kriechende, niederliegende, an den Enden aufstrebende Triebe; dunkelgrünes Laub, nadelartig; immergrün. Im Sortiment sind auch gelblaubige Sorten. Blüten klein, kerzenförmige Blütenstände aus zahlreichen Einzelblüten.
Ansprüche Im Frühling zurückschneiden. Nur bedingt winterhart, bei stärkerem Frost (unter -10 °C) an einen geschützten Ort bringen.
Verwendung Blüten- und Ziergehölz für Kästen und Kübel; regelmäßiger Schnitt nach der Blüte fördert Buschigkeit und Blütenreichtum. Winterhärter sind Winterheide (*E. carnea,* auch für alkalische Böden) und Glockenheide *(E. tetralix).*

Art/Sorte	Blüte	Laub
E. gracilis 'Florentine'	rot	frischgrün
E. gracilis 'Lilli'	karminrosa	frischgrün
E. gracilis 'Fridolin'	rosarot	frischgrün
E. gracilis 'Leonardo D.'	rot	gelb
E. gracilis 'Pippi Langstrumpf'	kirschrot	frischgrün
E. carnea 'Isabell'	weiß	frischgrün
E. carnea 'Lohse's Rubin'	rubinrosa	dunkelgrün
E. carnea 'Myreton Ruby'	rotlila	dunkelgrün
E. carnea 'Snow Queen'	weiß	frischgrün
E. carnea 'Vivellii'	rotviolett	im Winter bronze
E. carnea 'Winter Beauty'	lilarosa	dunkelgrün
E. tetralix 'Alba'	weiß	graugrün
E. tetralix 'Con Underwood'	karminrot	graugrün
E. tetralix 'Pink Star'	reinrosa	graugrün

Chinesischer Herbst-Enzian
Gentiana sino-ornata

     ↑ 10-20 | VIII/X

Aussehen Azurblaue Blüten, die außen mit hübschen schwarz-weißen Längsstreifen versehen sind. Laub mittelgrün, als grundständige Rosette.

Ansprüche Einfach zu kultivierende Enzian-Art, liebt humosen, sauren Boden. Wichtig sind eine gute Wasserversorgung und hohe Luftfeuchtigkeit. Wächst gut an einem absonnigen Standort oder in der Nähe von Gewässern. Fühlt sich im humosen, sauren Boden (ph-Wert 4–5,5) besonders wohl. Pflanzenkombinationen mit Zwerg-Rhododendren, Gräsern, Eriken oder spät blühenden Steinbrech-Arten wie dem Oktober-Steinbrech.

Oktober-Fettblatt
Sedum sieboldii

   ↑ 10-20 | IX/X

Aussehen Wuchs aufrecht horstbildend, Blüten in Dolden, Einzelblüten, klein, sternförmig. Laub blaugrün, fast rund, sukkulent.

Ansprüche Benötigt gut durchlässigen Boden, wenig gießen und düngen. Nach der Blüte zurückschneiden. Aufgrund ihres hängenden Wuchses eignet sich diese sukkulente Staude hervorragend zur Bepflanzung von Ampeln oder Kübeln. Sie benötigt keinen Winterschutz und kann das ganze Jahr über im Freien bleiben und kommt auch mit einem halbschattigen Standort gut zurecht.

Sorten 'Mediovariegata', Laub gelb mit hellgrünem Laub.

Echter Gamander
Teucrium chamaedrys

    ↑ 20-30 | VII/IX

Aussehen Zwergstrauch, am Grund verholzend; aufstrebende Triebe mit endständigen Blütenkerzen. Rachenblüten, quirlartig angeordnet. Laub klein, dunkelgrün, glänzend, Ränder gezähnt.

Ansprüche Bevorzugt durchlässigen, auch trockenen Boden, der kalkhaltig sein sollte. Nach der Blüte zurückschneiden, sparsam düngen und gießen. Auch für dauerhafte Trogbepflanzung geeignet.

Weitere Art Immergrüner Gamander *(Teucrium lucidrys).* Aufrecht-buschiger, wüchsiger immergrüner Halbstrauch mit aromatischem Laub. Schön für geschnittene kleine Hecken im Bauern- oder Kräutergarten.

Kriechender Günsel
Ajuga reptans

↑ 10-20 V/VI

Gundermann
Glechoma hederacea

↑ 10-15 III/IV

Efeu
Hedera helix

↑ 30-200 IX/X

Aussehen Wuchs polsterförmig bis kriechend, dunkel- bis olivgrünes Laub, einige Sorten auch bunt panaschiert, kleine Rachenblüten in dichten endständigen Ähren. Schöne Laubstrukturpflanze für herbstliche Kästen und Kübel, vor allem in Kombination mit Gräsern.
Ansprüche Nährstoff- und Wasserbedarf mittel bis hoch; regelmäßig bis häufig gießen. Eignet sich auch gut für eine Dauerbepflanzung im Trog, schöner Bodendecker unter Zwerggehölzen.
Sorten 'Burgundy Glow', Laub rötlich mit weißer Panaschierung; 'Mahagony', braunrotes Laub; 'Catlins Giant', Laub olivgrün bis purpurrot.

Aussehen Wuchs kriechend, teppichbildend; überhängend, mit bis zu 60 cm langen Trieben. Laub frischgrün, nierenförmig mit gebuchtetem Rand. Violette Lippenblüten.
Ansprüche Boden frisch bis feucht; humos, sandig-lehmig; Nährstoffbedarf mittel; regelmäßig gießen. Staude, kann auch für dauerhafte Kübelbepflanzungen verwendet werden. Pflegeleicht, kann zum Wuchern neigen. Lässt sich auch als Wildkraut verwenden, die jungen Blätter eignen sich als Zutat im Salat oder auch im Pesto.
Sorte 'Variegata', Blätter mit weißem Rand.

Aussehen Wuchs flach wachsend bis kletternd, teils mit Haftwurzeln; nur alte Pflanzen blühen; schwarze Beerenfrüchte, kugelig erbsengroß, giftig; Glänzend dunkelgrünes Laub, immergrün, Form variabel, auch viele panaschierte Sorten.
Ansprüche Bei Bedarf zurückschneiden; winterharte Sorten können im Kübel bleiben, nicht winterharte frostfrei, aber kühl überwintern. Regelmäßig gießen, gelegentlich düngen. Zur Wandbegrünung oder überhängend in Kästen und Kübeln, als Dauerpflanzung geeignet.
Sorten 'Congesta', schwachwüchsige Zwergform; 'Humpty Dumpty', zwergige Altersform.

Purpurglöckchen
Heuchera-Hybriden

Funkie
Hosta-Hybriden

Süßkartoffel
Ipomoea batata

Aussehen Wuchs kompakt buschig, horstbildend; Laub handförmig, bebuchtet; Züchtungen in vielen Laubfarben erhältlich, von grün über gelb bis purpurn. Kleine Blüten in lockeren Rispen auf drahtigen Stängeln.
Ansprüche Nährstoff- und Wasserbedarf mittelhoch; regelmäßig gießen. Altes Laub vor Neuaustrieb im Frühling zurückschneiden. Verwendung als Dauer- und Herbstbepflanzung,.
Sorten 'Cappucino', braune, stark gewellte Blätter; 'Caramel', orange bis karamellfarbene Blätter; 'Purple Petticoats', Blattoberseiten purpur, Unterseiten violett.

Aussehen Wuchs aufrecht horstartig, Laub herzförmig, auch lanzettlich bis löffelförmig, je nach Sorte grün, blaugrün, gelb oder weiß panaschiert, sehr variabel. Trichterblüten in Trauben, Stängel über dem Laub.
Ansprüche Regelmäßig gießen, ausgewogen düngen. Ansonsten völlig pflegeleicht, frosthart, die idealen Stauden für Dauerbepflanzung. Vorsicht Schnecken!
Sorten 'Abby', klein bleibende Sorte, frisch grünes Laub mit gelbem Rand, 20 cm; 'Blue Cadet', breite blaugrüne Blätter, 30 cm; 'Fire and Ice', herzförmige weiße Blätter mit breitem grünen Rand, 40 cm; 'Gold Edger', gelbgrünes Laub, schmalblättrig, 40 cm.

Aussehen Sehr dekorative Strukturpflanze mit herzförmigen Blättern. Halbhängender Wuchs, daher ideal für Balkonkästen, in hängenden Pflanzkörben und Kübeln. Gute Eignung auch als Bodendecker und als Unterpflanzung von Hochstämmchen in Kübeln.
Ansprüche Bevorzugt einen sonnig-halbschattigen Standort. Normal feucht halten, regelmäßig gießen. Beim Pflanzen Langzeitdünger in die Erde einbringen und bei Bedarf flüssig nachdüngen.
Sorten 'Black Tone', violettbraunes Laub; 'Blacky', braunes Laub, handförmig gelappt; 'Marguerite', grüngelbes, fast pfeilförmiges Laub.

Iresine
Iresine herbstii

20-40

Sommerzypresse
Kochia scoparia

30-100

Kriechendes Pfennigkraut
Lysimachia nummularia

5-10 V / VII

Aussehen Die verzweigten Triebe sind auffällig rot gefärbt. Laub besitzt karminrote bis pinkfarbene Adern auf purpurrotem Grund, Blattunterseite pink gefärbt. Für eine gute Verzweigung Triebe entspitzen. Bei intensiver Sonne besonders schöne Blattfärbung.
Pflege Schwach saure Erde. Während der Wachstumszeit alle zwei Wochen mit flüssigem Dünger versorgen. Vermehrung durch Stecklinge. Sobald die Triebe die Länge von 6–10 cm erreicht haben, bewurzeln sie in normaler Blumenerde oder in Wasser.
Sorten 'Aureireticulata', hellgrüne Blätter mit gelber Äderung; 'Brillantissima', ist kastanienbraun gefärbt.

Aussehen Aufrecht, buschig, kompakt oval-kugelig. Erinnert im Aussehen an eine kleine Konifere; Laub hellgrün, nadelförmig. Blüten, wenn sie überhaupt erscheinen, unscheinbar.
Pflege Durchlässiger, nicht zu nährstoffreicher Boden, regelmäßig gießen. Aussaat im März/April. Die Sommerzypresse ist wärmeliebend und frostempfindlich, daher erst Mitte Mai ins Freiland setzen. Sie vertragen Rückschnitt gut und können als niedrige Hecke in Form geschnitten werden.
Sorten 'Trichophylla', verfärbt sich im Herbst leuchtend rot; 'Childsii', grün bleibend.

Aussehen Wuchs flach, kriechend, teppichbildend, schnell wachsend; bis 50 cm in die Breite wachsend. Hellgrünes Laub, Blätter rundlichherzförmig; Blüten schalenförmig
Pflege Nährstoff- und Wasserbedarf mittel bis hoch; regelmäßig bis häufig gießen. Pflegeleicht, bei Bedarf zurückschneiden. Zur Unterpflanzung von Kübeln und Töpfen, Ampeln und Hanging Baskets; kann stark wuchern, da sich die niederliegenden Triebe leicht bewurzeln. Schön für dauerhaft bepflanzte Tröge im Schatten.
Sorten 'Aurea' hat leuchtend goldgelbes Laub, verträgt keine volle Sonne.

Weihrauch, Harfenstrauch
Plectranthus forsteri

 ↑ 20-30 | V IX

Aussehen Wuchs niederliegend bis überhängend; 50 cm breit, oft auch mehr, lange Triebe überhängend; Laub weißgrün panaschiert, dreieckig, runzelig.
Pflege Substrat schwach sauer bis neutral; frisch; sandig-humos; Nährstoffbedarf mittel; regelmäßig ausreichend gießen. Entspitzen langer Triebe im Austrieb fördert kompakten Wuchs. Mehrjährige, stark duftende Blattschmuck-Balkonpflanze, dekorative Ampelbepflanzung, für Lücken- und Unterpflanzungen, auffallendes Laub. Sehr pflegeleichte Pflanze. Der Geruch soll angeblich Mücken fernhalten.

Silberblatt
Senecio bicolor

 ↑ 20-50 | VII VIII

Anderer Name Greiskraut
Aussehen Wuchs aufrecht buschig, 20–50 cm breit, Laub silbergrau bis silberblau, filzig behaart, Blüten erscheinen erst im zweiten Jahr, wird als Blattschmuckpflanze verwendet.
Pflege Substrat neutral, ausgeglichen; frisch; sandig-humos bis lehmig; Nährstoffbedarf mittel bis hoch; regelmäßig und ausreichend gießen. Überwinterung an hellem, kühlen Standort im Haus möglich, wird aber meist einjährig verwendet. Pflegeleichte Pflanze, auch für herbstliche Kübelbepflanzungen zu verwenden, zum Beispiel mit Heidekraut.

Buntnessel
Solenostemum scutellaroides

 ↑ 20-50 | VI VIII

Anderer Name Coleus
Aussehen Wuchs buschig, aufrecht; Laub herzförmig, nesselartig, mit gezähntem Blattrand. Blätter meist mehrfarbig, weiß, gelb, braun panaschiert.
Pflege Substrat humos, frisch, feucht; regelmäßig gießen und düngen. Junge Triebe entspitzen, um einen buschigen Wuchs zu fördern. An hellen Standorten bildet sich die Blattzeichnung besser heraus, aber vor direkter Sonneneinstrahlung schützen. Ab August Stecklinge für die Überwinterung schneiden.
Sorten 'Pineapple', gelbgrün mit roten Flecken. 'Quarterback', hellgrün mit roten Sprenkeln. 'Ruffles', rotbraun mit grünem Rand.

Schönmalve
Abutilon-Hybriden

Schmucklilie
Agapanthus-Hybriden

Erdbeerbaum
Arbutus unedo

Aussehen Buschig bis aufrecht-verzweigt, häufig auch als Hochstämmchen angeboten. Laub dunkelgrün, Grundform dreieckig, gebuchtet und gezähnt. Blüten glockenförmig, mit auffälligem Fruchtknoten, sehr auffällig.
Ansprüche Hoher Wasser- und Nährstoffbedarf, regelmäßig düngen. Benötigt einen geschützten Platz, bei zu starker Luftbewegung kommt es zu Laubfall. Junge Pflanzen kräftig zurückschneiden, um einen buschigen Wuchs zu erzeugen. Überwinterung frostfrei bei max. 10 °C, dabei wenig gießen. Vorher Triebe um die Hälfte einkürzen.

Aussehen Buschig horstbildend, aus dem kräftigen Wurzelstock wachsen pfriemenförmige, mittelgrüne Blattschöpfe, Blüten in kugeligen Dolden, auf kräftigen Stängeln hoch über dem Laub.
Ansprüche Bevorzugt einen vollsonnigen geschützten Standort; regelmäßig gießen, ausreichend düngen. Das Laub mancher Arten zieht im Herbst völlig ein, Vergilbtes und Vertrocknetes abschneiden. Überwinterung frostfrei, auch dunkel wenig gießen. Immergrüne Arten frostfrei und hell bei max. 10 °C überwintern. Alle 2–3 Jahre umtopfen.

Aussehen Sparriger, nur wenig verzweigter Strauch; Laub dunkelgrün, spitz oval, ledrig, immergrün. Blüten klein, unauffällig, Früchte bei Reife rot, kugelig, in Büscheln; essbar, aber nicht besonders schmackhaft.
Ansprüche Als junge Pflanze regelmäßig stutzen, um eine bessere Verzeigung zu erwirken; später nur auslichten. Benötigt einen geschützten Standort ohne Wind. Gleichmäßig gießen, Ballen nie austrocknen lassen. Düngung vom Frühjahr bis zum Frühherbst mit Flüssigdünger. Überwinterung hell bei 5–12 °C.

Aukube
Aucuba japonica

 ↑ 100-200 · VI/VIII

Aussehen Buschig verzweigter Strauch, Laub immergrün, spitz oval, glänzend, ledrig. Blüten unscheinbar, dekorative rote Beerenfrüchte.
Ansprüche Standort halbschattig bis schattig, nicht zu heiß und sonnig, sonst verbrennen die jungen Triebe (braune Blattflecken). Während der Vegetationszeit maßvoll gießen und alle 14 Tage düngen. Im Winter Ballen leicht feucht halten. Junge Pflanzen im Spätwinter in Form stutzen. Zu groß geratene Pflanzen kann man im Spätwinter bis ins alte Holz zurückschneiden. Überwinterung: Hell, kühl, auch leichter Frost wird vertragen.
Sorte 'Crotonifolia', mit gelb gesprenkeltem Laub.

Bougainvillee
Bougainvillea-Hybriden

 ↑ 100-250 · VI/IX

Aussehen Wuchs buschig verzweigt, mit Kletterhilfe (Spalier) auch bedingt klimmend. Laub dunkelgrün, breit lanzettlich. Blüten auffällig, leuchtendes Magenta, hat eine unübertroffene Fernwirkung. Zahlreich entlang der Triebe.
Ansprüche Benötigt einen warmen geschützten Platz. Während der Sommermonate reichlich gießen und düngen. Überwinterung hell, kühl bei max. 10 °C, dabei mäßig gießen, aber nicht austrocknen lassen. Vor der Winterpause kräftig zurückschneiden. Verliert während der Überwinterung einen Teil des Laubs.

Engelstrompete
Brugmansia suaveolens

↑ 80-200 · VI/IX

Aussehen Wuchs aufrecht strauchförmig, 1–2,5 m breit, mit großen eiförmigen, mittelgrünen Blättern. Blüten trompetenförmig, duften in der Dämmerung.
Ansprüche Nährstoff- und Wasserbedarf sehr hoch, reichlich gießen und regelmäßig düngen. Vor der Überwinterung Krone auf die Hälfte bis zwei Drittel zurückschneiden, bei starkem Rückschnitt verspätet sich die Blüte im Folgejahr. Überwinterung: bei mindestens 5–7 °C an einem hellen Standort. Verwendung als Solitär; wunderschöne Blüten und eindrucksvoller Wuchs. Vorsicht, alle Pflanzenteile sind stark giftig!

Zylinderputzer
Callistemon citrinus

↑ 100-150   V / VII

Canna, Blumenrohr
Canna indica

↑ 50-150   VI / X

Hammerstrauch
Cestrum elegans

↑ 100-200   III / X

Aussehen Sparrig verzweigter Strauch, Laub lanzettlich, mittelgrün, ledrig, immergrün. Blüten auffällig durch die leuchtend roten Staubblätter, die Blüte erinnern an kleine Flaschenbürsten.
Ansprüche Nährstoffbedarf mittel. Nur mit weichem Regenwasser gießen, Staunässe vermeiden. Wiederholtes Stutzen von Mai bis Juli führt zu buschigem Aufbau. Ältere Pflanzen nur noch bei Bedarf auslichten. Der Rückschnitt sollte dann nach der Blüte erfolgen, da die Blütenanlagen noch im gleichen Jahr für das nächste Jahr gebildet werden. Überwinterung hell und kühl, bei max. 7 °C, dabei mäßig gießen. Alle 2–3 Jahre umtopfen.

Aussehen Knollengewächs, eintriebig. Große tropisch anmutende Blätter entfalten sich um den kräftigen Stängel herum. Einige Sorten besitzen auffallendes gestreiftes Laub. Blüten in endständigen Trauben, auffällig, ähnlich Orchideenblüten.
Ansprüche Wasser- und Nährstoffbedarf hoch, regelmäßig gießen, aber Staunässe vermeiden. Überwinterung frostfrei, nach dem ersten Frost im Herbst Laub zurückschneiden und die Knollen wie Dahlien in eine Kiste mit feuchtem Sand oder Mulch legen. Ab Februar die Knollen eintopfen und wärmer stellen, ab Mai ins Freie.

Aussehen Lockerer Strauch mit überhängenden Blütenzweigen. Laub dunkelgrün, lanzettlich, immergrün. Blüten röhrenförmig, in Büscheln an den Zweigenden, sehr lange haltbar.
Ansprüche Während der Sommersaison hoher Wasserbedarf, aber Staunässe vermeiden. Mittlerer Nährstoffbedarf, am besten flüssig düngen. Ab August nicht mehr düngen. Überwinterung hell und kühl bei max. 12 °C. Sparsam gießen, aber Wurzelballen nicht austrocknen lassen. Triebe vor der Überwinterung auf die Hälfte zurückschneiden. Alle 2 Jahre umtopfen.

Zwergpalme
Chamaerops humilis

Zitrusbäumchen
Citrus-Arten und -Sorten

Aussehen Langsam wachsende Schirmpalme. Der Stamm ist mit braunen Fasern bedeckt. Blätter dunkelgrün, sehr steif und widerstandsfähig. Die Blattstiele sind bedornt. Meistens bildet eine Pflanze mehrere Stämme aus, die dicht nebeneinanderstehen.

Ansprüche Robust, verträgt sengende Hitze im Sommer genauso gut wie Trockenheit. Nur mäßig gießen. Ältere Exemplare ertragen Temperaturen knapp unter – 10 °C, wobei diese Temperatur nicht für die Wurzeln gilt: Sie müssen z. B. mit Luftpolsterfolie und einem untergelegten Styroporblock warm gehalten werden. Bei 5 °C überwintern.

Aussehen Wuchs strauchartig, verzweigt, Laub oval, dunkelgrün, ledrig, immergrün. Blüten trichterförmig, duftend, erscheinen oft zur gleichen Zeit an der Pflanze wie die Früchte.

Ansprüche Liebt sonnigen Standort ohne stehende Mittagshitze. Mäßig gießen, Staunässe vermeiden. Von April bis September mit Zitruspflanzendünger düngen, um Eisenmangel (Chlorose) vorzubeugen. Überwinterung idealerweise bei ca. 10 °C an einem hellen Ort, nicht austrocknen lassen.

Art	Eigenschaften
Bitterorange, Pomeranze *(Citrus aurantium)*	orange, zitronenförmige Früchte, runzelige Oberfläche
Zitrone *(Citrus limon)*	Gelb, auch orange Sorten; längliche Früchte, Blüten duften angenehm
Mandarine *(Citrus reticulata)*	Orange, runde kleine Früchte, reifen leicht aus, reich tragend
Orange, Apfelsine *(Citrus sinensis)*	Orange, runde große Früchte, reifen bei uns meist nicht aus, Zierpflanze
Calamondin (× *Citrofortunella microcarpa*)	orange, kleine ungenießbare Früchte, pflegeleicht, auch für Anfänger

Korallenstrauch
Erythrina crista-galli

Aussehen Wuchs locker strauchförmig; bis 1,5 m breit, Blüten leuchtend rote Schmetterlingsblüten in dichten Trauben. Mittel- bis bläulich grünes Laub, Laubabwurf im Winter.
Ansprüche Nährstoff- und Wasserbedarf mittel bis hoch; regelmäßig gießen. Zu dicht wachsende Äste im Winter nach dem Eintrocknen der Blütentriebe herausschneiden. Überwinterung frostfrei bei 5 °C, Ruheperiode nach Laufabwurf, dabei trocken halten, dunkle Überwinterung möglich. Interessante Blüten und Hülsenfrüchte. Die gesamte Pflanze giftig.

Feige
Ficus carica

Aussehen Wuchs sparrig verzeigt, strauch- bis baumartig, in südlichen Ländern bis 6 m hoch. Laub dunkelgrün, handförmig gelappt, sehr groß.
Ansprüche Substrat durchlässig und leicht sauer, bei größeren Pflanzen auch lehmig. Wasserbedarf abhängig von der Anzahl der Blätter und als gering bis mittel zu bezeichnen. Das Wasser darf nicht zu kalkhaltig sein. Temperatur während der Wachstumsphase warm. Die Überwinterung sollte nicht zu kühl (über 10 °C) erfolgen. Ausgepflanzte Feigen, die im Winter bis zum Boden herunter erfroren sind, treiben oft aus den Wurzeln wieder aus.

Hibiskus
Hibiscus rosa-sinensis

Aussehen Wuchs sparrig verzweigt, wird auch gern als Hochstamm gezogen. Blätter glänzend dunkelgrün, elliptisch mit gezähmtem Rand und zwischen 5 und 10 cm lang. Blüten, die einzeln den vordersten Blattachseln entspringen, mit einem Durchmesser von 10 cm, besitzen eine auffallend lange Staubblattsäule.
Ansprüche Viel Licht aber keine Mittagssonne, Wärme, in der Wachstumsphase wöchentlich düngen; Überwinterung hell bei 12–14 °C. Vermehrung über Aussaat, Stecklinge oder Veredelung. Regelmäßig gießen, der Ballen darf nicht austrocknen.

Jasmin
Jasminum polyanthum

Aussehen Kletterstrauch, blattabwerfend und unempfindlich, mit dünnen, kletternden oder herunterhängenden Ästen, Blätter unpaarig gefiedert, oval, dunkelgrün, glänzend und wachsartig. Im Frühling in den Blattachseln traubige Blütenstände mit sternförmigen Blüten, die sehr stark duften.
Ansprüche Junge Pflanzen viel gießen, ältere weniger. Zeitweise Trockenheit wird vertragen. Durchlässiges Substrat, sparsam düngen. Standort hell und sonnig, windgeschützt; verträgt normalerweise kurze Kälteperioden, Temperaturen sollen nicht unter −5 °C für zu lange Zeit sinken. Überwinterung kühl, auch dunkel.

Wandelröschen
Lantana-Camara-Hybriden

Aussehen Wuchs buschig verzweigt, oft auch als Hochstämmchen; Laub breit lanzettlich, dunkelgrün, runzlig. Blüten in halbkugeligen Dolden, vom Erblühen bis Verblühen die Farbe wechselnd.
Ansprüche Nicht besonders anspruchsvoll, verträgt volle Sonne oder Halbschatten, sogar Schatten, blüht dann aber nicht so üppig. Boden mäßig feucht, keine Staunässe in Übertöpfen oder auf Untersetzern. Zum Gießen nur abgestandenes Wasser oder Regenwasser verwenden. Besonders in der Wachstumsphase der Pflanze mäßig düngen. Überwinterung hell bei mindestens 10 °C, nur mäßig gießen.

Lorbeer
Laurus nobilis

Aussehen Wuchs dichttriebig, gut für den Formschnitt geeignet; Laub spitz oval, mittelgrün, ledrig, immergrün. Blüten trichterförmig, relativ unscheinbar. Oft als Hochstämmchen angeboten.
Ansprüche Substrat mit gebrochenem Blähton vermischen; Wasserbedarf mäßig, bis die Erde bis zum Topfboden durchfeuchtet wird,. Erneut erst wässern, wenn der Ballen abgetrocknet ist. Nährstoffbedarf ist mäßig, düngen April bis September alle 2 Wochen. Überwinterung hell und kühl, bis 10 °C, sparsam gießen. Schnitt im April/Mai, dabei nicht die Blätter durchtrennen, sondern immer die Zweige zwischen dem Laub kappen.

Südseemyrte
Leptospermum scoparium

Enzianstrauch
Lycianthes rantonetii

Mandeville
Mandevilla sanderi

Aussehen Kleiner dichter Strauch mit feinen Zweigen. Laub dunkelgrün, schmal, fast nadelförmig, immergrün. Blüten klein, mit fünf Blütenblättern, mit dunkler Blütenmitte, zahlreich an den Zweigen entlang.
Ansprüche Während der Vegetationszeit reichlich gießen und alle 2 Wochen düngen. Achten Sie unbedingt auf eine konstante Feuchtigkeit. Die Pflanzen vertragen weder Staunässe noch Trockenheit. Die Pflanzen färben sich braun und erholen sich nicht mehr. Im Winter den Ballen leicht feucht halten. Überwinterung frostfrei und hell, bei 5–15 °C.
Sorte 'Red Damask', dunkelrote Blüten.

Anderer Name Blauer Kartoffelbaum
Aussehen Buschiger Strauch, durch Rückschnitt noch kompakter; Laub mittelgrün, spitz oval; Blüten tellerförmig, Kartoffelblüten sehr ähnlich.
Ansprüche Benötigt im Sommer reichlich Wasser und sollte auch flüssig nachgedüngt werden. Vor der Überwinterung und auch vor dem Ausräumen nicht zu stark zurückschneiden. Zu starker Rückschnitt bewirkt, dass die Pflanzen oftmals erst im August das Blühen beginnen. Die Überwinterung hell bei 5–10 °C. Die Pflanzen sollten alle 2–3 Jahre umgetopft werden.

Aussehen Wuchs strauchartig, auch kletternd, benötigen dann Stützen. Laub oval, dunkelgrün, glänzend und immergrün. Blüten trompetenförmig, sehr aufallend und von exotischer Wirkung.
Ansprüche Bevorzugt humoses Substrat; Langzeitdünger fördert die Blühwilligkeit, der Nährstoffbedarf ist hoch. Rückschnitt, auch in das mehrjährige Holz, wird gut vertragen. Die Mandeville ist sehr unempfindlich und blüht bis spät in den Herbst hinein. Regelmäßige Wassergaben sind wichtig, da das Blattwerk viel verdunstet. Im Spätherbst ins Haus zur Überwinterung holen. Temperaturen von 5–10 °C sind ausreichend.

Oleander
Nerium oleander

    ↑ 150-200 VI/IX

Olivenbaum
Olea europaea

   ↑ 100-300 VI/VII

Aussehen Wuchs locker aufrecht bis ausladend; 1–3 m breit. Dunkel- bis graugrünes Laub, lanzettlich. Blüten trichterförmig, einfach, halb gefüllt und gefüllt blühende Sorten.

Ansprüche Nährstoff- und Wasserbedarf: mittel bis hoch; regelmäßig bis häufig gießen, besonders hoher Wasserbedarf im Sommer. Zu dicht gewachsene Triebe im zeitigen Frühjahr auslichten; alte Blütenstände nicht entfernen, da hier im nächsten Frühjahr neue Knospen austreiben. Überwinterung: bei 5–10 °C an einem gut gelüfteten, hellen Standort. Alle Pflanzenteile sind giftig.

Sorten ‘Alsace’, weiß, Kospen rosa, robust; ‘Calypso’, rosarot, großblütig, kältetolerant; ‘Hardy Red’, purpurrosa, rundliche Blüten, robust; ‘Isle of Capri’, hellgelb, sternförmige Blüten; ‘Louis Pouget’, reinrosa, gefüllt, starkwüchsig; ‘Madame Leon Blum’, aprikosenrosa, schlanke Blüten; ‘Pink Beauty’, kräftig rosa, Dauerblüher, robust; ‘Rosa Bartolili’, dunkelrosa, schlanke Blüten, robust; ‘Soeur Agnes’, weiß, starkwüchsig, robust.

Aussehen Langsam wachsender, im Alter oft knorriger Baum mit silbergrauer Rinde. Blätter lanzettförmig, graugrün, silbrig schimmernd; mit unscheinbaren Blüten. Beliebt wegen seines mediterranen Flairs. Olivenbäume werden max. 15 m hoch und wachsen extrem langsam.

Ansprüche Das Substrat sollte sehr durchlässig sein, bei größeren Pflanzen auch mit höherem Ton- oder Lehmanteil. Sandige Böden sind optimal. Wasserbedarf eher gering. Olivenbäume vertragen kurzzeitige Trockenheit, aber keine Staunässe. Überwinterung hell und kühl, bei 2–10 °C, dabei sparsam gießen.

Passionsblume
Passiflora caerulea

Aussehen Kletterpflanze, die eine Höhe von mehreren Metern erreichen kann. Blüten mit einem Durchmesser von ca. 8 cm. Die äußeren Deckblätter umhüllen ringförmig angeordnete fadenförmige Blütenblätter, die wie ein Strahlenkranz aussehen. Blätter dunkelgrün, lanzettlich, in Fiedern, immergrün; riechen, wenn man sie berührt, nach Erdnüssen.

Ansprüche Passionsblumen benötigen relativ viel Wasser, Substrat sollte in der Wachstumsperiode immer leicht feucht sein. Wöchentlich mit Volldünger düngen. Im Winter nur wenig gießen. Überwinterung hell bei max. 10 °C, verträgt auch einige Minusgrade.

Art/Sorte	Aussehen	Winterhärte
Passiflora caerulea	weiß mit blauem Kranz, innen dunkelpurpur, Ø 7–9 cm	bis -15°C
Passiflora caerulea 'Pierre Pomie'	weiß mit kräftig altrosafarbenem Zentrum, Ø 7–9 cm	bis -12°C
Passiflora incarnate var. *alba*	weiß, schmale Blütenblätter nach hinten gebogen Ø bis 7 cm	bis -15°C
Passiflora tucumanensis	hängende weiße Blüten mit einem violett und weiß gebänderten Strahlenkranz, Ø 6 cm	bis -10°C
Passiflora 'Clear Sky'	blau, weiß, innen dunkelpurpur, Ø 9-12 cm	bis -15°C
Passiflora 'Ely'	weiß, Strahlenkranz an der Spitze hellviolett, in der unteren Hälfte dunkelpurpur, Ø 8 cm	bis -10°C
Passiflora 'Guglielmo Betto'	weiß mit violett und weiß gebändertem Strahlenkranz, Ø 8 cm	bis -10°C
Passiflora 'Incense'	dunkelviolett, Ø 10 cm, duftend!	bis -8°C
Passiflora 'Jana'	weiß, dunkelblaue Strahlen, innen dunkelpurpur, Ø 7 cm	bis -12°C
Passiflora 'Petra'	hell violett bis weiß, innen dunkelblau Ø 7-8 cm, reich blühend	bis -12°C
Passiflora 'Silvie'	hellpurpur, Strahlenkranz violett, weiß und kräftig purpur, Ø 9-10 cm	bis -8°C

'Kaiserin Eugenie'

Rote Passionsblume

Kanarische Dattelpalme
Phoenix canariensis

100–300

Zwerg-Dattelpalme
Phoenix roebelenii

50–200

Aussehen Gefiederte, mittelgrüne Wedel, die die Krone über einem rauen graubraunen Stamm bilden. Typische Erscheinung einer Palme. Blüten unscheinbar, Früchte goldgelb, in Trauben oberhalb des Stamms, ungenießbar.
Ansprüche Substrat durchlässig und leicht sauer, älteren Exemplaren genügt auch reine Gartenerde. Wasserbedarf ist mittel bis hoch, im Sommer über reichlich gießen. Im Winter darf nur schwach gegossen werden. Standort bevorzugt sehr hell mit intensiver Sonneneinstrahlung. Zur Überwinterung einräumen, wenn die Nachttemperaturen unter 0 °C liegen. Überwinterung bei 5–10 °C.

Aussehen Fiederblätter mittelgrün und viel graziler und weicher als bei den größeren Arten. Stammoberfläche erinnert an eine unreife Ananas und ist im oberen Teil mit Fasern bedeckt. Früchte ungenießbar.
Ansprüche Benötigt einen sehr hellen Standort, verträgt pralle Mittagssonne jedoch nur nach längerer Gewöhnung. Verträgt kurzzeitig leichten Frost, sollte aber bei mindestens 10 °C hell überwintert werden. Im Winterquartier auf ausreichende Luftfeuchtigkeit achten, sonst Gefahr von Spinnmilbenbefall.
Vermehrung Wer Dattelpalmen aus Samen heranziehen möchte, sollte für die Kei-

mung im Frühling einen sehr warmen Platz wählen. Die Samen werden 1–2 cm tief in die Erde gesteckt und stets feucht gehalten. Nach der Keimung des Palmensamens erscheint ein ungeteiltes Keimblatt. Bis zur Ausbildung der ersten gefiederten Wedel der Palme können 2–3 Jahre vergehen.
Phoenix roebelenii bildet gerne seitlich Schösslinge aus. Diese kann man abtrennen, sobald sich einige Wurzeln gebildet haben. Die Schösslinge der Phoenix werden in kleine Töpfe mit üblicher Blumenerde gepflanzt und nur mäßig gegossen. Frische Austriebe zeigen eine Bewurzelung der jungen Phoenixpalme an.

Bleiwurz
Plumbago auriculata

Granatapfelbaum
Punica granatum

Kartoffelwein
Solanum jasminoides

Aussehen Wuchs überhängend strauchförmig bis klimmend, stark verzweigt; 1–2 m breit, hell- bis mattgrünes, spitz ovales Laub; Blüten sternförmig in endständigen Rispen.

Ansprüche Nährstoff- und Wasserbedarf hoch; regelmäßig bis häufig gießen, ausreichend düngen. Kräftiger Rückschnitt der Triebe im Januar. Überwinterung: bei mindestens 3 °C an einem hellen Standort. Eindrucksvoller Strauch für große Kübel. Eine Kletterhilfe oder Stütze ist sinnvoll.
Die Bleiwurz lässt sich gut zu einem Hochstämmchen erziehen, indem man im ersten Jahr immer wieder die unteren Seitentriebe entfernt.

Aussehen Kleiner Baum, oft auch als Strauch kultiviert, mit rotbrauner bis grauer Rinde. Die ledrigen Blätter sind lanzettförmig, in Zweiergruppen gegenständig an den vierkantförmigen Zweigen angeordnet, immergrün. Blüten trichterförmig, bis 3 cm im Durchmesser. Die Frucht, der Granatapfel, ist apfelförmig und essbar.

Ansprüche Substrat durchlässig; für größere Pflanzen ist durch Blähton durchlässig gemachte Gartenerde ideal. Wasserbedarf mittel, übersteht auch kurzzeitige Trockenheit. Guter Fruchtbehang nur bei voller Sonne. Standort während der Wachstumsphase so warm wie möglich. Überwinterung frostfrei.

Aussehen Wuchs klimmend, Höhe 2 bis 6 m, dunkelgrünes, lanzettliches Laub. Blüten sternförmig, in Büscheln an den Triebenden.

Ansprüche Nährstoff- und Wasserbedarf mittel bis hoch; regelmäßig bis häufig gießen und düngen. Vor der Überwinterung soll die Krone auf ein Drittel bis zur Hälfte der vorhandenen Blattmasse zurückgeschnitten werden. Nach dem erneuten Austrieb im Frühjahr ist ein weiteres Stutzen zur Formierung der Pflanze erforderlich. Überwinterung: bei mindestens 3 °C an einem hellen Standort, in der Ruhezeit während der kühlen Überwinterung die Pflanze trocken halten, nicht völlig austrocknen lassen.

Prinzessinnenblume
Tibouchina urvilleana

 50-150 VII/IX

Aussehen Wuchs strauchartig, bei jungen Pflanzen
sind die Triebe frischgrün und
weich. Ältere Triebe verholzen. Blätter samtig, lang oval,
mittel- bis dunkelgrün. Blüten
schalenförmig; in der Blütenmitte bildet sich ein Büschel
purpurroter Staubgefäße.
Ansprüche Im Sommer
reichlich gießen, alle 14 Tage
düngen. Immer leicht feucht
halten. Damit die Pflanze
buschig wächst und nicht
verkahlt, müssen die Jungtriebe entspitzt werden, sobald
sich zwei Blattpaare gebildet
haben. Überwinterung hell
bei 10 bis 12°C. Im Frühjahr
Triebe auf die Hälfte zurückschneiden. Alle 2–4 Jahre
im Frühjahr in kalkfreie Erde
umtopfen.

Sternjasmin
Trachelospermum jasminoides

 150-300 VI/VII

Aussehen Kletterstrauch
mit biegsamen, dünnen Äs-
ten; die Blätter lanzettlich,
dunkelgrün, glänzend und lederartig. Blüten sternförmig,
in Büscheln, duftend.
Ansprüche Liebt sonnige
warme Standorte. Bevorzugt
humoses durchlässiges Substrat. Gießen regelmäßig und
sparsam; der Boden muss
dazwischen immer gut ab-
trocknen. Im Frühling Triebe
einkürzen und an einem Klet-
tergerüst entlanggleiten. Überwinterung an einem hellen
frostfreien Platz, kann spät
eingeräumt werden, verträgt
auch leichten Frost.

Hanfpalme
Trachycarpus fortune

 150-250

Aussehen Stamm mit braunen Fasern bedeckt, die im
Laufe vieler Jahre langsam
von unten her abfallen. Blätter kräftig, in Wedeln über
dem Stamm; knicken durch
Windeinwirkung leicht ab und
hängen dann an den Spitzen
herunter.
Ansprüche Substrat durchlässig und leicht sauer, älteren Exemplaren genügt auch
reine Gartenerde. Wasserbedarf mäßig, der Ballen sollte
nur mäßig feucht gehalten
werden. Regenwasser ver-
wenden. Standort im Som-
mer möglichst sonnig. Überwinterung als Kübelpflanze
hell und kühl, bei max. 10°C.
Verträgt ausgepflanzt mit
Wurzelschutz Frost bis -15°C.

Immergrüner Schirm-Bambus
Fargesia murielae

300–400

Großblättriger Bambus
Pseudosasa japonica

300–500

Palmblattbambus
Sasa palmata

100–150

Aussehen Wuchs horstig, dicht, keine Ausläufer bildend, Triebe leicht überhängend. Halme dünn, grün, gelb ausfärbend, dekorativ gefleckt, Spitzen bogig. Blätter klein, mittelgrün, Zweige rötlich.
Winterhärte -18 bis -28 °C
Ansprüche Benötigt einen ausreichend großen Kübel, um sich zu entwickeln. Kübel im Winter mit dämmenden Materialien umhüllen, um ein Durchfrieren des Wurzelballens zu verhindern. Alternativ an einem kühlen hellen Standort überwintern.
Sorten 'Harewood', Selektion aus Dänemark, aufrechter Wuchs, 3 m. 'Bimbo', kompakter Wuchs, nur 1,5 m hoch.

Aussehen Wuchs aufrecht, Spitzen überhängend, viele Ausläufer bildend. Halme grün, in der Sonne rötlich ausfärbend, die dekorativen hellen Halmscheiden fallen im 2. Jahr ab. Laub frischgrün, glänzend, groß.
Winterhärte -18 °C bis -27 °C, nach Schäden schnell wieder austreibend.
Ansprüche Benötigt einen auseichend großen Kübel, um sich zu entwickeln. Kübel im Winter mit dämmenden Materialien umhüllen, um ein Durchfrieren des Wurzelballens zu verhindern. Alternativ an einem kühlen hellen Standort überwintern. Standort windgeschützt, vor kalten Ostwinden und Wintersonne schützen.

Aussehen Wuchs flächig, stark, viele Ausläufer bildend. Halme grün, im Alter gelb. Blätter sattgrün, glänzend, groß bis 30 cm lang, fingerartig angeordnete Endblätter.
Winterhärte -18 °C bis -25 °C.
Ansprüche: Benötigt einen ausreichend großen Kübel, um sich zu entwickeln. Kübel im Winter mit dämmenden Materialien umhüllen, um ein Durchfrieren des Wurzelballens zu verhindern. Alternativ an einem kühlen hellen Standort überwintern.
Weitere Art Silberrand-Zwergbambus *(Sasa veitchii)*, 40–80 cm hoch, dicht, kompakt, viele Ausläufer bildend; Laub dunkelgrün, glänzend, mit hellen Blatträndern.

Arbeitskalender

Wenn die auf Balkon und Terrasse anfallenden Arbeiten zur rechten Zeit erledigt werden, hat man fast das ganze Jahr über üppige Blüten und gesunde Pflanzen. Die Monatszuordnung der Arbeiten in diesem Kalender dient als Anhaltspunkt und kann je nach regionaler Wetterentwicklung etwas variieren.

Januar/Februar

Allgemeine Arbeiten

❀ Jetzt ist genügend Zeit, sich Gedanken über die Bepflanzung im kommenden Frühjahr zu machen. Im Gartencenter finden Sie reichlich Auswahl an Saatgut.

❀ Schneeglöckchen können nach der Blüte geteilt und vermehrt werden.

❀ Decken Sie sich rechtzeitig mit dem gewünschten Saatgut ein, denn erfahrungsgemäß sind gerade die Neuheiten schnell vergriffen.

Aussaat

❀ Die ersten Sommerblumen werden an einem hellen, warmen Ort auf der Fensterbank ausgesät. Praktisch sind Mini-Gewächshäuser, in denen die Feuchtigkeit nicht so schnell verdunstet, sodass die Sämlinge ein optimales Kleinklima haben.

❀ Falls Sie noch Samen vom letzten Jahr besitzen, sollten Sie eine Keimprobe machen, um festzustellen, ob diese noch keimfähig sind. Schütten Sie dazu je 10–20 Körner auf ein feuchtes Küchenkrepp. Mindestens 50 % davon sollten in der angegebenen Zeit keimen, sonst ist es besser, frisches Saatgut zu kaufen.

❀ Für Kaltkeimer ist jetzt die optimale Aussaatzeit. Ihre Samen benötigen für eine erfolgreiche Keimung eine Kälteperiode. Beste Aussaatzeit ist von November bis Februar, zu der man in Saatschalen mit guter Erde aussät. Zuerst werden die Samen 2–4 Wochen im Zimmer bei 18–22 °C, anschließend an einem geschützten Platz (z. B. an der Hauswand) im Freien aufgestellt. Hier bleiben die Gefäße für mindestens 8 Wochen bei maximal 5 °C. Mit ansteigender Temperatur im Frühjahr setzt dann nach und nach die Keimung ein.

Balkonbepflanzung

❀ Im Februar erwachen die kühl überwinterten Geranien langsam wieder zum Leben. Schneiden Sie nun alle Triebe der Sommerblume auf zwei bis drei Blattknoten zurück. Danach treiben die Pflanzen von der Basis her neu aus und wachsen zu kompakter Form heran. Ende des Monats topft man sie in frische Erde und stellt sie wärmer und heller.

❀ Jedes Jahr kommen neue Sorten auf den Markt, und manchmal kann man auch ganz unbekannte Arten entdecken, die einen Versuch wert sind. Legen Sie sich eine Liste mit Ihren Favoriten an.

Pflege

❀ Kübelpflanzen und Knollen im Winterquartier regelmäßig kontrollieren und gleichmäßig feucht halten. Auf kühle Temperaturen achten, damit sie nicht vorzeitig austreiben.

❀ Sehen Sie regelmäßig nach Ihren Kübelpflanzen. Die winterharten Arten im Freien müssen bei frostfreiem Wetter regelmäßig gegossen werden.

März/April

Allgemeine Arbeiten

- Jetzt ist es an der Zeit, Lilienzwiebeln in die Erde zu bringen, ebenso können Sie Canna und Dahlien schon jetzt in Töpfe pflanzen. Sie blühen dann umso früher im Sommer.
- Die robusteren Kübelpflanzen zumindest tagsüber an geschützten Plätzen aufstellen, um sie langsam abzuhärten. Arten, die auch einige Minusgrade vertragen, werden bei drohendem Frost nachts mit einem leichten Vlies abgedeckt oder an die schützende Hauswand gerückt. Achten Sie aber darauf, dass die Pflanzen noch nicht zu stark austreiben.

Pflege

- Die Kübelpflanzen sollten nun einen Frühjahrsschnitt erhalten, soweit sie nicht schon im Herbst zurückgeschnitten wurden. Trockene oder von Pilzen befallene Triebe werden herausgeschnitten. Vor allem Fuchsien, Pelargonien und andere weichlaubige Pflanzen deshalb jetzt nochmals zurückschneiden.
- Empfindlichere Kübelpflanzen weiterhin kühl und luftig halten, damit sie nicht zu stark austreiben. Junge Triebe können Sie einkürzen, um eine gute Verzweigung zu erreichen, die für einen dichten buschigen Wuchs sorgt.
- Nach wie vor sollten Sie regelmäßig auf Schädlingsbefall kontrollieren.

Balkonbepflanzung

- Schneiden Sie Winter-Bohnenkraut, Salbei und Thymian so weit zurück, dass die Pflanzen aus dem alten Holz neu austreiben. Oregano wird direkt über dem Boden abgeschnitten.
- Um eine kompakte Wuchsform bei Geranien und Fuchsien zu erhalten, können die Triebe vorsichtig entspitzt werden.
- Regelmäßig auf Schädlingsbefall kontrollieren und mit geeigneten Maßnahmen bekämpfen.

Vermehrung

- Die meisten einjährigen Schling- und Kletterpflanzen müssen jetzt im Warmen vorgezogen werden, damit man sie nach den Eisheiligen auspflanzen kann. Legen Sie die Samen in ein humoses, lockeres Substrat, bedecken Sie die Saat nur dünn mit Erde und bringen Sie sie bei 18–20 °C zum Keimen.
- Empfindliche Sommerblumen für Kübel und Kästen werden bei entsprechender Witterung auf der Fensterbank, im Wintergarten, im Frühbeet oder im Folientunnel ausgesät und vorkultiviert.
- Auch jetzt ist noch Zeit, Sommerblumen auszusäen. Bei den nun höheren Temperaturen bietet sich dafür auch das Frühbeet an. Die Sämlinge der im Februar und März ausgesäten Pflanzen werden pikiert und bei entsprechender Größe einzeln in Töpfe gepflanzt.

Mai/Juni

Allgemeine Arbeiten

- Ab Anfang Mai können Kübelpflanzen ins Freie, die kurzen leichten Frost vertragen. Die empfindlicheren Arten sollten aber erst Mitte Mai ins Freie kommen. Stellen Sie sie aber nicht gleich in die volle Sonne, sonst besteht die Gefahr eines Sonnenbrandes. Stellen Sie die Pflanzen zunächst an einen halbschattigen Platz. Nach ein paar Tagen haben sie sich dann aber an die Sonne gewöhnt und können an ihren endgültigen Standort gestellt werden.
- Sommerblühende Zwiebel- und Knollenpflanzen Anfang/Mitte Mai setzen.
- Entfernen Sie Verblühtes und gießen Sie täglich, bei Bedarf auch morgens und abends.
- Machen Sie sich zeitig Gedanken über die Versorgung Ihrer Pflanzen in der Urlaubszeit. Haben Sie zuverlässige Nachbarn oder lohnt sich die Anschaffung einer automatischen Bewässerung?
- Ende Juni (Johanni) ist der ideale Zeitpunkt für den Schnitt von Formgehölzen wie Buchsbaum. Sie treiben danach noch einmal richtig durch.

Pflege

- Kübelpflanzen ausreichend düngen und wässern, um zügiges Wachstum und eine reiche Blüte anzuregen. Regelmäßig auf Schädlinge untersuchen und bei Bedarf mit umweltverträglichen Mitteln spritzen.
- Neu eingepflanzte Balkonblumen brauchen in den ersten 3–4 Wochen nicht gedüngt werden. Der Nährstoffvorrat im Substrat reicht so lange aus. Danach am besten alle 1–2 Wochen mit Flüssigdünger versorgen.
- Beachten Sie, dass Kübelpflanzen in Ton- und Terracottakübeln mehr Wasser benötigen, da ein Teil durch die poröse Oberfläche verdunstet. Kontrollieren Sie die Pflanzen regelmäßig auf Schädlinge wie Blattläuse und Weiße Fliege, da diese besonders die noch weichen jungen Triebe befallen. Nützlingsschonende Präparate für eine Behandlung erhalten Sie im Fachhandel.

Balkonbepflanzung

- Nach den Eisheiligen können Balkonkästen bepflanzt werden. Es kann allerdings sein, dass die besten Exemplare Mitte Mai schon ausverkauft sind. Decken Sie sich daher schon Anfang Mai ein und stellen Sie diese solange an einen geschützten Platz.
- Kamelien kommen ab Mai im Freien an einen geschützten halbschattigen Platz.
- Starkwüchsige Triebe von Balkonblumen einkürzen, damit sich die Pflanzen gut

verzweigen. Regelmäßiges Düngen mit Flüssigdünger (wird besonders schnell aufgenommen), sorgt für eine lange üppige Blüte. Gießen Sie täglich, bei heißem Wetter auch morgens und abends.
- Verblühtes regelmäßig entfernen, damit die Samenbildung verhindert wird, denn sie geht zu Lasten neuer Blüten. So wird die Blütezeit verlängert.

Juli/August

Allgemeine Arbeiten

❀ Halbstrauchige Kräuter wie Lavendel, Rosmarin und Berg-Bohnenkraut lassen sich leicht durch Stecklinge aus den einjährigen Trieben vermehren.

❀ Kübelpflanzen werden noch bis Mitte August regelmäßig gedüngt. Danach sollten Sie die Düngergaben aber einstellen, um eine Ausreifung der Triebe bis zum Herbst zu erreichen.

Pflege

❀ Stellen Sie Fuchsien in den Schatten, denn sonst blühen sie erst spät im Sommer.

❀ Bei den Rosen Verblühtes regelmäßig entfernen, um eine erneute Blütenbildung anzuregen. Am besten schneiden Sie die Triebe etwa 10 cm unter der untersten Blüte ab. Sparsame Gaben an Volldünger helfen den Rosen, kräftig weiterzublühen.

❀ Kontrollieren Sie sowohl Sommerblumen als auch Kübelpflanzen regelmäßig auf Schädlingsbefall. Gegen die besonders in der Sommerhitze stark auftretende Weiße Fliege helfen an den Pflanzen angebrachte Gelbtafeln.

❀ Besonders bei Hitze immer wieder auf Schädlinge kontrollieren und schon bei leichtem Befall nützlingsschonende Mittel zur Bekämpfung einsetzen.

Vermehrung

❀ Nach wie vor können Sie Zweijährige, die im nächsten Frühjahr blühen sollen, aussäen.

❀ Auch Salat kann bis Ende des Monats noch ausgesät werden, um ihn im Herbst zu ernten.

❀ Kübelpflanzen und mehrjährige Balkonblumen werden am besten Anfang August durch Stecklinge vermehrt. Besonders bei Geranien lohnt sich das, denn so können Sie besonders schöne Sorten als Jungpflanzen überwintern, die wesentlich weniger Platz wegnehmen als die im Herbst doch recht groß gewachsenen Mutterpflanzen.

❀ Die Sämlinge der Zweijährigen werden jetzt pikiert und in Töpfe vereinzelt, in denen sie bis zum zeitigen Frühjahr bleiben.

Balkonbepflanzung

❀ Bei regelmäßiger Düngung und guter Wasserversorgung blühen die meisten Pflanzen nach wie vor üppig. Ab Ende August können die ersten Kästen für den Herbst bepflanzt werden, zum Beispiel mit schönen Blattschmuckpflanzen, Gräsern und natürlich Herbstblühern wie Heidekraut und Chrysanthemen.

September/Oktober

Allgemeine Arbeiten

- Die meisten Kübelpflanzen bleiben noch an ihrem Platz, ihnen machen die ersten tieferen Nachttemperaturen nichts aus. Nur besonders empfindliche Kübelpflanzen aus tropischen Gebieten sollten bereits jetzt in ein helles, kühles Winterquartier gebracht werden. Vorher unbedingt auf Schädlinge und Krankheiten untersuchen!
- Die Sommerblüher unter den Knollen und Zwiebeln werden nach dem ersten Frost aus der Erde genommen. Graben Sie Dahlien, Canna und Co. aus, schneiden Sie alles Laub bis auf ca. 5 cm ab und legen Sie sie zum Trocknen aus. Danach kommen sie mit etwas Torfmull oder Sand in Kisten und werden kühl und trocken im Keller gelagert. Schildchen nicht vergessen, damit Sie im nächsten Frühjahr noch wissen, wo welche Sorte liegt.

Pflege

- Achten Sie auf Schädlingsbefall und entfernen Sie regelmäßig alles Verblühte.
- Ab Ende Oktober wird es auch Zeit, die robusteren Kübelpflanzen ins Winterquartier zu bringen, da mit den ersten Nachtfrösten zu rechnen ist.
- Schneiden Sie Exemplare, die im Laufe des Sommers zu ausladend geworden sind, vorsichtig zurück und untersuchen Sie alle Pflanzen auf Schädlingsbefall, bevor Sie sie einräumen.

Vermehrung

- Im Hochsommer geschnittene Stecklinge sind inzwischen zu kräftigen Jungpflanzen herangewachsen und können in ausreichend großen Töpfen noch eine Weile im Freien bleiben.
- Im Sommer gesäte Zweijährige werden an ihren endgültigen Platz gepflanzt und blühen je nach Art im kommenden Frühling oder Frühsommer.

Balkonbepflanzung

- Sommerblumen bauen allmählich ab und können entfernt werden, falls Sie nicht für das nächste Jahr Saatgut ernten möchten.
- Zweijahresblumen wie Goldlack, die im Mai und Juni ausgesät wurden, können Sie jetzt an ihren endgültigen Standplatz pflanzen. Stiefmütterchen und Vergissmeinnicht sind die klassischen Begleiter für Zwiebelblumen, auch in Kübeln.
- Die klassischen Balkonblumen wie Geranien und Petunien lassen nun in ihrer Blühleistung nach und können entfernt werden.
- Balkonkästen und Töpfe werden wieder attraktiv, wenn Sie sie mit herbstblühenden Stauden, Blattschmuckpflanzen und Gräsern bepflanzen. Zwiebelblumen für den nächsten Frühling werden gleich mit integriert.

November/Dezember

Allgemeine Arbeiten

- Reste kranker Pflanzen sollten entsorgt werden, soweit eine Kompostierung die Überwinterungsform der Krankheit nicht abtötet, um einem Neubefall vorzubeugen.
- Töpfe und Kübel, die Sie mit frühlingsblühenden Blumenzwiebeln bepflanzt haben, bei frostfreiem Wetter gelegentlich gießen. Die bepflanzten Töpfe stehen den Winter über am besten an einer geschützten Stelle an der Hauswand oder auch in der ungeheizten Garage.
- Mithilfe eines Futterhauses lassen sich im Winter vom warmen Zimmer aus viele Vögel aus der Nähe betrachten. Um den Vögeln wirklich etwas Gutes zu tun, sollten Sie nur artgerechtes Futter anbieten. Neben handelsüblichem Trockenfutter eignet sich auch frisches Obst für die Fütterung. Futterhäuser müssen regelmäßig gereinigt werden, um Infektionen bei den Vögeln zu vermeiden.
- Da im Winter wenig Gartenarbeiten anfallen, ist endlich Zeit für die Wartung von Scheren und anderen Geräten.
- Flach liegende Wasserleitungen und Rohre sollten vor starken Frösten leergelaufen sein. Verbleibt das Wasser in den Leitungen, besteht die Gefahr, dass sie bei starken Frösten platzen.

Pflege

- Kübelpflanzen, die sich bereits im Winterquartier befinden, regelmäßig auf Schädlingsbefall und Krankheiten kontrollieren. Befallene Pflanzenteile sofort entfernen und vernichten, um eine Ansteckung der anderen Pflanzen zu vermeiden. Regelmäßig, aber sparsam gießen. Auch eingelagerte Dahlienknollen sollten Sie regelmäßig auf Pilzbefall untersuchen und befallene Exemplare umgehend entsorgen.

Balkonbepflanzung

- Immergrüne Zwerggehölze, Heidekraut und winterharte Alpenveilchen (*Cyclamen*, z. B. *Cyclamen hederifolium*) sorgen für Farbe in Töpfen und Balkonkästen. Als Partner für Alpenveilchen eignen sich Efeu, schwächer wachsende Gräser und auch Freilandfarne. Besonders schön ist die Kombination mit graulaubigen Helichrysum-Arten, da deren Blattfarbe mit der hellen Zeichnung der Blätter korrespondiert.
- Die meisten Steingarten- und Polsterstauden, viele von ihnen sind zudem noch halb immergrün, leiden weniger unter tiefen Temperaturen als unter anhaltenden Niederschlägen, aber auch unter warmen Wintertagen mit anschließenden Spätfrösten. Sie werden am besten durch eine lockere Auflage Nadelreisig geschützt. Sie können auch eine trockene Laubschüttung auf die Pflanzen geben und diese durch festgestecktes Reisig fixieren.
- Immergrüner Bambus wird an exponierten Standorten am besten durch Bastmatten geschützt, die um die Horste herum gestellt werden. Kalte Winde und starke Wintersonne setzen den empfindlicheren Arten sonst zu sehr zu und es besteht die Gefahr von Trockenschäden.

Pflanzenschnitt

Peter Himmelhuber

Basiswissen

Wildsträucher und -bäume brauchen nicht geschnitten zu werden, bei Gartenpflanzen kann die Form jedoch durch die Schere vorgegeben werden.

Blütenpflanzen erfreuen mit üppigerem Flor, und Obstgehölze bringen durch den richtigen Schnitt einen höheren Ertrag.

Wachstumsgesetze

Um zu verstehen, warum, wann und wie geschnitten wird, ist es wichtig, die Mechanismen des Wachstums zu verstehen.

Anschaulich lässt sich das Wachstum von Pflanzen auf der Fensterbank beobachten. Nach der Aussaat von Samen beginnen diese, in der Erde zu keimen, und bringen zunächst Wurzeln und dann ihre Keimblätter hervor. Danach treiben die ersten richtigen Blätter. Angeregt von der Wärme strecken

Rosskastanien bringen aus dicken Terminalknospen kräftige Triebe mit aufrechten Blütenrispen hervor.

sich die Sämlinge zum Licht und werden zunehmend größer und kräftiger. Das weitere Wachstum richtet sich nach der Versorgung mit Wasser und Nährstoffen. Genauso entwickeln sich Pflanzen im Garten und in der Natur. Mithilfe von Sonnenlicht und Wasser wandeln die Blätter das Kohlendioxid aus der Luft in Sauerstoff um und bilden dabei Zucker, den sie in Form von Stärke und Lignin in den Zellen einlagern. Auf diese Weise entstehen die holzigen Zweige und Stämme beziehungsweise bei krautigen Pflanzen die Stängel. Diese sogenannte Assimilation ist wesentlich vom Wetter abhängig. Im Winter ruht das Wachstum in den nördlichen Ländern der Erde, weil das Licht zu gering ist und die Temperaturen zu niedrig sind.

Das Wachstum ist außerdem vom Standort abhängig. Auf felsigem Boden in hohen Lagen wachsen die Pflanzen wesentlich langsamer als auf nährstoffreichen Böden im Flachland. Ähnlich verhält es sich bei Bonsais in Schalen mit wenig Substrat im Vergleich zu Gehölzen in tiefgründigem Gartenboden.

Triebe und Knospen

Gehölze   Bäume und Sträucher bringen ihren Zuwachs aus den Knospen an der Seite oder Spitze der Triebe hervor und entwickeln sich von Jahr zu Jahr weiter. Dazu öffnen sie im Frühjahr ihre Triebknospen und schieben daraus je nach Art mehr oder weniger lange Triebe. Das Hauptwachstum ist bei den meisten Arten bereits Ende Juni mit dem sogenannten Johannitrieb abgeschlossen. Dies ist auch der Grund dafür, dass der Heckenschnitt am besten Ende Juni erfolgt. Danach bleibt die Hecke recht gut in Form.

Gehölze vermehren sich durch eine Fülle an Sämlingen, wie etwa Buchen, die im Frühjahr keimen.

Gräser schieben je nach Art mehr oder weniger lange Halme ans Licht und bilden Büschel.

Gräser   Anders als Bäume und Sträucher verhalten sich Gräser. Sie entwickeln sich nicht aus Triebknospen weiter, sondern sie wachsen, indem sich ihre Halme aus einer Wachstumsbasis am Halmgrund strecken. Deutlich sichtbar wird der Unterschied, wenn man einen Nagel in 1 m Höhe in einen Baumstamm schlägt. Dieser bleibt auch nach Jahren noch auf derselben Höhe. Bei einem Bambus, der zu den Gräsern gehört, verändert sich die Position. Der Nagel wächst mit dem Halm immer weiter nach oben.

Bedeutung für den Schnitt   Das Wachstumsverhalten hat auch eine praktische Auswirkung. Sie ist etwa bei der Kronenbildung zu beachten. Bei einem Baum mit einer Stammhöhe von 1,80 m und entsprechender Kronenhöhe bleiben die untersten Äste immer in dieser Höhe. Der Zuwachs erfolgt jeweils aus den Terminalknospen. Das sind die Knospen, die an den Trieben-

den sitzen. Pro Jahr kann der Zuwachs bei gesunden jungen Exemplaren starkwüchsiger Arten wie der Esche oder dem Nussbaum meterlang sein. Bei schwach wachsenden Gehölzen schließen die Jahrestriebe bereits nach wenigen Zentimetern Länge ab, so etwa bei Zwergkiefern, Zwergweiden oder Bonsaibäumchen.

Anders als ein Grashalm, der nach dem Abschneiden (z. B. beim Rasenmähen) weiterwächst, in dem er sich durch Zellteilung streckt, kann sich ein Ast nach dem Rückschnitt nicht mehr weiter entwickeln. Der Stummel bleibt erhalten und wird mit der Zeit dürr, wenn er keine austriebsfähigen Seitenknospen hat. Deshalb vermeidet man Stummel oder Zapfen beim Schnitt.

Das weitere Wachstum kann nur aus einer austriebfähigen Knospe erfolgen, weshalb immer „auf Auge" oder einen weiter unten am Ast oder Zweig sitzenden Seitentrieb geschnitten wird.

Kirschbäume haben zunächst ein glänzende Rinde. Erst später bilden sie ein raue Borke.

Es dauert Jahre, bis das Wundholz eine große Verletzung überwallt.

Rinde

Gehölze erhalten im Gegensatz zu Stauden und Gräsern ihre oberirdischen Pflanzenteile auch in der Winterzeit. Die sommergrünen Arten verlieren zwar im Herbst ihre Blätter und auch die immergrünen behalten ihre Blätter oder Nadeln, sie wachsen aber im Winter nicht weiter. Dennoch vollziehen sich sowohl bei sommergrünen, als auch immergrünen Gehölzen wichtige Lebensvorgänge unter der Rinde und im Wurzelwerk. Sie lagern den Zucker in Form von Stärke als Nährstoffvorrat in den Wurzeln ein. Der Saftfluss ist deshalb auch im Winter aktiv – zwar geringer als im Frühjahr, aber dennoch werden Korkzellen in den Leitungsbahnen unter der Rinde an Verletzungsstellen transportiert.

Rindenrisse vermeiden   Bäume und Sträucher können mithilfe teilungsfähiger Zellen im Bastgewebe unter der Rinde Verletzungen am Stamm oder an den Zweigen abschotten. Dennoch sind solche Beschädigungen etwa durch den Rasenmäher oder Rindenrisse durch den Frost zu verhindern. Wunden am Stamm brauchen sehr lange, bis sie völlig „geheilt" oder besser gesagt abgeschottet sind. Während des langwierigen Prozesses dringen häufig schädliche Pilzsporen ein, die das ungeschützte Holz unter der Rinde angreifen und zersetzen. Zudem macht Nässe oder ständige Feuchtigkeit den betroffenen Gehölzpartien zu schaffen. Gefährdet sind vor allem junge Bäume, die noch keine raue Borke gebildet haben. Durch die Wechselwirkung von Nachtfrost im Winter und die

Sonneneinstrahlung an sonnigen Tagen hält die sonst elastische Rinde die Spannungen nicht mehr aus und reißt besonders an der Südseite von oben bis unten auf. In den ersten Jahren nach der Pflanzung sollten die Bäume vorsorglich einen Rindenschutz mit Jute, Schilfrohrmatten oder ähnlichen schützenden Materialien erhalten. Zu beachten ist, dass der Schutz rechtzeitig gelockert oder entfernt wird, wenn die Stämme dicker werden.

Dickenwachstum

Bäume und Sträucher schotten im Herbst die Bruchstellen der Blätter mit Korkzellen ab. Gleichermaßen bilden sie in der Rinde Korkzellen zur Verstärkung ihrer Borke am Stamm und an den Zweigen. Nach innen legen sie Holzzellen an. Das Dickenwachstum vollzieht sich auch im Winter weiter, zwar unmerklich, aber doch permanent. Die Zellteilung erfolgt in einer dünnen Gewebeschicht, die den Stamm bzw. die Zweige ummantelt. Nur in diesem Bastteil direkt unter der Borke verlaufen die Saftbahnen. Der Holzkern im Inneren ist bereits abgestorben. Der Bast darf keinesfalls beschädigt werden. Einschnürungen etwa durch vergessene Baumbänder oder durch Verbissschäden hungriger Kaninchen haben das Absterben des ganzen Baumes zur Folge.

Astringe

Deutlich sichtbar wird die Aktivität der Gehölze etwa an Schnittstellen am Stamm. Direkt an der Austriebsstelle eines Zweiges sind vermehrt teilungsfähige Zellen angelegt. Sie sind dafür zuständig, eine natürliche Bruchstelle oder auch eine Schnittstelle unverzüglich abzuschotten. Bei manchen Baumarten ist dieses teilungsfähige Gewebe an einem sogenannten Astring erkennbar, der

Besonders Ahorne sind empfindlich für Rindenrisse an der Südseite, wenn die Wintersonne den Stamm erwärmt und die saftführenden Bahnen nachts bei Frost aufplatzen.

den Zweig direkt am Stamm umgibt. Dieser Astring gibt beim Abtrennen eines Zweiges die Schnittstelle vor. Der Zweig wird unmittelbar am Astring abgesägt oder abgeschnitten. Er darf dabei weder beschädigt werden, noch darf ein Stummel stehen bleiben. Nur wenn der Schnitt glatt am Astring erfolgt, kann die Schnittstelle zügig mit Wundgewebe überwallt werden. Diese sogenannte Abschottung dauert je nach Durchmesser wenige Wochen, etwa wenn ein junger Trieb in der Wachstumsphase im Frühjahr abgetrennt wird oder mehrere Jahre nach dem Absägen eines dicken Astes beim Winterschnitt. Bei solchen Eingriffen ist das Ausschlenzen zu verhindern.

Lang- und Kurztriebe

Das Wachstum der meisten Gehölze erfolgt im Frühjahr aus den Knospen, die bereits im letzten Sommer ausgebildet wurden. Schon im Spätsommer ist bei Obstgehölzen erkennbar, ob sich aus den Knospen Blüten oder Triebe entwickeln. Typische Blütenknospen sind dick und rund. Triebknospen sind dagegen lang und schmal. Sie sitzen in den Blattachseln. Beim Flieder weist die Farbe der dicken Blütenknospen bereits auf die Farbe der Blüten hin. Gelbe Knospen blühen weiß auf, blaue Knospen bringen blaue Blüten hervor. Bei der Rosskastanie entfalten sich im Frühjahr aus den klebrigen dicken Terminalknospen kräftige Triebe und Blütenstände. Es sind also kombinierte Knospen mit Blüten- und Triebanlagen. Ebenso ist es mit den typischen dicken schwarzen Terminalknospen der Esche. Unterschiede gibt es beim Obst auch innerhalb der Sorten. So bilden z. B. Bäume der Birne 'Williams Christ' straff aufrechte Blatttriebe und kurzes Fruchtholz. Dagegen sind für die 'Alexander Lukas' bogenförmig gedrehte Blatttriebe typisch. Das Fruchtholz ist mittellang. Beim naturnahen Schnitt sind solche Eigenheiten der

Nach dem Schnitt über einer Knospe bringt diese einen kräftigen Triebe hervor.

Sorten zu beachten. Fruchtholz wird grundsätzlich nicht angeschnitten. Es ist an den dicken Knospen erkennbar, die an quirligen, verhältnismäßig kurzen Trieben sitzen. Nur die langen Blatttriebe erhalten den regelmäßigen Schnitt. Falls nötig wird das Fruchtholz stellenweise ganz entfernt, wenn es vergreist oder zu eng steht.

Vorjährige Triebe

Unterschiede gibt es auch hinsichtlich der Blütezeit. So bilden alle früh blühenden Gehölze, wie Apfel, Birne, Kirsche, Zierkirschen und die vielen anderen, ihre Blütenknospen bereits im Vorjahr aus. Dem Schnitt im Winter, der insbesondere beim Obst zur Erhaltung schöner lichter Kronen nötig ist, fallen etliche Blüten zum Opfer. Allerdings bleiben noch genügend Blütentriebe erhalten, die dann besser vom Baum versorgt werden und größere Früchte entwickeln. Bei früh blühenden Ziergehölzen, die ihre Blütenknospen schon im Vorjahr gebildet haben, sollte der Schnitt erst nach der Blütezeit erfolgen. Andernfalls gehen die Blütenzweige unnötig verloren. Das gilt etwa für Ziermandelbäumchen, Forsythien, Zierjohannisbeeren und dergleichen. Auch bei diesen Arten sind die Blütenknospen eindeutig an der dicken, runden Form erkennbar. Neben den ausgeprägten Blüten und Blattknospen sind die Gehölze mit unscheinbaren Triebknospen ausgestattet. Sie sitzen am Stamm oder an den Zweigen und werden nur dann zum Austreiben angeregt, wenn beispielsweise Zweige abbrechen und keine Triebknospen mehr vorhanden sind. Diese sogenannten schlafenden Augen sind sozusagen Notknospen. Durch sie können sich Weiden, Haseln und andere Arten wieder verjüngen, die „auf den Stock gesetzt" wurden, das heißt, die einen radikalen Rückschnitt bis auf kurze Stummel erhalten haben.

Die Blütenrispen bilden sich beim Sommerflieder an den einjährigen, im laufenden Jahr gewachsenen Trieben. Daher wird im zeitigen Frühjahr zurückgeschnitten.

Beim Apfel sitzen die Fruchtknospen am vorjährigen Holz, den sogenannten Fruchtspießen. Werden diese beim Schnitt entfernt, bleiben Blüten und Früchte aus.

Einjährige Triebe

Im Gegensatz zu den Frühblühern entfalten die Sommerblüher ihre Blüten aus den Knospen, die sie an den jungen Trieben bilden. Das heißt, sie treiben im Frühjahr aus und legen dann an den frischen Trieben ihre Blütenknospen an. Das gilt für Edelrosen, Sommerflieder, Bartblumen und andere Arten. Solche Sträucher nehmen im Winter einen starken Rückschnitt hin und bilden dann bis zur Blütezeit besonders kräftige Triebe. Beim Schnitt ist wiederum auf die Knospen zu achten. Jeder Zweig wird direkt über einer Knospe abgetrennt. Durch diesen „Schnitt auf Augen" lässt sich der Wuchs steuern. Beim Schnitt über einer nach außen weisenden Knospe bringt diese einen nach außen wachsenden Trieb hervor. Beim Abschneiden darf kein Stummel stehen bleiben. Dieser würde sonst vertrocknen und für schädliche

Pilzsporen eine Angriffsstelle bilden. Der Schnitt darf aber auch nicht zu knapp an der Knospe erfolgen, um eine Beschädigung zu vermeiden. Nur bei Weinreben erfolgt der Schnitt nicht knapp über einer Knospe, sondern jeweils zwischen zwei Knospen. Bei einem zu knappen Schnitt kann es sein, dass die Knospe vertrocknet. Wie die Edelrosen oder der Sommerflieder gehört der Wein zu den Gehölzen, die ihre Blüten erst an den jungen Trieben bilden. Das heißt, selbst ein Rückschnitt der langen Weinreben bis auf wenige Knospen geht nicht auf Kosten der Früchte. Vielmehr bringt der Weinstock dann besonders kräftige junge Triebe hervor, die reichlich blühen und fruchten. Nur ins alte Holz dürfen Weinreben nicht geschnitten werden. Sie treiben zwar auch dann wieder aus schlafenden Augen aus, die versteckt in Rindenritzen sitzen. Allerdings sind diese Triebe nicht blühfähig!

Werkzeuge & Hilfsmittel

Eine gute Astschere, eine Baumsäge und ein scharfes Messer sind für den Pflanzenschnitt rund ums Jahr immer wieder nötig.

Scheren

Gartenschere Die Gartenschere – es gibt Backenscheren und Ambossscheren – sollte ein auswechselbares Blatt haben. Eine Backenschere lässt sich beim Schnitt von Zweigen besser handhaben. Sie macht einen glatten Schnitt direkt am Astring möglich. Bei Ambossscheren gleitet die Klinge nicht an einem Backen vorbei, sondern trifft auf einem Metallblock auf. Dadurch ist ein glatter Schnitt direkt an der Austriebsstelle eines Zweiges nicht möglich. Beim Kauf sollten verschiedene Scheren getestet werden.

Es lohnt sich, eine hochwertige Markenschere zu kaufen, die gut in der Hand liegt und auch dicke Zweige schafft. Eine gute Schere ist eine Anschaffung fürs Leben, zumal auch nach Jahren noch Ersatzteile zu bekommen sind. Eine Schere, die nicht richtig funktioniert, erschwert die Schneidarbeit und verursacht schlecht heilende Schnittwunden. Wer viel zu schneiden hat, sollte eine Schere mit Rollgriff wählen oder eine mit Übersetzung. Solche Sonderanfertigungen ersparen viel Kraft. Auch sie sollten ausprobiert werden, weil nicht jeder damit zurechtkommt. Einige Hersteller bieten Modelle für Linkshänder an, die meist jedoch etwas teurer sind, sowie leichte Scheren für Frauen. Zur Schere gehört eine passende Tasche, die sich am Hosengurt befestigen lässt. Dadurch hindert sie nicht beim Klettern und ist jederzeit griffbereit.

Eine Backenschere lässt sich direkt an der Austriebsstelle ansetzen.

Eine Klappsäge ist gut zu handhaben und ermöglicht einen Schnitt am Astring.

Mit den langen Holme einer Astschere sind Zweige im Strauchinneren erreichbar.

Eine elektrische Heckenschere erleichtert die Pflege von Formschnittgehölzen.

Astschere   Neben der Gartenschere sollte eine Astschere mit langen Holmen zum Geräte-Sortiment gehören. Sie erleichtert den Auslichtungsschnitt von Sträuchern und dornigen Ästen.

Sägen

Weiterhin wird eine Baumsäge gebraucht, um dicke Äste abzutrennen. Sie sollte ein verstellbares Blatt haben, damit sich störende Äste immer glatt am Stamm beziehungsweise an der Austriebsstelle absägen lassen. Neben speziellen Bügelsägen für den Baumschnitt haben sich auch Klappsägen mit schmalem Edelstahlblatt bewährt. Auch damit ist ein glatter Schnitt am Astring möglich, zumal sie keinen störenden Bügel haben. Neben der Grundausstattung kann noch eine Teleskopschere oder -säge nützlich sein, um in hohe Kronen zu gelangen. Manche Hersteller bieten kombinierbare Geräte mit Wechselstiel an, die sowohl mit Säge als auch mit einer Schere ausrüstbar sind. Allerdings erfordert die Handhabung des Seilzugs einige Übung, zumal er sich leicht in den

Zweigen verfängt. Außerdem sind mit solchen Geräten keine exakten Schnitte möglich. Oft schlenzen die abgetrennten Zweige aus, weil keine haltende Hand zur Verfügung steht. Der Einsatz ist vor allem dort sinnvoll, wo das Platzieren einer Leiter oder das Klettern in der Krone schlecht möglich ist. Mittlerweile werden auch kleine Kettensägen für die Baumpflege angeboten. Das Arbeiten mit diesen Motorgeräten in der Krone bleibt ausgebildeten Baumkletterern vorbehalten.

Gärtnermesser

Ein gutes Gärtnermesser wird zum Stecklingeschneiden, zur Gehölzpflege, zum Veredeln und für viele andere Schneidarbeiten gebraucht. Ein solches Messer hat eine klappbare Edelstahlklinge. Je nach Bedarf sind auch spezielle Messer erhältlich wie ein Okuliermesser zum Veredeln oder eine Schwunghippe für die Nachbehandlung von Sägewunden. Zum Schärfen der Schere braucht man einen rauen Schleifstein, für das Messer einen feinen Stein und einen Lederriemen zum Abziehen der Klinge.

Eine kleine Holzstehleiter macht die Kronen-
pflege von Buschbäumen möglich.

Mit einer ausziehbaren Anlageleiter sind
auch die Gipfeltriebe erreichbar.

Leitern

Für die Pflege hoher Bäume ist eine Leiter
nötig, die leicht und gut transportabel sein
und bis in die Kronen der höchsten Bäume
im Garten reichen muss.

Stehleiter   Der Handel bietet einfache
Stehleitern aus Holz oder Metall für den
Haushalt und solide Modelle, die auch der
Gartenarbeit standhalten. Die Haushaltslei-
tern sind für die Gartenarbeit nur bedingt
tauglich, da sie wie die Staffeleien zu leicht
in den Boden einsinken. Solide Stehleitern
aus jeweils zwei gleichlangen Leiterteilen, die
oben mit einem Gelenk verbunden und in der
Mitte mit einer Kette oder mit einer Schnur
vor dem Auseinanderklappen gesichert sind,
helfen z. B. bei der Pflege und bei der Ernte
von Buschbäumen, beim Heckenschnitt und
bei vielen anderen Haus- und Gartenarbeiten. Einige Modelle dieses Typs sind auch
wandelbar. Man kann sie sowohl als Stehleitern oder – wenn sie ausgezogen sind – als
Anlegeleitern nutzen. Mit einer ausziehbaren
Stehleiter erreicht man eine Arbeitshöhe von
etwa 3,50 m. Es gibt auch dreiteilige Modelle. Damit lässt sich der Aktionsradius um
etwa 1,50 m nach oben erweitern, wenn sie
als Anlegeleiter genutzt wird. Das dritte Lei-
terteil kann auch ausgefahren werden, wenn
sie als Stehleiter dient.

Anlegeleiter   Anlegeleitern werden in
verschiedenen Ausführungen und Größen
angeboten. Auch bei einer Entscheidung für
eine Leiter dieses Typs ist auf eine solide
Bauart zu achten. Weiterhin ist wichtig, dass
die Leiter lang genug ist, um alle Bäume und
andere Arbeitsplätze zu erreichen. Wegen
der einfachen Handhabung und wegen der
Wetterfestigkeit ist eine ausziehbare Aluleiter
zu empfehlen. Im Handel sind auch Teles-
kopleitern erhältlich, die sich durch ein ge-
ringes Gewicht, eine hohe Belastbarkeit und
eine geringe Größe auszeichnen, wenn sie
zusammengeschoben sind. Eine Anlegeleiter
mit nur einem Holm lässt sich einfacher in
den Baumkronen handhaben. Die Tiroler
Steigtanne besteht aus vielen Einzelelemen-
ten und ist bis zu einer Länge von fast 6 m
erweiterungsfähig.

Mehrzweckleiter Ideale Steighilfen für alle möglichen Arbeiten am Haus und im Garten sind Universal- oder Mehrzweckleitern. Sie sind sowohl als Anlege- als auch als Stehleitern einsetzbar. Diese Modelle mit Klappmechanismus kann man sogar als Arbeitsbühnen oder als Böcke nutzen. Damit lassen sich z. B. Wandspaliere leicht pflegen oder Renovierungsarbeiten am Haus ohne ständiges Auf- und Absteigen erledigen. Außerdem ermöglichen sie das Arbeiten auf Treppen oder am Hang. Mehrzweckleitern passen in jeden Kofferraum, wenn sie zusammengeklappt sind. Es gibt sie in verschiedenen Ausführungen.

Steighilfen

Im Obstbau werden oft spezielle Metallschlitten zur Ernte und zur Pflege genutzt. Diese Steighilfen bestehen aus verschweißten Stahlrohren, die eine Holzplattform tragen. Ihre Schlittenform macht sie beweglich. Man kann sie leicht von einem Arbeitsplatz zum anderen ziehen, wo sie dann eine stabile Unterlage bieten. Diese nützlichen Böcke kann man von einem Schlosser bauen lassen. Gelegentlich sind sie auch gebraucht von Obstbauern zu bekommen.

Hebebühne Mietzentralen bieten fahrbare Hebebühnen an, die entweder per Pkw mit Anhängerkupplung transportiert werden oder selbstfahrend sind (siehe Branchen-Telefonbuch). Der Einsatz kann zweckmäßig sein, wenn z. B. ein hoher Baum einen Pflegeschnitt braucht oder gefällt werden muss. Die bewegliche Plattform mit Metallgeländer macht sicheres Arbeiten bis in 20 m Höhe möglich. Allerdings erfordert das Rangieren eine gründliche Einweisung und eine vorschriftsmäßige Platzierung. Im Zweifelsfall ist es besser (und oft auch günstiger), solche Arbeiten einem Profi zu überlassen.

KOSMOS

TIPP

Beim Leiterkauf beachten:
- Wetterfestes Material
- Stabile rutschsichere Sprossen
- Griffiges Holmprofil
- Feste Holm-Sprossen-Verbindungen ohne scharfe Kanten
- Solide Gummischuhe
- Ausklappbare Standbeine
- Leichtgängiger Klappmechanismus
- Sicherungsbügel bei Schiebeleitern
- Sicherungskette oder -schnur
- Prüfsiegel
- 5 Jahre Garantie

Verschiedenes

Zum Stäben krummer Gipfel und zum Abspreizen steiler Triebe eignen sich sehr gut Tonkinstäbe (Bambusstäbe). Ein kleines Sortiment davon und Bast zum Binden sollte immer zur Verfügung stehen. Zum Abspreizen und Stäben gibt es im Fachhandel auch spezielle Hilfsmittel, beispielsweise sogenannte Baumerziehungsklammern, die sehr praktisch und zuverlässig sind und weniger stören als Stäbe oder Gehänge aus Säckchen mit Steinen und dergleichen. Für den Schutz der Stämme, der gewöhnlich während des Winterschnitts angebracht wird, bietet sich Kalkmilch oder ein handelsüblicher Weißanstrich für Obstbäume an. Falls nötig, muss die lose Borke bei alten Bäumen vorher abgelöst werden. Dazu eignet sich eine Stahlbürste, die gewöhnlich in jedem Haushalt vorhanden ist, oder ein spezieller Rindenschaber. Zum Pfählen und Stützen junger Bäume in der Anwachsphase werden noch Baumpfähle und Kokosstrick gebraucht. Die kesseldruckimprägnierten Pfähle und den Naturfaserstrick gibt es in einer Baumschule oder in Gartenmärkten.

Schnittpraxis

Das Wissen um grundlegende Schnitt-techniken erleichtert die Arbeit im Gar-ten enorm, da sie generell für fast alle Gehölze gelten.

Einmaleins des Schnitts

Schnittführung Jeder Eingriff ins Ge-äst eines Baumes oder Zweigwerk eines Strauchs sollte so erfolgen, dass er den kleinstmöglichen Schaden verursacht. Der Schnitt ist grundsätzlich eine Beschädigung der Äste oder Zweige. Je geringer der Eingriff ist, umso weniger Kraft braucht das Gehölz zur Heilung dieses Schadens oder besser gesagt, zur Abschottung der Wunden. Eine Heilung erfolgt im Prinzip nicht. Nach dem Rückschnitt etwa eines Asts bleibt diese Wunde auf Lebenszeit erhalten. Sie wird zwar vom Wundgewebe überwallt, unter diesem sogenannten Kallus ist die Beschädigung aber ständig vorhanden. So wird auch der Wert von Holz für Furniere oder Möbel nach solchen Schadstellen bemessen. Sie

sollten möglichst gering sein. Die Bäume und Sträucher im Garten werden natürlich nicht als Holzlieferanten betrachtet, sondern als lebende Gestaltungselemente und/oder Fruchtproduzenten, wenn es Obstgehölze sind. Dennoch sollten auch sie möglichst wenige Wunden haben. Die Beschädigungen durch den Schnitt sollten also stets gering sein oder so erfolgen, dass sich keine Folge-schäden abzeichnen. Der Erziehungsschnitt in jungen Jahren kann wesentlich dazu bei-tragen, dass die Gartengehölze zu schönen Gestalten heranwachsen, die wenige Makel haben. Solange die Zweige noch schwach sind, lassen sie sich ohne große Schnittwun-den abschneiden. Die Schnittstellen junger Zweige werden oft schon in einer Saison abgeschottet. Dagegen dauert es viele Jahre, bis die Schnittwunde eines alten Astes vom Wundgewebe überwallt wird. In dieser Zeit ist das Holz stets von Fäulnis oder durch Pilz-befall gefährdet. Bei der Schnittführung ist in jedem Fall darauf zu achten, dass kleine Wunden entstehen, die zügig abgeschottet werden.

Schnitt auf Augen Bei jungen Trieben, die erhalten bleiben und eingekürzt werden, sind die Augen (Knospen) Anhaltspunkte für den Schnitt. Und zwar schneidet man jeweils knapp über einer Knospe ab. Auch dabei darf kein Zapfen stehen bleiben (mit Ausnahme bei Weinreben, bei denen ein kurzer Zap-fen erhalten bleibt, damit die empfindliche Knospe nicht austrocknet). Zu beachten ist auch, dass die Knospe nicht gequetscht oder anderweitig verletzt wird. Verletzungen sind durch das richtige Ansetzen der Schere zu vermeiden.

Zu lang angeschnitten (a), richtig (b), zu knapp an der Knospe (c), zu schräg (d)

Beim Schnitt am Astring wird die Schere mit dem Scherenblatt am Astring angesetzt und der Ast dann glatt abgeschnitten.

Solche Zapfen ohne austriebsfähige Knospen trocknen ein und sind zu entfernen, da sie eine Eintrittsstelle für Pilze darstellen.

Auf Astring schneiden Wie schon kurz erwähnt, ist der Astring eine beim Schnitt entscheidende und beachtenswerte Stelle. Der Astring ist ein Gewebering, der jeden Ast, Zweig oder Trieb direkt an der Austriebsstelle umgibt und je nach Gehölz-Art mehr oder weniger deutlich an einem Wulst erkennbar ist. Dieses Gewebe besteht aus teilungsfähigen Zellen, die sich rasch vermehren, wenn der Zweig dort abbricht oder bewusst abgeschnitten wird. Ein Bruch oder ein Schnitt heilt an dieser Stelle deshalb schneller als anderswo, zumal das Wundgewebe die Verletzung zügig überwallt. Man unterstützt die Pflanze sehr, wenn alle störenden Äste, Zweige und Triebe sorgsam am Astring weggeschnitten werden, zumal die Abschottung ungehindert erfolgen kann. Der Astring darf dabei natürlich nicht mit der Schere gequetscht oder anderweitig beschädigt werden. Das lässt sich aber einfach durch das richtige Ansetzen der Schere vermeiden. Und zwar wird sie so angesetzt, dass die Klinge am Astring anliegt und der Scherenbacken auf der Außenseite bleibt. Anders kommt es

unweigerlich zu Quetschungen. Ambossscheren sind für den Schnitt auf Astring weniger gut geeignet, weil der Amboss (also die Gegenseite zum Scherenblatt) stört und immer Quetschungen verursacht. Es lohnt sich also, für die Gehölzpflege gute und geeignete Werkzeuge zu beschaffen.

„Kleiderhaken" vermeiden Das Abschotten ist nicht möglich, wenn ein Zweig oder Ast nicht direkt an der Austriebsstelle abgeschnitten wird. Kurze Stummel oder Zapfen – sogenannte Haken – verhindern die Bildung von Wundgewebe. Sie trocknen außerdem aus und bieten dann Befallsstellen für schädliche Holzpilze, insbesondere für den Rotpustelpilz. Dieser dringt dann in den Holzkern vor und kann erhebliche Schäden verursachen. Störende Äste oder Zweige müssen direkt an der Austriebsstelle am Astring abgeschnitten werden. Das gilt natürlich auch für vorhandene Stummel, Zapfen oder Haken, die unverzüglich zu entfernen sind. Falls nötig, muss anschließend krankes Holz gründlich ausgeschnitten werden.

Den Ast erst von unten einsägen, dann von oben durchtrennen und Wundränder nachschneiden.

Dicke Äste richtig abschneiden Wenn ein dicker Ast weggeschnitten werden muss, ist es empfehlenswert, zunächst alle kräftigen Seitenzweige an diesem Ast abzuschneiden und aus der Krone zu ziehen. Dann erst wird der Ast stückweise abgeschnitten, bis nur noch ein Stummel steht. Dieser kann schließlich glatt am Stamm abgetrennt werden. Auf diese Weise lässt sich das Ausbrechen des Astes an der Austriebsstelle vermeiden. Nicht allzu schwere Äste können eventuell auch in einem Stück entfernt werden, indem man sie an der Austriebsstelle zunächst von unten einschneidet und dann von oben durchtrennt.

Sägeschnitte nachbehandeln Ganz besonders wichtig ist es, Sägewunden nachzuschneiden, weil sie rau und rissig sind und eine große Oberfläche haben. Glatte Wunden werden leichter vom Wundholz überwallt und damit schneller abgeschottet als raue Schnittstellen. Insbesondere sind die Wundränder mit einem scharfen Messer nachzuschneiden.

Stäben, Heften, Absenken und Abspreizen Ebenso wie die Gehölze beim Anwachsen unterstützt werden, brauchen sie auch weiterhin Entwicklungs-Hilfen. Und zwar ist es wichtig, krumme Gipfeltriebe zu stäben und zu steile Seitentriebe abzusenken. Dazu bieten sich beispielsweise Tonkinstäbe (Bambusstäbe) an. Zum Heften hat sich Bast bewährt. Zunächst wird der Stab am alten geraden Mittelleittrieb befestigt. Er muss dabei den krummen Gipfel überragen. Dieser wird dann an den Stab gezogen und von unten nach oben mit kurzen Bastbändern festgebunden. Gleichermaßen kann man auch zu steile Seitentriebe waagerecht nach unten binden. Wichtig ist, dass die Triebe rechtzeitig korrigiert werden, solange sie noch elastisch sind. Seitentriebe kann man statt mit Bambusstäben und Bast auch mit Schnüren absenken oder einfach mit Stäben abspreizen. Dabei ist aber darauf zu achten, dass die Rinde nicht verletzt wird.

Tragende Äste stützen   Zur Pflege und vorbeugenden Wundvermeidung gehört das Stützen tragender Äste. Vor allem in ertragreichen Jahren ist es nötig, bruchgefährdete Zweige mit geeigneten Mitteln zu unterstützen. Man kann dazu Holzpfähle, Äste mit Gabeln oder andere Stützen einspreizen. Achten Sie auch bei der Ernte auf die Zweige und klettern Sie nur mit geeigneten Steighilfen in die Kronen oder benutzen Sie entsprechende Erntehilfen, um die Pflanzen zu schonen. Schneiden Sie vor allem bei der Ernte beschädigte Zweige unverzüglich aus und behandeln Sie die Wunden mit einem geeigneten Wundverschlussmittel.

Sichern   Äste, die leicht ausbrechen oder abbrechen, sollten rechtzeitig abgetrennt werden. Bei alten Bäumen ist das nicht immer möglich. Wenn dadurch etwa das Kronenbild wesentlich verändert wird oder wenn der Schnitt großflächige Wunden verursachen würde, sollten die Äste erhalten bleiben. Sie bekommen eine Sicherung mit Stahldrähten und Gummimanschetten. Solche Eingriffe bleiben Fachleuten vorbehalten.

Ablenken auf Seitenzweige   Nur selten ist es nötig, einen Ast oder Zweig ganz zu entfernen. Oft genügt es, ihn auf einen Seitenzweig abzulenken, das heißt, bis zu einer Verzweigung zurückzuschneiden. Auch dabei ist es wichtig, unmittelbar am Seitenzweig abzuschneiden und keinen Zapfen stehen zu lassen. Die Schnittstelle soll schräg mit dem Seitentrieb verlaufen. Man setzt dazu die Schere parallel zum Seitenzweig an und schneidet ab. Dadurch fließt der Saftstrom direkt an der Schnittwunde vorbei in den Seitentrieb, sodass die Wunde zügig heilt. Wenn ein Stummel stehen bleibt, vertrocknet dieser und wird schnell von Schadpilzen befallen (Bild Seite 495). Diese dringen auch in gesundes Holz ein.

Gabeln oder Zwisteln verhindern oder beseitigen   Die meisten Obstbäume entwickeln einen dominanten Mitteltrieb (sogenannte Mittelleitachse); deshalb ist auch grundsätzlich – mit Ausnahmen – die Erziehung mit einem aufrechten, durchgehenden Mittelleittrieb empfehlenswert. Häufig treiben aber aus Seitenknospen kräftige, steile Konkurrenztriebe zum Mitteltrieb. Diese Triebe sind ohnehin störend und müssen entfernt werden (oder abgespreizt, wenn sie als Seitentriebe brauchbar sind). Das ist aber umso wichtiger, weil sich sonst Gabeln, sogenannte Zwisteln, bilden. In diesen Gabeln, die zunehmend stärker werden, bleibt das Regenwasser stehen und das hat früher oder später Fäulnis zur Folge und schließlich das Ausschlenzen eines Astes. Die Zwistelbildung ist deshalb von Anfang an zu verhindern, wenn die Triebe noch jung und leicht zu beseitigen sind. Aber auch bei alten Bäumen ist es noch empfehlenswert, vernachlässigte Zwisteln aus dicken Ästen zu behandeln und jeweils den schwächeren Ast der Gabel unmittelbar an der Austriebsstelle wegzuschneiden, selbst wenn dies eine große Lücke in der Krone zur Folge hat.

Hier wurde es versäumt, einen steilen Konkurrenztrieb zum Mittelleittrieb rechtzeitig zu entfernen.

Alte Zapfen abschneiden   Beim Schnitt der Gehölze ist auch auf alte Zapfen zu achten, die eventuell in früheren Jahren durch willkürliches Abschneiden der Äste entstanden sind und die nun eingetrocknet und dürr am Stamm oder an Seitenzweigen stehen. Sie müssen jetzt nachträglich jeweils am Astring abgeschnitten werden.

Dürres Holz vernichten   Vor allem in alten, vernachlässigten Kronen und Büschen befindet sich häufig dürres und krankes Holz, insbesondere mangels Licht vertrocknete Zweige, durch Schädlinge abgestorbene Triebspitzen, krebskrankes Holz und dergleichen. Dieses Holz muss unverzüglich rund ums Jahr ausgeputzt werden, weil es nicht

nur stört, sondern auch eine Eintrittspforte für Krankheiten ist. Es wird entweder ganz oder – wenn es nur teilweise krank oder dürr ist – bis ins gesunde Holz zurückgeschnitten.

Hygiene

Bei der Behandlung von krankem Holz ist auf saubere Werkzeuge zu achten. Das gilt für Schadstellen durch Rotpustelpilze oder auch durch andere Krankheiten, wie Obstbaumkrebs, Scharka und dergleichen. Nach dem Schnitt müssen Scheren, Sägen oder Messer desinfiziert werden. Das kann mit Spiritus geschehen oder auch mit speziellen Reinigungsmitteln. Notfalls etwa während der Arbeit im Garten kann auch ein Feuerzeug nützlich sein, indem die Scherenklinge nach dem Ausschneiden eines Krebsherds oder Holzpilzes abgeflämmt wird. Die Flamme verbrennt eventuell anhaftende Sporen. Grundsätzlich ist es vor dem Beginn von Schneidarbeiten immer ratsam, die Werkzeuge zu warten und die Klingen von Scheren und Messern zu schleifen. Auch dabei werden anhaftende Pilzsporen und Krankheitserreger vernichtet. Außerdem geht die Arbeit mit scharfen Scheren leichter von der Hand als mit stumpfen Geräten.

Der Rückschnitt alter Äste regt zur Entwicklung junger Triebe aus schlafenden Augen an, die zu entfernen sind.

Wundbehandlung   Jede Schnittfläche an einem Baum oder Strauch ist eine Verletzung. Die Gehölze können Verletzungen gewöhnlich gut verkraften, zumal sie ja auch durch Stürme oder andere Naturgewalten oder durch Tiere verletzt werden und die Wundheilung ein Teil des Wachstums ist. Dennoch hilft es ihnen, wenn sie dabei unterstützt werden, vor allem, wenn große Wunden verursacht wurden. Kleine Wunden, etwa durch das Entspitzen junger Jahrestriebe, erfordern keine besondere Behandlung. Nur bei Wunden an mehrjährigen Zweigen oder am Stamm ist die Wundpflege wich-

Hier wurde ein alter Ast abgesägt. Infolge der langwierigen Wundholzbildung wurde das Holz morsch.

Das Ausschlenzen von Ästen beim Absägen hat schlimme Wunden zur Folge, an denen Schaderreger eindringen können.

tig, um die Austrocknung, die Fäulnis durch Niederschläge oder die Infektion durch Pilze und andere Krankheiten zu verhindern. Dazu wird eine geeignete Wundsalbe aufgetragen, die wasserabweisend, aber luftdurchlässig ist. Im Handel sind verschiedene Produkte erhältlich, die entweder mit einem Pinsel, einem Spachtel oder anders aufgetragen werden. Der Wundverschluss ist unter Fachleuten umstritten. Jedenfalls darf kein schädliches Mittel verwendet werden (z. B. Holzschutzmittel, Lack und dergleichen). Zudem ist zu beachten, dass der Wundverschluss erst nach einer gründlichen Behandlung der Schnittstelle und Verletzung erfolgt. Keinesfalls darf das Wundverschlussmittel auf krankes Holz aufgetragen werden. Sonst begüns-

tigt es sogar den Verfall, zumal Schadpilze unter dem Schutzanstrich weiterwuchern können! Ein richtig aufgetragenes Wundverschlussmittel kann sich dagegen durchaus förderlich auf die Abschottung auswirken, indem es u. a. die Austrocknung und Rissbildung verhindert. Insbesondere sind Risse im Holz einer großen Schnittfläche zu beobachten, die mehrere Jahre offen liegen. In die Risse dringt dann Wasser ein und verursacht Fäulnis.

Vorbeugende Pflege

Die vorbeugende Stamm- und Rindenpflege bewahrt vor Wunden und Schädlingen. Bei jungen Stämmchen der Zier- und Obstgehöl-

Solche Schutzmanschetten verhindern Verbissschäden durch Rehe und Kaninchen.

ze, die noch eine elastische Rinde haben, verursacht die Wechselwirkung durch die wärmende Wintersonne und die Abkühlung in kalten Nächten starke Spannungen, die häufig schlimme Rindenrisse zur Folge haben. Sie werden deshalb am besten mit Kalkmilch oder einem speziellen Rindenschutzmittel gestrichen, um die Sonnenstrahlung abzuschirmen. Später, wenn sich eine Borke bildet, ist kein Anstrich mehr nötig, allenfalls dann, wenn bei einem alten Stamm die lose Borke abgeschabt wurde und wieder die elastische Rinde zutage kommt. Dies ist eventuell bei einem alten Baumbestand nötig, der stark mit Schädlingen zu kämpfen hat. Unter der losen Borke nisten sich oft Raupen und andere Schädlinge ein, die durch das Abbürsten der Borke vernichtet werden. Nach dem Anstrich werden noch im September/Oktober Leimringe angelegt, um Frostspanner-Weibchen zu fangen (im Früh-

jahr müssen die Leimringe wieder abgenommen werden, weil sonst auch unnötig Nützlinge gefangen werden). Im Sommer kann man durch das Anlegen von Wellpappringen Apfelwickler-Raupen fangen.

Stammschutz Gegen Rindenrisse hilft ein Kalkmilchanstrich oder ein Schutzmantel aus Jute. Besonders nach der Pflanzung, solange die Bäume noch keine holzige Borke gebildet haben, sind sie empfindlich für die Wechselwirkung zwischen Wintersonne und Nachtfrost. In dieser Zeit schützt ein Stammschutz vor den ständigen Spannungen. In Ortsrandlagen ist zudem eine Draht- oder Kunststoffmanschette zu empfehlen. Sie hält hungrige Wildtiere ab und schützt vor Verbissschäden.

Ziergehölzschnitt

Durch den richtigen Schnitt blühen Ziergehölze üppiger und länger als ihre Verwandten in der Natur, setzen mehr Früchte an und vergreisen nicht so schnell.

Durch das regelmäßige Herausnehmen überalterter Triebe wird die Bildung neuer und gesunder Jungtriebe und damit eine Erneuerung angeregt.

Grundlagen

Früher waren die Pflanzzeiten auf das Frühjahr und den Herbst beschränkt. Nur in diesen Zeiten konnten die Gehölze mit losen Wurzeln oder mit Ballen ausgestochen werden. Dank der „Containerware", das sind bereits in Kübeln vorkultivierte Pflanzen, ist der Einkauf von Gehölzen und Stauden mittlerweile fast das ganze Jahr möglich.

Lassen Sie sich jedoch vom großen Angebot an Containerware nicht verführen und wählen Sie nur solche Pflanzen, die auch langfristig für die Kultur im Garten geeignet sind. Walnusssämlinge etwa passen auf Dauer nur in große Gärten, wo sie genügend Raum zur Ausbildung ihrer großen Kronen haben. In einen kleinen Garten passen besser veredelte Walnussbäume, die auf schwach wachsenden Wurzelunterlagen stehen. Auch sonst kommen nur schwach wachsende Gehölze infrage, wenn wenig Platz für Bäume und Sträucher vorhanden ist. Lassen Sie sich also gut beraten oder nehmen Sie eine Fachperson mit zum Einkaufen. Am besten sind Sie selbstverständlich in einem regionalen Gartenmarkt bedient, der eine gute Qualität garantiert. Das gilt genauso für den Kauf von Rosen, Blütenstauden oder Gräsern. Die beste Werbung und Gewähr für Kundentreue ist hochwertige Ware. Beachten Sie vor allem auch die Etiketten. Gute Baumschulware ist deutlich ausgezeichnet. Neben der Sorte (z. B. Nussbaum, *Juglans regia* 'Esterhazy') ist u. a. die Wuchsstärke beschrieben (Sämling oder Veredelung).

Pflanzschnitt

Gehölze in Containern brauchen normalerweise keinen Pflanzschnitt. Sie wachsen leicht an, zumal der Wurzelballen nach dem Austopfen voll funktionsfähig ist. Bei diesen Bäumen sind beim Pflanzen nur Korrekturen nötig, so etwa, wenn sie doppelte Gipfeltriebe haben oder wenn störende Triebe zu entfernen sind. Dazu gehören Triebe, die nach innen wachsen oder die sich überkreuzen. Ein Rückschnitt ist ebenso bei abgebrochenen Zweigen nötig. Sie werden entweder an einer günstig sitzenden Knospe abgetrennt oder bis auf einen Seitentrieb zurückgenommen.

Veredelungsstelle beachten Bei Veredelungen von oder mit Zierkirschen, Kugel-Ahornen oder Gold-Ulmen ist auf Wildtriebe aus der Veredelungsunterlage zu achten. Solche Triebe zeichnen sich im belaubten Zustand des Baumes z. B. durch eine andere Blattfarbe oder Blattform ab oder durch einen besonders kräftigen Wuchs. So werden etwa Zierkirschen auf wilde Vogelkirschen veredelt oder die kleinkronigen Kugel-Ahorne auf den stark wachsenden Spitz-Ahorn. Meist verlassen alle Zierbäume die Baumschule erst nach einer gründlichen Kontrolle durch die Gärtner, zumal sie für den Verkauf vorbereitet werden. Dennoch kann es vorkommen, dass vereinzelte Wildtriebe übersehen werden oder dass Zweige beim Transport einen Schaden abbekommen.

Ballenpflanzen Ähnlich wie die Bäume in den schwarzen Kunststoffkübeln sind Ballenpflanzen zu behandeln. Diese Bäume mit Erdballen werden unmittelbar vor dem Verkauf ausgestochen und in ein Tuch eingepackt. Großgehölze erhalten zudem eine Drahtballierung. Dazu dient ein Maschendrahtgeflecht, das eng um den Wurzelballen geschnürt wird. Wie bei Containerpflanzen sind bei Ballenpflanzen nur geringe Eingriffe ins Astwerk nötig.

Wurzelnackte Pflanzen Dagegen sollten Gehölze mit losen Wurzeln („wurzelnackte Pflanzen") kräftig zurückgeschnitten werden. Das erleichtert ihnen das Anwachsen, weil beim Ausgraben ein großer Teil des Wurzelwerks abgestochen wurde. Beim Pflanzschnitt von Kronenbäumchen sollte bereits die gewünschte Kronenform angeschnitten werden, und zwar bleibt ein senkrechter Mitteltrieb stehen. Dieser wird auf ein günstig sitzendes Auge zurückgenommen. Konkurrenztriebe zum Mitteltrieb sind zu entfernen. Nach dem Freistellen des künftigen Mittelleittriebes erfolgt die Auswahl der Seitenleittriebe und deren Rückschnitt ebenfalls jeweils auf ein nach außen weisendes Auge.

Zu viele nach innen wachsende und schwache Triebe werden ausgeschnitten, sodass eine gut verzweigte Krone übrig bleibt.

Nach der Pflanzung müssen Sie gut einschlämmen, damit keine Hohlräume zwischen den Wurzeln bleiben.

EXTRA

BdB-Regeln

Nach dem Bund deutscher Baumschulen (BdB) sind für Zier- und Obstgehölze festgelegte Richtlinien gültig. Baumschulen, die dieser Dachorganisation angeschlossen sind, verpflichten sich, bestimmte Qualitätsnormen einzuhalten. Das beginnt schon bei der Erziehung der Jungpflanzen. Diese werden in Reihen gepflanzt („aufgeschult") und nach dem Anwachsen je nach Art und gewünschter Strauch- oder Kronenform erzogen. So gelten beispielsweise für Zierbäume festgelegte Stammhöhen und Wuchsformen. Dementsprechend ist eine Auswahl von Bäumen mit verschiedener Kronenhöhe und Kronenform

möglich. Beispielsweise müssen Hochstämme einen geraden, fehlerfreien Stamm mit mindesten 180 cm Höhe und einer durchgehenden Stammverlängerung innerhalb der Krone haben. Ausnahmen gelten für Kugelkronen und Hängeformen, die keinen geraden Mittelleittrieb haben.
Der Kronenaufbau muss dem Charakter und natürlichen Wuchs der Art entsprechen. Gleichermaßen gelten für Sträucher einheitliche Regeln. Sie müssen u. a. gleichmäßig verzweigt und gut bewurzelt sein. Ein BdB-Gütesiegel gibt beim Kauf eine gewisse Gewähr für gute Ware.

Das Lösen der Bindungen muss rechtzeitig erfolgen, bevor der Kokosstrick die Rinde einschnürt.

Pfählen & Binden

Jedes Gehölz braucht einige Zeit zum Anwachsen. Es kann zwei bis drei Jahre dauern, bis sich die Wurzeln gut verankert haben. In dieser Zeit ist es wichtig, Großgehölze, also Hochstämme und große Sträucher, zu pfählen, damit sie in Ruhe anwachsen können und nicht ständig vom Wind wieder losgerissen werden. Bäume auf schwach wachsender Unterlage, wie etwa Spindelbuschbäume, brauchen sogar auf Lebenszeit eine Stütze, weil sie keine Ankerwurzeln, sondern nur schwache Senkerwurzeln bilden.

Bindestelle lösen Nicht zu vergessen ist, die Bindungen nach dem Anwachsen wieder zu lösen. Keinesfalls dürfen sie in die

Rinde einschneiden, wenn die Stämme im Frühsommer und Sommer dicker werden.

Erhaltungsschnitt

Richtig erzogene Bäume brauchen wenig Pflege. Der regelmäßige Erziehungsschnitt in den ersten Jahren nach der Pflanzung ist deshalb die beste Vorsorge für schöne und vitale Kronen.

Natürlich sind auch später noch Eingriffe möglich. Allerdings verursacht das Ausschneiden schon älterer Äste große Wunden, die viele Jahre zur Abschottung brauchen. Dagegen lässt sich der Erhaltungsschnitt gepflegter Kronen mit wenigen Handgriffen erledigen. So ist es nötig, doppelte Gipfeltriebe auszuschneiden. Das sollte möglichst bald erfolgen, wenn diese Konkurrenztriebe zur Mittelleitverlängerung erkennbar sind. Andernfalls nehmen sie an Umfang zu und es bilden sich steile Astgabeln. In diesen sogenannten Zwieseln bleibt Schnee- und Regenwasser stehen und verursacht früher oder später Fäulnis. Bei Stürmen oder unter einer Schneelast brechen diese Zwieseln aus und hinterlassen große, schlimme Wunden, die schlecht heilen. Dieses „Ausschlenzen" ist vorsorglich durch das Ausschneiden von Konkurrenztrieben zu verhindern. Besonders bei Bäumen, die von Natur aus steile Triebe bilden, ist bei der Erziehung und später beim Erhaltungsschnitt auf solche Zwieseln zu achten. Sie sind jeweils beim Winterschnitt direkt an der Austriebsstelle zu entfernen. Das gilt für Ahorne, Linden, Ebereschen und andere Arten. Im Zuge des Erhaltungsschnitts sind wie bei Obstbäumen störende Triebe zu entfernen, die nach innen oder überkreuzt wachsen. Ebenso werden zu eng stehende Triebe ausgeschnitten. Grundsätzlich ist bei allen Bäumen wünschenswert, dass sie jeweils eine Krone mit geradem, durchgehendem Stamm und gleichmäßig angeordneten,

Im Sommer hat dieser Baum viele Triebe gebildet, die zum Teil nach innen wachsen.

Im Winter werden alle störenden Triebe entfernt und die Krone ausgelichtet.

möglichst waagerecht abstehenden Seitenästen bilden. Der Erhaltungsschnitt zielt darauf ab, diese Krone immer weiter auszubauen. Selbstverständlich gilt dies nicht für Bäume mit säulenförmigem Wuchs, wie Säulenzierkirschen, Säulenhainbuchen oder Säulenscheinzypressen oder auch für Bäume mit hängenden Kronen.

EXTRA

Immergrüne

Für hochstämmige Nadelgehölze gelten ähnliche Bestimmungen wie für Laubbäume, und zwar sowohl für sommergrüne, als auch für immergrüne Arten. Immergrüne werden grundsätzlich mit Ballen ausgestochen. Gelegentlich sind Heckenpflanzen mit losen Wurzeln erhältlich. Dafür gibt es aber keine Anwachsgarantie. Immergrüne erhalten in der Regel keinen Pflanzschnitt. Allenfalls werden beschädigte und störende Triebe entfernt.

Dieser Zierapfelbaum wurde stark ausgelichtet, aber nicht gestutzt. Er blüht bereits im Frühjahr wieder.

Stäben

Neben dem korrigierenden Schnitt sind weitere kleine Eingriffe nützlich. Dazu gehört das Stäben krummer Gipfel, das Abspreizen zu steiler Seitentriebe oder das Aufbinden eines brauchbaren Seitentriebes als Ersatztrieb, wenn ein Gipfel abgebrochen ist. Nicht zu übersehen sind Wildtriebe aus der Veredelungsunterlage. Sie treiben stark durch, wenn sie nicht rechtzeitig ausgeschnitten werden. Das gilt etwa für Zierkirschen, die auf die starkwüchsigen Vogelkirschen veredelt sind, oder auch für Blutpflaumen, Kugel-Ahorne und andere Kultivare. Dazu müssen die Wildtriebe aus der Wurzelunterlage freigelegt werden, damit sie gründlich und ohne Rückstände zu entfernen sind. Bei Kronenveredelungen treiben gelegentlich auch Wildtriebe aus dem Stamm. Solche

Triebe zeichnen sich durch einen besonders starken Wuchs und bei buntlaubigen Veredelungen auch durch ihre grüne Blattfarbe ab.

Verjüngungsschnitt

Alte Nussbäume, gute Apfelsorten oder andere vorhandene Gehölze sind wertvoll und erhaltungswürdig. Immerhin dauert es viele Jahre, bis neu gepflanzte Exemplare ins ertragsfähige Alter kommen oder schöne Kronen bilden.

Natürlich haben auch alte Ziergehölze ihren Wert als Gestaltungselemente, als Schattenspender oder als urige Hausbäume, die seit vielen Jahren das Ortsbild prägen. Die Erhaltung ist meistens ohne großen Aufwand möglich und, falls nötig, lässt sich auch eine Sanierung manchmal mit einfachen Mitteln bewerkstelligen. Selbst teilweise morsche Bäume haben ihren Wert als Nisthöhlen für Vögel oder andere Nützlinge. Sie können immer noch gefällt werden, wenn sie verfallen. Bis dahin haben sich auch die Jungpflanzen entwickelt.

Kräftiger Rückschnitt   Wenn der Erhaltungsschnitt versäumt wurde, verkraften die meisten Zierbäume auch einen kräftigeren Eingriff ins Astwerk. Immerhin müssen sie auch durch natürliche Ereignisse, wie Stürme oder Schneebruch, gelegentlich große Verletzungen hinnehmen. Ein Verjüngungsschnitt kann etwa bei der Übernahme eines alten Gartengrundstücks nötig sein. Vor einem solchen Eingriff lohnt es sich, die betroffenen Bäume erst von einem ausgebildeten Baumpfleger oder Baumschuler begutachten zu lassen. Besonders wenn schöne alte Exemplare einen Schnitt brauchen. Ein falscher Schnitt schadet ihnen mehr, als er nützt. Keinesfalls dürfen willkürlich irgendwelche Äste abgetrennt werden. Zu beherzigen ist auch die Grundregel, dass ein starker Rück-

Beim Auslichten bleibt die natürliche Kronenform erhalten. Nur zu eng stehende Zweige sind auszuschneiden.

Äste, sodass sie wieder ein lichtes, typisches Astgerüst bekommt. Beim Abtrennen dicker Äste ist das Ausschlenzen zu verhindern. Sie werden stückweise abgesägt und vorsichtig aus der Krone genommen, ohne andere Äste zu beschädigen. Erst zum Schluss wird dann der jeweils übrig gebliebene Stummel direkt am Stamm abgetrennt. Verletzungen an alten Bäumen, etwa durch den Schnitt oder auch durch Blitzschlag, Windbruch oder Baumaschinen, sind oft der Anfang vorzeitigen Verfalls. Vor allem wenn die Wunden unbehandelt bleiben, dringt Wasser in den Holzkern ein und verursacht Fäulnis. Pilzkrankheiten lassen dann nicht lange auf sich warten und beschleunigen den Verfall. Schäden an alten Bäumen sind deshalb umgehend zu behandeln. Falls nötig, erfordert dies ein gründliches Ausschneiden bis ins gesunde Holz und einen umfassenden Wundverschluss. Bei sehr alten Bäumen lässt sich dadurch der Verfall allerdings nur verzögern. Manchmal ist es besser, einen jungen Baum nachzupflanzen, als einen alten Baum mit allen Mitteln zu erhalten.

schnitt einen kräftigen Austrieb zur Folge hat – vorausgesetzt der Baum ist noch vital und verjüngungsfähig. Unter Umständen kann es sinnvoll sein, die Verjüngung über mehrere Jahre hinweg durchzuführen.

Was muss erhalten werden? Vor dem Eingriff ist zu klären, welche Äste erhalten bleiben und welche entfernt oder zurückgeschnitten werden. Ein Verjüngungsschnitt erfolgt vorzugsweise im Winter, wenn das Geäst zu sehen ist. Er erfordert neben guten Fachkenntnissen auch körperliche Fitness, zumal die großen Kronen nur durch das Klettern oder geeignete Kletterhilfen zu erreichen sind. Nach der Entscheidung für einen Verjüngungsschnitt gilt es, die alte Krone zu ordnen, stark auszulichten und zu neuem Austrieb anzuregen. Insbesondere nimmt man ihr alte, rissige und schwache

Optimaler Zeitpunkt Milde Wintertage bieten sich zum Verjüngen der Gehölze an. Die beste Zeit ist im Spätwinter von Anfang Februar bis zum März, solange die Wunden nicht „bluten". Der Saftfluss kommt je nach Wetter und Gehölzart früher oder später in Bewegung. Beim Berg- oder Spitz-Ahorn oder auch beim Nussbaum und der Kiwi quillt oft schon im Februar der Pflanzensaft aus den Wunden. Sie sind entsprechend früh zu schneiden. Robinien oder Weiden nehmen dagegen noch im März einen Schnitt ohne Schaden hin. Außer in der Saftruhe im Winter sind kleine Eingriffe im Sommer möglich. Beim Sommerschnitt etwa Ende Juni lassen sich junge störende Triebe vorzeitig beseitigen, die sich infolge der Verjüngung stark entwickeln.

Schneiteln & Stocksetzen

*Manche Bäume sind so schnittver-
träglich, dass sie auch einen radikalen
Rückschnitt bis zum Boden vertragen.
Sie bringen danach wieder meterlange
Triebe aus dem Wurzelstock hervor.*

Bei Weiden ist dies gebräuchlich, um
Schnittgut für Flechtwerk zu gewinnen. Sie
werden dazu jeweils im Winter „auf den
Stock gesetzt", das heißt, bis knapp über
dem Boden zurückgeschnitten. Im folgenden
Frühjahr bringen sie aus wenigen Knospen
an den verbliebenen Stummeln bereits bis
zum Sommer wieder kräftige Triebe hervor.
Diese „Weidenruten" können eine Länge
von 2–3 m erreichen. Die Ernte erfolgt dann
im nächsten Winter. Die jungen elastischen
Ruten sind ideal geeignet für Weidenzäune,
Spiel-Zelte für Kinder („Tipis") und andere
lebende Bauwerke. Sie wurzeln nach dem
Stecken in den Boden an, treiben im Frühjahr
aus und entwickeln sich selbst wieder zu
kräftigen Bäumen. Sie lassen sich ebenso zu
Zaunelementen zusammenflechten, die als
Sichtschutz dienen.

Kopfweiden

Das Köpfen von Weiden hat Tradition. Früher waren die Korbmacher auf die jungen
elastischen Triebe angewiesen. Besonders
an Uferläufen waren die typischen Kopfweiden häufig zu finden. Heute sind alte
Exemplare selten. Im Prinzip vertragen alle
Weiden-Arten diesen radikalen Schnitt, an-
gefangen von der Silber-Weide *(Salix alba)*
bis zur Korb-Weide *(S. viminalis)*. Die enorme

Austriebsfähigkeit wird auch dort deutlich,
wo die Biber an Flüssen und Bächen ganze
Stämme abnagen und zu Fall bringen. Sie
treiben im Frühjahr wieder aus den verbliebenen Stümpfen aus.
Die Vermehrung von Weiden für Kopfweiden
oder für Flechtwerk ist im Spätwinter mittels
Steckhölzern möglich. Dazu dienen etwa
scherenlange Abschnitte von jungen Trieben.
Diese werden so tief in den Boden gesteckt,
dass nur noch einige Knospen über der Erde sitzen. Aus den Knospen, die im Boden
sitzen, entwickeln sich Faserwurzeln. Selbst
alte Stämme sind dazu fähig, Wurzeln zu
bilden. Es gibt Gartenbaubetriebe, die z. B.
aus Weidenstämmen Gestaltungsobjekte wie
Schaukeln, Lauben und dergleichen bauen.
Sie nutzen dazu dicke Stämme, die sie in den
Boden rammen.

Bei dieser Kopfweide wurde die Krone auf
kurze Stummel zurückgeschnitten.

Lauben- & Kastenformen

Im Obstbau gehören Spalierbäume zum Sortiment, seit Obstbäume kultiviert werden. Für eine strenge Erziehung als Palmetten, Fächer und andere Formen eignen sich Aprikosen, Birnen, Äpfel und andere Arten.

Erziehung

Genauso ist die Erziehung von Ziergehölzen in strengen Formen möglich, wenn die Jungpflanzen rechtzeitig entsprechend vorbereitet und dann regelmäßig geschnitten und gebunden werden. Auf diese Weise kommen Lauben-, Kasten- oder Tischformen zustande, die einen hohen Sichtschutz bilden oder als Schattenspender nützlich sind. Die strengen Erziehungsformen müssen jedoch – ähnlich wie Formschnitthecken – ständig gepflegt werden. Sonst treiben die Buchen, Hainbuchen, Platanen oder anderen starkwüchsigen Bäume wieder durch und „schlagen in ihre Urform zurück".

Für eine strenge Erziehung sind Bambusstäbe oder Stützvorrichtungen aus Baustahl oder ähnlichem Material nötig, die eine gewünschte Form vorgeben und zum Heften der jungen Triebe dienen. Solche unnatürlichen Gehölzformen waren in den barocken Gärten üblich. Auch heute sind geköpfte Platanen und Linden, Lauben aus Hainbuchen oder Spaliere aus Buchen in gepflegten Parks zu finden, die diesen barocken Charakter beibehalten haben. Im Garten können sie außer als Sichtschutzpflanzungen auch für Torbogen in einer hohen Hecke, für Laubengänge zu einem Zweitsitzplatz oder zur Gestaltung von Kopfweiden und anderen besonderen Formgehölzen nützlich sein. Allerdings brauchen sie stets die nötige Pflege.

Diese Platanenkrone wird mithilfe von Bambusstäben tellerförmig gezogen.

Blütensträucher

Der Schnitt von Ziersträuchern unterscheidet sich insofern von dem von Obstbäumen und -sträuchern, da nicht der Fruchtertrag, sondern Blühleistung oder Form im Vordergrund stehen.

Pflanzschnitt

Ebenso wie Zierbäume im Container oder mit Ballen keinen Pflanzschnitt brauchen, können auch Ziersträucher mit intaktem Wurzelballen ohne Rückschnitt in die vorbereitete Pflanzgrube eingesetzt werden. Zu beachten ist, dass sie genauso tief wie vorher in der Baumschule im Boden sitzen. Als Richtstelle gilt der Wurzelhals. Das ist die Übergangsstelle vom Wurzelwerk zum Stamm oder Astwerk. Keinesfalls dürfen die Gehölze zu tief gesetzt werden. Die ständig feuchte Erde am Stamm kann Fäulnis verursachen. Aus diesem Grund müssen die Stämme auch beim Mulchen der Pflanzfläche mit Rinde frei bleiben. Die Mulchschicht darf nicht direkt bis an die Stämmchen heranreichen. Ebenso wenig dürfen Bäume und Sträucher etwa mit Kompost oder Erde angehäufelt werden! Bei Sträuchern, die am Wurzelhals veredelt sind, muss die Veredelungsstelle nach dem Pflanzen über dem Boden sitzen. Sie ist an einer deutlichen Verdickung erkennbar. Zu diesen Veredelungen gehören Korkenzieherhaseln, Edelflieder, Zierkirschen u. a. Züchtungen. Eine Ausnahme stellen Gartenrosen dar. Bei diesen Ziersträuchern kommt die Veredelungsstelle etwa 5 cm tief in den Boden. Sie ist an einer deutlichen Verdickung erkennbar.

Wurzelnackte Sträucher Anders als Ballenpflanzen brauchen Gehölze mit losen Wurzeln einen Pflanzschnitt. Das gilt vor allem für Heckenpflanzen und Edelrosen, die oft in Bündeln mit 5 bis 10 Stück erhältlich sind. Bei diesen Pflanzen werden die Triebe etwa um die Hälfte eingekürzt. Am Wurzelwerk sind nur die Spitzen und abgebrochene Wurzeln zu entfernen.

Symmetrisch wachsende Pflanzen Gehölze, die wie Kronenbäume ein ausgeprägtes symmetrisches Astwerk bilden, werden gleichermaßen wie Hochstämme angeschnitten. So sind beispielsweise Flieder, Goldregen, Blumenhartriegel und viele andere Arten zu behandeln, die von Natur aus eine pyramidale Strauchform haben. Bei diesen Sträuchern sollte ein günstig stehender senkrechter Trieb in der Mitte alle Seitentriebe überragen. Das fördert einen naturnahen gleichmäßigen Wuchs. Beim Pflanzschnitt werden zu lange Seitentriebe dementsprechend eingekürzt.

Erziehungsschnitt

Nach der Pflanzung und dem Rückschnitt auf einige Augen bringen die restlichen verbliebenen Triebe mehr oder weniger starke Jahrestriebe hervor. Die Vitalität richtet sich nach der Gehölz-Art und danach, wie stark der Pflanzschnitt ausgeführt wurde. In der Regel gilt: je stärker der Rückschnitt, umso kräftiger der Austrieb. Ein starker Pflanzschnitt fördert das Anwachsen besonders bei wurzelnackten Gehölzen. Sie müssen dann beim nachfolgenden Erziehungsschnitt entsprechend nachbehandelt werden.

Wuchsform beachten   Bei Ballenpflanzen hält sich der Pflanzschnitt in Grenzen. Dadurch werden sie auch weniger stark zum Treiben angeregt. In jedem Fall ist die gewünschte Strauchform zu beachten und in den nächsten Jahren im Auge zu behalten. Bei Sträuchern, die von Natur aus lichte Büsche bilden, ist es normalerweise nur nötig, einige wenige Triebe auszuschneiden oder einzukürzen. Bei Felsenbirnen, Fächer-Ahorn, Zaubernuss und anderen Arten mit ähnlich lockerem Wuchs beschränkt sich der Erziehungsschnitt auf geringe Eingriffe. Keinesfalls dürfen diese Arten gestutzt werden. Dadurch würde ihr lichtes Strauchwerk verstümmelt und zu unnatürlich buschigem Wuchs mit vielen schwachen und eng stehenden Trieben angeregt. Im Zuge der Erziehung in den ersten Jahren nach der Pflanzung sollte ein arttypisches Strauchwerk mit günstig platzierten Hauptleitästen herausgestellt und zunehmend erweitert werden. Zu beachten ist, dass ungünstig platzierte Triebe so bald wie möglich ausgeschnitten werden, bevor sie sich zu kräftigen Zweigen oder dicken Ästen entwickeln. Der Erziehungsschnitt in den ersten Jahren nach der Pflanzung wirkt sich prägend auf das Zweigwerk und die Gestalt der Sträucher aus. Wer sich unsicher ist, sollte besonders in dieser Zeit einen Rat von Fachleuten einholen.

Der Sommerflieder verträgt einen starken Rückschnitt. Es genügt aber auch, die Triebe nur einzukürzen.

Schnittkurse

Lehrreich sind Schnittkurse, die von Gartenbauvereinen durchgeführt werden. Beim Schneiden der Sträucher unter Anleitung

Pflanzen aus dem Supermarkt

Einen Pflanzschnitt brauchen auch solche Gehölze, die in Supermärkten angeboten werden. Beim Kauf solcher Pflanzen, die oft in Plastiktüten stecken, ist darauf zu achten, dass sie gesund und kräftig aussehen. Pflanzen mit schwachen gelblichen Trieben haben nur geringe Anwachschancen. Einen Pflanzschnitt sollten auch Gehölze erhalten, die von Nachbarn oder Bekannten zu bekommen sind, weil sie zu eng stehen oder stören. Eine günstige Zeit zum Umpflanzen solcher Bäume und Sträucher ist im Frühjahr vor dem Austrieb oder im Herbst.

einer Fachkraft ist am besten zu sehen, welche Zweige zu erhalten sind und welche stören. An den lebenden Pflanzen wird die Wirkung des Schnitts deutlich erkennbar. So ist nach dem Winterschnitt und dem folgenden Austrieb im Frühjahr zu beobachten, wie die Gehölze reagieren. Selbstverständlich lassen sich Reaktionen auch bei eigenen Eingriffen ohne Anleitung erkennen. Wer die Schneidarbeiten nicht selbst erledigen kann oder möchte, sollte damit eine kundige Fachkraft beauftragen. Es lohnt sich, wenn jedes Jahr dann dieselbe Person den Schnitt durchführt, die für eine gute Arbeit verantwortlich ist. Hinzu kommt, dass selbst Fachleute unterschiedliche Eigenheiten beim Schnitt haben. Übrigens ist nicht jeder Gärtner mit dem Gehölzschnitt vertraut. Dafür ausgebildet werden normalerweise nur Baumschuler und Obstbauern. Gute Kenntnisse haben meistens auch die zuständigen Baumwarte der Gartenbauvereine.

Erhaltungsschnitt

Damit die arttypische Wuchsform erhalten bleibt, sind regelmäßige Schnittmaßnahmen notwendig.

Frühjahrsblüher   Der Schnitttermin für Frühjahrsblüher richtet sich nach der Art und nach der Blütezeit. Wer eine Forsythie, Zierjohannisbeere oder Ziermandel im Winter schneidet, entfernt die Blütentriebe. Sträucher, die schon vor dem Austrieb der Blätter blühen, werden erst nach dem Abblühen geschnitten. Beim Schnitt ist auch das Wuchsverhalten zu beachten. Während eine Forsythie nach der Blüte selbst einen kräftigen Rückschnitt der jungen Blütentriebe verträgt und im Sommer wieder eine Fülle an langen Blütentrieben für das nächste Jahr hervorbringt, hat ein derartig kräftiger Rückschnitt für eine Zaubernuss eine verheeren-

de Wirkung. Diese Frühjahrsblüher müssen möglichst schonend behandelt werden. Der Erhaltungsschnitt beschränkt sich auf das Ausschneiden störender Triebe, wenn diese z. B. über Kreuz wachsen und an der Rinde anderer Zweige scheuern. Das gilt auch für Magnolien, Blumenhartriegel, Scheinhaseln, Felsenbirnen und andere Arten, die von Natur aus ein lichtes, gut geordnetes Zweigwerk bilden.

Anders als Forsythien oder Ziermandeln bringen Weigelien, Philadelphus, Deutzien und andere Frühjahrsblüher ihren Flor erst nach dem Blattaustrieb im Mai oder Juni hervor. Sie erhalten den Schnitt dennoch erst nach der Blüte, zumal es genügt, einige alte Zweige direkt am Boden aus dem Strauch zu nehmen und die verwelkten Blütentriebe zu entfernen, bevor sie Früchte bilden. Nur bei vernachlässigten Exemplaren dieses Typs kann ein Auslichtungsschnitt im Winter zum Freistellen eines gut geordneten Strauchwerks sinnvoll sein. Dadurch gehen dann natürlich auch Blütentriebe verloren. Dennoch bleiben genügend für den Flor im Frühjahr erhalten. Im Sommer bilden sie wieder neue Triebe für das nächste Frühjahr.

Immergrüne Laubgehölze   Eine maßvolle Behandlung ist auch bei immergrünen Laubgehölzen wie Rhododendren, Kirschlorbeer oder Ilex förderlich für gutes Gedeihen und die Erhaltung schöner Gestalten. Bei diesen Gehölzen genügt es normalerweise, kranke Triebe auszuschneiden. Gut erzogene und wohl geformte Exemplare brauchen keinen Erhaltungsschnitt. Einzuhalten sind nur die artgemäßen Eingriffe. So sollten bei Rhododendren nach der Blüte die Fruchtansätze ausgebrochen werden, und zwar rechtzeitig ohne Beschädigung der jungen Austriebe. Beim Kirschlorbeer ist es nach einem strengen Winter nötig, die erfrorenen Zweige bis ins gesunde Holz zurückzuschneiden. Das

Bei veredelten Fliedersorten sind die Wildtriebe vollständig und gründlich auszuschneiden.

darf jedoch nicht zu früh geschehen. Oft sind diese Zweige noch durch gesunde Knospen aus den Blattachseln austriebsfähig. Ähnlich verhalten sich der Feuerdorn und der immergrüne Liguster, die nach einem strengen Winter völlig braune Blätter haben. Vor einem Rückschnitt sollte geprüft werden, ob die Zweige noch grün sind. Beim Anritzen der Rinde mit einem Messer zeigt es sich, ob die Triebe Frostschäden haben. Braunes Gewebe ist nicht mehr austriebsfähig. Wenn die Triebe hinter der Rinde noch grün sind, können sie sich im Frühjahr wieder verjüngen. Hinweise auf eine Austriebsfähigkeit sind außerdem grüne Knospen in den Blattachseln. Wer sicher sein will, dass keine gesunden Triebe abgeschnitten werden, sollte bis zum Mai warten. Wenn sich bis dahin keine jungen Triebe aus den Blattachseln zeigen, sind die

betroffenen Zweige offensichtlich erfroren. Sie sollten dann bis ins gesunde Holz zurückgeschnitten werden.

Beerenschmuck   Etliche Frühjahrsblüher werden nicht nur wegen ihrer Blüten kultiviert, sondern auch weil sie dekorative oder essbare Früchte tragen. Bei diesen Gehölzen ist beim Schnitt darauf zu achten, dass ihr Fruchtschmuck nicht verloren geht. Dazu zählen Kornelkirschen, die aus feingliedrigen gelben Blüten bis zum Sommer walzenförmige rote Früchte mit süß-säuerlichem Geschmack entwickeln oder Felsenbirnen, die aus der Fülle an cremeweißen Blüten eine Menge dunkelblauer essbarer Beeren bilden.

Der stark gestutzte Sommerflieder verjüngt sich aus
schlafenden Augen und bildet meterlange Blütentriebe.

Wer bei diesen und anderen Arten unnötig Triebe ausschneidet, beraubt sich selbst seiner Früchte. Weitere Frühjahrsblüher mit Fruchtschmuck sind Zierquitten, Haseln, Schlehen, Sanddorn, Wildrosen, Apfelbeeren und andere Arten.

Nadelgehölze Ähnlich wie mit den immergrünen Laubgehölzen verhält es sich mit den Koniferen. Berg-Kiefern, buschige Scheinzypressen oder strauchförmige Wacholder sollten möglichst wenig durch den Schnitt beeinträchtigt werden. Wenn sie zu breite Büsche bilden, können sie den vollständigen Rückschnitt einiger störender Äste bis zur Basis verkraften. Das Zurückschneiden der Spitzen verunstaltet diese Gehölze nur. Sie bilden dadurch schwache Seitentriebe und nehmen eine unnatürlich besenartige Wuchsform an.

Sommerblüher Im Vergleich zu vielen Frühjahrsblühern sind die meisten Sommerblüher ungewöhnlich schnittverträglich. So nehmen Sommerflieder, Fingerstrauch, Spiersträucher und andere im Winter einen radikalen Rückschnitt bis auf kurze Stummel über dem Boden hin und verjüngen sich vollständig aus den wenigen verbliebenen Knospen. Sie stehen im Sommer schon wieder in voller Blüte. Natürlich kostet ein so starker Rückschnitt und Verlust der ganzen Triebsubstanz viel Kraft. Es ist deshalb von Jahr zu Jahr zu prüfen, ob sie einen Rückschnitt erhalten oder ob sie nur ein wenig ausgelichtet werden. Die meisten Arten sind auch ohne starken Rückschnitt blühfähig. Es genügt in der Regel, wenn im Frühjahr nach einem nicht sehr strengen Winter nur die alten Blüten oder Samenstände ausgeputzt, schwache Triebe entfernt und zu lange Triebe eingekürzt werden. Ähnlich wie immergrüne Frühjahrsblüher, die einen milden Winter unbeschadet und mit grünem Blattwerk über-

stehen, bleiben auch einige Sommerblüher bis zum Frühjahr grün. So behalten Fingerstrauch oder Johanniskraut ihr wintergrünes Laub, wenn sie vom Frost verschont bleiben. Aber auch, wenn sie völlig braune Blätter haben, sind sie aus den Blattachseln verjüngungsfähig. Die Entscheidung für oder gegen einen Rückschnitt ist dann jeweils im Spätwinter zu treffen. Wer sicher sein will, kann mit dem Rückschnitt warten, bis sich frische Triebspitzen aus den Blattachseln zeigen. Die Sträucher verkraften selbst zur Zeit des Austriebs im April noch einen Rückschnitt bis auf kurze Stummel.

Viele Experten – viele Meinungen

Hier sei erwähnt, dass es für diese und andere Gehölze keine eindeutigen Schnittregeln gibt. Ihre Behandlung wird selbst von Fachleuten unterschiedlich gehandhabt. Während die einen grundsätzlich einen regelmäßigen, radikalen Rückschnitt durchführen, gehen andere schonender vor. Ein gutes Beispiel für die ungewöhnliche Toleranz ist der Sommerflieder. Dieser wintergrüne Halbstrauch lässt sich jeweils im Spätwinter radikal bis ins alte Holz zurückschneiden. Er bringt danach bis zur Blütezeit im Sommer wieder meterlange Triebe hervor. Durch den radikalen Rückschnitt erreicht der vitale Strauch aber nie sein natürliches Ausmaß von mehr als 3 m. Wer weniger stark ins Geäst eingreift und nur die vorjährigen Triebe mitsamt den Samenständen auslichtet, erhält mit den Jahren große Büsche, die üppig blühen. Zum Erhaltungsschnitt dieses ursprünglich chinesischen Zierstrauchs trägt das Ausputzen der welken Blütenstände schon im Sommer bei. Dieser Sommerschnitt verhindert die Ausbildung von Samen und regt noch im Spätsommer zur Entwicklung neuer Blütenrispen im selben Jahr an. Sie sind für Schmetterlinge und andere Insekten wertvoll.

Formschnitt

In England ist das Topiary seit Langem bekannt und gleichbedeutend mit „Formschnittgärtnerei". Durch diese Schnittmethode erhalten die Gehölze ein skulpturelles oder ornamentales Aussehen.

Geeignete Arten

Wie für den Heckenschnitt sind dazu vorzugsweise ausgewählte Gehölz-Arten geeignet. Dazu gehören insbesondere solche Arten, die kleine Blätter haben, wie Liguster und Buchs, oder auch schnittverträgliche Nadelgehölze, wie Eiben und Scheinzypressen.

Buchsbäumchen lassen sich als Einfassungen, Kugeln, Kegel und andere strenge Formen gestalten.

Bei großblättrigen Arten ist nach dem Schnitt mit der Heckenschere eine Nachbehandlung mit der Gartenschere nötig. Dabei werden die beschädigten Blätter jeweils bis auf ein vollständiges Blatt oder auf einen Seitentrieb zurückgenommen.

Buchs   Der heimische Buchs ist in freier Natur selten. Seine besonderen Eigenschaften, vor allem seine Schnittverträglichkeit und sein glänzend grünes Laub machen ihn jedoch zu einer willkommenen Gartenpflanze. Der Buchsbaum oder besser gesagt das Buchsbäumchen lässt sich beliebig formen und gestalten. Man kann es zu Kugeln, Kegel, Säulen und anderen Figuren oder zu niedrigen Hecken zurechtstutzen. Von Natur aus ist der immergrüne Buchs *(Buxus sempervirens)* ein kleiner Baum oder großer Strauch, der bis maximal 8 m hoch werden kann. In freier Natur wachsen Buchsbäumchen im Mittelmeerraum gelegentlich wild. In Deutschland findet man sie nur selten an der Mosel oder am Oberrhein.

Anzucht von Buchs   Wenn ein Buchs als Kronen-Bäumchen gezogen werden soll, ist es nötig, eine ausgewählte Pflanze schon von Jugend an zu beschneiden. Dazu wählt man ein Exemplar, das einen kräftigen, geraden Trieb hat. Alle übrigen Triebe werden weggeschnitten, sodass ein kleines Stämmchen entsteht. Dieses wird nun immer weiter „aufgeputzt" (frei geschnitten), bis die gewünschte Kronenhöhe erreicht ist. Dann lässt man die Seitentriebe wieder wachsen, damit sich eine Krone bildet. Je nach gewünschter Form wird diese Krone streng – etwa in Kugelform – geschnitten oder locker gehalten.

Zwei solche Buchsbaum-Stämmchen sind beispielsweise sehr schöne Spalierbäume am Hauseingang oder – als Kübelpflanzen – besondere Gestaltungselemente auf der Terrasse.

Buchs als Beeteinfassung   Sehr beliebt sind kleine Buchshecken etwa im Bauerngarten. Sie rahmen die Beete grün ein und halten den Phlox, die Pfingstrosen und andere üppige Stauden im Rahmen. Für solche Hecken sind natürlich viele Pflanzen nötig. Vorzugsweise nimmt man schwach wachsende Sorten. Besonders eignet sich *Buxus sempervirens* 'Suffruticosus'. Die Wildform, also *Buxus sempervirens,* ist für solche Hecken weniger geeignet, es sei denn, man nimmt den stärkeren Wuchs und damit auch einen häufigeren Schnitt in Kauf. Keinesfalls sollten Jungpflanzen verschiedener Sorten gemischt werden. Die Hecke wächst sonst unregelmäßig, insbesondere, wenn starkwüchsige Buchs-Sämlinge und schwach wachsende Züchtungen in derselben Reihe stehen. Beim Kauf ist darauf zu achten, dass alle Pflanzen zur selben Sorte gehören. Bei der Vermehrung werden alle Stecklinge dementsprechend von der gleichen Mutterpflanze geschnitten.
Jungpflanzen für den Garten bekommt man auch aus eigener Vermehrung durch Stecklinge oder manchmal günstig in Gartenmärkten als schon kräftige Topfpflanzen. Für einen Meter Hecke sind etwa 10 Exemplare nötig, damit sie bald dicht zusammenwächst. Dazu ist es auch nötig, den Pflanzstreifen nach dem Anwachsen der Jungpflanzen regelmäßig streng zu schneiden. Durch den engen Stand brauchen die Buchsbäumchen eine gelegentliche Düngung, vorzugsweise im Frühjahr nach dem Austrieb. Ein wenig Kompost oder ein anderer organischer Langzeitdünger, der in die Hecke gestreut wird, hält die Pflanzen vital und grün.

Formschnittgehölze können am Eingang als strenge Figuren gezogen werden. Sie brauchen den regelmäßigen Schnitt.

Erziehung

Die Erziehung beginnt mit ausgewählten Jungpflanzen und muss konsequent je nach gewünschter Figur durchgeführt werden. Es empfiehlt sich, mit einfachen geometrischen Formen zu beginnen, die sich frei Hand gestalten lassen. Das können Kugeln, Kegel oder Obelisken sein. Schwieriger ist die Erziehung geradliniger Kastenformen und Pyramiden oder der Schnitt von Tierfiguren, Spindeln und Etageren. Dabei haben sich Hilfsmittel bewährt. Das können Rahmen aus Bambusstäben, Maschendrahtgewebe oder Holzplöcke und Schnüre sein. Diese werden so konstruiert, dass sie die endgültige Form vorgeben. So lässt sich z. B. ein Rahmen für eine Pyramide aus vier Bambusstäben bauen, die über der Pflanze schräg in den

Selbst Schwarzkiefern lassen sich streng in Form bringen. Das muss aber von Jugend an erfolgen.

Boden gesteckt und oben zusammengebunden werden. Während der Erziehung gibt der Rahmen die Größe und Form vor. Alle überstehenden Triebspitzen werden gekappt. Sobald die Pflanze ihre endgültige Form erreicht hat, ist der Rahmen nicht mehr nötig. Die Schere wird dann knapp über den alten Schnittstellen angesetzt. Wie beim Schnitt von Formhecken sind Kahlstellen in den Flanken zu vermeiden. Obwohl die Gehölze verjüngungsfähig sind, darf beim regelmäßigen Trimmen in der Wachstumszeit nicht ins alte Holz geschnitten werden. Zu beschneiden sind immer nur die jungen krautigen Triebspitzen. Der Schnitt kann in dieser Zeit, die etwa von April bis Ende Juni dauert, mehrmals erfolgen, wenn besonders strenge Formen erwünscht sind. Danach wachsen

die meisten Gehölz-Arten weniger stark. Bei Bedarf ist im Spätsommer noch mal ein letzter Schnitt möglich, um starkwüchsige Arten in Form zu bringen. Besonders dann ist sorgsam vorzugehen. Hässliche Löcher in den Flanken bleiben sonst bis zum Neuaustrieb im nächsten Frühjahr sichtbar.

Gartenbonsai

Ein Baum in der Schale (japanisch „bon" = Baum und „sai" = Schale) lässt sich recht frei gestalten oder streng in Form halten, je nach Art und Ansprüchen. Im Handel sind Bonsais von verschiedensten Gehölzen in allen Altersstufen und Erziehungsformen zu bekommen. Es gibt auch ganze Gruppen, die als Landschaften im Kleinformat gestaltet sind. Als Freilandbonsai eignen sich fast alle heimischen Baumarten, ob Eiche, Ahorn, Buche, Pappel, Linde, Apfel, Kirsche, Esche oder Kastanie. Diese und andere Arten lassen sich in flachen Schalen in Form bringen. Dazu brauchen sie jedoch die regelmäßige Pflege und den nötigen Schnitt und im Winter eine Ruhepause auf dem Balkon oder der Terrasse. Anders als „Outdoors" sind nur die „Indoors" für eine ganzjährige Kultur im Haus geeignet. Dazu zählen z. B. Birkenfeigen, Schefflerien und andere Gehölze mit tropischem Ursprung. Die heimischen Gehölze verkümmern, wenn sie ständig drinnen stehen. Sie brauchen den Wechsel der Jahreszeiten und eine kühle Winterpause.

Bonsai als Kulturgut   Im Ursprungsland der echten Bonsais gehört deren Erziehung und Pflege zur Lebensart, sie zeigt den Einklang von Pflanze und Besitzer, den Einklang von Natur und Mensch. In Europa muss man die Kultur von Bonsais nicht so streng nehmen. Hier überwiegt die Freude an der Gestaltung dieser ungewöhnlichen kleinen Bäumchen.

Bonsais sind aus Stecklingen vermehrbar oder durch Samen zu gewinnen. Eine viel einfachere und gängigere Methode besteht darin, sich im Frühling vor dem Austrieb oder im Herbst nach dem Blattfall Jungpflanzen aus dem Garten zu holen. Dazu eignen sich Sämlinge, die in einem Beet wild aufgegangen sind. Das kann eine Vogelkirsche, ein Ahorn, eine Eiche oder ein anderes Gehölz sein. Das ausgewählte Exemplar wird mit Wurzelballen ausgegraben und in eine flache Schale mit Erdsubstrat gepflanzt. Zunächst erhält der Bonsai regelmäßig Wasser und Dünger. Am besten sind für Bonsais organische Düngemittel geeignet, da sie sanfter wirken. Schnell wirksame mineralische Düngemittel, wie z. B. Blaukorn, sollten nach Möglichkeit nicht verwendet werden. Flüssigdünger erfordern eine sparsame und genaue Dosierung. Wie alle Topfpflanzen sollten auch Bonsais nach einer gewissen Zeit umgetopft werden, und zwar Jungpflanzen alle ein bis zwei Jahre, ältere Exemplare im Rhythmus von drei bis vier Jahren. Dazu sollte die Erde einige Tage trocknen, dann lässt sich der Wurzelballen aus der Schale nehmen. Nach dem Ablösen der losen Erde erfolgt der Rückschnitt der Wurzeln etwa um ein Drittel ihrer Länge. Das fördert die Bildung feiner Faserwurzeln, die für die Wasser- und Nährstoffversorgung wichtig sind. Nach dem Wurzelschnitt kommt der Bonsai wieder in die Schale mit frischem Erdsubstrat.

Erziehung und Formgebung   Um den Bonsai in seine typische Form zu bringen, sollte ein bestimmter Habitus als Vorbild dienen. Im Frühjahr vor dem Austrieb werden die Pflanzenteile weggeschnitten, die nicht ins Konzept passen. Bei der Erziehung einer speziellen Gestalt (z. B. einer windgepeitschten Form) kann der Stamm auch mithilfe eines relativ weichen Messingdrahtes die richtige Form erhalten.

Formen   Es gibt die verschiedensten Formen, z. B. den Chokkan, die streng aufrechte Form, den Shakan, die geneigte Form, den Moyogi, die frei aufrechte Form, und den Fukinagashi, die windgepeitschte Form. Wer sich nicht an eine strenge Erziehung halten möchte, kann den Bonsai aber auch frei wachsen lassen und beobachten, was Mutter Natur daraus macht.

Überwinterung   Im Herbst sollten die Pflanzen an einen wind- und wettergeschützten Platz gebracht werden. Dazu eignet sich z. B. ein Kleingewächshaus oder eine geschützte Ecke auf der Terrasse. Die heimischen Gehölze sind zwar winterhart, aber in den flachen Schalen durch strengen Frost gefährdet. Sie dürfen anders als sogenannte Indoors aber nicht im Haus überwintern.

Kornelkirschen sind sehr schnittverträglich. Trotzdem dauert es Jahre, bis sie solche Formen annehmen.

Hecken

Hecken haben einen besonderen Wert als Gartengestaltungselemente. Sie schirmen dicht ab und tragen mit ihrem Blattwerk dennoch zur Begrünung bei. Wildstrauchhecken bringen zudem Blüten und Früchte hervor, die das Gesamtbild auflockern.

Schnittformen

Hecken sind Pflanzstreifen aus sommergrünen oder/und immergrünen Gehölzen, die entweder frei, also strauchförmig breit wachsen oder streng formiert werden – je nach verfügbarem Platz und Zeit zur Pflege. Sowohl Wildstrauchhecken als auch Formschnitthecken sind für Tiere wertvoller als Mauern oder Zäune. Sie bieten Vögeln und Insekten Schutz, Nistplätze und Futter. Zudem stellen sie einen Windschutz dar und verbessern das Kleinklima im Garten. Gut gepflegte Hecken können sehr alt werden, jedenfalls älter als beispielsweise Holzzäune,

Hecken lassen sich aus Laub- und Nadelgehölzen bilden, so wie hier Hainbuchen und Scheinzypressen.

Schöne Heckenpflanzen

Baum- oder Strauchart	natürliche Wuchshöhe	Heckenhöhe
Berberitze *(Berberis thunbergii)*	ca. 2 m	0,50–1 m
Buche *(Fagus sylvatica)*	mehr als 20 m	über 2 m
Buchs *(Buxus sempervirens)*	ca. 2 m	0,50–1 m
Eibe *(Taxus baccata)*	mehr als 10 m	1–2 m
Feld-Ahorn *(Acer campestre)*	mehr als 10 m	über 2 m
Hainbuche *(Carpinus betulus)*	mehr als 20 m	über 2 m
Westlicher Lebensbaum *(Thuja occidentalis)*	mehr als 15 m	über 2 m
Liguster *(Ligustrum vulgare)*	ca. 3 m	1–2 m
Scheinzypresse *(Chamaecyparis-Sorten)*	von 0,50–10 m	0,50 bis über 2 m
Garten-Lebensbaum *(Thuja-Sorten)*	von 0,50–10 m	0,50 bis über 2 m

je nach Art der Gehölze. So hat eine Wildstrauchhecke aus Weißdorn, Kornelkirschen, Haseln und anderen heimischen Gehölzen eine Lebenserwartung von mehr als 50 Jahren. Das gilt auch für streng geschnittene Hecken aus Buchen oder Thujen, wenn sie die nötige Pflege erhalten. Die Auswahl ist vom Standort abhängig. Es gibt ein umfangreiches Sortiment verschiedenster Gehölze, die sich für freiwachsende oder streng geschnittene Hecken empfehlen. Jedes Gartencenter hat ein Sortiment auf Vorrat. Alle erhältlichen Heckenpflanzen sind recht robust und pflegeleicht. Sie gedeihen auf jedem normalen Gartenboden, der falls nötig bei der Pflanzung tiefgründig gelockert wird. Eine Ausnahme stellen Rhododendren dar, die als typische Moorbeetpflanzen sauren Boden brauchen. Sie bekommen eine speziell vorbereitete Pflanzgrube, die mit Rhododendron-Substrat gefüllt wurde.

Geeignete Arten

Die Entscheidung für eine Hecke als lebende Grundstückseinfriedung hat natürlich Folgen. Anders als bei einem Zaun, der seine Form beibehält, muss nach einer Heckenpflanzung mit einer Veränderung gerechnet werden. Es ist deshalb für ein gutes und problemloses Gedeihen ganz wesentlich, welche Pflanzen Sie wählen und einsetzen. Eine kleine Hecke aus Buchsbäumchen lässt sich beispielsweise leichter in Form halten als eine hohe Hecke aus Buchen. Während Buchsbäumchen von Natur aus kleine Büsche bilden, entwickeln sich Buchen zu mächtigen Bäumen. Sie brauchen dementsprechend einen regelmäßigen Schnitt, sonst bringen sie meterlange Zweige hervor, die sich zu dicken Ästen auswachsen! Beachten Sie deshalb vor der Pflanzung die unterschiedlichen Wuchseigenschaften der einzelnen Heckenpflanzen, sonst wachsen Ihnen die ursprünglich kleinen Bäumchen aus dem Gartencenter in wenigen Jahren über den Kopf. Die Wuchseigenschaften sind natürlich auch zu beachten, wenn ganz bewusst hohe Hecken erwünscht werden. Dann sind umgekehrt die Buchsbäumchen fehl am Platz. Sie erreichen allenfalls eine Höhe von 1–2 m und eignen sich nicht für hohe, breite Heckenstreifen. Buchshecken sind ideale Einfassungen für Staudenbeete, Rabatten oder Bauerngärten.

Lockere Blütenhecken mit Forsythien sind besonders im Frühjahr attraktiv.

Immergrüne Hecken aus Laub- und Nadelgehölzen bieten ganzjährig Sichtschutz.

Obsthecken blühen im Frühjahr und fruchten im Sommer. Bei der Erziehung ist ein Spalier hilfreich.

Lockere Hecken

Lockere Hecken sind einfacher als Formschnitthecken zu pflegen. Dazu zählen Blütenhecken, Wildobsthecken und andere Typen, die nicht aus Bäumen, wie Buchen, Hainbuchen oder Lebensbaum, gezogen werden, sondern aus Sträuchern, die sich dafür eignen. Das können je nach Heckentyp ausgewählte Blütensträucher wie Forsythien, Weigelien oder Deutzien sein oder Fruchtgehölze wie Kornelkirschen, Haseln oder Quitten. Ebenso sind natürlich Mischungen aus Blüten- und Fruchtsträuchern möglich und aus anderen Gehölzen, die sich wegen besonderer Eigenschaften als Heckenpflanzen bewährt haben. Dazu zählen beispielsweise immergrüne Laubgehölze wie Kirschlorbeer oder Stechpalmen, die sich in gemischte Hecken aufnehmen lassen. Einige dieser Gehölze sind sowohl für lockere Hecken geeignet, als auch für Formschnitthecken wie Kornelkirschen, Eiben oder Zierquitten.

Obsthecken

Apfel-, Birnen- und Quittenbuschbäumchen fruchten früh und reichlich. Sie passen in kleine Gärten, wo sie kompakte Kronenbäumchen bilden. Sie lassen sich aber auch in Hecken pflanzen. In Kombination mit Kornelkirschen, Haselbüschen und anderen Wildobstarten entwickeln sich schöne, dichte Einfriedungen, die eine Menge Obst tragen. Obsthecken sind in lockerer Form kultivierbar, indem die ausgewählten Sträucher in ausreichenden Abständen in die Reihe gesetzt werden. Sie erhalten dann nur einen gelegentlichen Auslichtungsschnitt. Obsthecken können aber auch streng formiert werden, indem z. B. schwach wachsende Obstbäume als Spalierbäume zum Einsatz kommen. Dazu eignen sich vorzugsweise Spindelbuschbäumchen.

Blütensträucher für Blütenhecken

Art	Blütezeit	Blütenfarbe	Größe (ca)
Alpenrose *(Rhododendron)*	April–Mai	rot, blau, gelb, weiß	0,50–3 m
Bartblume *(Caryopteris)*	August–Oktober	blau	1 m
Blauraute *(Perovskia)*	August–Oktober	blau	1 m
Duft-Schneeball *(Viburnum carlesii)*	April–Mai	weiß	1,50 m
Eibisch *(Hibiscus syriacus)*	Juli–August	weiß, rot, blau	1–2 m
Felsenbirne *(Amelanchier)*	April	weiß	2–3 m
Flieder *(Syringa vulgaris)*	Mai	weiß, blau, rot	3–5 m
Forsythie *(Forsythia)*	April	gelb	2–3 m
Fünffingerstrauch *(Potentilla)*	Mai–Oktober	gelb	1 m
Hartriegel *(Cornus)*	April–Juni (je nach Art)	weiß, gelb, rot	0,20–4 m
Hasel *(Corylus)*	Januar–März	gelb oder rot	3–5 m
Hortensie *(Hydrangea)*	Juni–August	rot, blau, weiß	1–2 m
Kirschlorbeer *(Prunus laurocerasus)*	Mai	weiß	2–3 m
Kolkwitzie *(Kolkwitzia)*	Mai–Juni	rosa	2 m
Kornelkirsche *(Cornus mas)*	Februar–April	gelb	3–5 m
Heckenkirsche *(Lonicera)*	Mai–Juni	weiß-gelb, weiß-rot	2–3 m
Pfeifenstrauch *(Philadelphus)*	Juni–Juli	weiß	2–4 m
Ranunkelstrauch *(Kerria japonica)*	April–Mai	gelb	1–2 m
Rosen, Gartenstrauchrosen *(Rosa)*	Mai–Oktober	je nach Sorte	0,50–1,50 m
Rosen, Wildarten *(Rosa)*	Mai–Juni	weiß, rosa, gelb	1–4 m
Schneeball *(Viburnum)*	Dezember–Juni (je nach Art)	weiß	0,50–3 m
Sommerflieder *(Buddleja)*	Juni–September	rot, weiß, blau	2–3 m
Spierstrauch *(Spiraea)*	Mai–September	weiß, rosa	0,50–2 m
Weigelie *(Weigelia)*	Mai–Juni	rosa	1–3 m
Winter-Schneeball *(Viburnum farreri)*	Februar–April	rosa	1,50–2 m
Zaubernuss *(Hamamelis)*	Januar–April	gelb, rot	2–3 m
Zier-Apfel *(Malus)*	April–Mai	weiß, rot	3–4 m
Zierjohannisbeere *(Ribes sanguineum)*	April–Mai	rot	1–2 m
Zier-Kirsche *(Prunus)*	April–Mai	rosa	1–5 m
Zierquitte *(Chaenomeles)*	April–Mai	rot	1–2 m

Die Thujensorte 'Smaragd' bleibt auch ohne Schnitt von Natur aus schmal.

Hecken pflanzen

Grundsätzlich brauchen alle Heckenpflanzen einen tiefgründigen Boden. Immerhin stehen sie unnatürlich dicht in der Reihe zusammen, drei bis vier Exemplare pro Meter, sodass sie sich gegenseitig behindern. Falls nötig, muss der Boden gelockert und mit guter Gartenerde oder Kompost verbessert werden. Das fördert das Anwachsen und kommt der weiteren Entwicklung zugute. Wurzelnackte Jungpflanzen brauchen einen Pflanzschnitt.

Die Heckengestaltung ist in verschiedenen Formen möglich. Bewährt hat sich besonders eine konische Form.

Das erleichtert das Anwachsen. Ballenpflanzen oder Container-Gehölze wachsen auch ohne Rückschnitt zügig an. Alle Typen müssen nach der Pflanzung tiefgründig mit Wasser eingeschlämmt werden. Bei Trockenheit ist die Bewässerung auch weiterhin während der Anwachsphase nötig.

Erziehung in den ersten Jahren
Zunächst darf die junge Hecke bis zur gewünschten Höhe aufwachsen. Bei guter Entwicklung lassen sich bereits im ersten Jahr nach der Pflanzung die Flanken trimmen, und zwar leicht schräg, sodass die Hecke nach dem Schnitt unten breiter ist als oben. Wenn sie die gewünschte Höhe erreicht hat, wird sie in dieser Höhe gehalten und jedes Jahr zurückgeschnitten. Der Sommerschnitt der Hecke ist leicht mit der Heckenschere zu bewältigen, weil nur die weichen Spitzentriebe gekappt werden. Ins alte Holz wird nicht geschnitten. Der jährliche Schnitt ist nötig, sonst treiben vor allem stark wachsende Arten kräftig durch und es entwickeln sich dicke Triebe, die kaum noch mit der Heckenschere zu bewältigen sind. Vernachlässigte Formschnitthecken lassen sich nur noch mit der Astschere wieder in Form bringen.

Hecken schneiden

Wenn der Schnitt bei Hainbuchen-, Buchen-, Liguster-, Feld-Ahornhecken und anderen sommergrünen Formhecken ein oder mehrere Jahre versäumt wurde, müssen sie verjüngt und wieder in Form gebracht werden. Im Sommer ist das nicht mehr möglich, weil der Saftverlust durch den nötigen Schnitt ins alte Holz zu groß wäre. Besser sind milde Tage im Spätwinter, wenn die Gehölze noch nicht „im Saft sind" und die Wunden noch nicht „bluten". Immerhin müssen eine Menge dicker Triebe abgeschnitten werden und das verkraften die Gehölze in der Saftruhe besser als in der Vegetationszeit.

Wie weit wird zurückgeschnitten?

Als Erstes ist festzulegen, wie weit beziehungsweise wie stark zurückgeschnitten werden muss. In der Regel gilt der alte Heckenkorpus zur Orientierung, das heißt, die durchgetriebenen Zweige werden knapp über den alten Schnittstellen gekappt. Dazu ist gutes Werkzeug nötig – eine scharfe Astschere und eventuell eine Säge, wenn die Hecke schon lange nicht mehr geschnitten wurde. In der Regel sind die alten Schnittstellen leicht zu finden, sodass sich die Hecke einfach wieder in Form bringen lässt. Andernfalls oder wenn der letzte Schnitt schon Jahre zurückliegt, muss die Form neu festgelegt werden. Buchen, Hainbuchen, Feld-Ahorn, Kornelkirschen und andere laubabwerfende Heckenpflanzen sind sehr schnittverträglich und nehmen selbst einen scharfen Rückschnitt hin. Sogar dicke Stämme treiben nach dem Rückschnitt wieder aus. Sobald die gewünschte Höhe und Breite festgelegt sind, wird die Hecke in die gewünschte Form gebracht. Rissige Sägewunden sind mit einem Messer nachzuschneiden, große Wunden bekommen einen Wundverschluss mit künstlicher Rinde.

Immergrüne Laubholzhecken   Während sommergrüne Laubholzhecken einen kräftigen Rückschnitt vertragen, reagieren immergrüne empfindlicher. Buchsbaum-, Berberitzen- und Feuerdornhecken verjüngen sich schlecht aus dem alten Holz und brauchen ziemlich lange, bis sie nach einem kräftigen Rückschnitt wieder dicht zusammenwachsen. Dennoch kann eine Verjüngung nötig sein, etwa bei der Übernahme eines verwilderten Gartens oder infolge von Frostschäden. Am besten bringt man sie im Spätwinter mit der Astschere wieder in Form und schneidet sie dann im Sommer nach. Das gilt auch für Kirschlorbeer- und Rhododendronhecken, die wegen ihrer großen Blätter ohnehin weniger streng geformt und grundsätzlich nur mit der Astschere geschnitten werden. Damit sind Verletzungen der Blätter zu vermeiden.

Beim Winterschnitt einer Buchenhecke werden die jungen Triebe bis auf die Austriebstellen zurückgenommen.

Feuerdorn bildet dichte, dornige Hecken, die im Frühjahr blühen und im Herbst fruchten.

Nadelgehölzhecken   Thujen-, Schein-zypressen-, Fichten- und andere Nadelholz-Hecken sind zwar sehr schnittverträglich, wenn immer nur die Spitzentriebe gekappt werden, die Verjüngung und damit den Schnitt ins alte Holz vertragen sie jedoch schlecht. Keinesfalls dürfen die Flanken stark gestutzt werden, denn die Löcher die dabei entstehen, wachsen kaum noch zu. Bei einem kräftigen Rückschnitt der Flanken müssen die Triebe auf jeden Fall noch einige Nadeln haben, sonst treiben sie gewöhnlich nicht mehr aus. Den Rückschnitt in der Höhe verkraften sie besser. Aber auch oben sollten sie maßvoll abgestuft und nicht zu stark ge-stutzt werden. Das gilt im Übrigen auch für sommergrüne Nadelholzhecken, insbesonde-re für Lärchen.

Hecken mit lockerem Wuchs   Blü-tenhecken, Fruchtstrauchhecken und Wild-strauchhecken werden so gepflanzt, dass jeder Strauch genügend Abstand zur Entfal-tung hat und dennoch ein dichter Pflanzstrei-

fen entsteht. Solche Hecken brauchen wenig Pflege und keinen regelmäßigen Schnitt. Ein gelegentlicher Auslichtungsschnitt alle drei bis vier Jahre genügt. Dabei werden alte, vergreiste und zu dicht stehende Äste in Bodennähe entfernt, sodass junge Triebe Platz zum Wachsen haben. Falls nötig, lassen sich verwilderte oder vergreiste Hecken auch kräftig auslichten. Sie erneuern sich schnell wieder. Die beste Zeit dazu ist im Winter in der Saftruhe. Bei Gehölzen aus Frühjahrsblü-hern wartet man bis nach der Blütezeit.

Fruchtstrauchhecken   Fruchtende Wildgehölzhecken, etwa aus Holunder, Ha-seln, Kornelkirschen und anderen Arten, brauchen nur einen gelegentlichen Aus-lichtungsschnitt. Sie verkraften aber wie andere lockere Hecken auch eine kräftige Verjüngung. Dies gilt insbesondere für Johan-nisbeer- oder Brombeerhecken, die infolge eines starken Schädlingsbefalls oder einer

Krankheit radikal gestutzt werden können. Selbst nach dem Rückschnitt aller Triebe bis zum Boden verjüngen sie sich wieder.

Stark wuchernde Hecken   Hecken aus Schlehen, Hartriegel und anderen wuchernden Gehölzen, die sich kräftig durch Wurzelausläufer ausbreiten, sind für kleine Hausgärten ohnehin ungeeignet. Wo sie wachsen dürfen, brauchen sie keinen Schnitt. Wo sie jedoch stören, müssen die jungen Ausläufer immer wieder ausgegraben und beseitigt werden. Falls nötig, dämmt man sie mit Randstreifen oder anderen Barrieren ein.

Verbundhecken   Hecken, die aus zwei, drei oder mehr Reihen verschiedener Gehölze bestehen, werden wie alle lockeren Hecken nur gelegentlich ausgelichtet, um die ständige Verjüngung zu fördern. Weiterhin empfiehlt es sich, hohe Gehölze in der Hecke mit Stamm, etwa Hainbuchen, Feld-Ahorn oder Ebereschen, nach und nach aufzuputzen. Das heißt, die unteren, an den Stämmen sitzenden Zweige werden entfernt, damit die benachbarten strauchartigen Gehölze Platz bekommen.

Hecken verjüngen   Hecken werden 50 Jahre alt und älter, je nach Gehölzart und Pflege. Mit der Zeit verlieren sie jedoch ihre Vitalität und einzelne Pflanzen in der Hecke sterben ab. Wenn es sich noch lohnt, das heißt, wenn die Hecke insgesamt noch ausreichend dicht und wüchsig ist, sind die abgestorbenen Pflanzen durch Jungpflanzen zu ersetzen. Beim Ausgraben sind die Wurzeln der gesunden Nachbarpflanzen zu beachten und zu schonen. Die verbrauchte Aushuberde ist am besten durch frische, gute Gartenerde zu ersetzen. Die jungen Heckenpflanzen wachsen so recht gut an. Sie fügen sich in wenigen Jahren in die alte Hecke ein und machen sie wieder dicht.

Hecken pflegen

Natürlich fordert eine Verjüngung eine Menge Substanz von den Gehölzen, was natürlich Kraft kostet. Der Verlust ist durch die Düngung auszugleichen. Gut geeignet, weil langsam wirkend, ist Kompost, der unter den Heckensträuchern verteilt wird. Auch andere organische Langzeitdünger wie etwa Hornspäne tragen zur Nährstoffversorgung bei. Zudem kann das Schnittgut nach dem Häckseln der Hecke als Mulch zur Flächenkompostierung wieder zugeführt werden.

1. Eine verwilderte Buchenhecke kann im Winter verjüngt werden. Zunächst ist festzulegen, wie weit zurückgeschnitten wird.

2. Vor dem Abstufen in der Höhe werden die Flanken getrimmt. Das gelingt mit Astschere und Säge.

3. Danach kann der Rückschnitt in der Höhe erfolgen. Dazu dienen die alten Schnittstellen als Richtlinien.

Clematis

Waldreben haben sich als Kletterpflanzen mit prächtigen Blüten in vielen Gärten etabliert und passen wunderbar zu Rosen, Stauden und Gehölzen, wachsen an Fassaden, Obelisken und Pergolen genauso gut wie in Hecken und Gehölzen.

Pflanzung

Clematis werden mit Topfballen verkauft, daher kann man sie fast ganzjährig pflanzen. Die beste Pflanzzeit ist jedoch von August bis Oktober. Die Waldpflanzen brauchen einen sehr humosen, durchlässigen, nicht zu schweren Boden. Bei staunassem Untergrund sollten Sie Sand einarbeiten und eine Dränage legen. Die großblumigen Hybriden pflanzt man so tief, dass sich die Oberkante des Topfballens rund 10 cm unter der Erdoberfläche befindet, die Wildarten und ihre Sorten werden ebenerdig gepflanzt. Tragen Sie nach dem Pflanzen eine Mulchschicht auf und beschatten Sie den Fuß der Pflanzen. Eine senkrecht eingegrabene Betonplatte schützt die Clematis vor Wurzelkonkurrenz, insbesondere durch benachbarte Gehölze.

Die Berg-Waldrebe *(C. montana)* wird nicht geschnitten und blüht im Frühjahr.

Die *Clematis tangutica,* eine Wildart, blüht im Sommer an den jungen Trieben.

Schnittgruppen

Man teilt die verschiedenen Arten und Sorten der Clematis in drei Schnittgruppen ein, die unterschiedlich behandelt werden.

Gruppe 1
Die erste Gruppe umfasst alle stark wachsenden Wildarten und Zuchtsorten, die im Frühling an vorjährigen Trieben ihre Blüten tragen. Man lässt diese Arten in der Regel ungeschnitten. Bekannteste Beispiele sind die Alpen-Waldrebe *(C. alpina)* und die Anemonen-Waldrebe *(C. montana*-Sorten).

Gruppe 2
Die Clematis der zweiten Gruppe blühen zweimal pro Jahr. Im Frühjahr oder Frühsommer an den vorjährigen Trieben und im Spätsommer an den neuen Trieben. Man lässt im Frühjahr die kräftigsten Triebe für die erste Blüte stehen und schneidet die schwächeren um die Hälfte zurück, um einen starken Neuaustrieb für die Blüte im Spätsommer anzuregen. Die meisten großblumigen Hybriden wie 'Nelly Moser', 'The President', und 'Lasurstern' gehören zu dieser Gruppe.

Gruppe 3
Die dritte Gruppe wird jährlich im Frühjahr stark zurückgeschnitten, denn sie blühen ausschließlich im Sommer am neuen Holz. Zu dieser Gruppe zählen die Gold-Waldrebe *(C. tangutica)* und die Italienische Waldrebe *(C. viticella)* inklusive aller Sorten. Der Rückschnitt ist jedoch nicht zwingend nötig. Diese Waldreben bringen auch ohne Rückschnitt jedes Jahr zuverlässig Blütentriebe aus dem alten Holz.

Großblumige Clematis blühen im Sommer und werden im Frühjahr geschnitten.

Das Ausschneiden der welken Blütentriebe regt zur Entwicklung neuer Blüten an.

Andere Kletterpflanzen

Diese Pflanzengruppe wächst in die Höhe und kann leicht Hauswände in Blütenmeere oder Lauben in duftende Oasen verwandeln. Schnell wachsende Vertreter können darüber hinaus auch für einen raschen Sichtschutz am Sitzplatz oder zur Straße hin schaffen.

Schnitt

Beim Schnitt ist neben der Pflanzenart auch die Klettertechnik zu beachten. Selbstklimmer brauchen in der Regel keinen Schnitt. Sie sollen ihre Triebe möglichst rasch über

Beim Blauregen dürfen nur die jungen Triebe eingekürzt werden. Ein Rückschnitt ins alte Holz ist zu vermeiden.

die ganze Wand verteilen. Schlinger lenkt man auf die Kletterhilfe; nur abweisende Triebe werden geheftet oder entfernt, wenn sie stören. Auch die Ranker dürfen ungehindert wachsen; nur die im Sommer blühenden Waldrebensorten vertragen einen Rückschnitt im Frühjahr. Spreizklimmer, insbesondere Kletterrosen und der Winter-Jasmin, werden nur ausgeputzt. Je nach Art und Sorte sind besondere Schnitt-Techniken zu beachten, die bei den Pflanzenbeschreibungen erläutert sind.

Blauregen *(Wisteria)*   Am Wandspalier wird der Haupttrieb zurückgeschnitten, damit er sich verzweigt. Die jungen Triebe lassen sich dann gleichmäßig am Spalier verteilen. Blauregen blüht auch ohne Schnitt jedes Jahr regelmäßig und reichlich. Das heißt, der Schnitt ist nur zur Erziehung des gewünschten Spaliers, Fächers oder einer anderen Form nötig. Um den starkwüchsigen Schlinger jedoch in Zaum zu halten, werden im Winter die jungen Triebe auf wenige Knospen eingekürzt. Diese bringen dann im April besonders üppige Blütentrauben hervor. Das gilt auch für die kurzen Blütentriebe, die er von selbst entwickelt. Solche Triebe dürfen nicht weggeschnitten werden.

Strahlengriffel *(Actinidia)*   Falls nötig, werden im Spätwinter wie beim Wein die jungen Triebe bis auf wenige Knospen eingekürzt. Aus den verbliebenen Knospen bilden sich schon im Frühjahr wieder Blütentriebe.

Akebie *(Akebia)*   Sie braucht keinen besonderen Schnitt, verträgt ihn aber, wenn sie zu groß wird oder unten verkahlt. Der

Rückschnitt erfolgt – falls nötig – nach der Blüte, damit sie sich während des Sommers verjüngt und Blütentriebe für das nächste Jahr entwickelt.

Trompetenblume *(Campsis)*   Sie sollte möglichst wenig geschnitten werden, obwohl sie den Rückschnitt – falls nötig im Frühjahr – gut verträgt, denn sie blüht an einjährigen Trieben, also an den jungen Trieben, die sie bis zum Sommer entwickelt.

Efeu *(Hedera)*   Falls nötig, kann man Fenster oder andere Gebäudeteile freischneiden. Ansonsten braucht er keinen Schnitt. Neben der kletternden Form gibt es eine nichtkletternde Form, die aus Alterstrieben vermehrt wird. Sie entwickelt keine Haftwurzeln und bildet kleine Büsche.

Winter-Jasmin *(Jasminum nudiflorum)*   Die sommergrünen Triebe spreizen sich zwischen die Sprossen der Kletterhilfe ein und erreichen eine Höhe von etwa 3 m. Je dichter die schwachen Triebe stehen, umso üppiger erscheint die Blüte, die bei mildem Wetter schon im Winter einsetzt. Ein Schnitt ist daher unnötig.

Geißblatt *(Lonicera)*   Die schlingenden Arten wie Waldgeißblatt *(L. caprifolium)* oder das Immergrüne Klettergeißblatt *(L. henryi)* brauchen kaum zugeschnitten werden. Alte,

Der Blauregen erreicht eine Höhe von mehr als 10 m. Der Schlinger braucht Pfosten, Spanndrähte oder ähnliche Kletterhilfen.

unten verkahlte Pflanzen lassen sich durch einen Rückschnitt zur Verzweigung und Verjüngung anregen.

Wilder Wein *(Parthenocissus)*   Die Jungfernrebe *(P. tricuspidata)* sowie der Engelmann-Wein klettern mit Saugranken, während der Wilde Wein *(P. quinquefolia)* ein sogenannter Sprossranker ist und sich nicht zur Wandbegrünung, sondern besser für Drahtzäune, eignet. Wo sie wachsen dürfen, brauchen beide Formen keinen Schnitt, nehmen allerdings einen Rückschnitt ohne Schaden hin, wenn z. B. Fenster freigeschnitten werden.

KOSMOS

T I P P

Veredelte und wurzelechte (durch Stecklinge oder Ableger vermehrte) Blauregen blühen zuverlässiger als Sämlinge. Beim Kauf von Jungpflanzen ist darauf zu achten, dass es sich um blühfähige Pflanzen handelt. Diese sind an der Veredelungsstelle am Wurzelhals erkennbar.

Rosen

Ein regelmäßiger Rückschnitt ist für Rosen sehr wichtig, damit sie üppig blühen. Die Pflanzen werden dadurch verjüngt und treiben im Frühjahr wieder kräftig neu aus.

Der Rückschnitt welker Blüten fördert den Austrieb neuer Blütenstände.

Schnitttechnik

Die richtige Technik ist für die Gesundheit der Triebe und die weitere Entwicklung besonders wichtig. Die Triebe werden oberhalb eines Auges schräg abgeschnitten. So kann kein Wasser auf der Schnittstelle stehen bleiben oder sich im Markkanal sammeln, was zu Fäulnis führen kann. Damit das Auge nicht verletzt wird, darf nicht zu knapp am Auge geschnitten werden. Ist der Schnitt zu tief, besteht die Gefahr, dass das Auge eintrocknet, bleibt zu viel stehen, können am Ende Krankheitserreger in den Zweigstumpf eindringen. Der viel zitierte Hinweis, nur „auf Außenauge" zu schneiden, das heißt, immer über einem nach außen zeigenden Auge zu schneiden, ist nicht unbedingt sinnvoll. Vor allem bei den niedrig bleibenden Bodendeckerrosen ist dies nicht nötig.

Auf die Form achten   Beim Rückschnitt erfrorener Triebe achtet man auf Knospen und schneidet sie jeweils knapp über einer Knospe bis ins gesunde Holz zurück. Bei gesund überwinterten Rosen schneidet man kräftige Triebe lang zurück, also auf 6–7 Augen, von schwachen Trieben bleiben nur kurze Stummel mit 3–4 Augen stehen. Es ist nicht nötig, die Augen zu zählen. Es genügt, wenn jeder Rosenstock eine gleichmäßige Form mit gut verteilten Trieben erhält. Jeder Busch sollte wenigstens 3–4 gesunde Triebe haben. Rosen, die nur wenige Triebe haben, lassen sich durch einen kräftigeren Rückschnitt zur besseren Verzweigung anregen. Dagegen werden bei dichten Büschen alle schwachen oder nach innen wachsenden Triebe an der Austriebsstelle weggeschnit-

Beim Schnitt darf die Schere nicht zu knapp am Auge angesetzt werden, sonst trocknet es ein und stirbt ab.

Erfrorenes Holz ist an der Farbe erkennbar. Der Rückschnitt erfolgt bis auf einen jungen Trieb oder eine gesunde Knospe.

ten, denn zu dichte Sträucher sind krankheitsanfälliger als ein lichtes Strauchwerk. Knospen, die vom Strauch wegweisen, bringen nach außen wachsende Triebe hervor. Durch den Schnitt auf Außenaugen bilden sich lockere Büsche. Die Schere sollte weder zu knapp an den Knospen, noch zu weit weg davon angesetzt werden. Zu knappe Schnitte können die Austrocknung der Knospen verursachen, zu lange Zapfen werden dürr und sind anfällig für Pilzerkrankungen. Günstig wirkt sich eine schräge Schnittführung jeweils 1 cm über den Knospen aus.

Schnittzeitpunkt

Die beste Zeit für den Schnitt aller veredelten Rosen ist etwa im März, nachdem die strengen Fröste vorbei sind. Bei zu frühem Schnitt kann ein unerwarteter, strenger Spätfrost noch Schäden verursachen. Ein milder Spätwintertag ist ideal. April ist zu spät! Grundsätzlich ist es bei allen Rosen wichtig, erfrorenes Holz zu entfernen beziehungsweise bis ins gesunde Holz zurückzuschneiden. Die erfrorenen Triebe sind leicht durch die schwarze, braune oder braun-rote Farbe von gesunden je nach Art grünen bis grün-roten Trieben zu unterscheiden. Oft ist auch die Rinde rissig. Nach einem strengen Winter können auch die kräftigen Triebe zurückgefroren sein. Nach einem milden Winter sind gewöhnlich nur die Triebspitzen und die schwachen Triebe erfroren.
Heimische robuste Wildrosen sind weniger empfindlich und vertragen den Schnitt auch zu einem früheren Termin. Sie müssen – falls nötig – ohnehin nur ausgelichtet werden.

Die Englische Rose 'Graham Thomas' ist eine Strauchrose mit duftenden Blüten.

Sommerschnitt   Edelrosen bringen den ganzen Sommer hindurch ständig neue Blütentriebe hervor, wenn die welken Blüten immer wieder ausgeschnitten werden. Dabei ist darauf zu achten, dass der Schnitt über einer Knospe erfolgt. Die Knospen sitzen verborgen in einer Blattachsel. Die Schere wird deshalb knapp über einem Blatt angesetzt. Nach dem Rückschnitt treibt die Knospe mit einem neuen Blütentrieb kräftig aus. Außerdem treiben auch die nachstehenden Knospen aus den Blattachseln aus und entwickeln neue Blütentriebe.

Herbstschnitt   Der Rosenschnitt im Herbst dient nur dazu, welke Blüten, Fruchtansätze und krankes Laub rechtzeitig zu beseitigen. Allenfalls werden die Rosentriebe ein wenig eingekürzt. Der Rückschnitt darf noch nicht erfolgen. Sonst müssen die

Pflanzen den kommenden Winter mit verminderter Triebsubstanz überstehen. Bei strengem Frost kann es geschehen, dass die gestutzten Büsche erhebliche Frostschäden abbekommen. Der Rückschnitt erfolgt grundsätzlich immer erst nach dem Winter, zumal dann auch Frostschäden zu behandeln sind. Im Übrigen grünen und blühen manche Sorten bei mildem Wetter bis in den Winter hinein weiter. Es wäre schade um die schönen Blüten und Blätter.

Pinzieren   Infolge des Winterschnitts bringen die Rosen im Frühjahr kräftige Triebe hervor, die dann ihre Blütenknospen ansetzen. Wenig verzweigte Büsche lassen sich bereits während des Austriebs zur besseren Verzweigung anregen. Die Gärtner in den Ro-

Der Rückschnitt nach der Blüte erfolgt bis zum ersten fünfzähligen Fiederblatt.

Wildtriebe aus der Unterlage von veredelten Rosen müssen entfernt werden.

senschulen nutzen diesen Kunstkniff namens „Pinzieren" zur Erziehung buschiger Pflanzen, die im Herbst bereits verkaufsfertig sind. Dazu werden die noch weichen Triebe etwa um die Hälfte eingekürzt. Dadurch bringen sie aus schlafenden Augen Seitentriebe hervor. Dieser Grünschnitt geht nicht auf Kosten der Blüten. Wenn er rechtzeitig im Mai erfolgt, entwickeln sich bereits bis zur Hauptblütezeit im Juni neue Blütentriebe. Genauso lassen sich die Rosen den Sommer hindurch zum Austrieb neuer Blütentriebe anregen, indem verwelkte Blüten jeweils bis auf eine Blattachsel zurückgeschnitten werden. In jeder Blattachsel sitzt ein schlafendes Auge, dass in wenigen Wochen wieder einen neuen Blütentrieb hervorbringt. Ebenso kann auch der Schnitt von Blüten für die Vase zur Bildung neuer Blütentriebe beitragen, wenn er gezielt erfolgt. Selbst im Spätsommer lassen sich so noch neue Blütentriebe fördern.

Gesundheit

Während der Saison können kleine Eingriffe mit der Schere auch zur Gesunderhaltung beitragen. Insbesondere sind Triebe und Blätter, die offensichtlich von Pilzkrankheiten wie Mehltau, Sternrußtau und/oder Rost befallen sind, unverzüglich auszuschneiden und zu vernichten, bevor sie andere Pflanzenteile oder benachbarte Rosen infizieren.

Wildtriebe entfernen

Wildtriebe wachsen aus der Veredelungsunterlage. Die Triebe der starkwüchsigen Hundsrose *(Rosa canina)* sind deutlich am starken Wuchs und an den typischen kleinen Blättern erkennbar. Sie müssen gründlich freigelegt und unterhalb der Veredelungsstelle im Boden abgeschnitten werden. Das Abschneiden über dem Boden fördert nur ihre Verzweigung und schadet eher, als es nützt.

Spezieller Schnitt

Edel- und Beetrosen   Je kräftiger der Rückschnitt bei Beet- und Edelrosen vorgenommen wird, desto wüchsiger und blühwilliger sind die jungen Triebe, die sich aus den Augen an den Schnittstellen entwickeln. Beet- und Edelrosen werden etwa auf ein Drittel ihrer Wuchshöhe eingekürzt, also auf 20–30 cm. Dabei sollte altes und abgestorbenes Holz sorgfältig entfernt werden.

Strauchrosen   Die öfterblühenden Strauchrosen, die genau wie Beet- und Edelrosen am einjährigen Holz blühen, werden

ebenfalls im Frühjahr auf etwa die Hälfte ihrer vorherigen Wuchshöhe zurückgeschnitten. Wichtig beim Schnitt ist, dass dünnes und abgestorbenes Holz, aber auch sehr alte, vergreiste Triebe direkt über dem Boden entfernt werden – die Pflanze verjüngt sich so selbstständig.

Einmalblühende Strauchrosen werden im Gegensatz zu den öfterblühenden Sorten gleich nach der Blüte ausgelichtet, da ein kräftiger Rückschnitt im Winter die Blühleistung im folgenden Sommer stark reduzieren würde.

Kleinstrauchrosen   Kleinstrauchrosen in flächiger Pflanzung müssen nicht in jedem

1.

Gesunde kräftige Edelrosen sollten nicht zu kurz geschnitten werden. Sie brauchen sonst unnötig viel Kraft, um ihre Substanz zu erneuern.

2.

Ein derartig starker Rückschnitt ist nur dann nötig, wenn die Triebe weit zurückgefroren und nicht mehr austriebsfähig sind.

3.

Bei öfterblühenden Strauchrosen genügt es, wie bei Beet- und Edelrosen, die Triebe etwa um die Hälfte einzukürzen. Altes Holz wird dabei mit entfernt.

4.

Die einmalblühenden Strauchrosen erhalten den Auslichtungsschnitt nach der Blüte. Ein Winterschnitt hätte einen Verlust von Blütentrieben zur Folge.

5.

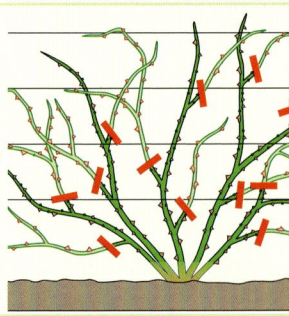

Bei öfterblühenden Kletterrosen sind insbesondere schwache, nach innen wachsende und überkreuzte Triebe auszuschneiden. Zudem wird krankes Holz entfernt.

6.

Einmalblühende Kletterrosen erhalten den Rückschnitt bereits im Sommer nach der Blüte. Sie bilden dann bereits wieder neue Blütentriebe für das nächste Jahr.

Die Kartoffelrose bildet große Hagebutten.
Welke Blüten deshalb nicht ausputzen!

Jahr zurückgeschnitten werden. Zudem sind die meisten Sorten so robust, dass eine Heckenschere zum Einsatz kommen kann.

Kletterrosen   Ein moderater Rückschnitt im Frühjahr sorgt bei öfterblühenden Kletterrosen für einen reichen Blütenflor im folgenden Sommer. Junge, kräftige Triebe haben dabei immer Vorrang.
Bei einmalblühenden Kletterrosen würde ein kräftiger Rückschnitt im Winter die Blüten des folgenden Jahres kosten. Sie werden deshalb im Sommer nach der Blüte vorsichtig ausgelichtet.

Hochstamm- und Trauerrosen
Rosenstämmchen schneidet man im Prinzip wie Edel- oder Beetrosen, weil es sich ja auch um solche Typen handelt. Sie wurden nur auf Stämmchen veredelt. Allerdings brauchen sie gewöhnlich weniger stark geschnitten und meistens nur ausgeputzt und ein

wenig ausgelichtet zu werden, weil sie den Winter geschützt in einer dicken Reisig- oder Strohpackung überstanden haben. Trauerrosen sind auf Hochstamm veredelte Kletterrosen und werden wie diese behandelt.

Wildrosen   Wildrosenarten werden wie normale Ziersträucher ausgelichtet. Es genügt, drei bis fünf alte Triebe an der Basis wegzuschneiden und schwaches Holz herauszunehmen. Wildrosen müssen nicht gestutzt werden. Ein derartiger Rückschnitt hätte nur einen unschönen besenartigen Wuchs zur Folge und würde dem natürlichen lockeren Habitus widerstreben. Ausläufertreibende Arten lassen sich besser mit dem Spaten als mit der Schere in Zaum halten, falls sie andere Pflanzen bedrängen. Die Vitalität ist bereits bei der Auswahl und Pflanzung zu beachten.

Obstgehölzschnitt

Reiche Ernten, gesundes Laub und eine lange Lebenszeit von Obstbäumen und -sträuchern sind das Ergebnis richtiger Schnittmaßnahmen. Außerdem wird durch den regelmäßigen Schnitt eine kontinuierliche Verjüngung angeregt und das Vergreisen der Obstbäume und -sträucher verhindert.

Grundlagen

Jedes Obstgehölz wächst, blüht und fruchtet grundsätzlich auch ohne Schnitt. Der Schnitt ist nötig, um die Gestalt der Gehölze zu formen und schöne Pflanzen zu erziehen, um sie gesund zu erhalten und schließlich auch, um den Ertrag zu fördern.

Anders als im Erwerbsobstbau haben Obstgehölze im Garten als Gestaltungselemente einen besonderen Wert. Die meiste Arbeit ist für die Erziehung der Obstgehölze erforderlich. Nach etwa 3–4 Jahren ist die Kronenform der Jungpflanzen festgelegt und dann müssen sie meist nur noch weiter ausgebaut, ausgelichtet und in Form gehalten werden. Dazu ist es nötig, zu steile Seitentriebe abzulenken, nach innen wachsende Triebe auszuschneiden und schwaches Holz zu entfernen. Am bestehenden Astgerüst wird normalerweise nichts mehr geändert, damit sich die Gehölze möglichst naturnah und ungehindert entfalten können.

Größe & Wüchsigkeit

Der größte Fehler wird meistens schon bei der Auswahl der Pflanzen beziehungsweise bei der Wahl der Unterlagen gemacht. Standort, Wuchsstärke und -form beeinflussen das Wachstumsverhalten. Oft scheitert man an der Vitalität der Pflanzen, wenn sie durch den Schnitt kompakt gehalten werden sollen. Ein starker Rückschnitt hat immer einen kräftigen Austrieb zur Folge. Grundsätzlich eignen sich für kleine Gärten nur klein bleibende Gehölze, wie Beerenobst oder Sorten auf schwach wachsenden Veredelungs-Unterlagen, wie Spindelbuschbäume oder kleinkronige Züchtungen. Für mehrere Hochstamm-Apfelbäume, Süßkirschen (mit Ausnahme der Zwergformen) und einen Nussbaum reicht der Platz oft nicht. Auch bei der Übernahme eines Gartens mit zu dichtem Obstgehölzbestand ist es meist besser, einen Teil der Gehölze zugunsten der erhaltenswerten zu fällen.

Apfelbäume blühen auch ohne Schnitt reich, die Fruchtqualität ist dann aber nicht so gut.

Naturnahen Wuchs fördern   Die Natur sichert den Erhalt der Pflanzen. Bei Windbruch, bei Fraßschäden durch Tiere und andere Verletzungen bringen die Gehölze neue Triebe hervor, um den Verlust auszugleichen. Je nach Größe der Verletzung treiben sie schwach oder kräftig. Auch der Schnitt ist eine Verletzung und hat einen mehr oder weniger starken Austrieb zur Folge, je nachdem, ob viel oder wenig weggeschnitten wird. Deshalb ist es grundsätzlich am besten, möglichst wenig wegzuschneiden, um die Pflanzen nicht unnötig zum Treiben anzuregen. Allerdings kann der gezielte Austrieb aber wünschenswert sein, so etwa, wenn eine Krone eine Lücke hat und durch den gezielten Schnitt ein Zweig in diese Lücke gelenkt wird – in diesem Fall durch das Einkürzen eines nebenstehenden Zweiges auf eine Knospe, die in diese Lücke weist.

Wuchsrichtung lenken   Wenn ein Trieb knapp über einer Knospe abgeschnitten wird, so treibt aus dieser Knospe ein neuer Trieb, der natürlich nicht völlig gerade aufrecht wächst, sondern ein wenig vom Trieb wegweist (je nach Art, bei Birnen steiler, bei Äpfeln mehr waagerecht).
Durch den gezielten Schnitt auf Augen (Knospen) kann man einen Trieb in eine beliebige Richtung lenken und damit auch ein Gehölz fast beliebig formen. Beim naturnahen Obstbaumschnitt hat diese Eigenschaft vor allem bei der Erziehung lichter, offener Kronen einen praktischen Nutzen. Denn Gehölze, die sehr steil aufrecht wachsen und dichte Kronen entwickeln, werden durch das „Ablenken auf Außenaugen" (also durch das Abschneiden der steilen Triebe über nach außen weisenden Knospen) breiter und nach oben offener. Dadurch kann mehr Licht in die Krone und dies ist unter anderem für die Verbesserung der Nährstoffversorgung (Assimilation) wichtig, zumal verhindert wird, dass

die Krone innen verkahlt. Ein nahezu waagerechter Wuchs der Triebe lässt sich damit natürlich nicht bewirken, denn je nach Obstart und Wuchsverhalten treiben die neuen Triebe wieder mehr oder weniger steil nach oben. Der waagerechte Wuchs ist aber ohnehin nicht unbedingt wünschenswert, denn der natürliche Charakter soll ja nur korrigiert und nicht eingeschränkt werden.

Schnittfehler   Wenn wie unten gezeigt nicht auf Außenknospen geschnitten wird, wachsen die Triebe eher nach oben und innen und nicht wie gewünscht nach außen.

1.

Ohne Schnitt wächst der Trieb spitzenbetont und bildet eher weniger Seitentriebe.

2.

Durch den Schnitt wird die Bildung von Seitentrieben (Verzweigung) gefördert. Hier wurde fälschlich auf ein Innenauge geschnitten.

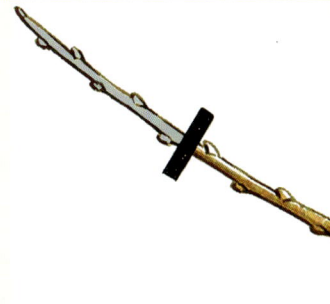

3.

Von den sich neu bildenden Seitentrieben wächst der oberste am stärksten und unerwünschterweise in die Kronenmitte.

Schnittarten

Grundsätzlich unterscheidet man zwischen dem Pflanzschnitt, dem Erziehungsschnitt, dem Auslichtungs- oder Erhaltungsschnitt und dem Verjüngungsschnitt. Schließlich sei noch das Abwerfen alter Kronen erwähnt, das eventuell zur radikalen Verjüngung und Umveredelung alter Bäume infrage kommt.

Pflanzschnitt

Beim Pflanzschnitt wird die spätere Kronenform bereits festgelegt. Er ist hauptsächlich für das Anwachsen der Jungpflanzen wichtig. Am entscheidendsten für den Aufbau und die zukünftige Entwicklung und Form der Obstgehölze, insbesondere der Bäume, ist der Erziehungsschnitt. Fehler, die hier gemacht werden, lassen sich kaum noch korrigieren, so etwa, wenn bei einem Apfelbaum keine senkrechte Mittelachse (durchgehender senkrechter Mitteltrieb) gebildet wird oder wenn vergessen wird, doppelte Gipfel zu beseitigen, sodass eine Zwistel (steile Astgabel) entsteht.

Erziehungsschnitt

Der Erziehungsschnitt erfolgt während der ersten drei bis vier Jahre nach der Pflanzung, solange die Jungpflanzen besonders wüchsig und die Haupttriebe noch elastisch sind. Später, wenn sie verholzen und sich kräftig entwickelt haben, lassen sie sich nicht mehr formen. Die Kronenform muss bis dahin festgelegt und das Hauptastwerk gebildet sein. Wenn regelmäßig vom ersten Jahr nach der Pflanzung an geschnitten wird, sind in den Folgejahren nur wenige Schnittmaßnahmen nötig. Gewöhnlich genügt es, die Kronen weiter auszubauen und den neuen Zuwachs zu ordnen, also den Mittelleittrieb von Konkurrenztrieben zu befreien oder nach innen wachsende Triebe zu entfernen und die Kronen insgesamt auszulichten.

Erhaltungsschnitt

Beim Erhaltungsschnitt werden die erzogenen Kronen von zu eng stehenden und schwachen Trieben und dürrem Holz befreit, also nur ausgelichtet und in Form gehalten. Während wüchsige Apfelbäume recht viel Zuwachs haben, sich gut verzweigen und damit auch störende Triebe hervorbringen, ist bei Süßkirschen, die sich wenig verzweigen und eher vorhandene Triebe verlängern, wenig störendes Holz zu beseitigen.

Auslichtungsschnitt

Sorten, die früh, reich und regelmäßig tragen, insbesondere klein bleibende Bäume, die auf schwach wachsende Unterlagen veredelt sind, müssen stärker ausgelichtet werden als wüchsige Sorten, weil sie sonst bald vergreisen. Durch das Auslichten wird der Austrieb von jungem Holz angeregt, was vor allem bei Obststräuchern nicht vernachlässigt werden darf, weil sie sonst zu dicht verwachsen und nur noch wenig Licht ins Innere gelangt. Dadurch verkahlen die Triebe und werden immer länger. Zu dichte Sträucher sind auch anfälliger für Pilzerkrankungen, weil sie schlecht abtrocknen und feuchtes Klima die Pilzentwicklung fördert.

Richtig erzogene Bäume lassen sich leicht auslichten und instandhalten, weil ein gut geformtes Astgerüst zur Orientierung dient und die störenden Triebe leicht zu erkennen sind. Bei Sträuchern genügt es meist, einige alte Äste direkt am Boden zu entfernen.

Verjüngungsschnitt

Der Verjüngungsschnitt ist bei verwilderten und vergreisten Kronen angeraten, wenn diese noch vital und wüchsig sind. Gehölze, die vernachlässigt wurden, sind weder ein schöner Anblick, noch bringen sie wertvolles Obst hervor. Normalerweise sind zum Verjüngen mehrere Jahre erforderlich, weil der nötige starke Eingriff zu kräftigem Austrieb anregt, der nur durch mehrmaliges Schneiden in den Folgejahren danach zu bewältigen ist.
Da ein alter Baum durch einen starken Verjüngungsschnitt zu sehr geschwächt würde, ist es empfehlenswert, die Verjüngung auf mehrere Jahre zu verteilen. Lohnt sich die Verjüngung nicht mehr, weil die Gehölze völlig vergreist und dürr oder krank sind und damit eine Ansteckungsgefahr für andere Gehölze in der Nähe darstellen, müssen sie gerodet werden.

Kronenschnitt

Abwerfen   Dieser radikale Rückschnitt zur Kronenverjüngung muss wohlüberlegt sein, denn dabei werden sämtliche Zweige gestutzt und nur einige kurze Aststummel zum Veredeln bleiben übrig. Es kommt infrage, wenn ein Baum keine Früchte mehr trägt oder wenn ein älterer Sämling veredelt werden soll. Voraussetzung ist, dass Stamm und Äste gesund und wüchsig sind. Dann kann man die alte Krone bis auf kurze Aststummel zurückschneiden. In diese pfropft man Edelreiser von einem anderen erhaltenswerten Baum ein und bildet daraus eine neue Krone.

Anschneiden   Dieser Schnitt hat eine stärkere Verzweigung zur Folge. Sehr langstielige Triebe können durch das Einkürzen oder Entspitzen zur Verzweigung angeregt werden, denn nicht nur die oberste Knospe unterhalb der Schnittstelle bringt einen neuen Trieb hervor, sondern auch die nachfolgenden Knospen treiben aus. In Baumschulen werden durch gezieltes Anschneiden der Krone Buschbäumchen, Halbstämme oder Hochstämme erzogen. Dazu werden die jungen, eintriebigen Veredelungen in der gewünschten Kronenhöhe entspitzt, wodurch sie sich jeweils unter der Schnittstelle verzweigen und aus der obersten Knospe wieder einen nahezu senkrechten Gipfeltrieb und aus den nachfolgenden Knospen mehrere Seitentriebe entwickeln.

Wird der Schnitt vernachlässigt oder versäumt, entwickeln sich ungeordnete Kronen.

Schnittgesetze

Beim Obstbaumschnitt gilt das Gesetz von der Spitzenförderung, das besagt, dass die am höchsten stehende Knospe am kräftigsten austreibt. Das gilt sowohl für den Mitteltrieb als auch für die Seitentriebe.

Solche Stummel trocknen ein und verhindern die Abschottung.

Grundregeln

Starker Schnitt – starker Austrieb

Die höchste Knospe am Mitteltrieb (Gipfeltrieb) bringt also immer den stärksten Austrieb hervor. Die daruntersitzenden Knospen treiben weniger stark; genauso wie bei jedem Seitentrieb, wo meist die Endknospe am höchsten steht und deshalb am kräftigsten austreibt. Anders bei überhängenden Zweigen, wo die Knospe, die an der höchsten Stelle des gebogenen Zweiges steht, am stärksten austreibt. Besonders offensichtlich wird die Wirkung durch den Schnitt beim

Abwerfen alter Baumkronen, also bei Bäumen die radikal zurückgeschnitten werden, weil sie z. B. nicht fruchten und deshalb umveredelt werden, oder wenn eine neue Krone aufgebaut werden soll. Hier schneidet man die alten Äste bis auf kurze Stummel zurück. Im Jahr danach bringen diese Stummel oft meterlange junge Triebe hervor, je nachdem, wie stark die alten Äste eingekürzt wurden. Hier wird ein zweites Gesetz offensichtlich: „Je stärker der Rückschnitt, umso kräftiger der Austrieb." Und dies ist wohl das entscheidende Gesetz bei allen Schneidarbeiten an Gehölzen.

Zapfen   Ein weiterer wichtiger Grundsatz ist: Niemals Zapfen stehen lassen. Entweder man lenkt die Triebe auf Augen ab oder auf Seitentriebe oder man schneidet die Zweige jeweils glatt an der Austriebsstelle (am „Astring") weg. Hier umringt eine deutlich sichtbarer Wulst mit Wundgewebe den Ast, das die Schnittwunde in kurzer Zeit überwallt.

Ablenken oder Absenken   So wie das Ablenken von Trieben auf Außenaugen trägt auch das Absenken oder Abspreizen zur Entwicklung lichter Kronen bei. Dabei wird jedoch nicht geschnitten (allenfalls entspitzt), sondern die Triebe werden mit Schnüren, Spreizhölzern oder anderen Mitteln in Lücken gelenkt, waagerecht gezogen oder gedrückt. Auch dadurch lässt sich die Krone formen und ordnen. Außerdem kann man auf diese Weise die Entwicklung von Fruchtholz fördern, z. B. bei Jungpflanzen, die nur spärlich Fruchtholz ansetzen und stattdessen nur Blatttriebe hervorbringen. Abgespreizte oder abgesenkte Triebe verzweigen sich meist

Nach innen wachsende Triebe müssen weggeschnitten werden.

Wildtriebe aus der Veredelungs-Unterlage werden an der Austriebsstelle abgeschnitten.

auch ohne Einkürzen gut und entwickeln viele Fruchtknospen und Fruchtspieße (kurze Triebe mit ausgeprägten Fruchtknospen).

Wildtriebe   Wildtriebe aus der Veredelungsunterlage müssen entfernt werden. Obstbäume sind entweder am Boden veredelt (okuliert) oder am Stamm in 60, 120 oder 180 cm Höhe. Die Veredelungsstelle ist an einer Verdickung erkennbar. Alle Triebe, die unterhalb aus dem Stamm oder aus dem Wurzelraum erscheinen, sind Wildtriebe und müssen weggeschnitten werden, weil sie sonst die veredelte Krone bald unterdrücken und überwuchern.

Gesundes Holz erhalten   Dürres und krankes Holz ist zu beseitigen oder bis ins gesunde Holz zurückzuschneiden, damit sich keine Krankheiten ausbreiten können. Dies

geschieht am besten gleich zu Beginn des Schnitts, weil es dann beim Begutachten der Kronen und Büsche nicht mehr stört.

Störende Triebe   Alle schwachen, nach innen, also in die Krone wachsenden Triebe und Wassertriebe sind zu entfernen. Wassertriebe sind am mastigen und senkrechten Wuchs erkennbar. Sie tragen weder zur Versorgung der Pflanzen bei, weil sie selber von den Nährstoffen zehren, noch bringen sie Früchte, weil sie nur Blattknospen haben. Eventuell kann man einige für den Kronenaufbau nutzen und etwa durch Abspreizen in Lücken lenken. Nach dem Ausschneiden aller dürren und störenden Triebe ist der Blick auf das Astgerüst frei. Jetzt kann man sich ein Bild vom Baum machen und davon, was erhalten bleiben kann und was weggeschnitten werden muss.

Steile Konkurrenztriebe zum Gipfeltrieb werden im Sommer ausgeschnitten.

Das Nachschneiden rauer Sägewunden fördert die Abschottung und die Heilung.

Schnittzeitpunkt

Winterschnitt   Grundsätzlich ist es wichtig, zur rechten Zeit zu schneiden. Größere Eingriffe erledigt man vorzugsweise in der Saftruhe, also im Winter. Ohne Blätter ist das Kronengerüst gut einsehbar, sodass sich die störenden Zweige deutlich vom erhaltenswerten Astwerk abzeichnen. Der beste Termin für den Winterschnitt ist von Februar bis Ende März, bevor der Saftstrom wieder stärker wird. Der Schnitt sollte nur an frostfreien trockenen Tagen erfolgen. Bei Kälte kann es geschehen, dass die Schnittstellen splittern oder leicht ausbrechen. Außerdem geht die Arbeit bei mildem Winterwetter leichter als an kalten oder nassen Tagen. Bei Nässe erhöht sich die Infektionsgefahr durch Pilzsporen. Kleinere Eingriffe lassen sich jederzeit auch im Sommer erledigen. Das Ausschneiden von Wassertrieben, dürrem und schwachem Holz etwa, vertragen die Gehölze ohne Schaden. Kranke Pflanzenteile sind unabhängig von der Jahreszeit zu entfernen.

Sommerschnitt   Neben dem Winterschnitt hat der Sommerschnitt oder Grünschnitt einen praktischen Nutzen. Erste kleine Eingriffe sind bereits zur Zeit des Austriebes im Mai möglich. Dann lassen sich junge Triebe, die eindeutig stören, etwa weil sie nach innen in die Krone wachsen oder mit anderen Trieben überkreuzt sind, ganz einfach mit den Fingern ausbrechen. Das verhindert vorzeitig die Entwicklung dieser Triebe, die dann im Winter ohnehin entfernt würden. Sie können nicht verholzen und zehren somit nicht unnötig an den Kräften des Baumes. Die Wunden, welche die weichen Sprosse hinterlassen, heilen innerhalb weniger Wochen. Allerdings beschränkt sich dieser Grünschnitt auf eindeutig störende Triebe. Dazu gehören auch Wildtriebe aus der Veredelungsunterlage, sowie Stamm- und Stockausschläge. Etwas später im Sommer, etwa Ende Juni, wenn die Gehölze den Johannitrieb (Johannitag 24. Juni) vollendet haben, können brauchbare Triebe in Lücken gelenkt oder als Gipfel gestäbt und geheftet werden. In dieser Zeit sind sie nicht mehr zu weich, sondern schon reif und elastisch. Im Zuge des Sommerschnitts lohnt es sich, auf kranke Früchte zu achten. Äpfel mit Monilia oder anderen Pilzerkrankungen werden sofort abgepflückt oder abgeschüttelt und aufgesammelt, sonst stellen sie eine Infektionsgefahr für benachbarte Früchte dar. Auf diese Weise lassen sich Sorten, die anfällig für die Fruchtfäule sind, gesund erhalten. Diese Pflege ist während der ganzen Reifezeit nicht zu vernachlässigen.

Einfluss der Gehölzart   Je nach Obstart unterscheiden sich die optimalen Schnitttermine. Kernobst, also Äpfel, Birnen und Quitten, sind wenig empfindlich und können sowohl im Winter wie im Sommer geschnitten werden. Beim Steinobst sind Sauerkirschen, Zwetschen, Pflaumen, Renekloden und Mirabellen nicht empfindlich. Man kann sie im Winter oder im Sommer nach der Ernte auslichten. Beim Pfirsich und bei der Aprikose ist im Spätwinter, wenn keine strengen Fröste mehr zu erwarten sind, und im Sommer nach der Ernte die beste Zeit zum Schneiden. Bei Süßkirschen kann der Schnitt gleich mit oder nach der Ernte erfolgen. Walnussbäume vertragen den Schnitt vorzugsweise im Spätsommer. Dann bluten die Wunden nicht. Der Winterschnitt sollte möglichst früh im Februar erledigt werden, bevor der Saftfluss in Wallung kommt. Besonders bei Nussbäumen oder auch bei Kiwis tropft es richtig aus den Schnittstellen. Das ist zwar nicht schlimm, zumal mit dem Saft auch Korkzellen an die Wunden befördert werden, um diese zu verschließen. Allerdings kostet der Saftverlust die Gehölze unnötig Kraft. Außerdem fördert die Nässe die Wundheilung nicht.
An den ständig feuchten Stellen siedeln sich leicht Schadpilze an, die dann ins gesunde Holz vordringen.

Beeren- und Wildobst   Beim Wildobst, wie Holunder, Felsenbirnen oder Hagebuttenrosen, sowie bei allen Strauchobstarten, wie Haselnuss, Kulturheidelbeeren oder Johannisbeeren, und bei Kletterpflanzen, wie Weinreben oder Kiwis, ist der Spätwinter die beste Zeit für den Rückschnitt und zum Auslichten. Brombeeren, Himbeeren, Johannisbeeren und Stachelbeeren kann man aber auch nach der Ernte schneiden. Dies ist besonders dann zu empfehlen, wenn Krankheiten wie Mehltau aufgetreten sind. Beim Wein ist zudem der Sommerschnitt empfehlenswert, um die Früchte freizuschneiden und Geiztriebe zu entfernen. Grundsätzlich bekommt der Schnitt auch diesen Gehölzen an milden, trockenen Tagen am besten. Feuchtes Wetter ist ungünstig, weil sich Pilzsporen mit den Wassertröpfchen ausbreiten.

Wundheilung

Ein Aspekt beim Schnitt dicker Äste ist die Abschottungsphase. Während beim Grünschnitt junger Triebe die Schnittwunden oder Bruchstellen noch im selben Sommer zuwachsen, kann das nach dem Abschneiden eines Zweiges mit der Schere ein oder zwei Jahre dauern.

Wundkallusbildung   Die Abschottung einer Schnittstelle mit neuem Gewebe (Kallus) nach dem Absägen eines Asts dauert sogar mehrere Jahre. Es ist dann auch nicht entscheidend, wann ein störender Ast abgetrennt wird – etwa im Winter oder im Sommer. Wichtiger ist, dass der Schnitt an der richtigen Stelle erfolgt. Nach dem Abtrennen am Astring kann von dieser Stelle aus die Bildung von Kallusgewebe beginnen, das sich langsam und ringförmig über die Wunde schiebt. Danach entwickelt der Baum sein Wundholz, das dem Kallusgewebe folgt und die Wunde nach und nach abschottet.

Pflanzschnitt

Mit dem Pflanzschnitt wird bereits die Form des Gehölzes festgelegt. Er ist für das rasche Anwachsen wichtig.

Beim Pflanzschnitt unterscheidet man nun zwischen Gehölzen mit Topfballen, sogenannten Containerpflanzen, und Gehölzen ohne Ballen, also mit losem Wurzelwerk. Während Container- oder Ballenpflanzen keinen Pflanzschnitt brauchen oder nur korrigiert werden müssen, ist es bei Gehölzen mit losem Wurzelwerk unbedingt nötig, die Triebe und die Wurzeln zu schneiden. Und hier ist wieder die Regel, je stärker der Rückschnitt, umso kräftiger der Austrieb, ganz entscheidend. Je stärker die Triebe eingekürzt werden, umso leichter wachsen die Bäumchen an, weil die wenigen Wurzeln ja entsprechend weniger Triebsubstanz zu versorgen haben.

Technik

Ein kräftiger Pflanzschnitt führt zu einem kräftigeren Austrieb im kommenden Jahr. Grundsätzlich genügt es, alle Triebe etwa um die Hälfte einzukürzen. Bei wurzelnackten Gehölzen und bei Ballenpflanzen ist es außerdem nötig, unbrauchbare und störende Triebe zu entfernen, also schwache, überhängende und zu steile Triebe. Außerdem ist es wichtig, den sogenannten Afterleittrieb zu entfernen. Es ist dies der Trieb, der unmittelbar unterhalb des Mitteltriebs steht und der meist sehr kräftig ist und eine Konkurrenz zum Mitteltrieb darstellt. Dieser Trieb wird glatt am Stamm, das heißt, direkt an der Austriebsstelle am Astring (das ist die sichtbare Verdickung) weggeschnitten. Beim Pfirsich, der meist als eintriebige Veredelung mit Seitenverzweigung angeboten wird (ähnlich wie ein Heister beim Walnussbaum), schneidet man alle Seitentriebe glatt am Stamm weg und kürzt den Mitteltrieb etwa um die Hälfte ein. Bei Nussbäumen werden nur schwache, kranke und nach innen wachsende Triebe entfernt. Die Triebe, die erhalten bleiben, werden nicht eingekürzt.

Astring oder Auge?   Bei Trieben, die nicht ganz weggeschnitten, sondern nur eingekürzt werden, ist der Schnitt auf Augen wichtig. Das heißt, man achtet auf die Knospen und schneidet jeweils knapp über einer Knospe ab, damit keine Zapfen (also Triebstücke ohne Knospe) stehen bleiben. Dadurch werden die Zweige beziehungsweise die kommenden Austriebe in beliebige Richtungen gelenkt. Schneidet man über einer Knospe ab, die nach außen, also vom Stamm wegweist, dann entwickelt sich daraus ein Trieb, der nach außen, also vom Stamm wegwächst. Der Mitteltrieb muss immer so angeschnitten werden, dass er gerade nach oben weiterwächst. Man schneidet ihn daher immer an einer Knospe ab, die zur Mitte hin weist und daher eine gerade Stammverlängerung hervorbringt. Alle Wildtriebe aus der Veredelungsunterlage werden entfernt, weil diese kräftiger sind als die veredelte Sorte und sie diese bald unterdrücken würden. Nach dem Pflanzschnitt muss der Baum einen geraden Mitteltrieb und drei oder vier möglichst waagerecht abstehende, gleichmäßig verteilte Seitentriebe haben. Dies ist das ideale Gerüst für den weiteren Aufbau in den nächsten Jahren der Erziehungsphase.

Nach dem Ausschneiden des Afterleittriebs (links) und dem Anschneiden des Mittelleittriebes sind die Seitentriebe einzukürzen.

Spalierobst

Spalierobstbäumchen werden entweder nur entspitzt, wenn es eintriebige Jungpflanzen sind, oder wie andere Jungpflanzen behandelt, wenn sie bereits verzweigt sind. Dann kürzt man den senkrechten Mitteltrieb und die Seitentriebe etwa um die Hälfte ein. Außerdem werden störende, vom Spalier wegweisende Triebe entfernt.

Beerenobst

Wichtig ist es, von Anfang an lichte Büsche zu erziehen. Dazu schneidet man beim Pflanzschnitt alle schwachen und zu eng stehenden Triebe weg, sodass einige kräftige Triebe übrig bleiben. Bei Sträuchern ohne Ballen werden die Triebe noch etwa um die Hälfte eingekürzt und auch die Wurzeln geschnitten. Sträucher mit Ballen (Topfballen oder in ein Tuch eingepackte Erdballen) werden in der Regel nur ausgelichtet.
Bei Weinreben wird der Haupttrieb freige-

stellt (das heißt, der kräftigste Trieb bleibt erhalten, alle übrigen Triebe werden entfernt). Danach wird der Trieb entspitzt (über einer Knospe eingekürzt), damit er sich kräftigt und im kommenden Jahr unterhalb der Schnittstelle kräftige Seitentriebe hervorbringt. Bei Brombeeren und Kiwis genügt es, schwache Triebe zu entfernen und die kräftigen Triebe einzukürzen.

Saftwaage   Eine naturnahe pyramidale Kronenerziehung mit senkrechtem Mittelleittrieb und möglichst waagrecht angeordneten, gleichmäßig verteilten Seitenleittrieben kommt der Entwicklung der Obstbäume entgegen. Durch den Schnitt auf Außenaugen (rechtes Bild) öffnet sich die Krone. Durch das Einkürzen der Seitentriebe in derselben Höhe werden sie gleichermaßen versorgt. Dieser Pflanzschnitt ist für die weitere Kronenerziehung maßgeblich.

Erziehungsschnitt

Beim Erziehungsschnitt wird die durch den Pflanzschnitt festgelegte Krone weiter ausgebaut. Der Erziehungsschnitt ist wesentlich für die zukünftige Kronenform prägend und muss deshalb sehr sorgfältig erledigt werden.

Der Erziehungsschnitt ist die Fortführung des Pflanzschnitts. Allerdings sind auch Änderungen möglich und nötig. Zunächst werden beim Pflanzschnitt vergessene oder seither neu gebildete Wildtriebe aus der Veredelungsunterlage entfernt. Dann geht es in die Krone. Hier haben sich infolge des starken Rückschnitts beim Pflanzen viele kräftige Triebe gebildet (vorausgesetzt, der Baum ist richtig angewachsen). Die Krone muss deshalb geordnet werden, das heißt, der Mitteltrieb und die erhaltenswerten Sei-

Schleppenäste werden so geschnitten, dass nur kräftige Zweige stehen bleiben.

tentriebe müssen freigestellt werden. Dazu entfernt man alle störenden Triebe oder lässt einige stehen, falls sie für den Aufbau der Krone zu gebrauchen sind. Bevor Sie aber zur Schere greifen, ist es wichtig, die Krone zu begutachten und gezielt auszuwählen und festzulegen, welche Triebe gebraucht und erhalten werden und welche Triebe stören und zu entfernen sind.

Pyramidenkrone

Grundsätzlich bleiben zunächst die beim Pflanzschnitt gebildeten drei bis vier Seitentriebe und der Mittelleittrieb erhalten. Der Mittelleittrieb wird nun weiter nach oben verlängert, dazu dient in der Regel der Jungtrieb, der sich aus der obersten Knospe entwickelt hat. Dieser wird, wenn er nicht gerade aufrecht wächst, an einen Bambusstab geheftet. Um die Seitenverzweigung dieses Mitteltriebes im nächsten Jahr anzuregen, wird er entspitzt (über einer günstig platzierten Knospe eingekürzt). Der Mittelleittrieb dient nun der Orientierung für den weiteren Erziehungsschnitt des Bäumchens. Er muss über den Seitentrieben stehen, damit sich eine pyramidale Krone bilden lässt.

Seitenäste   Unmittelbar unterhalb des Mitteltriebs haben sich einige weitere Seitentriebe entwickelt, die mehr oder weniger steil aufrecht stehen. Aus diesen Trieben wird nun die zweite Seitentriebetage gebildet (etwa 30 bis 50 cm über der ersten Etage, die beim Pflanzschnitt aus drei bis vier Seitentrieben entstanden ist und die anschließend behandelt wird). Die elastischen Triebe werden wieder auf Außenaugen abgelenkt oder ab-

Nach einem kräftigen Pflanzschnitt hat der Baum stark ausgetrieben. Jetzt muss die junge Krone geordnet werden.

Zunächst werden alle unbrauchbaren Triebe entfernt. Dann erfolgt der Rückschnitt der Leittriebe.

gespreizt. Achten Sie hier darauf, dass alle Triebe etwa gleich lang sind und in etwa in derselben Höhe stehen. Man sagt, die Triebe sollen in „der Saftwaage stehen", das heißt, die Triebe einer Etage bzw. die Triebenden sollen etwa in der gleichen Höhe stehen, damit sie gleichermaßen vom Saftstrom versorgt werden. Höher stehende Triebe werden besser versorgt, als tiefer stehende. Außerdem sollten sie gleichmäßig rund um den Mittelleittrieb angeordnet sein, damit sich eine schöne, gleichmäßige Krone entwickelt. Jeder Seitenzweig hat außer dem Endtrieb aus den Außenknospen noch weitere Seitentriebe aus nachfolgenden Knospen hervorgebracht. Einige davon bleiben erhalten, insofern sie nach außen wachsen und zur Entwicklung der Krone beitragen. Zu eng stehende und sich gegenseitig behindernde sowie steile, schwache, überhängende und nach innen wachsende Triebe werden entfernt oder auf Außenaugen abgelenkt. Jeder Seitenzweig der untersten Etage soll gleichermaßen gut mit Seitentrieben garniert sein. Zum Teil haben sich auch schon Fruchttriebe gebildet, die an besonders dicken Knospen erkennbar sind und die natürlich erhalten bleiben.

Nach der Behandlung der untersten Seitentriebetage ist der erste Erziehungsschnitt erledigt und die ausgelichtete, geordnete Krone kann sich weiterentwickeln. In den nächsten Jahren wird der Erziehungsschnitt fortgeführt.

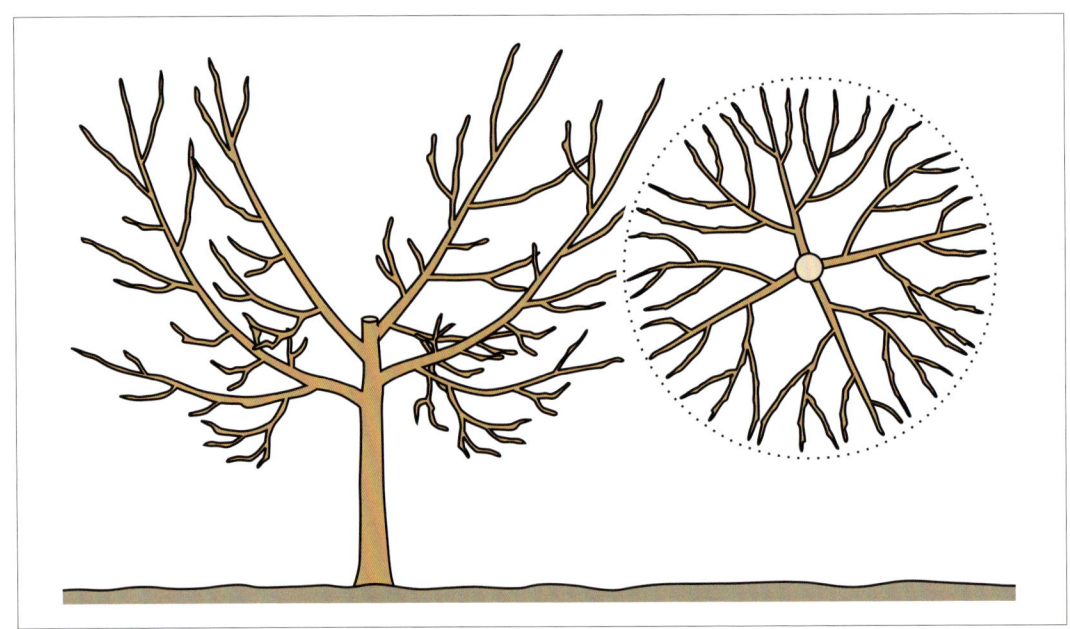

Hohlkrone

Bei der Erziehung einer Hohl- oder Trichter-krone ist darauf zu achten, dass die Seiten-triebe gleichmäßig verteilt sind.

Eine Hohlkrone –eine Krone ohne Mittelleit-trieb – ist unnatürlich, weil jeder gesunde Baum einen oder mehrere gerade, aufrechte Triebe hervorbringt. Dennoch kann die Er-ziehung zur Hohlkrone gelegentlich infrage kommen, um Süßkirschen niedriger zu hal-ten oder um Pfirsiche leichter pflegen zu können; bei Pfirsichbäumen lohnt sich die Kronenerziehung ohnehin kaum, weil sie oft stark zurückfrieren und dadurch keine schö-nen Kronen entwickeln. Wenn Sie nicht auf einen Süßkirschenbaum verzichten wollen, aber kein großer Baum in den Garten passt, lässt sich dieses sonst sehr starkwüchsige Steinobst durch die Hohlkronenerziehung niedriger halten.

Mitteltrieb entfernen   Bereits beim Pflanzschnitt wird der Mitteltrieb wegge-schnitten und man lässt nur drei kräftige, gut angeordnete, schräg aufrechte Seitentriebe stehen. Diese Seitentriebe werden einge-

kürzt, weil sie dadurch dicker werden als un-geschnitten. Die Seitentriebe entwickeln sich nun besonders kräftig und bilden eine Trich-ter- oder Hohlkrone. Die Hohlkrone bleibt insgesamt niedriger als eine pyramidale Krone, weil die Pflanzensäfte nicht in einen einzigen Mitteltrieb fließen, sondern auf drei Triebe verteilt werden.

Nachteile   Wenn es aber möglich ist, sollten Sie die Erziehung zur Pyramidenkrone der Hohlkronenerziehung vorziehen, denn Hohlkronen brechen leichter auseinander als Kronen mit durchgehendem Mittelleittrieb. Eine Alternative sind schwachwüchsige Ver-edelungen.

Spalier

Spalierbäume und Kletterpflanzen werden durch den Schnitt streng erzogen und in Form gehalten. Für die Spaliererziehung eignen sich nur schwachwüchsige Züchtungen, die sich leicht formieren und in Form halten lassen. Starkwüchsige Obstbäume, die auf Sämlinge veredelt sind, treiben viel zu stark und eignen sich allenfalls für formlose Spaliere an hohen Wänden. Bei Weinreben und anderen Kletterpflanzen spielt es keine Rolle, ob sie wie in freier Natur auf Bäume ranken oder im Garten an Spalieren gezogen werden. Am Spalier werden sie nur ordentlicher gezogen und mehr oder weniger stark geschnitten.

Erziehung   Die ausgewählte Jungpflanze, z. B. ein Apfelspindelbusch, ein Birnbaum (der auf eine Quitte veredelt sein muss, damit er schwachwüchsig ist), eine Sauerkirsche, eine Aprikose, ein Pfirsich oder eine Weinrebe, wird nach dem Pflanzen zunächst auf einen Trieb gesetzt, das heißt, man lässt den kräftigsten Trieb stehen und schneidet alle anderen Triebe weg. Danach erfolgt der Rückschnitt dieses Triebes, und zwar so, dass die obersten Knospen etwa in Höhe der untersten Querstrebe des Spaliers sitzen.

Der Folgetrieb aus der obersten Knospe wird senkrecht ans Spalier geheftet, zwei weitere Triebe aus den daruntersitzenden Knospen werden jeweils nach links und rechts waagerecht geheftet. Die drei Triebe werden schließlich noch entspitzt und so zur Verzweigung angeregt. Im nächsten Jahr entwickelt sich am Mitteltrieb wiederum ein kräftiger senkrechter Trieb aus der obersten Knospe und weitere Triebe aus den daruntersitzenden Knospen. Den obersten Trieb bindet man wieder senkrecht fest, die Triebe aus den daruntersitzenden Knospen heftet man links und rechts an die nächste Querstrebe des Spaliers. Die neuen Austriebe aus den Endknospen der ersten Etage heftet man ebenso links und rechts waagerecht. Auf diese Weise wird das Spalierobst von Jahr zu Jahr nach oben und zu den Seiten erweitert. Je nach Obstart bildet sich nach etwa zwei bis drei Jahren an den waagerechten Zweigen Fruchtholz, das beim Kern- und Steinobst erhalten bleibt.

Aprikosenbäume eignen sich gut für die Erziehung an einem südseitigen Spalier.

Erhaltungsschnitt

Nach drei bis fünf Jahren ist die Kronenform festgelegt und die Erziehung nahezu abgeschlossen, obwohl die Entwicklung des Baumes natürlich noch weitergeht. Jetzt sind jedoch nur noch wenige kleine Eingriffe nötig.

Es ist wichtig, die erzogene Kronenform zu bewahren und das Geäst licht zu halten. Dazu müssen alle störenden Triebe regelmäßig beim Winterschnitt entfernt werden. Weiterhin ist es wichtig, das Fruchtholz zu bewahren und die Fruchtholzentwicklung zu fördern. Störende Triebe sind im Prinzip alle Triebe, die sich im Innern der Krone neu gebildet haben.

Wasserschosse

Wasserschosse sind steile, nach innen wachsende Triebe. Sie tragen weder zur Versorgung des Baumes bei, weil sie bei ihrer eigenen Entwicklung viele Nährstoffe und Wasser zehren, noch bringen sie Früchte hervor, weil sie gewöhnlich mangels Licht lang und dünn wachsen und keine Fruchtknospen entwickeln. Einige dieser Wasserschosse können erhalten bleiben, wenn sie günstig stehen, und durch Abspreizen, Absenken bzw. durch den Schnitt auf Außenaugen in Lücken gelenkt werden. Alle nach innen wachsenden Triebe sind wertlos, weil sie kaum Licht bekommen, bald vergreisen und absterben. Sie werden unmittelbar an der Austriebsstelle abgerissen, wenn dies bereits beim frühen Sommerschnitt erfolgt. Sonst werden sie im Winter ausgeschnitten.

Jährlich auslichten   Das Auslichten der störenden, steilen und nach innen wachsenden Triebe sollte jährlich geschehen, denn sonst verholzen sie, werden kräftiger und bedrängen die erhaltenswerten Kronenäste. Das gilt natürlich auch für alle Wildtriebe, die unterhalb der Krone aus dem Stamm oder aus dem Boden wachsen. Damit ist die Krone wieder übersichtlich und kann weiterbehandelt werden.

Konkurrenztriebe

Gewöhnlich genügt es, Konkurrenztriebe zum Mitteltrieb zu entfernen und zu eng stehende sowie überkreuzte Seitentriebe auszulichten. Dabei geht man am besten von unten nach oben in die Krone und behandelt eine Seitentriebetage nach der anderen. Bei einer gut erzogenen Krone macht das Auslichten keine Mühe, weil ja die alten Äste bzw. das in den Jahren vorher erzogene Kronengerüst zur Orientierung dient. Daran muss gewöhnlich nichts geändert werden. Nur der Neuzuwachs der vergangenen Saison ist zu schneiden. Während der Erziehung haben sich kräftige Seitenleitäste gebildet, die sich jährlich weiterentwickeln und durch mehr oder weniger kräftige Endtriebe ausbreiten.

Seitenäste   Normalerweise ist immer ein Endtrieb jedes Seitenleitastes dominant und überragt die anderen. Wenn er sehr steil nach oben wächst, lenkt man ihn auf ein Außenauge oder auf einen nach außen weisenden Trieb ab. Die übrigen langen Seitentriebe, die nach dem Auslichten an jedem Seitenleitast erhalten geblieben sind, werden eingekürzt und dem Endtrieb untergeordnet.

Die gut erzogene pyramidale Krone hat im Sommer nach dem Schnitt viel Zuwachs bekommen.

Beim Auslichtungsschnitt werden alle störenden Triebe ausgeschnitten und die steilen auf Außenaugen abgelenkt.

Durch das Einkürzen werden sie außerdem zur Entwicklung von Fruchtknospen angeregt. Kurze Triebe und an dicken Fruchtknospen erkennbare Fruchttriebe bleiben gänzlich unbehandelt. Sie können je nach Obstart und Sorte unterschiedlich sein. So bringen manche Sorten langes, andere mittellanges und wieder andere kurzes Fruchtholz hervor.

Fruchtholzerneuerung

Durch den Erhaltungsschnitt wird die Entwicklung und ständige Erneuerung von Fruchtholz gefördert. Außerdem wirkt der Schnitt der vorzeitigen Vergreisung entgegen und regt zur Entwicklung von kräftigen Jungtrieben an, die für die weitere Entwicklung

und für die Vitalität jedes Baumes wichtig sind. Greifen Sie nur maßvoll ein und schneiden Sie nur so viel wie nötig, um die Bäume nicht zu starkem Wuchs anzuregen. Bei einigen Obstbäumen, insbesondere bei Spindelbuschbäumen, die recht früh, oft schon ab dem zweiten oder dritten Standjahr tragen, ist ein kräftiger Rückschnitt förderlich, damit sie nicht vergreisen.

Sträucher

Der Erhaltungsschnitt ist auch bei Sträuchern wichtig. Mit der Zeit verkahlen sie im Innern und vergreisen. Daher reicht es meist, alte Zweige direkt am Boden wegzunehmen, damit wieder Licht ins Strauchwerk dringt.

Verjüngungsschnitt

Wenn nach Jahren der Ertrag und die Wüchsigkeit nachlassen, kann durch den Verjüngungsschnitt der Austrieb junger Triebe und die Entwicklung von jungem Fruchtholz angeregt werden.

Der Verjüngungsschnitt ist auch bei verwilderten Kronen nötig, die jahrelang vernachlässigt wurden. Beim Verjüngen wird sehr stark ins Geäst eingegriffen. Mitunter sind dicke Äste zu entfernen. Um den Schaden für das Gehölz möglichst gering zu halten, sollte nur im Winter verjüngt werden. Bei manchen Gehölzen kommt der Saftstrom schon im Spätwinter in Wallung (z. B. bei Weinreben). Hier muss die Verjüngung im Februar abgeschlossen sein, sonst bluten die Wunden stark.

Bei sehr alten bzw. sehr vernachlässigten Kronen sollte der Verjüngungsschnitt auf mehrere Jahre verteilt werden. Die meisten Obstgehölze vertragen aber einen starken Rückschnitt ins alte Holz und regenerieren sich meist schon im selben Jahr nach dem

Nach einem starken Verjüngungsschnitt hat dieser Apfelbaum einen neuer Mittelleittrieb entwickelt.

Hier ist zu sehen, wie sich durch einen Schnitt auf Außenaugen jeweils nach außen wachsende Zweige bilden.

Rückschnitt. Ausgenommen sind Süßkirschen und Nussbäume, die ohnehin – nach der Erziehung – nur sehr wenig geschnitten werden.

Was wird erhalten?   Vor der Verjüngung ist eine genaue Betrachtung der Krone nötig, um die erhaltenswerten und die störenden Zweige zu erkennen. Vielleicht ist sogar noch das alte symmetrische Astgerüst erkennbar, das dann nur freigeschnitten zu werden braucht. Andernfalls muss eine völlig neue Krone gebildet werden und dazu sucht man zunächst einen möglichst senkrechten Mittelleittrieb und geeignete Seitentriebe in mehreren Etagen.

Der Mittelleittrieb wird dann freigeschnitten, das heißt man entfernt alle störenden Konkurrenztriebe. Falls nötig, muss hier mit der Säge eingegriffen werden, wenn ein alter doppelter Gipfel zu beseitigen ist.

Als Seitenäste wählt man möglichst waagerecht stehende, gleichmäßig rund um den Stamm angeordnete Äste. Pro Etage bleiben drei bis fünf in verschiedene Richtungen weisende Äste erhalten. Sie werden freigeschnitten, also von Reitern (alte Wasserschosse, die sich zu starken Ästen entwickelt haben) und dürrem Holz befreit. Oft sind keine Etagen erkennbar und die Äste stehen in verschiedenen Höhen mehr oder weniger gleichmäßig angeordnet am Stamm. Bei alten Bäumen lohnt es sich nicht mehr, neue Etagen zu erziehen.

Man lässt deshalb brauchbare, möglichst waagerecht stehende und gleichmäßig verteilte Äste stehen und nimmt sie als Seitenleitäste. Zu steil stehende Äste werden auf waagerecht stehende Seitentriebe bgelenkt.

Lücken schließen   Lücken, die nicht durch alte Äste bzw. durch Seitentriebe ausgeglichen werden können, lassen sich eventuell durch Wasserschosse schließen, die abgesenkt und befestigt werden. Es kann jedoch einige Jahre dauern, bis sie sich zu gleichwertigen Seitenästen entwickelt haben. In den Jahren nach der Verjüngung muss die alte Krone aber ohnehin nachbehandelt werden, weil sich nach dem scharfen Rückschnitt auch viele unbrauchbare Triebe (insbesondere steile Wasserschosse) bilden, die entfernt werden müssen. Dabei werden auch die jungen Seitentriebe weiterbehandelt, die für den späteren Aufbau der Krone nützlich sind.

Zu eng stehende, schwache, nach innen wachsende und überkreuzte Triebe schneidet man weg und kürzt zu lange Triebe jeweils über einem Außenauge ein.

Stammhöhe ändern   Die Stammhöhe und damit die unterste Seitentriebetage wird bereits beim Pflanzschnitt festgelegt und bleibt normalerweise lebenslang in der gewünschten Höhe (z. B. stehen die untersten Seitenäste beim Buschbaum in etwa 60 cm vom Stamm ab, beim Halbstamm in 120 cm usw.). Es kann jedoch manchmal nötig sein, die Stammhöhe nachträglich zu ändern, um etwa einen Buschbaum in einen Hochstamm umzuwandeln, weil darunter ein Sitzplatz entstehen soll. Dann ist es nötig, die untersten Seitentriebe bis zur gewünschten neuen Stammhöhe zu entfernen. Bei alten Bäumen ist dies ein starker Eingriff, weil die untersten Seitentriebe ja die ältesten sind und je nach Art und Alter einen Umfang von 20-30 cm und mehr haben können.

Bäume vertragen aber den Eingriff, wenn in der Saftruhe geschnitten wird und die Wunden richtig nachbehandelt werden. Vor allem ist es dabei wichtig, „auf Astring zu schneiden", also die Äste direkt am Stamm zu entfernen. Längere Stummel dürfen nicht stehen bleiben. Sie verhindern die Abschottung mit Wundholz.

Kronen abwerfen

Wenn ein alter Baum nicht richtig fruchtet, weil eine schlechte Sorte aufgepfropft wurde oder weil er unveredelt und daher wild ist, lässt sich durch den Schnitt und selbst durch radikales Verjüngen keine Verbesserung bewirken.

Rückschnitt

Ein radikaler Rückschnitt der Krone auf kurze Stummel ist die Voraussetzung für das Einpfropfen von Edelreisern einer guten Sorte. Dieser Eingriff erfolgt in der Saftruhe, also

im Winter. Ein so starker Rückschnitt hätte im Sommer tödliche Folgen für den Baum, da er nicht mehr austriebsfähig wäre.
Als Basis zum Umveredeln wählt man drei bis vier alte, gleichmäßig angeordnete Seitenäste aus, die etwa in der gleichen Höhe vom Stamm abstehen, und schneidet sie bis auf etwa 30–50 cm lange Stummel jeweils über einem Seitentrieb zurück. Ein Seitentrieb oder zumindest eine austriebsfähige Knospe („Zugauge") ist wichtig, sonst vertrocknet der Stummel und wird vollständig dürr. Damit vertrocknen natürlich auch die Edelreiser. Weiterhin ist ein senkrechter Mittelleitast nötig, der ebenso radikal abge-

Der Apfelbaum ist sichtlich vital. Das ist die Voraussetzung für eine erfolgreiche Umveredelung.

Der radikale Rückschnitt ist nötig, um eine neue Krone zu bilden. Neben den Stummeln blieben Zugäste erhalten.

schnitten wird, aber die Seitenäste bzw. die übrig gebliebenen Stummel noch überragen muss. Alle übrigen Äste werden ganz, also glatt am Stamm, entfernt.

Veredeln Nach dem Abwerfen bleibt der Baum zunächst bis zum Frühjahr stehen. Vor dem Veredeln schneidet man dann die Stummel nach. Das Nachschneiden der rauen Sägewunden mit einem scharfen Messer fördert die Bildung von Wundholz. Nach den Vorbereitungen kann das Pfropfen (Seite 318–319) erfolgen. Dazu setzt man in jeden Stummel mehrere Reiser (Edeltriebe von einer neuen Sorte, die bereits im Winter geschnitten und kühl und dunkel in feuchtem Sand aufbewahrt wurden), verbindet sie mit Bast und verstreicht die Schnittstellen mit Baumwachs.

Beim Kernobst sind die Anwachschancen recht hoch. Apfel- und Birnbäume lassen sich einfach durch Rindenpfropfen veredeln. Dabei schneidet man die Rinde bis zum Kambium ein und setzt einen etwa scherenlangen Edeltrieb, der unten an einer Knospe lang und schräg angeschnitten wurde, hinter die Rinde. Der lange Schnitt (Kopulationsschnitt) ist wichtig, damit eine große Verbindungsfläche mit der Unterlage, also dem alten Baum, entsteht. Bei dünnen Unterlagen (bei jungen Sämlingen, die veredelt werden) genügt ein Edeltrieb pro Veredelungsstelle. Bei dicken Unterlagen, wie sie beim Abwerfen entstehen, setzt man zwei bis drei Edeltriebe in jedem Stummel ein, um die Anwachschancen zu erhöhen. Sollten alle Triebe anwachsen, bleibt pro Aststummel nur einer stehen, die anderen schneidet man weg, damit sich der einzelne Trieb ungehindert zu einem kräftigen Ast entwickeln kann.

Bei Steinobst sind die Anwachschancen geringer als beim Kernobst. Etwas Übung mit dem Veredeln ist aber grundsätzlich bei jeder Obstart, also auch beim Kernobst, nötig.

Nach dem Aufpropfen von Edelreisern und dem Verbinden wird die Wunde verstrichen.

Andernfalls ist vom eigenen Abwerfen und Umveredeln alter Kronen abzuraten! Bevor eigene Veredelungsversuche misslingen, sollte ein geschulter Gärtner damit beauftragt werden.

Neue Krone aufbauen Nach dem erfolgreichen Umveredeln muss aus den kleinen Edeltrieben eine völlig neue Krone aufgebaut werden. Im Prinzip ist der Baum jetzt im selben Zustand wie eine Jungpflanze nach dem Pflanzschnitt. Allerdings bringt er durch den enormen Wurzeldruck viele kräftige Jungtriebe aus dem Stamm und den Aststummeln hervor. Diese müssen immer wieder entfernt werden, damit sie die Edeltriebe nicht behindern. Aus den Edeltrieben wird schließlich in den nächsten Jahren eine neue Krone aufgebaut.

Schnittfehler korrigieren

Bäume, die verstümmelt, falsch geschnitten oder vernachlässigt wurden, sind oft noch zu retten. Die Wiederherstellung dauert aber mehrere Jahre.

Zunächst ist eine Begutachtung und Einschätzung nötig. Jeder Baum erhält dann je nach Art und Zustand die entsprechende Behandlung. Geschnitten wird in der Saftruhe im Winter, dann lassen sich auch größere Eingriffe ohne Schaden bewerkstelligen. Wer unsicher ist, sollte einen geschulten Gärtner beauftragen oder zumindest zur Begutachtung und Einschätzung in den Garten einladen. So sind z. B. Hinweise darauf hilfreich, ob die Bäume eine Verjüngung noch vertragen und welche Eingriffe dazu sinnvoll sind.

Häufige Fehler

Häufige Schnittfehler werden dadurch verursacht, dass die Zweige willkürlich abgeschnitten werden. Das hat zur Folge, dass sich

dichte, besenartige Kronen bilden. Dieser unnatürliche Habitus lässt sich durch gezieltes Schneiden über mehrere Jahre hinweg wieder korrigieren. Die Kronen müssen ausgelichtet und neu geordnet werden.

Rückschnitt des Mitteltriebs   Ein anderer häufiger Fehler ist der Rückschnitt eines Baumes, um die Krone niedriger zu gestalten. Dazu wird der Mittelleittrieb an einer beliebigen Stelle geköpft. Der Baum versucht danach, die verlorene Substanz wieder zu erneuern, und bringt mehrere kräftige Gipfeltriebe hervor. Auch dadurch geht die natürliche Wuchsform verloren. Sie lässt sich dann nur durch gezielte Eingriffe wiederherstellen.

Vernachlässigte Pflege   Bäume, die nur alle paar Jahre geschnitten werden, bilden viele steile Reiter, die in der Krone stören. Nach dem Schnitt entwickeln sich steile Wasserschosse, die sich in den Folgejahren zu dicken Ästen auswachsen, wenn nicht geschnitten wird. Diese Entwicklung lässt sich

Nach dem Rückschnitt eines Gipfeltriebs
versucht der Baum diese zu erneuern.

Besser ist es, einen Gipfeltrieb zu erhalten,
um das Spitzenwachstum zu bremsen.

nur durch einen konsequenten jährlichen Pflegeschnitt verhindern. Oft sterben nicht nur einzelne Äste und Triebe, sondern ganze Bäume vorzeitig ab, weil sie falsch geschnitten wurden.

Fäulnis durch falschen Schnitt Der größte Fehler dabei ist das Abschneiden von Ästen an beliebigen Stellen. Die Stummel, die dadurch erhalten bleiben, trocknen aus und werden dürr oder morsch. Schadpilze, die sich ansiedeln, dringen mit der Zeit ins gesunde Holz ein, zumal die Stummel die Bildung von Wundgewebe verhindern. Vorsorglich sind alte Stummel oder Zapfen gründlich zu beseitigen und bis zum Astring zurückzuschneiden. Wenn kein Astring erkennbar ist, erfolgt der Rückschnitt direkt an der Austriebsstelle.

Falsche Pfählung Fehler werden oft schon beim Pflanzen gemacht, und zwar durch falsche Pfählungen, beziehungsweise lose Bindungen. Die Stützpfähle sind ungünstig platziert oder schlecht gebunden. Sie geben den Bäumen keinen Halt, sondern verursachen sogar Scheuerwunden an der Rinde. Vorsorglich ist es nötig, spezielle Baumpfähle richtig zu schlagen und die Stämmchen mit Kokosstricken oder anderen geeigneten Bändern straff an die Pfähle zu binden. Zwischen der Rinde und dem Pfahl muss ein puffernder Knoten sein, der die Rinde schützt. Die Pfählungen müssen so lange Halt geben, bis die Bäume angewachsen sind. Sie sind dann aber rechtzeitig zu entfernen. Leider wird oft vergessen, die Schnüre zu lösen. Sie wachsen dann in den Stamm ein und schnüren die Rinde ab!

EXTRA

Pflege nach dem Schnitt

Wundbehandlung, Pfählen, Stäben, Absenken und andere Pflegearbeiten an Gehölzen sind ebenso wichtig wie der Schnitt selbst. Davon hängt vor allem die Gesundheit der Pflanzen ab. Eine Jungpflanze wird nur schlecht anwachsen, wenn die frischen Wurzeln immer wieder vom Wind losgerissen werden, weil sie nicht gepfählt, also mit einem Baumpfahl gestützt wurde. Ebenso verzögert sich die Wundheilung, wenn die Zweige nicht glatt am Stamm bzw. am Astring (direkt am Wulst, an der Austriebsstelle) abgeschnitten werden, sondern Zapfen stehen bleiben. (Im Gartenbau spricht man hier oft von „Huthaken", weil der Gärtnermeister den Auszubildenden mit seinem Hut zeigt, ob sie die Zweige richtig oder falsch abgeschnitten haben.) Zapfen, also Aststummel, vertrocknen meistens, weil sie keine austriebsfähigen Knospen haben. In das dürre Holz dringen dann häufig schädliche Pilze ein, die auch das gesunde Holz angreifen.

Es ist deshalb nötig, jeden einzelnen Zweig oder Ast sorgfältig zu behandeln, ohne dem Baum zu schaden.

Spezieller Schnitt

Je nach Obstart, -Sorte und Erziehungs-form werden die verschiedenen Bäume und Sträucher unterschiedlich geschnit-ten, um optimale Erträge und einen gesunden Wuchs zu gewährleisten.

Kernobst allgemein

Kronenformen   Beim Kernobst gibt es unterschiedliche Kronenformen, die von der Art, von der Sorte, von der Unterlage und vom Schnitt beeinflusst werden. Apfel-, Bir-nen- und Quittenbäume unterscheiden sich in der Wuchsform und -stärke recht deutlich voneinander. So wachsen Apfelbäume breit und kugelig, Birnbäume ziemlich schlank und aufrecht oder überhängend und Quitten breit-buschig. Während Apfel- und Birnbäu-me in der Wuchsstärke ähnlich sind, bleiben Quitten niedrig und strauchförmig. Innerhalb der einzelnen Arten gibt es Sortenunter-schiede.

Beim Apfel gibt es steil aufrecht, breit auf-recht und überhängend wachsende Sorten. Bei der Birne besteht das Sortiment vorwie-gend aus steil aufrecht wachsenden Sorten, aber auch breit aufrecht wachsende und überhängende sind dabei. Bei Quitten sind die Sortenunterschiede kaum erkennbar. Beim Schnitt ist dieses sortentypische Wuchsverhalten zu beachten.

In den Baumschulen erfolgt die Veredelung in Serie auf vorbereitete Unterlagen (hier kopulierte Veredelungen).

Der Schnitt kommt der Fruchtentwicklung zugute. Insbesondere bewirkt er beim Apfel größere Früchte.

Apfelbuschbäume oder Spindelbüsche kommen in den Obstplantagen zum Einsatz, weil sie einfach zu pflegen sind.

So ist es z. B. nötig, sehr langtriebige Sorten durch einen Rückschnitt zur Verzweigung anzuregen.

Unterlagen Das Wachstum von Apfel- und Birnbäumen wird von der Veredelungs- unterlage bestimmt, bei Quitten weniger, weil für sie nur zwei verschiedene Unter- lagen infrage kommen. Für Äpfel gibt es die meisten Unterlagen; vom Sämling, der besonders große, kräftige Kronen bewirkt, über die starkwüchsigen Typenunterlagen (spezielle Züchtungen) wie etwa Typ M 11, M 25 oder A 2 (die Namen beziehen sich auf die Züchtungsanstalten in Malling / England oder Alnarp / Schweden), die über 5 m hohe Bäume hervorbringen können, weiterhin über die mittelstark wachsenden Typen, wie etwa M 4 oder M 7, die ca. 3–4 m hohe Bäume ent- wickeln, bis hin zu den schwach wachsenden Typen, wie etwa M 9 oder M 27, die nur 1,5- 3 m hohe Bäumchen bilden. Bei der Birne dienen vorwiegend Sämlinge und Quitten als Veredelungsunterlagen, wobei Sämlinge einen kräftigen Wuchs bewirken und Quitten für kleinkronige Bäume dienen. Schließlich hat außer der Art, der Sorte und der Unter- lage noch der Schnitt einen maßgeblichen Einfluss auf die Form der Kernobstbäume.

EXTRA

Augen auf beim Kauf

Auf kleinen Flächen sollten nur kleinbleiben- de Bäume gepflanzt werden, die auf schwach wachsende Unterlagen veredelt sind, und keine kräftigen Sorten auf starkwüchsigen Sämlings- Unterlagen. Es ist kaum möglich, diese durch den Schnitt kompakt zu halten, zumal eben ein starker Rückschnitt immer wieder einen starken Austrieb zur Folge hat.

Leider wird oft viel zu wenig auf die Veredel- lungs-Unterlage geachtet. Dabei ließen sich durch die richtige Auswahl viele Schnittfehler vermeiden. In guten Baumschulen sind die Bäu- me mit Etiketten gekennzeichnet, die nicht nur auf die Sorte, sondern auch auf die Unterlage hinweisen. Achten Sie darauf oder lassen Sie sich gut beraten! Wählen Sie dann klein bleiben- de Bäume für kleine Standflächen, mittelstark wachsende etwa für einen Obstgarten oder stark- wachsende für eine weiträumige Obstwiese. Falls nötig, wenn also starkwüchsige Bäume in einen zu kleinen Garten gepflanzt wurden, ist es immer noch besser, sie umzupflanzen und durch geeignete klein bleibende Bäume zu ersetzen, als sie durch den Schnitt klein zu halten – vorausge- setzt, sie stehen noch nicht zu lange, denn dann ist ein Umpflanzen schwierig.

Die Sorte 'Jonagold' zeichnet sich durch einen lockeren Wuchs und überhängende Fruchttriebe aus.

Apfel

Unterlage   Beim Apfel *(Malus domestica)* wirkt sich die Veredelungsunterlage entscheidend auf den Schnitt aus. Klein bleibende Bäumchen auf schwach wachsenden Unterlagen brauchen entsprechend weniger Pflege als mittelstark oder stark wachsende Bäume.

Erziehungsform   Beim Apfel ist die Pyramidenkrone, also mit durchgehender Stammverlängerung (geradem Mittelleittrieb) die natürlichste und beste Kronenform, die sich im Übrigen auch am einfachsten erziehen und erhalten lässt. Die Hohlkronenerziehung ist nicht empfehlenswert, aber möglich. Sie wird gelegentlich angewandt, um die Bäume niedrig zu halten. Wenn jedoch schwach wachsende Jungpflanzen gewählt werden, ist dies auch bei pyramidaler Erziehung möglich.
Pflanzschnitt   Sorten mit typisch auf-

rechtem Wuchs werden anders geschnitten als Sorten, die überhängend wachsen. Beim Pflanzschnitt und beim Erziehungsschnitt werden jedoch alle Typen (also schwach, mittelstark oder stark wachsende) und alle Sorten in etwa gleich behandelt; die Sonderformen wie etwa Spalierbäume natürlich ausgenommen.
Grundsätzlich lassen sich Apfelbäume recht leicht erziehen, weil sie von Natur aus je nach Sorte mehr oder weniger lichte Kronen und einen durchgehenden Mittelleittrieb entwickeln. Nur ungepflegte Kronen verwildern und werden dicht und undurchdringlich. Deshalb ist es von Anfang an wichtig, einzugreifen und die Kronen zu formen. Beim Pflanzschnitt achtet man darauf, dass ein gerader Mitteltrieb und drei bis vier gut angeordnete Seitentriebe erhalten bleiben.

Erziehungsschnitt   Nachdem beim Pflanzschnitt ein Mitteltrieb und drei bis vier Seitentriebe freigestellt und alle anderen Triebe entfernt wurden, ist das Anschneiden dieser Triebe wichtig. Dadurch lassen sich die Triebe von Anfang an in bestimmte Richtungen lenken. Die Seitentriebe werden etwa in der gleichen Höhe jeweils über einer nach außen weisenden Knospe um ein Drittel ihrer Länge eingekürzt. Der Mitteltrieb muss die Seitentriebe überragen. Er wird ebenso über einer Knospe eingekürzt und muss nachher aber noch etwa 20 cm über den Seitentrieben stehen. Durch das Einkürzen werden die Triebe auch zum Dickenwachstum und zur Verzweigung angeregt. Das heißt, sie werden nach dem Pflanzschnitt in der kommenden Saison kräftiger und bringen Seitentriebe hervor.
Falls nötig, müssen nur noch steile Seitentriebe abgespreizt und ein krummer Mitteltrieb gestäbt werden. Im Sommer kann korrigierend eingegriffen werden, indem man störende Neutriebe aus alten Schnittstellen

entfernt oder den Mitteltrieb stäbt und nach-heftet.

Im nächsten Winter wird die nun gut garnier-te, also mit Seitentrieben besetzte Krone ausgelichtet und geordnet. Wählen Sie dazu erst einmal brauchbare neue Triebe aus, die für den weiteren Ausbau der Krone geeignet sind.

Für die Verlängerung des Mittelleittriebes wird ein möglichst kräftiger senkrechter Trieb benötigt. Gewöhnlich hat sich dieser aus der obersten Knospe entwickelt. Er bleibt erhalten und wird freigeschnitten, das heißt, ebenso steile Konkurrenztriebe aus unteren Knospen werden entfernt, es sei denn, man kann sie für die Bildung der zwei-ten Seitentriebetage brauchen. Dann schnei-

det man sie etwa um ein Drittel ihrer Länge jeweils über einer Außenknospe zurück. Die neuen Triebe, die sich aus den alten Seitentrieben der nunmehr ersten Etage entwickelt haben, werden ausgedünnt, das heißt, hier bleiben ebenso nur die brauchba-ren erhalten. Für die weitere Entwicklung der Seitenleitäste sind gesunde kräftige Triebe nötig, die sich in der Regel jeweils aus den Endknospen gebildet haben. Diese Triebe werden wiederum etwa um ein Drittel ihrer Länge jeweils über einer Außenknospe ein-gekürzt, damit sie in der nächsten Saison möglichst waagerechte neue Triebe hervor-bringen. Die Triebe aus den nachfolgenden

In freiem Stand kann sich ein stark wach-sender Hochstamm ungehindert entwickeln.

Beim Pfählen ist auf eine stramme Bindung mit pufferndem Knoten zu achten.

Durch konsequentes Auslichten in jedem Winter entsteht eine symmetrische Krone.

Knospen werden ausgedünnt. Triebe, die nach außen wachsen, bleiben erhalten, sie werden auf Außenaugen abgelenkt. Zu steile und nach innen wachsende Triebe werden weggeschnitten. Weiterhin sind alle Wildtriebe aus dem Stamm oder Boden zu entfernen. Nach dem ersten Erziehungsschnitt ist schon die künftige Kronenform zu erkennen.

Erhaltungsschnitt   Die Krone wird in den nächsten Jahren genauso weiter ausgebaut, das heißt, der Mittelleittrieb wird nach oben verlängert, sodass sich jährlich eine weitere Seitentriebetage bildet. Ebenso werden die unteren Seitenleittriebe jeder Etage verlängert. Sie verzweigen sich und garnieren sich mit Fruchtholz, sodass allmählich eine gleichmäßige, ertragreiche Krone entsteht. Je nach Wüchsigkeit des Baumes, bildet sich ein kleine, mittelgroße oder große Krone, die je nach Apfelsorte mehr oder weniger breitkugelig bis aufrechtpyramidal ist. Bei einigen Sorten können sich auch typisch überhängende Triebe entwickeln (z. B. 'Jonathan'). Dies ist weniger erwünscht, weil die Erziehung breitoffener Kronen erschwert ist und überhängende Seitentriebe relativ kleine Früchte hervorbringen. Durch einen stärkeren Rückschnitt der Seitentriebe wird der Austrieb kräftiger, aufrechter Triebe gefördert.
Umgekehrt sollten typisch straff und kräftig aufrecht wachsende Sorten (wie etwa 'Boskoop') nicht zu übermäßigem Neuaustrieb angeregt werden. Man schneidet sie besonders zurückhaltend, kürzt die Seitentriebe nur wenig ein und nimmt nur das Nötigste aus der Krone.
Ansonsten gleicht sich die Erziehung bei den verschiedenen Apfel-Typen (Busch, Niederstamm, Halbstamm, Hochstamm) und Sorten. Erst später, nach etwa drei bis sechs Jahren, wenn die Kronen ausgebildet sind und die Bäume bereits im Ertrag stehen, werden beim Auslichtungs- oder Erhaltungsschnitt die Unterschiede im Wuchs der einzelnen Bäume stärker beachtet.

Rechtzeitig verjüngen   Bei schwach wachsenden Spindelbuschbäumchen ist es wichtig, rechtzeitig mit der Verjüngung zu beginnen, wenn sie nicht mehr wüchsig sind und nur noch schwache Jahrestriebe hervorbringen. Apfelbäume auf schwach wachsenden Unterlagen tragen zwar oft schon zwei bis drei Jahre nach der Pflanzung, sie bauen jedoch bald ab und sind manchmal mit 15 Jahren schon vergreist. Wenn die Wüchsigkeit nachlässt, schneidet man sie daher stärker, um den Neuaustrieb und die Verjüngung zu fördern. Bei stark wachsenden Bäumen ist dies nicht erforderlich. Sie müssen vielmehr die Jahre hindurch nur weiter ausgebaut und ausgelichtet werden. Größere Eingriffe werden im Winter erledigt. Korrekturen sind auch beim Sommerschnitt etwa im Juni möglich. Mit dem Schnitt sollte die Nährstoffversorgung einhergehen. Insbesondere sind Kompostgaben förderlich.

Empfehlenswerte Apfelsorten

Sorte	Wuchsstärke	Wuchsform
Alkmene	schwach bis mittelstark	schmale Krone
Berlepsch	mittel bis stark	aufrecht
Bohnapfel	mittelstark	aufrecht
Boskoop	stark bis sehr stark	breit ausladend
Brettacher	stark	breit ausladend
Cox Orange	mittelstark	in der Jugend aufrecht
Elstar	in der Jugend stark	aufrecht, später breit
Geheimrat Oldenburg	schwach bis mittelstark	aufrecht
Gloster	in der Jugend stark, später mittelstark	aufrecht
Golden Delicious	schwach bis mittelstark	in der Jugend aufrecht
Goldparmäne	mittelstark	steil aufrecht
Gravensteiner	sehr stark	zuerst steil, dann breit
Ingrid Marie	mittelstark	anfangs aufrecht, später ausladend
Jacob Fischer	stark	breitpyramidal
James Grieve	schwach bis mittelstark	aufrecht
Jonagold	mittelstark	locker, ohne ausgeprägte Mittelachse
Jonathan	schwach	dünne, lange überhängende Triebe
Kaiser Wilhelm	stark aufrecht	lange Seitenäste
Klarapfel	mittelstark	steil aufrecht, locker, langtriebig
Melrose	stark	anfangs steil, später breit
Ontario	mittelstark	anfangs aufrecht, später breit
Weißer Winterglockenapfel	stark	steil aufrecht
Zabergäu	mittelstark bis stark	breit ausladende Krone
Zuccalmaglio	schwach bis mittelstark	Triebe leicht hängend

Birne

Erziehungsform   Erkundigen Sie sich beim Pflanzenkauf jedenfalls nach der Unterlage und wählen Sie schwach wachsende oder stark wachsende Bäume, je nachdem, ob Sie kleine oder große Bäume erziehen wollen. Anders als die meisten Apfelbäume wachsen Birnbäume in der Regel straffer aufrecht und bilden schlanke hohe Kronen. Allerdings gibt es auch Sortenunterschiede. So entwickelt 'Gellerts Butterbirne' stark aufrecht wachsende Triebe, während 'Clapps Liebling' stark bogenförmig überhängende Triebe hervorbringt.

Unterlage   Bei der Birne *(Pyrus communis)* wirkt sich die Veredelungsunterlage wesentlich auf den Wuchs aus. Birnbäume werden entweder auf Sämlinge oder auf Quitten veredelt. Auf Sämlingsunterlagen entwickeln sich kräftige Bäume. Auf Quittenunterlagen bleiben die Birnbäume klein. Es ist also auch hier grundsätzlich wichtig, die Veredelungs-Unterlage zu berücksichtigen. In der Regel werden in den Baumschulen Birnbäume mit niedrigen Stämmen, also Buschbäume und Niederstämme, auf Quitten veredelt. Halbstämme und Hochstämme veredelt man auf Sämlinge.

Zudem spielen doppelte Veredelungen, sogenannte Zwischenveredelungen eine Rolle. Denn bei Sorten, die zu überhängendem Wuchs neigen, lassen sich kaum gerade aufrechte Stämme bilden. Deshalb veredeln Gärtner bei diesen Sorten auf die Unterlage zunächst einen sogenannten Stammbildner, also eine Sorte, die straff aufrecht wächst

Diese Sorte bildet kurzes Fruchtholz. Es darf nicht geschnitten werden.

und ein gerades Stämmchen entwickelt, und dann erst auf diese Zwischenveredelung die gewünschte Edelsorte.

Pflanzschnitt Wie beim Apfel schneidet man die Jungpflanzen beim Pflanzen zunächst scharf zurück, indem der Mitteltrieb und die drei bis vier Seitentriebe etwa um ein Drittel ihrer Länge eingekürzt werden. Daraufhin treiben im Jahr nach dem Schnitt kräftige Jungtriebe und zwar jeweils aus drei bis vier Knospen unterhalb der Schnittstellen. Diese werden wiederum ausgedünnt, also entfernt, wenn sie nach innen wachsen, oder sie bleiben erhalten und werden eingekürzt, wenn sie für den weiteren Aufbau der Krone brauchbar sind.
Für die Stammverlängerung bleibt der kräftigste Gipfeltrieb stehen, die Konkurrenztriebe werden abgespreizt und für die Entwicklung der zweiten Seitentriebetage genutzt. Mehr als bei Apfelbäumen ist bei

Birnen brauchen Bestäubersorten, um einen so reichen Fruchtbehang zu entwickeln.

Birnbäumen das Stäben krummer oder sehr elastischer Gipfel und das Abspreizen zu steiler Seitentriebe wichtig, um die Erziehung lichter Kronen zu fördern.

Empfehlenswerte Birnensorten

Sorte	Wuchsstärke	Wuchsform
Alexander Lucas	mittelstark	anfangs aufrecht, später hängende, dünne, lange Zweige
Boscs Flaschenbirne	mittelstark	steil aufrechte Leittriebe, waagerechte Seitentriebe
Clapps Liebling	stark	stark bogenförmige Leittriebe
Conference	mittelstark	steil aufrecht
Frühe aus Trevoux	mittelstark	aufrecht
Gellerts Butterbirne	stark bis sehr stark	steil aufrecht
Gräfin von Paris	mittelstark	schräge bis waagerechte Seitentriebe, pyramidale Krone
Gute Luise	mittelstark	aufrecht
Köstliche aus Charneux	stark	aufrecht, schräge bis waagerechte Seitentriebe, pyramidale Krone
Madame Verte	schwach bis mittel	steil
Triumph aus Vienne	mittelstark	aufrechte bis hängende lange Zweige
Vereinsdechants	mittelstark	steil aufrechte, lange, dünne Triebe

Birnbäume lassen sich gut als Spalierbäume ziehen. Dann ist von Jugend an eine strenge Formierung nötig.

Erziehungsschnitt   Bei Birnbäumen ist es von Anfang an besonders wichtig, ein gleichmäßig geordnetes Astgerüst zu entwickeln. Das heißt, bei steil aufrecht wachsenden Sorten erzieht man durch den Schnitt auf Außenaugen und, falls nötig, durch Abspreizen offene Kronen, die später nur ausgelichtet werden.

Besonders wichtig ist es, bereits in jungen Jahren die typischen Konkurrenztriebe zum Mittelleittrieb, die sich zahlreich entwickeln, regelmäßig auszuschneiden.

Schon im Sommer nach der Pflanzung wird erneut eingegriffen, indem man wie beim Apfel krumme Gipfeltriebe stäbt und nachheftet oder störende Austriebe aus alten Schnittstellen entfernt. Birnen entwickeln je nach Sorte langes oder kurzes Fruchtholz. Bei Sorten mit überhängendem Wuchs

Das Ausbrechen störender Triebe ist sofort nach dem Austrieb im Mai möglich.

fördert man ebenso die Entwicklung offener Kronen mit senkrechtem Mittelleittrieb. Hier schneidet man jedoch die überhängenden Seitentriebe stark zurück, um den Austrieb aufrechter Jungtriebe zu fördern und damit die Entwicklung möglichst waagerechter Seitenleittriebe. Die Triebe verholzen mit den Jahren in dieser Stellung und es entstehen mehr oder weniger waagerechte Seitentriebe tagen. Außer bei der Sorte 'Clapps Liebling' ist dies u. a. bei 'Alexander Lucas' wichtig. Diese Sorte entwickelt anfangs dünne, lange, aufrechte Triebe, die später überhängen, wenn sie nicht behandelt werden.

Besonderheit beim Fruchtholz   Einige Sorten bilden sowohl kurzes, als auch langes Fruchtholz. Das Fruchtholz ist deutlich an dicken Knospen erkennbar und entwickelt sich während der Erziehung an den Seitenleittrieben. Es kann je nach Sorte aufrecht oder waagerecht stehen oder auch überhängen. Schneiden Sie überhängende Zweige also nicht grundsätzlich weg, sondern achten Sie darauf, ob daran große dicke Knospen oder kleine Knospen sitzen. Fruchtholz mit dicken Knospen muss erhalten bleiben und darf allenfalls mit der Zeit bei älteren Bäumen

verjüngt werden. Das heißt, hier wird nur altes Fruchtholz im Kroneninneren weggeschnitten, das junge Fruchtholz an äußeren Kronenpartien bleibt erhalten.

Erhaltungsschnitt   Birnbäume auf Sämlingsunterlagen können ebenso wie Apfelbäume auf stark wachsenden Unterlagen weit mehr als 50 Jahre fruchtbar bleiben. Sie brauchen, nachdem die Kronen aufgebaut und gut entwickelt sind, keine besondere Pflege. Nur das regelmäßige Auslichten darf nicht versäumt werden. Später, wenn sie im Ertrag nachlassen und nicht mehr wüchsig sind, können sie maßvoll verjüngt werden, wobei sie auch einen Rückschnitt ins alte Holz vertragen. Das gilt auch für schwach wachsende Buschbäume und Niederstämme auf Quittenunterlagen, die jedoch schon früher vergreisen und deshalb auch früher verjüngt werden als starkwüchsige Halb- und Hochstämme. Wie beim Apfel sind größere Eingriffe im Winter zu erledigen; Korrekturen sind auch beim Sommerschnitt etwa im Juni möglich.

Durch gezielte und regelmäßige Schnittmaßnahmen sind gesunde Früchte und üppige Ernten garantiert.

Der Pflegeschnitt der Süßkirschen ist mit der Ernte möglich. Erzogen wird im Winter.

Steinobst allgemein

Beim Steinobst gibt es einige markante Unterschiede zwischen den verschiedenen Arten. Grundsätzlich gilt wie beim Kernobst der Erziehung die größte Aufmerksamkeit. Später muss in der Regel nur noch ausgelichtet werden (mit Ausnahme des Pfirsichs, der wegen seiner Frostempfindlichkeit manchmal stark zurückgeschnitten werden muss.)

Besonderheiten Anders als beim Kernobst, das sehr schnittverträglich ist und selbst den Rückschnitt ins alte Holz gut verträgt, reagiert das Steinobst auf den Schnitt häufig mit „Gummifluss" (Austritt von gummiartiger Flüssigkeit), obwohl es dafür auch andere Ursachen gibt (z. B. staunassen Boden, Bodenverdichtungen etc.). Beim Steinobst ist es deshalb mehr noch als beim Kernobst nötig, schon von Anfang an

regelmäßig und richtig zu schneiden, damit gleichmäßig geformte Kronen entstehen, die später nur noch auszulichten sind. Dadurch vermeidet man von vornherein stärkere Eingriffe in alte Kronen, die große Wunden hinterlassen würden.

Das Abschneiden eines alten Astes bei Süßkirschbäumen hat fast immer Gummifluss zur Folge und sollte grundsätzlich vermieden werden. Sauerkirschen sind weniger empfindlich, aber auch sie sollten von großen Eingriffen verschont bleiben.

Sortenwahl Bei der Pflanzung von Steinobst ist deshalb die richtige Auswahl besonders wichtig, weil der Schnitt kein Mittel ist, um Bäume auf Dauer klein zu halten. So sollte man beispielsweise statt eines Süßkirschbaumes ein anderes Obstgehölz pflanzen, wenn der Standort für die ungehinderte Ausbreitung einer gewöhnlich großen Süßkirschbaum-Krone zu klein ist.

Wenn richtig gewählt und gepflanzt wurde, brauchen Steinobstgehölze (mit Ausnahme des Pfirsichs und einiger Sauerkirschsorten) nicht mehr Pflege als Kernobstgehölze, insbesondere Süßkirschbäume, die sparrig wachsen und sich im Allgemeinen wenig verzweigen und kaum Konkurrenztriebe oder andere störende Triebe entwickeln.

Kein Einfluss auf den Ertrag   Auf den Ertrag hat der Schnitt beim Steinobst (wiederum mit Ausnahme des Pfirsichs) ohnehin keine besondere Auswirkung, denn Süßkirsch-, Sauerkirsch-, Zwetschen-, Renekloden-, Mirabellen- und Aprikosenbäume fruchten auch ohne Schnitt zufriedenstellend. Selbst völlig vernachlässigte Kronen bringen noch regelmäßig reichlich Obst hervor, wobei in der Größe und Qualität der Früchte kein wesentlicher Unterschied zu gepflegten

Kronen besteht. Daher sollte Steinobst nicht verwildern, denn regelmäßig geschnittene, ausgelichtete Kronen sind länger vital und sehen auch besser aus als ungepflegte.

Vor allem ist es beim Steinobst wichtig, krankes Geäst zu behandeln und dürres Holz, das häufig durch Pilzinfektionen entsteht, regelmäßig und umgehend zu entfernen, damit die Gehölze gesund bleiben und keine anderen Bäume anstecken. Aus diesem Grund schneidet man Steinobstbäume vorzugsweise auch im Sommer, weil dann das dürre und kranke Holz leicht von gesunden Trieben zu unterscheiden und gut zu entfernen ist. Den Bäumen schadet das nicht, zumal sie keinen oder nur einen geringen Saftverlust hinnehmen müssen. Ein Schnitt ins alte Holz ist im Sommer zu vermeiden. Gesunde stärkere Zweige werden, falls nötig, wie bei allen Gehölzen am besten nur in der Saftruhe entfernt. Nur bei Bruchschäden, etwa durch Sturm, muss sofort eingegriffen und entsprechend ausgeschnitten werden.

Ein starker Schnitt hat häufig Gummifluss zur Folge. Die Bäume können damit leben.

Vom Pfirsich gibt es selbstfruchtbare und selbstunfruchtbare Sorten.

Bei Süßkirschen reifen die ersten Sorten schon im Juni.

Süßkirsche

Erziehungsform　Starkwüchsige Süßkirschen *(Prunus avium)* auf Sämlings-Unterlagen werden vorwiegend als Halb- oder Hochstämme angeboten, obwohl auch Buschbäume und Niederstämme erhältlich sind.
Hochstammformen sind den niedrigen Stammformen vorzuziehen, weil sie der Natur dieses Baumes eher entsprechen. Buschbäume und Niederstämme bleiben zwar insgesamt niedriger als Halb- und Hochstämme, die niedrigen Kronen stören aber oft im Garten, zumal sich der Kronenbereich nicht mehr anderweitig, etwa durch die Unterpflanzung mit Sträuchern oder durch eine Sitzgruppe, nutzen lässt, was bei den lichten Kronen von Süßkirschbäu-

men durchaus möglich ist. Deshalb ist es empfehlenswert, für einen Hausbaum eine hochstämmige Jungpflanze zu wählen, deren unterste Seitentriebe mindestens in 180 cm Stammhöhe stehen sollten und deren Krone sich nach oben und in die Breite ungehindert entwickeln kann. Wenn jedoch zu wenig Platz für einen großen Kirschbaum zur Verfügung steht und der Baum gestutzt werden müsste, ist es besser, darauf zu verzichten und stattdessen eine klein bleibende Süßkirschenzüchtung zu pflanzen.

Unterlage　Bei Süßkirschen wirkt sich die Veredelungsunterlage auf den Wuchs aus. Die Sorten werden entweder auf stark wachsende Unterlagen, und zwar auf Vogelkirschen *(Prunus avium),* oder auf schwach wachsende Unterlagen veredelt. Dazu dienen Züchtungen wie 'Colt', 'Gisela' oder 'Weiroot'. Die klein bleibenden Süßkirschen werden genauso behandelt, wie die starkwüchsigen, weil sie in der Wuchsform ähnlich sind und sich nur in der Wuchsstärke unterscheiden.

Pflanzschnitt Beim Pflanzschnitt stellt man wie beim Kernobst einen geraden Mitteltrieb und drei bis vier kräftige, gleichmäßig angeordnete Seitentriebe heraus und schneidet sie frei, das heißt, alle anderen Triebe werden entfernt. Aus diesem Gerüst wird die Krone aufgebaut. Das ist bei Süßkirschen einfach, weil sie aus Terminalknospen (Endknospen an jedem Seitentrieb und am Mitteltrieb) kräftige Langtriebe hervorbringen und

Beim Pflanzschnitt wird ein senkrechter Mitteltrieb erhalten.

Empfehlenswerte Süßkirschsorten

Sorte	Wuchsstärke	Wuchsform
Adlerkirsche von Bärtschi	mittelstark	kräftige, flache Seitentriebe, offene, lockere Krone
Annabella	sehr starkwüchsig	waagerechte bis überhängende Seitentriebe, breite und hohe Krone
Burlat	starkwüchsig	schräg aufrechte Seitentriebe
Büttners Rote Knorpelkirsche	starker Wuchs	hochkugelige Krone
Dönissens Gelbe Knorpelkirsche	mittelstark bis stark	dünnes, langes Fruchtholz, leicht hängend
Frühe Rote Meckenheimer	mittelstark bis stark	aufrechte Krone
Große Prinzesskirsche	mittelstark bis stark	breite Krone
Große Schwarze Knorpelkirsche	stark	anfangs aufrechte, später waagerechte Seitentriebe
Haumüllers Mitteldicke	mittelstark	aufrecht
Hedelfinger	stark	anfangs aufrecht, später leicht überhängende Seitentriebe
Kassins Frühe Herzkirsche	stark	breitkugelige, lichte Krone
Schneiders Späte Knorpelkirsche	sehr starkwüchsig	anfangs hoch ovale, später breite Krone
Van	mittelstark	aufrecht

Frei wachsend entwickelt sich die Süßkirsche zu einem großen, ausladenden Baum.

so einen geraden, senkrechten Mittelleittrieb und gerade Seitenleittriebe entwickeln. Damit die Bäume aber nicht zu langtriebig wachsen und ein kräftiges Astgerüst entsteht, ist es beim Pflanzschnitt nötig, den Mitteltrieb und die Seitentriebe einzukürzen. Dadurch entwickeln sich besonders kräftige Leitäste und auch die Verzweigung wird angeregt.

Der Rückschnitt der Seitentriebe erfolgt jeweils über einem Außenauge. Den Gipfeltrieb schneidet man so über einer Knospe ab, dass daraus wieder eine gerade Stammverlängerung hervorgeht. Das heißt, wenn der Gipfeltrieb etwas schräg nach rechts absteht, schneidet man ihn über einer linken Knospe ab; der Trieb daraus entwickelt sich leicht schräg nach links oben und gleicht die Abweichung wieder aus.

Erziehungsschnitt Durch das Einkürzen, je nach Pflanzzeit entweder im Herbst oder im Frühjahr, treiben in der kommenden Saison aus jeder Endknospe wieder kräftige Langtriebe und aus den nachfolgenden Knospen weniger kräftige Seitentriebe.

Bei einem Erziehungsschnitt im zweiten Jahr nach der Pflanzung sind zunächst die steilen Konkurrenztriebe zum Gipfeltrieb zu entfernen. Brauchbare Seitentriebe werden auf Außenaugen abgelenkt, sodass sich daraus wieder nach außen wachsende Triebe entwickeln, die für den Aufbau der zweiten Seitentriebetage gebraucht werden. Der Abstand zwischen der ersten und der zweiten Etage sollte etwa 50 cm betragen. Die Seitentriebe, die sich aus den bestehenden Seitenleitästen der ersten Etage gebildet haben, bleiben erhalten, wenn sie nach außen wachsen, oder werden entfernt, wenn sie in die Krone wachsen. Falls nötig kann man auch sie durch den Schnitt auf Augen in beliebige Richtungen lenken (also z. B. durch das Abschneiden über einer Knospe, die in eine Lücke weist, gezielt einen neuen Austrieb in diese Lücke bewirken). Im Unterschied zum Apfel oder zur Birne verzweigen sich Süßkirschen schlecht und sollten durch das Einkürzen stärker zur Verzweigung angeregt werden.

Erhaltungsschnitt Süßkirschen schneidet man so wenig wie möglich und nur junge Triebe, die sich in der letzten Saison gebildet haben. Ins alte Holz wird möglichst nicht geschnitten. Gewöhnlich ist bei Süßkirschen auch das Absenken oder Abspreizen unnötig, weil sie mehr oder weniger stumpfwinklige Seitentriebe hervorbringen und von Natur aus recht ausladende flache Äste bilden (also z. B. anders als Birnbäume, die typisch steil aufrecht wachsen).

Nur selten ist es nötig, einzelne abweisende oder steile Triebe, die für den Aufbau brauchbar sind, zu korrigieren. In den nächsten Jahren der Erziehung werden die Seitenleitäste weiterhin nach außen gelenkt, der Mittelleitast wird nach oben verlängert. Das Fruchtholz braucht keine besondere Behandlung. Die Entwicklung von Fruchtholz und Fruchtknospen wird auch durch das Einkürzen der Seitentriebe gefördert.

Sauerkirsche

Sauerkirschbäume *(Prunus cerasus)* unterscheiden sich im Wuchs wesentlich von Süßkirschbäumen. Zudem gibt es innerhalb des Sauerkirsch-Sortiments Unterschiede, die beim Schnitt zu beachten sind. Sauerkirschbäume sind im Wuchs wesentlich kleiner als gewöhnliche Süßkirschbäume. Sie

Sauerkirschen sind kleiner als Süßkirschen und enthalten weniger Zucker.

haben ihren Ursprung in der kleinkronigen Weichselkirsche, während die Süßkirschbäume von dem großkronigen Vogelkirschbaum abstammen.

Erziehungsform Auch bei Sauerkirschbäumen ist die Erziehung zur pyramidalen Krone mit Mittelleittrieb empfehlenswert, obwohl in den Obstplantagen häufig Bäume mit Hohl- oder Trichterkrone den Bestand bilden. Dieser Kronentyp wird aus drei bis vier gleichmäßig am Stamm angeordneten Seitentrieben erzogen, die schräg nach außen gerichtet sind. Der Mittelleittrieb ist dann bereits beim Pflanzschnitt zu entfernen. Bei der Erziehung einer pyramidalen Krone bleibt ein gerader, senkrechter Mitteltrieb natürlich

Als Hausbaum lassen sich Sauerkirschen auch mehrstämmig ziehen und sind zur Blütezeit eine wahre Pracht.

erhalten. Die schräg angeordneten Triebe dienen zur Erziehung von Seitenleitästen. Sie werden eingekürzt, damit sie sich verzweigen. Die kleinen Bäumchen eignen sich kaum für den Aufbau mehrerer Seitentriebetagen, sondern bilden meistens nur eine Etage am Kronenansatz, also unmittelbar über dem Stamm. Nach oben hin garniert sich der Mittelleittrieb mit weniger kräftigen Seitentrieben.

Unterlagen   Obwohl Sauerkirschbäume häufig auf Vogelkirschunterlagen veredelt werden (gewöhnlich auf die Züchtung F 12/1), bleiben die Kronen klein. Die Stein-

weichsel, die manchmal auch als Unterlage dient, bringt von Natur aus nur kleinkronige Bäume hervor.

Der Schnitt der kleinen Sauerkirschbäume ist deshalb etwas aufwendiger als der Schnitt der großen Süßkirschbäume, weil sie sehr dicht wachsen und überhängende Triebe bilden. Es gibt gravierende Sortenunterschiede, die zu beachten sind. Während die 'Schattenmorelle' zu stark überhängendem Wuchs neigt und durch den regelmäßigen Rückschnitt zu seitlicher Verzweigung und

Bildung kräftiger Jungtriebe angeregt werden muss, wächst 'Heimanns Rubinweichsel' straff aufrecht und darf nur wenig geschnitten werden, damit sie nicht zu viele steile Triebe bildet.

Pflanzschnitt Pflanzschnitt und Erziehungsschnitt unterscheiden sich in den ersten Jahren aber nicht von dem der Süßkirsche, zumal auch die zu überhängendem Wuchs neigenden Sorten in der Jugend kräftig aufrecht wachsen. Grundsätzlich ist es deshalb wichtig, von Anfang an ein kräftiges symmetrisches Astgerüst zu erziehen, das später leicht zu erhalten und zu pflegen ist.

Erziehungsschnitt Bei einer Erziehung zur pyramidalen Krone wird der Mitteltrieb senkrecht nach oben gelenkt. Dazu schneidet man ihn beim Pflanzschnitt stark zurück, damit er einen kräftigen Jungtrieb senkrecht nach oben schiebt. Drei bis vier ausgewählte kräftige Seitentriebe werden ebenso stark jeweils über einem Außenauge zurückgeschnitten, damit sie daraus kräftige Seitentriebe hervorbringen und sich verzweigen. Im Jahr nach dem Pflanzschnitt bringen die eingekürzten Triebe viele kräftige Seitentriebe hervor. Sie werden im nächsten Frühjahr ausgelichtet; nur einige kräftige

Triebe bleiben erhalten. Der Mittelleittrieb wird nach oben verlängert. Alle Jungtriebe werden anschließend wiederum eingekürzt, damit sie sich im nächsten Jahr kräftigen und erneut verzweigen. Auf diese Weise entsteht eine gleichmäßige lichte Krone aus kräftigen Ästen. In den ersten Erziehungsjahren entwickeln sich infolge des starken Schnitts nur kräftige Blatttriebe, die für den Aufbau der Krone wichtig sind. Eine gleichmäßig erzogene Krone wird nur noch ausgelichtet, damit die Seitenzweige Fruchtholz ansetzen. Bei einigen Sorten zeichnen sich bereits nach zwei bis drei Jahren am mehrjährigen Holz Fruchtknospen und Bukettriebe ab (kurze Triebe mit deutlich sichtbaren dicken Knospen), die erhalten bleiben.

Erhaltungsschnitt Später beim Erhaltungsschnitt werden die Sauerkirschbäume nur noch ausgelichtet. Dabei sind auch schwache und zu eng stehende Fruchttriebe zu entfernen. Bei Sorten, die sehr lange, überhängende Fruchttriebe, sogenannte Peitschentriebe, entwickeln, kürzt man diese ein, und zwar jeweils an einem kurzen Seitentrieb. Der Erziehungsschnitt wird am besten im Spätwinter erledigt. Das jährliche Auslichten ist im Spätwinter oder auch im Sommer nach der Ernte möglich.

Empfehlenswerte Sauerkirschsorten

Sorte	Wuchsstärke	Wuchsform
Heimanns Rubinweichsel	starkwüchsig	pyramidal
Kelleris 14	schwach bis mittelstark	anfangs straff aufrecht, später breit, mit vielen überhängenden Langtrieben
Koröser Weichsel	starkwüchsig	hoch pyramidal
Ludwigs Frühe	sehr starkwüchsig	anfangs aufrecht, später viele überhängende Triebe
Morellenfeuer	starkwüchsig	aufrecht, breit pyramidale Krone
Schattenmorelle	mittelstark	anfangs aufrecht, später viele „Peitschentriebe" (lange, überhängende Triebe)

Pflaumen

Erziehungsform   Die vier Steinobstarten Pflaume, Zwetsche, Mirabelle und Reneklode *(Prunus domestica)* wachsen straff aufrecht und bilden gleichmäßige, hoch ovale Kronen oder Rundkronen. Es ist deshalb von Anfang an wichtig, die Kronen durch einen gezielten Schnitt zu öffnen und den steilen, kräftigen Wuchs zu bremsen.

Unterlage   Sie werden auf die gleichen Unterlagen veredelt, wobei alle Unterlagen-Typen (z. B. *Prunus* 'St. Julien', *P. cerasifera*

'Myrabolana' usw.) ähnlich starkwüchsig sind und kaum Unterschiede im Wuchs bewirken. Alle vier Steinobstarten entwickeln jedoch nur kleine Bäumchen, die recht einfach zu pflegen sind. Hauptsächlich gilt es, wohlgeformte Jungpflanzen zu erziehen, diese regelmäßig auszulichten und – was bei älteren Bäumen nötig ist – dürres Holz aus den Kronen zu entfernen.

Pflanzschnitt   Der Pflanzschnitt wird je nach Pflanzzeit im Herbst oder im Frühjahr durchgeführt.
Beim Pflanzschnitt lenkt man die ausgewählten Seitentriebe auf Außenaugen ab. Der Mitteltrieb bleibt erhalten und wird nach oben verlängert.

Erziehungsschnitt   Der Erziehungsschnitt erfolgt am besten in den Wintermonaten. Bei der Erziehung werden die Seitenleittriebe weiterhin durch den Schnitt auf Außenaugen möglichst waagerecht nach außen gelenkt, der Mittelleittrieb wird nach oben geführt. Konkurrenztriebe zum Mitteltrieb und zu eng stehende sowie nach innen wachsende Seitentriebe werden entfernt. Der Mitteltrieb verzweigt sich recht gut und bringt ziemlich steil stehende Seitentriebe hervor, die für den Aufbau weiterer Etagen brauchbar sind und auf Außenaugen abgelenkt oder abgespreizt werden müssen. Die Seitentriebe entwickeln sich – anders als z. B. bei der Süßkirsche, die wenige sehr gerade Leittriebe hervorbringt – sehr zahlreich und unregelmäßig, sodass stärker eingegriffen und korrigiert werden muss, damit ein symmetrisches Astgerüst zustande kommt. Eine allzu strenge Kronenerziehung

Die Vielfalt der Zwetschen, Renekloden, Pflaumen und Mirabellen ist enorm.

ist jedoch wegen ihrer Starkwüchsigkeit und insbesondere ihrem Drang zu üppiger Verzweigung und Entwicklung vieler neuer steiler Triebe bei diesen Steinobstarten nicht üblich.

Erhaltungsschnitt Zum Auslichten ist die Zeit nach der Ernte günstiger, weil sich dann auch die dürren Triebe, die bei diesen Obstbäumen häufig sind, gut erkennen lassen. Es genügt, ein kräftiges Grundgerüst aufzubauen und dieses regelmäßig auszulichten. Das Auslichten ist auch wichtig, um die Ausbreitung von Krankheiten und Schädlingen zu verhindern. Verwilderte Kronen sind oft von Monilia, der Schrotschusskrankheit u. a. Pilzkrankheiten befallen.

Verjüngung Anders als beispielsweise Süßkirschen sind diese Steinobstarten recht schnittverträglich und können auch verjüngt werden, wenn sie stark verwildert sind (z. B. in vernachlässigten Obstbeständen). Man kann sie sogar ins alte Holz zurückschneiden, falls dies zur Verjüngung nötig ist. Sie treiben dann wieder viele kräftige Jungtriebe, aus denen eine neue Krone aufgebaut werden kann.

Ausläufer Alle Arten haben gleichermaßen einen Drang zur Ausläuferbildung, das heißt, sie bringen aus dem Wurzelstock viele Wildtriebe hervor. Diese müssen entfernt werden, falls man sie nicht für die Vermehrung von Jungpflanzen (z. B. als Veredelungsunterlagen) nutzen will.

Fruchtholz Die Fruchtknospen sitzen meist am kurzen, jungen, vorjährigen Holz. Gesundes Fruchtholz bleibt erhalten. Mit zunehmendem Alter ist jedoch schwaches und vergreistes Fruchtholz zu entfernen.

Empfehlenswerte Sorten

Sorte	Wuchsstärke	Wuchsform
Anna Späth	stark aufrecht	breit ausladende Krone
Bühler Frühzwetsche	kräftig, steil	hoch ovale Krone
Graf Althans	mittelstark	anfangs aufrecht, später flachkronig
Große Grüne Reneklode	mittelstark bis stark	große, breit ausladende Krone
Hauszwetsche	stark	aufrecht
Königin Viktoria	anfangs stark, später mäßig	kleine Krone mit hängenden Zweigen
Nancymirabelle	stark	anfangs aufrecht, später breitkronig
Ontariopflaume	anfangs stark, später mäßig	anfangs aufrecht, später breitkronig
President	stark	anfangs aufrecht, später breitkronig
Quillins-Reneklode	stark	große Krone
Ruth Gerstetter	schwach bis mittelstark	steil aufrecht
The Czar	mittelstark	schlank aufrechte, hoch ovale, kleine Krone
Wangenheims Frühzwetsche	stark	breit ausladend
Zimmers Frühzwetsche	stark	aufrecht

Bei vitalen Johannisbeerbüschen genügt es, einige eng stehende Zweige direkt am Boden auszuschneiden.

Nach dem Schnitt können sich die bestehenden Zweige besser entwickeln, außerdem haben die Jungtriebe mehr Platz.

Beerensträucher

Auslichten statt schneiden Johannisbeer-, Stachelbeer- und andere Beerensträucher werden grundsätzlich nur ausgelichtet. Denn sie entwickeln, anders als die Baumobstarten, keine Kronen, sondern treiben aus dem Wurzelstock aufrechte Triebe hervor, die mehr oder weniger parallel stehen. Diese Triebe sind bei den echten Sträuchern, also bei Stachelbeeren, Johannisbeeren und Heidelbeeren, mehrjährig, das heißt, sie verholzen mit der Zeit und können viele Jahre alt werden.
Bei den Halbsträuchern, also bei Himbeeren und Brombeeren, sind die Triebe kurzlebig, das heißt, sie sterben bereits nach einem

Jahr ab. Dementsprechend müssen die echten Sträucher und die Halbsträucher auch unterschiedlich behandelt werden. Bei Stachelbeeren, Johannisbeeren und Heidelbeeren sorgt man zunächst für eine gute Verzweigung und für kräftige Triebe.

Pflanzschnitt Die Jungpflanzen aus der Baumschule, die gewöhnlich mit losen Wurzeln, also ohne Erdballen, angeboten werden, brauchen dazu zunächst einen scharfen Rückschnitt, damit sie gut anwurzeln und stark austreiben. Nach den BdB-Bestimmungen müssen Jungpflanzen drei bis vier kräftige Triebe und gut verzweigte Wurzeln haben. Es sind auch fünf- bis siebentriebige und acht- bis zwölftriebige Pflanzen erhältlich.

Beim Pflanzschnitt bleiben die kräftigen Triebe erhalten und werden etwa um ein Drittel ihrer Länge eingekürzt. Die schwachen Triebe entfernt man. Ebenso werden die Wurzeln behandelt und zwar kürzt man zu lange und umgebogene Wurzeln ein.

Nach der Pflanzung treiben aus den Knospen unterhalb der Schnittstellen kräftige Ruten, sodass sich die Jungpflanzen gut verzweigen.

Erhaltungsschnitt Im nächsten Jahr werden sie dann nur ausgelichtet, das heißt, die kräftigen, alten Triebe und einige kräftige, junge Bodentriebe, die sich ebenso nach dem Pflanzen entwickelt haben, bleiben stehen, die schwachen Triebe werden entfernt. Die Früchte entwickeln sich am mehrjährigen Holz der aufrechten Langtriebe und an den Seitentrieben. Hier gibt es Unterschiede zwischen Schwarzen und Roten Johannisbeeren und Sortenunterschiede bei den Roten Johannisbeeren. Grundsätzlich wachsen Schwarze Johannisbeeren kräftiger und verzweigen sich weniger als die Roten. Meist sitzen die Früchte bei den schwarzfrüchtigen Sorten am zwei- bis dreijährigen Holz der Langtriebe. Sie brauchen deshalb nicht durch den Rückschnitt zur Entwicklung von

Seitentrieben angeregt zu werden. Bei den Roten Johannisbeeren entwickeln sich die längsten Trauben an den Seitentrieben. Dabei gibt es Sorten, die sich gut verzweigen, und Sorten, die sich wenig verzweigen und die deshalb zur Förderung des Ertrags durch den Rückschnitt zur Verzweigung angeregt werden sollten. Stachelbeeren werden ähnlich behandelt wie die Roten Johannisbeeren. Sobald sich nach einigen Jahren kräftige Sträucher entwickelt haben, ist es nur noch nötig, diese regelmäßig auszulichten, sodass jeweils etwa 8–10 alte Bodentriebe und vier bis sechs Jungtriebe erhalten bleiben. Johannisbeer- und Stachelbeerstämmchen werden gleichermaßen behandelt, das heißt, man regt sie zunächst durch den Rückschnitt zur Entwicklung kräftiger Triebe und üppiger Kronen an und lichtet sie später nur noch regelmäßig aus.

Bei Himbeeren und Brombeeren ist es nötig, die alten, abgetragenen Triebe regelmäßig jedes Jahr im Herbst oder im Spätwinter zu entfernen und die jungen Triebe sorgfältig auszudünnen.

Schwarze Johannisbeeren blühen und fruchten am vorjährigen Holz. Aus dicken Knospen bilden sich Fruchttrauben.

Rote Johannisbeeren fruchten vorwiegend an kurzen Seitentrieben, die zu erhalten sind.

Stachelbeeren bilden ihre Früchte wie Johannisbeeren am vorjährigen Holz.

Johannis- und Stachelbeere

Johannisbeersträucher kommen früh in den Ertrag und können viele Jahre ertragsfähig bleiben. Dazu ist der Schnitt wichtig. Und zwar zunächst der Pflanzschnitt, um kräftige Sträucher zu erziehen, und später der jährliche Auslichtungsschnitt, damit die Sträucher gesund und wüchsig bleiben.
Gewöhnlich genügt es, entweder nach der Ernte oder im Frühjahr einige alte Triebe und schwache Jungtriebe direkt am Boden zu entfernen.

Rote und Weiße Johannisbeere Weiterhin ist es empfehlenswert bei Roten und Weißen Johannisbeeren *(Ribes rubrum)* die

Sorten, die sich schlecht verzweigen, durch den Rückschnitt zur Verzweigung anzuregen. Dazu kürzt man die Langtriebe jährlich etwa um ein Drittel ein.

Schwarze Johannisbeere Bei den schwarzen Sorten *(Ribes nigrum)* werden die Langtriebe nicht eingekürzt. Alte verwilderte Sträucher vertragen die Verjüngung gut. Dazu schneidet man einige alte Zweige direkt am Boden weg, sodass ein lichter Strauch entsteht. Infolge des Verjüngungsschnitts entwickeln sich wieder kräftige Jungtriebe aus dem Boden. Auf diese Weise bestehen die Sträucher aus alten Zweigen, die reichlich fruchten, und jungen Trieben, die zur Verjüngung nötig sind.

Beerenobststämmchen brauchen einen Stützpfahl, der gelegentlich erneuert wird.

Stachelbeere Stachelbeeren *(Ribes uvae-crispa)* werden wie Johannisbeeren geschnitten. Allenfalls ist es nötig, stärker auszulichten, weil sie dichter wachsen als die Johannisbeeren.

Hochstämmchen Sie werden gewöhnlich auf die wilde Johannisbeere *(Ribes aureum)* veredelt. Grundsätzlich erhalten die Kronen denselben Schnitt wie die Sträucher. Nach der Pflanzung ist ein Rückschnitt der erhaltenswerten Triebe jeweils um ein Drittel nötig. Später werden sie jedes Jahr im Spätwinter nur ausgelichtet. Ein besonderes Kronengerüst mit Leitästen wie bei Obstbäumen gibt es nicht. Im Unterschied zu den bodenständigen Sträuchern bleiben

die Kronen klein und vergreisen auch früher. Sie müssen deshalb stärker ausgelichtet und früher verjüngt werden, um die Vitalität zu fördern. Weiterhin ist es nötig, Wildtriebe aus der Veredelungsunterlage zu beseitigen.

Sortenunterschiede Die Sortenunterschiede sind bei Beerenobst-Sträuchern weniger auffallend und wirken sich kaum auf den Schnitt aus. Allerdings werden die starkwüchsigeren Schwarzen Johannisbeeren und die Jostabeeren maßvoller geschnitten als die schwachwüchsigeren Roten Johannisbeeren und die Stachelbeeren, weil sie von Natur aus kräftige Triebe entwickeln. Bei den Roten Johannisbeeren und den Stachelbeeren ist gelegentlich ein etwas stärkerer Rückschnitt zur Verjngung nötig, um sie zu stärkerem Wuchs anzuregen.

Auf Krankheiten achten Vorsicht bei mehltauanfälligen Sorten. Hier ist das Auslichten besonders wichtig, um der Ausbreitung von Mehltau vorzubeugen.

Heidelbeeren

Heidelbeeren *(Vaccinum corymbosum)* brauchen keinen besonderen Schnitt und müssen wie andere Beerensträucher nur ausgelichtet werden.

Heidelbeeren werden nicht geschnitten. Wichtig ist nur gelegentliches Auslichten.

Himbeere

Himbeeren *(Rubus idaeus)* werden beim Pflanzen auf etwa 30 cm zurückgeschnitten. Dadurch bewurzeln sie besser und bringen kräftige Jungtriebe hervor. Im Herbst werden die alten Triebstummel am Boden entfernt, die Jungtriebe bleiben erhalten. Sie fruchten im nächsten Jahr. Im Herbst nach der Ernte oder im nächsten Spätwinter werden sie am Boden entfernt. Die jungen Jahrestriebe bleiben wiederum erhalten. Pro Pflanze lässt man etwa acht bis zehn kräftige Jahrestriebe stehen. Schwache Triebe und eingetrocknete Triebspitzen schneidet man ebenfalls weg.

Brombeere

Bei Brombeeren *(Rubus fruticosus),* diesen sogenannten Spreizklimmern, gibt es Sortenunterschiede. Die sommergrünen Sorten bilden nur zweijährige Ruten, das heißt, sie sterben im zweiten Jahr, nachdem sie gefruchtet haben, ab. Immergrüne Sorten können mehrere Jahre vital und fruchtbar sein. Beim Pflanzen schneidet man die Ruten auf etwa 30 cm zurück. Daraus entwickeln sich im Jahr nach der Pflanzung kräftige Jahrestriebe, die an eine Kletterhilfe geheftet werden. Diese Triebe blühen und fruchten im nächsten Sommer. Danach sterben sie

1.

Himbeeren bilden ihre Triebe aus Brutknospen an den Wurzeln. Die Halbsträucher sollten in ausreichenden Abständen gepflanzt werden (mindestens 50 cm).

4.

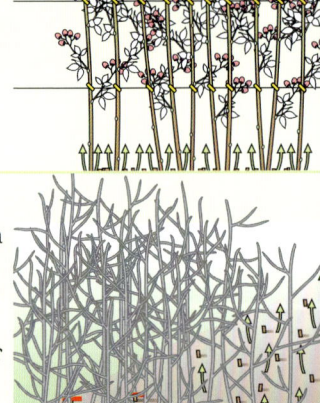

Im Frühjahr werden die Ruten auf 120 cm zurückgeschnitten. Sie verzweigen sich, bilden Fruchttriebe und bringen Jungtriebe aus dem Wurzelwerk hervor.

2.

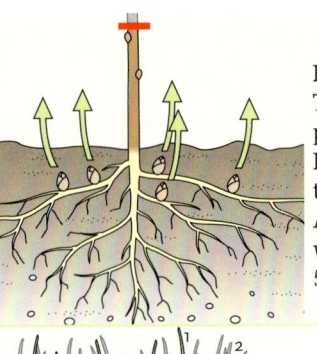

Bei bereits etablierten Beständen erfolgt jeweils im Herbst der Rückschnitt der abgetragenen Ruten (2) bis zum Boden. Die einjährigen Ruten (1) bleiben erhalten.

5.

Bei zweimal tragenden Sorten ist ein Rückschnitt aller Ruten bis zum Boden möglich. Sie bilden im Frühjahr wieder junge Triebe, die schon im selben Jahr wieder fruchten.

3.

Von den einjährigen Ruten bleiben etwa 10/m stehen. Schwache, kranke und aus der Reihe wachsende werden weggeschnitten. Die bestehenden erhalten ein Spalier.

6.

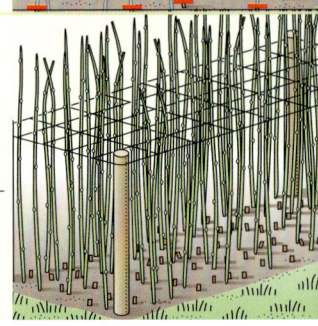

Bei flächiger Pflanzung von Himbeeren kann ein Baustahlgitter als Stütze dienen, das auf Pflöcken befestigt wird.

Himbeeren fruchten vorwiegend an den kurzen einjährigen Seitentrieben.

bei den sommergrünen Sorten ab. Im selben Sommer haben sich bereits neue Jungtriebe aus dem Wurzelstock entwickelt, die dann im folgenden Sommer fruchten.

Die abgetragenen Ruten werden im Spätwinter vollständig weggeschnitten. Die Jungtriebe bleiben erhalten. Nach dem Verteilen und Heften an das Spalier bilden sie im Sommer Blüten und Früchte. Auf diese Weise erneuern sich die Pflanzen immer wieder durch junge Ruten. Beim Heften der Ruten im Sommer sollten Geiztriebe eingekürzt werden. Diese vorzeitigen Triebe entwickeln sich aus den Blattachseln.

In rauen Lagen lohnt es sich, die frostempfindlichen jungen Ruten im Herbst vom Spalier zu lösen und am Boden zu überwintern. Als Frostschutz eignet sich Stroh, Laub oder anderes luftiges Material. Im Frühjahr werden sie wieder an die Kletterhilfe geheftet. Erfrorene Triebe sind an der schwarzen Rinde erkennbar. Sie werden ausgeschnitten. Das gilt auch für kranke Triebe, z. B. durch die Rutenkrankheit bei Himbeeren.

1.

Im Spätwinter nach der Pflanzung bleiben einige kräftige Ruten stehen, bereits vorgebildete Seitentriebe werden eingekürzt. Schwache Bodentriebe zurückschneiden.

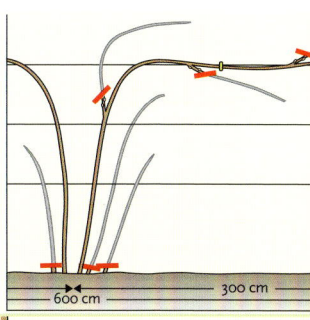

2.

Im Frühsommer können die jungen Seitentriebe durch das Pinzieren zur Verzweigung angeregt werden. Sie bilden noch im selben Jahr blühfähige Triebe.

3.

Im Herbst erfolgt der Rückschnitt der abgetragenen Fruchtruten. Die jungen Ruten bleiben erhalten und werden angebunden oder zu Boden gedrückt und angehäufelt.

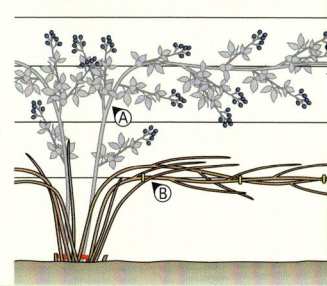

4.

Im Spätwinter ist das Heften ausgewählter Ruten und Einkürzen vorzeitiger Seitentriebe nötig. Schwache und eng stehende Ruten werden abgeschnitten.

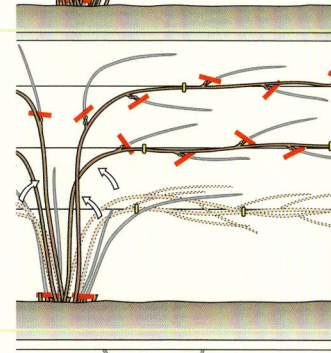

5.

Die Spaliererziehung am Haus erfolgt ebenso wie beim freien Spalier. Jeweils im Herbst oder Spätwinter werden die abgetragenen Ruten am Boden abgeschnitten.

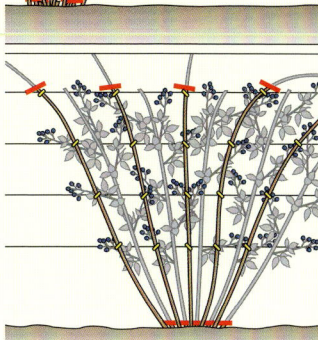

Weinrebe

Weinreben *(Vitis vinifera)* gehören eigentlich zu den Kulturobstarten beziehungsweise zum Beerenobst. Als Kletterpflanzen weichen sie jedoch vom übrigen Kulturobst ab, zumal sie oft nicht nur wegen der Früchte, sondern zur Dekoration bzw. als Hausschmuck gepflanzt werden.

Im Garten gedeihen Weinreben am besten an einer sonnigen Südseite, etwa an einer Hauswand, an einer Pergola oder an einem Zaun. Dort breiten sie sich rasch aus und tragen reichlich Früchte. Dazu brauchen sie nur wenig Pflege. Es genügt, die Reben richtig zu erziehen und regelmäßig, wenigstens einmal jährlich, zu schneiden (obwohl auch verwilderte Reben reichlich tragen).

Erziehungsformen   Man kann die Rebe auch im Garten formlos als Stock ziehen oder als Schnur-Stock. Dazu lenkt man nach dem Pflanzen nur einen Trieb nach oben oder in eine andere gewünschte Richtung und schneidet die Seitentriebe weg, die sonst für die Erziehung etwa eines Fächerspaliers

Weinreben zieht man auch im Hausgarten am Spalier oder vor einer Wand.

nötig gewesen wären. Der Trieb wird während des Sommers geheftet (angebunden) und weitergeführt. Die Seitentriebe, die sich eventuell schon jetzt bilden, werden entfernt. Im nächsten Frühjahr wird er dann eingekürzt, damit er sich kräftigt und verzweigt. Der Trieb aus der obersten Knospe wird erneut geheftet und weitergeführt. Die Triebe aus den anderen Knospen bleiben nun erhalten. Sie werden im nächsten Frühjahr eingekürzt und so zu Fruchtholz umgewandelt. Auf diese Weise wird der Haupttrieb von Jahr zu Jahr weitergeführt und zur Entwicklung von immer mehr Fruchtholz angeregt. Es entsteht ein kräftiger Stamm, der reichlich fruchtet und dennoch einfach zu pflegen ist. Das Fruchtholz muss dazu nur regelmäßig jedes Jahr auf kurze Stummel mit vier bis sechs Knospen zurückgeschnitten werden. Reben werden nicht direkt über einer Knospe abgeschnitten, sondern zwischen zwei Knospen, sodass ein kurzer Zapfen (Stummel) erhalten bleibt, weil die Knospe sonst schnell vertrocknen würde.

Weinreben werden auf Zapfen, d. h. zwischen den Knospen geschnitten und nicht auf Auge, da diese leicht eintrocknen.

Pflanzschnitt Zunächst wird ein junger Rebstock an das Spalier gepflanzt (oder an einen Zaun, Pergola etc.). Er wird zurückgeschnitten und zu kräftigem Austrieb und zur Verzweigung angeregt, wenn sich ein gleichförmiges Zweigwerk (z. B. ein Fächerspalier) entwickeln soll. Dann muss von Anfang an auf eine symmetrische Entwicklung der Triebe geachtet und gezielt geschnitten und geheftet werden.

Erziehungsschnitt Im Weinbau ist weniger die Form wichtig als vielmehr der Ertrag. Hier ist die Erziehung z. B. als formloser Stock gebräuchlich, der mit jungem Fruchtholz garniert ist. Dazu werden die langen Fruchttriebe jedes Jahr bis auf wenige Knospen zurückgeschnitten. Aus diesen Knospen bilden sich im folgenden Jahr wieder neue

Fruchttriebe. Anders als z. B. das Kern- und Steinobst fruchtet der Weinstock also nicht am mehrjährigen Holz, sondern an einjährigen Trieben. In der Regel bleiben am Stock immer nur zwei Fruchttriebe erhalten, die auf wenige Knospen eingekürzt werden. Alle übrigen Triebe schneiden die Winzer weg.

Zeitpunkt Der Schnitt der Weinreben wird am besten im Spätwinter etwa Ende Februar/Anfang März erledigt, wenn die strengsten Fröste vorbei sind. Zu spät darf nicht geschnitten werden, weil die Wunden beim Wein stark bluten. Zudem ist der Sommerschnitt üblich, wobei hauptsächlich die Fruchttriebe eingekürzt werden, damit die Früchte mehr Licht bekommen. Dazu schneidet man jeden Fruchttrieb kurz nach der letzten Traube ab. Außerdem werden Geiztriebe ausgebrochen, das sind Triebe, die aus den Blattachseln entspringen.

Arbeitskalender

Nur wenn Schnitt- und Pflegemaßnahmen im Garten zum richtigen Zeitpunkt ausgeführt werden, bewirkt man die gewünschten Änderungen im Wuchsverhalten und einen befriedigenden Ertrag qualitativ hochwertiger Früchte oder eine üppige Blütenpracht.

Januar/Februar

Allgemeine Arbeiten

❀ Bäume und Sträucher vertragen den Schnitt am besten in der Saftruhe, allerdings nur bei frostfreiem Wetter.

❀ Verwilderte Gehölze oder Hecken verjüngen sich im Sommer wieder, wenn sie jetzt kräftig geschnitten werden.

❀ Junge Baumstämme sind empfindlich für die Wechselwirkung zwischen Nachtfrost und Wintersonne; zum Schutz vor Rindenrissen bekommen gefährdete Pflanzen einen Weißanstrich oder einen Juteverband.

❀ Immergrüne brauchen auch im Winter Wasser, wenn die natürlichen Niederschläge ausbleiben. Das gilt besonders für immergrüne Kübelpflanzen auf dem Balkon (z.B. Buchs oder Zwergkoniferen).

❀ Schnittgut lässt sich nach dem Zerkleinern (z.B. mit dem Häcksler) zum Mulchen oder als Wegebelag nutzen. Allerdings darf dazu nur gesundes Holz dienen. Kranke Zweige sind zu vernichten.

❀ Wenn der Boden frostfrei ist, können nötige Umpflanzungen oder auch Neupflanzungen erledigt werden.

❀ Wenn die Kompostsilos voll sind, ist die Zeit günstig zum Umsetzen. Reife Erde lässt sich nach dem Sieben auf den Baumscheiben oder unter den Hecken verteilen. Halb verrottete Bestandteile werden mit frischen Abfällen vermischt und wieder aufgesetzt.

Ziergehölze

❀ Viele Ziersträucher wie etwa Forsythien, Weigelien, Weiden oder Liguster lassen sich einfach aus Steckhölzchen vermehren, die jetzt geschnitten und in Töpfe gesteckt werden.

❀ Bei frostfreiem Wetter vertragen alle Obst- und Ziergehölze den Auslichtungsschnitt.

❀ Auch Rosen lassen sich ab Ende Februar durch einen kräftigen Rückschnitt zu buschigem Wuchs und üppiger Blütenbildung anregen.

März/April

Allgemeine Arbeiten

* Sobald der Boden frostfrei und abgetrocknet ist, beginnt die Hauptpflanzzeit für alle Gehölze und Stauden.

* Empfindliche Arten werden erst Ende April ausgepflanzt.

Ziergehölze

* Vor dem Neuaustrieb sollte der Rückschnitt der Kübelpflanzen geschehen. Langstielige und verkahlte Oleander, Engelstrompeten und andere Sträucher lassen sich dadurch zu buschigem Wuchs anregen.
* Solange Wunden nicht bluten, können

Obst- und Ziergehölze geschnitten werden.
* Knoblauch hat eine gewisse Abwehrwirkung gegen Pilzerkankungen. Im Frühjahr lassen sich noch Zehen unter Beerensträucher oder auch ins Rosenbeet stecken. Die Pflanzen stören nicht und entwickeln bis zum Herbst erntereife Zwiebeln.

Obstgehölze

* Baumscheiben lassen sich mit Gründüngerpflanzen bedecken. Dazu können Blütenpflanzen wie Ringelblumen, Tagetes und Phacelia dienen. Jetzt beginnt die Saatzeit.
* Falls noch nicht geschehen, sollten die Vogelnistkästen im Obstgarten rechtzeitig

vor der Brutzeit gereinigt werden. Noch ist es nicht zu spät zum Basteln und Verteilen neuer Kästen.
* Die Veredelung von Obstbäumen ist im Frühjahr durch Pfropftechniken wie Kopulation, Geißfuß oder Rindenpfropfen möglich.

Mai/Juni

Allgemeine Arbeiten

- Noch ist Pflanzzeit für alle Gehölze und Stauden in Containern.
- Das üppige Wachstum der Rasengräser unter den Gehölzen erfordert mehrmaliges Mähen während des Monats. Wiesen im Obstgarten werden geschont.
- Brütende Vögel in den Nistkästen vertragen keine Störung. Ebenso müssen Nester in Bäumen, Sträuchern und Hecken geschont werden.
- Die beste Zeit zum Gießen ist in den Morgenstunden. Dann kann das Blattwerk tagsüber abtrocknen. Bei Bedarf ist das Gießen natürlich zu jeder Tageszeit möglich.
- Das Mulchen des Bodens hält den Boden feucht und erspart Gießwasser. Dazu eignet sich das Schnittgut vom Rasenmähen.

Ziergehölze

- Nach der Blüte vertragen Frühblüher wie Forsythien und Ziermandelbäume einen Schnitt. Sie bilden dann wieder Blütentriebe für das nächste Jahr.
- Das Pinzieren der Rosen fördert einen buschigen Wuchs. Dabei werden die jungen Triebe einfach eingekürzt.
- Der Schnitt von Rosenblüten für die Vase schadet nicht. Sie bringen dann neue Blütentriebe hervor.
- Ende Juni ist der Termin für den Schnitt von Formhecken. Achten Sie aber auf brütende Vögel und warten Sie – falls nötig.

Obstgehölze

- Obstbäume brauchen passende Befruchtersorten. Sonst tragen sie nicht oder ungenügend. Nur bei selbstfruchtbaren Arten genügt ein Exemplar (z.B. Weinreben, Aprikosen oder Quitten).
- Solange die Bäume im Saft sind und sich die Rinde lösen lässt, ist noch Zeit zum Veredeln durch Rindenpfropfen. Dazu sind frische Edelreiser nötig.
- Der Sommerschnitt der Obstgehölze fördert die Durchlüftung der Kronen und Büsche. Dabei werden störende und zu eng stehende Triebe entfernt.
- Bei Weinreben, die erst im Juni blühen, kommt der Rückschnitt der Geiztriebe der Fruchtentwicklung zugute. Diese Seitentriebe, die keine Blütengescheine haben, werden entfernt.
- Das Rieseln der Beerensträucher kann verschiedene Ursachen haben. Meistens macht sich dieser vorzeitige Fruchtfall nach kalten Nächten oder bei Dauerregen bemerkbar.

Juli/August

Allgemeine Arbeiten

- Im Juli ist eine günstige Zeit zur Stecklingsvermehrung. Jetzt lassen sich junge Triebspitzen vieler Gehölze und Stauden recht erfolgreich zur Bewurzelung bringen.
- Von seltenen Wildstauden lohnt es sich, reifen Samen zu ernten und zur Anzucht von Jungpflanzen zu nutzen. Am besten wird sofort nach der Ernte gesät.
- Auch im Sommer ist die Pflanzung von Gehölzen und Stauden möglich. Containerpflanzen gibt es rund ums Jahr.
- Gehölze und Stauden, die kümmern, lassen sich mit Kompost aufpäppeln.

- Gegen Schädlinge helfen oft einfache Mittel. Das Abspritzen mit Wasser ist gegen saugende Insekten wirksam und schadet den Pflanzen nicht.
- Ab August Düngemittel sparsam dosieren. Die Pflanzen brauchen mit abnehmendem Wachstum weniger Nährstoffe als zur Hauptwachstumszeit im Frühsommer. Keinesfalls sollten Gehölze jetzt durch schnellwirksame Dünger noch mal zum Austreiben angeregt werden.

Ziergehölze

- Noch ist ein günstiger Termin für den Heckenschnitt.
- Kletterpflanzen und Spaliere bleiben in Form, wenn sie regelmäßig nachgeheftet werden.
- Große, windwurfgefährdete Kübelpflanzen bleiben standfest, wenn sie mit Haken im Boden verankert werden.

- Noch sind Veredelungen durch Okulation möglich. Mit dieser recht einfachen Technik sind Edelrosen und andere Ziergehölze sowie Obstsorten vermehrbar.
- Wenn ein großer Bedarf an Sträuchern etwa für Heckenpflanzen oder Bodendecker besteht, lohnt sich die Vermehrung durch Stecklinge.

Obstgehölze

- Die Ernte ist eine gute Gelegenheit für den Sommerschnitt. Falls nötig, vertragen die Beerensträucher und Obstbäume das Auslichten störender Triebe.
- Schwer mit Früchten beladene Obstbäume sollten mit geeigneten Stützen entlastet werden.
- Nach der Ernte ist bei Kirschen und beim Beerenobst der Auslichtungsschnitt möglich.

- Kranke Triebe bei Zier- und Obstpflanzen sind unverzüglich zu entfernen. Sie können durch das Eingraben in den Boden entsorgt werden.
- Das Freischneiden der Weinreben fördert die Fruchtreife. Gegen Vogelfraß helfen Schutznetze.

September/Oktober

Allgemeine Arbeiten

- Neben Obstbäumen, Beerensträuchern und Ziergehölzen können jetzt Blütenstauden und Zwiebelblumen für das nächste Jahr gesetzt werden.
- Nach dem Laubfall ist die Pflanzung von Gehölzen ohne Wurzelballen möglich. Allerdings wachsen Ballenpflanzen auch jetzt leichter an.
- Falls nötig, ist die Zeit für Umpflanzungen günstig. So können zu eng oder unpassend stehende Bäume und Sträucher versetzt werden.

- Jetzt fällt eine Menge Material zum Kompostieren an. Diese Art der Abfallentsorgung bringt wertvollen Gartenkompost. Reifer Kompost ist ein ideales Bodenverbesserungsmittel. Halb verrottete Pflanzenteile werden mit frischen Abfällen vermischt und weiter kompostiert.
- Im Oktober können Zwiebelblumen, Stauden und Gehölze gepflanzt werden.
- Immergrüne brauchen auch im Winterhalbjahr Wasser; Wassermangel kann Trockenschäden zur Folge haben.

Ziergehölze

- Bei der Rosenpflanzung ist darauf zu achten, dass die Veredelungsstelle im Boden sitzt. Zudem ist es nötig, die Rosenstöcke mit lockerer Erde anzuhäufeln.
- Rosen kommen gesund und kräftig durch den Winter, wenn sie mit reichlich reifem Gartenkompost angehäufelt werden.

- Der Rückschnitt von Bäumen und Sträuchern schadet im Herbst mehr als er nützt. Jetzt heilen die Wunden schlecht. Außerdem werden die Pflanzen vor dem Winter geschwächt. Besser ist der Schnitt im Spätwinter. Im Herbst sind nur welke Blüten und kranke Pflanzenteile zu entfernen.

Obstgehölze

- Bei Obstbäumen muss die Veredelungsstelle über der Erdoberfläche bleiben. Nicht zu tief pflanzen!
- Große Gehölze wachsen leichter an, wenn sie nach der Pflanzung Stützpfähle bekommen. Sie müssen aber straff gebunden sein und so, dass sie nicht an der Rinde scheuern.

November/Dezember

Allgemeine Arbeiten

❀ Empfindliche Gartenpflanzen brauchen rechtzeitig einen Frostschutz. Gefährdet sind vor allem Jungpflanzen, die am besten unter einer dicken Laubschüttung geschützt anwachsen können.

❀ Kranke Früchte und Blätter landen nicht auf dem Komposthaufen. Sie werden am sichersten über den Hausmüll entsorgt oder tief im Boden vergraben.

❀ Die beste Zeit zum Schneiden von Bäumen und Sträuchern beginnt erst im Spätwinter ab Februar. Im Herbst sollten nur wirklich nötige Eingriffe erledigt werden.

Ziergehölze

❀ Solange der Boden frostfrei ist, lassen sich im November noch Gehölze, Stauden oder Zwiebelblumen pflanzen.

❀ Obwohl die kältesten Wintertage in den meisten Jahren noch auf sich warten lassen, darf es nicht am nötigen Frostschutz fehlen. Falls noch nicht geschehen, bekommen Rosen, Sommerflieder und andere empfindliche Gehölze einen luftigen Mantel aus Vlies oder Strohmatten.

❀ Immergrüne winterharte Kübelpflanzen brauchen auch im Winter immer wieder Wasser. Besonders der Buchs ist empfindlich für Frosttrocknis.

❀ Am 4. Dezember, dem Namenstag der hl. Barbara, lassen sich Blütenzweige aus dem Garten zum Treiben in der Vase anregen. Am einfachsten gelingt die Treiberei mit Zweigen der Forsythie, die deutlich erkennbare Blütenknospen haben.

Obstgehölze

❀ In Ortsrandlagen können Kaninchen den jungen Obstbaumstämmchen gefährlich werden. Zum Schutz bekommen sie Draht- oder Kunststoffmanschetten.

Register

BILDNACHWEIS

Mit 1.040 Abbildungen

2 FP/Kramp+Gölling, 4 li FP, 4 Mi WR, 5 DS/Alkimson, 6 Diez/ FP, 9 o alle 3 GS, 9 u RTF/Hans Reinhard, 10 RTF/Hans Reinhard, 11 beide RTF/Hans Reinhard, 12 WR, 13 beide AT, 14 Nils, 15 AT, 16 RTF/Hans Reinhard, 17 beide FS, 18 RTF/Hans Reinhard, 19 beide RTF/Hans Reinhard, 20 RTF/Hans Reinhard, 21 li RTF/Hans Reinhard, 21 re FS, 22 RTF/Hans Reinhard, 23 beide RTF/Hans Reinhard, 24 beide RTF/Hans Reinhard, 25 RTF/Hans Reinhard, 26 li RTF/Hans Reinhard, 26 re GBA/GPL, 27 GF, 28 FS, 30 FS, 31 FP/ BIOS, 32 beide FS, 33 beide FS, 34 alle 3 GS, 35 oben alle 3 GS, 36 u FP, 30 RTF/Hans Reinhard, 38 li WR, 38 re FS, 39 GS, 40 o li GS, 40 u li GS, 40 o re WR, 41 GS, 42 KA, 43 FP/BIOS, 44 o GBA/GPL, 44 u GBA/Bolton, 45 alle 5 GS, 46 FP/BIOS, 47 alle 5 FP/BIOS, 48 FP/BIOS, 50 FS, 51 alle 3 Kosmos/Lang, 52 FS, 53 alle 6 Kosmos/ Lang, 54 , 55 alle 6 Kosmos/Lünser, 56 GBA/GPL, 57 alle 6 Kosmos/Lünser, 59 o GS, 59 Mi FS, 59 li FS, 60 li AV, 56 re Katharina Adams, 61 FS, 63 AV, 64 AV, 66 AV, 67 oben alle 3 GS, 67 u GF, 67 alle 3 GS, 69 alle 3 GS, 70 alle 3 GS, 71 alle 3 GS, 72 alle 3 GS, 73 li FP, 73 Mi GS, 73 re GS, 74 li FP/Visions, 74 re GS, 75 re FS, 75 Mi GS, 75 re GS, 76 alle 3 GS, 77 li GS, 77 Mi FP/Visions, 77 re GS, 78 alle 3 GS, 79 beide GS, 80 beide GS, 81 alle 3 GS, 82 li GS, 82 Mi GS, 82 re FP/Diez, 83 li FP/BIOS, 83 Mi GS, 83 re GS, 84 beide GS, 85 alle 3 GS, 86 li GS, 86 Mi GS, 86 re FP/Visions, 87 li GS, 87 Mi GS, 87 re FS, 88 alle 3 GS, 89 beide GS, 90 li GS, 90 Mi GS, 90 re FS, 91 li Herwig, 91 Mi GS, 91 re GS, 92 alle 3 GS, 93 alle 3 GS, 94 li GS, 94 Mi Jerzy Opiola, 94 re Herwig, 95 li GS, 95 Mi GS, 95 re FP/ Visions, 96 li GS, 96 Mi GS, 96 re FP/Visions, 97 alle 3 GS, 98 alle 3 GS, 99 beide GS, 100 o Kordes, 100 u li GS, 100 u re GS, 101 alle 3 GS, 102 o GS, 102 u li GS, 102 u re Christian Schultheis, 103 alle 3 GS, 104 alle 3 GS, 105 alle 3 GS, 106 alle 3 Floradania, 107 o GS, 107 u RS, 108 li FP/Visions, 108 Mi GS, 108 re GS, 109 alle 3 GS, 110 alle 3 GS, 111 alle 3 GS, 112 alle 3 GS, 113 alle 3 GS, 114 li FP/ GAP, 114 Mi GS, 114 re GS, 115 alle 3 GS, 116 alle 3 GS, 117 alle 3 GS, 118 alle 3 GS, 119 li Vladimir Kosolapov, 119 Mi GS, 119 re GS, 120 beide GS, 121 alle 3 GS, 122 mi GS, 122 re GS, 122 li FS, 123 li FP/Visions, 123 Mi GS, 123 re FS, 124 alle 3 GS, 125 beide GS, 126 alle 3 GS, 127 alle 3 GS, 128 beide GS, 128 GS, 129 alle 3 GS, 130 re FP, 130 li GS, 130 mi GS, 131 u FP/GAP, 131 o alle 3 GS, 139 o alle 3 GS, 139 u RTF/Hans Reinhard, 140 RTF/Hans Reinhard, 141 beide GS, 142 o RTF/Hans Reinhard, 142 u GS, 144 pixelio/Dieter Schütz, 145 FP, 146 Bohne, 147 li GS, 147 re Practical Pictures/FP, 148 Otmar Diez, 149 beide GS, 150 GBA/Nichols, 151 beide RTF/Hans Reinhard, 152 RTF/Hans Reinhard, 153 Hans Laux, 154 RTF/Hans Reinhard, 155 FP/ Emotive images, 156 GS, 157 li RTF/Hans Reinhard, 157 re PS, 158 Noack/FP, 159 GF, 160 GBA/Lawson, 161 li GBA/Nichols, 161 re FS, 162 FH, 163 alle 3 GS, 164 FP, 165 FP/Visions, 166 li FP/Visions, 166 re FS, 167 o alle 3 GS, 167 u FP/ Visions, 168 FP/Visions, 169 li RTF/Hans Reinhard, 169 re GS, 170 o GS, 170 u li GBA/Noun, 170 u re FS, 172 FS, 173 li BIOS/FP, 173 re FS, 174 alle 4 RTF/Hans Reinhard, 175 o GS, 175 u BIOS/FP, 176 Diez/FP, 177 li FS, 177 re GS, 179 li GS, 179 re alle 5 Kosmos/Lang, 181 u Diez/FP, 181 o beide GBA/Noun, 182 beide FS, 184 li WR, 184 re GBA/Noun, 185 GBA/Didillon, 186 WR, 187 Diez/FP, 188 FS, 189 beide FS, 190 FP/Visions, 191 o BIOS/FP, 191 u FP/Visions, 192 alle 3 WR, 193 alle 4 FS, 194 FS, 195 AV, 196 AV, 199 o FS, 200 FS, 201 GBA/Noun, 202 Diez/FP, 203 RTF/Hans Reinhard, 204 RTF/Hans Reinhard, 205 FS, 206 li Diez/FP, 206 re Living & More/FP, 208 FP/Emotive images, 209 o FS, 209 u FP/Emotive images, 210 FP, 211 Diez/FP, 212 BIOS/FP, 213 FS, 214 Diez/FP, 215 Diez/FP, 216 Diez/FP, 217 BIOS/FP, 218 Diez/ FP, 219 FP, 220 FP, 221 FS, 222 FP, 223 FS, 225 o alle 3 GS, 225 u Diez/FP, 226 li RS, 226 Mi GS, 226 re GS, 227 alle 3 GS, 228 beide GS, 229 beide GS, 230 alle 3 GS, 231 beide GS, 233 beide GS, 234 alle 3 GS, 235 alle 3 GS, 236 beide GS, 237 alle 3 GS, 238 beide GS, 239 alle 3 GS, 240 alle 3 GS, 241 alle 3 GS, 242 beide GS, 243 beide GS, 244 beide GS, 245 alle 3 GS, 246 alle 3 GS, 247 beide GS, 248 alle 3 GS, 249 alle 3 GS, 250 alle 3 GS, 251 li FS, 251 Mi FH, 251 re GS, 252 beide GS, 253 re GS, 253 o beide GS, 253 u li GS, 253 u Mi FP/Visions, 254 beide GS, 255 li GS, 255 Mi GS, 255 re RS, 256 alle 3 GS, 257 o alle 3 GS, 127 u RTF/Hans Reinhard, 265 o li FP /Visions, 265 o re DS/ahp-photo, 265 o Mi FP/ Visions, 265 u WR, 266 WR, 268 FP/Practical Pictures, 269 RTF, Hans Reinhard, 270 RTF, Hans Reinhard, 272 OD, 273 FP/Practical Pictures, 274 RTF, Hans Reinhard, 275 WR, 276 u WR, 276 o FP/BIOS BIOS, 277 IPO, 278 WR, 280 FP/Visions, 281 li FP/Visions, 281 re o OD, 281 re Mi IPO, 281 re u WR, 282 FP/BIOS BIOS, 283 o li OD, 283 o re WR, 283 o Mi RTF, Hans Reinhard, 283 u RTF, Hans Reinhard, 284 IPO, 285 RTF, Hans Reinhard, 286 alle 3 WR, 287 WR, 288 WR, 289 re OD, 289 li HBW, 290 DS/Kuchem, 291 WR, 292 IPO, 293 WR, 294 RTF, Hans Reinhard, 295 WR, 296 FL/ints, 297 WR, 300 RTF, Hans Reinhard, 301 beide FP/Visions, 302 WR, 303 WR, 304 FL/Oleg Kozlov, 305 WR, 306 u WR, 306 o WR, 307 FP/Visions, 309 RTF, Hans Reinhard, 310 MS, 311 RTF, Hans Reinhard, 312 li HBW, 312 re FP/BIOS BIOS, 314 PH, 315 o PH, 315 u FS, 316 RTF, Hans Reinhard, 317 HBW, 318 o KOSMOS/Lünser, 318 u Kosmos/ Rost, 319 beide Kosmos/Rost, 320 OD, 321 u IPO, 322 DS/Behringer, 324 FL/PeJo, 325 HBW, 326 BAS, 327 IPO, 329 o li GF, 329 o Mi GS, 329 o re WR, 329 u WR, 330 beide RTF, Hans Reinhard, 331 li IPO, 331 Mi IPO, 331 re RTF, Hans Reinhard, 332 li GS, 332 Mi GS, 332 re IPO, 333 li GS, 333 re WR, 334 li OD, 334 Mi GS, 334 re OD, 335 beide GS, 336 beide IPO, 337 WR, 338 li RTF, Hans Reinhard, 338 re GS, 339 li GS, 339 re IPO, 340 li IPO, 340Mi RTF, Hans Reinhard, 340 re GS, 341 li GS, 341 Mi RTF, Hans Reinhard, 341 re IPO, 341 li RTF, Hans Reinhard, 342 re IPO, 343 li FP/Vision, 343 re DS/ Wajopi, 344 li GS, 344 re FP/GAP, 345 OD, 346 li FP/GAP, 346 Mi RTF, Hans Reinhard, 346 re GS, 347 alle 3 GS, 348 li GS, 348 re RTF, Hans Reinhard, 349 li RTF, Hans Reinhard, 349 Mi FP/GAP, 349 re RTF, Hans Reinhard, 350 beide GS, 351 li GBA/GPL, 351 Mi GS, 351 re GS, 352 beide FP/Vision, 353 li RTF, Hans Reinhard, 353 re GS,

IMPRESSUM

Umschlaggestaltung von Walter Typografie & Grafik GmbH, Würzburg. Unter Verwendung von einem Foto von gettyimages/marianna armata (Umschlagvorderseite) und einem Foto von GAP Photos/Gary Smith (Umschlagrückseite).

Unser gesamtes Programm finden Sie unter **kosmos.de**.
Über Neuigkeiten informieren Sie regelmäßig unsere Newsletter, einfach anmelden unter **kosmos.de/newsletter**

MIX
Papier aus verantwortungsvollen Quellen
FSC® C084279

Gedruckt auf chlorfrei gebleichtem Papier

© 2017, Franckh-Kosmos Verlags GmbH & Co. KG, Stuttgart
Alle Rechte vorbehalten
ISBN 978-3-440-15625-4
Projektleitung: Birgit Grimm
Gestaltungskonzept: Atelier Reichert, Stuttgart
Gestaltung und Satz: Tina Burner
Produktion: Klaus Jost
Druck und Bindung: Print Consult GmbH, München
Printed in Slovakia / Imprimé en Slovaquie